Encuentro Internacional de Peruanistas

Estado de los estudios histórico-sociales sobre el Perú a fines del siglo XX

Encuentro Internacional de Peruanistas

Tomo II

Estado de los estudios histórico-sociales
sobre el Perú a fines del siglo XX

Colección Encuentros
Primera edición, 1998

© De esta edición:
Universidad de Lima

Av. Javier Prado Este s/n, Lima 33
Apartado postal 852, Lima 100
Teléfono   437-6767
Fax   437-8066
E-mail   fondo_ed@ulima.edu.pe
Internet   http://www.ulima.edu.pe

Diseño y edición: Fondo de Desarrollo Editorial

Impreso en el Perú

ISBN   9972-45-031-7

Índice

Historia del Arte

Iconografía de la revista Amauta: *Estética y gusto en José Carlos Mariátegui*

Alfonso Castrillón
Universidad Ricardo Palma, Perú

*"El pintor piensa y sueña en
imágenes plásticas"*
J.C. MARIÁTEGUI

Las revistas ilustradas –esos grandes muestrarios de la vida social de una época– surgieron en Lima, dándose la posta, a comienzos de siglo: *Novedades, Actualidades, Prisma, Variedades* y *Mundial* vinieron a satisfacer la necesidad que tenía nuestra sociedad de sentirse representada, de formar parte de un mundo cosmopolita y moderno, e informada no sólo por el texto sino también por las imágenes. La revista ilustrada sacó a la fotografía de su encierro individualista y la convirtió en espejo de la multitud, en documento irrefutable. De gran formato unas, otras más modestas y manuables, pero todas como álbumes fotográficos, diagramadas pulcra y elegantemente.

José Carlos Mariátegui inicia su carrera periodística en el diario *La Prensa* en 1914, y colabora desde entonces con diferentes medios: *El Tiempo* desde 1916, *Variedades* con más frecuencia desde 1923, *Turf, Lulú,* y desde 1924 en *Mundial.* Es importante el paso de JCM por *Variedades,* donde dejó valiosas referencias sobre el arte de vanguardia e imágenes nunca vistas en Lima de la obra de Picasso, Matisse, Herbin o Archipenko, Gabo, Kandinsky o Man Ray.

En 1926, sin dejar de colaborar en las revistas más importantes de la capital, JCM se aboca a la tarea de sacar adelante una revista diferente, *Amauta,* que, entre otros objetivos, tiene la finalidad de acercar a los intelectuales produciendo "un fenómeno de polarización y concentración" que decante la retórica de lo esencial y que, como él mismo, tendría "una filiación y una fe". JCM no cree que en la cultura y en el arte exista el agnosticismo; el contenido de su revista, por lo tanto, está teñido del color político de sus ideas. Este trabajo pretende explicar el papel de la iconografía en la revista fundada por JCM, su preferencia por las vanguardias y el indigenismo, a la vez que discutir el planteamiento de si se puede hablar de estética o de gusto en el fundador de *Amauta*.

Iconografía de *Amauta*

La revista *Amauta* vino a establecer, desde el principio, una diferencia radical con las publicaciones ilustradas de su época. Porras Barrenechea[1] la sitúa, junto con *Colónida, Mercurio Peruano* y otras, "entre las revistas de cenáculos intelectuales". Aunque sabemos que desbordó esos límites, su carácter estuvo marcado predominantemente por un racionalismo que escrutaba la realidad con nuevos ojos, con el que comulgaban muchos intelectuales del país y de Latinoamérica. Su estilo, como la personalidad del mismo JCM, estuvo muy lejos de la especialización académica: "*Amauta* no es una diversión ni un juego de intelectuales puros: profesa una idea histórica, confiesa una fe activa y multitudinaria, obedece a un movimiento social contemporáneo"[2]. Estuvo dirigida, como muchas otras revistas americanas, "a un público relativamente bien educado aunque no necesariamente de clase alta"[3], ávido de cosmopolitismo.

Los posibles modelos latinoamericanos de *Amauta* pueden haber sido la *Revista Mexicana de Cultura* (1928-1931), *Martín Fierro* (1924-1927) de Buenos Aires y la *Revista de Avance* (1927-1930) de La Habana; y en cuanto a la forma y la tipografía, aparece en *Amauta* el recuerdo de la revista de Anton Giulio Bragaglia (1890-1960), teatrista italiano fundador de *Cronache d'Áttualitá*.

---

1   Porras Barrenechea, Raúl: *Fuentes históricas peruanas*. Lima: Juan Mejía Baca y Pablo Villanueva editores, 1955.

2   Mariátegui, José Carlos: "Aniversario y balance". *Amauta* Nº 17, setiembre de 1928, p. 1.

3   Wise, David O.: "*Amauta* (1926-1930): Una fuente para la historia cultural peruana", en *Ensayos sobre Mariátegui*. Simposium de Nueva York, 1980. Lima: Editorial Minerva, 1980, p. 126.

Cabe preguntarse de dónde provienen las imágenes que utiliza JCM para la diagramación de *Amauta*. Buena parte de las fotografías las trajo o se las mandaron de Europa. En el archivo de la familia Mariátegui Chiappe he podido ver material como dibujos a tinta y óleos cuyas fotografías se emplearon en la diagramación de *Amauta*. JCM escribía directamente a máquina y enviaba sus artículos a Ricardo Vegas García, quien algunas veces le procuraba las ilustraciones. JCM era muy minucioso acerca de la diagramación, al punto de indicar hasta el grano fino con que debían tratarse los fotograbados.

Muchas veces las imágenes tienen que ver con el texto, sobre todo en los primeros números; otras, sólo cumplen una función estética. Las ilustraciones dedicadas a las artes plásticas se imprimen en papel satinado y se destacan del texto. Se puede decir que JCM emplea de una manera equitativa ilustraciones del arte extranjero como del arte nacional, alternándolas desde los primeros números. Hay que recordar que en el año 1924 había publicado en *Variedades* "La extrema izquierda del arte actual: El expresionismo y el dadaísmo" y "Las escuelas de arte moderno: postimpresionismo, cubismo, etc.", artículos que aparecían ilustrados con obras de las vanguardias más aguerridas. Desde los primeros números de *Amauta*, mostrará al público limeño los dibujos de Grosz, Matisse y Picasso, pero también los de Sabogal, Camilo Blas o Julia Codesido. Busquemos el porqué de estas preferencias.

Participación de Sabogal

JCM se relaciona con el pintor José Sabogal (1888-1956) a su regreso de Europa y, a través del pintor, con el grupo indigenista. La influencia del pintor cajabambino sobre JCM fue decisiva y se reconoce en el hecho de que, a sugerencia de Sabogal, cambiase el nombre de "Vanguardia", que había escogido para su revista, por el de *Amauta*. El logotipo de sus primeros números, que representa la cara de un campesino y la casi exclusividad de las portadas, lo corroboran. Sabogal fue el ilustrador de *Amauta*, pero también señalado y estudiado por JCM como "el primer pintor peruano". Esta intención de caracterizarlo como valor-signo se manifiesta en la preferencia por reproducir las obras de Sabogal desde los primeros números. En el número 6, de febrero de 1927, las imágenes se acompañan con la primera nota consagratoria que JCM dedica a Sabogal, y en el número 10, de diciembre del mismo año, las xilografías del pintor son impresas a toda página y en papel satinado[4].

En los años en que se crea *Amauta*, Sabogal era un pintor reconocido y profesor de la Escuela de Bellas Artes; había realizado varias exposiciones y obtenido buena crítica en la capital. Sin embargo, por esta época ya se observa en el pintor un interés más extenso por los temas peruanos, incluyendo no sólo lo indígena sino también lo mestizo. Advertimos una primera etapa en que la representación de lo indígena coincide con las reivindicaciones políticas; su etapa cusqueña de 1919 se cierra ese mismo año con la exposición Brandes en Lima. Su estadía en la capital, entonces baluarte de la cultura mestiza, y su ingreso a la Escuela de Bellas Artes, abrieron su visión ante una realidad heterogénea. Es la época de los óleos "Pepa" y "Negra Devota", aparecidos en el número 16 de *Amauta* de julio de 1928. Pero este mismo año aparecen motivos incaicos, que indican una variante en la obra sabogalina y nos obligan a preguntarnos sobre su relación con cierto gusto incaísta[5].

El incaísmo es una tendencia plástica que utiliza motivos incaicos adaptados a los modelos occidentales, de inocultable contenido romántico por su añoranza de un mundo arcádico ya superado. En la plástica tenemos los ejemplos del monumento a Manco Capac de David Lozano, con figuras trapezoidales y animales míticos, o el "Cahuide" de Mendizábal, o el mismo héroe incaico en la versión de Romano Espinoza Cáceda[6].

La tendencia incaísta más superficial se observa en el uso del *revival* por el oficialismo leguiísta o las veladas musicales organizadas por la burguesía del régimen[7]. La recurrencia al incaísmo en Sabogal se explica si consideramos que luego de su primera etapa, cuando la denuncia social coincide con la plástica, el pintor extiende sus referencias a lo nacional, y en este alejamiento para abarcar una visión panorámica lo indio se convierte en añoranza incaica, pasado emblemático, ornamentación inocua. Su cuadro "La clavelina del Inca", reproducido en el número 17 de *Amauta* (1928), o su friso incaico publicado en el número 22 (1929), son ejemplos bastante elocuentes de esa tendencia en Sabogal.

Las ilustraciones incaístas de Sabogal son, sin embargo, las más pegadas a los modelos ornamentales provenientes del incario, y hay que convenir que la línea de sus dibujos está de acuerdo con el estilo proverbial de esa cultura. La cabeza de indio en semiperfil, que caracterizó los primeros cuatro números de *Amauta*, representa un alto grado de estilización en la manera como realiza el trenzado del tocado, las figuras escalonadas y las líneas serpentiformes y quebradas del atuendo; también destreza en un dibujo sintético

---

4   Ver también *Amauta* Nº 16, p. 10, donde se le da a Sabogal un lugar preferencial.

5   Esto no quiere decir que fueron etapas excluyentes: las fechas sólo indican el comienzo de una tendencia que será desarrollada conjuntamente con las otras. La inclusión de motivos selváticos sería la cuarta etapa, por el año 38.

6   Sobre Mendizábal, ver *Variedades* Nº 494, agosto de 1917, p. 87. Para Romano Espinoza Cáceda, ver *Variedades* Nº 1250, del 5 de marzo de 1932.

7   Cotler, Julio: *Clases, Estado y Nación en el Perú*. Lima: IEP, 1978, p. 188.

que, con gran economía de líneas, denota los rasgos de la raza: nariz aguileña que se une, sin pausa, a la línea horizontal de las cejas; ojos oblicuos y la línea escueta de la boca. Lo mismo puede decirse del dibujo del sembrador que ilustró las carátulas de los números 5, 6 y 7, donde predominan las líneas quebradas y escalonadas y donde la estilización de la cara ha llegado al extremo. Más adelante, en los números 8 y 9, dispondrá, en el rectángulo de la portada, dos xilografías suyas, centrándolas equilibradamente en un recuadro. Es significativo que esta técnica, caracterizada por su rudeza y su fuerza expresiva, se coloque en la portada de una revista que, desde distintos ángulos, ponía énfasis en la reivindicación de lo indio; y las connotaciones de indio aquí son las de una raza ruda y fuerte. Pero estas alusiones se van debilitando con el correr del tiempo, y para el número 10, la edición doble después de la clausura, Sabogal empleará una figuración bastante ambigua: en el lado izquierdo y en primer plano, una figura monolítica, con reminiscencias pucará; al fondo, una línea oblicua define la montaña negra donde el sol se oculta, dejando ver uno de sus ojos dormidos; su cabellera negra contrasta con el cielo rojo y unas líneas sinuosas definen la presencia de algunas nubes. Abajo, los surcos del campo desolado y en la oscuridad. En esta ilustración está ausente el indio para dar paso a lo indio, para decirlo con las palabras de Lauer; es más: lo indio atardece en lugar de resplandecer con los primeros albores. Las siguientes carátulas aluden abiertamente a un arte mestizo. La del número 12 (febrero de 1928) reproduce un dibujo de Sabogal titulado "Cholita Arequipeña", y tiene como fondo una creación arquitectónica mestiza, con sus paramentos lúcidos, su portada, ventana enrejada, gárgolas y un balcón de cajón con sus ménsulas escalonadas. Por fin, las de los números 14 y 15, correspondientes a los meses de abril y mayo de 1928, reproducen diseños de los mates de Huanta; y esta opción por el arte popular, culturalmente mestizo, es

sin embargo el olvido del indio en las ilustraciones de Sabogal para la revista *Amauta*[8].

Después de Sabogal, es su alumna Julia Codesido (1883-1979) la más asidua colaboradora de la revista *Amauta*. Sus diseños se emplearon para algunas carátulas de la revista, y su pintura es presentada por el mismo JCM en un pequeño artículo donde se refiere a la artista en los siguientes términos: "Sensible, alerta, esta artista presta su aporte al empeño de crear un Perú nuevo". Allí habla, además, de su vigor expresivo, rasgo que define en general el estilo del grupo indigenista y se advierte en las xilografías que realizaron. El retrato que le hiciera a JCM, más bien parco y estilizado, es sin embargo uno de los más difundidos de la iconografía del ilustre pensador.

Alfonso Sánchez Urteaga (Camilo Blas, 1903-1985), también discípulo de Sabogal en la Escuela de Bellas Artes, colabora con *Amauta*, donde se publican sus dibujos, xilografías y óleos. El colorismo suave y estudiado de sus obras se pierde desafortunadamente en las reproducciones, pero queda la persistencia de sus imágenes andinas, cargadas de contenido.

Ricardo Flórez (1889-1983), discípulo de Teófilo Castillo, había conocido a JCM en *La Prensa,* donde el pintor trabajaba como redactor y caricaturista. Calificado como impresionista, es con más precisión un puntillista cuya obra, con temática andina, es sin embargo mestiza, en un entorno bucólico y sin conflictos. En el número 15 de *Amauta* se publican fotografías de tres cuadros suyos: "La jarana", "Alto de arrieros" y "Los negritos".

De Teresa Carvallo (1895-1988), egresada de la Escuela de Bellas Artes y profesora de la misma, se publica en *Amauta* su famoso

_____

8   Dentro de la misma tendencia incaísta se consideran los diseños de Elena Izcue (*Variedades* N° 3, p. 30); Bonilla del Valle (*Variedades* N° 5, p. 31); G. Buitrago (*Amauta* N° 24, pp. 39 y 40), y A. González (*Variedades* N° 26, p. 21).

óleo "Frutera de Surco", hoy en la pinacoteca del Banco Central de Reserva, e "Indiecita del Collao".

Más de acuerdo con la línea política de JCM, Carmen Saco (1882-1948) colabora con *Amauta* escribiendo o realizando algunas viñetas de tema incaico. En la revista se publican fotos de obras suyas, documentos importantes para emitir un juicio sobre su obra, poco conocida y estudiada. Carmen Saco, escultora y ceramista, no logró dar a sus obras el modelado suave de la materia dominada y rendida; hay en ellas cierta rigidez y dureza que las sitúa dentro de los bocetos y ensayos no logrados. En *Amauta* se aprecian, sin embargo, dos obras que escapan a esa concepcion: "Busto de mestiza" y "Cabeza"[9].

¿Indigenismo o incaísmo en *Amauta*?

A estas alturas creo que cabe preguntarnos si las imágenes de Sabogal coinciden con el sentido de los textos de JCM: ¿el incaísmo sabogalino toca la sensibilidad de Mariátegui? Pensamos que no. Mariátegui había advertido, desde las páginas de sus *7 ensayos...*, que la literatura había "idealizado y estilizado" al indio; "por eso se llama indigenista y no indígena". Y en esta frase ya está implícita la idea de una mirada desde lo mestizo, con cierto matiz nacionalista, como una cultura que da razón de otra cultura[10]. Mariátegui no recurre al *revival* incaísta como Sabogal; le basta el término indigenista, que abarca la pintura del cajabambino, pero también la de sus discípulos Codesido y Blas. En mi opinión, al indigenismo no hay que estudiarlo como un proyecto fallido[11], sino como

un hecho histórico, y ese estudio debe partir de lo concreto de las obras, pensando en dos determinantes:

a) Lo rotundo de la iconicidad que ha acostumbrado a identificar el término "indigenismo" con la imagen del indio. Al final de todas las disquisiciones, lo que queda es la imagen.

b) La musealización que convierte en "arte" toda propuesta: gracias al museo, el público ha llegado a comprender que la pintura de Sabogal y sus discípulos es arte y que ese arte, nuevo para su época, se llamó indigenismo.

El pensamiento de Sabogal sobre su pintura y sobre el movimiento indigenista, y su proyección en la cultura peruana, se halla expresado claramente en las "Palabras de contestación" en el homenaje que se le organizó al retirarse de la Escuela de Bellas Artes. En un párrafo significativo de su discurso, Sabogal dice: "Pero sí, somos indigenistas culturales, pues buscamos nuestra identidad integral con nuestro suelo, su humanidad y nuestro tiempo". Queda clara, en el discurso, su voluntad de ocuparse, no sólo del indio, sino de algo más extenso, buscando "esa fisonomía genuina que nos identifique y nos eleve a criatura nacional"[12].

JCM, que ha tenido la oportunidad de ver de cerca el problema de las vanguardias europeas, juzga a Sabogal como un constructor "frente al arte anárquico e individualista" europeo de esa época. La vuelta al Ande significa una búsqueda de coherencia y ordenamiento, en concordancia quizá con el ancestral pensamiento andino. Y hay que destacar, en el artículo que le dedicó a Sabogal, su agudeza al comprender que "Sabogal pinta sin la preocupación de la tesis", y que un artista, aunque no se lo proponga, está construyendo el porvenir de su pueblo con sus imágenes. Por eso piensa JCM que Sabogal

---

9   *Amauta* Nº 15, pp. 10 y 11, y *Amauta* Nº 28, p. 54.

10   Mariátegui, José Carlos: *7 ensayos de interpretación de la realidad peruana*. Lima: Editorial Minerva, 1952, p. 359.

11   En la tesis de Mirko Lauer para optar el grado de magíster, *Indigenismo 2*, Universidad Nacional de San Marcos, agosto de 1996.

12   Sabogal, José: *Del arte en el Perú*. Lima: INC, 1975, p. 109.

es el primer pintor peruano, "uno de nuestros valores-signo": la ideología no la pone el pintor peruano "que piensa y sueña en imágenes plásticas", sino el pensador Mariátegui. ¿Coinciden el ideólogo y el artista? Pienso que sí. Ambos, aunque de distinta manera, entienden que el indigenismo no es cosa de indios, sino de mestizos que hablan de lo indígena. Esto sucede en 1928, cuando JCM publica sus *7 ensayos...* y Sabogal ya ha extendido su interés por el tema nacional. Ambos adhieren al indigenismo, en general, con variaciones "incaístas" en la práctica de *Amauta*. No es lícito, pues, caracterizar al indigenismo partiendo de lo que no fue o no llegó a ser; si cabe una caracterización del movimiento tendría que partir de las obras mismas, como un producto mestizo de sectores medios ilustrados en busca de su idea de nacionalidad.

Los independientes

La presencia en *Amauta* de algunos artistas que no seguían la estética sabogalina habla claramente de la intención que tenía JCM de convertir la revista en una tribuna libre de imágenes, donde se alternase lo nacional con el gusto internacional. Uno de ellos, Emilio Goyburo (1897-1962), alumno de Daniel Hernández, estuvo ligado a los Mariátegui desde el primer número de *Libros y Revistas* (febrero de 1926), órgano de información de la editorial Minerva, de cuyo logotipo es autor. La cabeza de la diosa hija de Zeus ha sido representada de perfil, con rasgos estilizados y reluciente casco. La gracia y fineza de las líneas han contribuido al éxito de esta imagen que, aunque aparece sin firma, reconocemos de Goyburo, si la comparamos con otro trabajo suyo, "Leda y el cisne" (1926), firmado con el mismo tipo de letra que aparece bajo el busto de la diosa Minerva. Este dibujo, de excepcional calidad, indica los primeros brotes de vanguardismo pictórico en el Perú, y la asociaciación del dibujante con Oquendo de Amat para la por-

tada de sus *5 metros de poemas* (1927) así lo prueba.

Carlos Quízpez Asín (1900-1983), que regresa de España, donde estudió entre 1921 y 1927, publica tres trabajos en el número 6 de *Amauta*: "Indios bailando", fechado en 1926; "Indios haciendo una alfombra" y "La procesión de los Milagros" (*sic*). Puede llamar la atención que este pintor, considerado siempre como un "independiente", se ocupase de temas indígenas. Quízpez Asín fue tocado sin embargo por la tendencia indigenista entre los años 1927 y 1928, por un indigenismo estilizado e idealizado, del que se apartará más adelante para seguir por las huellas del poscubismo[13].

Luego, hay dos colaboradores esporádicos de *Amauta* que, sin embargo, tuvieron obra reconocida en Lima: me refiero a Carlos Raygada (1898-1953), que ilustra el artículo de Honorio Delgado "Por qué nos gustan los ojos"[14], y a Manuel Domingo Pantigoso (1901-1991), del que se publica, en el mismo número, el retrato de Magda Portal. Los dos son dibujos de gran calidad y fuerza expresiva, que realzaron la diagramación del número 2 de *Amauta* con su estilo moderno y sintético.

¿JCM vanguardista?

En otro lugar hemos tratado el tema de las vanguardias y JCM[15], por lo que en esta oportunidad sólo conviene hacer una apretada síntesis. El término "vanguardia", que deriva del lenguaje militar, pasó a significar en Francia movimientos políticos, corrientes culturales de tendencia innovadora en rela-

---

13 "Cholita" (1927), "Bañistas" (1928), "Las lavanderas" (1928), "Alegoría de los labradores" (1928), "Desnudo indio" (1928) y "Cabeza de cholita" (1930).

14 *Amauta* Nº 2, p. 27.

15 Castrillón Vizcarra, Alfonso: "José Carlos Mariátegui, crítico de arte". *Cuadernos de Reflexión y Crítica*, año 4, enero-junio de 1993.

ción a la cultura oficial. Más adelante interesó a la crítica y al sector de las artes figurativas, hasta identificarse con los movimientos más vitales del novecientos: simbolismo, cubismo, surrealismo, futurismo, dadaísmo, etc., llamadas con razón "vanguardias históricas"[16]. JCM utiliza genéricamente el término vanguardia para designar un movimiento renovador y revolucionario que correspondía al ideal político de su época. Al principio la defensa de las vanguardias es entusiasta, porque considera que la búsqueda de sus protagonistas es sincera. Más adelante su concepto cambia, cuando advierte que detrás de muchos de estos movimientos hay imitación, exotismo y versatilidad. Ello lo lleva a preguntarse, como Spengler, si las vanguardias no son un síntoma de la decadencia de la civilización occidental[17]. JCM cree ciertamente que las vanguardias reflejan la situación decadente de la sociedad europea, y nota, con acierto, la separación cada vez más notoria entre la obra y el público y que hay mucho esnobismo y ostentación en sus planteamientos. Aunque reconoce algunos aportes de las vanguardias, termina haciendo fundadas críticas a Breton a raíz de su *Segundo manifiesto surrealista*, o a Marinetti por su adhesión al fascismo[18].

Las imágenes de artistas extranjeros que JCM emplea para ilustrar *Amauta* son tan numerosas como las de artistas peruanos. Pero basta citar algunos de los más importantes para darnos cuenta del gusto del editor: Picasso, Matisse, Tatline, Rivera, Pettoruti, Mérida, Grosz, Bourdelle, Breton, Marinetti...

De Pablo Picasso (1881-1973) *Amauta* publica un dibujo que representa a una mujer de pie con los brazos cruzados, tratada con líneas simples y estilizadas. El estilo de este dibujo está dentro del gusto clásico al que volvió Picasso en varias etapas de su vida. Sin embargo, en *Amauta* no se publican ejemplos del cubismo de los años 1909 a 1914, la etapa más avanzada del arte europeo y por eso llamada vanguardia histórica. JCM se acerca al cubismo epigonal a través de Emilio Pettoruti (La Plata, 1892), al que conoció en Roma en 1920 y con el que iniciará un diálogo provechoso en el corto tiempo que estuvieron juntos en Frascati. Pettoruti dijo de JCM: "Sirvió a Mariátegui para ponerse al corriente de los movimientos artísticos contemporáneos, y a mí para conocer las luchas de nuestra América coercionada"[19]. De Pettoruti se publican dibujos y pinturas desde los primeros números de *Amauta*, dando cuenta de diversas etapas del pintor argentino: desde la simbolista, pasando por la realista, hasta el más logrado ejemplo de cubismo epigonal publicado en la revista: el retrato de Alberto Hidalgo[20].

JCM se interesó por el tema del futurismo desde 1921, fecha de uno de sus primeros artículos sobre esta corriente[21], y su postura frente a la propuesta marinettiana es de abierta crítica, privilegiando los aspectos políticos y dejando de lado los formales, que alguna influencia tuvieron en el arte posterior. En el número 10 de *Amauta* se publica un artículo de Marinetti titulado "Movimiento futurista" que reproduce, además, la foto del autor dedicada a JCM. En este artículo, el creador del futurismo habla de la crítica en términos de "máxima síntesis", "máxima sinceridad", y cuyo fin era informar rápidamente al lector,

16 Grassi, Luigi y Mario Pepe: *Dizionario della Critica d'Arte,* Vol. I, p. 61. Torino, 1978.

17 "Post Impresionismo y Cubismo". *Variedades,* Vol. VI, p. 60. Lima, 26 de enero de 1924.

18 "El grupo Surrealista y Clarté". *Variedades,* Vol. VI, pp. 42 y 43. Lima, 24 de julio de 1926; "Marinetti y el Futurismo". *Variedades,* Vol. I, p. 185. Lima, enero de 1924.

19 Petorutti, Emilio: *Un pintor ante el espejo.* Buenos Aires: Edición Solar-Hachette, p. 146.

20 *Amauta* Nº 17, p. 69.

21 Fechado en Roma, abril de 1921, y publicado en *El Tiempo,* Lima, 3 de agosto de 1921. Figura en *El artista y la época,* Vol. VI. Lima, 1980.

estilo por el que JCM demuestra cierta preferencia y afinidad[22].

Llama la atención, sin embargo, la ausencia en *Amauta* de los pintores futuristas Boccioni, Balla, Severini, Russolo, y que, en cambio, aparezcan Ivo Panaggi (Macerata, 1901) y Vinicio Paladini, arquitectos menos conocidos y que firmaron, junto a Enrico Prampilini, el *Manifiesto del Arte Mecánica* en 1923. Panaggi fue importante divulgador de la arquitectura moderna, como lo atestiguan sus artículos sobre Mendelssohn y sobre Gropius[23].

Fuera de la corriente futurista, Piero Marussig (Trieste 1879-Pavia 1937) se nutre, en una primera etapa, del Jugendstil, el Postimpresionismo y la Secesión vienesa; luego de 1924 su pintura se vuelve más austera, profundizando el color y endureciendo la línea. Mariátegui sin duda conoció a Marussig en Milán a través de Pettoruti, y gracias a él se publica en *Amauta* una nota sobre el pintor triestino y se reproducen dos obras suyas pertenecientes a su segunda etapa[24].

Uno de los artistas que más gozó de la simpatía de JCM fue Georges Grosz (Berlín 1893-Nueva York 1959). Del dibujante y pintor berlinés se había ocupado Mariátegui en un artículo publicado en *Variedades* en 1925[25]; para *Amauta* se traduce un artículo del artista titulado "El arte y la sociedad burguesa", y en varios números se reproducen sus acres y punzantes dibujos. Uno de éstos, "El Cristo de George Grosz", publicado en el número 22 de *Amauta*, con una nota de Armando Bazán, debe haber causado sorpresa e indignación en nuestro medio pacato,

como lo hizo la primera publicación de su álbum, en el Berlín de 1917, por la intencionada vulgaridad de sus temas. En 1918 se juntó a los dadaístas berlineses con los que denunció el militarismo y la burguesía de la Alemania prenazi. Con el advenimiento del fascismo sufrió el secuestro de sus obras, que luego se expusieron en la muestra de "arte degenerado". En 1928 colabora con Piscator en su proyecto de "teatro político", y en 1933 viaja a los Estados Unidos, donde se queda hasta que termina la guerra.

Entre los artistas latinoamericanos, es sin duda Diego Rivera el que más interesa a JCM como pintor y como hombre comprometido con los ideales revolucionarios de su época. De él dice: "Es, tal vez, el que con materiales más eternos y con elementos más históricos y tradicionales está creando una gran obra revolucionaria". Del pintor mexicano se publican en *Amauta* catorce reproducciones de sus obras en dos números seguidos[26].

Aunque en *Amauta* se publicaron artículos sobre arte y literatura rusos (baste citar los de Ilya Ehrenburg y Anatolio Lunatcharski), JCM contó con pocas ilustraciones que permitieran al lector peruano darse una idea del acontecer plástico ruso de la década del veinte. Se sabe, por estudios recientes, que en Rusia existió la inquietud vanguardista desde antes de la llegada de Marinetti (1914), y que artistas como Larionov, Gonscharova y Burliuk habían participado en la exposición del nuevo grupo de artistas "Unión de la Juventud" en 1910. En el año 1912 Larionov organiza, en Moscú, la exposición "Rabo del Asno", donde, además de los ya citados, figuran Malevich y Tatlin. El movimiento vanguardista ruso siguió sus actividades en Rusia como en Europa hasta el año treinta, más o menos, cuando se atempera y se adapta a las circunstancias políticas; y en el año 34 se lo

22 Prólogo a *La escena contemporánea*, Vol. I, p. 11. Lima, 1925.

23 *Archivi del Futurismo*, Vol. II, p. 437.

24 *Enciclopedia dell´arte Garzanti*. Milán, 1973, p. 409.

25 *Variedades*, 20 de junio de 1925, Vol. I, pp. 182.

26 *Amauta* N° 4, pp. 6, 7 y 8, diciembre de 1926. También N° 5, pp. 5, 6, 7 y 8, enero de 1927.

condena en nombre del "realismo socialista"[27].

En *Amauta* se reproduce una obra de Abram Archipov (1862-1930), "Joven campesina de la provincia de Raizan" (*c.* 1927), obra que se inscribe dentro de un colorido folclorismo, y un cuadro de Vladimir Tatlin (1885-1953), "El modelo vivo", sin ninguna información sobre los autores y sin explicar las tendencias. Luego de la muerte de JCM, y estando la revista *Amauta* bajo la dirección de Ricardo Martínez de la Torre (N° 30, junio-julio de 1930), se publica algún material gráfico con el título "Arte ruso", cuya temática es abiertamente propagandista y se inscribe en los requerimientos del realismo socialista.

JCM se preocupó también por la arquitectura contemporánea, publicando en dos oportunidades fotografías y proyectos de Alberto Sartoris y Enrich Mendelssohn. Del primero se publican el "Edificio de las comunidades artesanas de Turín" y el proyecto de "Casas obreras" que ilustra su artículo "Arquitectura internacional", obras presentadas en el estricto racionalismo en boga. De Mendelssohn se reproduce una fotografía del edificio de correos y telégrafos de Moscú y la maqueta de una fábrica en Leningrado. Curiosamente, los ejemplos europeos se contraponen a imágenes de arquitectura peruana; así, la limpieza formal de Sartoris frente a la casa "Yunka" de José Sabogal en el Parque de la Reserva, y las grandiosas construcciones de Mendelssohn frente a las ruinas incaicas del dibujante Buitrago[28]. No sabemos si intencionalmente, pero desde luego sin ninguna malicia, JCM puso sobre el tapete la discusión sobre modernidad y provincia, en un momento en que el regionalismo, encarnado en las figuraciones arquitec-

tónicas de Camino Brent y los historicismos de Malachowsky, Jochamowitz, Sahut y Piqueras en la capital, señalaba caminos diferentes. Este caso prueba lo eficaz que resulta la crítica en imágenes y el papel de las ilustraciones escogidas por JCM para su revista.

Es indudable que JCM busca una representación moderna para *Amauta*, acorde con el movimiento de renovación europeo. Y aunque en su apariencia exterior las portadas indigenistas nos remitan a un arte periférico y nacionalista, en su interior las imágenes plantean dialécticamente el debate entre centro y periferia, entre Europa y Lima.

Estética y gusto en Mariátegui

¿Cómo se explica la preferencia de JCM por cierto tipo de imágenes: como la formulación de una estética o como el ejercicio de un gusto? Su programa iconográfico revela un gusto ecléctico, miscelánico, donde se mezclan las vanguardias y el indigenismo, las portadas coloniales con el racionalismo arquitectónico, el arte chino con el mochica. Pienso que la formulación en imágenes de JCM puede calificarse como gusto, por tratarse de una preferencia individual que se expresa a través de una tensión entre lo nacional y lo internacional. En sus textos sobre arte, en cambio, JCM apunta a la formulación de conceptos estéticos, entre los cuales el tema de la realidad y la ficción es su aporte más significativo.

---

27   Vallier, Dora: *Histoire de la Peinture, 1870-1940*. Bruxelles: Editions de la Connaissance S.A., 1963, p. 64.

28   *Amauta* N° 23, pp. 54 y 55; N° 24, pp. 38, 39 y 40.

El lenguaje del arte colonial: Imagen, ékfrasis e idolatría*

Tom Cummins
University of Chicago, Estados Unidos

Perú. Provincia famosísima en la India Occidental, conquistada y señoreada de los católicos reyes de España, de donde se han traído tantos millones de oro y plata. Y a cambio de esto se les ha comunicado la Santa Fe Católica, tan asentada en aquellas partes como en las demás donde se ha predicado el Evangelio[1].

Ésta es la definición del Perú ofrecida por Sebastián de Covarrubias en su diccionario de 1611. Perú fue reconocido como un sitio de intercambio: oro y plata por la Santa Fe. Parece que fue tomada directamente del panfleto de Yucay escrito por García de Toledo en el cual dice que el oro y la plata son el dote de Dios que trae el Evangelio[2]. Pero este intercambio no fue tan simple. Y la diferencia entre Covarrubias y García de Toledo es que, como en muchas de las definiciones de Covarrubias, existe un elemento irónico, mientras dicha ironía no está presente en el texto colonial.

Ni el oro ni la fe tuvieron las mismas equivalencias en el Tahuantinsuyu. En el Perú colonial, la plata y el oro se convirtieron en representaciones de valores económicos, mientras que las imágenes plásticas se transformaron en representaciones del mundo sagrado de las palabras evangélicas. O sea, para afectar este intercambio imaginario de Covarrubias y otros, los españoles tuvieron que plantear un sistema nuevo de representación. No fue simplemente el hecho de construir casas de monedas o pintar y esculpir figuras bíblicas. Fue una nueva manera fenomenológica de percibir el mundo. Por lo menos ésta fue la esperanza de fray

*   Agradezco mucho a Kyle Huffman y a Ana María Reyes por toda su ayuda.

1   Covarrubias Orozco, Sebastián de: *Tesoro de la lengua castellana o española*. Madrid: Editorial Catalia, 1995, p. 819.

2   Mostapha, Monique: "Encore le 'Parecer de Yucay' Essai d'Attribution", en *Ibero Amerikanisches Archiv*. Berlín: N.F. Jg 3, H.z, Colloquium Verlag; y Pérez Fernández, Isacio: *El anónimo de Yucay frente a Bartolomé de Las Casas*. Cusco: Centro de Estudios Regionales Andinos Bartolomé de Las Casas, 1995.

Bracamonte cuando escribió en 1573 al padre general de la Compañía de Jesús en Roma pidiendo un pintor de primera clase; quien llegó fue Bernardo Bitti, porque

"... lo mucho que pueden para indios las cosas exteriores, es suerte que cobren estima de las espirituales, conforme ven las señales externas y el mucho provecho que sacarían de ver imágenes que representasen con majestad y hermosura lo que significaban, porque la gente de aquella nación va mucho tras estas cosas"[3].

La frase "ver imágenes que representasen con majestad y hermosura lo que significaban" no es simple ni inocente. Se entra en el fondo del sistema de representación europea formulado en los documentos del Concilio de Trento y, luego, en los varios concilios vinculados a las Américas. Además, los conceptos abstractos forman el punto de partida para analizar un aspecto real del sistema: la relación colonial entre la imagen religiosa y su referencia. Esta relación no es hoy ni estable ni predecible en las formas de penetración ni en los usos de los términos, conceptos y retórica del arte europeo en la imaginación visual de la época colonial. Esto ocurre por la agencia nativa en su formación.

La idea es tratar de cambiar un poco el enfoque de la discusión del arte colonial, que normalmente se divide entre el análisis de los problemas de idolatría indígena y la descripción y el análisis iconográfico del arte cristiano. Hay una relación entre los dos campos basada en un lenguaje teórico de la diferencia. O sea, para tener una lucha cultural tiene que haber un lenguaje común en el cual esta lucha pueda ocurrir. Si no, no habría la posibilidad de tener un diálogo entre los españoles y los andinos; y el diálogo, más o menos seudosocrático, fue la manera escogida

en el catecismo del Tercer Concilio para enseñar a los indios:

"Y porque se pretende que esta enseñanza cristiana le sea muy familiar y fácil, como lo encarga Dios en su ley (Paulo post initium cum autem, Deute, 11), pareció conveniente modo escribirse por preguntas y respuestas para que puedan mejor percibirla y tomarla de memoria"[4].

Para formar las preguntas y respuestas conocemos muy bien que los españoles estudiaron la religión andina con el fin de entender sus detalles. Usaron términos como *huaca*, *mallqui*, *apachita* y *muchani* para nombrar cosas y actos religiosos. Éstas son palabras escritas, una forma de nominalismo colonial, y expresaron conceptos católicos de idolatría en términos locales como en la frase "en todos los aillos de este pueblo tienen ministros de ydolos que mochan a sus malquis..."[5]. A pesar de todo, el intento fue combatir los falsos dioses y su idolatría y plantear la fe verdadera y la latría. El uso de términos andinos para nombrar específicamente la idolatría andina no fue para cambiar el discurso cristiano, sino lo opuesto. Los españoles intentaron incluir el discurso sagrado de los andinos dentro de la ideología cristiana para aniquilarlo.

Por otra parte, este lenguaje significa un cambio del modo andino de enfrentar el mundo sagrado. Es una reorientación de la visión andina en el sentido de que la imagen es una representación de otra cosa, sea buena, mala o neutral.

_____

4   *Doctrina cristiana y catecismo para instrucción de los indios y demás personas que han de ser enseñados en Nuestra Fe*. Traducido en aymara y quechua, publicado en 1584 por Antonio Ricardo en Lima, en *Monumenta Catechetica Hispanoamericana (Siglos XVI-XVIII)*, tomo II. Buenos Aires: Pontifical Universidad Católica Argentina, 1990.

5   Duviols, Pierre: *Cultura andina y represión*. Cusco: Centro de Estudios Rurales Andinos Bartolomé de Las Casas, 1986.

_____

3   Anónimo: *Historia general de la Compañía*. Madrid (1600), 1944.

Esta reorientación, entonces, no es simplemente un cambio de palabras y formas visuales. Cuando proponen quitar las huacas y poner cruces en su lugar, no es un intercambio de las mismas cosas. Es un cambio del mundo de representación, un cambio de la ontología del objeto de representación[6]. Este objetivo se pone de manifiesto en el sermón número diecinueve del Tercer Concilio Limense que toma la forma de preguntas y respuestas en quechua y español entre el sacerdote y el andino:

> "Padre, ¿cómo nos decís que no adoremos ídolos ni guacas, pues los cristianos adoran las imágenes que están pintadas y hechas de palo y metal, y las besan y se hincan de rodillas delante de ellas, se dan en los pechos y hablan con ellas? ¿Éstas no son guacas también como las nuestras?
>
> Hijos míos, muy diferente cosa es lo que hacen los cristianos y lo que hacéis vosotros. Los cristianos no adoran ni besan las imágenes por lo que son, ni adoran aquel palo o metal o pintura, mas adoran a Jesucristo en la imagen del Crucifijo, y a la Madre de Dios, Nuestra Señora la Virgen María, en su imagen, y a los Santos también en sus imágenes. Y saben los cristianos que Jesucristo y Nuestra Señora y los Santos están en el cielo vivos y gloriosos, y no están en aquellos bultos o imágenes, sino solamente pintados. Y si reverencian las imágenes, y las besan y se descubren delante de ellas e hincan las rodillas y hieren los pechos, es por lo que aquellas imágenes representan, y no por lo que en sí son".

El conflicto se encuentra en el momento en que se enuncia un sistema absoluto de diferencia en un lenguaje común donde las cosas y prácticas son análogas. Al mismo momento de su existencia, el sistema empieza a perder el control del discurso y abre la posibilidad, cada vez más fuerte, de expresar varias diferencias y ambivalencias[7]. O sea, es aquí donde se revela la agencia andina en su operación, hasta en el proceso de adoctrinamiento por medio del catecismo y los sermones, resultando en una heterodoxia nueva, cuando debería ser una ortodoxia. Entonces, quiero explorar cómo los conceptos de diferencia aparecen en cuatro formas concretas encontradas en tres textos y una imagen, todos bastante conocidos, en donde lo visual tiene un papel importantísimo. El primero está en _La relación... acerca de los pueblos de indios de este arzobispado donde se ha descubierto la idolatría..._, de Francisco de Ávila, de 1611. El segundo está en el sueño de Don Cristóbal Choque Casa encontrado en el manuscrito de Huarochirí, y el tercero se encuentra en el proceso contra Hacas Poma de 1656. La imagen es un dibujo por Guaman Poma de Ayala (figura 1)[8]. A primera vista, los tres casos textuales presentan simplemente las dificultades de controlar el concepto de la imagen en el Perú colonial, un asunto de

---

6 Desde el Primer Concilio Limense hasta la mitad del siglo XVII éste fue el ritual concreto del intercambio de símbolos y su diferencia ontológica. Por ejemplo, "al fin de la visita se dan fuego con mucha solemnidad los Idolos, e instumentos de su falso culto, y se ponen cruçes, donde los auia fixo, y se quiebren y dehazen los que son aptos para ello". De Ávila, Francisco: _Tratado de los evangelios_, tomo I. Lima, 1648.

7 Bartolomé de Las Casas escribió que en caso de evangelización forzada, poner cruces no ayuda porque los indios simplemente adoran los palos de la cruz como dios. Véase Gutiérrez, Gustavo: _Las Casas Maryknoll_. Orbis Books, 1993.

8 Creo todavía que Guaman Poma de Ayala hizo los dibujos en la _Nueva crónica_, a pesar de que el manuscrito puede ser una obra de los jesuitas bajo la dirección de Blas Valera. Está basado en una comparación entre los dibujos en la _Nueva crónica_ y los dibujos del documento intitulado _No ay rremedio_ y también con una comparación con los tres dibujos en colores en el manuscrito de Martín de Murúa, _Historia del Perú_ (1615), que son de la misma mano que los dibujos en la _Nueva crónica_. Uno de los dibujos de Murúa (folio 89r) tiene una fecha de 1596 en el verso.

idolatría, extirpación y enseñanza por los doctrineros. Pero, al mismo tiempo, muestran que hay un lenguaje común en el que se puede ver que el "éxito" de la extirpación no fue quitar la religión andina sino cambiar el discurso de su representación. Pero este cambio no es indicio de una aceptación pasiva de la enseñanza doctrinal. Fue un contexto concreto en que los andinos pudieron combatir con, defender contra, o poder expresar, la angustia de ser cristiano, andino tradicional, o ambos. Éste es uno de los contextos de la creación de una cultura colonial. O sea, no vale la pena buscar simplemente las fuentes europeas de la doctrina cristiana en el Perú. Después de 1566, sabemos que la inspiración se encuentra principalmente en los actos del Concilio de Trento. Esto es obvio. Lo que es importante para la historia del arte colonial es cómo se desarrollaron los temas en el Perú en varias –y muchas veces contradictorias– formas.

Entonces, lo que se procura hacer aquí es encontrar las instancias inscritas donde este lenguaje se despliega y redespliega como un pasaje de variados "descambios" entre los andinos y los españoles. Los ejemplos no se suman a una gran síntesis histórica; más bien son apenas rastros de intercambios de los que nunca sabremos o que nunca comprenderemos completamente[9].

Ecce Homo

En el pueblo de Huarochirí, el corregidor, Diego Dávila Brizeño, se jactó en 1586 de mandar construir la iglesia más suntuosa de la provincia[10]. Diecinueve años después, en 1605, el altar mayor fue dedicado por el pueblo mismo con las imágenes de la Virgen y Ecce Homo auspiciadas. Pocos años más tarde, Francisco de Ávila descubrió que las imágenes no fueron reconocidas como Jesucristo y la Virgen María por la comunidad. El pueblo había dicho que se habían fabricado para ser el enfoque de la fiesta cristiana, celebrada en honor de las imágenes cada año en el pueblo. En realidad, las celebraciones no fueron en honor de Jesucristo y la Santa Virgen, sino de Chaupi Ñamca, la hermana de Pariacaca y Huayasuay. Ávila escribió:

> "... la imagen de Nuestra Señora representaba al ídolo mujer y el Ecce Homo al ídolo varón y los tenían en el altar mayor de la iglesia de su pueblo, donde los adoraban, no como lo que representen formalmente, sino como a los dichos ídolos"[11].

Tales rastros de idolatría no fueron excepcionales ni impensados en los siglos XVI y XVII. Por ejemplo, en *La extirpación de la idolatría de Perú* Pablo José de Arriaga incluyó el descubrimiento de Ávila como uno de sus muchos ejemplos de la continuación de la idolatría de los andinos y su tendencia de cargar agua en ambos hombros, de valerse de las dos religiones al mismo tiempo. Esta tendencia, como Arriaga la llama, muchas veces se conoce como "sincretismo",

---

9 Siempre hay posibilidades múltiples e interpretaciones imaginativas de ortodoxia por la audiencia colonializada, que es capaz de sintetizar los catecismos y sermones para obtener otros efectos. Que está predicada en un sermón y que está entendida es un proceso dialéctico. Véase Vincente, Rafael: *Contracting Colonialism: Translation and Christian Conversion in Tagalog Society under Early Spanish Rule*. Ithaca: Cornell University Press, 1988.

10 Dávila Brizeño, Diego: "Descripción y Relación de la Provincia de Los Yauyos Toda, Anan Yauyos y Lorin Yauyos (1586)". RGI 1, 1965, pp. 155-165.

11 De Ávila, Francisco: "Relación que yo el Doctor Francisco de Ávila Presbitero, Cura y Beneficiado de la Ciudad de Huánuco, Hice por Mandado del Señor Arzobispado de los Reyes Acerca de los Pueblos de Indios de este Arzobispado donde se ha descubierto la Idolatría y Hallado Gran Cantidad de Idolos, Que los Dichos Indios Adoraban y tenian por sus Dioses", en José de Medina, editor: *La imprenta en Lima*, 1, 1904, pp. 386-389. Santiago: Casa del Autor.

una palabra descriptiva muy vaga, usada por historiadores del siglo XX para nombrar los varios fenómenos extraños de las religiones coloniales. Pero hay una agudeza en el texto de Ávila que es muy diferente del análisis de Arriaga, y el problema de "sincretismo" como proceso de nombrar un fenómeno no explica la causa de la angustia de Ávila.

Creo que su angustia no es sólo el problema de la idolatría, a pesar de que éste es el contexto político en que su angustia está forjada. Los andinos no están todavía simplemente rindiendo culto a sus dioses antiguos. Tampoco están viendo lo que está representado formalmente ante ellos por los cristianos[12]. No están aceptando las "imágenes que representasen con majestad y hermosura lo que significaban". Pero esto es lo opuesto de lo que dijo Bracamonte cincuenta años antes, cuando pidió a Roma por un pintor como Bitti para trabajar en el Perú. Bracamonte ha señalado "el mucho provecho que sacarían de ver imágenes que representasen con majestad y hermosura lo que significaban, porque la gente de aquella nación va mucho tras estas cosas". En el rehusar reconocer en el pueblo de Huarochirí en la manera correcta hay una renunciación del sistema mismo en el que las imágenes corporales, por su similitud, participan. Esto es lo que Foucault llama "el orden de cosas" en los siglos XVI y XVII, aquél en el que la imagen está construida en general por una cantidad de similitudes específicas, por lo cual el mundo del conocimiento está ordenado[13]. En España este orden está enun-

ciado por las artes plásticas poéticamente a través del _Diálogo entre la naturaleza y las dos artes: pintura y escultura..._ escrito por Juan de Jáuregui y publicado en Sevilla en 1618. Allí la pintura le dice a la escultura "Que una y otra imitación no atienden a lo que son, sino a lo que representan".

El orden en que estos signos gráficos debían ser reconocidos y descifrados está transgredido porque la gente de Huarochirí no le hace caso. Este rechazo es importante, pues el sistema no es solamente un diálogo filosófico entre las artes. El sistema de reconocimiento y desciframiento, en el que las imágenes de Huarochirí han sido creadas, fue parte de la defensa católica contra la Reforma. La defensa está expuesta muy sucinta y meticulosamente en el Concilio de Trento:

> "Las imágenes de Cristo, la Virgen Madre de Dios, y los otros santos deben colocarse y retenerse especialmente en las iglesias, y que se les debe rendir honor y veneración; no porque se crea que contienen en sí mismas virtud o divinidad se les debe venerar o pedirles favores o poner en ellas la fe como lo hacían antiguamente los gentiles que ponían su esperanza en los ídolos; sino porque el honor que se les rinde se refiere a los prototipos que las imágenes representan. Así, por medio de las imágenes que besamos y se descubren delante de ellas y se hincan de rodillas y hieren los pechos, adoramos a Cristo y veneramos los santos a quienes se parecen"[14].

---

12 Este no-reconocimiento de señales visuales de santos cristianos y su Dios por los habitantes de Haurochirí ocurre también en las narrativas de las apariciones en los Andes (ver Sallman, Jean y otros: _Visions Indiennes, Visions Baroque: Les Métissages de l'Inconscient._ París: Presses Universitaires de France, 1992, pp. 177-180). Aquí el autor hace notar la ambigüedad contenida en una carta de los jesuitas que relata la narrativa de un indio de su visión de la aparición de Santiago ante él y su hijo.

---

13 Foucault, Michel: _The Order of Things: An Archaeology of the Human Sciences._ New York: Random House, 1970, pp. 17-30.

14 _Cannons and Decrees of the Council of Trent._ H.J. Schroeder, traductor. London: B. Herder Book Co., 1941, pp. 215-216.

La palabra en latín usada para formular la relación entre imagen y seres divinos es similitud (*Christum adormus, et sanctos, qurum illae similitudinem gerunt, veneremur*)[15]. Las imágenes como las del altar mayor de Huarochirí fueron hechas para imitar y reflejar en el sentido preciso que como Cristo, su madre y los santos "fueron vestidos en humanidad y aparecieron en forma humana"[16], podrían ser representaciones de ellos. Sus imágenes no solamente fueron lícitas dentro de los preceptos del primer mandamiento, sino que debían ser honradas porque se refieren por apariencia a estos "prototipos"[17]. Aunque el catecismo del Concilio de Trento toma medidas correctivas contra la veneración de las imágenes mismas, una equivocación de la relación entre similitud e imagen en que pueden caer los cristianos en idolatría no anticipa una lectura radicalmente diferente de las imágenes católicas[18]. Pero es eso precisamente lo que dice el padre Ávila que ha pasado en Huarochirí. Similitud no es la base de reconocimiento; más bien, lo que está representado por los andinos no aparece formalmente en la imagen: existe en la imaginación andina. En este caso se puede sugerir que el sentido andino de una imagen como espejo no ocurre entre el ojo y la imagen, sino entre las imágenes mismas[19]. Es decir, para ser una imagen completa tiene que ser dos, formando un par de cosas iguales pero diferentes, como en el caso de un par de keros o los pares de esculturas grandes en Tiawanaku[20]. Hay una complementariedad de varón y mujer en estas imágenes de Huarochirí, tal vez expresando de una manera concreta el sistema de metáforas generadas por el sistema social y religioso de *hanan* y *hurin* y el concepto de *yanatin*. Ávila no lo dice, pero eso es, en parte, lo que está detrás de su angustia. No puede controlar a los andinos si no obedecen las reglas del sistema visual de los españoles. Practican su idolatría no por lo que sus ídolos representan formalmente, sino por lo que las imágenes católicas dejan de representar inequívocamente para todos; o, como escribe Ávila: "los adoraban, no como lo que representan formalmente, sino como a los dichos ídolos".

---

15 Rodríguez, Pedro y otros, editores: *Catechismus Romanus*, p. 484. Barañain-Pamplona: Librería Editrice Vaticana (1565), 1989.

16 "At vero cum Christus Dominus, eiusque sanctissima et purissima Mater, ceterique omnes sancti, humana praediti natura, humanam speciem gesserint, eorum imagines pingi atque honorari non modo hoc praecepto interdictum non fuit, sed etiam sanctum et grati animi certissimum argumentum semper habitum est...". Ibíd, p. 417.

17 Ibíd. pp. 418-419; y J. McHugh y C. Callan, traductores: *The Catechism of the Council of Trent*, pp. 375-377. South Bend Marian Publications, 1972.

18 Ibíd., pp. 375-377; y H. J. Schroeder, traductor: "Session XXV", *Canons and Decrees of the Council of Trent*, pp. 216-217. London: B. Herder Book Co., 1941.

19 El emparejado por género de dos imágenes cristianas por el pueblo de Huarochirí para significar Chaupi Ñamca y Huayasuay no quiere decir que las adoraban como ídolos. Las imágenes simplemente creaban un foco dentro del lenguaje andino de metáforas para permitir todos los significados de este sistema metafísico de ser reconocidos en términos de género para ocurrir, uno de los cuales es simetría reflejada. (Véase Salomon, Frank: "Introductory Essay", en *The Huarochirí Manuscript*. Austin: University of Texas Press, 1991, pp. 6-10.) Esta forma andina de mirar y re-narrar es paralela al análisis de Rafael de hablantes tagalog escuchando a un sermón en castellano y creando su propia narración a través de su entendimiento de algunas palabras en vez de interpretar el contenido del sermón por la estructura sintáctica usada por el sacerdote Vincente Rafael: *Contracting Colonialism: Translation and Christian Conversion in Tagalog Society under Early Spanish Rule*, pp. 6-10. Ithaca: Cornell University Press, 1988. Ávila mismo reconoce y describe el problema en su *Tratado de los evangelios*.

20 Kolata, Alan: Comunicación personal.

El desestabilizamiento del orden a un nivel ontólogico fue una gran inquietud para Ávila. O sea, las imágenes no son copias en el sentido que ya no contienen similitud en su contexto andino. Refieren a Chaupi Ñamca y Huayasuay, pero no como sus copias. En este momento se convierten en simulacros; o sea, imágenes sin modelos. Por eso la jerarquía del orden en que la imagen es secundaria al modelo está rota. Ya son imágenes sin modelo, y por eso son imágenes falsas o ídolos, como dice Ávila, siguiendo una tradición medieval[21]. Por lo tanto, Ávila atacó el corazón de Huarochirí en una campaña de extirpación[22]. Además, extendió su campaña hasta incluir la destrucción en 1613 de las imágenes cristianas pintadas en las iglesias de San Pedro y San Felipe por Guaman Poma, un acto horroroso[23]. Sin embargo, la destrucción de una imagen católica fue en realidad un acto que demostró en una forma inversa las características principales de la imagen dentro del sistema de representación colonial católica. Fue una afirmación de su ontología religiosa, y la diferencia con la idolatría, como fue explicada en un sermón del Tercer Cathecismo de Lima:

> "Y así veréis que aunque se quiebre un bulto o se rompa una imagen, no por eso los cristianos lloran ni piensan que Dios se les ha quebrado o perdido, porque mi Dios está en el cielo y nunca perece. Y de la imagen sólo se quiebra o pierde el palo o el metal o

el papel de lo cual a los cristianos no se les da nada, ni lo tienen por su Dios".

Por supuesto, este sermón no reconoce la otra forma contemporánea de la destrucción de imágenes católicas: la iconoclastia de los protestantes. Ésta fue otra lucha, la otra cara de la moneda, y fue contestada a través del Concilio de Trento en su catecismo dirigido a los católicos en Europa. En el Perú, mientras que las palabras del Concilio de Trento fueron escritas en los catecismos, sermones, etc., del Tercer Concilio Limense, el problema no fue respecto a la defensa de las imágenes contra la iconoclastia en Europa. Aquí no fue sobre la ortodoxia de imágenes sino sobre cuáles imágenes fueron lícitas, y por qué, y cómo debían ser atendidas. Ésta es la diferencia entre el pasaje citado del Concilio de Trento, que es una defensa de imágenes católicas contra la iconoclastia protestante (que los católicos no fueron idólatras), y su forma reescrita como parte del diálogo en el sermón diecinueve del Tercer Concilio. Aquí el pagano y el cristiano existen simultáneamente, y, por lo tanto, fue necesario distinguir entre los rituales contemporáneos de los católicos y los andinos. En el Concilio de Trento, la doctrina católica se defiende contra las acusaciones de idolatría en términos de diferencia temporal trascendental: "antiguamente los gentiles... ponían su esperanza en los ídolos". La idolatría está localizada en el pasado y por lo tanto separada de las creencias y de las prácticas religiosas del presente. En el Perú, la Santa Fe Católica y sus imágenes en el presente tienen que distinguirse: "Hijos míos, muy diferente cosa es lo que hacen los cristianos, y lo que hacéis vosotros". Idolatría y cristiandad son coevas en las Américas, y sus distinciones absolutas son críticas.

Sueños e idolatría

Paradójicamente, la antítesis de la destrucción de imágenes católicas por Ávila fue su participación, casi trece años antes, en la

---

21 Camille, Michael: "Simulacrum", en R. Nelson y R. Shiff, compiladores: *Critical Terms for Art History,* pp. 31-44. Chicago: University of Illinois Press, 1996.

22 No atacó solamente al corazón de Huarochirí, pero a todos los pueblos de indios, como Ávila escribió, "tratamos y trabajamos por quebrar y despedaçar los idolos en los coraçones proprios". Ávila, Francisco: *Tratado de los evangelios,* tomo I, pp. 30-31. Lima, 1648.

23 Guaman Poma: *Nueva crónica,* pp. 636-638 y 1022. México: Siglo XXI, 1980.

formación de la única colección de historias y mitos andinos, *El manuscrito de Huarochirí*[24]. Sin embargo, se encuentra en este texto escrito en quechua que el lenguaje de las artes pictoriales de Europa ha penetrado ya en las visiones del inconsciente andino. Vuelven a la superficie del texto para articular, en el relato de un sueño, las ansiedades de un andino cristiano. El soñador, Don Cristóbal Choque Casa, no es una figura mítica, sino un andino contemporáneo que tenía un papel mayor en los eventos de Huarochirí. Tal vez tuvo mucho que hacer con la producción del manuscrito de Huarochirí. Por lo menos, sabemos que fue uno de los aliados más importantes de Ávila en la región. Éste último nos dice que le avisó en agosto de 1608 que la fiesta de la Asunción a la cual había sido invitado en el pueblo de Huarochirí fue en realidad celebrada en honor de Pariacaca, que "cada cinco años se hacía... á que concurrían de toda la comarca"[25]. Para Ávila, las palabras de Don Cristóbal fueron como una revelación divina, y de allí en adelante hizo su campaña de extirpación contra la idolatría andina.

Don Cristóbal aparece en *El manuscrito de Huarochirí* como la contrafigura de Ávila. En el manuscrito, su conversión a la fe cristiana tiene la misma importancia, si no más, que la predicación de Ávila como la razón para que mucha gente de Huarochirí haya dejado sus ritos antiguos y se convierta al cristianismo. Don Cristóbal no solamente denunciaba las huacas diciendo que son del diablo, sino que luchaba personalmente contra el demonio Llocllay Huanacupa con la ayuda de Dios y la Virgen María. Con sus

rezos se ganó al demonio y lo echó fuera del pueblo. Sin embargo, un poco después Cristóbal Choque dice que tuvo que pelear continuamente en sus sueños contra Pariacaca y Chaupi Ñamca. En un relato largo de otro sueño espantoso, Don Cristóbal detalla cómo una vez más se encontró y ganó al demonio, Llocllay Huanacupa. Don Cristóbal nos dice cómo por medio de engaños lo hicieron entrar en una casa donde el demonio estaba venerado por su sacerdote, Astu Huaman. Mientras estuvo dentro de la choza, describe lo que ve:

> "Don christobalca cay huasin hucomanta tucoy yscay pachapi muyoc pintasca ynaccta ricorcan ymanam rromano pintasca yscai patarapi rinman chay hynacta chay pintasca ñiscanchicsi hucpi huc huchuylla supai ancha yana ñauinpas collqui yna chaymanta maquinpiri huc caspi garauata yucta atallir can chaisaus llamp human carcan cay saus ñatac chay huchuilla supai carcan chay sa uari ñatac llampa human chay ynas tu cuy huasunta yscai patarapi muyorcan."

Don Cristóbal vio desde el interior de esa casa algo así como una pintura que rodeaba el cuarto en dos franjas, semejante a una pintura romana en dos niveles. Esta decoración que mencionamos representaba, en una franja, a un pequeño demonio muy negro, con los ojos como de plata y que llevaba en la mano un palo con un gancho. Encima de esto había una cabeza de llama. Encima, nuevamente, ese diablo pequeño, y, arriba, la cabeza de llama. De ese modo la decoración rodeaba la casa en dos franjas alternadas[26].

Ése es uno de los pasajes del manuscrito más difícil de entender y traducir. Varias ediciones publicadas lo han traducido en formas diferentes. Parte del problema es que la palabra "rromano", voz española, no tiene una forma gramatical en la frase en quechua.

24 He usado dos versiones publicadas del documento: la de Salomon, Frank y George Urioste: *The Huarochirí Manuscript*. Austin: University of Texas Press, 1991; y la de Taylor, Gerald: *Ritos y tradiciones de Huarochirí del siglo XVII*. Lima: IEP, 1987.

25 De Ávila, Francisco: "Prefacio al Libro de los Sermones", en *Tratado de los evangelios*, tomo I. Lima, 1648.

26 Salomon, Frank y George Urioste: *Huarochirí*, pp. 108 y 208, 1991.

Existe en una forma gráfica en la página sin relaciones formales específicas con las otras palabras. La falta de precisión en el texto original indica tal vez más que problemas de gramática y sintaxis. Podría ocurrir que sea la forma concreta (una materialización en lenguaje) del estado de cultura ambigua del narrador y su confrontación inconsciente con este estado.

Entonces, hay dos asuntos relacionados en este pasaje que son cruciales: un cambio del estilo retórico y un cambio de lenguaje para desplegarlo. La narración toma un turno ekfrasístico, o sea, la forma de descripción es muy diferente a cualquier otra descripción en el manuscrito. Don Cristóbal dice que ha entrado en un espacio actual, el interior de una choza, que es un templo en su comunidad. Pero la visión que describe no es del diablo mismo, sino su imagen descrita como una pintura en la pared del edificio[27]. Es algo material visto por el relator, Don Cristóbal[28]. Es decir, está describiendo la forma y la iconografía de una representación andina para que su lector pueda ver por medio de palabras la imagen ante él en su pesadilla. Éste es un acto de ékfrasis como usaron Herodoto en su historia de los escitas, y Homero en su descripción del escudo de Aquiles. Pero aquí, en un manuscrito dedicado a los mitos e historias de Huarochirí, esta forma de descripción establece una distancia física y cultural entre el mirador andino cristiano y el objeto visto, tal que el horror del observador ante la imagen ("cuando Don Cristóbal vio estas cosas se asustó mucho") se comparte con el lector. Es una confrontación de ojos cristianos ante una imagen cris-

tiana de idolatría. Don Cristóbal ha tomado la posición de un observador de afuera. Esta posicionalidad social y cultural crea un momento discursivo muy diferente a los otros en el manuscrito, y necesita términos culturales diferentes.

El segundo asunto es entonces un cambio de términos. ¿Por qué mientras otros objetos e imágenes simbólicas se llaman normalmente por sus nombres quechuas en la narración de los mitos y ritos andinos, el relato del encuentro en su sueño usa términos europeos visuales para clasificar lo que ha visto Don Cristóbal? El objeto de descripción es una representación. Es una pintura (*pintasca*) hecha alrededor de una pared, y su apariencia, aparte de ser espantosa, es "rromano". "Rromano" es una palabra descriptiva precisa que presupone un público versado en las sutilezas del lenguage del arte europeo y su uso en las Américas. Por ejemplo, el cronista Motolinía usó la palabra para describir la pintura prehispánica en México; así, escribió: "antes no sabían pintar sino una flor o un pájaro o una labor como rromano". "Rromano" refiere al estilo de bordes ornamentales y frisos, un estilo también llamado "grotesco", y usado en los murales de las iglesias de los siglos XVI y XVII en Europa y las Américas[29]. El friso "rromano" o grotesco está constituido por

---

27 Ávila menciona la forma actual de la huaca de Laccayhuanancupa "que era un pellejo de oso". De Ávila, Francisco: "Prefacio al Libro de los Sermones", en *Tratado de los evangelios,* tomo I. Lima, 1648. Es muy diferente en los términos descriptivos que usa Don Cristóbal para la imagen pintada.

28 Salomon, Frank y George Urioste (*Huarochirí Manuscript,* 1991, p. 107, Nº 515) muestran que Don Cristóbal es el narrador.

---

29 Taylor traduce esta frase con un sentido muy diferente: "la imagen se movía como si estuviera (colgada alrededor del brazo de) una romana, pintada en ambos lados". *Ritos y tradiciones de Huarochirí,* p. 319. Lima: Instituto de Estudios Peruanos, 1987. Se la puede traducir en esta manera si se entiende "rromano" como una balanza. Romana es una palabra usada por los cronistas para nombrar la balanza andina. (Ver Rostworowski de Diez Canseco, María: *Peso y medidas en el Perú prehispánico,* pp. 23-27. Lima: Minerva, 1960.) Sin embargo, éste no explica por qué la palabra española está introducida en el texto de Huarochirí, cuando existe una palabra quechua. Gonzales Holguín (*Vocabulario de la lengua qquichua,* p. 39, 1989) tiene la palabra quechua "aycana" que traduce como "balança". En el diccionario de Sebastián de Covarrubias "balança" es "... dos platos dis-

adornos vegetales, angeluchos y monstruos mitológicos[30]. "Rromano" lleva entonces el sentido del arte pagano. Quizá por eso Don Cristóbal escogió esta palabra en la narración de su sueño horrible para hacer su vision más gráfica, pero no en términos andinos sino en términos europeos. ¿Pero no es lo que esperamos? ¿Cómo podría un andino de otro modo reconocer y luego describir de manera visual una imagen como únicamente una imagen si no en el idioma que la categoriza como tal? En un sentido, la visión de Don Cristóbal, como la articulaba, trastorna la visión de sus compañeros en Huarochirí, quienes no reconocieron las imágenes de María y Jesucristo como tal pero las honraron como Chaupi Ñamca y Huayasuay. Don Cristóbal va más allá de la clasificación ontológica andina de la imagen para verla como una pintura en términos europeos, o sea como *pintasca*.

Don Cristóbal acepta la noción cristiana de la imagen para afirmar su identidad cristiana en su lucha contra los demonios. Su sueño es una imagen de imágenes que son engañosas, al igual que el título del capítulo indica "mana muscoy yupai captinpas" (un sueño no debería tomarse en cuenta). Esta invocación está tomada del Tercer Concilio Limense[31]. Pero nadie puede dejar de soñar.

Es así como el contenido de la imagen del sueño está figurado en el estado consciente que es importante. Después de todo, lo inconsciente es nada más que su representación consciente. Por Don Cristóbal, la lucha contra sus demonios empieza a ser formada en una narrativa escrita y es proyectada en una pantalla del discurso visual europeo en que los dioses andinos ya son reconocidos como nada más que imágenes falsas y, por lo tanto, ya pueden ser vistos solamente en la forma de imágenes: *rromano* y *pintasca*. Es decir, para Don Cristóbal ser cristiano implicaba repudiar las huacas y aceptar la idolatría. O sea, su sueño exigió que ya existiesen ídolos donde antes no han existido. Aun reconociendo una existencia nueva de las huacas como nada más que imágenes falsas, los ídolos ya vagan por las pesadillas de Don Cristóbal de una manera como nunca jamás una huaca ha perseguido el sueño de un andino: el fantasma de la idolatría misma.

Idolatría y latría

El discurso de la idolatría en el Perú produce terror en los sueños de Don Cristóbal, porque éste existe simultáneamente en y entre una cultura en que las huacas todavía funcionan con éxito y en una cultura dominante en que a las huacas les falta validez y están estigmatizadas como falsas y demoniacas. Ésta fue una simultaneidad con la que muchos andinos tenían que luchar para tener sentido. Sin embargo, el discurso de la idolatría llevaba al mismo tiempo la dialéctica entre idolatría y latría[32] que fue capaz de

tantes en fiel y en equilibrio, en el uno se echa lo que se ha de pesar y en el otro las pesas". *Tesoro*, p. 158. Romana es "cosa perteneciente a Roma; vulgarmente significa un género de peso ingenioso...". Ibíd, p. 869.

30   Toussaint, M.: *Pinturas murales...*, p. 2, 1948, define "romano" como "llamaban de Romano a la pintura decorativa de frisos y fajas constituidas por adornos vegetales, angeluchos, y monstruos mitológicos". (Citado en Robertson, Donald: *Mexican Manuscript Painting*, 2ª edición, p. 42. Norman Oklahoma University Press, 1994.)

31   Mannheim, B.: "A Semiotic of Andean Dreams", en B. Tedlock, editor: *Dreaming: Anthropological and Psychological Interpretations* Nº 137, pp. 132-153. NY: Cambridge University Press, 1987; y Salomon, Frank y George Urioste: *The Huarochirí Manuscript*. 1991. El título también indica por

lo menos alguna familiaridad con el Tercer Concilio Limense y sus comentarios sobre imágenes.

32   "Latría. La reverencia, el obsequio y servidumbre que se debe sólo a Dios; es nombre griego... De allí idolatría, vide supra (ídolo, 5)." (De Covarrubias y Orozco, Sebastián: *Tesoro de la lengua castellana o española*, p. 703, 1995.)

asignar algo de legitimidad a las representaciones de la religión andina prehispánica.

La relación entre idolatría y latría tiene una larga historia en la Iglesia católica romana[33]. Tomás de Aquino la explicó como la distinción entre rindiendo culto a la cosa misma, una cruz o representación de Cristo, y la devoción piadosa de la imagen en el sentido de que es solamente una imagen de Cristo. Para Las Casas, que sustentó su ideas en una lectura de Tomás de Aquino, idolatría expresa el hecho de que el hombre es llevado naturalmente a adorar a Dios. Latría es la adoración piadosa del Dios verdadero[34]. Idolatría es simplemente un problema de reconocimiento malo o adoración colocada mal por aquellos que aún no conocen a Dios. Es cuestión de la verdad mal revelada a la idólatra, quien, por sus actos religiosos, ha mostrado que tiene la capacidad de venerar al Dios verdadero. La idólatra es análoga al cristiano en que la última intención de la idólatra no es adorar ídolos, sino adorar, a través de ellos, alguna manifestación del poder divino, el ordenador del mundo[35]. En este sentido, idolatría es la prefiguración de latría.

Entonces, los rituales religiosos prehispánicos, que fueron idolátricos por su esencia, también pudieron ser entendidos, si eran manejados con mucho cuidado por los intérpretes, como señales de la capacidad intrínseca de los andinos de ser cristianos completamente. A pesar de que fueron idólatras, los andinos tenían la misma disposición natural de ser cristianos, igual que los españoles tenían esta disposición latente en su estado de gentilidad. Es un argumento usado frecuentemente en las Américas después de Las Casas, y es un reclamo que Guaman Poma aprovechó para crear su último dibujo de un ídolo andino. Haciéndolo, su dibujo invierte el discurso de la extirpación de idolatrías de alguien como Ávila, quien encontró que las imágenes cristianas eran adoradas como los dioses paganos de los andinos, lo que le permitía señalar que los indios son débilmente atrapados en su incapacidad casi permanente de convertirse en cristianos completos. También desplaza la simultaneidad del mundo atormentado de Don Cristóbal en una teleología que progresa desde la idolatría prehispánica a la cristiandad colonial como un cambio inevitable que radica en el carácter religioso universal del hombre. O sea, para Guaman Poma los andinos no conocieron al Dios de los cristianos antes de la conquista española, pero adoraban a su dios superior a través de una imagen y no la imagen misma. En consecuencia, fueron naturalmente dispuestos a reconocer al Dios verdadero como el ser supremo.

Guaman Poma escribe en varias ocasiones que los andinos, antes de la conquista, fueron más cristianos que los cristianos[36]. El argumento escrito se desarrolla lógica y consecutivamente como un conjunto de proposiciones y pruebas. Al mismo tiempo, tiene que reconocer que la religión andina y sus ritos fueron idolátricos. Para ir más allá de este hecho a una condición que es anterior pero análoga a las prácticas devotas de los cristianos, Guaman Poma no construye un argumento escrito. Lo demuestra visualmente en un momento transicional de descreimiento a creencia (figura 1). El dibujo prefigura la expresión de la religión incaica dentro de los

33 Camille, Michael: *The Gothic Image. Ideology and Image making in Medieval Art,* pp. 203-220. Cambridge: Cambridge University Press, 1989.

34 De Las Casas, Bartolomé: *In Defense of The Indians,* capítulo 8, p. 75. S. Poole, traductor. Dekalb: Northern Illinois University Press, 1992.

35 Gutiérrez, Gustavo: "Las Casas In Search of the Poor of Jesus Christ", en R. Barr, traductor: *Maryknoll: Orbis Books,* pp. 166 y 204, 1993.

36 Véase Rolena Adorno: *Guaman Poma: Writing and Resistance in Colonial Peru,* pp. 32-35. Austin: University of Texas Press, 1986.

preceptos del Concilio de Trento como expuestos por los sermones y catecismos del Tercer Concilio Limense. Es decir, aparte de su contento ilustrativo, el dibujo actúa como una metaimagen en el sentido de que a través de la composición e iconografía del dibujo, trata de crear una unidad entre las prácticas devotas de andinos y europeos como un continuo basado en un diálogo jerárquico entre este dibujo y los otros que contienen imágenes de huacas o imágenes cristianas[37].

El dibujo es la última imagen de un Sapa Inca independiente y una huaca. Como parte de la narrativa histórica, es transicional en un sentido teleológico y metafísico: el fin del poder político de los Incas y el fin de la religión de los Incas. Procediendo desde la izquierda del dibujo, Tupac Amaru aparece amarrado por cadenas y siendo llevado por Martín de Loyola a Cusco. Otro capitán español anda delante del par, sosteniendo firmemente una escultura de una huaca en la mano izquierda. Es el ídolo de Huanacauri, y es muy similar en forma y posición a los otros dibujos de Guaman Poma de esta huaca importantísima de los incas (figura 2). Tiene el torso de un ser humano, pero la parte de abajo o la base es muy amorfa. La huaca es masculina, lo que está indicado por su traje, incluyendo el *llautu*, plumas y orejas.

Casi todos los elementos iconográficos y formales crean una composición de información real, al lado del relato textual de los hechos históricos escritos en la página siguiente. Sin embargo, un elemento pictorial, la imagen de la otra huaca traída de Vilcabamba por Martín de Loyola[38], el dios solar de los Incas o Inti, indica que el dibujo significa

más que el valor reporteril de los eventos actuales.

Es una representación única de esta deidad. En todos los otros dibujos de Guaman Poma el sol aparece como un ser celestial puesto muy alto en la superficie del dibujo y representado a través de convenciones europeas de un disco solar con rastros antropomórficos (figura 3). El dios solar nunca está representado en la forma de un ídolo. Sin embargo, en este dibujo no hay disco solar de rastros antropomórficos. La forma del sol está definida solamente por los rayos animados que, porque son mucho más variados en forma y tamaño que en otras representaciones, tienen una configuración mucho más dinámica. O sea, es más como la mandola que rodea la imagen del espíritu santo (figura 4). Por lo tanto, en el interior de los rayos aparece otra huaca, casi idéntica al ídolo de Huanacauri sostenido en la mano del capitán. Seguramente está destinada a indicar el ídolo del sol traído de Vilcabamba. Empero, no puede ser una imagen del ídolo mismo, porque aparece suspendido en el aire, ingrávido y sin volumen corpóreo. Flotando libremente, se lo puede entender simultáneamente como la forma de un ídolo y como una imagen cósmica del poder divino[39].

Es decir, el dibujo combina las esferas de lo natural y lo sobrenatural de la experiencia humana, poniendo todas las personas y los artefactos históricos en la presencia del divino. Los rayos indican el objeto andino de adoración, el Sol, como lo hacen en otros dibujos. El ídolo dorado del sol no está en este dibujo. Se ve a lo que el ídolo hace referencia: el carácter sagrado del Sol, en vez del Sol mismo. Esta idea está manifestada en el centro del Sol. Parece que Guaman Poma está sosteniendo visualmente que las teorías de Las Casas de las intenciones honestas de las

---

37   Mi análisis del dibujo de Guaman Poma debe mucho al ensayo de Mitchell, W.J.T.: "Metapictures", en *Picture Theory,* pp. 35-82. Chicago: University of Chicago Press, 1994.

38   "... otro capitán lleuaua adelante su dios del sol, oro fino, y su ydolo de Uana Cauri...". Guaman Poma: *Nueva crónica,* 450 (452), p. 417, 1980.

39   Para un estudio de la continuidad del culto de la deidad solar, véase Cock, Guillermo y Mary Eileen Doyle: "Del culto solar a la clandestinidad de Inti y Punchao". *Historia y Cultura* Nº 12, pp. 51-79. Lima, 1979.

idólatras pertencen a los incas. No adoran al ídolo; pero, a través de su forma de sol, las idólatras adoran una manifestación del poder divino, y reconocen, por lo menos en una forma equivocada, que hay un ordenador del mundo.

El dibujo de Guaman Poma no discute que antes de la llegada de los españoles los andinos han venerado dioses falsos. Pero indica que no adoraban las imágenes por sí mismas. El ídolo dorado del Sol guardado en el Coricancha es solamente una imagen del sol divino, al igual que una pintura o escultura de Cristo es solamente una imagen de su carácter divino[40]. El error de los andinos es confundir la creación con el creador[41]. Por eso, el dibujo de Guaman Poma postula un acomodamiento entre idolatría y latría que es idealista. Es muy diferente que los miedos y ansiedades expresados en la pesadilla de Don Cristóbal. Sin embargo, ambas figuraciones de la idolatría andina indican un entendimiento y despliegue común del lenguaje y teoría europeos de lo visual como una manera de llegar a un acuerdo, bien que diferente, con el presente.

Alumbrados y palos dorados

La retórica visual usada por los españoles seguramente tenía resonancia en las comunidades andinas; sin embargo, como Don Cristóbal no podía controlar el contenido de sus sueños, igualmente los españoles no podían controlar la manera como esta retórica fuese interpretada y usada.

Los testimonios encontrados en los procesos de extirpación en contra de la idolatría del siglo XVII muestran que algunos líderes locales, como Hernando Hacas Poma, exhortaron a sus pueblos a no ser cristianos. Y en el caso contra Hacas Poma está acusado de haber dicho:

> "(que) no adorasen a Dios Nuestro Señor ni a sus santos que eso era para los españoles que eran guacas y camaquenes dellos y que eran unos palos pintados y dorados y eran mudos que no daban respuestas a los indios..."[42].

Peor todavía: este discurso de la disputa andina contra las imágenes católicas no fue formulado dentro de las creencias religiosas andinas. La disputa de imágenes a través de su materialidad llegó al Nuevo Mundo como parte del mismo catolicismo romano, echando raíces en el discurso de la religión andina del siglo XVII a través de la enseñanza de la doctrina. Esto significa que muchos de los actos religiosos indígenas no fueron solamente paganos pero predicaron una forma herética dentro de los términos establecidos en la doctrina misma.

Ya en 1525, los alumbrados en Toledo dijeron en sus confesiones ante el Santo Oficio una cantidad de proposiciones heréticas respecto del uso de imágenes. Y, más soprendentemente, reaparecían casi palabra por palabra en el testimonio de Hacas Poma más de 122 años después[43]. Las creencias de

---

40 Los libros devotos con ilustraciones del siglo XVII tal vez sirvieron como el modelo teórico para este dibujo de Guaman Poma. Véase, por ejemplo, David, Johannes: *Veriducus Christianus Antwerp (1601-03),* citado en Freedberg, David: *The Power of Images: Studies in the History and Theory of Response,* pp. 183-184. Chicago: University of Chicago Press, 1989.

41 Éste es un tema muy común en los sermones contra la idolatría andina.

42 Huertas Vallejos, L.: "Testimonio de Hernando Hacas Poma", en *La religión en una sociedad rural andina (siglo XVII),* p. 107, 1981.

43 *Alumbrado* se refiere al grupo herético del siglo XVI en España. Fue compuesto por hombres y mujeres, quienes fueron "alumbrados" por el espíritu santo con un "dejamiento" espiritual al amor de Dios. Por lo tanto, no necesitaron los rituales o sacramentos de la Iglesia. Por eso rechazaron el uso de imágenes. Los *alumbrados* fueron perseguidos por el Santo Oficio por primera vez en 1519

los alumbrados fueron recogidas, ordenadas y numeradas, y entonces obtuvieron respuestas oficiales. Dos proposiciones heréticas y las respuestas de la Inquisición son particularmente importantes:

> "16. Que no curasen de hacer reverencia las imágenes de nuestro Señor e de nuestra Señora, que eran palos, y se reían cuando les hacían reverencia, diciendo que no hiciesen cuenta de ellas, que palos eran."

Esta proposición es herética y en otro tiempo fue condenada por la Iglesia:

_____

en Toledo y con otros procesos tomando lugar en Sevilla y Llerna en 1570 y poco después. Los jesuitas de España fueron muy conscientes del alumbradismo como ellos mismos fueron acusados de tener afinidad con los principios de los alumbrados. Es resultado de *Los ejercicios* de San Ignacio de Loyola que describe las meditaciones sin el uso de imágenes como intermedios. Éste fue un problema en vista de los alumbrados y su rechazo de las imágenes de la Iglesia. Por lo tanto, en menos de una generación los jesuitas dejaron la posición original de Loyola y empezaron a usar imágenes como un medio importante. Esto se puede ver claramente en la diferencia entre *Los ejercios* y *Evangelica historiae* del amigo de Loyola, Jerónimo Nadal, que está lleno de estampas de la vida de Cristo para realizar las meditaciones. No es una sorpresa entonces que el lenguaje herético de los alumbrados como aparece en documentos del Santo Oficio en España también, está usado en muchos documentos de los jesuitas que tratan de los ritos y prácticas de la religión andina en relación con la Iglesia católica. La historia de los alumbrados, los jesuitas y la extirpación en Perú tiene que ser vista como vinculada dentro del discurso de imágenes y la Iglesia. Para una historia de los alumbrados, véase Hamilton, Alastair: *Heresy and Mysticism in Sixteenth-Century Spain: The Alumbrados*. Cambridge: James Clarce & Co, 1992; y Selke, Angela: *El Santo Oficio de la Inquisición. Proceso de Fr. Francisco Ortiz (1529-1532)*. Madrid: Ediciones Guadarrama, 1968.

> "17. Diciendo a una persona que por qué no tenía imagen de nuestra Señora, decía que mirando a una mujer se acordaría de nuestra Señora".

Esta proposición es locura y error, y en la raíz es herética, porque presupone que no han de ser honradas las imágenes de los santos[44].

Las herejías de los alumbrados en Toledo en cuanto a las imágenes católicas y la refutación por la Inquisición no llegaron al Perú en esta forma. Más bien, el problema de la disputa de imágenes articulada por la única secta herética de España del siglo XVI fue incluida en la reformulación en Perú del catecismo escrito por el Concilio de Trento. Producido por la enseñanza evangélica de los nativos, el diálogo escrito en quechua y castellano entre el padre y el catecúmeno respecto al primer mandamiento empieza con el cura preguntando:

> "Pregunta: ¿Quién quebranta el mandamiento de 'honor a Dios'?
> Respuesta: El que adora cualquier criatura, o tiene ídolos o guacas o dá crédito a falsas sectas y herejías, o sueños y agüeros que son vanidad y engaño del demonio.
> P: Según eso, ¿todas las ceremonias que enseñan los indios viejos y hechiceros contra la ley de los cristianos son vanidad y engaño del demonio?
> R: Así es, padre, sin duda alguna, y los que las usan serán condenados con el demonio.
> P: Pues, hijos míos ¿por qué los cristianos adoran las imágenes de palo y metal, si es malo adorar a los ídolos?
> R: Padre, no adoran los cristianos las imágenes de palo y metal por sí mismos como idólatras. Ni piensan que en ellas mismas hay virtud y divinidad. Mas mirando lo que

_____

44 Véanse también los números 18 y 24 de "El edicto contra alumbrados del Reino de Toledo" (1525), en "Miscelánea Beltrán de Herdeia". *Biblioteca de Teólogos Españoles*, Vol. III, pp. 218-219, 1972.

representan, adoran a Jesuscristo en la cruz y en su imagen, y reverencian a nuestra Señora la Virgen María, y a los otros santos que están en el cielo, pidiendo su favor, Y las mismas imágenes reverencian no por lo que son, sino por lo que representan."[45]

La última frase ("Y las mismas imágenes reverencian no por lo que son, sino por lo que representan") también se encuentra en los diálogos escritos en España entre pintura y escultura ("No atienden á lo que son, sino á lo que representan"). Sin embargo, la literatura colonial de doctrinas en los Andes no es un diálogo erudito entre las artes. Al recitar esta frase en quechua, los andinos fueron instruidos para que entendiesen las características de las imágenes cristianas; en realidad fueron de palo y metal, y esto fue un concepto importante en la distinción entre idolatría y devoción[46]. Pero esto también significó que

cualquier apostasía podría ser únicamente expresada dentro de los términos ya dichos en la propia herejía española del siglo XVI[47].

El lenguaje de refutación andino, al dirigirse por lo menos a los españoles, sólo podría llegar a ser la imagen inversa de la afirmación cristiana[48]. Hacas Poma y otros reclamaron que las imágenes cristianas fueron en realidad no más que unos palos pintados y dorados, y eran mudos. Entonces, Hacas Poma hace una equivalencia entre las dos religiones basada en el concepto de la imagen. Con el resultado que lo que representaron las imágenes cristianas, la sagrada familia y los santos, no ofrecieron nada a los andinos. Las palabras de Hacas Poma no son palabras de

---

45 "Doctrina Cristiana y Catecismo Para Instrucción de los Indios de Demás Personas que han de ser Enseñadas en Nuestra Santa Fe". Lima: Antonio Ricardo, 1584, en _Monumenta Catechetica Hispanoamericana (siglos XVI-XVIII)_, Vol. II, pp. 482 y 483. Buenos Aires: Pontifical Universidad Católica Argentina, 1990.

46 Este diálogo ocurrió no solamente al nivel íntimo entre el catecúmeno y el sacerdote, sino también a un metanivel del discurso doctrinal en la forma de un sermón. En el sermón diecinueve del Tercer Catecismo, la idolatría y el primer mandamiento están discutidos dentro de los términos usados en _El catecismo_. En el sermón la forma de representación del Patronato Real y de la Iglesia se hace explícita. La devoción cristiana de sus imágenes y la presencia del poder de Dios a través de las imágenes es análoga a la presencia y el poder del rey como manifestado visualmente por la palabra escrita: "Y si reverencian las imágenes y las besan y se descubren delante de ellas, e hincan las rodillas y hieren los pechos, es por lo que aquellas representan, y no por lo que en sí son. Como el corregidor besa la provisión y sello real y lo pone sobre la cabeza, no por aquella cera ni papel sino porque es quilca del rey." (Ibíd., folios 115v-116r.)

47 El Taki Onqoy, el primer movimiento herético en los Andes (1564-1570), está formado en los documentos escritos por las palabras de la herejía de los alumbrados de Toledo. En la información de servicios de Cristóbal de Albornoz de 1570, Pedro Barriaga Corro, un testigo, cuenta cómo Albornoz empezó a descubrir "un seta y apostasía" en que el líder "predicavan: 'véis cómo ese palo no habla por la cruz...'", en Millones, Luis: _El retorno de las huacas_, p. 147, 1990. Como Gabriela Ramos indica, el testimonio de Pedro Barriaga Corro "guarda mucha semejanza con las proporcionadas por los testigos en otros casos de brujería y hechicería, tanto en algunas ciudades de España como en Lima durante el siglo XVII...". (Ramos, Gabriela: "Política eclesiástica y extirpación de idolatrías: Discursos y silencios en torno al Taqui Onqoy", en G. Ramos y H. Urbano, compiladores: _Catolicismo y extirpación de idolatrías. Siglos XVI-XVII_, p. 147. Cusco: Centro de Estudios Regionales Andinos Bartolomé de Las Casas, 1993).

48 En México casi ninguno de los confesarios y doctrinas tienen esta forma de ansiedad respecto a las imágenes cristianas. El _Confesario Mayor_ de Alonso de Molina publicado en 1565, inmediatamente después del Concilio de Trento y hecho en reacción a él, hace las mismas preguntas en relación a los mandamientos sin cambio. Con respecto a las imágenes en relación con el primer mandamiento, Molina, después de hacer algunas preguntas acerca de la idolatría de los mexicanos, escribe: "¿Tienes reverencia a la Cruz de Nuestro Señor Jesucristo y a su imagen y a las imágenes de los Santos cuando pasas

idolatría pero sí de herejía. Hacas Poma repudia la cristiandad por repudiar sus imágenes, usando las palabras y conceptos de la doctrina cristiana. Su testimonio, impartido en la lengua quechua y traducido a la lengua castellana, se origina en los sermones y catecismos concebidos en castellano y traducidos al quechua. Las ideas, atentas a la propia herejía negra[49], vuelven por medio del quechua al castellano para significar algo totalmente distinto.

Esta acción parece diferente de las acciones de la gente en Huarochirí, quienes "simplemente" escogieron venerar a sus dioses tradicionales a través de las imágenes cristianas sin reconocer lo que representaban. Fue un peligro distinto, como Ávila ha notado claramente; y el mismo Ávila puso toda su fuerza y fe en las palabras de predicación[50].

Pero no estoy tan seguro de que en el caso de idolatría, extirpación y doctrina haya tanta diferencia entre palabras e imágenes visuales[51]. Para venerar a los dioses antiguos a través de las imágenes cristianas, los de Huarochirí tenían que aceptar la idea de que la imagen es sólo una representación de algo afuera de la imagen; o sea, la imagen es ya un *free floating signifier,* en el sentido de que no es en sí misma lo que representa. En el mismo sentido, Hacas Poma puede decir que las imágenes de los cristianos no representan nada por su comunidad y que son no más que palos pintados. Aquí se puede encontrar que en el momento del rechazo más completo de la cristiandad por los andinos hay una paradoja. Los andinos dicen que hacen la misma cosa que los cristianos ante sus imágenes. La diferencia no es cuestión ni de religión, ni de idolatría ni de latría. La diferencia es cultural, social y política. Existen dos realidades cósmicas: la española y la andina, a las cuales los dioses españoles y andinos atendían respectivamente. Pero decirlo significa que han entrado en el sistema español/colonial de imágenes en el sentido de que Hacas Poma ha aceptado que la imagen puede ser no más que una representación, falsa o verdadera, española o andina.

---

delante de ellas?" (Molina: *Confesario,* fol. 21v.) El único confesario de México que toca ese tema en una forma diferente es la *Doctrina cristiana mexicana* producido por el Tercer Concilio Provincial Mexicano. La forma de esta *Doctrina* está muy influida por la *Doctrina* del Tercer Concilio Limense (Resines, Luis: *Catecismos americanos,* Vol. II, pp. 645-648, 1991). El texto en latín en la *Doctrina mexicana* es una traducción casi literal de la versión peruana, pero es más enfática todavía:

"P: Quare ergo Christiani adorant imagines ligneas, et aenas (*sic*), si es malum adorare Idolis? R. Non adorant Christiani lignum, et aer prout Idolatrae, nec putant quod in ipsis existat aliqua virtus, uel Deitas.

P: Quare ergo illas adorant? R. Pro his quae representant et adorant illas in eis, prout Jesu Christum Dominum nostrun in Cruce, quia eius imago.

P. Et quare reuerentur Imagines beatae Mariae, et Sanctorum? R. Quia sunt Amici Dei et furuntur gloria, et cum sint Aduocati nostri apud Deum in nostris necessitatibus ut eis remedium adhibeant."

A mi conocimiento, en México estas preguntas no aparecen en los siguientes confesarios o doctrinas.

49 En 1611, la palabra "alumbrado" todavía fue entendida así: "Alumbrados fueron ciertos herejes que hubo en España muy perjudiciales, que traían la piel de ovejas, y eran lobos rapaces." De Covarrubias Orozco, Sebastián: *Tesoro de la lengua castellana o española,* p. 80, 1995.

---

50 Véase Estenssoro, Juan: "Descubriendo los poderes de la palabra: Funciones de la prédica en la evangelización del Perú (siglos XVI-XVII)", en G. Ramos, compiladora: *La venida del reino: Religión, evangelización y cultura en América, siglos XVI-XX,* pp. 75-102. Cusco: Bartolomé de Las Casas, 1994.

51 En el caso de Ávila mismo, su lenguaje es muy figurativo en un sentido visual. O sea, no se puede escapar la imagen en su lucha contra la imagen como ídolo. Véase, por ejemplo, los sermones en De Ávila, Francisco: *Tratado de los evangelios,* tomo I, pp. 30-31, 105, 117, 193. Lima, 1648.

No quiero decir que la penetración de la filosofía europea de la imagen en la religión andina fue un éxito completo, pero ayuda un poco en la explicación de cómo el pueblo de Huarochirí podría venerar a Chaupi Ñamca y Huayasuay a través de las figuras de Ecce Homo y la Santa Virgen. Al mismo tiempo, podemos ver que Don Cristóbal aprovechó de esta forma de retórica visual para construir una distancia cultural entre él y la religión de sus antepasados, mientras que Hacas Poma y otros la usaron para declarar una diferencia absoluta entre el mundo sagrado de los españoles y el mundo sagrado de los andinos.

Éste no es necesariamente el lenguaje de visión utilizado dentro de las comunidades andinas en el siglo XVII. Quizá fue, quizá no. Creo que fue, pero el problema es que todos los ejemplos analizados aquí ocurren en un contexto de interacción entre españoles y andinos a un nivel cósmico de religión en un contexto de conflicto. Pero, de cualquier modo, el lenguaje de visión y la visión misma fueron desempeñadas; no fue simplemente un asunto de sincretismo, sobre todo si se toma en cuenta que la lectura heterodoxa y la reinterpretación cósmica del molinero italiano Domenico Scandella/Menocchio fue en Montreale[52]. Hay agencia y contingencia en todos los casos, produciendo algo más que fue pensado o permitido. Sin embargo, en las Américas la heterodoxia no fue producida en las grietas entre la oralidad de la cultura popular/local/campesina y la filosofía de la cultura elite/autoritaria. En Europa, las varias culturas han estado lado a lado en varias formas por siglos y siglos y con resultados diversos. En las Américas, la lucha fue entre los colonizadores y los colonizados, quienes no tenían ni una historia ni una visión en común. Tenían que ser construidas, y su construcción ocurrió entre la formas e instituciones culturales y sociales de los andinos y los españoles. Como otras formas del poder,

tal como el derecho, los andinos fueron agentes en el uso y reformulación de los términos del intercambio cultural y el poder.

Por ejemplo, no importa la forma esmerada en que Martínez Montañés, en Sevilla, hubiera tallado la madera de cedro para dar a su escultura una realidad corpórea, ni después, la manera cuidadosa en que Francisco Pacheco la hubiera pintado para que pareciera lo más fiel posible. Bien hubiera sido vista por algunos peruanos como otras obras de Montañés que cruzaron el océano Atlántico, tal como es: "un palo pintado y dorado"[53]. ¿No era justo al fin y al cabo? El ídolo del Sol, después de haber sido sacado de Vilcabamba (figura 1), finalmente fue visto por ser quien fue en los ojos de los españoles y fue fundido para mandar oro a España. Imagínese Hacas Poma en Lima, estando de pie ante el retablo de san Juan Bautista, mirando al crucifijo de Montañés.

¿No es éste, de alguna manera, el corazón de la definición irónica de Covarrubias de Perú/intercambio?

---

52 Véase Ginzburg, Carlo: *The Cheese and the Worm Baltimore.* Chicago: The Johns Hopkins University Press, 1980.

53 Por las esculturas de los crucifijos de Montañés que fueron mandados al Perú, véase Harth-Terré, Emilio: *Escultores españoles en el Virreinato del Perú,* pp. 90-97. Lima: Editorial Juan Mejía Baca, 1977; y para el deseo de Pacheco de pintar otra escultura de Montañés de una manera lo más fiel posible, véase Proske, Beatrice: *Juan Martínez Montañés, Sevillian Sculptor,* p. 51. New York: The Hispanic Society of America, 1967.

BVENGOBIERNO
LAPRECIÔDETOPAA

maco ynga   ynfante Rey   co lleua preso consu co
rona el capi   tan martin   garcia de yo' la—

Figura 1

Figura 2

Figura 3

CORONICA

Figura 4

Investigaciones sobre la arquitectura y el arte del Virreinato del Perú realizadas entre 1959 y 1989

José de Mesa
Universidad Mayor de San Andrés, Bolivia

Nuestra curiosidad por la cultura del Perú se remonta al año de 1946, cuando se celebró el Congreso de Arquitectos en Lima. Éramos estudiantes, y ya en esa época nos llamó la atención la arquitectura virreinal limeña, de la que realizamos una colección fotográfica.

La siguiente aproximación fue el año de 1959, de paso a los Estados Unidos, adonde íbamos, mi esposa y yo, con una beca Guggenheim. Nos quedamos un mes en Lima con intención de conocerla mejor y de allí pasamos a Cusco, donde fuimos sorprendidos por la cantidad y calidad de las obras de arte existentes. Decidimos entonces preparar algo sobre pintura cusqueña, trabajo que nos tomó algunos años. En esta ocasión conocimos al arquitecto Emilio Harth-Terré y al padre Rubén Vargas Ugarte, quienes nos animaron a proseguir en nuestro empeño.

El terremoto devastador de la zona norte, que destruyó gran parte de Trujillo y sus alrededores (1970), me llevó nuevamente al Perú, esta vez para un trabajo personal. Llamado por Unesco, trabajé en una misión de rescate que duró nueve meses, durante los cuales se realizaron los proyectos para la restauración y conservación de veintiún monumentos, proyectos que sirvieron de base para trabajos ulteriores. En aquella ocasión trabajé en estrecha colaboración con los arquitectos José Correa y Roberto Samanez.

Como resultado de esta misión se llevaron a cabo los trabajos de restauración integral de la iglesia de la Compañía de Jesús que, debido a diversas circunstancias, especialmente su avanzado deterioro, duraron más de diez años. El resultado fue alentador, ya que al calor de este trabajo se produjo la restauración del centro histórico de la ciudad.

Posteriormente, y de acuerdo con el Plan Copesco, Unesco y el INC, colaboré, entre 1972 y 1980, en la restauración de monumentos de la zona Cusco-Puno. Se incluyeron veintisiete monumentos de diversa índole, entre los que se encontraban varios edificios de la ciudad de Cusco y del trayecto Cusco-Puno, más las iglesias de la región de Juli. Tuve parte, como funcionario de

Unesco, en la consolidación de Machu Picchu y del conjunto arqueológico de Pucará.

La acción de más de quince años en la restauración de Trujillo, después de la misión inicial de 1972, restauración en la que participó activamente como director nacional el arquitecto José Correa Orbegoso, nos llevó a planificar un libro que pusiese en evidencia las calidades de los edificios, tanto religiosos como civiles, de la ciudad. El texto comprende un análisis urbano de la ciudad a cargo del arquitecto Correa; entre ambos acometimos el estudio de la arquitectura de iglesias como la catedral, la Compañía de Jesús ya restaurada, La Merced, San Agustín y conventos de monjas como El Carmen y Santa Clara, más los conventos de franciscanos, agustinos y dominicos; además de parroquias como San Lorenzo, Huamán, Mansiche, etc. Todas estas obras son analizadas tanto en su ambiente arquitectónico como en el artístico. Capítulos aparte sobre pintura y escultura han contado con la colaboración de otros investigadores para su aporte documental. La mencionada obra, de más de 400 páginas con planos e ilustraciones en negro y color, está en vías de edición.

Después de estos trabajos realizados en Trujillo y Cusco he regresado muchas veces al Perú cordial y gentilmente invitado por las autoridades peruanas para dictar clases sobre Historia del Arte e Historia de la Arquitectura en los cursos auspiciados por la OEA que tuvieron lugar en Cusco, Lima y Trujillo. Así mismo, he dictado conferencias en la Universidad Ricardo Palma y en la Universidad Nacional de Ingeniería, así como en varias instituciones de Trujillo y Cusco.

Durante mi larga estadía en Perú, he realizado una serie de estudios sobre historia del arte y de la arquitectura, en los cuales he recibido la ayuda de arquitectos e historiadores peruanos. Fuera de los señores Correa y Samanez, recibí el apoyo de los arquitectos Ángel Ganoza y Ronald Peralta, y mantuve relaciones con los ya mentados investigadores Emilio Harth-Terré y Rubén Vargas

Ugarte, tomando contacto con el doctor Félix Denegri Luna, quien me facilitó la consulta de su biblioteca, y con el doctor Guillermo Lohmann Villena, quien me proporcionó fichas y documentos. He recibido así mismo el apoyo permanente de las autoridades de Lima, Cusco y Trujillo, y el constante aliento de quienes me brindaron su amistad, sin la cual mi tarea habría sido escasa.

En la lista de estudios que presento en páginas adjuntas trabajé con mi esposa, la arquitecta Teresa Gisbert, interesándome por el arte y la arquitectura peruanas, tema que nos apasionó desde nuestra primera visita al país. En los diversos libros que hemos escrito sobre temas bolivianos ha sido necesario considerar capítulos especiales dedicados al Perú, dado el paralelismo de épocas, la presencia de autores que trabajaron indistintamente en el Bajo y Alto Perú, y el envío de obras a la Audiencia de Charcas desde Cusco. La atracción del tema ha sido tan urgente y grande que nos ha absorbido íntegra y totalmente durante varios años. Tal el caso de la *Historia de la pintura cusqueña*, libro en el que hemos invertido varios años.

Fue publicado en dos ediciones: la primera el año de 1962 por el Instituto de Arte Americano e Investigaciones Estéticas de la Universidad de Buenos Aires, gracias a la generosidad del arquitecto Mario J. Buschiazzo, quien consiguió los fondos para la edición.

A partir de 1973 se revisó y completó el texto que fue editado por la Fundación Wiese de Lima en 1982. Debemos agradecer al doctor Félix Denegri Luna, quien puso todo su empeño para que esta edición se realizara. Nuestro trabajo consistió en identificar las innumerables obras documentadas, consignar aquéllas que estaban firmadas y sus series correspondientes, e intentar agrupar las que guardaban entre sí una relación formal o de procedencia, guiándonos para ello de trabajos anteriores como los realizados por Cuadros, Uriel García, Cossío, etc.. Tenemos que mencionar aquí, de forma muy especial, la colaboración que recibimos del señor Jesús

Lámbarry, cuya labor fue invalorable; así mismo, la ayuda de don Horacio Villanueva, director del Archivo Histórico de Cusco.

Dedico las siguientes líneas al análisis de las partes correspondientes al arte peruano en libros de mi esposa y míos, dedicados a Bolivia u otros que no corresponden específicamente al Perú.

En *Holguín y la pintura virreinal en Bolivia*, el capítulo IV del libro IV está dedicado a "La pintura cusqueña en la Audiencia de Charcas". Allí se analizan las obras de Quispe Tito y su círculo existentes en Bolivia, así como las de Sebastián Jaén, Pedro Pizarro, Juan Beltrán y José Barrientos, que pintan para la iglesia de San Francisco de Sucre. Así también, figura un contrato de treinta y tres lienzos sobre la vida de san Buenaventura pintados para el convento. Entre sus autores estaba Agustín de Navamuel. El monumental lienzo de San Bartolomé, obra del cusqueño Marcos Ribera, está en la Catedral de Sucre. De la innumerable obra de Mauricio García, pintor del siglo XVIII en Cusco, se han podido localizar en Bolivia algunas como la del Museo Nacional de La Paz y la firmada en 1752 del Museo de la Moneda en Potosí.

Existe en el Museo de la Casa de Murillo de La Paz una serie del maestro Pedro Nolasco Lara sobre la vida de Juan de Dios. En el mismo museo hay una extraordinaria serie sobre la vida de la virgen brocateada en oro de clara procedencia cusqueña. Esta serie procede del Monasterio del Carmen de La Paz. Obras dentro del círculo de Marcos Zapata se hallan en la iglesia de Viacha y en la Moneda de Potosí.

Cabe puntualizar la importancia de Bernardo Bitti (La Paz, 1974), que trabajó en Perú y Bolivia, y a quien le hemos dedicado una monografía. También es de suma importancia Mateo Pérez de Alesio, a quien igualmente le hemos dedicado un estudio monográfico (La Paz, 1972).

En el libro *Escultura virreinal en Bolivia* se analiza con amplitud el permanente paso de ida y vuelta de los escultores que van de

Lima, a través de Cusco, a los pueblos del lago Titicaca y a Potosí, donde realizaron retablos, imágenes de bulto, púlpitos, sillerías, etc. Entre la gran cantidad de estos artistas trashumantes sólo citaremos a los hermanos Gómez y a Andrés Hernández Galván, que trabajaron en Lima y Chuquisaca dejando obras tan importantes como el retablo de San Francisco de La Paz (ahora en Ancoraimes) y el retablo manierista de La Merced de Chuquisaca. Los Galván posiblemente tuvieron contacto con Tito Yupanqui, autor de la imagen de la Virgen de Copacabana, pues él ayudó a dorar el retablo de San Francisco.

Más adelante, será Gaspar de la Cueva uno de los artistas más importantes, autor de sillerías y retablos limeños, quien emigra a Potosí, estableciéndose allí a partir de 1630. Talla varios Cristos crucificados de tamaño natural para diversas iglesias de la Villa Imperial y realiza un retablo para San Agustín. No menos importante es la presencia en Potosí del escultor Luis de Espíndola, que llega a la villa procedente de Lima. A fines del siglo XVII Juan Jiménez Villarreal, proveniente de Cusco, realizará la sillería de la recoleta de Chuquisaca.

Otro libro nuestro que estudia al Perú y su arte es *Arquitectura andina* (La Paz, 1985), que recoge los estudios publicados en el libro *Contribuciones al estudio de la arquitectura andina* y los complementa.

En *Arquitectura andina*, el capítulo dedicado a la influencia de los tratados de arquitectura y a las teorías del humanismo estudia al arquitecto norteño Evaristo Noriega, cuyo plano para la parroquia de Guadalupe, en el pueblo de su nombre, está ligado al conocimiento de los cocientes armónicos establecidos por los arquitectos del Renacimiento italiano como Alberti. Conoce a Vitruvio y maneja la obra de san Nicolás. La influencia de Serlio está presente en el Hospital de Mujeres de Cajamarca y en esquemas circulares como el claustro limeño de Santo Tomás.

No menos interesante es la secuencia de los templos y casas jesuitas en todo el Virreinato peruano, seguida a través de los planos existentes en el Archivo de París, donde se pueden ver las normas establecidas por la Orden y respetadas por los arquitectos de la Compañía en el Perú, como los colegios de San Pedro de Lima, Cusco, Huamanga y Trujillo.

En el libro *Arquitectura andina* se sigue el desarrollo de la tipología en las "capillas abiertas", sean éstas de planta baja o de altura, y en este caso se analizan galerías y balcones como los de Andahuaylillas o "logias" como San Jerónimo de Cusco. Entre unas y otras se llega a consignar más de veinte ejemplos en todo el Virreinato. También se consignan las capillas denominadas "guayronas" y se estudian las iglesias duales o múltiples.

Hay un capítulo especial consagrado a los pueblos y barrios de indios y a los logros espaciales en los atrios provistos de posas, como ocurre en el Santuario de Cocharcas.

En el libro referente al barroco, capítulo importante es el destinado a la obra arquitectónica y de carpintería de Martín de Torres, activo en Cusco a mediados del siglo XVII. Otro capítulo del mismo libro es el referente a las iglesias curvas, señalándose la iglesia de Cochabamba mandada a construir por el arzobispo de La Plata, el limeño Molleda y Clerque. Se hace referencia a la Iglesia de los Huérfanos en Lima.

El "barroco mestizo" se estudia a partir de los documentos del Archivo Catedralicio de La Paz y la iglesia de Pomata, y se hace referencia a muchas iglesias del lago y Arequipa al tratar propiamente del estilo.

Valga la ocasión para consignar lo que ha supuesto, tanto para mí como para Teresa Gisbert, nuestro contacto con la cultura peruana, a través de la cual hemos complementado nuestra valoración de lo propiamente andino.

Arte virreinal: Recuento de las últimas investigaciones

Teresa Gisbert
Universidad Mayor de San Andrés, Bolivia

En el curso de los últimos diez años he buscado temas relacionados con el arte virreinal, no ya dentro de un esquema cronológico sino en un análisis temático. Los ejemplos encontrados muestran un sustrato ideológico que no es posible detectar sólo con los documentos, y que responde a las corrientes literarias vigentes y al sentir religioso de la época.

Sobre un objeto dado, sea una iglesia, un cuadro, un textil u otro vestigio material de la cultura que primó en los siglos XVI al XVIII, he buscado temas no tratados, o poco tratados anteriormente, procurando conocer cuáles eran las ideas que pudieron inspirar tal obra. El resultado ha sido un conjunto de trabajos que muestran la estratigrafía religiosa de los siglos estudiados.

En la Colonia el problema religioso se presenta, a primera vista, con base en la bipolaridad cristianismo *versus* idolatría indígena. Esto queda expuesto en las partes I y II de mi libro *Iconografía y mitos indígenas en el arte,* donde se muestra la inserción del componente indígena en el arte barroco. El cristianismo del siglo XVI estuvo "contaminado" por el humanismo y, por consiguiente, llevaba una fuerte carga mitológica; esto ha sido registrado en la primera parte del libro *Arquitectura andina* que he escrito con el arquitecto José de Mesa.

Hay, sin embargo, otras vías de expresión, no usadas por los españoles, como los textiles y los keros, donde podemos buscar una forma paralela de hacer arte, ajena al control y directivas de la población occidentalizada. Parte de este quehacer se ha recogido en el libro *Arte textil y mundo andino* que escribí con Silvia Arze y Martha Cajías.

La visión del mundo andino, abarcando la bipolaridad de lo indígena y lo cristiano, es sólo una parte del complejo mundo virreinal, cuyo estudio no puede omitir los trabajos antropológicos que mencionan el aporte africano dentro del folclor, o de aquellos estudios de historia del arte que muestran la presencia del mundo árabe.

El pueblo judío, que sin duda estuvo también presente, es difícil de detectar por estar fuertemente perseguido y por ser su presencia evidenciada sólo por los procesos inquisitoriales. Además, se trata de una religión que rechaza la representación antropomorfa o zoomorfa de la divinidad. Su cultura, que fue recogida por los cristianos desde los primeros siglos, afloró en el siglo XVI a través de la recuperación del Templo de Salomón, tarea en la que estuvieron empeñados eruditos como Arias Montano, Villalpando, Caramuel y otros. En el Virreinato del Perú se recogen estas ideas y se busca concretarlas en realizaciones de orden práctico, por lo que se encuentran iglesias y santuarios que van desde la lejana inspiración, como en San Francisco (Lima), estudiado por Rodríguez Camiloni, hasta el caso del santuario de Manquiri (Potosí) con su plena realización.

Otro tema de origen bíblico es el relacionado con el Paraíso al cual le dedica un extenso libro el judío converso Antonio de León Pinelo. Por otra parte, no queda claro cuánto de la cultura judía puede imputarse a la popularidad de los ángeles en la pintura. Así mismo, llama la atención la proliferación de candelabros de siete brazos en las iglesias del altiplano.

Finalmente están los cristianos que no reconocen a Roma y se encuentran apartados del mundo católico. A este grupo también podemos conocerlo a través de los procesos inquisitoriales, aunque no me ha sido posible detectar su huella en las artes sino en forma muy circunstancial.

A finales del siglo XVIII aparecen las logias. Por un lado, los masones, también detectados por la Inquisición, y las logias paramasónicas que estuvieron ligadas a la independencia. Al respecto, es muy importante el hallazgo en Cusco de una pintura mural con filósofos y prohombres griegos: el doctor Flores Ochoa, el arquitecto Samanez y la licenciada Kuon postulan que sirvió para decorar una casa donde se realizaban las reuniones de una de estas logias.

A través los estudios que he realizado desde 1985, trato de retratar esta sociedad, la colonial, sumamente compleja en sus creencias. He reunido los trabajos realizados en un libro (actualmente en prensa) que pretende mostrar, aunque sea parcialmente, la estratigrafía religiosa de la sociedad virreinal. Algunos de estos trabajos han sido publicados parcialmente o presentados a diferentes simposios; otros son totalmente inéditos.

Los trabajos recopilados son los siguientes:

1. *El culto a los muertos entre los aimaras: Los chullpares del Río Lauca.* Se trata de varios chullpares con torres-tumba que muestran pintura exterior, relacionada con diseños textiles, especialmente los referentes a la textilería incaica. Llama la atención que estas chullpas no hayan sido derruidas como lo manda el virrey Toledo en una ordenanza que dice:

> "Es así que han tenido sepulturas en los campos, distintas y apartadas de los pueblos, y en otras partes dentro de ellos... ordeno y mando que cada juez en su distrito haga que todas las sepulturas de torres que están en bóvedas en las montañas e sierras, se derruequen e haga hacer un hoyo grande donde se pongan revueltos huesos de todos los difuntos que murieron en su gentilidad".

Es posible que la ordenanza se cumpliera únicamente en parte destruyendo sólo las chullpas que estaban sobre los caminos reales, cerca de ciudades y en pueblos importantes, pues de otra manera no se habrían conservado estas chullpas, en las que se encuentran pequeños trozos de cerámica pacaje e inca. Seguramente estas tumbas siguieron en uso durante la Colonia. No en vano Polo de Ondegardo dice: "Es cosa común entre los indios desenterrar los defuntos de las iglesias, o cimenterios, para enterrarlos en las huacas, o cerros, o pampas, o en sepulturas antiguas..." Por estos textos podemos suponer que las chullpas fueron usadas durante la Colonia y formaron un mundo religioso paralelo al conformado por la sociedad colonial a la cual los indios pertenecían.

2. *La serpiente Amaru y la conquista del Antisuyo en la iconografía de los keros*. Se trata del análisis de la decoración de una cajeta existente en el Museo de Murillo de la ciudad de La Paz donde están representados los Incas y el Amaru, éste último en forma muy similar a un dragón. En lo alto de la selva hay cabezas de querubines. La inclusión de ángeles y la forma occidental de la cajeta, que está realizada con la técnica de los keros, muestran un caso muy particular.

3. *Los sacrificios del Taqui Oncoy*. Este capítulo reúne dos trabajos. El primero de ellos presenta el caso del agustino Diego Ortiz, muerto a manos de los Incas, en forma ritual, en tierras de Vilcabamba. El segundo es un sacrificio hecho en honor a Pachacamac a orillas del lago Titicaca.

El primer trabajo fue presentado al II Congreso Internacional de Etnohistoria realizado en Coroico (La Paz-Bolivia) y publicado en las actas del Congreso en 1992. El segundo, referente a Pachacamac, se publicó originalmente en *Cultures et Societés des Andes et Méso-Amerique*, libro de homenaje a Pierre Duviols en Aix-le-Provence el año de 1989.

La proximidad de las fechas de ambos sacrificios y el hecho de que fueran puntualmente registrados en una época marcada por el movimiento religioso del Taqui Oncoy, me ha sugerido una relación entre ambos.

En cuanto a la cuestionada existencia del Taqui Oncoy (ver Ramos y Urbano), debo indicar la extrañeza que me causó el que se hiciera un sacrificio a Pachacamac, dios eminentemente costeño, en el lago Titicaca. La única fuente que relaciona Titicaca con Pachacamac son los testimonios de Molina sobre el Taqui Oncoy. Por ello parece que este caso da testimonio de la existencia del movimiento del Taqui Oncoy que proclamaba como principales dioses a Pachacamac y Titicaca.

4. *Pusicaca, Illapa y el apóstol Santiago*. El tema, tratado abundantemente por diversos investigadores, no tiene más novedad que relacionar Santiago con el culto a piedras meteóricas, pues se han encontrado varios retablitos populares donde el apóstol, realizado en bulto, está acompañado por una de estas piedras sobre las que se ha pintado un Santiago a caballo en miniatura.

En algunos casos sólo se venera la piedra con la imagen pintada del santo. Dicha piedra tiene, a veces, al lado o al reverso, a santa Bárbara, patrona cristiana de las tempestades o a la Virgen María.

En el trabajo sobre Santiago también se hace referencia a testimonios de indígenas reputados como hechiceros en quienes se posesionó "el demonio Santiago", y se consigna la iconografía andina del apóstol incluyendo las pictografías del desierto de Atacama. El estudio se publicó originalmente en *Santiago y América*, Ediciones Xunta de Galicia, en 1993.

5. *Dioses y ángeles en Copacabana*. Este capítulo se basa en el poema del agustino Fernando de Valverde titulado "Santuario de Ntra. Sra. de Copacabana en el Perú", publicado en Lima el año de 1641. Se compone de dieciocho silvas en las que se narran los diferentes episodios por los que pasan unos pastores, a orillas del lago Titicaca, hasta llegar a Copacabana. La obra se inspira en la *Odisea* de Homero y en las *Geórgicas* de Virgilio.

He realizado el estudio de esta obra en dos etapas, la primera cronológica, siguiendo la secuencia que da el autor a su relato; trabajo que presenté en París, a la reunión convocada por el CENERES el año de 1993. La segunda etapa comprende un análisis temático del poema separando los diferentes elementos: ángeles, dioses grecorromanos, dioses andinos, etc.; trabajo con el que participé en el homenaje a María Rostworowsky.

Uno de los aspectos más destacados de la obra es la relación que Valverde hace de determinados ángeles, incluido Baraquiel, en la expulsión de los antiguos dioses de su hábitat en el lago Titicaca. Así mismo, presenta al ángel Haniel como patrono del Perú. Según Kircher y la cábala, este ángel domina el planeta Venus, que en su forma mitológica grecorromana equivale a la diosa del amor y la sensualidad. De manera que Haniel sería lo opuesto al dios (o diosa) Copacabana, identificada con Astarté y Venus, y reputada como ídolo de la sensualidad. Fuera de esta relación, que está implícita en el poema, Haniel tiene un papel importante pues se encara con Dios señalando la brutalidad de la conquista y pidiendo remedio para la situación del Perú.

6. *El Paraíso y los pájaros parlantes.* Una parte de este trabajo se publicó el año de 1992 en el boletín del Museo e Instituto Camón Aznar de Zaragoza con el título "La imagen del Paraíso en la pintura cuzqueña". En él se muestra cómo en la pintura cusqueña, al colocar los santos no entre las nubes del cielo sino en un huerto, se deja entender que este huerto es el Paraíso. Para los indígenas de las tierras altas, la tierra fértil, cálida y productora de toda suerte de plantas es actualmente sinónimo de Paraíso. Región que se identificó con el Antisuyo, habitado por pájaros parlantes, como los loros. Los pájaros parlantes, según las tradiciones indígenas vigentes aún en la Colonia, tenían dotes sobrenaturales.

Otro aspecto es la ubicación del Paraíso Terrenal en América, específicamente en la zona andina, entre la cordillera y la selva. Antonio de León Pinelo, que seguramente refleja un pensamiento latente en la sociedad andina, coloca el paraíso terrenal en el Antisuyo. Estudia los diferentes aspectos que lo llevan a esta identificación; describe plantas, condiciones geográficas, etc..

El trabajo completo que incluye el concepto del paraíso, los pájaros parlantes y el análisis de algunas plantas en su repercusión en el arte colonial, fue entregado a la colección *Documentos de Trabajo* del IEP. Por diversas circunstancias aún permanece inédito.

7. *El Anticristo y la Jerusalén celestial.* En el arte andino persisten algunas imágenes que nos recuerdan el milenarismo que trajeron a Indias los primeros franciscanos. Santiago Sebastián habla de Huejotzingo como la iglesia metropolitana del Reino Milenarista. Se trata de Ciudad de Dios o la Ciudad Celestial que trataron de implantar los seguidores de san Francisco el siglo XVI, y que más tarde, con mucho más realismo, ensayaron los jesuitas en las misiones del Paraguay.

El milenio estaría precedido por el reinado del Anticristo. Hay dos testimonios pictóricos de esta corriente ideológica en iglesias y conventos de México y Bolivia. Son dos lienzos que nos muestran al Anticristo. Algunos otros, como el que representa la gran ramera del Apocalipsis, también dan testimonio de la escatología milenarista.

La Jerusalén Celeste también está representada en lienzos de México y Bolivia, lo que indica que la corriente atravesó todo el ámbito geográfico de las Indias, y los siglos que van del XVI al XVIII, sin perder vigencia pese a la llegada del racionalismo.

8. *La muerte en el arte virreinal andino.* El hecho de que la vida humana sea considerada como algo pasajero y como una corta antesala hacia la vida eterna, hizo de la muerte, que es tránsito de un estado a otro, algo absolutamente presente. Fue personificada y su imagen se llevó en procesiones mediante impactantes esculturas de madera. En el altiplano boliviano se pintaron grandes lienzos sobre la muerte formando parte de las postrimerías.

El trabajo presenta, fuera de las obras de arte en que la muerte está representada en pintura o en bulto, temas referentes a la brevedad de la vida y a la presencia de la muerte mediante alegorías. Este carácter tienen las "Vanitas" de las que hay varios ejemplos, o los lienzos que muestran la relación entre el espejo y la muerte, o el conocido tema del hombre que ve pasar su propio entierro o de aquél que ve el destino de su alma después de la muerte, tema muy propio del barroco español que podemos tipificar en obras literarias como *El condenado por desconfiado* de Tirso de Molina.

Finalmente, trato de buscar la presencia del indígena en las postrimerías.

9. *Los múltiples rostros de la imagen.* En este acápite analizo la escultura como el medio de expresión más adecuado para trasmitir los sentimientos propios del barroco. Se manipula la imagen hasta convertirla en un remedo de los seres vivos, articulándola, dotándola de cabellos naturales e imitando partes del cuerpo con materiales sobrepuestos.

Con base en la metodología recomendada por san Ignacio en sus *Ejercicios espirituales,* se trata de ubicar al fiel en el escenario más próximo a la escena que se quiere tener presente. Parte de ese escenario son las imágenes de Cristo, o de la muerte, necesarias para conmover al orante. La estatuaria provee de estos elementos.

Otro aspecto es la trasmisión del poder de determinada imagen por medio de la reliquia. Es aquí donde los objetos sacralizados, además de una cierta "vida", adquieren el poder de dar y quitar. Se hacen temibles.

La animación de lo inanimado por medio de un ritual es propia de todas las religiones: la tuvieron los católicos contrarreformistas y los incas. Éstos últimos creaban imágenes formadas por textiles y sacralizaban las piedras; después de la conquista se mezclaron ambas corrientes y así se asociaron determinados lugares y peñas a ciertos santos; se incluyeron los textiles en la confección de imágenes, se inventaron nuevas reliquias y los religiosos reutilizaron nombres y lugares incas y preíncas cristianizándolos.

Procuro ver, a través de documentos, el proceso de sacralización y, finalmente, el paso de la imaginería al arte de la máscara, cuya vigencia en el folclor actual es innegable.

10. *El control de lo imaginario a través del teatro.* En 1983 publiqué, en México, un estudio sobre la fiesta en el Virreinato del Perú, donde trataba de distinguir lo móvil de lo estático, pudiendo considerarse dentro de este último rubro la arquitectura efímera, como arcos y altares callejeros, levantados expresamente para la ocasión. Lo móvil venía dado por la danza y las representaciones teatrales. Por otra parte, se trataba de señalar los diferentes tipos de fiesta, desde una procesión religiosa debida, ya sea al Corpus Christi, a una canonización, o a otro evento religioso, hasta fiestas civiles como la proclamación de un nuevo rey.

Siendo la fiesta un todo y algo muy importante dentro de la vida de las ciudades, me pareció de interés desarrollar la parte teatral de la fiesta que era la que se usaba para trasmitir las ideas más complejas, como la explicación de un dogma. Así preparé un nuevo trabajo que fue presentado en Santiago de Chile en 1995, donde traté de estudiar algunos dramas sacros como el que muestra la lucha entre san Miguel y los ángeles rebeldes; este trabajo aún forma parte, a través de la danza, del folclor vivo. También se pudo puntualizar la presencia de personajes no involucrados religiosamente con las principales corrientes religiosas de la sociedad virreinal, tales como los turcos, más conocidos como sarracenos. Otros más próximos, como los africanos y los judíos, también estaban representados en la danza.

En realidad, muchas formas de la estatuaria necesitaban de la fiesta para manifestarse a la sociedad virreinal casi como seres vivos, y era el teatro el que daba el sustento vital a las imágenes. Podía tratarse de una imagen cristiana de bulto completo, o de una imagen alusiva y concomitante que solía expresarse mediante la máscara y la danza. En ambos casos era la estatua la que se manifestaba con un mensaje, paseando su hieratismo entre el público participante. Cortos diálogos bastaban para enviar el mensaje.

11. *El otro.* El estudio de la fiesta muestra cómo el inconsciente colectivo recoge elementos que no pudieron ser totalmente fijados en las artes mayores: pintura, escultura y arquitectura. Estos elementos afloran en la fiesta a través de la música y el teatro.

La sociedad virreinal, además de la dicotomía idolatría prehispánica *versus* humanismo-cristiano, presenta componentes total-

mente ajenos. Tal es el caso de la cultura afri-
cana que se hace presente en la música, la
danza y en los ritos del Vudú; o de los judíos
que se manifiestan mediante el desarrollo de
temas bíblicos que afloran so capa de cristianismo. Los mahometanos se convierten en la
imagen del enemigo: no aquél que se infiltra
subrepticiamente sino el que se le enfrenta y
lucha; desde Lepanto es el símbolo "del otro"
y, aunque vencido, nunca deja de ser un peligro para la cristiandad. Moros y sarracenos
aparecen en las danzas y en los lienzos; en
éstos últimos se enfrentan al rey de España,
defensor de la Eucaristía.

Poco perceptibles son los cristianos no
católicos: los herejes. Palabra que encubre a
protestantes, anglicanos, calvinistas y otras
ramas de la Iglesia reformada. Por su carácter
antiicónico, pocas o ninguna huella material
nos han dejado. En forma paralela a estas corrientes, se desarrollaron dentro del mundo
andino formas más modernas como los masones y, posteriormente, las logias libertarias.
Su aporte es tan poco conocido como interesante.

En el momento me encuentro en el intento de incorporar a este trabajo los pocos testimonios encontrados sobre estas corrientes
que conforman a "el otro" dentro de la sociedad virreinal.

Las formas de generación de sentido en los cuerpos de iconos moche y nasca

Jürgen Golte
Freie Universität Berlín, Alemania

Los alfareros mochica de la costa norte han dejado entre los siglos IV y VI miles de pinturas sobre ceramios pertenecientes a las fases Moche IV y V. Estas pinturas presentan una cantidad limitada de escenas de índole diversa (alrededor de cien), con un número aún más limitado de actores. Después de casi cien años de recolección e interpretación de este *corpus* por un gran número de iconólogos, el autor, partiendo de la hipótesis de que las representaciones tuviesen un carácter narrativo, propuso un método para lograr la reconstrucción de la ilación entre las escenas.

El discurso, que se logra reconstruir de esta forma, trata de una confrontación entre divinidades mayores y sus respectivas cortes, la que en sus consecuencias pone en peligro la existencia de la humanidad-moche. Esta amenaza para los moche es eliminada en una larga serie de luchas y peripecias por un ser poderoso nuevo, que restablece el equilibrio entre los dioses de la noche y sus contrincantes que son divinidades diurnas. El nuevo ser poderoso y activo, a su vez, se convierte, por medio de sus hazañas, en un dios creador, que en lo subsiguiente recibe las ofrendas de la población moche.

Un mito de esta naturaleza, cuyo significado para los moche podría tener interpretaciones diversas, se basa por un lado en ideas generalizadas sobre dos ámbitos de poder contrapuestos, y al mismo tiempo complementarios. Estos ámbitos serían antropomorfizados en las divinidades respectivas, que, a semejanza de soberanos, tendrían una corte de ayudantes, y animales de diversas especies, humanos y objetos como subalternos. La victoria de uno de los contrarios crearía el caos. Una vez producido éste, la acción correctiva estaría a cargo de un ser de poder, que a su vez aparecería como soberano con subalternos. Éste, por sus actividades heroicas en el restablecimiento del equilibrio, y por recorrer ambos ámbitos de poder contrapuestos, adquiriría su capacidad creadora. El sentido de la narración surgiría, por un lado, de una visión dual del mundo, su antropomorfización y su jerarquización; por otro, de las actividades circunscritas de otro ser, también cabeza de una jerarquía, en el restablecimiento del orden. Lo nuevo, entonces, sería introducido en forma narrativa, aparentemente para restablecer el orden antiguo.

También los nasca, que vivieron en la costa sur, más o menos contemporáneos de los mochica, han dejado en pinturas sobre vasijas una gran cantidad de imágenes.

El intento de buscar también en este *corpus* estructuras narrativas, semejantes a las que parecerían ordenar el universo icónico moche, no arroja resultados positivos. Sin embargo, como las pinturas moche, las nasca parecen ser pautadas. Presentan una cantidad limitada de seres en relaciones repetidas en un número relativamente pequeño. El resultado del esfuerzo de comprensión muestra que la interrelación entre los seres parecería ser generativa. Se utilizarían formas pautadas de mostrar la filiación patrilinear y matrilinear entre los seres. Como resultado del análisis surgiría un cuadro de parentesco bilateral, que derivaría todos los seres que aparecen de dos seres andróginos originales, de los cuales uno aparecería todopoderoso, y otro insignificante. La herencia de los descendientes, de acuerdo con su filiación con los seres primordiales, determinaría sus características. De esta forma, y por la variación de los descendientes, el cuadro de parentesco explicaría el mundo nasca, los animales y las plantas, y sus características; y también diversos grupos humanos, probablemente jerarquizados de acuerdo con su filiación con los seres primordiales. Es decir, también la iconografía nasquense tendría un carácter explanatorio. El orden, sin embargo, parecería inmutable y fijado por filiaciones primordiales. El mundo, en última instancia, surgiría en términos parentales, probablemente los mismos que utilizarían los nasca en su orden propio, y las características específicas de cada ser se derivarían de las características de los seres primordiales presentes por la filiación.

Los moche y los nasca, utilizando formas parecidas de representación, explicarían lo existente de forma muy diversa. En los moche sería la acción narrada que crea el orden de las cosas; en los nasca sería la filiación con seres primordiales la que pautaría el orden. Visto así, el mundo moche aparecería como un mundo sujeto a cambios por el heroísmo de actores antropomorfos, mientras el mundo nasca tendría su orden por filiación y no estaría sujeto a cambios. Las formas de construcción de las totalidades de los mundos icónicos se relacionarían con las características de los mensajes básicos. Una primera interpretación podría relacionar la construcción moche con una variación importante en la construcción del poder en la sociedad moche, mientras la construcción del universo icónico nasca estaría más bien relacionada con una afirmación del orden jerárquico social que, mediante el discurso inherente en los iconos, aparecería como natural.

La comparación de universos icónicos andinos

En los últimos años la interpretación de las pinturas sobre vasijas de las fases IV y V de la cultura moche se ha dirigido hacia una comprensión narrativa del conjunto de las imágenes. Después de varios intentos de una reconstrucción parcial de secuencias narrativas (Lieske, Rostworowski, Quilter, Castillo, Bourget) hemos publicado, en 1993-94, una reconstrucción de una secuencia continua que abarca casi todo el material pictórico conocido de las fases IV y V.

La reconstrucción partía, por un lado, de la totalidad del material icónico moche, pero especialmente utilizaba como punto inicial de comprensión las imágenes más complejas que los moche mismos habían dejado. Esto parecía útil, ya que se trataba de reconstruir interrelaciones entre elementos de la iconografía moche, y cuantos más de ellos aparecían en un mismo ceramio, tanto más estaban puestos en combinación por los pintores moche.

Era fácil reconocer el hecho de que los mismos moche pintaban sobre algunos de sus ceramios secuencias de imágenes. Estas secuencias moche coincidían a su vez en algunas de sus escenas. Por medio de estas escenas, contenidas en varias secuencias, era posible acoplar éstas, y construir una secuencia mayor o un discurso. Este discurso tiene una estructura típica de un mito o cuento (Propp 1928, 1968), y hace más comprensibles las escenas de las cuales está compuesto, comparado con lo que se puede discernir en ellas aisladamente. El resultado de la reconstrucción es una narración extensa de alrededor de cincuenta pasos narrativos, que partiría de un conflicto entre dos divinidades mayores –una ligada con el día, la otra con la noche y el mar– y sus cortes subalternas. La divinidad diurna sería apresada en una montaña, y en la oscuridad, monstruos marinos atacarían a los humanos; al tiempo que objetos, mayormente relacionados con la indumentaria de guerreros, se volverían contra los guerreros moche, tomándolos como prisioneros. Los cautivos, y su sangre, serían llevados en embarcaciones a la morada de la divinidad nocturna por los lugartenientes de ella. Allí festejarían su victoria. En estas circunstancias, un ser de gran poder empezaría a enfrentarse con los monstruos marinos, venciendo a uno tras otro. En estas batallas quedaría herido. Las aves marinas lo rescatarían y sus ayudantes, especialmente una iguana y un zorro, organizarían su rescate e intervendrían ante la divinidad nocturna para que ella lo cure. Una vez sano, el héroe participaría en la liberación de la divinidad diurna, la que, junto a sus guerreros animales, vencería a los objetos, para ascender finalmente, ayudada por unas arañas, al firmamento. La epopeya terminaría en una especie de equilibrio entre la divinidad diurna y la nocturna, y el ascenso del héroe a divinidad creadora de plantas alimenticias. Los moche, a causa del episodio, festejarían el restablecimiento del orden y venerarían a la divinidad creadora.

La aparición de este discurso en los ceramios moche, como también la invención de las técnicas necesarias para exponer sobre la superficie de ceramios escenas relativamente complejas, contrasta con los conte-

nidos y las técnicas de las fases anteriores de la alfarería mochica. Este cambio de discurso y cambio técnico coincide en la historia moche con catástrofes naturales de excepcional magnitud, con un proceso de urbanización relativamente acelerado, y con una centralización política y administrativa en la sociedad. Es probable que estos procesos estén interrelacionados.

La comparación de los hallazgos para las fases IV y V de la cultura moche con la producción pictórica y escultórica de las culturas precedentes, contemporáneas y posteriores del área andina, tanto en cuanto a la estructura de los iconos como en cuanto a los contenidos, es una tarea que permitirá, por un lado, interpretar con más propiedad el significado de los iconos para la sociedad moche, y, por otro, entender más el carácter de los iconos de las otras culturas andinas.

El presente trabajo, al inicio de la tarea comparativa, busca establecer una comparación de los universos pictóricos moche y nasca. Con este fin, vamos a partir del material moche para, luego, compararlo con el nasca.

Moche IV y V: Un universo secuencial y épico

En los ceramios mochicas encontramos representaciones pictóricas desde muy complejas hasta muy simples. Hallamos:

a) Ensambles de escenas con indicios de seriación secuencial. Entre ellas hay secuencias que muestran escenas en las cuales aparece el mismo actor en relación a otros en actividades diversas (A1). Otras secuencias muestran escenas con diversos actores en actividades diversas (A2).

b) Escenas complejas que muestran a actores diversos en interacción. Cuando un mismo actor aparece en varias de estas escenas en diversos contextos en interacciones también diversas, se puede suponer que las escenas podrían estar conectadas en una secuencia narrada, sin que la imagen misma indique esta secuencia.

c) Imágenes de elementos aislados que, por su relación directa con escenas secuenciables, se dejan subsumir a secuencias narrativas.

d) Imágenes de actores o de elementos aislados, que parecen ser independientes de las escenas secuenciables.

Ilustramos estas categorías con algunos ejemplos.

(*ad* A1) Las figuras 1a, 1b y 1c muestran tres versiones, estilísticamente algo diferentes, de una secuencia compuesta de dos escenas: una en la cual el dios F se enfrenta a su adversario K, y otra en que el mismo dios F se enfrenta al dios D, armado de un pez largo. El hecho de que F pierda su tocado en la confrontación con D permite establecer la secuencia entre las dos acciones. La gran similitud entre las composiciones, a pesar de pertenecer visiblemente a manos diferentes, es por lo de más un indicador de que se está trasmitiendo informaciones codificadas y canonizadas. La versión de 1b añade algunos detalles, como la ambientación marina (por las grecas) y nocturna (por las estrellas); también agrega al perro, que es un acompañante frecuente de F.

También las figuras 2a, 2b y 2c muestran composiciones del ciclo de las aventuras marinas de F, ligadas a las ilustraciones de la figura 1. En la figura 2a vemos al dios D en una embarcación de totora en movimiento (por las piernas), y, al otro lado del ceramio, una ola gigantesca y humanizada que envuelve al dios F. Esta misma escena se repite en la ilustración 2b, solamente que en este ceramio no está acompañada por la imagen del dios D en su embarcación, sino por una escena que muestra una confrontación de F con un ser que conocemos como monstruo O. En la figura 2c, finalmente, se repite la confrontación de F con O, pero esta vez no está acompañada por la ola que envuelve a F, sino por una escena en la cual F se enfrenta a T. Y además nos ofrece una pequeña escena

lateral, en la cual el ayudante lagartija (J) de F se comunica con un zorro humanizado. Vemos en estas imágenes concatenadas la interrelación de las escenas, pero, a diferencia de las escenas de la figura 1, que tienen un indicador de secuencia (el tocado perdido), no contienen indicadores claros sobre cuál de ellas precede a la otra. Esto es más claro en secuencias como la de la figura 3.

(*ad* A2) En la figura 3 está representada una secuencia pintada en una espiral ascendente sobre la superficie globular de un ceramio. Vemos una serie de interacciones que a primera vista podrían acontecer en un mismo momento. Sin embargo, en varias de las escenas aparece un mismo actor, la diosa C, en actividades diversas. Así que podemos suponer que se trata de una secuencia que narra (en forma ascendente, siguiendo a los actores en movimiento) el inicio de la rebelión de los artefactos, en la cual interviene el dios B en interacción con A; sigue la rebelión de los artefactos que aprisionan a los moche y los entregan a la diosa C delante de un templo; empieza el transporte de los cautivos en embarcaciones de totora, guiadas por el dios D (en la segunda embarcación aparece C, en la tercera, un felino); procede con la entrega de bebidas por el mensajero G y la macana humanizada U al dios B; y culmina en la escena, en la cual la diosa C y el dios B festejan con vasos, que se supone contendrían la sangre de los cautivos. Esta secuencia larga ya tiene características de una narración continuada, en la cual intervienen actores diversos en ambientes diversos. El hecho de que cada una de las escenas de esta secuencia las conozcamos por imágenes más pormenorizadas al estilo de las figuras 1 y 2, agrega más detalles a esta narración continuada y al mismo tiempo la relaciona con otros episodios, que no aparecen en la secuencia de este ceramio. Así, resulta visible en los mismos iconos que las imágenes moche se relacionan entre sí de una manera secuencial.

(*ad* B) Con las imágenes interrelacionables y secuenciables de tipo A mostradas, quizá resulte más clara la categoría B. La escena de la figura 4 muestra al mismo dios F en la confrontación con un pez gigante. Por el actor principal y por su adversario marino, parece pertenecer a las secuencias de confrontaciones marinas del dios F que ya hemos visto más concatenadas en las figuras 1 y 2. Así que inclusive si no existieran pinturas que relacionen esta escena con las ya vistas, resultaría plausible intuir su relación con las otras.

(*ad* C) Ahora bien: en la figura 5 no aparecen actores, sino tocados sueltos. Visiblemente resulta más difícil ubicar estos elementos aislados en un contexto narrativo, pero veamos. Encontramos en los diversos actores representados en la iconografía moche un gran número de tocados diversos, que sirven para individualizar e identificar a actores divinos, y para expresar adhesión, pertenencia y propósito en los actores humanos o en animales humanizados. No resulta casual que los tocados pintados aisladamente no representen cualquiera de un catálogo amplio, sino que se trate del tocado de felino del dios F, que es el héroe de todo el ciclo narrativo. Así que también estas imágenes, que se podrían interpretar como aisladas, pertenecen al universo de imágenes secuenciables. Es más: se les puede adscribir un lugar bastante exacto en la narración. Al final del ciclo narrativo, en el cual el dios F pierde su tocado para aparecer en una serie de imágenes sin él y adquirir después otro, tomado de sus adversarios, los moche y los animales le ofrecen tributo en largas hileras de corredores, que expresan su adhesión a las peripecias de F en la alternación de los tocados, referida al cambio de tocados de F en la misma narración, como se puede ver en la figura 6. Así que el objeto aislado resulta ser nada más que una abreviación del momento final de la narración y de la veneración de la divinidad F.

Otro ejemplo parecido sería la presentación del arácnido aislado en la figura 7a. Nuevamente se podría argüir que se trata de un arácnido como parte de un inventario zoológico moche, y que esta imagen no se relaciona con ningún contexto narrativo. Sin

embargo, por alguna razón los moche presentan a una araña y no todo un bestiario. Su probable significado en el universo narrativo moche resulta visible en la figura 7b. En ella vemos cómo la divinidad A, en una especie de escalera, sube al firmamento. La escena está relacionada con las confrontaciones de F con los monstruos marinos, como se puede apreciar en la parte derecha de la misma composición. Ahora vemos que la escalera de la divinidad A es portada por arañas. Éste es el lugar en el cual intervienen las arañas en el ciclo narrativo moche. Así que nuevamente podríamos tomar *pars pro toto:* las arañas simbolizan el retorno del dios A, liberado por el héroe F, al firmamento. Esta ubicación en la narración no es limitante y cabe, por supuesto, la posibilidad de la utilización del mismo símbolo en otros contextos.

(*ad* D) Ahora bien: hemos postulado una categoría D de imágenes que se desligarían del universo narrativo expuesto. Tenemos dificultades para ilustrarla. Una revisión rápida de las 320 ilustraciones del catálogo de Kutscher (1983) arroja unas pocas pinturas que no se dejan referir claramente al universo narrativo expuesto. Casi todas son referibles, como lo hemos expuesto en el caso de los tocados y de la araña, al contexto narrativo. Por cierto, en muchas de las ilustraciones uno podría argumentar que los elementos también podrían estar desligados, y que su presentación se deba a la casualidad o a un contexto desconocido. Lo que no concuerda con esta posición es el hecho de que la narración después de todo sea bastante circunscrita y limitada. El universo visible e imaginable de los moche debe haber sido infinitamente más amplio, si se piensa, por ejemplo, en que los moche han sido ante todo agricultores, artesanos y pescadores. Se debería esperar la representación de estas actividades si los objetos y las acciones fueran representados de manera casual y fortuita. Pero no: el ciclo narrativo y sus puntos más resaltantes parecen ser el patrón de selección de sujetos y objetos presentables. Sin embargo, en la figura 8 se muestra un ejemplo de pintura no claramente referible. Se trata de dos roedores que consumen frutos, entre representaciones de ají y de otros frutos que parecen ser lúcumas.

Hagiografía sistemática en la iconografía nasca

El universo de la iconografía nasca ha sido menos analizado que el mochica (figura 9). Sin embargo, con los trabajos de Seler, de Doering, de Schlesier, de Roark, de Wolfe, de Proulx, de Blasco Bosqued y Ramos Gómez tenemos algunas aproximaciones que tratan de presentar o analizar grupos grandes de imágenes, que los autores consideran representativos del material icónico. Al lado de estos trabajos existen publicaciones mayores de fotografías y de copias de imágenes (como por ejemplo el catálogo de Eisleb sobre la colección berlinesa, o el tomo editado por Lavalle con imágenes de objetos provenientes de un gran número de colecciones), y, finalmente, hay algunos artículos que se refieren a objetos específicos (por ejemplo el de Morales sobre un tambor nasca, u otro de Zuidema sobre la interpretación de una imagen nasca). A pesar de algunos avances en estos trabajos, resulta visible que, con muy pocas excepciones, el conocimiento no ha avanzado mucho desde los trabajos pioneros de Seler (1923) y de Doering (1926-1931). Por ejemplo, el artículo de Proulx (1992), aceptando las categorías de Roark (1965), trabaja en cuanto a los seres divinos con la categoría de un "ser antropomorfo mítico", variado con atuendos "significantes" situacionalmente, como si todos los actores divinos, que corresponden, por ejemplo, a los diversos personajes mayores en las figura 9 y 10, fueran uno. Esta posición, sustentada sólo con la observación simple de las figuras mencionadas, resulta sorprendente e insostenible. Si bien es cierto que tanto Roark como Proulx están básicamente interesados en construir series temporales de composición de imágenes, habría que discutir si esta tarea

se puede cumplir bien sin haber analizado la lógica inherente en la construcción de imágenes y el lenguaje icónico que permite contrastar los diversos actores.

Las relaciones entre los personajes nasquenses

En la iconografía nasquense se presenta un número considerable de seres y objetos, los que en muchos casos de representación no tienen ningún indicador perceptible sobre su relación con el resto de seres y objetos. Sin embargo, hay al lado de ellos otras imágenes, que muestran una intención de representar relaciones entre personajes, seres y objetos. Un número frecuente de éstas sigue un patrón claramente discernible: la imagen presenta a una figura central, la que sostiene a otros personajes u objetos con las manos; adicionalmente el personaje se liga por medio de unas bandas, que surgen de sus fauces, o de su sexo, con otros dos personajes. Así que tendríamos, al lado del personaje central, cuatro posiciones de personajes, seres u objetos derivados, ya que las dos posiciones se sitúan por ambos lados del personaje central.

No sabemos a ciencia cierta el significado de las posiciones pautadas. Al principio de nuestras indagaciones hemos trabajado con hipótesis diversas: dependiente, ofrendado, capturado, emparentado, etc. Todas ellas, al ser aplicadas sistemáticamente al universo total, producían contradicciones. Finalmente, al observar el número relativamente frecuente de pinturas que presentan algunos de los personajes centrales, sin mucha posibilidad de equivocación, como seres generadores (figuras 11a y 11b), o como seres fertilizados (figuras 12a y 12b), nos inclinamos por utilizar la hipótesis de que se expresarían relaciones de filiación. Esta hipótesis no producía contradicciones con el material, sino que hacía surgir nuevos interrogantes; entre ellos, inclusive aquel que pregunta por personajes con ciertas características, que por lo normal no hubiéramos considerado afiliados, que se podía absolver con el mismo material. A partir de la hipótesis central de la filiación, surgían secundarias como la bilateralidad del parentesco y cómo en los mismos personajes había indicadores adicionales de su filiación patrilineal, especialmente el diadema, y su filiación matrilineal, por la máscara, así como una comprensión más avanzada sobre la coherencia del sistema. Especialmente ésta, la coherencia del conjunto, la lógica de la construcción, aunque estamos conscientes del peligro de confundir la lógica del analista con la del objeto analizado, nos permite pensar que el camino recorrido tiene bastante verosimilitud. Esto por lo de más no sería tan sorprendente para una sociedad que se construye con reglas de parentesco; y, si bien hemos evitado la analogía etnohistórica, hay noticias suficientes del siglo XVI como para pensar que lo que resulta del análisis iconológico no sería ajeno a otras concepciones andinas sobre la estructura del mundo, y la relación entre el orden de los humanos y el orden natural y divino.

Un universo parental

La iconografía nasca tiene un orden interno. Este orden parte de la expresión de relaciones de filiación entre los seres representados en las imágenes. El sistema de parentesco subyacente es bilateral y diferencia entre los sexos. La forma principal para codificar el carácter de una relación parental es la siguiente:

El personaje al cual se refieren las expresiones se encuentra por lo normal en una posición central. Los seres que descienden de este personaje central en línea paterna se agrupan por el lado izquierdo, mientras sus afines lo hacen por el derecho. Si el personaje central es femenino o andrógino, las relaciones expresan la filiación patrilineal. Las descendientes femeninas son sostenidas en las manos o en los brazos; los masculinos son vinculados con el personaje central por medio de una banda, semejante a una culebra, que

nace en las fauces del personaje central. Este orden de ubicación de los descendientes por género se puede invertir en los descendientes que pertenecen al mundo de los muertos. Si el personaje central es andrógino, la banda que une al descendiente por línea paterna nace en las fauces del personaje, en tanto la banda que une al descendiente que se le vincula sólo por línea materna nace en las fauces del sexo femenino.

El parentesco puede ser graficado también en símbolos para los patrilinajes; por ejemplo, un palo de plantar, una diadema, una víbora. Cuando éstos son sostenidos en la mano derecha se refieren a la pertenencia de los descendientes al linaje afín; cuando son portados en la mano izquierda expresan la pertenencia de los descendientes al patrilinaje del portador (figura 13). Cuando los mismos símbolos aparecen en la cara o en el diadema del personaje central, éstos expresan la pertenencia del personaje a un patrilinaje. La expresión más clara de la pertenencia de un personaje a un matrilinaje se grafica en las fauces, que por lo normal aparecen como una máscara o un antifaz. Si el personaje es femenino, la máscara puede ubicarse en el sexo del personaje.

La diadema, como expresión de la filiación patrilineal, y la máscara, para expresar la filiación matrilineal de los descendientes de la divinidad primordial, generalmente son blancas o amarillas. Las del ser cola-flor, que explicaremos más adelante, muestran tonos rojizos, especialmente un rojo ladrillo. El color rojo ladrillo es derivado directamente del color de la sabandija primordial, padre del ser cola-flor. En realidad, tanto la diadema como la máscara, que imitan las de la divinidad primordial, muchas veces parecen representar a la misma sabandija con una corona de descendientes, ya que la multiplicación de los hijos parece ser la característica importante de ella (figura 14).

Por medio de estas identificaciones resulta posible establecer las relaciones de parentesco entre los personajes que aparecen en la iconografía nasquense. Se logra entender que los nasca hacen descender sus principales divinidades y, a partir de ellas, todos los seres vivos, de una divinidad andrógina primordial y un ser igualmente andrógino que hemos llamado "sabandija". La única irregularidad, que no obstante no carece de sentido, se da en una hija procreada entre el sexo femenino de la divinidad primordial y el sexo masculino de la sabandija, que explicaremos más adelante.

El parentesco explicaría las relaciones entre los personajes centrales del panteón nasca, sus características, su ubicación y la relación de los humanos con ellos; y, de esta forma, también las relaciones entre los humanos y las tareas de cada uno de los linajes. Aparte de los antepasados primordiales, la divinidad y la sabandija, los seres más importantes de la primera generación de sus descendientes son las dos hijas. Una, que pertenece al linaje de la divinidad, parece ser una especie de gato manchado que trae plantas alimenticias. La otra, que pertenecería al patrilinaje de la sabandija, resulta ser un personaje más complejo. En una serie de representaciones aparece como un ser con dos cabezas. En otras imágenes se explica este desdoblamiento del personaje. Como descendiente de la sabandija posee una cabeza que no tiene diadema, sino la forma de una cola de pez. La máscara generadora, que le viene por línea materna de la divinidad primordial andrógina, no se encuentra en su cara, sino en su sexo. A este personaje, el descendiente masculino de la divinidad primordial, una especie de cóndor, le arranca la cabeza. De ahí éste siempre es representado con la cola de pez en el pico, o cargando la cabeza en forma de cola de pez. El cuerpo con el sexo generador se convierte en ballena, que devora y genera, según las imágenes, la fauna marina por su boca, por la cual parece generar también a humanos que llevan a manera de diadema una cabeza de sabandija, y siempre están asociados con indumentaria pesquera.

La otra cabeza también tiene descendientes, los que por la posición de sus ojos son caracterizados como muertos. Éste es el personaje cola-flor, que, como la ballena, parecería haber heredado la capacidad de multiplicación de la sabandija y la capacidad de creación de la divinidad primordial. Él, al igual que los descendientes por línea materna y paterna de la divinidad primordial, parecería tener diadema y máscara generadora, pero éstas son las símiles rojas formadas por la sabandija. Ya hemos dicho que el personaje cola-flor genera en lo subsiguiente descendientes similares a los de la divinidad primordial, que por sus características parecen tener una existencia subterránea, nocturna y muerta. Una descendiente, que a su vez representaría a una tierra nocturna, alcanzaría una importancia excepcional para los nasca. Su fertilización, por el riego, la convertiría en generadora de hijas, que serían plantas cultivadas.

De los descendientes de la cola-flor, el más importante se asemeja a la descendiente tierra de la divinidad primordial, sólo que en su caso tanto la diadema como la máscara, por lo general muestran el color rojo ladrillo. Lleva, al igual que la descendiente de la divinidad primordial, un palo de plantar en su mano derecha, pero éste es identificado como diferente, o por una cola de pez, o por unos puntos rojos en su parte superior, y se asemeja a un instrumento que en otras representaciones parecería estar ligado a la irrigación. El cuerpo de este personaje parece ser la tierra subterránea, asociada con los muertos. Sin embargo, si es fertilizada correctamente, es decir desde el mundo de arriba, puede generar todo tipo de plantas cultivadas. Sobre su cuerpo encontramos todas las fases del desarrollo de las plantas, desde la siembra hasta que los frutos estén maduros. El acto de fertilización de esta tierra es la acción representada con más detalle en los iconos nasca. Parecería que la irrigación artificial sería comprendida como acto de fertilización. Los hijos de este ser también son humanos que llevan un palo de cultivar.

Así, resulta que la vida de los nasca giraría alrededor de dos seres descendientes a la vez de la divinidad primordial y de la sabandija. La una regeneraría constantemente la vida marina, y sería generadora de los pescadores; la otra sería el escenario de la agricultura de riego, y daría paso al surgimiento de los agricultores. Veamos, en el caso de la descendiente femenina de la divinidad primordial y de la sabandija, cómo sigue la descendencia en las generaciones siguientes. La línea de parentesco empezaría con la divinidad primordial (figura 10, figura 13). En su mano derecha aparece el ser bicéfalo multifacético. La figura 15 lo mostraría de forma antropomorfa, en la que se puede observar la máscara generadora como símbolo de su linaje materno. En sus glúteos encontramos la imagen de la ballena. La figura 16 muestra el mismo ser, en el cual la máscara generadora se ha convertido en la cabeza, y la cabeza de la sabandija aparece como la cola del cetáceo. Las figuras 17a, 17b y 17c lo muestran en su forma bicéfala. La cabeza a la izquierda aparece con sus descendientes ballenas, y su gemelo a la izquierda representaría al ser cola-flor, en cuyas manos aparece el personaje que será la tierra subterránea. Interesante es la variación de los instrumentos que este personaje lleva en la mano. Es el palo de cavar, símbolo de los descendientes de la divinidad primordial, pero este palo es marcado como bicolor en el caso de la figura 17a y aparece con puntos en la parte superior de la figura 17b, lo que lo liga con un instrumento de irrigación que aparece en la figura 22. En el caso del mismo personaje en la figura 17c el instrumento parece ser una pala, como las que se utiliza especialmente en la irrigación. En la cabeza del ser bicéfalo aparece como diadema y expresión de linaje la gata manchada, como también la vemos en la cabeza del ser central de la figura 10, pero ésta última aparece adicionalmente con la sabandija. Sólo en el caso de la figura 17c el diadema semeja un triángulo partido en dos, que se liga a la diadema de las semilleras que veremos más adelante.

En las figuras 18a, 18b y 18c vemos cómo el cóndor separa la cabeza de la sabandija, que llega a ser cola-flor, del resto del cuerpo. Lo mismo muestra la representación estereotipada del cóndor en la figura 18d, la que reconocemos también como el descendiente masculino de la divinidad primordial en la figura 10. Ahora la figura 19a mostraría este cuerpo, es decir a la ballena, generando peces; lo mismo vemos en las figuras 19b y 19c. En la figura 19d aparece, en la boca de la ballena, una pareja humana de pescadores que nacerían de ella.

El ser cola-flor, que vemos en la figuras 20a y 20b, generaría descendientes que serían un símil de los hijos de la divinidad primordial. Una hija del ser cola-flor sería la hija tierra subterránea (figuras 11a y 11b). Vemos que en sus manos, a su vez, aparecen hijas, que muestran la diadema, al cual ya hicimos alusión en la figura 17c. Sus hijos serían por un lado humanos cultivadores, pero, por otro, guacamayos. Lo mismo sería representado en la figura 20c. Vemos que las hijas nuevamente (figura 21a y 21b) tendrían a las semillas como sus hijas. La figura 21c mostraría adicionalmente los hijos. Estos hijos serían nuevamente sabandijas.

Parecería que la fertilización de este ser sería una tarea y un ritual central de los nasca. Vemos en la figura 22 cómo el líquido es introducido en la tierra con una especie de tubo, que en su parte superior lleva la puntuación que aparece en la pala que caracteriza a este ser. Las vasijas en la parte inferior de la pintura, que se llenarían con el líquido, las reconocemos en las figuras 12a y 12b. De ellas, un mono llenaría las vasijas menores que serían introducidas a la tierra por los portadores de vasijas. Este mono también aparece representado frecuentemente con las antaras como símbolo de unión o fertilización (figuras 23a, 23b, 23c). El semen del mono parece ser recolectado en una vasija con una forma especial. Este tipo de vasijas se encuentran con cierta frecuencia en las colecciones de los museos, donde se los llama tambores. En la parte inferior tienen un orificio, como por ejemplo el ejemplar de la figura 27, del cual se ha tomado el dibujo de la figura 9, que se debería relacionar entonces con estos ritos de fecundación. Estas vasijas eran probablemente los elementos centrales de ritos de irrigación y fertilización, que quizá se representarían en las figuras 25 y 26. Podría ser sugerente, en la figura 25, el orden de agrupamiento de las personas con diferentes atuendos frente a la pirámide escalonada, pero esto ya nos llevaría a las implicaciones espaciales y calendáricas del ordenamiento del mundo nasca, que no es materia de este trabajo.

Hacia la comprensión histórica de los discursos

No vamos a exponer más sobre las características de la construcción de los universos icónicos moche y nasca. Si bien el discurso de las representaciones moche es claramente narrativo, y por lo tanto diverso al universo nasca, no se puede negar que entre los dos haya una semejanza considerable. Ambos presentan el mundo como gobernado por dos fuerzas contrapuestas: una relacionada con el día y los vivos, la otra con la noche, el mar y los muertos. Ambos suponen que existan seres supremos y seres subordinados en cada ámbito. En las imágenes moche parecen ser cortes; en las nasca son descendientes; pero no podríamos afirmar que los moche no hayan tenido nociones de parentesco en la construcción de sus cortes, ni que los nasca no hayan agrupado a los parientes en una especie de corte. Inclusive los lugartenientes de ambos en moche son aves, como también los descendientes masculinos de primera generación de los seres primordiales nasca. Moche y Nasca parecen suponer que se necesita la coexistencia de las dos fuerzas, ya que el héroe que recorre los ámbitos de los dos se convierte en creador de plantas alimenticias en el caso moche, y porque de la unión de ambos surge la tierra fecunda y la generadora de vida marina en el caso nasca. Pero ambos presentan la relación como ambigua y frágil; los nasca en una especie de parentesco no deseado, los moche por la misma ruptura temporal del equilibrio entre los dos. Y parecería que la tarea de los humanos –en el caso nasca mediante la fertilización, en el moche apoyando al héroe conciliador– estaría ubicada en la mediación entre estas fuerzas opuestas.

De ahí se debe suponer que ambos discursos pertenecen a un mismo tronco de desarrollo de explicación del mundo y de las diferencias sociales. Ya el gran parentesco del universo nasquense con el de Paracas demuestra que los antecedentes de él se encuentran en el Formativo. También los iconos de Chavín parecerían tener características similares. Si se considerara que el mismo modelo espacial nasca de exponer el parentesco divino, que sería explicativo para el orden humano, podría aplicarse a las construcciones públicas en U, que aparecen como asociadas al desarrollo de sociedades complejas y jerarquizadas en los Andes, este modelo tendría una gran antigüedad. Su difusión acompañaría el proceso de diferenciación social del Formativo, precisamente porque explicaría la jerarquización por un orden divino, cuyas leyes permitirían la comprensión de la jerarquización como inherente a las leyes generativas del mundo en su totalidad.

La narración moche sobre la deificación de un héroe va más allá del escenario desarrollado en la iconografía nasquense. Supone la existencia del orden previo, pero al hacer hincapié en la fragilidad de él y reclamar su composición por un actor, crea las condiciones para la aparición de una instancia nueva en el manejo social. Esta nueva instancia surgiría supuestamente para afirmar la perpetuación del orden previo, pero es visible que el discurso crea las condiciones para actores nuevos en el ambiente de la sociedad moche. Su total predominancia en los iconos moche IV y V, e inclusive el mismo método de exposición por medio de pinturas narrativas, con actores cuya identificación es asegurada mediante el uso abundante de símbolos explicativos, probablemente estarían acompañando un proceso de centralización superior en la sociedad moche, asociado a la urbanización y, quizá, una integración estatal de señoríos moche previamente independientes. Los elementos esenciales del discurso moche aparecen también posteriormente, sobre todo en los iconos del Intermedio Tardío y también chimúes. Lo que los diferencia de los iconos moche es la ligereza en la presentación de los actores, casi como si no hubiera necesidad de identificadores, por ejemplo, para el héroe central. Lo que dejaría sospechar que el discurso moche habría sido aceptado y sería la base de los desarrollos posteriores.

Por otro lado, la coetaneidad del discurso nasca con el moche sería explicable, ya que en los valles sureños el grado de complejidad social ha sido desde el principio menor que en la costa norte. De esta manera sería comprensible que un discurso desarrollado para una complejización y jerarquización temprana mantenga su vigencia en los valles sureños, mientras en los norteños el desarrollo urbano y el surgimiento de un Estado más jerarquizado podría haber exigido la creación de discursos nuevos. El discurso paracas, si bien algo más sistematizado, se mantendría también en Tiahuanaco, y posteriormente en Wari. En el caso de Tiahuanaco aplicaría lo mismo, como en el caso nasca; la complejización de las sociedades serranas del sur se da apenas con Tiahuanaco. El caso de Wari, que mantiene con bastante fidelidad el sistema icónico de Tiahuanaco, es poco conocido en su interacción con los desarrollos previos de las regiones. En el caso mochica las piezas producidas con influencia estilística Wari mantienen el discurso moche.

La investigación iconográfica comparativa de los próximos años nos arrojará probablemente conocimientos más pormenorizados sobre la concatenación de los discursos de las diversas culturas. Ya los avances hechos a partir de dos cuerpos de iconos demuestran la utilidad del método. Sabemos que los métodos de la interpretación de iconos resultan ser algo menos deductivos de lo que acostumbra la arqueología. Por la experiencia parecería, sin embargo, que al lado de manejar con rigor hipótesis acerca de la concatenación de las imágenes, ante todo habría que insistir en que cualquier acercamiento debe partir de un catálogo amplio de imágenes. Los disponibles hasta el momento son sumamente limitados y no corresponden en nada al gran caudal de imágenes que hay en las colecciones privadas y en museos públicos. Parecería que la idea de que las imágenes sean decoraciones prima en su presentación. Hay que inventariar más material, a pesar de la dificultad de que sólo un análisis avanzado puede dar las pautas para la inventarización de cada grupo de iconos. Por la gran utilidad en el análisis, se debería insistir en que se busque especialmente imágenes complejas y ricas en detalles para el inicio del trabajo, y no se parta de las representaciones de elementos simples, los que nos inducen más a clasificar que a comprender el conjunto.

Bibliografía

Allen, C. J.
1981   "The Nasca Creatures: Some Problems of Iconography". *Anthropology* Nº
                5, pp. 43-70. New York.

Alarco, Eugenio
1971   *El hombre peruano en su historia. I: Los antepasados aborígenes.* Lima.

Alva, A. Walter
1990   "New Tomb of Royal Splendor. The Moche of Ancient Peru". *National
                Geographic Magazine,* 177, 6, pp. 2-15. Washington, D.C.: National
                Geographic Society.

1988   "Discovering the New World's Richest Unlooted Tomb". *National
                Geographic Magazine,* 174, 4, pp. 510-549. Washington, D.C.: National
                Geographical Society.

Alva, A. Walter y Christopher B. Donnan
1993   *Royal Tombs of Sipán.* Los Angeles: Fowler Museum of Cultural History-
                University of California.

Alva, A. Walter; Maiken Fecht; Peter Schauer y Michael Tellenbach
1989   *La tumba del Señor de Sipán.* Mainz: Römisch-Germanisches
                Zentralmuseum.

Anders, Ferdinand y otros
1984   *Peru durch die Jahrtausende, Kunst und Kultur im Lande der Inka.*
                Recklinghausen: Aurel Bongers.

Amano, Yoshitaro
1990   *Diseños precolombinos del Perú.* Lima: Museo Amano.

Ávila, Francisco de
1987   *Ritos y tradiciones de Huarochiri del siglo XVII.* Lima: Instituto de Estu-
                dios Peruanos-Instituto Francés de Estudios Andinos. Traducción de G.
                Taylor.

Baessler, Arthur
1902-1903   *Altperuanische Kunst. Beiträge zur Archäologie des Inka-Reiches nach
                seinen Sammlungen.* Berlín: K. Hiersemann und A. Ascher, 4 vols.

Ballesteros-Gaibrois, Manuel
1935   "Un testimonio de la cerámica peruana". *Tierra firme,* 2, pp. 149-160.
                Madrid.

Bankes, George H. A.
1985   "The Manufacture and Circulation of Paddle and Anvil Pottery on the
                North Coast of Peru". *World Archaeology,* 17, pp. 269-277.

1980   "Moche Pottery from Peru". *British Museum Publications.* Londres:
                University of Oxford Press.

1971   *Some Aspects of the Moche Culture.* Londres: Institute of Archaeology-London University. Tesis de doctorado.

Baras, José Carlos
1974   "Un vaso nasca del estilo prolífero". *Cuadernos Prehispánicos,* 2, 2, pp. 103-106. Valladolid.

Bauer, B. S.
1992   *The Development of the Inca State.* Austin: University of Texas Press.

Bawden, Garth
1994   "La paradoja estructural: La cultura Moche como ideología política", en Santiago Uceda y Elías Mujica, editores: *Moche. Propuestas y perspectivas.* Lima: IFEA, 1982.

                "The Peruvian Collection of the Peabody Museum". *Symbols,* 2-3, pp. 8-11. Cambridge, Massachusetts.

Bellamy, H. S. y P. Allan
1959   *The Great Idol of Tiahuanaco.* Londres: Faber and Faber.

1956   *The Calendar of Tiahuanaco.* Londres: Faber and Faber.

Belli, Carlos
1921   *Álbum histórico. Civilización Nasca-Perú. Edad de Bronce.* Empresa Gráfica A. Giagone.

Benson, Elizabeth P.
1982   "The Well-Dressed Captives: Some Observations on Moche Iconography", en *Baessler-Archiv,* n.s. 30, pp. 181-222. Berlín: Museum für Völkerkunde.

1979   "Garments as Symbolic Language in Mochica Art", en *Actes du 42 Congrès International des Américanistes (París, 1976),* 7, pp. 291-299. París.

1978   "The Bag with the Ruffled Top: Some Problems of Identification in Moche Art". *Journal of Latin American Lore,* 4, 1, pp. 29-47. Los Angeles: Latin American Center-University of California.

1976   "Salesmen and 'Sleeping' Warriors in Moche Art", en *Actas del 41 Congreso Internacional de Americanistas,* 2, pp. 26-34. México.

1975   "Death-Associated Figures on Mochica Pottery. Death and the Afterlife",
(editora)   en *Pre-Columbian America,* pp. 105-144. Washington, D.C.: Dumbarton Oaks Research Library.

1974   "A Man and a Feline in Mochica Art. Studies". *Pre-Columbian Art and Archaeology,* 14. Washington, D.C. Dumbarton Oaks. Collections. Washington, D.C.

1972   *The Mochica, a Culture of Peru.* Londres: Thames and Hudson y New York-Praeger Publishers.

Berezkin, Yuri E.
1983   *Mochika.* Leningrado: Academia de Ciencias de la URSS.

1980   "An Identification of Anthropomorphic Mythological Personages in Moche Representations". *Ñawpa Pacha,* 18, pp. 1-26. Berkeley: Institute of Andean Studies.

1978   "Khronologiya Srednego i Pozdnego Etapov Kul'turë Mochika (Perú)".
                       Sovietskaya Arkheologiya, 2, pp. 78-95. Moscú.

Bird, Junius B.
1954   *Paracas Fabrics and Nasca Needlework.* Washington, D.C.

Bird, Junius B. y otros
1981   *Museums of the Andes.* New York: Time-Life.

Blagg, M. M.
1975   *The Bizarre Innovation in Nasca Pottery.* Austin: University of Texas.
                       Thesis Art Department.

Blasco, María Concepción y Luis Javier Ramos
1992   "Continuidad y cambio: Interpretación de la decoración de una vasija
                       nasca". *Revista Andina,* 10, 2, pp. 457-471.

1985   *Catálogo de la cerámica nasca del Museo de América.* Madrid: Ministerio
                       de Cultura. 2 tomos.

1980   *Cerámica nasca.* Valladolid.

1974   "Cabezas cortadas en la cerámica Nasca, según la colección del Museo de
                       América de Madrid". *Cuadernos Prehispánicos,* 2, 2, pp. 29-79.

Blasco, María Concepción
1991   2: Recipientes decorados con figuras humanas de carácter ordinario o con
                       cabezas cortadas u otras partes del cuerpo humano.

Bock, Edward K. de
1988   *Moche: Gods, Warriors, Priests.* Leiden: Rijksmuseum voor Volkenkunde.

Boetzkes, Manfred y otros
1986   *Alt-Peru. Auf den Spuren der Zivilisation.* Hildesheim: Roemer-Museum.

Bolaños, César
1988   *Las antaras nasca.* Lima.

Bonavia, Duccio
1974   *Ricchata Quellccani. Pinturas murales prehispánicas.* Lima: Fondo del
                       Libro del Banco Industrial del Perú.

Bourget, Steve
1994   "El mar y la muerte en la iconografía Moche", en Santiago Uceda y Elías
                       Mujica B., editores: *Moche: Propuestas y perspectivas.* Lima: IFEA.

1989   *Structures Magico-Réligieuses et Idéologies de l'Iconographie Mochica IV.*
                       Montreal: Universidad de Montreal. Memoria de maestría, Departamento
                       de Antropología. 2 tomos.

Calancha, Antonio de la
1976 [1638]   *Crónica moralizada del orden de San Agustín en el Perú, con sucesos
                       ejemplares en esta monarquía.* Barcelona: P. Lacavallería. (Lima: Prado
                       Pastor).

Calkin, C. J.
1953   *Moche Figure Painted Pottery: The History of an Ancient Peruvian Art
                       Style.* Berkeley: Department of Art-University of California. Tesis de doc-
                       torado.

Canziani, José
1989   *Asentamientos humanos y formaciones sociales en la costa norte del antiguo Perú.* Lima: Instituto Andino de Estudios Arqueológicos.

Carmichael, Patrick H.
1994   "The Life from Death Continuum in Nasca Imagery". *Andean Past,* 4, pp. 81-90. New York.

1988   *Nasca Mortuary Customs: Death and Ancient Society on the South Coast of Peru.* Calgary. Ph. D. dissertation.

1986   "Nasca Pottery Construction". *Ñawpa Pacha,* 24, pp. 31-48. Berkeley.

Carrera, Fernando de la
1939

[1644]   *Arte de la lengua yunga.* Tucumán: Instituto de Antropología de la Universidad Nacional de Tucumán. Publicaciones especiales. Introducción y notas de Radamés A. Altieri.

Carrión, Rebeca
1959   *La religión en el antiguo Perú (norte y centro de la costa, periodo post-clásico).* Lima: Talleres Gráficos de Tipografía Peruana.

1955   "El culto al agua en el antiguo Perú. La Paccha, elemento cultural pan-andino". *Revista del Museo Nacional de Antropología y Arqueología,* 2, 2, pp. 50-140. Lima.

1948   "La cultura Chavín. Dos nuevas colonias: Kuntur Wasi y Ancón". *Revista del Museo Nacional de Antropología y Arqueología,* 2, 1, pp. 93-172. Lima.

Castillo, Luis Jaime
1989   *Personajes míticos, escenas y narraciones en la iconografía mochica.* Lima: Pontificia Universidad Católica del Perú-Fondo Editorial.

Castillo, Luis Jaime y Christopher B. Donnan
1994   "La ocupación Moche de San José de Moro, Jequetepeque", en Santiago Uceda y Elías Mujica B., editores: *Moche: Propuestas y perspectivas.* Lima: IFEA.

Cordy-Collins, Alma
1977   "The Moon is a Boat! A Study in Iconographic Methodology", en A. Cordy-Collins y J. Stern, editores: *Pre-Columbian Art History. Selected Readings,* pp. 421-434. Palo Alto: Peek Publications.

1972   *The Tule Boat Theme in Moche Art: A Problem in Ancient Peruvian Iconography.* Los Angeles: Institute of Archaeology-University of California. Tesis de maestría.

Cuesta, M.
1980   *Cultura y cerámica mochica.* Madrid: Museo de América-Ministerio de Cultura.

1972   "El sistema militarista de los mochicas". *Revista Española de Antropología Americana,* 7, 2, pp. 269-307. Madrid: Departamento de Antropología y

Etnología de América-Facultad de Filosofía y Letras-Universidad de Madrid.

De Bock, Edward K.
1988   *Moche: Gods, Warriors and Priests.* Leiden: Rijksmuseum voor Volken-kunde.

Della Santa, E.
1972   *La Collection de Vases Mochicas des Musées Royaux d'Art et d'Histoire.* Catálogo. Bruselas.

1962   *Les Vases Péruviennes de la Collection de LL.MM. le Roi Albert et la Reine Elisabeth de Belgique.* Bruselas.

Devigne, F.
1993   *Tesoros olvidados.* Lima: Diselpesa.

Disselhoff, Hans Dietrich
1972   "Metallschmuck aus der Loma Negra, Vicús (Nord-Peru)". *Antike Welt,* 3, 2, pp. 43-53. Zurich.

1971   "Vicús. Eine neu Entdeckte Altperuanische Kultur". *Monumenta Americana,* 7. Berlín: Verlag Gebr. Mann. Instituto Ibero-Americano de Berlín.

Doering, Heinrich (Ubbelohde)
1931   *Altperuanische Gefäßmalereien,* 2. Teil. Marburg

1927   *Tonplastiken aus Nasca, Jahrbuch für Prähistorische und Ethnographische Kunst,* pp. 167-171. Leipzig: Klinkhardt u. Biermann.

1926-27   *Altperuanische Gefaessmalereien,* 1. Teil. Marburg.

                Rutas estelares en la región de Nasca, en el sur del Perú-Sternstraßen in der Nasca Region Südperus (Ü: Wera Zeller).

Donnan, Christopher B.
1992   *Ceramics of Ancient Peru.* Los Angeles: Fowler Museumof Cultural History-University of California.

1990   "Masterworks of Art Reveal a Remarkable Pre-Inca World". *National Geographic Magazine,* 177, 6, pp. 16-33. Washington: National Geographical Society.

1989   *En busca de Naymlap: Chotuna, Chornancap y el valle de Lambayeque (Lambayeque),* pp. 105-136. Lima: Banco de Crédito del Perú. José Antonio Lavalle, editor.

1988   "Unraveling the Mystery of the Warrior-Priest. Iconography of the Moche". *National Geographic Magazine,* 174, 4, pp. 550-555. Washington: National Geographical Society.

1985   "Arte Moche", en J.A. Lavalle, editor: *Moche,* pp. 54-90. Lima: Banco de Crédito del Perú.

1982a   "Dance in Moche Art". *Ñawpa Pacha,* 20, pp. 97-120. Berkeley: Institute of Andean Studies.

1982b	"La caza del venado en el arte Mochica". *Revista del Museo Nacional,* 46, pp. 235-251. Lima.
1978	*Moche Art of Peru. Pre-Columbian Symbolic Communication.* Los Angeles: Museum of Cultural History- University of California.
1976	*Moche Art and Iconography.* Los Angeles: UCLA-Latin American Center Publications.
1975	"The Thematic Approach to Moche Iconography". *Journal of Latin American Lore,* 1, 2, pp. 147-162. Los Angeles: UCLA-Latin American Center.
1965	"Moche Ceramic Technology". *Ñawpa Pacha,* 3, pp. 115-134. Berkeley: Institute of Andean Studies.

Donnan, Christopher B. y Luis Jaime Castillo

1994	"Excavaciones de tumbas de sacerdotisas Moche en San José de Moro (Jequetepeque)", en Santiago Uceda y Elias Mujica B., editores: *Moche: Propuestas y perspectivas.* Lima: IFEA.
1992	"Finding the Tomb of a Moche Priestess". *Archaeology,* 45, 6, pp. 38-42. New York: The Archaeological Institute of America.

Donnan, Christopher B. y Carol J. Mackey

1978	*Ancient Burial Patterns of the Moche Valley, Peru.* Austin: University of Texas Press.

Donnan, Christopher B. y Donna McClelland

1979	"The Burial Theme in Moche Iconography". *Studies in Pre-Columbian Art and Archaeology,* 21. Washington, D.C.: Dumbarton Oaks.

Eisleb, D.

1977	*Altperuanische Kulturen II: Nasca.* Berlín: Museum für Völkerkunde.

Flood, Sandra W.

1976	"Nasca Tongue Iconography". *El Dorado,* 1, 3, pp. 12-35. Greeley, Colorado.

Franco, Régulo; César Gálvez y Segundo Vásquez

1994	"Arquitectura y decoración mochica en la Huaca Cao Viejo, Complejo El Brujo: Resultados preliminares", en Santiago Uceda y Elías Mujica B., editores: *Moche: Propuestas y perspectivas.* Lima: IFEA.

Gayton, Anna y Alfred Kroeber

1927	"The Uhle Pottery Collections from Nasca". *American Archaeology and Ethnology,* 24, 1. Berkeley: University of California Publications.

Giono, Guillermo R.

1979	"Los timbales en la cultura nasca". *Revista del Instituto de Investigación Musicológica Carlos Vega,* 3, 2, pp. 79-87. Buenos Aires.

Golte, Jürgen

1994   *Los dioses de Sipán II. La rebelión contra el Dios Sol.* Lima: Instituto de
                Estudios Peruanos.

1994a   *Iconos y narraciones. La reconstrucción de una secuencia de imágenes
                moche.* Lima: Instituto de Estudios Peruanos.

1993   *Los dioses de Sipán I. Las aventuras del Dios Quismique y su ayudante
                Murrup.* Lima: Instituto de Estudios Peruanos.

1985   "Los recolectores de caracoles en la cultura Moche (Perú)". *Indiana,* 10,
                pp. 355-369. Berlín.

Golte, Jürgen y A. M. Hocquenghem
1984   "Seres míticos y mujeres: Interpretación de una escena Moche". *Table
                Ronde sur les Collections Précolombiennes dans les Musées Européens,*
                pp. 91-112. Viena: Centro Europeo de Coordinación de Investigación y
                Documentación en Ciencias Sociales.

Guffroy, Jean; Peter Kaulicke y Krzysztof Makowski
1989   "La prehistoria del departamento de Piura: Estado de los conocimientos y
                problemática". *Bulletin de l'Institut Français d'Études Andines,* 18, 2, pp.
                117-142. Lima: IFEA.

Haeberly, J.
1979   "Twelve Nasca Panpipes: A Study". *Ethnomusicology,* 23, 1, pp. 57-74.
                Sidney.

D'Harcourt, Raoul
1975   *Textiles of Ancient Peru and their Techniques.* Seattle: University of
                Washington Press.

Harth Terre, Emilio
1973   *Estética de la cerámica prehispánica Nasca.* Lima.

Hebert-Stevens, Francois
1972   *L'Art Ancien de l'Amerique du Sud.* París: Arthaud.

Hissink, Karin
1951   "Motive der Mochica-Keramik". *Paideuma Mitteilungen zurKulturkunde,*
                5, 3, pp. 115-135. Bamberg.

1949   "Gedanken zu einem Nasca-Gefäß". *El México,* 7, pp. 412-438.

Hochleitner, Franz
1962   "Das Sonnentor von Tiwanaku in Bolivien". *Zeitschrift für Ethnologie,* 87.
                Braunschweig: Albert Limbach.

Hocquenghem, Anne Marie
1991   "Frontera entre 'áreas culturales' nor y centroandinas en los valles y la
                costa del extremo norte peruano". *Bulletin de l'Institut Français d'Etudes
                Andines,* 20, 2, pp. 309-348. Lima: IFEA.

1987   *Iconografía Mochica.* Lima: Pontificia Universidad Católica del Perú-
                Fondo Editorial.

1983   *Iconografía Moche.* Berlín: Lateinamerika Institut der Freien Universität
                Berlin.

Hocquenghem, Anne Marie y Patricia Jean Lyon
1980   "A Class of Anthropomorphic Supernatural Female in Moche Iconography". *Ñawpa Pacha,* 18, pp. 27-48.

Hoepner, Gerd
1983   "Amenaza para los tesoros arqueológicos del Perú". *Humboldt,* 24, 80, pp. 64-68. München.

Horkheimer, Hans
1965   *Vicus.* Lima: Ediciones del Instituto de Arte Contemporáneo.

1961   "La cultura mochica". *Las grandes civilizaciones del Antiguo Perú,* vol. I. Lima: Compañía de Seguros y Reaseguros Peruano-Suiza.

1960   *Nahrung und Nahrungsgewinnung im vorspanischen Peru.* Berlín: Biblioteca Ibero-Americana 2.

Huertas, Lorenzo
1987   *Ecología e historia. Probanzas de indios y españoles referentes a las catas-tróficas lluvias de 1578, en los corregimientos de Trujillo y Saña.* Chiclayo: Centro de Estudios Sociales Solidaridad. Francisco Alcócer, escribano receptor.

Imbelloni, José
1942   "Escritura mochica y escrituras americanas". *Revista Geográfica Americana,* 9, 101, pp. 212-226. Buenos Aires.

INKA-PERU
1992   *Inka-Peru. 3000 Jahre indianische Hochkulturen.* Tubinga: Verlag Ernst Wasmuth. Haus der Kulturen der Welt, editor.

Jiménez, Arturo
1985   "Introducción a la cultura Moche", en J.A. Lavalle, editor: *Moche,* pp. 17-51. Lima: Banco de Crédito del Perú.

1953   "La danza en el antiguo Perú". *Revista del Museo Nacional,* 24, pp. 111-136. Lima.

1938   *Moche.* Lima: Lumen.

Joyce, Thomas A.
1912a   *A Short Guide to the American Antiquities in the British Museum.* Oxford.

1912b   *South American Archaeology.* New York: G.P. Putnam's Sons.

Kajitani, Nobuko
1982   "Andesu no Senshoku, Senshoku no bi". *Textile Art,* 20.

Kaulicke, Peter
1994   "La presencia mochica en el Alto Piura: Problemática y propuestas", en Santiago Uceda y Elías Mujica B., editores: *Moche: Propuestas y perspectivas.* Lima: IFEA.

1992   "Moche, Vicús-Moche y el Mochica Temprano". *Bulletin de l'Institut Français d'Etudes Andines,* 21, 3, pp. 853-903. Lima: IFEA.

Kern, Hermann
1974   *Peruanische Erdzeichen.* München: Kunstraum München e. V.

Klein, Otto
1967   "La cerámica mochica: Caracteres estilísticos y conceptos". *Scientia*, 131. Valparaíso: Universidad Técnica Federico Santa María.

Kosok, Paul
1965   *Life, Land and Water in Ancient Peru*. New York: Long Island University Press.

Kroeber, Alfred L.
1956   *Toward Definition of the Nasca Style*, vol. 43, p. 4. Berkeley: Publications in American Archaeology and Ethnology.

1930   "Archaeological Explorations in Peru". Part II: "The Northern Coast". *Anthropology Memoirs*, 2 (2). Chicago: Field Museum of Natural History.

Kroeber, Alfred y William D. Strong
1924   *The Uhle Pottery Collections from Ica*, vol. 21, p. 3. Berkeley: Publications in American Archaeology and Ethnology.

Kutscher, Gerdt V.
1983   "Nordperuanische Gefässmalereien des Moche-Stils". *Materialien zur Allgemeinen und Vergleichenden Archäologie*, 18, Kommmission für Allgemeine und Vergleichende Archäologie. Bonn.

1958   "Ceremonial 'Badminton' in the Ancient Culture of Moche (North Peru)", en *Proceedings of the 32th International Congress of Americanists* (Copenhagen, 1956), pp. 422-432. Munks Gaard.

1956   "Das Federball-Spiel in der alten Kultur von Moche (Nord-Peru)", en *Baessler-Archiv* Nos., 4, 2, pp. 173-184. Berlín: Museum für Völkerkunde.

1954   "Nordperuanische Keramik. Figürlich verzierte Gefässe der Früh-Chimu. Cerámica del Perú septentrional. Figuras ornamentales en vasijas de los chimú antiguos". *Monumenta Americana*, 1. Berlín: Gebr. Mann. Instituto Ibero-Americano de Berlín.

1950a   *Chimú. Eine Altindianische Hochkultur*. Berlín: Gebr. Mann. Tesis inédita.

1950b   "Sakrale Wettläufe bei den Frühen Chimú (Nordperu)". *Beiträge zur Gesellungs-und Völkerwissenschaft*, pp. 209-226. Berlín.

1946   *Die figürlichen Vasenmalereien der frühen Chimú (Alt-Peru)*. Berlín: Friedrich Wilhelms Universität.

Kvietok, P.
1987   *Andean Panpipes: A Study in Cultural Technology* (Ms.).

Lanning, Edward P.
1967   *Perú before the Incas*. New Jersey: Prentice-Hall.

Larco, Rafael
1970   *The Ancient Civilization of Peru*. Londres: Barrie & Jenkins.

1966   *Perú. Archaeologia Mundi*. Barcelona: Editorial Juventud (existen ediciones en inglés, francés, alemán e italiano).

1965   *Checán. Essay on Erotic Elements in Peruvian Art*. Génova, París y Munich: Nagel Publishers.

1948   *Cronología arqueológica del norte del Perú.* Biblioteca del Museo de
                Arqueología Rafael Larco Herrera, Hacienda Chiclín. Buenos Aires:
                Sociedad Geográfica Americana.

1945   *Los mochicas (Pre-Chimu de Uhle y Early Chimu de Kroeber).* Buenos
                Aires: Sociedad Geográfica Americana.

1943   "La escritura peruana sobre pallares". *Revista Geográfica Americana,* 19,
                112, pp. 277-292. Buenos Aires.

1943a   "La escritura mochica sobre pallares". *Revista Geográfica Americana,* 20,
                123, pp. 345-354. Buenos Aires.

1942   "La escritura mochica sobre pallares". *Revista Geográfica Americana,* 18,
                107, pp. 93-103. Buenos Aires.

1939   *Los mochicas.* Lima: Casa Editora La Crónica y Variedades S.A., tomo II.

1938   *Los mochicas.* Lima: Casa Editora La Crónica y Variedades S.A., tomo I.

Larrea, Juan
1936   "Un vaso peruano del Museo de Madrid". *Tierra firme,* pp. 515-534.
                Valencia.

Lavalle, José Antonio de (editor)
1992   *Oro del Antiguo Perú.* Lima: Banco de Crédito del Perú. Colección Arte y
                Tesoros del Perú.

1986   *Culturas precolombinas: Nasca.* Lima: Banco de Crédito del Perú.
                Colección Arte y Tesoros del Perú.

1985   *Culturas precolombinas: Moche.* Lima: Banco de Crédito del Perú.
                Colección Arte y Tesoros del Perú.

1983   *Culturas precolombinas: Paracas.* Lima: Banco de Crédito del Perú.
                Colección Arte y Tesoros del Perú.

Lavallée, Danièle
1970   "Les Représentations Animales dans la Céramique Mochica". *Mémoires de
                l'Institut d'Ethnologie,* 4. París: Musée de l'Homme.

Lehmann, Walter y Heinrich Doering
1924   *Kunstgeschichte des Alten Peru.* Berlín.

Lieske, Baerbel
1992   *Mythische Erzaehlungen in den Gefaessmalereien der altperuanischem
                Moche-Kultur. Versuch einer ikonographischen Rekonstruktion.* Bonn:
                Holos Verlag.

Lothrop, Samuel K.
1964   *Das vorkolumbianische Amerika und seine Kunstschätze.* Genève: Skira.

Lumbreras, Luis Guillermo
1989   *Chavín de Huántar en el nacimiento de la civilización andina.* Lima:
                Ediciones INDEA.

1979   *El arte y la vida Vicús.* Lima: Banco Popular del Perú.

1969   *De los pueblos, las culturas y las artes del antiguo Perú.* Lima: Moncloa-
                Campodónico, Editores Asociados.

Makowski, Krzysztov; Christopher Donnan; Iván Amaro; Luis Jaime Castillo; Magdalena Diez
Canseco; Otto Eléspuru y Juan Antonio Murro
1994   *Vicús.* Lima: Banco de Crédito del Perú. Colección Arte y Tesoros del
                Perú.

Manzanilla, Linda
1992   *Akapana, una pirámide en el centro del mundo.* México: Universidad
                Nacional Autónoma de México-Instituto de Investigaciones Antro-
                pológicas.

McClelland, Donna D.
1990   "A Maritime Passage from Moche to Chimu", en M. Moseley y A. Cordy-
                Collins, editores: *The Northern Dynasties: Kingship and Statecraft in
                Chimor,* pp. 75-106. Washington, D.C.: Dumbarton Oaks Research Library
                and Collection.

1977   "The Ulluchu: A Moche Symbolic Fruit", en A. Cordy-Collins y J. Stern,
                editores: *Pre-Columbian Art History. Selected Readings,* pp. 435-452. Palo
                Alto: Peek Publications.

Mejía, Toribio
1952   "Mitología del norte andino peruano". *América Indígena,* 12, 3, pp. 235-
                251.

Menzel, D.
1976   *Pottery Style and Society in Ancient Peru: Art as a Mirror of History in the
                Ica Valley, 1350-1570.* Berkeley: University of California.

Menzel, D.; J. H. Rowe y L. E. Dawson
1964   "The Paracas Pottery of Ica: A Study in Style and Time". *Publications in
                American Archaeology and Ethnology,* 50. Berkeley-Los Angeles:
                University of California.

Milla, Carlos
1975   *Guía para museos de arqueología peruana.* Introducción y asesoría: L.G.
                Lumbreras. Lima: Milla Batres.

Miranda-Luizaga, Jorge
1985   *Das Sonnentor: Vom Überleben der archaischen Andenkultur.* München:
                Dianus-Trikont.

Mogan, Alexandra
1988   "The Master or Mother of Fishes: An Interpretation of Nasca Pottery
                Figurines and Their Symbolism", en Nicolas J. Saunders y Oliver de
                Montmollin, editores: *Recent Studies in Pre-Columbian Archaeology,* pp.
                327-361. Oxford.

Morales, Daniel
1995   "Estructura dual y tripartita en la arquitectura de Pacopampa y en la icono-
                grafía de Chavín y Nasca". *Ciencias Sociales,* 1, pp. 83-102. Lima:
                UNMSM/IIHS.

1982   *Tambor nasca.* Lima: Universidad Nacional Mayor de San Marcos-
                Seminario de Historia Rural Andina.

Morris, Craig y Adriana von Hagen
1993   *The Inka Empire and its Andean Origins, American Museum of Natural History.* New York/London/París: Abbeville Press.

Morrison, Tony
1988   *Das Geheimnis der Linien von Nasca.* Basel: Wiese Verlag.

Moseley, Michael E.
1992   *The Incas and Their Ancestors. The Archaeology of Peru.* Londres: Thames and Hudson Ltd.

Moseley, Michael E. y Alana Cordy-Collins
1990 (editores) *The Northern Dynasties: Kingship and Statecraft in Chimor.* Washington, D.C.: Dumbarton Oaks Research Library and Collection.

Moseley, Michael E. y James B. Richardson, III
1992   "Doomed by Natural Disaster". *Archaeology,* 45, 6, pp. 44-45. New York: The Archaeological Institute of America.

Muelle, Jorge C.
1936   *Muestras de arte antiguo del Perú.* Lima: Museo Nacional.

1936a   "Chalchalcha (Un análisis de los dibujos muchik)". *Revista del Museo Nacional,* tomo V, 1, pp. 65-88. Lima.

Muelle, Jorge C. y Camilo Blas
1938   "Muestrario de arte peruano precolombino. I: Cerámica". *Revista del Museo Nacional,* 7, 2, pp. 163-280. Lima.

Narváez, Alfredo
1994   "La Mina: Una tumba Moche I en el valle de Jequetepeque", en Santiago Uceda y Elías Mujica B., editores: *Moche: Propuestas y perspectivas.* Lima: IFEA.

Netherly, Patricia
1990   *Out of the Many, One: The Organization of Rule in the North Coast Polities, The Northern Dynasties: Kingship and Statecraft in Chimor,* pp. 461-488. Washington, D.C.: Dumbarton Oaks Research Library and Collection. M.E. Moseley y A. Cordy-Collins, editores.

Orbigny, Alcide d'
1958   "Viaje por América del Sur". *Bibliotheca Indiana.* Madrid: Aguilar.

Otero, Gustavo Adolfo
1939   *Tiahuanacu, antología de los principales escritos de los cronistas coloniales, americanistas e historiadores bolivianos.* La Paz: Artística.

Paredes, Rigoberto
1955   *Tiahuanacu y la Provincia de Ingavi.* La Paz: Ed. Isla.

Panofsky, E.
1955   *Meaning in the Visual Art.* Woodstock, New York: The Overlook Press.

Parsons, Lee
1980   *Pre Columbian Art. The Morton D. May and the Saint Louis Art Museum Collections.* New York: Harper and Row.

Paul, Anne
1990   *Paracas: Ritual Attire. Symbols of Authority in Ancient Peru.* Norman, Okl.

Paul, Anne, editora
1991   *Paracas Art and Architecture: Object and Context in South Coastal Peru.*
                        Iowa City.

Paulsen, A. C.
1986   "A Moche-Nasca Connection". Paper Presented to the 51st. Annual Meet-
                        ing of the Society for American Archaeology. New Orleans.

Pérez, Alfonso y otros
s.a.   *La pesca en el Perú prehispánico.* Lima: Pesca Perú.

Petersen, Georg
1980   *Evolución y desaparición de las altas culturas Paracas-Cahuachi (Nasca).*
                        Lima.

Pezzia, Alejandro
1962   *La cultura Nasca: Las grandes civilizaciones del Antiguo Perú.* Lima:
                        Compañía de Seguros y Reaseguros Peruano-Suiza S.A.

Phipps, Elena
1989   *Cahuachi Textiles in the W.D. Strong Collection: Cultural Transition in the
                        Nasca Valley, Peru.* Ann Arbor, Michigan.

Ponce, Carlos
1964   *Descripción sumaria del templete semisubterráneo de Tiwanaku.*
                        Tiwanaku, Centro de Investigaciones Arqueológicas.

Posnansky, Arthur
1957   *Tihuanacu, the Cradle of American Man,* Vol. III/IV. La Paz: Ministerio de
                        Educación.

1957   *Tihuanacu, the Cradle of American Man,* Vol. V/VI. La Paz: Ministerio de
                        Educación.

1945   *Tihuanacu, the Cradle of American Man,* Vol. I/II. New York: J. J.
                        Augustin Publisher.

1925   "Die Erotischen Keramiken der Mochicas und Deren Beziehungen zu
                        Okzipital Deformierten Schädeln". *Gesellschaft für Anthropologie, Ethno-
                        logie und Urgeschichte,* 2, pp. 67-74. Frankfurt-Main.

1914   *Una metrópoli prehistórica en la América del Sud,* T. I. Berlín: Dietrich
                        Reimer.

Propp, Vladimir
1981   *Morfología del cuento.* Madrid: Ed. Fundamentos. 7ª edición.

1968   *Morfologija skazky.* Leningrado: Nauka. 2ª edición.

1928   "Transformacii volshebnykh skazok". *Poetika, Vremennik Otdela
                        Slovesnykh,* IV, pp. 70-89. San Petersburgo.

Proulx, Donald
1994   "Stylisitic Variation in Proliferous Nasca Pottery". *Andean Past,* 4, pp. 91-
                        108. New York.

1992   "Die Ikonographie von Nasca". *Inka Peru, 3000 Jahre Indianische Hochkulturen,* pp. 111-123. Berlín: Haus der Kulturen der Welt.

1989   *Nasca Trophy Heads: Victims of Warfare or Ritual Sacrifice? Culture in Conflict: Current Archaeological Perspectives.* Proceedings of the 20th Annual Chacmool Conferences, pp. 73-85. Calgary.

1989   "Nasca Trophy Heads: Victims of Warfare or Ritual Sacrifice", en Diana Tkaczuk y Vivian Brian, editoras: *Cultures in Conflict: Current Archaeological Perspectives,* pp. 73-85. Calgary.

1983   "Nasca Style", en Lois Katz, editor: *Art of the Andes. Precolumbian Sculptured and Painted Ceramics from the Arthur M. Sackler Collections,* pp. 87-105. Washington, D.C.

1971   "Headhunting in Ancient Peru". *Archaeology,* 24, pp. 16-21.

1970   "Nasca Gravelots in the Uhle Collection from the Ica Valley, Peru". *Research Report,* 5.

1968   "Local Differences and Time Differences on Nasca Pottery". *Archaeology,* 5. Berkeley: University of California Press.

Purin, Sergio
1980   "Vases Mochicas des Musees Royaux d'Art et d'Histoire" *Corpus Antiquitatum Americanensium, Unión Academique Internationale,* fascículo II. Bruselas.

1979   "Vases Anthropomorphes Mochicas des Musées Royaux d'Art et d'Histoire". *Corpus Antiquitatum Americanensium, Unión Academique Internationale,* fascículo I. Bruselas.

Quilter, Jeffrey
1990   "The Moche Revolt of the Objects". *Latin American Antiquity 1* (1), pp. 42-65. Washington, D.C.: Society for American Archaeolgy.

Ramos, Luis Jaime
1977   "Las representaciones de 'aves fantásticas' en materiales nascas del Museo de América de Madrid". *Revista de Indias,* 37, 147/48, pp. 265-276. Madrid.

Ravines, Rog
                Las culturas preincas: Arqueología del Perú, Historia General del Perú, 2. Lima: Editorial Brasa.

Reichert, Rafael
1982   "Moche Iconography. The Highland Connection", en A. Cordy-Collins y J. Stern, editores: *Pre-Columbian Art History. Selected Readings,* pp. 279-291. Palo Alto: Peek Publications.

Reinhard, Johan
1992   "Interpreting the Nasca Lines", en R.F. Townsend, editor: *The Ancient Americas. Art from Sacred Landscapes,* pp. 291-301. Chicago.

1983   "Las líneas de Nasca, montañas y fertilidad". *Boletín de Lima,* 5, 26, pp. 29-50. Lima.

Roark, R. P.
1965   "From Monumental to Proliferous in Nasca Pottery". *Ñawpa Pacha,* 3, pp. 1-92. Berkeley.

Rossell, Alberto
1977   *Arqueología sur del Perú.* Lima: Ed. Universo.

Rosselló, Lorenzo
1960   "Sobre el estilo de Nasca". *Antiguo Perú: Espacio y Tiempo,* pp. 47-88. Lima.

Rostworowski, María
1992   *Pachacamac y el Señor de los Milagros. Una trayectoria milenaria.* Lima: Instituto de Estudios Peruanos.

1977   *Etnia y sociedad. Costa peruana prehispánica.* Lima: Instituto de Estudios Peruanos.

1961   *Curacas y sucesiones, costa norte.* Lima: Librería Imprenta Minerva.

Rowe, John
1962   Chavín Art: An Inquiry into Its Form and Meaning. The Museum of Primitive Art. New York.

1960   "Nuevos datos relativos a la cronología del estilo Nasca". *Antiguo Perú: Espacio y tiempo,* pp. 29-45. Lima.

1948   "The Kingdom of Chimor". *Acta Americana,* 6, 1-2, pp. 26-59, Revista de la Sociedad Interamericana de Antropología y Geografía, México. (Publicado en castellano como "El reino de Chimor", en Rogger Ravines, compilador: *100 años de arqueología en el Perú,* pp. 321-355. Lima: Instituto de Estudios Peruanos/Petróleos del Perú).

Russell, Glenn; Leonard Banks y Jesús Briceño
1994   "Cerro Mayal: Nuevos datos sobre producción de cerámica Moche en el valle de Chicama", en Santiago Uceda y Elías Mujica B., editores: *Moche: Propuestas y perspectivas.* Lima: IFEA.

Salazar, Sebastián
1964   *La cerámica peruana prehispánica.* México, D.F.: Universidad Nacional Autónoma de México.

Sawyer, Alan
1979   "Painted Nasca Textiles" en Ann Rowe, Elizabeth Benson y Anne-Louise Schaffer, editoras: *The Junius B. Bird Pre-Columbian Textiles Conference,* pp. 129-150. Washington, D.C.

1975   *Ancient Andean Arts in the Collection of the Krannert Art Museum.* Champaign.

1972   "The Feline in Paracas Art". *The Cult of the Feline,* pp. 91-112.

1968   *Mastercraftsmen of Ancient Peru.* New York: Solomon R. Guggenheim Museum.

1966   "Ancient Peruvian Ceramics". *The Nathan Cummings Collection.* New York: Metropolitan Museum of Art.

1961   *Paracas and Nasca Iconography. Essays on Pre-Columbian Art and Archaeology,* pp. 269-316. Cambridge: Harvard University Press.

1954   *The Nathan Cummings Collection of Ancient Peruvian Art.* Chicago: Art Institute.

Schaedel, Richard
1988   *La etnografía Muchik en las fotografías de H. Brüning 1886-1925.* Lima: Ediciones COFIDE.

1972   "The City and the Origin of the State in America". *El proceso de urbanización en América desde sus orígenes hasta nuestros días. Actas y Memorias del 39 Congreso Internacional de Americanistas* (Lima, 1970), 2, pp. 15-33. Lima: Instituto de Estudios Peruanos.

Schlesier, K. H.
1959   "Stilgeschichtliche Einordnung der Nasca-Vasenmalereien: Beitrag zur Geschichte der Hochkulturen des vorkolumbischen Peru". *Annali Lateranensi,* 23, pp. 9-236. Città del Vaticano: Topografia Poliglotta Vaticana.

Schmidt, Max
1929   *Kunst und Kultur von Peru.* Berlín: Propyläen-Verlag.

Schumacher, Gertrud
1991   *El vocabulario Mochica de Walter Lehmann (1929) comparado con otras fuentes léxicas.* Lima: Centro de Investigación de Lingüística Aplicada-Universidad Nacional Mayor de San Marcos.

Seler, E.
1923   "Die buntbemalten Gefäße von Nasca im südlichen Peru und die Hauptelemente ihrer Verzierung". *Gesammelte Abhandlungen zur Amerikanischen Sprach-und Altertumskunde,* pp. 169-338. Berlín: Behrend & Co.

Shimada, Izumi
1994   "Los modelos de organización sociopolítica de la cultura Moche: Nuevos datos y perspectiva", en Santiago Uceda y Elías Mujica B., editores: *Moche: Propuestas y perspectivas.* Lima: IFEA.

1994a   *Pampa Grande and the Mochica Culture.* Austin: University of Texas Press.

1982   "Horizontal Archipielago and Coast-Highland Interaction in North Peru: Archaeological Models", en Luis Millones y H. Tomoeda, editores: *El hombre y su ambiente en los Andes Centrales.* Senri Ethnological Studies 10, pp. 137-210. Osaka, Japón: National Museum of Ethnology.

1978   "Economy of a Prehistoric Urban Context: Commodity and Labor Flow at Moche V Pampa Grande, Peru". *American Antiquity,* 43, 4, pp. 569-592. Washington, D.C.: Society for American Archaeology.

1976   *Socioeconomic Organization at Moche V Pampa Grande, Peru: Prelude to a Major Transformation to Come.* University of Arizona-Department of Anthropology. Tesis de doctorado.

Silverman, H. H.
1986   *Cahuachi: An Andean Ceremonial Centre.* Austin. Ph. D. Dissertation.

Spielbauer, Judith
1972   "Nasca Figurines from the Malcom Whyte Collection". *Archaeology,* 25, 1, pp. 20-25. New York.

Strong, W. D.
1957   "Paracas, Nasca and Tiahuanacoid Cultural Relationships in South Central Peru". *Memoirs of the Society for American Archaeology,* 13.

Stone-Miller, Rebecca
1992   *To Weave for the Sun. Ancient Andean Textiles in the Museum of Fine Arts, Boston.* Londres: Thames & Hudson.

Stumer, Louis
1958   "Contactos foráneos en la arquitectura de la costa central". *Revista del Museo Nacional,* XXVII, pp. 11-30. Lima.

Szeminski, Jan
1994   "Manqu Qhapaq Inqap Kawsasqankunamanta (De las vidas del Inqa Manqu Qhapaq)". Manuscrito.

1987   *Un kuraca, un dios y una historia.* Jujuy: ICA/ UBA/MLAL.

Tello, Julio C.
1959   *Paracas.* Primera parte. Lima: Museo Nacional de Antropología y Arqueología.

1924   "Arte antiguo peruano. Álbum fotográfico de las principales especies arqueológicas de cerámica muchik existentes en los museos de Lima". Primera parte: "Tecnología y morfología". *Inca,* 2, pp. 7-37. Lima: Museo de Arqueología de la Universidad Nacional Mayor de San Marcos. (Reimpreso en R. Ravines, compilador, como "Tecnología y morfología alfarera y la cerámica mochica". *Tecnología Andina,* pp. 415-432. Lima: Instituto de Estudios Peruanos e Instituto de Investigación Tecnológica Industrial y de Normas Técnicas, 1978.)

Tello, Julio C. y Toribio Mejía
1979   *Paracas.* Segunda parte: *Cavernas y Necrópolis.* Lima: UNMSM.

Townsend, R.
1985   "Deciphering the Nasca World: Ceramic Images from Ancient Peru". *Museum Studies,* 11, 2, pp. 116-139. Chicago.

Ubbelohde-Doering, Heinrich
1941   *Auf den Königstrassen der Inka. Reisen und Forschungen in Peru.* Berlín: Verlag Ernst Wasmuth.

Uceda, Santiago y Elías Mujica, editores
1994   *Moche: Propuestas y perspectivas.* Lima: IFEA.

Uceda, Santiago; Ricardo Morales; José Canziani y María Montoya
1994   "Investigaciones sobre la arquitectura y relieves polícromos en la Huaca de
                la Luna, valle de Moche", en Santiago Uceda y Elías Mujica B., editores:
                Moche: Propuestas y perspectivas. Lima: IFEA.

Uhle, Max
1915   "Las ruinas de Moche". *Boletín de la Sociedad Geográfica de Lima,* 30, 3-
                4, pp. 57-71. Lima.

1914   "The Nasca Pottery of Ancient Peru". *Proceedings of the Davenport
                Academy of Sciences,* 13, pp. 1-16. Davenport.

1913   "Zur Chronologie der alten Kulturen von Ica". *Journal de la Société des
                Américanistes de Paris,* X, II, pp. 341-367. París.

Urteaga, O.
1968   *Interpretación de la sexualidad en la cerámica del Antiguo Perú.* Lima:
                Museo de Paleopatología del Hospital 2 de Mayo.

Urton, G.
1981   *At the Crossroads of the Earth and the Sky. An Andean Cosmology.* Austin:
                University of Texas Press.

Vivante, Armando
1942   "El juego mochica con pallares". *Revista Geográfica Americana,* 110, pp.
                275-280. Buenos Aires.

Wassen, Henry
1989   "El 'ulluchu' en la iconografía y ceremonias de sangre Moche: La búsque-
                da de su identificación". *Boletín del Museo Chileno de Arte Precolombino,*
                3, pp. 25-45. Santiago.

1985-86   "Ulluchu in Moche Iconography and Blood Ceremonies: The Search for
                Identification". *Etnografiska Museum Arstryck Annals,* pp. 59-85.
                Goteborg.

Willey, Gordon
1953   "Prehistoric Settlement Patterns in the Viru Valley, Peru". *Bulletin of the
                Smithsonian Institution,* 155. Bureau of American Ethnology. Washington,
                D.C.

Wolfe, E. F.
1981   "The Spotted Cat and the Horrible Bird: Stylistic Change in Nasca 1-5
                Ceramic Decoration". *Ñawpa Pacha,* 19, pp. 1-62. Berkeley.

Yacovleff, Eugenio
1932   "Las falcónidas en el arte y en las ciencias de los antiguos peruanos".
                Revista del Museo Nacional, 1, 1, pp. 33-111. Lima.

1932   "La deidad primitiva de los Nasca". *Revista del Museo Nacional,* 1, 2, pp.
                103-160. Lima.

Zuidema, Tom
1989   *Reyes y guerreros. Ensayos de cultura andina.* Lima: Fomciencias.

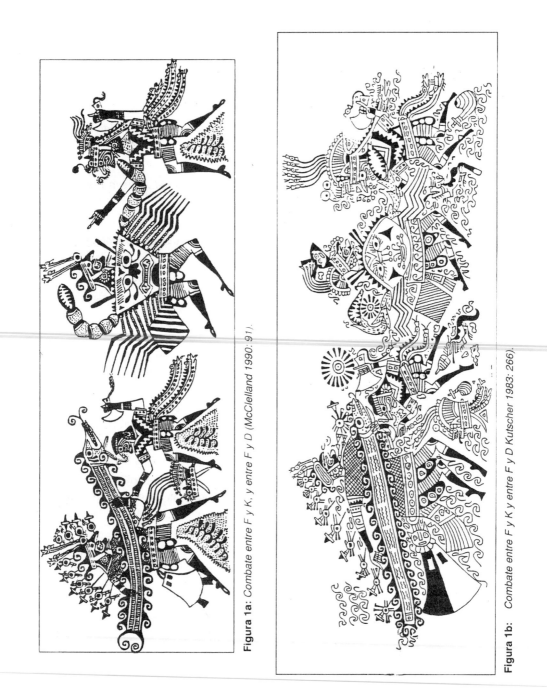

Figura 1a: *Combate entre F y K, y entre F y D (McClelland 1990: 91).*

Figura 1b: *Combate entre F y K y entre F y D Kutscher 1983: 266).*

Figura 1c: *Combate entre F y D, y entre F y K.*

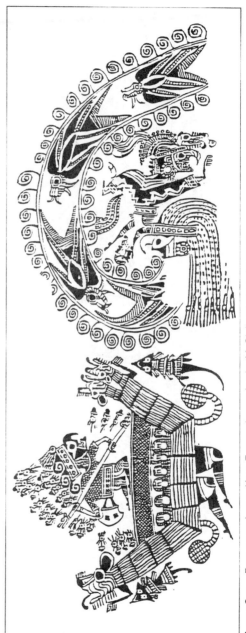

Figura 2a: *D en su embarcación y F envuelto por la ola (McClelland 1990: figura 9).*

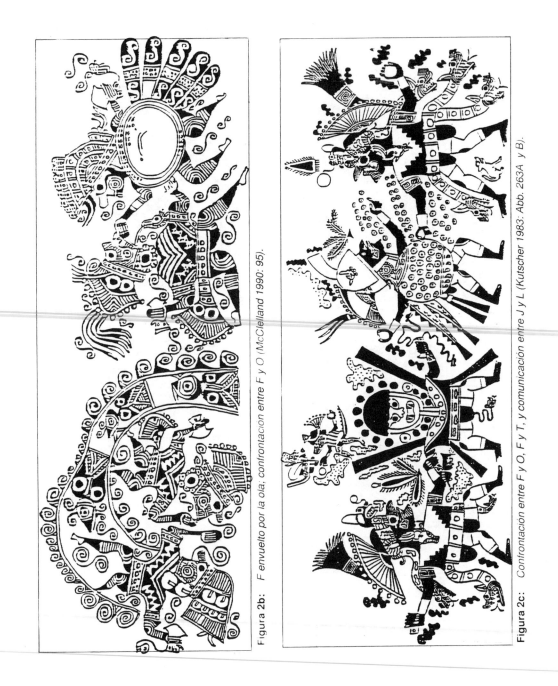

Figura 2b: F envuelto por la ola; confrontacion entre F y O (McClelland 1990: 95).

Figura 2c: Confrontación entre F y O, F y T, y comunicación entre J y L (Kutscher 1983: Abb. 263A y B).

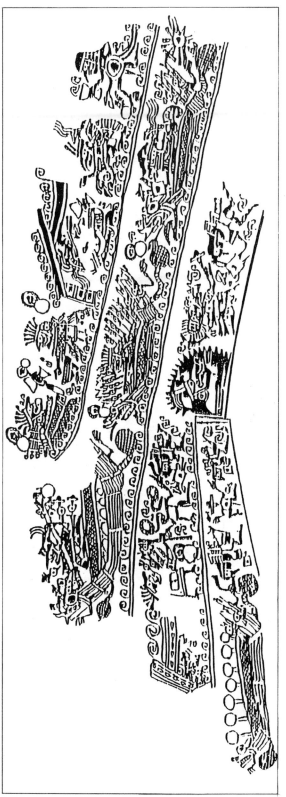

Figura 3: *La secuencia de la rebelión de los objetos (McClelland 1990: 89 reord.).*

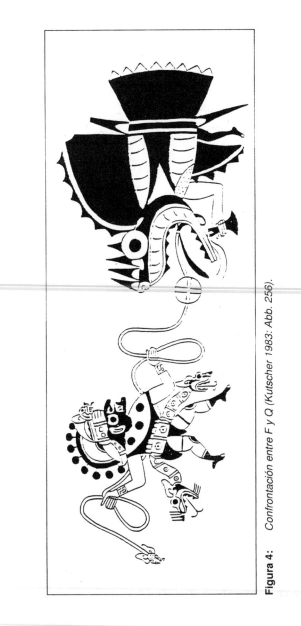

Figura 4: *Confrontación entre F y Q (Kutscher 1983: Abb. 256).*

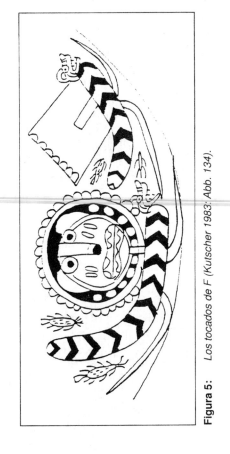

Figura 5: *Los tocados de F (Kutscher 1983: Abb. 134).*

Figura 6:   *Los corredores con los tocados de F (Kutscher 1983: Abb. 142).*

Figura 7a: *Arácnido (Kutscher 1983: Abb. 148).*

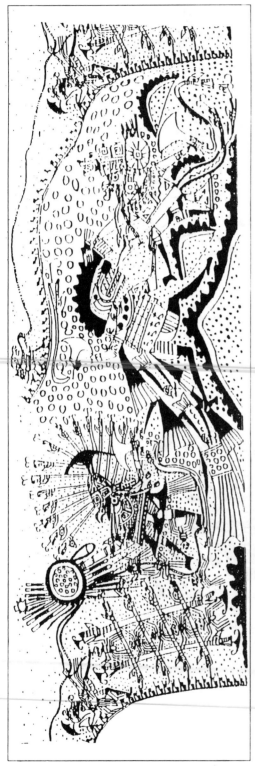

Figura 7b: *A, con ayuda de aracnidos. sube al cielo. confrontación final de F (Golte 1994: 124).*

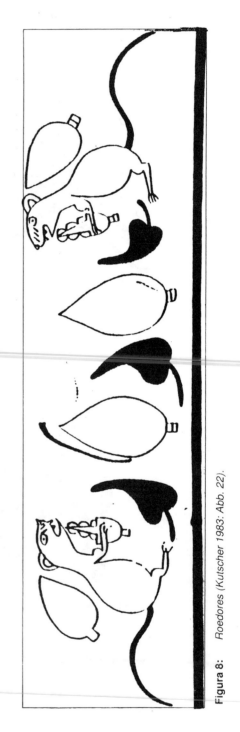

Figura 8: *Roedores (Kutscher 1983: Abb. 22).*

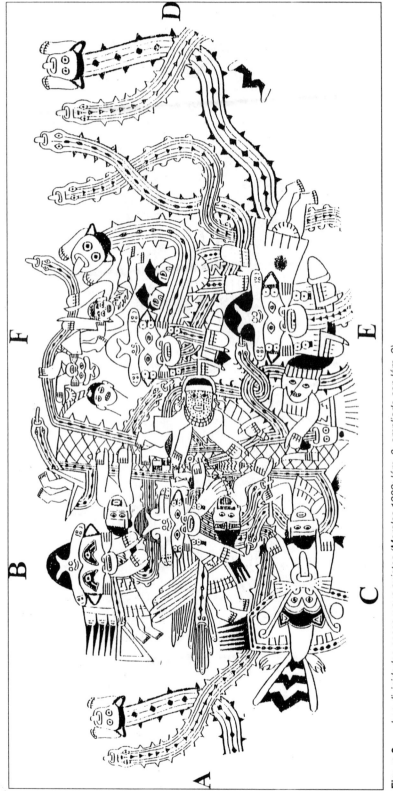

Figura 9: *Las divinidades nasca y sus sujetos (Morales 1982: lám. 3, ampliado con lám. 2).*

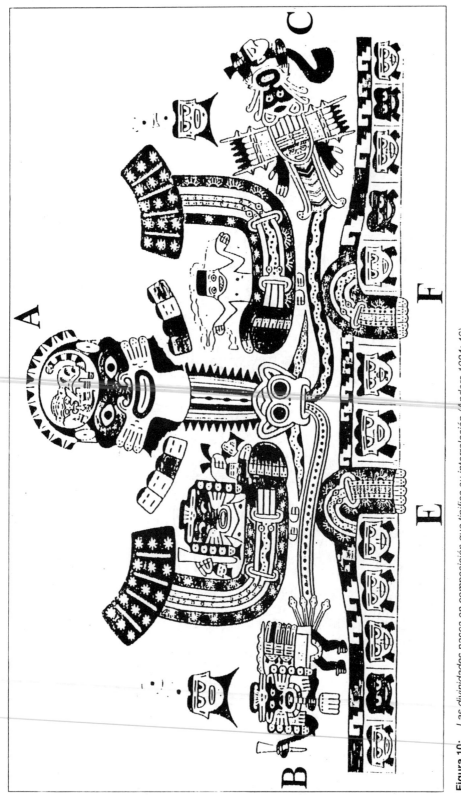

Figura 10: *Las divinidades nasca en composición que tipifica su interrelación (Anders 1984: 46).*

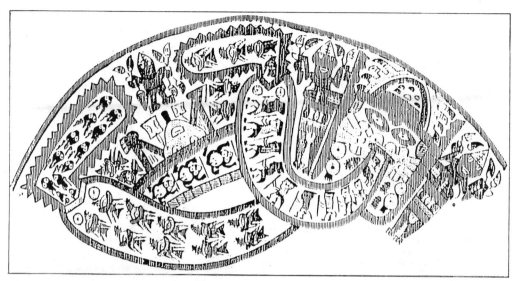

Figura 11a: *La divinidad D y sus descendientes (Seler 1923: Abb. 134a).*

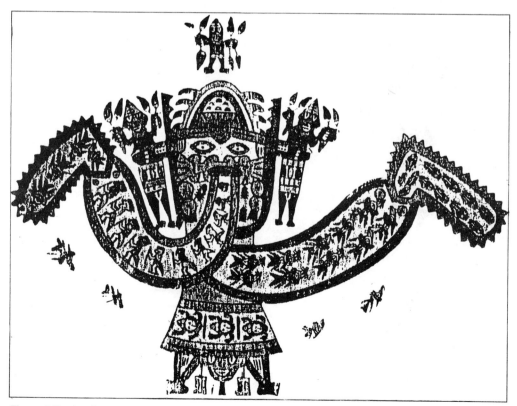

Figura 11b: *La divinidad D y sus descendientes (Tello 1959: figura 100).*

Figura 12b: *La divinidad D fecundada (Tello 1959: figura 98).*

Figura 12a: *La divinidad D fecundada (Doering 1931: Taf. IV).*

Figura 13: *La divinidad primordial en fase (Museo Ica).*

Figura 14: *Sabandija y descendientes (Tello 1959: figura 35).*

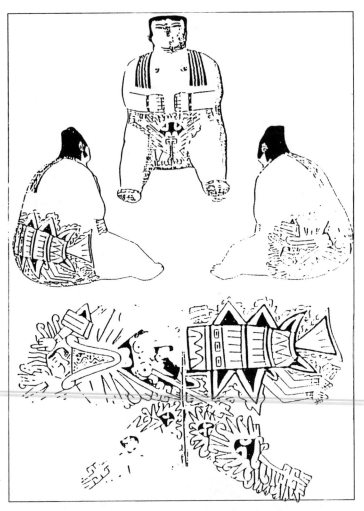

Figura 15: *La divinidad F como mujer generadora (Seler 1923: Abb. 208).*

Figura 16: *La orca F con cola de cabeza de sabandija (Museo de la Nación).*

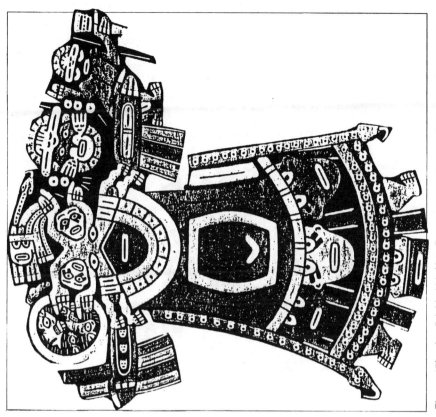

Figura 17b: *La divinidad bicéfala F y sus descendientes (Tello 1959: figura 106).*

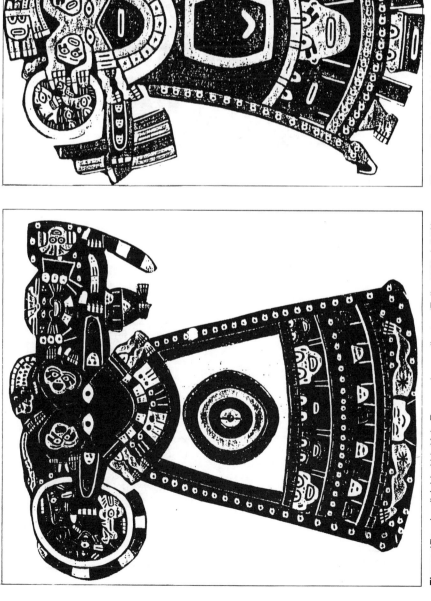

Figura 17a: *La divinidad bicéfala F y sus descendientes (Tello 1959: I. 84A).*

Figura 17c: *La divinidad bicéfala F y sus descendientes (Tello 1959: I. 85).*

Figura 18a: *Cóndor con F decapitada (Lavalle 1986: 176).*

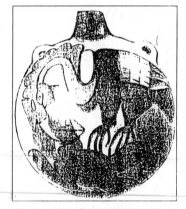

Figura 18b: *Cóndor B decapita a F (Lavalle 1986: 160).*

Figura 18c: *Cóndor B decapita a F (Museo de la Nación, dib C. Clados).*

Figura 18d: *Cóndor B carga cabeza de F (Seler 1923: Abb. 107).*

Figura 19a: *La orca F con infijo de cabezas trofeo (Seler 1923: Abb. 46d).*

Figura 19b: *La orca F con infijo de peces (Pérez Bonany, s.a.: figura 60).*

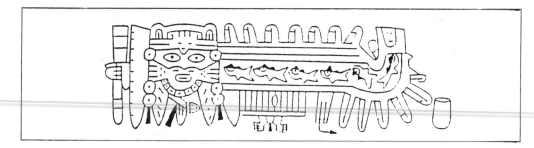

Figura 19c: *La orca F con infijo de peces (Seler 1923: Abb. 46c).*

Figura 19d: *La pareja en las fauces de la ballena F (MNAA, Lima).*

Figura 20a: *Los descendientes de la cola-flor Fs (Tello 1959: figura 89).*

Figura 20b: *Los descendientes de la cola-flor Fs (Tello 1959: figura 88).*

Figura 20c: *La divinidad D (Seler 1923: Abb. 44).*

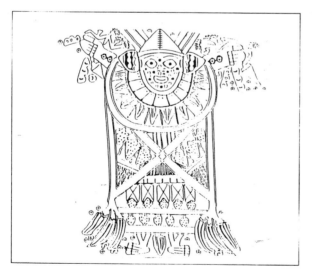

Figura 21a: *Semillera con todos sus atavíos (Reinhard 1992: figura 17).*

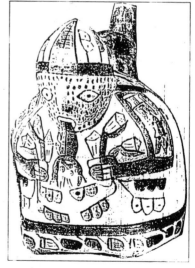

Figura 21b: *Semillera con cara de su madre (Eisleb 1977: Nº 210).*

Figura 21c: *Semillera con hijos sabandija (Tello 1959: figura 99).*

Figura 22: *Vasija fecundadora como instrumento liminal, o la fecundación de D (Doering 1931: Taf. I).*

Figura 23a: *Mono fecundador (Doering 1931: Taf. XIII).*

Figura 23b: *Mono fecundador (Doering 1931: Taf. XIV).*

Figura 23c: *Monos fecundadores (Doering 1931: Taf. XV).*

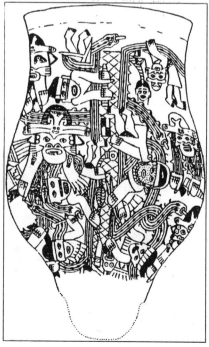

Figura 24: *Vasija fecundadora (Morales 1982: lám. 2).*

Figura 25: *Ceremonia con vasija fecundadora (Tello 1959: figura 111).*

Figura 26: *Ceremonia de fecundación (Museo de la Nación).*

Situación de los estudios de historia de la arquitectura y urbanismo en el Perú

Ramón Gutiérrez
Universidad Nacional de La Plata, Argentina

En las dos últimas décadas, las investigaciones sobre arquitectura y urbanismo en el Perú avanzaron notoriamente sobre algunos aspectos y a la vez pusieron en evidencia la necesidad de profundizar las investigaciones y ampliar la base de análisis geográfica y cultural.

Si bien se ha avanzado en el análisis de regiones hasta ahora no estudiadas, como el caso del valle del Colca (Arequipa), o parcialmente investigadas, como el Collao (Puno), es evidente que muchas áreas de notoria importancia como las tierras altas cusqueñas, el propio valle del Mantaro y buena parte del norte peruano aún esperan estudios monográficos realizados en profundidad.

En los aspectos conceptuales, si bien en estas décadas se relativizó el peso de una lectura visualista y formalista de la arquitectura, dando paso a una búsqueda de explicaciones sustentadas en las formas de manifestación cultural, iconográfica y simbólica de las expresiones espaciales y formales de la arquitectura, todavía queda mucho por analizar para tener una visión cabal de las motivaciones y decisiones que potenciaban la producción de cada región.

Los aspectos tecnológicos, las formas de producción, la inserción urbana de los gremios y cofradías, y los sistemas de aprendizaje, son temáticas que aún requieren una mayor preocupación de los estudiosos.

Sin duda se ha avanzado notoriamente en el cotejo de fuentes primarias, sobre todo de los archivos religiosos y civiles del período colonial. La tarea realizada en este sentido por el padre Antonio San Cristóbal ha sido de notoria importancia, lo que demuestra la necesidad de indagar más allá de la bibliografía existente. El soporte documental ha permitido recomponer la fisonomía de muchos procesos arquitectónicos, consolidar las lecturas biográficas de arquitectos y posibilitar una ampliación del horizonte de lo que se había escrito sobre la arquitectura peruana en el medio siglo anterior.

Los pioneros estudios de Pablo Macera sobre la historia económica de las estancias aún tienen un pobre correlato en el análisis arquitectónico de esta arquitectura rural y son parte esencial de la comprensión de la arquitectura colonial del Perú.

Quedan postergados, sin embargo, los estudios de la arquitectura del siglo XIX y comienzos del XX, que apenas están siendo objeto de aproximaciones parciales. El arquitecto García Bryce, pionero en la formulación de una estructura de análisis de estos períodos, ha señalado la vigencia dominante de Lima, pero una lectura más integradora de las regiones permitiría distinguir con rasgos propios la producción arequipeña y puneña entre otras arquitecturas regionales.

Mención especial merece el caso de la historia urbana que ha sido también estudiada casi exclusivamente desde la perspectiva del documento histórico o del análisis morfológico de sus trazas. Las formas de uso de la ciudad, los mecanismos de interacción de los grupos sociales, los valores simbólicos y rituales son temas que se van abordando parcialmente. Los primeros estudios sobre los pueblos de indios han demostrado la inviabilidad de continuar analizándolos con los mismos parámetros conceptuales que los de las ciudades de españoles.

En este campo del urbanismo casi toda la tarea está pendiente: desde estudios monográficos sobre ciudades (de las cuales sólo Lima, Cusco y Arequipa tienen monografías aproximativas) hasta el análisis de las redes de poblados, haciendas y comunidades rurales integradas. Los temas relativos a la evolución histórica urbana requieren la compulsa amplia de fuentes documentales que muchas veces están parcialmente perdidas o inasequibles para la investigación.

La reconstrucción del imaginario urbano de fines del XIX y comienzos del XX ha avanzado notoriamente gracias a la formación de archivos fotográficos y a la preocupación por el rescate de la iconografía que se ha manifestado en los últimos años.

Estudio de los queros, pajchas y vasijas relacionadas*

Luis Ramos
Universidad Complutense de Madrid
Mª Concepción García
Museo de América, Madrid
Enrique Parra
Universidad Alfonso X el Sabio, Madrid
Concepción Blasco
Universidad Autónoma, Madrid

Introducción

En 1986 Verena Liebscher publicó *Los queros: Una introducción a su estudio* (1986a) y *La iconografía de los queros* (1986b), monografías que son referencia obligada para trabajar con ese tipo de vasijas realizadas en madera. Según se señala en el segundo libro, las piezas en las que se basaron esos estudios fueron 396, de las que 337 eran polícromas, y procedían de museos y colecciones particulares peruanas, estadounidenses y alemanas[1]. Poco después, en 1988, Tom Cummins presentó en la Universidad de California su tesis *Abstraction to Narrative Kero Imagery of Peru and the Colonial Alteration of Native Identity,* que no hemos podido consultar.

Una de las colecciones que no estudiaron ni Liebscher ni Cummins fue la del Museo de América de Madrid, constituida por 74 piezas lígneas de las que 61 son queros, seis son *pajchas* y siete vasijas de diversas formas, que, como las *pajchas*, están emparentadas con los queros por su temática y realización. En 1933 se editó la primera publicación en la que se recogió la inmensa mayoría de las piezas de esta colección: *Art des Incas. Catalogue de l'Exposition de la Collection* de Juan Larrea, que inspiró la obra de Trimborn y Vega *Catálogo de la exposición Arte Inca,* de 1935, que, como la anterior, carecía de ilustraciones; del último año es la obra anónima *Arte peruano* (Colección Juan Larrea), que sí se ilustró con diversas fotos y desarrollos de la decoración de algunas de estas piezas[2]. Aunque en 1976 López y Sebastián y Caillavet editaron un estudio-catálogo sobre una parte de las *pajchas* en madera del Museo de América, éste se ilustró sólo con fotos poco detalladas, por lo que hubo que esperar hasta 1988 para contar con

---

*   Metodología de trabajo aplicada a las piezas lígneas coloniales del Museo de América de Madrid

1   Otras cifras en Liebscher 1986a, p. 74.

2   Cuatro de los calcos fueron publicados por Liebscher (1986b) en su lámina IV.

nuevos dibujos de los desarrollos de algunos queros, *pajchas* y vasijas relacionadas[3]: efectivamente, en esa fecha se editó un interesante catálogo de una exposición celebrada en Alicante y Murcia, que se tituló *Piedras y oro: El arte en el Imperio de los Incas*, cuya escasa difusión hizo que los calcos que incluía no tuvieran la resonancia debida, hecho en parte corregido gracias a que algunos de ellos han ilustrado un interesante artículo publicado en 1994 por Félix Jiménez Villalba.

La poca difusión de las publicaciones reseñadas y los años en los que el Museo de América de Madrid estuvo cerrado –aunque no inactivo– han sido la causa principal de que estas piezas no hayan sido utilizadas ni en los estudios realizados fuera de España sobre la iconografía indígena andina de época colonial[4], ni en las tipologías sobre las formas y distribución de la decoración. Esperemos que con este trabajo tal situación sea en parte corregida, si bien no quedará totalmente solventada hasta que salga a la luz el catálogo de la colección completa, tarea en la que estamos ocupados.

Catálogo informatizado de los queros y *pajchas**

Al plantearnos el estudio global de la colección de queros y *pajchas* del Museo de América de Madrid, una de nuestras preocupaciones primordiales fue la de trabajar con un material gráfico totalmente fiable que sirviera de base a nuestra investigación y a la de otros estudiosos y evitara, en la medida de lo posible, la manipulación de unas piezas que, tanto por su materia prima como por las

características de su decoración, son altamente degradables.

La obtención de estas reproducciones fidedignas se hacía necesaria porque no existía una base documental gráfica completa ni útil para la investigación, ya que sólo se habían realizado dibujos a mano alzada de la decoración de algunas piezas; aunque alguno de estos dibujos se ajustaba bastante a la realidad, otros, en cambio, o bien no reflejaban con exactitud todos los detalles, o bien contenían algunos errores debidos, en muchas ocasiones, a una defectuosa comprensión de los diseños por su mal estado de conservación, por el reducido tamaño de la mayoría de las imágenes y por el abigarramiento de algunas escenas que introducen un gran número de figuras en un campo reducido. A estas inexactitudes había que sumar, en muchos casos, la carencia de color y, en otros, la aplicación de una paleta alejada de la realidad.

El único medio para conseguir unas imágenes absolutamente fiables era el de fotografiarlas, tarea que resultaba muy compleja pues, por un lado, era imposible abarcar el conjunto de la decoración con un solo golpe de vista o con una única foto, al desarrollarse aquélla sobre la totalidad o buena parte de la cara externa de estas piezas; y, por otro, la mala conservación de la pintura de algunos ejemplares y las complejas formas e irregularidades de la superficie de otros, así como los brillos que produce la iluminación sobre determinadas superficies muy convexas, no permitían la obtención de imágenes muy nítidas.

Estos problemas se solventaron gracias a la profesionalidad de don Tomás Antelo, quien llevó a cabo un completo y meticuloso registro de las piezas. De este material debemos destacar el correspondiente a la obtención del desarrollo de las decoraciones, que se realizó haciendo girar la pieza y fotografiándola desde un punto fijo, de forma que la secuencia obtenida abarcaba la totalidad de su decoración; estas tomas se unieron lateralmente unas con otras (lámina I), con lo que

---

3   Fueron realizados por Amparo Moltó.

4   Jorge A. Flores Ochoa ha utilizado recientemente uno de los queros del Museo de América (1995).

*   Sección trabajada por Concepción Blasco Bosqued.

se consiguió reproducir la ornamentación de la vasija sin tener que depender de la mayor o menor exactitud de un calco realizado a mano alzada, ventaja a la que debemos unir la de poder apreciar el colorido original y el estado de conservación de los motivos, así como detalles de su realización. El montaje de algunas de estas tomas parciales presentó un problema que no hemos podido solucionar, pues al estar la superficie de la pieza curvada en sentido vertical y horizontal, nos resultó imposible transformarla en una superficie plana; este escollo se resolvió reduplicando mínimamente algunos motivos, para respetar al máximo el diseño original.

Este catálogo de imágenes de la decoración se completó con las fotografías de las formas en una o varias tomas, dependiendo de las características de cada una de las piezas y, muy particularmente, de la presencia o ausencia de asas y modelados o de la existencia de irregularidades en las paredes o boca, así como de la mayor o menor complejidad de la propia morfología.

La realización de la catalogación y captación informatizada

Dada la dificultad y el coste que conllevaba todo el proceso fotográfico descrito, pensamos que era conveniente que las imágenes conseguidas se fijaran en un soporte informático que sirviera como documentación definitiva, tanto para nuestro trabajo como para investigaciones posteriores propias o ajenas, evitando así el deterioro de las piezas.

Los archivos de imágenes se han realizado barriendo con escáner de mesa las fotografías de las piezas y almacenándolas en formato Tif no sólo en disco duro, en discos de 31/2 HD —una imagen por disco— y en cinta DAT (Baena y otros 1994: 161 y 162), sino también en CD-Rom, soporte éste que creemos será el que el personal de los museos y los investigadores utilizarán normalmente, dadas sus ventajas. En efecto, el CD-Rom es el sistema más extendido en los equipos multimedia, los discos tienen capacidad sufi-

ciente para guardar en ellos gran cantidad de información —en uno solo hemos almacenado los 254 megas correspondientes a las 153 imágenes comprimidas de las 76 piezas de esta colección— y lo grabado en él no puede alterarse ni voluntariamente ni por descuido si el equipo no está dotado de grabador de CD-Rom; en este soporte, y para conjugar la buena calidad de las imágenes con la operatividad del programa, las fotografías de las piezas se han grabado con una resolución de 300 puntos por pulgada y 256 colores, salvo en el caso de algunos desarrollos decorativos de gran tamaño, que se han introducido a 250 puntos por pulgada para reducir el volumen del archivo y así hacer más rápida la manipulación.

Estas imágenes informatizadas tienen la ventaja de que, desde la pantalla, podemos manejarlas a nuestra conveniencia utilizando las posibilidades que ofrecen la mayoría de los programas de tratamiento de imágenes, como son el efectuar *zooms* para ampliar determinados detalles o figuras, realzar bordes para destacar perfiles algo desdibujados, retocar colores, etc., unos cambios que, si se desea, pueden ser almacenados en cualquier tipo de soporte informático (disco duro, discos, CD-Rom, etc.) o reproducidos por impresora.

Otra ventaja añadida de las imágenes informatizadas es que pueden ser digitalizadas o, lo que es lo mismo, transformadas en dibujo de línea; la operación puede realizarse de manera automática o manual. Sin embargo, en el ensayo efectuado sobre las fotografías de las decoraciones de algunos queros no se obtuvieron resultados positivos, ya que las imágenes no son lo suficientemente nítidas para que la digitalización automática sea correcta, al no contrastar suficientemente algunos colores con respecto al fondo oscuro de la madera o con algunas manchas y deterioros existentes y producirse, en consecuencia, bastante "ruido", dando como resultado unas imágenes muy confusas. No obstante, no se descarta la posibilidad de que nuevos programas o futuras versiones de los existentes hoy en el mercado puedan hacer una lectura mucho más precisa de este tipo de imágenes.

Tampoco la digitalización manual fue satisfactoria, puesto que el pequeño tamaño y la minuciosidad con que están hechas algunas figuras hacen que no sean aptas para ser copiadas con lápiz o puntero ópticos por no ofrecer precisión suficiente y ser, además, un procedimiento excesivamente lento. Por ello, hemos optado por realizar dichos dibujos de línea, calcando directamente de los desarrollos fotográficos. Con este sistema se evita el calco directo de la pieza y, por tanto, se elimina el riesgo de deterioro que conlleva su manipulación, pero no pierde fidelidad con respecto al original.

La informatización de las imágenes mejoraba sensiblemente su rentabilidad si se complementaba con una base de datos alfanumérica que facilita tanto los trabajos de investigación como la gestión museográfica ordinaria. Por eso hemos elaborado un segundo fichero que puede ser utilizado de manera independiente o de forma conjunta con el archivo de imágenes, interrelacionándose; la ficha se ha confeccionado incluyendo aquellos campos del inventario general del Museo de América[5] que interesaban de acuerdo con las características de la colección. La base de datos se confeccionó inicialmente en el programa DBase IV, versión 1,5, que era el seleccionado por el Museo para realizar el "inventario general" de sus fondos, pero la exportamos a Access por adaptarse mejor a nuestras necesidades. La ventaja de estos ficheros informatizados sobre los convencionales es la gran agilidad que ofrecen para cualquier tipo de consulta que se precise, así como la posibilidad que tienen de combinarse con imágenes informatizadas.

En efecto, estos dos ficheros –el de la base de datos y el de las imágenes– pueden utilizarse interrelacionándolos[6] de forma que una vez situados en la ficha alfanumérica correspondiente a la pieza que desea estudiarse, se puede seleccionar el comando Imagen para obtener el listado de las fotos, así como la enumeración de las claves correspondientes a las características de esas imágenes[7]; al activarse el número de la seleccionada, ésta –ya descomprimida– aparece automáticamente en pantalla en el programa de tratamiento de imágenes que previamente hayamos seleccionado, si bien existe la posibilidad de obtenerla sin ningún problema en otros programas comerciales.

El equipo mínimo recomendable para el manejo de las fichas informatizadas y su correspondiente imagen es –en junio de 1996– un ordenador personal con procesador Pentium 100 y un mínimo de 16 Mbytes de memoria Ram, un disco duro de 850 Mbytes con tarjeta gráfica SVGA de 2 Mbytes y sistema operativo Windows. El equipo debe contar también con una disquetera para discos de 3½ de alta densidad y lector de CD-Rom, así como con un monitor de al menos 15" para visualizar convenientemente las imágenes. Además, es necesaria una impreso-

_____

5   En el inicio del proyecto, confeccionamos una segunda base de datos en la que incorporamos las referencias correspondientes a la manipulación efectuada con las imágenes para su grabación en discos y cinta DAT (Baena y otros, 1994, p. 160); sin embargo, dichos datos no son necesarios si se utiliza el programa Aldus Photostyler, ya que da la correspondiente información seleccionando el comando Info.

_____

6   Esta interrelación ha sido realizada por el técnico informático Don Ignacio Martínez Iñiguez.

7   Las imágenes de las piezas se han denominado por el número de inventario del quero o *pajcha* seguido de una letra que orientan sobre las características de la imagen; esta codificación es la siguiente: *C:* visión cenital; *D:* desarrollo de la decoración; *F:* vista frontal; *L:* vista lateral (cuando se han fotografiado los dos laterales –caso de las *pajchas*–, se han diferenciado ambos complementando la *L* con un *1* o un *2*); *P:* vista posterior; y *Z: zoom* o detalle.

ra láser de color para la obtención de copias en papel.

Este procedimiento ensayado tiene la ventaja de que puede aplicarse a cualquier tipo de colección, y sería deseable que las distintas escalas de los responsables de nuestro patrimonio diesen los pasos necesarios para poner en marcha ésta u otras propuestas encaminadas a salvaguardar los fondos de nuestros museos al mismo tiempo que a aumentar su disponibilidad y difusión. Efectivamente, la catalogación informatizada permitirá al personal de estos centros realizar su trabajo con mucho menor costo para ellos y para la conservación de las piezas, viéndose su labor aún más favorecida cuando los distintos museos estén interconectados; por otra parte, con estos procedimientos se facilitan las tareas de los investigadores al mismo tiempo que se preservan mejor las piezas, pues aunque seguirá siendo necesario el manejo y la visión directa de los objetos, buena parte del trabajo podrá realizarse sobre imágenes informatizadas; por último, las exposiciones permanentes o temporales se verán enriquecidas, no sólo por poderse mostrar piezas que físicamente se encuentran en otro lugar, sino porque el visitante podrá relacionarse activamente con ellas, e inclusive contemplar imágenes de fondos no expuestos.

Estudio tipológico*

Tipología de las formas de los queros y vasijas relacionadas con ellos (figura 1)

Los tipos de queros

Liebscher, en sus dos obras publicadas en 1986, presenta dos tipologías muy similares de queros, aunque ligeramente distintas; en este trabajo nosotros seguiremos la correspondiente a *La iconografía de los queros*, por estar más claramente desarrollada. En las dos obras reseñadas Liebscher comete el error de considerar como rasgos definitorios a elementos que nos parecen complementarios, como son los pies y las asas; por esta razón, y por faltar algunos tipos que sí existen en la colección del Museo de América, nos hemos visto obligados a hacer una nueva tipología de formas, que sabemos que no es completa, pues a ella no se ajustan algunas piezas de las que sólo tenemos referencias por fotografías, como ocurre con los queros carenados del Museo de Hamburgo –Nº 63.54:1– y del Museo Arqueológico de la Universidad de San Antonio Abad, del Cusco –Nº 3778–.

La forma habitual del quero realizado en madera es la de un recipiente de fondo plano y paredes cóncavas, con el diámetro de la base menor que el de la boca y mayor que el situado a la altura del tercio inferior de la pieza; su apariencia es, pues, acampanada. A esta forma prototípica la hemos denominado "C", por ser su principal característica la de tener paredes cóncavas. Tiene su paralelo en el tipo 1a de Liebscher (1986b).

Un segundo tipo –que parece corresponder a piezas prehispánicas– está constituido por vasijas prácticamente troncocónicas en las que es mayor el diámetro de la boca que el de la base. A esta forma la hemos denominado "R", por tener las paredes rectas[8].

El último tipo es en cierta medida la antítesis del "C", ya que sus paredes son convexas, siendo mayor el diámetro de boca que el de fondo, pero menor que el del tercio inferior de la pieza. A este tipo le hemos denominado "Cx", por tener las paredes convexas[9].

_____

8   Esta forma no es recogida por Liebscher en 1986b, aunque sí en 1986a como primer grupo.

9   Liebscher omite este tipo en 1986b, si bien en 1986a lo incluye entre las vasijas que denomina "tina", que son piezas de este tipo con pie troncocónico.

_____

*   Esta sección ha sido trabajada por Luis J. Ramos Gómez.

A estos tipos de queros debemos unir dos más que por sus especiales características constituyen dos grupos claramente diferenciados, si bien es indudable su relación con los anteriormente definidos; son los correspondientes a vasijas cefalomorfas que representan, bien cabezas humanas, bien cabezas de felinos. Son, respectivamente, los tipos 6 y 7 de Liebscher (1986b).

Las vasijas cefalomorfas humanas son de paredes rectas divergentes o ligeramente cóncavas, con el diámetro de la base menor que el de la boca. A partir del tercio inferior de la pieza o de una zona algo más alta, el artesano ha tallado en una parte de la pieza una cabeza humana con indicación expresa de los rasgos faciales más relevantes –boca, nariz y orejas–, así como del llauto o ceñidor. A estas piezas cefalomorfas las hemos denominado "H" por reproducir cabezas humanas, subdividiéndolas en dos grupos según el artesano haya tallado el cabello –"HC"– o haya omitido ese rasgo –"HS"–.

El segundo bloque de vasijas cefalomorfas está constituido por piezas que representan cabezas de felinos en los que están esculpidos el morro, la boca –abierta y con los colmillos tallados– y las orejas; en algunas ocasiones en el fondo de la boca existe un orificio en el que quizá se embutía el vástago en el que finalizaba la lengua, que sería, pues, un elemento adosado. A semejanza de lo que ocurre con las piezas pertenecientes al grupo "CX", la boca no es la parte más ancha de la pieza, ya que las paredes se cierran en la zona alta de la vasija. A estas piezas cefalomorfas las hemos denominado "F" por reproducir cabezas de felinos, y las hemos agrupado en dos subtipos claramente definidos en razón de si sus paredes –aproximadamente rectas– son verticales –"FV"– o divergentes –"FD"–.

Los elementos complementarios

Los tipos de queros definidos pueden estar complementados por distintos elementos que rompen la continuidad de las paredes o transforman vasijas simples en compuestas.

El procedimiento que hemos seguido para indicar la presencia de estos elementos ha sido el de separar con un punto las claves que les hemos dado de las de la definición del tipo.

Aunque habitualmente las paredes de los queros –excepción hecha de los cefalomorfos– son continuas, en algunas ocasiones presentan resaltes o rebajes e inclusive tallas zoomorfas en su superficie, alteraciones que son la respuesta dada por los artesanos a necesidades de tipo funcional o estético. Los resaltes son molduras de diversas dimensiones que recorren la pieza vertical[10] u horizontalmente –"Mh"–, en este caso a cualquier altura de las paredes de la pieza[11], a excepción de la base, ya que entonces las hemos conceptuado como pies. Por su parte, los rebajes –"R"– son entrantes que recorren todo el contorno de la pieza y que, en el caso de los queros del Museo de América, sólo están situados en la parte inferior de las paredes.

Las figuras zoomorfas talladas en las vasijas pueden ser una o dos por pieza, caso éste último en el que se oponen entre sí, es decir, están colocadas en los dos extremos de un diámetro[12]. Estas figuras son representaciones esquemáticas de felinos que se disponen verticalmente y que apoyan ambas patas delanteras en la boca de la vasija, que es claramente rebasada por el cuello y cabeza del animal. Estas tallas parecen tener la función de facilitar la sujeción de las piezas, por lo que su presencia la hemos indicado con una "S".

Si bien la inmensa mayoría de los queros son formas sencillas, la colocación de un pie –"P"– puede convertirlos en formas complejas. El pie más simple es el que presentan

10 El Museo de América no cuenta con ninguna pieza de este tipo.

11 Liebscher define como tipo dos a los queros "con uno o varios boceles en el medio del vaso" (1986b, p. 20).

12 Liebscher agrupa estas últimas piezas en su tipo 3 (1986b).

algunas de las vasijas cefalomorfas, pues oscila entre una pequeña plataforma o un simple anillo situado en la base de la vasija. Los pies más complejos de los queros del Museo de América están constituidos por conos truncados más o menos amplios que se unen a la vasija mediante un cilindro de mucho menor diámetro o mediante un anillo más desarrollado[13].

Tipología de las pajchas y de otras vasijas relacionadas con los queros

En el Museo de América hay una serie de vasijas formalmente diferentes de los queros pero emparentadas con ellos por su decoración y materia prima, razones por las que las hemos incluido en este ensayo tipológico, aunque formando grupo aparte; lamentablemente, al ser tan corto su número y tanta la variedad formal de estas piezas, no podemos definirlas en profundidad ni hacer una tipología fundamentada, sino sólo el presentarlas.

Entre las vasijas que incluimos en este apartado, las únicas que forman un grupo funcionalmente definido son las *pajchas*, que además son piezas de clara tradición andina. El Museo de América cuenta con seis ejemplares de este tipo de vasijas (número 7569 a 7574), que están constituidas por un recipiente de variada tipología y un vástago más o menos desarrollado cuya cara superior tiene una o más acanaladuras zigzagueantes por donde fluía el líquido que previamente se había colocado en el recipiente; en algunas ocasiones, en ese brazo se han tallado figuras zoomorfas de realización esquemática.

Las formas de los recipientes de las *pajchas* –"P"– y de las otras vasijas incluidas en este grupo –"O"– son, ciertamente, muy variadas, pues tenemos una cazuela

–"OCa"–; un plato –"OPl"–; dos fuentes –"OFu"–, una de paredes rectas y divergentes y otra de paredes convexas y boca cóncava; dos vasijas hemisféricas, una de ellas una *pajcha* –"PHe"– y la otra una vasija simple pero de planta arriñonada –"OHe.N"–; cuatro cuencos, de los que tres son vasijas de *pajchas* –"PCu"– y el cuarto de una pieza simple –"OCu"–; un recipiente cónico –"OCo"– y, por último, una vasija de forma ovoide que representa a un felino que tiene talladas las patas delanteras, la cabeza y la cola, y que es el recipiente de una *pajcha* –"PFe"–.

A semejanza de los queros, estas piezas también tienen elementos complementarios que rompen la continuidad de las paredes, las transforman en vasijas compuestas o las hacen más complejas. Así, tres de los recipientes enumerados tienen talladas en su superficie o motivos serpentiformes –"Ts"–, o figuras humanas sedentes –"Th"–, o una cabeza de ave –"Ta"–; tres poseen sendos pares de asas –"S"– más o menos protuberantes, que en una ocasión son garras de felinos y, por último, una de las piezas tiene un pie –"P"– complejo, formado por un desarrollado anillo del que arranca una plataforma troncocónica, lo que confiere a la vasija una apariencia de copa.

Particular mención merece el procedimiento con el que se han realzado cuatro recipientes, uno de los cuales pertenece a una *pajcha*. El sistema ha sido el de colocarles sobre una o dos figuras sedentes que hacen la función de atlantes –"Tl"–, los cuales pueden apoyarse en una plataforma.

Tipología de la distribución de la decoración de los queros, pajchas y otras vasijas relacionadas (figura 2)

En sus obras de 1986, Liebscher no sólo realizó una tipología formal de los queros, pues también la hizo de la distribución de la decoración, que a semejanza de lo que ocurría con las formas, tampoco es coincidente en sus dos trabajos; en nuestras citas nos refe-

---

13 A los queros con pie los clasifica Liebscher como tipos 4 y 5, que respectivamente describe como "queros en forma de copa" y "queros en forma de cáliz doble" (1986b, p. 20).

rimos normalmente a la publicada en *La iconografía de los queros* (1986b), por parecernos mejor expuesta. A semejanza de la tipología de formas que realizó esta autora, la de la distribución de la decoración tampoco nos ha sido útil, por una parte por no ajustarse muchas de nuestras piezas a los tipos por ella definidos, y por otra por cometer el error de considerar como rasgos tipológicos tanto a la sintaxis decorativa como a los motivos en sí. Por ello hemos preferido realizar una nueva tipología de la distribución de la decoración de los queros, que es extensiva a casi todas las otras vasijas relacionadas con ellos[14], y que hemos basado en la ornamentación de la cara externa de las piezas, sin considerar la identidad de los motivos. Los tipos que hemos definido son los siguientes:

Tipo 1

Es el más simple, pues su característica es que la decoración ocupa la superficie externa de la pieza, sin división explícita alguna. En cierta forma corresponde al tipo D de Liebscher (1986b).

Tipo 2

La decoración se desarrolla en dos o más bandas horizontales corridas y sin subdivisiones explícitas, de las que alguna puede ser lisa[15].

Tipo 3

Este tipo puede subdividirse en tres grupos. El primero está constituido por piezas en las que la decoración se distribuye en dos o más bandas horizontales de las que una se divide en dos por una línea vertical, creándose dos metopas diferenciadas –"3M"–.

Un segundo grupo –"3C"– es aquel en el que al menos una de las bandas horizontales se divide en tres o más espacios –habitualmente muchos más–, que dan la sensación de celdas cuadrangulares y que generalmente suelen decorarse con *tocapus*. Esta división puede producirse en una única banda –"3Cs"–, en dos o más –"3Cv"– o en la totalidad –"3Ct"–, en cuyo caso llega a producirse una retícula[16].

El tercer grupo es en cierta forma una mezcla de los dos anteriores, ya que su característica es que algunas –"3A"– o todas –"3T"– las bandas horizontales de la pieza se dividen en dos mediante una línea vertical, rellenándose –total o parcialmente– con celdas una de esas subdivisiones.

Tipo 4

La decoración se distribuye en dos o más bandas horizontales de las que una tiene una "ventana" cuya línea vertical se prolonga hasta enlazar con la línea que define la banda por la parte inferior –"4P"–. Este tipo es el mismo que el "C" de Liebscher (1986b).

Tipo 5

La decoración se distribuye en dos zonas verticales que se dividen en bandas horizontales, ninguna de las cuales es continua; uno de los dos espacios de estas bandas horizontales se decora con varias líneas de celdas –"5"–.

Tipo 6

Corresponde a vasijas cefalomorfas humanas, y existen dos subtipos que tienen en común el que el llauto y la parte correspondiente al cabello están decorados. La diferen-

---

14 No se ajustan a la tipología realizada las piezas 7566, 7567 y 7572, lo que indicamos en la correspondiente columna con un S/D, que equivale a "sin definir".

15 A él pertenecerían parte de las piezas incluidas por Liebscher en su tipo "E" (1986b).

16 Nuestros subtipos "3Cs" y "3Cv" se corresponden con el "B" de Liebscher (1986b).

cia estriba en que mientras en uno de ellos la banda situada bajo el rostro y el cabello es continua –"6N"–, en el otro esa banda se rompe en dos metopas al prolongarse la línea de fin del rostro –"6Q"–.

Tipo 7

Corresponde a vasijas cefalomorfas de felinos, y existen dos subtipos que poseen en común el tener la parte próxima al borde decorada con la repetición de un motivo y el que la decoración de debajo de la cara esté separada de la del resto de la cabeza. La diferencia entre ellos estriba en que mientras en una el rostro tiene una decoración distinta a la del resto de la pieza –"7D"–, en la otra es igual –"7I"–.

Los elementos complementarios

En las vasijas que venimos analizando hay una serie de pautas decorativas que pueden aparecer en uno o más tipos, y que creemos que es necesario indicar en las denominaciones esquemáticas de las piezas. El procedimiento que hemos seguido es similar al utilizado en la denominación tipológica: separar con un punto estas claves de las correspondientes a la definición del tipo.

Excepto cuando se trata de figuras sueltas o de dos figuras muy simples, los motivos decorativos suelen estar separados unos de otros por líneas verticales, y los frisos por líneas horizontales; sin embargo, en algunas ocasiones estas líneas faltan, circunstancia que hemos señalado en el esquema de los tipos con una línea de puntos y que indicamos con una "V" o una "H" en su denominación, correspondiendo la primera letra a una clara diferencia entre motivos colaterales y la segunda a una clara separación temática entre frisos situados uno debajo del otro.

En algunos frisos horizontales, los motivos se separan entre sí mediante una banda corrida ondulada formada por varias líneas paralelas, en cuyos bucles inferiores habitualmente aparece la cabeza de un felino; la exis-

tencia de estas bandas –que creemos son representaciones del arco iris– en una vasija la hemos indicado en la tipología mediante una "O"[17].

Los motivos empleados en la decoración

Si bien una tipología de la distribución de la decoración es un elemento necesario para observar variables que pueden deberse a causas relacionadas con la forma de las piezas, o con estilos locales, o incluso con variaciones temporales, ciertamente debe complementarse con el estudio de los motivos decorativos utilizados, pues sus variaciones pueden responder a las mismas circunstancias. Por ello, cuando nosotros decidimos afrontar el estudio de las piezas lígneas andinas de la época colonial que se conservan en el Museo de América, nos planteamos la necesidad de realizar una ficha en la que al mismo tiempo que se indicase la tipología de las formas y de la decoración de las piezas, se identificasen los motivos y sus combinaciones, así como la técnica de realización.

A este fin fuimos identificando los diferentes motivos con la indicación del friso en el que estaban situados, dividiéndolos en dos grandes bloques según fuesen figuras sueltas o formasen escenas. Los motivos aislados los subdividimos en figuras geométricas –tocapus incluidos–, animales, plantas, objetos y seres humanos, y las escenas en agropecuarias; de bebida y comida; bélicas; cinegéticas; festivas; heráldicas; de homenaje o mocha; de producción, y de transporte[18]. Tanto los mo-

---

17   Liebscher toma este elemento como rasgo definitorio de su tipo "A"; a este respecto cabe recordar que Rowe dio a este elemento una gran importancia, pues lo consideró como "una de las pautas decorativas más frecuentes en el friso superior de los keros del 'estilo formal'" (1961, p. 336).

18   Las consideradas por Liebscher son: agricultura; ganadería; caza; comercio y transporte; música, baile y diversión; conflictos armados y, por último, motivos del arco iris (1986b).

tivos aislados como los que formaban parte de escenas fueron identificados individualmente, diseccionando la decoración en lo posible. El fin que perseguíamos con esta operación era la de poder localizar rápidamente esas figuras y escenas para compararlas con las de otras vasijas de la colección del Museo de América y de otras colecciones. Nuestro objetivo final –en el cual estamos– era el de realizar un estudio iconográfico en la línea del que efectuó Liesbcher (1986b), sin olvidarnos de las variaciones de las propias figuras, porque a través de ellas podremos apreciar la evolución de los motivos y confeccionar secuencias temporales.

Los talleres*

Al estudio de los elementos formales y al análisis del contenido iconográfico de los queros y *pajchas*, es necesario añadir la delimitación de los talleres que los elaboraron durante el período colonial, de forma que nos sirvan también como modelos de interpretación, pues es muy probable que las piezas y sus autores aparezcan ligados a ciertos patrones de especialización que hoy todavía desconocemos. La evolución del trabajo de estos talleres queda reflejada a través de la incorporación de novedades iconográficas, de las variaciones técnicas o de la inevitable diversidad del estilo, que si bien no puede relacionarse con un autor específico, permite agrupar las obras en torno a un centro de producción. Tal y como se ha advertido en los apartados precedentes, el material gráfico publicado hasta el momento ha estado formado por fotografías de las piezas, completas o en detalles, generalmente en blanco y negro, y dibujos extraídos de sus decoraciones. Es evidente que ninguna de las dos fórmulas es un instrumento válido a la hora de emprender un estudio estilístico de las piezas, pues ambas, extraordinariamente útiles para establecer tipologías formales y para realizar estudios iconográficos, impiden una visión completa y real de la decoración, anulando la mayor parte de los elementos diferenciadores, fundamentales para el estudio que proponemos. En este sentido, los dibujos carecen por completo de valor ya que distorsionan la información que ofrecen las piezas, pues uniforman el tratamiento plástico de su decoración hasta el punto de que todas parecen haber sido realizadas por una misma mano, cuando es fácil advertir que nos encontramos ante un conjunto de objetos en el que se detectan notables diferencias que afectan a la composición de los conjuntos decorativos, al tratamiento específico de las figuras y al uso del color, factores de importancia capital a la hora de agrupar las piezas en torno a lo que estamos denominando talleres en esta primera hipótesis de trabajo que presentamos. Estos mismos dibujos en ocasiones simplifican detalles que pueden tener una especial importancia. Otra de las dificultades con que nos encontramos al abordar este capítulo es la de la mala conservación de la capa pictórica en un número muy alto de las piezas. La pérdida parcial o total de la pintura impide definir con claridad las relaciones entre algunos ejemplares que, lógicamente, en esta primera etapa hemos dejado sin adscribir a un taller concreto. El proceso de informatización de la imagen que hemos realizado, como se ha explicado más arriba, nos permitirá en el futuro reconstruir sobre la pantalla algunos de los conjunto decorativos que mantienen restos de color en áreas fundamentales, utilizando el sistema ya habitual en los trabajos preparatorios para restauración. El proceso que hemos seguido hasta ahora para determinar estos talleres ha tenido como punto de partida el estudio de la colección del Museo de América, realizado sobre los propios objetos y sobre las fotografías en color de los desarrollos de la decoración a las que ya nos hemos referido, que en este caso han sido un instrumento fundamental. A ellas hemos añadido como material complementario el procedente de las diferentes publicaciones en las que han

* Sección trabajada por Mª Concepción García Sáiz.

aparecido reproducidos queros o *pajchas* de otras colecciones; estas ilustraciones, en soportes de muy diversa calidad, nos han servido para apoyar la existencia de conjuntos paralelos, con características similares, dispersos en un extenso número de repositorios. Desgraciadamente los dibujos sólo nos han servido cuando hemos contado con alguna fotografía de la misma pieza. A través de este análisis hemos podido comprobar la existencia de diferentes "estilos" en la decoración de los queros, que hemos reunido en torno a talleres que trabajaron con un repertorio iconográfico variado, ya que los ejemplos analizados nos indican que la especialización, cuando la hubo, no estuvo basada en principio en diferencias temáticas de carácter monográfico. Así mismo, a la vista de las diferencias estilísticas más evidentes, podemos hablar de la existencia de artistas miniaturistas de gran calidad, que dominaron la técnica elaborando un lenguaje preciso, con sus propios convencionalismos, y de otros, inseguros y torpes, que se limitaron a reproducir motivos aislados y escenas narrativas cuyo significado no comprendían muy bien, alterando detalles iconográficos y descomponiendo e ignorando los códigos establecidos para las representaciones del todo y de la parte. Entre las obras de unos y otros hay un espacio amplio ocupado por aquellos autores que van incorporando elementos nuevos, adaptándolos a los esquemas ya conocidos, con muy diferente capacidad. Esta degradación de la técnica en ningún caso invalida la función de la pieza, pero su estudio puede aportar datos especialmente válidos para establecer una secuencia cronológica, tan necesaria a la hora de proponer una lectura iconológica. El número de queros de madera realizados durante el período colonial de los que se han publicado noticias, que en ocasiones simplemente ha sido una fotografía ilustrando una publicación de divulgación, por el momento está cercano al millar, cantidad que ya nos podría permitir plantear este estudio con algunas garantías. Sin embargo, el escaso y pobre material gráfico a que ya aludíamos, nos obli-

ga a partir exclusivamente de la colección del Museo de América, con lo que las propuestas que aquí se hacen nacen ya sujetas a revisión, en función de la información que se pueda ir incorporando de otras colecciones. Como muestra del proceso seguido vamos a realizar la descripción completa de uno de los conjuntos, que hemos formado con piezas relacionadas con un taller que estimamos claramente diferenciado, en el que incluso puede apreciarse una evolución técnica. La denominación de este tipo de talleres es difícil ya que si utilizamos la fórmula empleada habitualmente por la arqueología, aplicando exclusivamente un número o letra de orden –Tipo A o Tipo 1–, perdemos la referencia rápida a la hora de incorporar otros ejemplares. Del mismo modo, si hacemos uso del sistema empleado por los historiadores del arte, dándole nombre por el canon de las figuras o por algún elemento iconográfico que se repite con frecuencia, puede parecer que eliminamos a todos aquellos que no incluyan este elemento, aunque presenten otras relaciones evidentes. En esta primera propuesta vamos a utilizar las dos fórmulas; hablaremos por lo tanto del Tipo A o "Taller de la línea precisa" al entender que ésta es la característica que mejor le define. Taller A o "De la línea precisa": en él hemos incluido diecisiete queros del Museo de América –7514, 7516, 7517, 7519, 7524, 7527, 7528, 7529, 7530, 7532, 7533, 7537, 7538, 7539, 7542, 7555, 7557– y un número todavía sin determinar de otras colecciones. Los números 7524, 7527, 7528, 7529 y 7530 (láminas I, II, III, IV y V) presentan las características fundamentales para su definición, que no se ajusta a una temática uniforme, ya que el 7524 y el 7527 incluyen escenas narrativas, acompañadas por tocapus y flores, el 7528 presenta exclusivamente motivos animales y vegetales, el 7529 alterna en espacios rectangulares el diseño de objetos, animales y motivos geométricos y el 7530 presenta frisos corridos e individuales de motivos florales o geométricos repetidos hasta el infinito. Tampoco responden a un modelo único de distribución de la decoración como se puede comprobar en el listado que se ofrece. Su identidad radica en esa línea fina y precisa que delimita perfectamente los diferentes campos de color, en los que tienen un especial protagonismo el rojo y el ocre, aunque la gama empleada en su conjunto es más amplia. Todas las figuras están tratadas con total independencia y presentan una gran verticalidad, incluso las que están sentadas o en actitud de caminar, como sucede en el 7524, que podemos utilizar como modelo de los dedicados a la representación de escenas narrativas. El espacio reservado a esta escena ocupa la mitad de la altura del quero y la mitad de su circunferencia. En este campo las figuras aparecen representadas de frente, de espaldas, de perfil e incluso de tres cuartos, al incluir un grupo de tres personajes que se dirigen hacia un punto situado en su frente sujetos de la mano. El tamaño de las figuras en ningún caso desborda el espacio que le ha sido reservado y la proporción entre ellas se mantiene, a pesar de que las que aparecen sentadas tendrían un canon superior al ser desplegadas; a pesar de la posición en la que aparecen, mantienen una clara relación con el resto de las figuras en cuanto al tamaño de las diferentes partes de su anatomía y los detalles de la indumentaria y el adorno. Todos los elementos de esta indumentaria reflejan el vestuario autóctono y la manera adecuada de usarlos, sin que se detecte ningún detalle que pueda atribuirse a la introducción de prendas de tradición europea, como camisas, blusas o pantalones, o adornos del mismo origen. El quero 7528 ocupa toda su mitad superior con un friso corrido en el que sólo aparecen representados motivos animales y vegetales, que se organizan con un esquema simétrico, duplicado en lo que podemos considerar los dos frentes de la pieza. A pesar de que la temática nada tiene que ver con el ejemplar anterior, en él encontramos la misma precisión en el dibujo, un empleo semejante del color y un ritmo de composición claro. Todo ello nos lleva a poner en relación ambas piezas, considerando que sus responsables formaban parte de un

mismo círculo especializado, con una formación técnica semejante y con un repertorio iconográfico muy amplio. Algo semejante se plantea con el ejemplar 7529, en el que se suceden las representaciones de objetos, animales, vegetales y motivos geométricos dispuestos en cinco bandas divididas en ocho rectángulos. Temáticamente nada tiene que ver con las dos piezas comentadas; sin embargo, estilísticamente la afinidad es total, lo que nos lleva a incluirla dentro del mismo taller. Estos tres ejemplos dejan la puerta abierta a la posibilidad de establecer nuevas relaciones entre las piezas, marcando la dependencia de unos grupos con relación a otros en busca de ese conjunto de datos que permitan ir precisando la secuencia cronológica, apoyada al mismo tiempo por otros análisis formales y por las aportaciones etnohistóricas. Lo expuesto hasta este momento nos lleva a plantear la siguiente hipótesis: las piezas que presentan las características descritas pertenecen a un taller que trabaja con unos criterios iconográficos de gran pureza, en directa relación con un mundo incaico que se expresa con un lenguaje propio, incluso en los casos en los que puede servirse de formas de expresión diferentes a su cultura, como puede ser la pintura narrativa y figurativa. Directamente relacionado con el quero 7524 estaría el 7527 y de ellos derivarían el 7532, 7539 y 7542 (láminas VI, VII y VIII), así como el 6022 del Museum für Völkerkunde de Munich. Estos cuatro últimos mantienen los rasgos enunciados pero ya presentan unas figuras de mayor tamaño y su factura es algo más descuidada. El mayor tamaño en ningún caso es motivo para introducir mayores detalles. Un tercer paso lo ofrecerían piezas como la 7514, en la que son evidentes detalles que suponen una cierta incomprensión del modelo que se reproduce —como la manera de representar al personaje masculino sosteniendo un escudo. Este taller tendría su epílogo en piezas como la 7537 y la 7538, en las que se ha ido produciendo una pérdida de la proporción de los modelos iniciales y una confusión en los detalles de la indumentaria que ya no responden a las fórmulas puristas señaladas más arriba. La comparación entre las diferentes figuras femeninas representadas de perfil permite seguir la evolución de un modelo definido con claridad. Los queros 7533, 7557 y 7519 (láminas IX, X y XI) se relacionan con el 7528 de forma más directa que con los dos primeros, perdiendo la perfección miniaturista de los modelos, especialmente el 7519, tanto en el tratamiento de las figuras como en los elementos de separación de los campos. Las líneas se hacen más gruesas en relación con el tamaño de la pieza y la distribución de la decoración. Por su parte los queros 7530, 7516 y 7517 ofrecen algunos elementos que los ligan entre sí y al primero con los modelos iniciales. Sin embargo su dependencia es más insegura, por lo que su inclusión en este apartado está muy condicionada. En el listado que acompaña a este trabajo, en el que se establecen las tipologías que caracterizan a cada ejemplar de la colección del Museo de América por su forma y por la distribución de la decoración, realizado en el apartado anterior, se ha añadido el correspondiente a los diferentes talleres definidos a lo largo de esta primera fase del estudio. En los casos en los que no ha sido posible definir unas características mínimas de relación se ha utilizado la fórmula S/D (sin definir).

Nº	Forma	D. Dec.	Taller
7501	HS.P	Liso	—
7502	HC.P	6N	E
7503	HC.P	6N.V	D
7504	HC.P	6Q	C
7505	FD	7D	C
7506	FD	7D	C
7507	FD	7I	—
7508	FV.P	7I	—
7509	FD	7?	—
7510	C.MS	LISA	—
7511	C.RS	3Cv	F
7512	C.MS	2	J
7513	C.RS	2.OV	N
7514	C	2.O	A
7515	C	2	K
7516	C	2	A
7517	C	2	A

Nº	Forma	D. Dec.	Taller
7518	C	1.H	K
7519	C	2	A
7520	C	2	S/D
7521	C.M	3M	H
7522	C	2	G
7523	C	2.V	H
7524	C	3T	A
7525	C	3Cs	S/D
7526	C	1.V	P
7527	C	5	A
7528	C	2.V	A
7529	C	3Ct	A
7530	C	2	A
7531	C	2	E
7532	C	3Cv.O	A
7533	C	2	A
7534	C	2	S/D
7535	C	2.OV	G
7536	C	2.O	N
7537	C	2.O	A
7538	C	3Cs.O	A
7539	C	3Cv.O	A
7540	C	3Cs.O	N
7541	C	2.O	N
7542	C	2.O	A
7543	Cx.P	2	O
7544	Cx.P	2	O
7545	C	2	B
7546	C	4P	B
7547	C	4P	B
7548	C	2	S/D
7549	C	4P	B
7550	C	4P	B
7551	C	4P	B
7552	C	4P	B
7553	C	2.V	G
7554	C	3Cs	F
7555	C	3T	A
7556	C	3A	L
7557	C	3Cv	A
7558	C	3Cs	—
7559	Cx	2	—
7560	C	2.V	B
7561	C.P	3Cs	F
7562	OHeN.P	1	I
7563	OCu.S	1.V	M
7564	OCa.ThT	I.V	S/D
7565	OPI.TI	LISO	—
7566	OFu.STI	S/D	S/D
7567	OFu.S	S/D	S/D
7568	OCo.Ts	1	S/D
7569	PFe	LISO	—
7570	PCu	2	J
7571	PCu.TL	LISO	—
7572	PHe.Ta	S/D	S/D
7573	PCu	2	J
7574	PCu	LISO	—

Análisis químico de las decoraciones*

Introducción

Para los estudiosos de los materiales y técnicas del arte, los queros y *pajchas* constituyen un testigo sin igual, ya que el tipo de policromía, los materiales y formas de hacer podrían ser comparables a la pintura sobre tabla o de caballete en general, haciendo un paralelo con la pintura del Viejo Mundo. Con este punto de partida, una colección más o menos importante en número de estos recipientes puede, gracias al análisis químico, aportar datos sobre los materiales empleados por los indios peruanos de las culturas prehispánicas, y su evolución, debida a las relaciones con otras culturas americanas prehispánicas, así como con la cultura europea, en particular la española, y los procedimientos, pigmentos y aglutinantes propios de la cultura occidental.

Técnicas de análisis

El muestreo se llevó a cabo de forma respetuosa con las obras, con fragmentos de pintura inferiores en tamaño a 1 mm³. En la actualidad se está desarrollando una tecnología no destructiva de análisis de pigmentos, basada en la espectroscopía Raman, con excitación láser en el visible. Las técnicas que se están empleando para la caracterización de materiales son las siguientes:

a) Microscopía óptica. Se ha utilizado para estudiar la superposición de capas pictóricas y la identificación de los pigmentos más evidentes.

b) Ensayos microquímicos selectivos, para localizar algunos de los pigmentos que se sospechaba estaban presentes en las capas pictóricas, como

los de plomo e hierro (Gettens, Khün Chase 1993).

c) Ensayos de coloración selectiva, para identificar de forma preliminar la presencia de aglutinantes grasos, proteicos o a base de hidratos de carbono (Martin 1977, 22: 63-67).

d) Espectroscopía infrarroja transformada de Fourier, para analizar la capa de impregnación así como la naturaleza de algunos barnices presentes (Pilc, White 1995, 16: 73-84).

e) Microscopía electrónica de barrido, con microanálisis elemental mediante energía dispersiva de rayos X (MEB/EDX). Esta técnica se aplicó para el análisis de algún pigmento concreto.

f) Cromatografía de gases/espectrometría de masas (CG/EM), para la determinación fina de aglutinantes naturales, ya sean de tipo graso (aceites y resinas), proteico (Martín-Patino, Parra, Gayo, Madruga, Saavedra 1994, 39: 241-250) o de la familia de los hidratos de carbono (gomas, etc.).

g. Cromatografía en capa fina para el análisis fino de colorantes rojos, amarillos y azules (Hofenk de Graaf, Roelofs, Van't Hul-Ehrnrech 1972 y Parra, Serrano 1991: 65-73). La misma muestra normalmente se aprovecha para realizar todo el conjunto de análisis, cuando éstos son estrictamente necesarios.

Resultados y discusión

Características generales

La estructura de las capas de pintura es muy simple. En la mayoría de los casos consta de una sola capa de color, asentada sobre la madera encolada con proteínas (colágeno, probablemente de un material del tipo de la

---

* Sección elaborada por E. Parra Crego.

cola de huesos o cola animal). Esta capa tiene un acabado final mediante pulimento, que no implica la adición de nuevos materiales sino sólo un frotamiento, una vez que el estrato de color se ha endurecido adecuadamente. Sólo en algunos casos el color se distorsiona, por la presencia de barnices, que, creemos, han de proceder de restauraciones y utilizaciones sucesivas, por su composición y aspecto. Se han utilizado toda una gama de pigmentos y colorantes para obtener los distintos colores, y además una serie de sustancias comunes a todas las formulaciones. Destacan las arcillas (blancas o coloreadas, según los casos), la calcita molida ($CaCO_3$) y una sustancia grasa que actúa como aglutinante orgánico. El blanco de plomo natural (cerusita) es un mineral que aunque no se ha encontrado en todas las muestras analizadas, sí lo está en la mayor parte de las mismas.

Colores azules

En la mayoría de los casos es una mezcla de arcilla blanca con blanco de plomo e índigo. En la figura 3 se encuentra el análisis por MEB/EDX de una muestra de color azul, en la que aparecen los picos característicos de los pigmentos mencionados. Existen referencias del uso de este pigmento por los indios mayas en la época del Descubrimiento (Colombo 1995), por lo que no sería arriesgado suponer que este pigmento blanco, el más importante pigmento artificial de la pintura occidental desde la antigüedad hasta el siglo XX (Gettens, Khün, Chase 1993), fuera también conocido por los indios antes de la llegada de los españoles en su variedad natural. El blanco de plomo ha sido menos usado en pintura mural, porque al ser más porosa es más susceptible de alteración por parte de los contaminantes atmosféricos, como el ácido sulfídrico, que lo transforma en sulfuro de plomo negro. Sólo en la pintura mural al óleo, menos porosa, su permanencia es relativamente buena. Por eso no hay datos publicados comparables en la pintura mural precolom-

bina. Con respecto al índigo, se conoce desde antiguo la variedad procedente de las plantas de las especies de Indigofera autóctonas (Hofenk de Graaf, Roelofs, Van't Hul-Ehrnrech 1972), para su uso en la fabricación del pigmento azul maya (Cabrera 1969: 5-34, y Kleber, Masschelein-Kleiner, Thyssen 1963: pp. 41-56) muy usado en pintura mural, y para la tinción de fibras textiles. Sólo en el quero 7557 es sustituido por azurita, también conocido por los indios desde tiempos remotos (Magaloni Kerpel 1995).

Colores verdes

Con algunas excepciones, los colores verdes se consiguen mezclando tierras verdes (atapulgita o paligorskita) con cantidades variables de malaquita. Un hecho importante es que este último mineral se encuentra parcialmente disuelto en el aglutinante orgánico, indicando esto un tratamiento térmico (fusión) de la pintura, durante su trabajo (molienda, mezclado) y aplicación sobre la madera. Existen otros pigmentos que se han añadido a esta composición básica para obtener diferentes tonos. Éstos son el blanco de plomo, el bermellón de mercurio o las tierras rojas (queros 7557, 7539 y 7512, respectivamente). Algunos colores verdes se salen de esta descripción. En uno de ellos se usa una mezcla de índigo con tierra verde, como en la manufactura del azul maya. El resultado es un color azul-verdoso (quero 7525). En otro, se usa una mezcla compleja de índigo, blanco de plomo, malaquita, oropimente y tierras ocres y verdes (quero 7502).

Colores blancos

Sólo se han investigado dos muestras. Es la mezcla más simple, con sólo blanco de plomo y arcilla blanca. También se usan pigmentos como el bermellón y las tierras rojas para cambiar ligeramente el tono.

Colores rosados (de las carnes)

La sola presencia de una figura humana (con su carnación) es un hecho que en esta investigación se ha manejado como distintivo de los queros y *pajchas* coloniales. Desafortunadamente los pigmentos encontrados son los mismos que los descritos para otros colores y tonos. Esencialmente se trata de mezclas de arcilla blanca, albayalde y pigmentos rojos: bermellón, laca roja (que no pudo ser analizada, por lo pequeño de las muestras) y tierras rojas, ricas en óxidos e hidróxidos de hierro.

Colores rojos

Para este color, las mezclas son de composición cualitativa muy homogénea, estando siempre presentes el bermellón y las tierras rojas, en diferentes proporciones. Los diferentes tonos se consiguen variando la proporción de tierra roja y de aglutinante orgánico.

Colores amarillos

Sólo se ha podido analizar una muestra del color amarillo. Se trata de una mezcla de albayalde y arcilla blanca, teñida con fustete (de la especie *Chlorophora tinctoria*), cuyo principal componente coloreado es la morina. Este tinte fue importado a Europa a finales del XVI (Hofenk de Graaf, Roelofs, Van't Hul-Ehrnrech 1972).

Colores pardos

Podemos distinguir entre colores claros y oscuros de la gama de los pardos. Los pardos claros tienen siempre oropimente (As_2S_3) y blanco de plomo, con algo de arcilla. El oropimente es un color típicamente europeo, muy usado en la Edad Media y el Renacimiento, sobre todo en manuscritos, por su semejanza con el oro (Thompson 1956 y Gayo, Parra, Carrassón 1992). No obstante, su uso también ha sido descrito en algunos trabajos de análisis (Nordensköld 1931: 265-287) y por cronistas de la época (Colombo 1995),

para su utilización en objetos pintados prehispánicos. En la figura 4 se muestra un análisis por MEB/EDX de una muestra de color pardo claro. Los pardos oscuros son principalmente mezclas de betunes de resina y tierras ocres.

Colores negros

Contienen principalmente cantidades grandes de negro de carbón vegetal, breas y algo de bermellón en algunos casos.

El aglutinante orgánico

Debido a que la investigación está en curso, sólo podemos aportar de momento resultados preliminares. El principal problema encontrado hasta ahora es la gran cantidad de productos añadidos desde la manufactura de las piezas, debidas a tratamientos de conservación. No obstante, se han encontrado, en principio, dos tipos de aglutinantes, todos ellos grasos. El primero, un aceite secante, autóctono, de composición similar al aceite de linaza, que se obtiene de especies de plantas como la Salvia hispánica y que se denominó aceite de "chía" por los conquistadores (Colombo 1995). En la figura 3 se observa el resultado del análisis cromatográfico llevado a cabo sobre la muestra del quero 7502, de color amarillo. Es muy posible que este aceite secante se haya mezclado con una pequeña proporción de un tipo de grasa animal, que se obtiene del insecto *Coccus axin*, llamado axin o aje por los colonizadores (Colombo 1995). Contiene altas proporciones de ácidos grasos saturados C14, C18 y C20, junto con ácidos grasos poliinsaturados, no detectados en el análisis por su natural degradación. El otro tipo de aglutinante detectado (cuyo cromatograma se encuentra en la figura 6) es una mezcla de una grasa de origen aún desconocido, rica en ácidos grasos de 16 y 18 carbonos con una resina que posee gran cantidad de sesquiterpenos y triterpenos, por lo que podría ser del tipo de las oleorresinas elemi (Mills, White 1987). La investigación en esta línea continúa, por lo que aún no se pueden obtener conclusiones definitivas.

Conclusiones

Desde el punto de vista de los materiales, y con el estado actual del proyecto, no es posible obtener datos sobre una posible clasificación cronológica de los queros y *pajchas* a partir de los pigmentos o los aglutinantes. Es curioso cómo los materiales autóctonos son casi los mismos (con las lógicas variaciones) que los empleados en Europa Occidental en la misma época. Por el momento sólo es posible aportar datos que de por sí pueden ser de interés para los estudiosos de estas culturas. Los pigmentos usados pueden agruparse por colores como sigue:

— Blancos: arcilla blanca, blanco de plomo, calcita.
— Rojos: arcilla roja, bermellón de mercurio, laca roja.
— Azules: índigo y azurita.
— Amarillos: laca amarilla (fustete) y oropimente (a pesar del color final pardo)
— Verdes: arcilla verde y malaquita.
— Pardos: betunes y tierras ocres
— Negros: negro carbón, betunes.

Para los aglutinantes, se emplearon claramente varios aceites secantes y oleorresinas autóctonos, aunque es necesaria una investigación más precisa para poder eliminar los datos que vienen de los productos de restauración añadidos.

Epílogo

La comparación de las formas y la ornamentación de los ejemplares del Museo de América con los de otras colecciones indica que este lote contiene gran parte de las variantes de los queros, *pajchas* y otros recipientes lígneos, por lo que los datos obtenidos de su estudio pueden considerarse suficientemente significativos. Distinto es el caso de la analítica de los pigmentos, ya que no existen otros repertorios con los que comparar los resultados logrados, lo que obliga a esperar a nuevos estudios que permitan su contrastación. Por otra parte, el procedimiento empleado para la captación de la decoración de estas piezas y su tratamiento informático puede considerarse como el inicio de un *corpus* sobre los queros y demás recipientes lígneos en el que podrán irse incorporando los datos y las imágenes procedentes de otras colecciones. De esta forma tendremos la posibilidad de obtener una visión global tanto de los datos que estas piezas aportan sobre distintos aspectos del mundo indígena colonial, como de la capacidad, posibilidades técnicas y gustos estéticos de sus creadores y usuarios.

Bibliografía

1933   *Art des Incas*. Catalogue de l'Exposition de la collection Juan Larrea. París.

1935   *Arte peruano* (Colección Juan Larrea). Publicación editada por el XXVI Congreso Internacional de Americanistas. Madrid.

Cabrera, J. M.
1969   "El azul Maya. Sobre el colorante orgánico y la técnica de fabricación del pigmento". *Informes y trabajos del ICROAAE*, 8.

Colombo, C.
1995   *I Colori Degli Antichi*. Ed. Nardini-Fiesoli.

Cummins, Tom
1988   *Abstraction to Narrative Kero Imagery of Peru and the Colonial Alteration of Native Identity*. Ph.D. dissertations. Los Ángeles: University of California.

Flores, Jorge
1995   "Tres temas pintados en qeros incas de los siglos XVII-XVIII". *Revista del Museo Inka*, Nº 25. Cusco.

Gayo, M. D.; E. Parra y A. Carrassón
1992   "Technical Examination and Consolidation of the Paint Layers on a Mudejar Coffered ceiling in the Convent of Santa Fe, Toledo". *Conservation of the Iberian and Latin American Cultural Heritage*. Madrid: IIC.

Gettens, R.J.; H. Khün y W. T. Chase
1993   "Lead white". *Artists Pigments. A Handbook of their History and Characteristics*, Vol. II. A. Roy editor. Washington: Oxford University Press.

Hofenk de Graaf, J.; W. G. Th. Roelofs y E. H. Van't Hul-Ehrnrech
1972   "Natural Dyestuffs, Origin, Chemical Constitution, Identification". *ICOM, Commitee for Conservation*. Madrid.

Jiménez, Félix
1994   "La iconografía del inca a través de las crónicas españolas de la época y la colección de keros y *pajchas* del Museo de América de Madrid". *Anales del Museo de América*, Vol. 2. Madrid.

Kleber, R.; L. Masschelein-Kleiner y J. Thyssen
1963   "Etude et Identification du Bleu Maya". *Stud. in Cons.*, 12.

Kokcaert, L. y M. Versier
1978-79   "Application des Colorations a l'Identification des Liants de Van Eyck". *IRPS Bulletin*, 17.

Liebscher, Verena
1986a   *Los queros. Una introducción a su estudio*. Lima: G. Herrera Editores.

1986b   *La iconografía de los queros*. Lima: G. Herrera Editores.

López y Sebastián, Lorenzo y Chantal Caillavet
1976   "La pajcha inka: Ejemplares del Museo de América". *Revista de Indias,* Nº
                         145-146. Madrid.

Magaloni, D.
1995   "Les Peintures Murales de Teotihuacan, Banampack et Cacaxtla: Decou-
                         vertes des Techniques et Traditions". *Actas del Congreso Analyses et
                         Conservation d'oeuvres d'art Monumentales.* Lausanne: LCO.

Martin, E.
1977   "Some Improvements in the Techniques of Analysis of Paint Media".
                         Studies in Conservation, 22.

Martín-Patino, M. T.; E. Parra; M. D. Gayo; F. Madruga y J. Saavedra
1994   "Artifical Paint or Patina on the Sandstone of the Ramos Gate at the
                         Catedral Nueva de Salamanca". *Stud. in Cons,* 39.

Mills, J. S. y R. White
1987   *The Organic Chemistry of Museum Objects.* London: Ed. Butterworths.

Nordensköld, E.
1931   "Ancient Inca Lacquer Work". *Comprehensive Ethnographical Studies,* 6.

1988   *Piedras y oro. El arte en el imperio de los Incas.* Alicante.

Parra, E y A. Serrano
1991   "Chemical Analysis of Wax Seals and Dyed Textile Attachments from
                         Parchment Documents. Preliminary Results". *ICOM, Commitee for
                         Conservation,* Dresde.

Pilc, J. y R. White
1995   "The Application of FT-IR Microscopy to the Analysis of Paint Binders in
                         Easel Paintings". *Bull. Nat. Gall.,* 16. London.

Rowe, John H.
1961   "The Chronology of Inca Wooden Cups". *Essays in pre-columbian art and
                         archaeology.* Cambridge: Harvard University Press.

Thompson, D. V.
1956   *The Materials and Techniques of Mediaeval Painting.* Nueva York: Ed.
                         Dover.

Trimborn, Hermann y Pilar Fernández Vega
1935   *Catálogo de la exposición Arte Inca.* Madrid: Colección Juan Larrea.

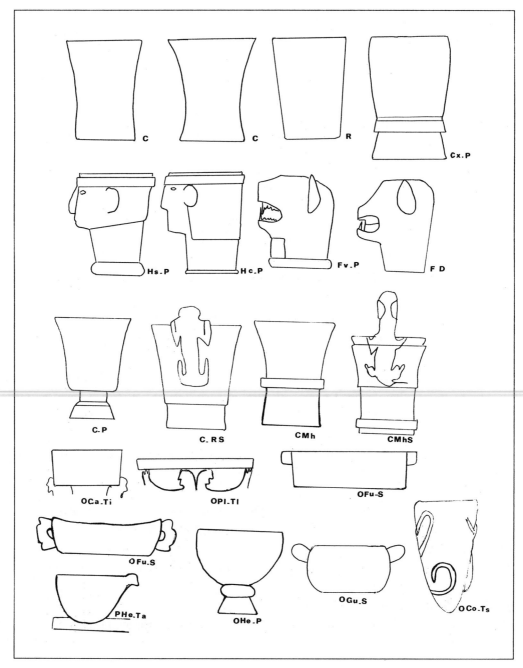

Figura 1: *Tabla de formas de los queros,* pajchas *y otros recipientes de madera del Museo de América de Madrid.*

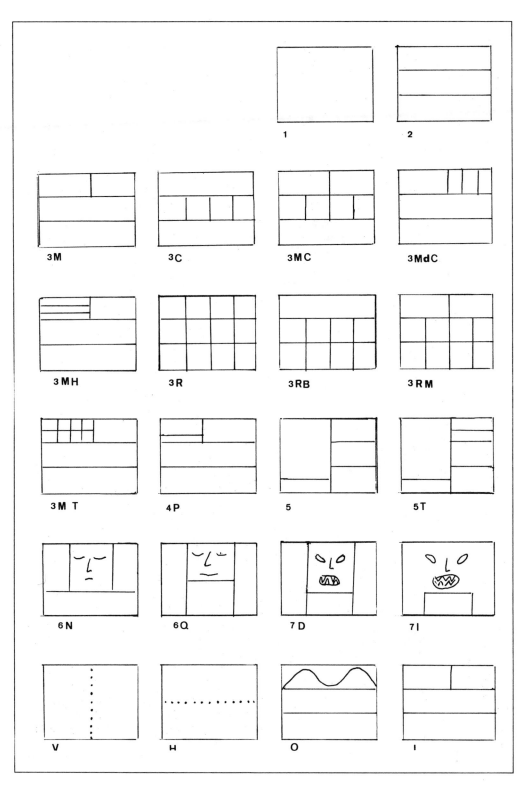

Figura 2: *Esquemas de las diferentes sintaxis compositivas de la decoración de los queros del Museo de América. Madrid.*

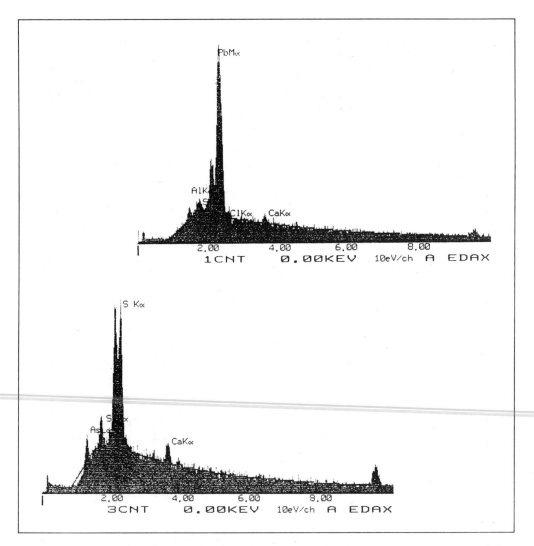

Figura 3: *Análisis elemental por MEB/ EDX de una muestra de color azul, con los picos característicos del blanco de plomo (Pb), arcilla blanca (Si, Al, K), y la calcita (Ca) (del quero 7502 color azul).*

Figura 4: *Análisis elemental por MEB/ EDX de una muestra de color pardo, con los picos característicos del oropimente (As, S), tierras (Si, Al, K) y calcita (Ca) (del quero 7502 marrón).*

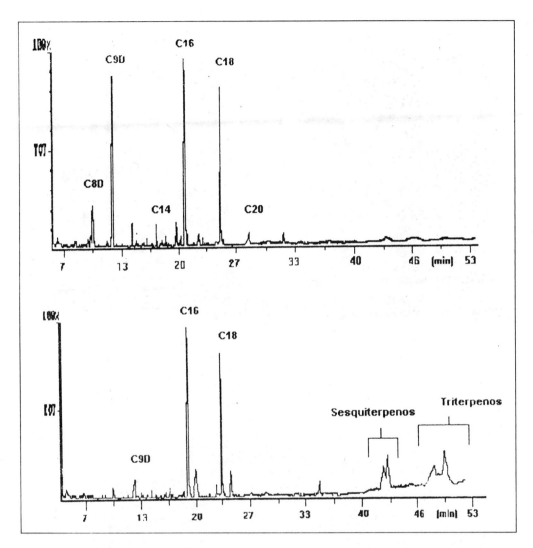

Figura 5: *Análisis mediante CG/EM del aglutinante de la muestra 7502 (color amarillo) que corresponde a un aglutinante en el que la sustancia mayoritaria es un aceite secante, del tipo de la "chía", que se obtiene de plantas como la salvia hispánica entre otras. Clave: C8D y C9D son ácidos dicarboxílicos de 8 y 9 carbonos respectivamente; C14, C16, C18, C20 son ácidos grasos saturados con los carbonos que se especifican en cada caso.*

Figura 6: *Análisis mediante CG/EM del aglutinante de la muestra 7512 (color rojo). El aglutinante contiene una grasa animal (con casi ausencia de ácidos dicarboxílicos) junto con sesquiterpenos y triterpenos de la oleorresina elemi.*

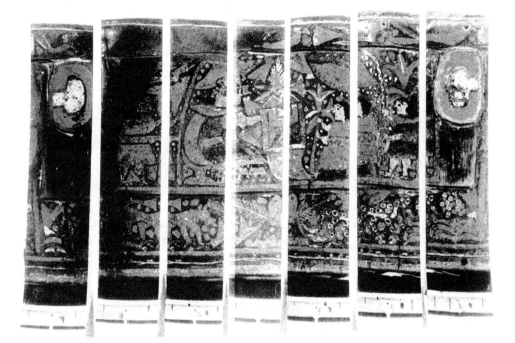

Lámina I: *Desarrollo del quero 7524 del Museo de América. Madrid.*

Lámina II: *Desarrollo del quero 7527 del Museo de América. Madrid.*

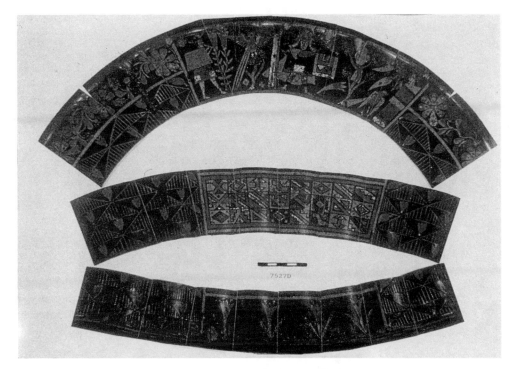

Lámina III: *Desarrollo del quero 7528 del Museo de América. Madrid.*

Lámina IV: *Desarrollo del quero 7529 del Museo de América. Madrid.*

Lámina V: *Desarrollo del quero 7530 del Museo de América. Madrid.*

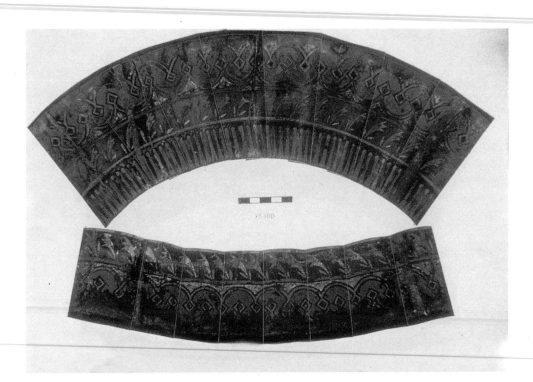

Lámina VI: *Desarrollo del quero 7532 del Museo de América. Madrid.*

Lámina VII: *Desarrollo del quero 7539 del Museo de América. Madrid.*

Lámina VIII: *Desarrollo del quero 7542 del Museo de América. Madrid.*

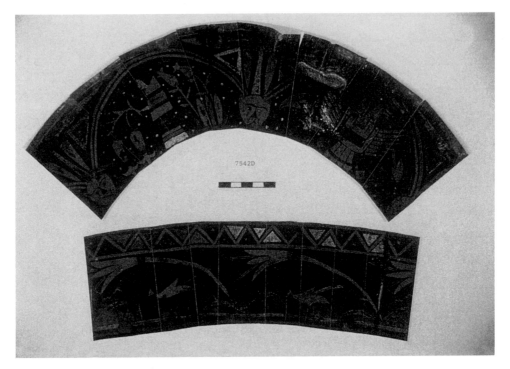

Lámina IX: *Desarrollo del quero 7533 del Museo de América. Madrid.*

Lámina X: *Desarrollo del quero 7519 del Museo de América. Madrid.*

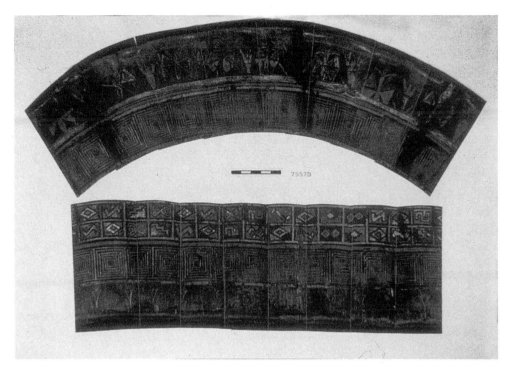

Lámina XI: *Desarrollo del quero 7557 del Museo de América. Madrid.*

Lámina XII: *Desarrollo del quero 7557 del Museo de América. Madrid.*

Unidad o heterogeneidad del estilo mestizo surperuano

Antonio San Cristóbal
Universidad de San Martín de Porres, Perú

Los planteamientos historiográficos

No se trata ahora de reiniciar las polémicas mantenidas acerca del "estilo mestizo" desde posiciones parciales y antagónicas. En el estado actual de los estudios acerca del tema, resulta casi inevitable tener que hacer alguna referencia a los diversos puntos de vista propuestos sobre la arquitectura planiforme surperuana-potosina, porque ellos expresan las formulaciones historiográficas actualmente vigentes. Nuestro interés se dirige a señalar otras sendas soslayadas en las polémicas precedentes, aunque acaso entrevistas y esbozadas parcialmente. Empleamos en lo sucesivo la denominación arquitectura planiforme surperuano-potosina, que expresa un aspecto objetivo, aceptable al margen de cualquier interpretación polémica. La terminología de estilo mestizo, en los lugares donde se emplea, sólo alude a los puntos de vista de quienes la acogieron.

La invocación de Ramón Gutiérrez, formulada en el Simposio de Roma sobre el barroco latinoamericano para ocuparse de investigar la historia antes de polemizar acerca de los monumentos insuficientemente conocidos, no ha despertado otra acogida que la de su propio equipo de investigadores. La situación es distinta en lo que atañe a la arquitectura surperuana planiforme respecto de otras expresiones arquitectónicas regionales peruanas. Acerca de los siglos XVII y XVIII se pasó directamente, desde un conocimiento histórico incompleto y no demasiado confiable sobre la arquitectura limeña, a formular interpretaciones historiográficas que carecían de suficiente fundamento objetivo e histórico. Por diversas razones la investigación histórica referente a la arquitectura planiforme surperuano-potosina ha estado casi virgen; tampoco se recurrió al conocimiento histórico, acaso porque se conservan en su mayoría las portadas planiformes, lo que no sucede con las limeñas. En cambio, en esta arquitectura regional se ha operado el tránsito desde una investigación morfológica y estructural incompleta al predominio de las interpretaciones y de las controversias historiográficas. Podría replicar alguien que al menos Luks –y antes que él Teresa Gisbert– realizaron investigaciones prácticamente completas acerca de la decoración figurativa planiforme y sus diversas tipologías, pero falta demostrar que la arquitectura andina surperuana consista sólo y principalmente en la escultura figurativa dada en las portadas; y también que los motivos escultóricos se hayan inspirado de hecho y directamente en las fuentes gráficas europeas, algunas sumamente especializadas, y acaso todas desconocidas en el Collao, como lo ha demostrado de primera mano Ramón Gutiérrez[1].

Resultaron decisivas las exposiciones de Wethey tanto para divulgar el empleo del término "mestizo" como para imponer una determinada interpretación primera de esta arquitectura, que ha adquirido consistencia sucesiva y sistemática en los trabajos de los expositores subsiguientes. Wethey no pretendió formular una teoría o una historiografía acerca de la arquitectura virreinal peruana, sino que se limitó a hacer la descripción empirista de los monumentos concretos hasta entonces conocidos; por eso no ofreció ninguna definición doctrinal y abarcadora de esta arquitectura, y sí, en cambio, destacó algunos caracteres constatables que la identifican y distinguen de otras arquitecturas regionales peruanas. Se concretaba entonces esta arquitectura a la región andina surperuana extendida en una faja estrecha que corre desde Arequipa hasta Potosí[2], pasando por el Collao y La Paz[2]. Considera probable que los arquitectos y los escultores fueron indígenas poco familiarizados con la cultura europea[3].

Su más significativo y determinante factor es el primitivismo naturalista del dibujo y de la técnica planiforme bidimensional[4]. Empleó abundantemente la denominación de motivos prehispánicos, de la flora y fauna locales y tropicales, además de otros que describe en cada portada.

En las exposiciones de Wethey aflora invariablemente una idea muy simple acerca de este estilo: es una arquitectura decorativa tallada con la técnica planiforme propia de los pueblos primitivos y recargada de los motivos ornamentales autóctonos. Para calificar esta arquitectura andina surperuana, Wethey ha prescindido de toda referencia a los aspectos estructurales del diseño de las portadas. Si al analizar otras arquitecturas regionales no predominantemente decorativas había soslayado de manera sistemática el estudio del diseño y del volumen, con mucho mayor razón aún lo ha cumplido acerca de la arquitectura arequipeño-collavina, que además le ofrecía un contenido decorativo de gran riqueza ornamental como para acaparar él solo el sentido específico del estilo. Resulta muy expresiva su apreciación de la portada principal de la Compañía de Arequipa: después de asignarle en general el tipo de dos cuerpos, que considera la estructura común de las iglesias europeas del siglo XVII, añade que en Arequipa el elemento nativo resultó tan preponderante que casi sumergió la traza europea debajo de un tapiz de exótica ornamentación mestiza[5]. Este tapiz decorativo –y no la traza del diseño de la portada– definía, para Wethey, el estilo mestizo. Fuera de ello, no propone ninguna otra vinculación del diseño de las portadas con el concepto del estilo mestizo.

Aunque Wethey no lo ha expuesto sistemáticamente, late en todas sus exposiciones la idea de la unidad del estilo planiforme, abordada en un concepto común de decoración extendido desde Arequipa hasta Po-

1   Gutiérrez, Ramón: "Reflexiones para una metodología de análisis del barroco americano" en *Simp. Intern. sul barroco lat.*, tomo I, p. 377. Roma, 1982.

2   Wethey, H.E.: *Colonial Architecture and Sculpture in Perú*, pp. 20 y 155. Cambridge, Massachusetts: Harvard University Press, 1949.

3   Ibídem, pp. 20 y 156.

4   Ibídem, pp. 21 y 156.

5   Ibídem, p. 141.

tosí. Expuso de pasada esta tesis al deducir que, como consecuencia de la unidad administrativa virreinal, "el arte de la región central de Sur América desplegó su unidad estilística"[6]. Puesto que el concepto de estilo mestizo esbozado por Wethey no incluía otro factor más que el de la decoración planiforme, extendida por toda la zona geográfica surperuano-potosina, nada podía resquebrajar la unidad del estilo en toda la arquitectura planiforme.

Marco Dorta enfocó la arquitectura arequipeño-collavino-potosina desde presupuestos más abarcadores que la idea simplificada de Wethey. Se puede discrepar de la metodología de la descripción empirista empleada por Marco Dorta, pero no desconocer que profesaba una concepción integral de la arquitectura virreinal en la que, además de la decoración ornamental y figurativa, encontraban cabida otros aspectos arquitectónicos de los componentes y del diseño de las portadas. Han sido citadas reiteradamente sus afirmaciones acerca de los esquemas compositivos manieristas conforme a los cuales los alarifes collavinos organizaron presuntamente sus portadas[7]. Queda aún por aclarar que Marco Dorta haya extendido la composición renacentista del diseño a todas las portadas que muestran decoración planiforme en el área surperuana. Desde luego, no ha recurrido a esquemas renacentistas para explicar las portadas arequipeñas; antes bien, empleó otros criterios para analizar éstas últimas. Sobre la portada lateral de Santo Domingo, que su conformación es original e inaugura el tipo de esquema más bien alargado, con gran desarrollo del frontispicio que hemos de ver en otras portadas arequipeñas y en las laterales de la Catedral de Puno[8]. Todas estas portadas "revelan la existencia de una es-

cuela"[9]. En realidad, Marco Dorta atribuyó explícitamente el diseño renacentista a las portadas planiformes situadas desde el Collao hasta Potosí[10].

Aparece aun más explícito al pensamiento de Marco Dorta en esta afirmación un tanto compleja:"aunque no se puede hablar de una escuela única, sí puede afirmarse que un mismo espíritu animó el estilo de los monumentos repartidos por esa extensa región de 'punas' desoladas que ocupa parte del Perú y Bolivia por encima de los tres mil metros de altitud"[11]. Entendemos que el espíritu que unifica estas iglesias consistía en la decoración planiforme. En cuanto a las portadas, tengamos en cuenta estas afirmaciones claras para ser enjuiciadas a su debido tiempo: de la portada lateral de Santiago de Pomata afirma Marco Dorta:

"... distribuidos dentro de un esquema completamente renacentista, los elementos constructivos están dispuestos en un solo plano formando tres calles y dos cuerpos rematados por un gran frontispicio semicircular"[12].

Y de la portada de San Francisco de La Paz escribió:

"La portada principal de tres calles y dos cuerpos sigue el viejo esquema de abolengo renacentista que tanta fortuna hizo entre los maestros de los pueblos del Titicaca"[13].

---

6   Ibídem, p. 155.

7   Marco Dorta, Enrique, en D. Angulo Iñiguez: _Historia del arte hispanoamericano_, tomo III, p. 315. Barcelona: Edit. Salvat, 1956.

8   Ibídem, p. 413.

9   Ibídem.

10   Ibídem, p. 315. Sin embargo, también escribió: "los arquitectos arequipeños se mantienen siempre fieles a los viejos modelos renacentistas", en E. Marco Dorta: _La arquitectura barroca en el Perú_, p. 29. Madrid: C.S.I.C., 1957.

11   Ibídem, _Historia_, p. 315.

12   Ibídem, p. 438.

13   Ibídem, p. 474.

La aplicación de estos criterios interpretativos a todas las portadas de la zona planiforme, y la revisión más acuciosa de los análisis estructurales de ciertas portadas, conducirían sin duda a conclusiones diferentes de las enunciadas por Wethey. La importancia de las exposiciones de Marco Dorta radica no tanto en el estudio analítico de cada portada en particular cuanto en haber introducido el factor del diseño de las portadas que había sido sistemáticamente soslayado por Wethey. Se trata de un factor exegético complementario, no antagónico ni independiente, del otro factor de la decoración ornamental.

De estos planteamientos iniciales formulados por Wethey y Marco Dorta han derivado dos posiciones divergentes acerca de la arquitectura planiforme, las que, sin embargo, mantienen ciertos presupuestos comunes tomados de los clásicos mencionados. Consideremos ahora las exposiciones interpretativas de Teresa Gisbert y de Gasparini. En sus valiosos estudios, rebosantes de comprensión y simpatía hacia la arquitectura planiforme, ha propuesto Teresa Gisbert una definición que condensa los matices fundamentales del estilo mestizo. Dice así:

> "Arquitectónicamente consiste en la aplicación de una decoración peculiar a las formas estructurales europeas. A diferencia del barroco europeo contemporáneo, el 'estilo mestizo' muestra una despreocupación total por las plantas... Su decoración, contrariamente a lo que ocurre en Europa, busca el claroscuro. Es arcaizante y planiforme, conservando sólo el 'horror vacui' característico del barroco"[14].

En las interpretaciones de Teresa Gisbert confluyen los aportes de los dos clásicos –Wethey y Marco Dorta– en una síntesis que enfoca la arquitectura planiforme como totalidad, aunque entendida preferentemente desde el lado boliviano. La referencia a la "decoración peculiar", en la que se incluyen los motivos ornamentales y la técnica planiforme, recoge lo fundamental del pensamiento de Wethey. Su interpretación de "las formas estructurales europeas" adopta algunos análisis morfológicos de Marco Dorta, pues, al amparo de algunas citas suyas, entiende que las formas europeas consistieron en la composición renacentista de las portadas[15]. Escribe:

> "Podemos afirmar que en la llamada arquitectura mestiza existe una fuerte influencia del pasado renacentista (con sus variantes manieristas). Esta influencia es palpable... en la composición de las portadas, ya que el esquema de las portadas de estilo mestizo se ve ligado a los modelos del siglo XVI en sus líneas fundamentales"[16].

La sensibilidad indígena denota a su juicio el arraigado arcaísmo que habría otorgado pervivencia a las formas estáticas de las plantas y a la composición de las portadas, ambas como estructuras europeas estáticas que se mantuvieron hasta fines del siglo XVIII sin recibir cambios substanciales.

Nos interesa ahora la repercusión de esta teoría en cuanto al problema de la unidad o pluralidad de la arquitectura planiforme. No ha sido planteada de manera explícita por Teresa Gisbert; pero, se vislumbra a lo largo de sus exposiciones, una concepción unitaria de toda la arquitectura de Arequipa, Collao, La Paz y Potosí. Sus valiosos análisis acerca de los motivos decorativos tallados al modo planiforme no introducen ninguna fisura en la

14   Gisbert, Teresa: "Renacimiento y manierismo en la arquitectura mestiza". *Arquitectura Andina,* p. 260. La Paz, 1985; "Determinantes del llamado estilo mestizo". *Arquitectura,* p. 249; "El barroco andino y el estilo mestizo", en *Simp. Inter. sul barroco lat.*, tomo II, pp. 143-144 y 148. Roma, 1982.

15   Ibídem. "Renacimiento... ", pp. 272-274.

16   Ibídem. "Renacimiento... ", p. 275.

unidad del estilo profesada por Wethey. Por otro lado, la interpretación renacentista arcaica del diseño de las portadas reafirma y consolida la unidad estilística del estilo mestizo en cuanto a las llamadas "formas estructurales europeas". Notemos que Teresa Gisbert no hace ninguna distinción en cuanto al estilo de las portadas; antes bien, parece tomar como válida para todas las portadas planiformes sin distinción, incluyendo las arequipeñas, el calificativo de renacentistas que Marco Dorta había atribuido a las del Collao y Potosí:

> "En la forma y composición de las portadas se evidencia que en el Collao se pasó directamente del renacimiento al llamado estilo mestizo ignorando por completo los ejemplos barrocos de Lima, Cuzco o Chuquisaca"[17].

Las interpretaciones de Teresa Gisbert se apoyan en constataciones objetivas cuya solidez no ponemos en duda; solamente nos preguntamos si la interpretación renacentista de las formas estructurales de las portadas conserva el mismo valor para toda la amplia zona planiforme. Retornaremos sobre este punto con más detenimiento en lo que sigue.

Irrumpe violentamente en la historiografía actual la rotunda crítica contra la arquitectura planiforme lanzada en los escritos de Gasparini. Su empeño se concentra en desvalorizar y degradar desde todos los ángulos posibles la originalidad y el rango de la arquitectura planiforme surperuana, que habían reconocido en ella otros investigadores. Pero a pesar de su ofensiva dialéctica, que es total, Gasparini no sólo no ha impugnado el concepto tradicional de la arquitectura planiforme, sino que lo acepta –consciente o inconscientemente– como válido, y además, como esquema de su propia concepción y de su crítica total. Perduran en la ideología de Gasparini los dos factores componentes de la arquitectura planiforme señalados por Teresa Gisbert, cuya definición reproduce sin adjuntar contra ella ninguna objeción[18]. Por tanto escribe:

> "Conviene adelantar de una vez que la definición de 'arquitectura mestiza' no propone ninguna alternativa de cambio en los esquemas arquitectónicos transmitidos desde Europa, y sólo se refiere a una modalidad decorativa"[19].

Afirma sin ninguna objeción en contra que "todos los historiadores y críticos concuerdan en reconocer que la definición de 'arquitectura mestiza' se reduce a una peculiaridad decorativa"[20], que incluye los dos clásicos componentes: la técnica planiforme y el repertorio de los motivos figurativos. Acerca del otro componente considerado por Marco Dorta y Teresa Gisbert –el diseño de las portadas–, se limita a reiterar los planteamientos clásicos: "El esquema arquitectónico es el tradicional y no se independiza de los modelos europeos"[21]. El parentesco estilístico manifiesto en las portadas es el que insinúa la época. Así, el clasicismo de las portadas de Paucarcolla, Chucuito, Ilave, La Asunción de Juli, San Juan y San Pedro de Acora y otras se relaciona con el siglo XVI; mientras que las portadas que se inician a fines del siglo XVII establecen el comienzo de la supuesta categoría estilística de la "arquitectura mestiza"[22]. Desde luego, no explica Gasparini en ningún lugar cuál era o en qué consistía esa categoría estilística de las portadas collavinas y planiformes en general de finales del siglo

---

17   Ibídem. "Renacimiento... ", p. 273.

18   Gasparini, Graziano: _América, barroco y arquitectura_. Ernesto Armitano, editor. Caracas, 1972, p. 357.

19   Ibídem, p. 355.

20   Ibídem, p. 362.

21   Ibídem, p. 357.

22   Ibídem, p. 408.

XVII y posteriores. De la portada de la Compañía de Arequipa, la única cuyo diseño comenta, afirma que tiene "esquema tradicional"; y a esto se reduce toda su interpretación acerca del diseño de las portadas planiformes.

En realidad, las apreciaciones estimativas sobre si la arquitectura planiforme surperuana es popular, primitiva, provinciana, dialectal, marginal, repetitiva, etc., sólo revisten un interés muy superficial y secundario, porque no enuncian más que los juicios de valor subjetivos del propio intérprete, y sólo tienen validez relativa para el autor que los ha enunciado. Lo verdaderamente importante consiste en determinar cuál es el contenido objetivo específico de esta arquitectura regional; y en evaluar, con base en esta primera determinación analítica, si la arquitectura planiforme surperuano-potosina constituye una escuela regional unitaria o se diferencia en escuelas más restringidas y circunscritas.

Acerca de estos temas esenciales, Gasparini no ha aportado ninguna contribución personal, aunque fuera crítica, a los puntos de vista formulados por Wethey, Marco Dorta y Teresa Gisbert. Desvalorizar por todos los medios posibles a su alcance esta arquitectura planiforme no es precisamente un aporte para conocer su especificidad.

Núcleos de portadas planiformes

A partir de Wethey, los intérpretes han planteado algunas hipótesis acerca del origen y difusión de la arquitectura planiforme. Comenzaron a preguntarse si el llamado estilo mestizo se originó en Arequipa, o también, independientemente, en Potosí; y cuáles hayan sido las rutas de su difusión. Eran éstas unas preguntas todavía prematuras a mediados del presente siglo, no sólo por la falta de datos históricos que las respaldara, cosa que no ha sido subsanada suficientemente, sino además por otras razones de fondo. Nuevas investigaciones de campo sobre las iglesias virreinales han puesto de manifiesto que el área del origen y la difusión de la arquitectura

planiforme desborda los estrechos límites de la ruta del comercio entre Arequipa y Potosí inicialmente propuesta; y también los de la ruta de la *mita* minera desviada desde Cusco a Potosí, que había sido ampliada por Teresa Gisbert[23], pues esta forma de arquitectura apareció también de modo independiente –y desde luego muy temprano– en las tierras altas de Apurímac y de Chumbivilcas[24]. Hoy parece más probable la tesis que defiende el origen simultáneo de la técnica planiforme en varios centros autónomos; mientras que la tesis inicial que proponía la propagación del estilo por irradiación desde alguno de lo centros urbanos ha perdido vigencia.

La irradiación de cualquier modalidad arquitectónica se manifiesta en la semejanza de los modelos presuntamente transmitidos. Pero resulta que no se habían realizado estudios morfológicos y estructurales suficientes acerca de los diseños de las portadas planiformes que hubieran servido de fundamento para determinar objetivamente la dependencia de unas portadas con relación a las otras.

Los análisis de Marco Dorta sobre algunas portadas collavinas, además de las propias observaciones, indujeron a Teresa Gisbert a formular una doble interpretación renacentista del diseño de las portadas planiformes: o bien se trataba de portadas iniciales renacentistas modificadas después con decoración planiforme, o bien se trataba de nuevas portadas construidas según su diseño renacentista arcaico[25].

---

23   Gisbert, Teresa: *El barroco andino,* p. 145.

24   Gutiérrez, Ramón: "La iglesia de San Miguel de Mamara". *Dana* Nº 6, 1978, reproducido en *Arquitectura virreinal en Cuzco y su región.* Cusco, 1987, pp. 209 -217. "Iglesias de Apurímac". *Dana* Nº 10, 1980, reproducido en *Arquitectura virreinal,* pp. 151-207. "Coparaque, trayectoria de un poblado andino", en *Historia de la Cultura* Nº 13-14. Lima, 1981, reproducido en *Arquitectura virreinal,* 1.c., pp. 75-94.

25   Gisbert, Teresa: "Renacimiento... ", 1. c., pp. 272 y 274.

Existe evidentemente un grupo de portadas planiforme en el área de Potosí que denota el diseño renacentista arcaico y clásico, con el primer cuerpo en forma de arco triunfal y con un segundo cuerpo más estrecho que el primero, aunque ahora no aparece incorporado dentro de los brazos de algún frontón abierto; la entrecalle del pequeño segundo cuerpo alberga una hornacina para colocar bultos de santos. Las portadas potosinas se desarrollan en una sola calle en los dos cuerpos. Pertenecen a este grupo las portadas de San Lorenzo, la Compañía, San Francisco, San Bernardo y San Benito, en la ciudad de Potosí, y la de Salinas de Yacolla, muy similar a la jesuítica potosina. En la portada de la Compañía se intercala un alto basamento entre el primer cuerpo y el segundo, más estrecho; se trata de una conformación renacentista virreinal que también se encuentra en otras portadas, como las de Saña, la del convento agustiniano de Guadalupe, la de Vera Cruz en el Convento de Santo Domingo de Lima según el grabado de Meléndez, y la traza de Juan Martínez de Arrona para la portada catedralicia del Perdón.

Podemos interpretar que se trata de portadas que habían sido labradas inicialmente durante el período renacentista y que fueron enriquecidas durante el siglo XVIII con decoración planiforme superpuesta al diseño original, sin alterar básicamente la traza primitiva. Es el mismo procedimiento seguido en la portada principal de Santa Cruz de Juli, con la particularidad de que en esta última se alteró profundamente el diseño renacentista inicial. Por consiguiente, las portadas potosinas no parecen portadas de nueva construcción según esquema renacentista arcaico, sino viejas portadas renacentistas revestidas posteriormente con la decoración planiforme dieciochesca.

Encontramos un segundo grupo de portadas en el área planiforme cuyo diseño actual desarticuló tanto la traza renacentista clásica como el esquema de cuadrícula con cuerpos y calle de la misma anchura, introducido durante la época barroca. Puede tratarse de portadas de nueva construcción, o también de portadas renacentistas readaptadas durante la etapa barroca; lo decisivo no es su origen, sino la modificación total del diseño en sentido popular, ya que los alarifes o canteros talladores improvisaron en ellas esquemas arbitrarios que no se acomodan a ninguno de los cánones vigentes en la arquitectura virreinal peruana. Son portadas con diseños atípicos, que no tienen en común otro rasgo más que la descomposición del diseño clásico, y por supuesto la decoración planiforme. No conforman una escuela o una modalidad específica entre ellas, porque no acogen un prototipo común de diseño. A este grupo pertenecen algunas portadas rurales, como la citada de Santa Cruz de Juli, la de Yarvicolla, la de Piosera y la de Sicasica, las últimas en tierras altas rurales bolivianas. Muestran una tendencia a multiplicar las columnas en los ejes de soportes, en lugar de formar intercolumnios planos y anchos donde colocar hornacinas para los bultos de santos.

Forman un núcleo muy definido las portadas-retablo localizadas en la zona de La Paz y en el Collao: son las de San Francisco y Santo Domingo en La Paz, la lateral de Santiago de Pomata, la lateral de San Pedro de Zepita y la lateral de San Juan de Juli. Su diseño está conformado a manera de cuadrícula regular con dos cuerpos de igual anchura distribuidos en tres calles, y con intercolumnios claramente delimitados en los dos cuerpos y hornacinas en ellos. Es cierto que mantienen la horizontalidad y continuidad estricta en los entablamentos, de suerte que estos componentes no se abren en arcos verticales de cornisa a la manera del barroco del Cusco o del de Lima; y además, sus tres calles en cada cuerpo guardan homogéneamente la misma altura. La conformación recta e ininterrumpida de los entablamentos no basta por sí sola para calificar como renacentistas los diseños de estas portadas collavinas; como tampoco es suficiente para calificar del mismo modo las portadas cajamarquinas mayores, por la sencilla razón de que la totalidad del diseño en ambos casos no es plenamente renacentista sino barroca.

Importa sobremanera analizar la traza de cuadrícula regular en estas portadas-retablo. Por lo pronto, anotamos que no se trata de un diseño estructural renacentista, a pesar de la opinión en contra expresada por Marco Dorta y recordada por Teresa Gisbert, por la sencilla razón de que ninguna portada labrada durante la etapa renacentista virreinal se desplegó en dos cuerpos de tres calles paralelas en los dos cuerpos. El diseño renacentista virreinal, o bien carecía de segundo cuerpo como en Papucarcolla, Chucuito y La Asunción de Juli, o bien tenía un segundo cuerpo de una sola calle y de menor anchura que la calle central del primer cuerpo, como sucede en la portada de los conventos de Saña, Guadalupe, la Compañía de Trujillo y el primer diseño de Juan Martínez de Arrona para la portada del Perdón en la Catedral de Lima, además de la portada lateral de Santo Domingo del Cusco. Por este motivo histórico y estructural, disentimos de la opinión de Marco Dorta cuando calificaba como renacentistas las portadas collavinas en general, y en especial a las de San Francisco de La Paz y la lateral de Santiago de Pomata. Otros intérpretes han acatado sin discusión la opinión del clásico Marco Dorta, pero creemos que de ello deriva una interpretación inconsistente de la arquitectura planiforme surperuana.

Tampoco se puede calificar el diseño de cuadrícula regular como una forma estructural europea. Comenzó a emplearse el diseño de dos cuerpos y tres calles similares a partir de 1628 con la modificación de la primera traza para la portada principal de la Catedral de Lima, y se consolidó definitivamente mediante el desarrollo de las grandes portadas-retablo del barroco cusqueño. Este diseño cuadricular representa uno de los aportes específicos de la arquitectura virreinal peruana, y logró diferenciarse en varias modalidades específicas regionales, también como aportes peculiares de la arquitectura virreinal, ya que no fueron recibidos por transmisión directa desde las arquitecturas europeas sino desarrollados en el Perú virreinal: tales son los modelos del barroco del Cusco, los del núcleo de Lampa, Ayaviri y Asillo; de Tisco en el valle del Colca, de Mamara, San Martín de Haquira; los de las grandes portadas-retablo de Lima; los de las portadas-retablo del Collao y La Paz. Constituyen un aporte específicamente barroco. El diseño de cuadrícula regular con tres calles en los dos cuerpos es un aporte posterior a la etapa renacentista virreinal, introducida precisamente como superación estilística del renacimiento virreinal.

Cuando algunos expositores, como Ilmar Luks, afirman categóricamente que "las formas estructurales permanecieron prácticamente inalteradas durante toda la época colonial", expuesto así, sin matizaciones de ninguna clase[26], y también que "a pesar de la existencia de elementos diferenciales dentro de las expresiones artísticas regionales, éstos no logran quebrar la homogeneidad que a todas las manifestaciones coloniales imprime la cultura dominante europea"[27], se está incurriendo en gravísimas inexactitudes de fondo, a saber: a) que la arquitectura virreinal peruana sólo aportó la decoración figurativa superpuesta a las portadas; b) que la arquitectura virreinal no innovó el diseño de las portadas en cuanto forma estructural; y, c) que el diseño estructural de las portadas peruanas es una forma europea que habría permanecido inalterada durante toda la época virreinal. Se trata de afirmaciones demasiado graves como para dejarlas pasar sin anotar algunas correcciones explicativas. No sólo de escultura figurativa viven las portadas virreinales peruanas, como suponía Luks sin hacer de ellas el menor análisis; sino también y, sobre todo, de

26 Luks, Ilmar: "Tipología de la escultura decorativa hispánica en la arquitectura andina del siglo XVIII". *Boletín del Centro de Inv. Hist. y Est.* Nº 17, p. 15. Caracas: Universidad de Caracas, 1973.

27 Ibídem, p. 79.

diseños estructurales y de expresiones volumétricas, acerca de lo cual no ha reparado este autor.

Desde luego, intercede una diferencia estructural irreductible entre el esquema renacentista de las portadas planiformes de Potosí y el diseño cuadricular barroco de las portadas-retablo del Collao y de La Paz. En el primer caso, sólo aconteció el revestimiento ornamental de las antiguas portadas renacentistas con decoración superpuesta de estilo planiforme y sin alterar la traza; en el segundo caso, se introdujo una nueva tipología de diseño propia de la etapa barroca virreinal, además de adoptar la decoración planiforme.

En la ciudad de Arequipa, y sus antiguos pueblos aledaños; radica un tercer núcleo diferenciado de portadas, aglutinadas por la participación de un diseño estructural común. Son las portadas mayores de la Compañía, San Agustín, y la principal de la Catedral de Puno; las portadas de Caima y Yanahuara, y las portadas menores de la lateral de Santo Domingo, Paucarpata, monasterio de Santa Rosa y las portadas civiles. Configuran su diseño el esquema de cuadrícula regular incompleta sin calles laterales en el segundo cuerpo, para las portadas mayores; el entablamiento recto interrumpido en el centro por la interposición de la gran ménsula, las orlas laterales verticales, el gran frontón semiovalado con trozos de pilastras incorporados dentro del tímpano a los lados que mantienen en vilo su voluminosa cornisa, al amplio vuelo de las cornisas y arquitrabes, y la ausencia total de las columnas salomónicas y de las collavinas.

Resalta a primera vista la autonomía estructural de los diseños de las portadas de Arequipa respecto del esquema renacentista vigente en el núcleo de Potosí; y también respecto de la cuadrícula regular completa de las portadas-retablo del núcleo del Collao-La Paz. La única transmisión del modelo arequipeño objetivamente constatada llegó a las tres portadas de la Catedral de Puno, pero, indudablemente, la irradiación estilística no prosiguió adelante por el Collao, ya que no encontramos ninguna otra portada con el diseño estructural de Arequipa ni en las riberas del lago Titicaca, ni en La Paz, ni en las zonas rurales altas bolivianas, ni en la ciudad de Potosí. Si los expositores de la arquitectura virreinal hubieran comenzado por hacer el análisis estructural estricto de los diseños de las portadas, es muy probable que ni siquiera se hubiera propuesto la hipótesis de la propagación de la arquitectura planiforme por irradiación de los modelos desde Arequipa o desde Potosí hacia la zona intermedia del Collao y de La Paz.

Una vez reconocida la especificidad del diseño de las portadas de Arequipa, no costará mucho trabajo concluir que tampoco este modelo de portada configura una forma estructural europea. No ha sido señalado ningún antecedente en la arquitectura española o en otra arquitectura europea no ibérica del que eventualmente haya derivado el diseño de las portadas planiformes arequipeñas. Está de sobra recordar que también interceden diferencias insoslayables entre los diseños de Arequipa y los del barroco del Cusco, los del barroco de Lima y los de las portadas puneñas de Lampa, Asillo y Ayaviri. Ni siquiera han sido irradiados los modelos de Arequipa a las iglesias del valle del Colca, a pesar de encontrarse en esta zona el grandioso tapiz planiforme de la portada principal de Yanque. Concluimos, pues, que los alarifes arequipeños aportaron un diseño barroco específico al conjunto de la arquitectura virreinal peruana.

En la región de las tierras altas de Apurímac y de Chumbivilcas existen algunas portadas planiformes con diseños heterogéneos. Algunas son portadas-retablo de cuadrícula regular, como la de Mamara y las de San Martín de Haquira; otra tiene diseño ingenuo muy popular, como la de los pies en la iglesia de Coporaque de Espinar; y la portada de Santo Tomás deriva de la portada principal de La Catedral de Puno. Pudo haber llegado alguna influencia desde el barroco de Cusco a estas portadas rurales andinas, como se manifiesta en el ventanal ovalado en la entrecalle central del segundo cuerpo, y también en alguna cornisa abierta en arcos verticales; pero de todos modos, hay que descartar cualquier transmisión o irradiación de modelos desde Potosí o desde Arequipa hasta estas portadas de las tierras altas surperuanas.

Modalidades de la disposición ornamental

Los historiógrafos han destacado la decoración planiforme al rango de factor predominante en la arquitectura arequipeño-collavino-potosina; y también como el elemento primordialmente unificador del estilo mestizo; a ella han consagrado, pues, sus más prolijos análisis y comentarios. Son dos los aspectos estudiados en la decoración, a saber: de un lado, muy someramente, la técnica empleada por los canteros para tallar la decoración y los motivos figurativos mediante surcos verticales hasta una profundidad uniforme y también con incisiones superficiales, pero manteniendo siempre inmodificada la superficie plana externa de las piedras; y, del otro lado, los repertorios de los adornos figurativos y escultóricos, así como de sus hipotéticas y no comprobadas fuentes para el aprovisionamiento de los modelos.

Nada ha sugerido, en apariencia, que existieran diversas modalidades o expresiones decorativas en la arquitectura planiforme superuana, debido acaso a que no se han analizado con detenimiento las técnicas de cantería empleadas en cada núcleo de las portadas; ni tampoco se han agrupado los motivos ornamentales escultóricos según las zonas geográficas, ya que o bien se describen por los historiadores los motivos de cada portada en particular, o bien se agrupan los motivos por temas figurativos, sin tomar como criterio las zonas de su difusión. Además de estos aspectos tratados por los analistas, creemos que existen otros elementos formales y morfológicos referentes a la decoración planiforme, cuya significación no puede soslayarse, al menos en lo que atañe a nuestro tema de estudio.

Un primer aspecto consiste en el modo de disponer la decoración, dejando de momento entre paréntesis otros aspectos que atañen a los contenidos figurativos o a la técnica de esculpir la decoración.

Si analizamos los espacios planos recubiertos de decoración en las portadas de Potosí, tales como los basamentos, las jambas de las puertas, las roscas de los arcos, los frisos y las pilastras, se constata que ellos están dispuestos con adornos cuadrados o rectangulares discontinuos, distribuidos en series consecutivas; además de que cada adorno individual está contenido en un marco plano cuadrado o rectangular. El clásico Marco Dorta, que observó muy sagazmente esta disposición, correlacionó los adornos potosinos con los casetones de los artesonados renacentistas[28]. Acaso hayan podido influir también en esta modalidad las subdivisiones del espacio en las armaduras del mudéjar tan frecuentes en las iglesias potosinas.

En los espacios planos similares de las portadas arequipeñas, incluyendo los tímpanos de los amplios frontones semiovalados y también las orlas laterales, los adornos planiformes conforman conjuntos ordinariamente no muy compactos sino discontinuos, y algún tanto heterogéneos, en los que se yuxtaponen tallos, flores, hojas, caras de ángeles, santos, escudos, etc., con tendencia a desarrollar un esquematismo simétrico. Es cierto que también aparecen los recuadros tallados con cuadrifolias en la rosca de los arcos de entrada; pero esto parece ser una evolución estilística y ornamental del almohadillado de planchas tan propagado en la etapa renacentista y en la del barroco virreinal peruano.

Los dos tipos de disposición ornamental prevalecientes en los centros externos de

_____

28 Dorta E., Marco: *Historia*, tomo III, p. 314

Potosí y de Arequipa difieren notoriamente, al margen del contenido de los motivos decorativos y figurativos concretos que pueblan unas y otras portadas. Expresan dos concepciones distintas e independientes acerca de la organización decorativa; y en cuanto tales, no cabe entre ellas ninguna influencia determinante en cualquier sentido direccional.

Preguntarse ahora por las relaciones de prioridad cronológica de la arquitectura de Arequipa sobre la de Potosí, o viceversa, sólo tiene sentido como información histórica, pero no aporta ningún argumento para fundamentar la irradiación de presuntas influencias estilísticas desde cualquiera de estas zonas a la otra. El modo de disponer la decoración atañe las modalidades estructurales y formales que se nos ofrecen como independientes entre ellas, y, consiguientemente, también como intransferibles de hecho entre las dos zonas geográficas y arquitectónicas.

El núcleo collavino de la ribera del lago Titicaca queda localizado entre Arequipa y Potosí. Aunque por su situación geográfica intermedia, asociada a la construcción tardía de sus portadas, esta zona ha sido interpretada por algunos expositores como receptora de las influencias estilísticas irradiadas desde los dos centros urbanos de Arequipa y de Potosí, hemos visto cómo esta ideologización teórica carece de validez en cuanto al diseño de las portadas. Y en lo que atañe a la disposición ornamental, las portadas collavinas acomodaron la decoración en conjuntos compactos y unitarios, además de homogéneos, organizados sobre la base de la armazón de tallos vegetales ondulados de los que parten las hojas, las flores, los frutos, y entre ellos se albergan libremente las figuras de los animales autóctonos. Estos conjuntos logran desarrollo espontáneo, no esquematizado, y mucho menos como mera yuxtaposición de los adornos que ocupan todo el espacio. Desde luego, el sistema de distribución ornamental por paneles orgánicos empleado en el Collao difiere ostensiblemente de la parcelación en casetones rectangulares usados en Potosí. No menos radical es la diferencia que distingue el sistema de distribución homogénea y compacta, sin fisuras ni discontinuidad, empleado en el Collao frente al sistema de yuxtaposición heterogénea, discontinua, raleada y esquemática empleada en Arequipa. La diferencia se percibe más claramente comparando de un lado las pechinas de la media naranja en la iglesia de Santiago de Pomata, las enjutas del sotacoro en Santa Cruz de Juli, la rosca del arco en la portada de la sacristía de San Juan de Juli, y los extraordinarios paneles en la portada lateral de Zepita; y, de otro lado, los paneles a los lados de la ventana central en la portada principal de la Compañía de Arequipa, los tímpanos de los frontones en las portadas de Santo Domingo, Paucarpata y Yanahuara, todos en la arquitectura arequipeña. Pues bien: tampoco cabe tender una transmisión irradiadora de los modelos de disposición ornamental desde Arequipa hacia el Collao, a pesar de la prioridad temporal de la arquitectura arequipeña sobre la collavina, habida cuenta de la diferencia existente entre los dos sistemas estructurales de organizar la composición decorativa. Que las portadas collavinas sean posteriores a las arequipeñas no implica dependencia estilística entre ellas, porque sus categorías estilísticas de organizar la decoración son heterogéneas.

La autonomía estilística de la zona rural del Collao respecto de los núcleos urbanos de Arequipa y de Potosí contraría las categorías interpretativas en uso para explicar la formación de las escuelas arquitectónicas virreinales según las teorías aprioristas de Gasparini y de Palm. Han supuesto estos intérpretes que la ciudad virreinal sería el centro irradiador de los modelos hacia la periferia rural; y que en esta zona descendería la calidad de ejecución de los modelos irradiados por residir en ella los artífices menos calificados. Pero resulta que ni los centros urbanos de Arequipa y de Potosí irradiaron modelos de diseño de portadas o de disposición ornamental hacia la zona rural del Collao; ni tampoco prevalece en perfección artística la decoración planiforme de Arequipa o la de Potosí sobre la del Collao, sino a la inversa. No hay nada en estas ciudades comparable en calidad a la suma perfección del tallado en la portada lateral de Zepita, o a los paneles de la media naranja de Santiago de Pomata. La teoría historiográfica ha sido desbordada por la realidad existencial de la arquitectura planiforme surperuana.

Formas de tallar el relieve planiforme

Los historiógrafos han considerado el modo planiforme de tallar el relieve de la ornamentación como una técnica de uso homogéneo en toda la arquitectura surperuano-collavino-potosina. Señalan en ella la ausencia del relieve tridimensional y del volumen redondo, y la acomodación en saliente externo de los motivos al nivel de la superficie plana de las piedras. La recurrencia de esta aparente semejanza del tallado planiforme virreinal con el de otras culturas antiguas sólo ha servido para que algún historiógrafo, emocionalmente predispuesto en contra de la colonización española y de la arquitectura virreinal, cargue todo lo posible las tintas negras sobre el estilo surperuano, calificándolo con los más desvalorizadores epítetos a su alcance: "acusa la rudimentaria pericia de las actitudes artísticas inmaduras y de las manifestaciones periféricas que reciben con retardo elementos formales impuestos"[29]. Como es natural, con degradar enconadamente el rango cualitativo de la decoración planiforme surperuana no se avanza nada en el conocimiento de sus formas peculiares de expresar el relieve: para esto no valen los juicios de valor subjetivos, sino los análisis objetivos desapasionados y científicos.

Un trabajo de Neumeyer, reiteradamente citado por los expositores a partir de Wethey[30], introdujo una línea divisoria entre el arte del relieve tridimensional y el del relieve en superficie o bidimensional: de un lado se hacen caer las esculturas coptas, merovingias, bizantinas, etc., y también la planiforme surperuana; y, del otro lado, el arte europeo en general, que se supone ser el único culto en comparación con los otros considerados como primitivos. Pero se ha de advertir que no todas las expresiones de uno y otro lado conforman un solo estilo, puesto que ni se identifican las esculturas tridimensionales helénicas, góticas, renacentistas y las barrocas; ni tampoco se asimila la bidimensionalidad copta o de las otras culturas con las andinas virreinales en una unidad estilística homogénea. La calificación de arte primitivo, aplicada globalmente por algunos historiógrafos a partir de Neumeyer a todas las escuelas bidimensionales de relieve en superficie plana, no define ninguna realidad objetiva. A Gasparini la arquitectura virreinal andina planiforme le pareció un arte primitivo; pero para los artesanos andinos de los siglos XVII y XVIII y sus promotores, los eclesiásticos virreinales, esa misma arquitectura planiforme expresaba la más plena actualidad de su tiempo histórico y cultural. Lo importante es el contenido, no la clasificación cronológica y subjetiva de los historiógrafos.

Los canteros y talladores arequipeños labraron motivos ornamentales discontinuos y con cierta separación espacial entre los objetos; a ello se añade que los perímetros de los objetos no se acomodan ni se ajustan unos con otros apretadamente para repletar todo el espacio decorado, de tal modo que restan algunos espacios vacíos de decoración entre los motivos ornamentales. Los objetos se yuxtaponen discontinuamente, pues no están imbricados ni se superponen unos a otros. Esta disposición permite labrar el perfil externo de los objetos independientes mediante cortes verticales hasta un fondo homogéneo. Los numerosos e irregulares espacios vacíos entre los objetos han sido socavados hasta esa misma profundidad uniforme. Se forman de este modo dos planos a distinto nivel: el de la superficie externa de los objetos coincidente

29 Gasparini, Graziano: *América*, p. 361.

30 Neumeyer, A.: "The Indian Contribution to Architectural Decoration in Spanish Colonial America". *The Ars Bulletin*, XXX.

con el plano de las piedras, y el del fondo de los bordes y de los intersticios vacíos entre los objetos tallados.

Los motivos ornamentales fueron tallados con trazos grandes, tal como el ancho de los tallos vegetales, las superficies externas de la caras angélicas, las anchurosas hojas, flores y frutos, los enormes mascarones de perfil, las alas de los ángeles, etc. Para producir la apariencia del volumen trazaron otros surcos alargados y estrechos en el plano externo de las anchurosas superficies de los motivos; o también añadieron un delgado listel a manera de nervio central de las hojas y de las flores. Los objetos presentan un aspecto grueso, carnoso, como planchas adheridas a un fondo uniforme. No todas las portadas arequipeñas fueron talladas por los mismos artesanos, ni tampoco son contemporáneas entre sí; pero la misma modalidad de expresar el volumen bidimensional en superficie ha sido empleada por los talladores en los monumentos planiformes de la ciudad.

Los escultores collavinos tallaron apretadamente objetos con trazos menudos y estrechos, lo que produce una impresión de mayor saturación de detalles que en las portadas arequipeñas. Resalta la diferencia entre los dos sistemas con sólo comparar las orlas radiales de la media naranja de Santiago de Pomata con los pilares tallados en el claustro de la Compañía de Arequipa. A esto se añade la disposición apiñada de los motivos que entreveran apretadamente sus bordes unos con otros y que a veces aparecen imbricados superpuestos como los pétalos de algunas flores en Pomata y en Zepita, o en los paneles que hacen de frontones en las portadas del presbiterio de Pomata. El entretejido compacto de los objetos no deja espacios libres o vacíos en los paneles decorativos collavinos. De esta característica derivan algunos aspectos dignos de tenerse en cuenta. Primero, en los paneles decorativos collavinos no aparece la combinación entre el fondo vacío y la superficie externa de los motivos escultóricos. Se forman inevitablemente algunos pequeños huecos entre los objetos, pero son de menor extensión que los de Arequipa, y casi pasarían desapercibidos si no fuera porque resaltan como puntos oscuros dispersos por la superficie compacta y encrespada del panel decorativo. Tampoco es factible marcar el perímetro de los objetos mediante cortes verticales que lleguen hasta el fondo uniforme; bastan unos cortes más leves, atenuados por la contigüidad compacta de los motivos. Este mismo entreveramiento apiñado de unos objetos con otros elimina el aspecto de planchas discontinuas superpuestas, tan característico de los objetos tallados en las portadas de Arequipa.

La superficie externa de los paneles decorativos collavinos sobresale hasta el nivel plano homogéneo de toda la arquitectura planiforme surperuano-potosina. La apariencia externa de relieve en superficie o bidimensional ha sido producida por unos recursos escultóricos muy simples. Los tallos ondulados que organizan la vegetación poblada de hojas, flores y frutas son delgados y estrechos, de modo que la superficie lisa no acoge, a causa de la estrechez, los surcos poco profundos empleados en Arequipa; y lo mismo sucede con los otros espacios planos, como los cuerpos y miembros de las figuras humanas y de animales. Los adornos menudos —como las hojas y flores, las orlas y las bandas, las plumas de los ángeles alados y de los pájaros, etc.— han sido dispuestos en forma de dos planos inclinados como ángeles diedros muy abiertos, pero sin arista interna alguna en el centro del motivo, pues allí sólo corre una línea desnuda sin el delgado listel que la recubría en los adornos similares de Arequipa.

Las diferencias en las formas de expresar el relieve en superficie usadas en Arequipa y el Collao no son incidentales en alguno que otro motivo, sino generales; son también muy marcadas, hasta el punto de que caracterizan dos técnicas planiformes de volumen bidimensional independientes entre sí. Tampoco corresponden a modalidades personales propias de algunos canteros particulares, pues manifiestan la constante expresión del relieve planiforme en cada región surperuana.

Evidentemente, los canteros y talladores collavinos no han aprendido esa técnica de los artesanos arequipeños; ni tampoco la han recibido por transmisión irradiada desde Arequipa, o viceversa.

Encontramos en la portada principal de la Catedral de Puno dos técnicas planiformes de tallar el relieve en superficie: una de ellas es netamente collavina; la otra es menos definida, pero de ningún modo corresponde a la técnica arequipeña.

La técnica de tallar el relieve no presenta en Potosí las dificultades inherentes a la de Arequipa o la del Collao, porque la ornamentación se reduce a los motivos geométricos de flores y hojas rehundidos en los recuadros rectangulares, y a algunos motivos someros aislados sin formar panel de conjunto. Se trata de una técnica común, que no guarda semejanza con las empleadas en los otros centros regionales de la arquitectura planiforme.

Núcleos específicos de la arquitectura planiforme

De la suma de los tres factores analizados –a saber: el diseño de las portadas, el modo de disponer la decoración y la forma de tallar el relieve en superficie–, resulta un concepto más complejo de la arquitectura planiforme labrada en Arequipa, el Collao-La Paz y Potosí. Integramos ahora en una totalidad con sentido los caracteres peculiares de esos centros arquitectónicos, tal como están dados en el análisis descriptivo, más allá de toda teoría historiográfica o interpretación doctrinal y, desde luego, subjetiva.

En las portadas arequipeñas, el diseño estructural distintivo se asocia con el modo de disponer la decoración por yuxtaposición discontinua de objetos separados espacialmente y con la técnica de tallar el relieve en superficie por cortes verticales profundos hasta un fondo homogéneo y con surcos delgados y con estrechos listeles en las superficies planas.

El diseño barroco característico de las portadas collavinas a modo de cuadrícula regular completa de tres calles paralelas y de igual altura en los dos cuerpos, se complementa con el modo de disponer la decoración formada por adornos menudos en asociación compacta y apiñada, a veces imbricados, sin dejar espacios vacíos intercalados entre los objetos, y con la técnica de tallar el volumen por ángulos diedros muy abiertos, sin emplear surcos superficiales ni listeles delgados, marcando el perímetro de los objetos por cortes de poca profundidad.

El diseño renacentista de dos cuerpos con una sola calle desiguales en anchura, característicos de las portadas de Potosí, lleva aparejado el modo de disponer los adornos figurativos encerrados en recuadros colocados en series continuas, y con la forma de tallar el volumen rehundiendo el motivo en cada recuadro, o aislando totalmente su perímetro rectangular.

Hasta aquí, los datos analíticamente percibidos. Cualquier exégesis de la arquitectura surperuana andina debe afincar en la comprensión de sus manifestaciones dadas como realidades concretas y existenciales; ateniéndose además a las peculiaridades de sus modalidades expresivas. Podemos señalar cómo la metodología exegética seguida por algunos analistas e historiógrafos recae sobre una idea abstracta y unívoca de la arquitectura planiforme, que no expresa ninguna realidad concreta individual. Consiguientemente, los resultados de esa interpretación no sólo deforman las expresiones arquitectónicas objetivas, sino que además resultan inadecuadas para aprehenderlas en cuanto realidades existenciales.

Ilmar Luks definía, por ejemplo, lo que él denomina "la expresión regional andina":

"... los relieves son planos esquemáticos y muchas veces recortados en línea recta. También la composición sigue el principio decorativo abstracto; series rítmicas de motivos repetidos, falta de perspectiva, representación simétrica, combinación ingenua de motivos. La plasticidad pierde su sentido, las figuras su proporción orgánica; el movimiento se paraliza y todo impulso artístico se materializa en líneas y superficies, prescindiendo de lo tridimensional"[31].

Nos preguntamos ahora: ¿a cuál de las tres formas existenciales específicas y diferenciadas antes analizadas de tallar el relieve y de disponer la decoración se refería Luks? ¿O es que pretende definir tres realidades concretas diversificadas mediante esa caracterización genérica que no conviene a ninguna de ellas en particular?

Las palabras citadas sólo califican una definición arquitectónica que no ha logrado captar en su individualidad específica los modos peculiares diversificados y existenciales de tallar el relieve en superficie y de disponer la decoración en conjuntos organizados. Cuando nos acercamos a las portadas planiformes surperuanas y potosinas, no encontramos plasmada en alguna de ellas esa idealización abstracta esbozada por Luks. Es cierto que los clásicos Wethey y Marco Dorta formularon también un concepto unitario referente al modo de disponer la ornamentación y de tallar el relieve bidimensional con extensión unívoca para toda la arquitectura surperuana-potosina[32]. Se trata de análisis genéricos y abstractos, y, por consiguiente, desprovistos de contenido objetivo constatable, porque en las portadas concretas existen tres tipos heterogéneos e independientes de complejos disposición ornamental-modo de tallar la decoración; a saber: el de Arequipa, el del Collao-La Paz, y el de Potosí. Añadiendo además que cada uno de estos tipos se com-

plementa con un diseño específico de portadas, debemos concluir que la arquitectura planiforme andina no conforma una unidad estilística homogénea, sino que se distribuye en tres núcleos específicos heterogéneos de acuerdo con la diversidad tipológica de los tres factores complementarios ya analizados.

La heterogeneidad de la composición diseño-disposición-relieve para cada uno de los tres núcleos específicos de la arquitectura planiforme conlleva una valorización positiva de las técnicas decorativas empleadas por aquellos canteros y talladores andinos. Que no eran tan imperitos e inexpertos como les han denigrado hasta la saciedad algunos historiógrafos, se demuestra por el simple hecho de que fueron capaces de inventar y difundir en cada grupo regional modelos específicos de diseños para las portadas, los que no resultaron ser simplificaciones artesanales de los diseños aplicados en otras escuelas regionales peruanas, o reiteración de los modelos europeos. Ni el diseño renacentista de Potosí, ni el de la cuadrícula regular completa del Collao, ni el arequipeño, han sido recibidos por transmisión desde otros centros virreinales, ni tampoco constituyen simples formas estructurales europeas, como se afirma gratuitamente para negarles toda originalidad. Componer el diseño de las portadas también formaba parte del trabajo profesional de aquellos artesanos indígenas; y en ello lograron competir con otros alarifes del Virreinato del Perú.

Ha sucedido que desde los clásicos hasta los más recientes historiógrafos, todos los expositores han interpretado en sentido negativo la técnica planiforme de la composición-relieve, por referencia al volumen tridimensional europeo. Por eso hablan en general de la incapacidad demostrada presuntamente por los artesanos planiformes para comprender el relieve barroco y de su impericia para representarlo. En verdad, no existió esa presunta incapacidad mental ni esa impericia artesanal, porque los artesanos planiformes no se propusieron en modo alguno tallar el relieve tridimensional europeo, del que acaso no

31 Luks, Ilmar: *Tipología*, pp. 19-20, 104-121.

32 Veáse, por ejemplo, la exposición de Marco Dorta acerca de "La aportación indígena". *Historia*, tomo III, pp. 318-319.

tuvieron suficiente información profesional, sino que trataron de emplear otro modo distinto de expresar los valores decorativos; y esto lo consiguieron de modo plenamente positivo y conforme a tres modelos distintos de tecnología planiforme. No podían deformar el relieve barroco tridimensional, simplemente porque no pretendieron tallar ese relieve tridimensional. Si hubieran incurrido en esa incapacidad e impericia artesanal, no hubieran desarrollado tres técnicas planiformes distintas y heterogéneas, ni tampoco hubieran producido obras maestras del estilo planiforme como las de Santiago de Pomata o Zepita. La tesis de la supuesta incapacidad de comprender y expresar el relieve tridimensional atribuida a los artesanos indígenas surperuanos sólo expresa que los historiógrafos europeístas, imbuidos de la mentalidad unilateral y exclusivista de la estética europea, valoran únicamente los tallados andinos en función de esta tecnología estática, pero no logran comprender la existencia de otras expresiones estéticas distintas de aquélla e igualmente válidas. Lo que está en juego no es el grado de madurez y pericia artesanal demostradas por los artesanos indígenas surperuanos para tallar una modalidad exclusiva del relieve tridimensional, sino la existencia de varias antropologías estéticas diferentes, cada una con su propia manera de expresar el relieve: una es la concepción racionalizada europea; otras son las concepciones andinas de finales del siglo XVII y del siglo XVIII.

¿Qué representa entonces la técnica planiforme con la que se ha caracterizado la arquitectura andina arequipeño-collavino-potosina? Aplicando a la decoración y al volumen el mismo criterio con que Marco Dorta se refería al diseño de las portadas, no se puede hablar de una escuela única. Existen tres grupos específicos en esta arquitectura andina, y para ellos lo planiforme sólo expresa la idea formal de la ausencia del relieve en tres dimensiones, más acá de la cual comienza a diferenciarse en técnicas de distribución de los motivos y de tallar el volumen con un contenido existencial y objetivo distinto para

cada uno de los tres grupos básicos señalados.

¿Podremos elevar estos tres grupos específicos de arquitectura planiforme a la condición de escuelas regionales? No estaría fuera de lugar. Si bien toda la arquitectura planiforme en general de Arequipa, el Collao y Potosí difiere en bloque respecto de las otras escuelas regionales arquitectónicas no-planiformes del Perú, también hay que aceptar que dentro de la arquitectura planiforme se diferencian las tres escuelas ahora diversificadas con base en los tres factores categoriales de diseño-disposición de los motivos-técnica de tallar el volumen.

El tallado de la decoración con volumen en superficie es la nota formal común a las tres escuelas de Arequipa, el Collao-La Paz y Potosí, y difiere de las modalidades ornamentales empleadas en otras escuelas regionales arquitectónicas del Perú, inclusive la de Cajamarca, con relieve tridimensional, a pesar de la opinión en contra de Gasparini, que pretendía unificarlas todas *a priori* bajo la común denominación de arte popular con la que pretende suplir la de planiforme. Pero dentro de la arquitectura de decoración planiforme, son tan preponderantes las diferencias en la expresión de los tres factores analizados, que no es posible unificar todas las portadas de los tres núcleos mencionados (Arequipa, Collao-La Paz, Potosí) bajo un diseño común homogéneo, ni tampoco bajo una sola forma de disponer la decoración; ni tampoco manifiestan el empleo de una técnica homóloga de tallar los adornos con relieve planiforme bidimensional.

Cada una de las escuelas regionales virreinales peruanas en las que no se aplicó el estilo planiforme conformaba una escuela de portadas; en cambio, esta escuela general de la arquitectura planiforme constituye una escuela formal de escuelas de portadas heterogéneas. Esta idea había sido entrevista por el clásico Marco Dorta cuando negó la existencia de una sola escuela única válida para toda la arquitectura ornamental surperuana, aunque acogía la idea de la unidad de espíritu sobre toda la arquitectura de la región andina surperuano-potosina.

Para la ideología de algunos historiógrafos, la sensibilidad indígena de sentir y expresar el relieve en superficie y de disponer la decoración viene a ser algo así como un sinsentido, o ficción sólo apta para expresar una

> "técnica que consideramos rudimentaria más por inmadurez que por incapacidad, y en el caso que nos ocupa, la inmadurez debe considerarse como consecuencia de las pautas culturales del sistema colonial"[33],

como escribía Gasparini. Personalmente creo que debemos alegrarnos de que los párrocos y doctrineros de la época virreinal peruana entendieran las cosas de un modo distinto que algunos modernos historiógrafos; y de que otorgaran a los artesanos indígenas la más irrestricta libertad para decorar las iglesias conforme a sus técnicas planiformes.

Conviene aclarar que no se trata de la mentalidad indígena del período inca, porque ella se desvaneció con la conquista española. Se trata de la mentalidad indígena virreinal de los siglos XVII-XVIII correspondiente a zonas de población indígena distinta de la nacionalidad quechua cusqueña.

Competía a aquellos clérigos aculturados en esa mentalidad, y liberados de la mentalidad estética europea tridimensional, con la colaboración de los anónimos artesanos indígenas, la misión de evangelizar la cultura de su tiempo y de su ambiente social; y de verdad que, en lo que atañe a la expresión arquitectónica de sus iglesias, supieron hacerlo muy bien, gracias a Dios, aunque ello les pese a ciertos historiógrafos europeístas.

---

33 Gasparini, Graziano: *América*, pp. 359-360.

Lingüística

En pos de los orígenes lingüísticos de la sociedad peruana

Willem F.H. Adelaar
Universidad de Leiden, Holanda

Antes de la llegada de los conquistadores españoles, la civilización y la sociedad tradicional andinas se formaron y desarrollaron de una manera autónoma con respecto a otros focos de civilización. El aislamiento considerable del área cultural andina se hace notable, por ejemplo, por la inexistencia de canales de transmisión cultural con el foco de civilización más cercano, mesoamérica. Una de las realizaciones más destacadas del área cultural mesoamericana, la escritura, ya muy desarrollada durante la época olmeca en el primer milenio antes de Cristo, no logró llegar hasta la región andina.

Este hecho ilustra muy bien la escasez de contactos sostenidos con mesoamérica, pero, al mismo tiempo, puede ser interpretado como un producto del carácter un tanto cerrado de la civilización andina tradicional. La formación temprana de la agricultura y de la ganadería, habiéndose desarrollado aquélla en tal vez la más rica y diversificada de las agriculturas tradicionales, ocasionó un vínculo fuerte e inquebrantable entre el hombre andino y su ambiente natural. Le dio un sentimiento de autosuficiencia cultural y cierta resistencia frente a ideas nuevas y ajenas. Este sentimiento se trasluce en las ideas contemporáneas de milenarismo andino y en los estudios modernos de la sociedad andina, donde predominan los conceptos de la unicidad y del carácter inmóvil de la sociedad tradicional andina, profundamente arraigada en la tierra de los antepasados. Frente a este cuadro, es muy difícil imaginarse un Perú vacío de gente, donde por primera vez llegaron unos cuantos cazadores o pescadores en busca de alimento, sin tener el menor vínculo previo con el ambiente natural peruano, sino con memorias de otros sitios. Sin embargo, es así que hay que contemplar la llegada de los primeros representantes del hombre andino al Perú. Fueron descubridores y no gente conservadora y tradicional. Buscaban el cambio y horizontes nuevos. No existían ni la agricultura, ni la cerámica, ni el culto de las huacas, aquellos elementos tan familiares de la cultura andina; todos estaban por hacerse. Sin duda ninguna, los pocos individuos que fueron los primeros en llegar al Perú necesitaron muchísimos siglos para multiplicarse hasta llenar todo el espacio habitable y hasta que sintieran la necesidad de adoptar un modo de vida sedentario.

La antigüedad de la primera ocupación humana del Perú sigue siendo un interrogante abierto. Las fechas propuestas por arqueólogos varían en forma espectacular, hecho que, por lo demás, vale también para otras partes de América. Aquellas fechas parecen reflejar una mezcla de conclusiones con base en dataciones objetivas, falladas o no, con conceptos de índole ideológica.

Continuando en este último tema, podemos distinguir dos tendencias principales. La primera está representada por un núcleo fuerte de arqueólogos norteamericanos que hacen coincidir la población inicial de las llanuras de América del Norte con el horizonte Clovis de los cazadores de mamíferos grandes. El horizonte Clovis existió entre 11.500 y 10.800 antes del presente (Fagan 1991). Los representantes de esta escuela norteamericana rechazan la posibilidad de una población americana anterior a la gente Clovis, coincidiendo ésta con los primeros pobladores del continente. Por consiguiente, se defiende la posición de que el subcontinente sudamericano hubiera sido poblado durante y después de la época Clovis. En vista de la antigüedad irrefutable de algunos hallazgos sudamericanos, es de suponer que el subcontinente sudamericano hubiera sido ocupado por el hombre en forma rapidísima. Hasta se desarrollaron modelos, explicando cómo los descendientes de cien hombres y mujeres hubieran sido capaces de poblar todo el territorio habitable de América del Sur en el transcurso de ocho siglos, y se imaginaron motivos ideológicos (persecución y exterminio de los grandes animales de caza) que permitirían explicar la supuesta agresividad de los primeros sudamericanos. Los representantes de esta escuela norteamericana se oponen por todos los medios posibles a propuestas de datación de hallazgos, que por su antigüedad contradigan al escenario defendido por ellos. En su mayoría,

se trata de propuestas de datación conectadas con sitios arqueológicos sudamericanos.

La segunda tendencia se detecta entre arqueólogos, tanto norteamericanos como sudamericanos, que aceptan dataciones anteriores a Clovis y que, por consiguiente, admiten la posibilidad de que la población americana fuera de mayor antigüedad que los 11.500 años que nos acuerda Clovis. Esto significa, concretamente, que el hombre hubiera llegado a América durante o antes de la ultima época de glaciación en América del Norte y que una tradición contemporánea con Clovis pudiera haber existido en América del Sur. Esta primera ocupación del continente habría sido lenta y no violenta.

Las diferencias de opinión entre partidarios y adversarios de las dos tendencias llenan las páginas de revistas especializadas como *American Antiquity*. Los argumentos que utilizan los dos partidos no siempre son de índole puramente científica y se limitan a menudo a un simple "no lo creo". En muchos casos, se trata solamente de desprestigiar al oponente, poniendo en duda sus dataciones.

La escasez y el carácter dudoso de hallazgos norteamericanos de datación anterior a 11.500 años antes del presente constituyen un argumento de peso en favor de la corriente que hace empezar la prehistoria americana con Clovis. Sin embargo, el estudio profundizado de las lenguas indígenas de América puede venir al socorro de los partidarios de una población pre-Clovis en América del Sur.

Si la prehistoria de la población indígena del subcontinente sudamericano se limitara a unos 11.000 años de profundidad temporal, tendríamos que esperarnos a encontrar una relativa uniformidad lingüística. Aun cuando suponemos que unos tres o cuatro grupos lingüísticamente no relacionados hubieran logrado atravesar las selvas del estrecho de Panamá, la ausencia de substrato previo hubiera fomentado el conservadurismo de las lenguas en cuestión. La profundidad temporal de 11.000 años es sólo dos veces la profundidad temporal de la familia indoeuropea, cuya coherencia y origen común está a la vista y fuera de discusión, pese al efecto diferenciador de substratos en la mayoría de los subgrupos existentes.

No obstante, nos da la sorpresa de constatar que en América del Sur la complejidad lingüística es muy superior a la de América del Norte y de mesoamérica. La antropóloga canadiense Ruth Gruhn (1988) ha tratado de explicar esta situación, suponiendo una ruta de migración temprana que hubiera seguido la costa del oceano Pacífico desde Alaska a Tierra del Fuego. Aquella migración inicial hubiera antecedido a la población intensiva de las partes orientales del continente americano, inclusive América del Norte. La dependencia del mar de estos primeros pobladores para su sustento y la glaciación del interior de América del Norte explicarían el rumbo dirigido hacia el sur de aquella migración. Desde luego, la ausencia de hallazgos arqueológicos muy tempranos en la costa del Pacífico norteamericana parece desmentir la hipótesis de Gruhn, pero en el estado actual de nuestros conocimientos resulta difícil encontrar alternativas para explicar la diversidad lingüística en América del Sur.

Aun entre los lingüistas hay puntos de vista conflictivos sobre la naturaleza de la diversidad lingüística en América del Sur. Greenberg (1987) acepta el marco temporal de los 11.000 años. Al mismo tiempo, considera que todas las lenguas sudamericanas están genéticamente relacionadas, con una diferenciación relativamente poco profunda. Las propuestas de Greenberg han sido justamente criticadas, sobre todo por causa de su metodología gruesa. Sin embargo, la hipótesis de la monogénesis de las lenguas sudamericanas tiene muchos seguidores, y también Greenberg subraya la mayor diversidad lingüística de Sudamérica en comparación con América del Norte.

Nichols (1990) construye un modelo que trata de explicar la extrema diversidad americana en un marco temporal más realista. Tomando como punto de partida una serie limitada de entradas al continente, Nichols llega a un momento de diferenciación inicial de unos 35.000 años antes del presente. Algunas suposiciones de Nichols no aguantan la crítica por razón de su arbitrariedad. Sin embargo, tenemos que admitir que el marco temporal de 11.000 años no deja el espacio necesario para la diversificación lingüística ocurrida en América del Sur, mientras que en 35.000 años todo es imaginable. Y tal vez un marco temporal de, digamos, 20.000 años, sea suficiente para explicar la situación sudamericana.

En un artículo reciente, Nichols y Peterson (1996) presentan una nueva hipótesis que puede tener consecuencias importantes para la reconstrucción del pasado andino. Desde el comienzo del siglo, muchos autores, incluido Sapir, habían señalado un elemento común encontrado en muchas familias lingüísticas y lenguas genéticamente aisladas de América: la configuración *n-m* del sistema de marcadores pronominales. En general, las lenguas americanas tienen varios paradigmas pronominales; por ejemplo, el de los pronombres independientes, el de los afijos posesivos, el de los marcadores de sujeto verbal, de objeto verbal y de sujeto predicativo. La configuración *n-m* consiste en que la nasal alveolar *n* se emplea para marcar la primera persona, y la nasal bilabial *m* la segunda en uno de los paradigmas arriba mencionados.

En el caso de las lenguas andinas peruanas, la configuración *n-m* está patente en el aguaruna, en el jaqaru y en el dialecto aymara de Tarata (Tacna). Esta configuración se deja reconstruir con facilidad para los sufijos posesivos de toda la familia aymara; por ejemplo, jaqaru *ut-nha* ('mi casa'), *ut-ma* ('tu casa'). Configuraciones parciales subsisten en las lenguas pano y en el cholón (segunda persona *mi-*) y en las lenguas arawak (primera persona *nu-*). En el quechua se encuentra un vestigio de la configuración *n-m* en la forma de los pronombres personales *ñu-qa* ('yo') y *qa-m* ('tu'). Los guiones sirven aquí para aislar el elemento pronominal antiguo. De especial significación es el elemento *-m* en el pronombre de la segunda persona. El hecho de que el quechua desconozca raíces que terminan en *m* traiciona el carácter sufijal de aquel elemento.

La vigencia de los marcadores *n* y *m* se destaca más en California, donde, con excepción de dos grupos poco prominentes en el área (el atabasco y el yuki-wappo), todas las lenguas, por más diferentes que sean, utilizaban estos elementos para marcar la primera y la segunda persona. Greenberg y su seguidor Ruhlen se refieren a la configuración *n-m* como prueba o indicación de la unidad genética de la gran mayoría de las lenguas amerindias, pero Nichols y Peterson le dan otra interpretación. Según ellos, la prominencia de la configuración *n-m* se limita al lado occidental de las Américas, que la comparte con un sector de las islas de Melanesia y la costa norte de Nueva Guinea. No se trataría de un elemento que uniera a las lenguas amerindias, sino más bien de la huella de un gran movimiento migratorio circunpacífico. Nichols y Peterson consideran que aquella migración puede haber sido el producto de una de las últimas invasiones preeuropeas del continente, una migración de gente apegada al ambiente marino, diferente de las poblaciones más antiguas del interior amazónico, en las que la configuración *n-m* no tiene la misma visibilidad. Por su característica de definir un subgrupo bien delimitado, esta configuración *n-m* destacaría la heterogeneidad del grupo amerindio, antes que su unidad.

De hecho, no podemos dar la razón a Nichols y Peterson en el aspecto de la datación reciente de la supuesta migración circunpacífica. ¿Acaso el grupo de lenguas definido por la configuracion *n-m* no se encuentra subdividido en un sinnúmero de lenguas y familias lingüísticas sin relaciones visibles de parentesco? El quechua y el aymara, ambos posibles representantes del grupo *n-m,* cuyo supuesto parentesco sigue desafiando la lingüística histórica, ilustran este punto. En vez de suponer que el conjunto de grupos lingüísticos que manejan la configuración *n-m* representara la última invasión, podríamos afirmar con la misma seguridad que se trata de la primera entrada al continente. Un segundo punto de crítica es el carácter poco elaborado de la configuración, tal como fue manejada por Nichols y Peterson. A nuestro parecer, los dos elementos (*n* y *m*) hubieran formado parte de un paradigma más complejo de cuatro personas, parecido al que se encuentra actualmente en el aymara y en el jaqaru.

La posibilidad de existencia de una superfamilia de lenguas, que se podría denominar "lenguas de la franja pacífica", se ve reforzada por hallazgos recientes del alemán Liedtke. Liedtke (1996) hace revivir la antigua hipótesis de Swadesh sobre una posible relación de parentesco del quechua con la lengua tarasca de Michoacán en México, esta vez con un material más amplio y más confiable. Pero quizá más revelador sea el descubrimiento de rasgos léxicos profundos que parecen unir el quechua (y tal vez otras lenguas andinas) con las lenguas penuti, salish y wakash de la costa occidental de América del Norte.

Un lugar importante en estas semejanzas está ocupado por las expresiones onomatopéyicas, desafortunadamente descuidadas en la mayoría de los diccionarios del quechua. Aunque las expresiones onomatopéyicas suelen ser de poco valor para la comparación lingüística, dejan de serlo en cuanto se hace más importante el carácter arbitrario de su relación con el mundo real. Algunas "familias de palabras" del quechua se relacionan, al parecer, por su forma y significado con sectores de vocabulario comparables en lenguas de la costa pacífica de América del Norte (Liedtke en prensa). A éstas vendrían a agregarse las lenguas mayas y mixe-zoque de América Central y posiblemente otras.

De paso sea dicho que el quechua muestra semejanzas léxicas incidentales, pero bastante sorprendentes, con algunas lenguas penutianas del norte de California y Oregón, sobre todo con los grupos wintun y maidu. Estas semejanzas incluyen elementos tan familiares como en maidu simi, sim (molala *sim[ilq],* klamath *som,* nez perce (*hí?m*) ('boca') y maidu *ma* ('mano'); en wintu *-paq* ('sufijo de caso benefactivo'), *-p'ure* ('sufijo recíproco'); y en ambos grupos *ap[a:]* (wintu), *ap[á]* (maidu) ('cargar en la espalda'). Estos casos son tan sugestivos que merecerían una investigación detenida. La existencia de tales semejanzas puede ser el producto de coincidencias, pero igualmente puede reflejar un parentesco antiquísimo sumergido, o tal vez un movimiento migratorio de fecha más reciente.

Pasemos ahora a la situación centroandina propiamente dicha. El aspecto más problemático en esta parte de América es la imposibilidad de conectar la mayoría de las lenguas existentes a agrupaciones de lenguas genéticamente relacionadas. Las relaciones genéticas existentes entre lenguas muchas veces se pierden en las tinieblas de la prehistoria. Aun cuando las apariencias contextuales estuvieran opuestas a la existencia de una posible relación genética, hay casos en los que la lingüística histórica nos permite comprobar su validez con 100% de seguridad. Por ejemplo, el húngaro, lengua de una nación histórica y moderna en el centro de Europa, tiene por parientas más cercanas las lenguas de los khanti y de los manti, pueblos de cazadores y recolectores radicados en Siberia. El nivel de la cultura, la complejidad de la sociedad, el aspecto físico y la distancia geográfica constituyen, todos, elementos que mantienen separados a los húngaros de sus parientes siberianos. Sin embargo, en el caso del húngaro no hay parientes lingüísticos más próximos, ya que no tiene ninguna relación genética con sus vecinos directos. Tal situación también puede repetirse en América.

En el Viejo Mundo las lenguas genéticamente aisladas, como el vasco, son rarísimas. En la región andina constituyen la regla antes que la excepción. Lo que podemos esperar todavía son lazos improbables, como en el caso del húngaro y del khanti-manti.

La no-demostrabilidad de una relación genética a través del estudio lingüístico histórico comparado no quiere decir que quedara excluido un origen común de las lenguas estudiadas, sino que el punto de separación de dichas lenguas, en caso de parentesco genético, se sitúa más allá de 7 a 8.000 años antes de la fecha actual.

El quechua y el aymara constituyen las principales familias lingüísticas de la región andina central. Debido a la diversificación interna de estas familias, es posible ubicar su fecha de divergencia inicial en los primeros siglos de nuestra era. Hasta la fecha no se han encontrado familias lingüísticas o lenguas individuales que tengan un parentesco probable –y, menos, seguro–, sea con el quechua, sea con el aymara.

La gran mayoría de los esfuerzos para relacionar el quechua y el aymara con otras familias de lenguas concierne a la posibilidad de relacionar las dos familias entre sí. El principal resultado de estos esfuerzos es la constatación de que las dos protolenguas respectivas se han influido mutuamente durante un período importante (Adelaar 1986). En el campo lexical, por ejemplo, las dos familias comparten casi un cuarto de sus vocablos. Ambas son también muy semejantes, si no idénticas, casi en la totalidad de su tipología morfológica y sintaxis.

El carácter arcaico y homogéneo del aymara nos hace pensar que la estructura de esta familia hubiera actuado como modelo durante la formación de la lengua quechua. Este proceso sólo puede haber ocurrido en un espacio compartido por las dos protolenguas; con mayor probabilidad, en el Perú central. La consecuencia de esta manera de ver es que en realidad no sabemos mucho de la lengua que fue el ancestro del quechua antes de su aymarización. La estructura de esta lengua puede haber sido distinta de la estructura del quechua actual.

La eliminación de la mayor parte de las semejanzas quechua-aymaras, a través de su identificación como elementos prestados, nos deja con muy poco material para trazar un posible parentesco genético entre las dos familias. En el sector no compartido del léxico la distancia es tan grande que, aun si hubiera parentesco, tendríamos que pensar en un punto de divergencia de por lo menos unos 7 a 8.000 años antes de la fecha actual. Lógicamente, esto significa que tenemos que considerar la posibilidad de relaciones con lenguas fuera del área centroandina. Esto vale, sobre todo, para la lengua ancestral quechua, aparentemente de llegada más reciente en el lugar, pero tal vez también para el aymara.

La fonología del quechua y del aymara, bien característica y muy similar en ambas familias de lenguas, nos permite especular sobre posibles candidatos para el parentesco genético. El uso de la consonante posvelar *q* toma un lugar central, tanto en el quechua como en el aymara. No aparece en las lenguas norandinas, ni en la Amazonía. Sí lo hace, sin embargo, en lenguas del Gran Chaco, del norte argentino y en kunza (atacameño). En dirección norte, reaparece la posvelar *q* en las lenguas mayas y en totonaco. Más allá, la mayor parte de las lenguas que manejan *q* se encuentran en la costa del Pacífico norteamericano, en particular en su sector norte (desde el norte de California). En el sur de California y en el suroeste de los Estados Unidos el sonido *q* aparece en lenguas yuma y yuto-aztecas. Las posvelares también se encuentran en las lenguas na-dene y eskimo-aleut (noamerindias). Se notará que en la totalidad del espacio americano las posvelares tienen una distribución localizada hacia el oeste del continente, con algunas interrupciones geográficas.

El contraste entre consonantes glotalizadas, aspiradas y llanas, características del aymara y posiblemente también del protoquechua o preprotoquechua, es un fenómeno más disperso en el mapa de las lenguas amerindias. La glotalización aparece en sitios dispersos en lenguas de familias distintas (inclusive en las franjas de la región amazónica, en América Central y en América del Norte). En algunos casos, como las lenguas mayas y varias lenguas del norte de California como el wintu y el pomo, la glotalización se combina con la existencia de una uvular *q*. La aspiración constituye la existencia de un fenómeno todavía más disperso, que emerge en distintas partes de América.

La presencia simultánea de las tres series —llanas, glotalizadas y aspiradas–, tal como se da en el aymara, se encuentra también en California, por ejemplo, en el pomo, en el wintu, en el yana y en el yokuts (Golla, c.p.). La coexistencia de estas series es otra indicación de un caudal heredado común entre el Pacífico norteamericano y la región centroandina.

En el campo de la morfosintaxis se podría mencionar el caso de la llamada *switch-reference* (cambio de referencia), fenómeno expresado en quechua mediante el sufijo *-pti* y su contraste con *-spa* o *-r*. Al lado del quechua y de las lenguas pano, son otra vez las lenguas de California y zonas del interior adyacente las que exhiben esta característica. Casos típicos son las lenguas yuto-aztecas norteñas de la Gran Cuenca norteamericana, como el hopi y el paiute.

Por más imprecisas que sean las semejanzas que conectan el quechua con otras lenguas de América, las que se pueden identificar parecen extenderse en dirección del norte (costa pacífica de los Estados Unidos, México y Guatemala), del sur (Chile) y del sureste (norte de Argentina, Gran Chaco). Las semejanzas que el quechua comparte con lenguas amazónicas (con la posible excepción de algunos grupos como el pano y el jívaro) son de naturaleza más bien superficial y parecen ser relativamente recientes. Se deben tal vez a incursiones ocurridas durante períodos de desintegración política en el área de civilización andina (Torero 1990). Tanto en América del Norte como en América del Sur se encuentra una marcada cesura tipológica entre las lenguas del lado pacífico y las de la parte central y oriental del continente.

Las conexiones lejanas del aymara tendrían que buscarse en las mismas direcciones. Pero aquí cabe señalar algunas semejanzas lexicales interesantes entre el aymara y el mapuche (por ejemplo, '¿qué?' *kam(a)* en *kam-sa-ña* '¿decir qué?', mapuche *chem;* '¿dónde?' *kaw(ki),* mapuche *chew;* 'gente' *haqi,* mapuche *che;* sufijo instrumental y de lugar -*wi,* mapuche -*we*) y entre el aymara y el mataco (por ejemplo, 'nariz' *nasa,* mataco *nus;* 'casa' *uta,* mataco *wet*).

El problema de las conexiones genéticas lejanas no sólo se aplica al quechua y al aymara, sino también a las demás lenguas de la costa y Andes peruanos. Sólo el puquina presenta la posibilidad real de una relación genética con una familia externa a la zona andina, la familia arawak de la Amazonía. Se trataría, sin embargo, de una relación débil, probablemente oscurecida por la interferencia de otras lenguas, que necesita ser investigada mucho más.

El mochica y el uru-chipaya son grupos lingüísticos genéticamente aislados, cuyas posibles afinidades esperan investigación. Para las demás lenguas que se hablaron en el territorio peruano no-amazónico quizá ya no sea posible establecer una vinculación genética por falta de datos recuperables. Ni siquiera parece posible comprobar o desaprobar propuestas de relación de estas lenguas con alguna de las dos familias de gran extensión en los Andes: el quechua y el aymara.

El mochica tiene las apariencias de un elemento ajeno en la región andina peruana. Hay una serie de propuestas al respecto, cuya fundación está por verificarse. Se trata de conexiones con el maya (Stark 1972) y con las lenguas chibchas, el tarasco y el cuitlateco (Greenberg 1987). La tipología sintáctica del mochica evoca algún aspecto de las lenguas wakash de British Columbia, sobre todo el kwakiutl o kwakw'ala (Anderson 1985), por el hecho de agregar el sufijo pronominal asociado con el verbo a un elemento léxico que precede al verbo en la oración. Las posibles conexiones del uru-chipaya están por establecerse. Su supuesta afinidad con el puquina y, por lo tanto, con la familia arawak, no corresponde con la realidad. La conexión con el maya, propuesta por Olson, ha sido refutada por Campbell (1973). Tal vez sea más prudente buscar las conexiones del uru-chipaya en la zona tropical de Bolivia (mosetén, yuracaré) o en la zona andina misma (mochica).

Las lenguas amazónicas peruanas se diferencian de sus parejos andinos por el hecho de pertenecer, en su mayoría, a familias lingüísticas internamente diferenciadas y de gran extensión, como el arawak, el pano, el jívaro, el tupi-guaraní y el tucano. Hay, sin embargo, una serie de lenguas y familias pequeñas, como el bora, el candoshi, el chayahuita, el cholón, el harakmbet, el huitoto, el muniche, el taushiro, el ticuna, el urarina, el yagua y el záparo, cuyas conexiones genéticas no se han podido establecer. Sin embargo, considerando la muy limitada investigación a la que han sido sometidas estas lenguas, la búsqueda de parientes apenas ha comenzado.

Podemos concluir que las posibles relaciones de parentesco de las lenguas peruanas, tanto andinas como amazónicas, forman un cuadro bastante heterogéneo. Las indicaciones de la presencia de una familia lingüística de diversificación antigua con una larga historia en el lugar, como es el caso, por ejemplo, de las lenguas oto-mangues de mesoamérica, no son muy fuertes. Tales agrupaciones podrían haber existido también en los Andes peruanos, pero a partir de la situación actual resulta difícil identificarlas. Es posible imaginar que el aymara y el uru-chipaya, por ejemplo, hicieran el papel de último representante de una agrupación de base genética arraigada en el área, pero para eso tenemos que suponer la desaparición previa de todos los parientes algo alejados de cada una de aquellas dos familias lingüísticas. La diversificación interna de estas familias no nos lleva más allá de 2.000 años del presente.

Bibliografía

Adelaar, Willem F.H.
1986   "La relación quechua-aru: Perspectivas para la separación del léxico".
                Revista Andina 4:2. Lima.

Anderson, Stephen R.
1985   "Inflectional Morphology", en Timothy Shopen, editor: *Language
                Typology and Syntactic Description,* tomo III, pp. 150-201. Cambridge:
                University of Cambridge Press.

Aoki, Haruo
1994   *Nez Perce Dictionary.* Berkeley, Los Ángeles y Londres: University of
                California Press.

Augusta, Fray Félix José de
1966   *Diccionario araucano-español.* Padre Las Casas: Editorial San Francisco.

Barker, M.A.R.
1963   *Klamath Dictionary.* Berkeley-Los Ángeles: University of California Press.

Berman, Howard
1996   "The Position of Molala in Plateau Penutian". *IJAL,* 62:1.

Campbell, Lyle
1973   "Distant Genetic Relationship and the Mayan-Chipayan Hypothesis".
                Anthropological Linguistics, 15:3.

Cerrón-Palomino, Rodolfo
1994   *Quechumara: Estructuras paralelas de las lenguas quechua y aymara.* La
                Paz: CIPCA.

Fagan, Brian M.
1991   *Ancient North America.* Londres: Thames & Hudson.

Golla, Víctor K.
1996   *Curso de postgraduación sobre lenguas de California.* Leiden.

Greenberg, Joseph H.
1987   *Language in the Americas.* Stanford: Stanford University Press.

Gruhn, Ruth
1988   "Linguistic Evidence in Support of the Coastal Route of Earliest Entry into
                the New World". *Man (New Series)* 23.

Hardman, Martha J.
1983   *Jaqaru, compendio de estructura fonológica y morfológica.* Lima: Instituto
                de Estudios Peruanos.

Liedtke, Stefan
1996   *The Languages of the "First Nations".* München-Newcastle: LINCOM
                Europa.

Liedtke, Stefan
(por aparecer)   *North American Relationships of Mayan, Mixe-Zoque, Quechua-Aymara and other Latin American Language Groups.*

McMahon, April M.S. y Robert McMahon
1995   "Linguistics, Genetics and Archaeology: Internal and External Evidence in the Amerind Controversy". *Transactions of the Philological Society,* Vol. 93:2.

Nichols, Johanna
1990   "Linguistic Diversity and the First Settlement of the New World". *Language* 66:3.

Nichols, Johanna y David A. Peterson
1996   "The Amerind Personal Pronoun". *Language,* 72:2.

Pitkin, Harvey
1985   *Wintu Dictionary.* Berkeley-Los Ángeles: University of California Press.

Schlichter, Alice
1981   *Wintu Dictionary.* University of California.

Sherzer, Joel
1979   *An Areal-Typological Study of American Indian Languages North of México.* Amsterdam: North-Holland Publications.

Shipley, William F.
1963   *Maidu Texts and Dictionary.* Berkeley, Los Ángeles: University of California Press.

Stark, Louisa
1972   "Maya-Yunga-Chipayan: A New Linguistic Alignment". *IJAL,* 37:2.

Torero, Alfredo
1990   "Procesos lingüísticos e identificación de dioses en los Andes centrales". *Revista Andina,* 8:1.

Tovar, Antonio
1981   *Relatos y diálogos de los matacos.* Madrid: Ediciones Cultura Hispánica.

Creación léxica y ortografía del quechua cusqueño

Julio Calvo
Universidad de Valencia, España

Los quechuahablantes del pueblo están y estuvieron ajenos al problema. A la llegada de los españoles no sabían escribir ni tenían escritura. Al menos una escritura alfabética, que fue una ardua conquista de los pueblos antiguos del norte de África (Egipto), de Asia Central (Mesopotamia, Persia) y de Asia Menor (Fenicia), a la que ninguna otra era analíticamente comparable, ni tampoco los *qhipu* (Mounin 1974). Lejos de aprender a leer y escribir, lejos de que los españoles permitieran su alfabetización, los indios aprendieron pronto el papel humillante de la letra. El texto siguiente, "Atawallpaq p'uchukakuyninpa wankan" ("La tragedia del fin de Atawallpa"), es de sobra conocido y refleja claramente la dolorosa realidad de aquella enigmática tecnología:

"Kay chirunmanta qhawasqa watwaq sisiman rikch'akun. Kay waq chirunmantaqhawasqa chay mayu pata ch'aranpi phichiwkunaq chakinpa unanchasqan kikillan. Kayniqmanta qhawarispa rikch'akun ura umayuq, pata chakiyuq tarukakunaman. Hinallatan qhawaqtinchisri ura umayuq llamakuna hina, tarukakunaq waqran kikin. Pin kayta unanchaq kasqa."	"Vista desde este lado, es hervidero de hormigas. Vista desde este otro lado, en la humedad de la orilla del río las patas de los pajarillos son sus huellas mismamente. Mirándolo ahora así parece, con la cabeza abajo y las patas hacia arriba, a un venado. Y si la miramos sólo así, como llamas con cabeza gacha y cuernos con el astado. Ay, ¿quién supiera su significado?"

Con el paso del tiempo, algunos indios avisados, y sobre todo mestizos, emplearon más o menos tímidamente la escritura, como es el caso de Felipe Guaman Poma de Ayala (1615). Los conquistadores, por su parte, tras una ardua labor filológica, sentaron las bases de una escritura que tiene su reflejo, por un lado, en el dialecto general de Domingo de Santo Tomás, que usa cinco vocales, prescinde de muchos grafemas para sonidos diferenciales (pero: ticca, yppa, hispana...) e intenta, siempre que puede, facilitar a sus colegas españoles el uso del quechua tan distinto de su lengua (por eso escribe poma, rampa, topo, vino...); y, por otro, en la labor colectiva de la *Doctrina Christiana* de 1584, cuyo objetivo es estandarizar el léxico y simplificar la escritura, pese al reconoci-miento de las diferencias, ya que "fuera dificultoso el buscar nueuos caracteres para diferenciar essos significados" (DST: fol. 75v.). Después —y no insistiremos en hacer una historia exahustiva del tema, ni mucho menos–, el máximo exponente de los estudios quechuas, Diego González Holguín, comprometiéndose más, asegura:

> "Disc. Porque se pone ccari con dos cc, y Khapac con Kh? Maes. Adrede se pone luego exemplo, para que las dos pronunciaciones aspera que hay se sepan pronunciar, que ay gran descuydo en saber y en usar destas pronunciaciones ásperas. Ccari, se pronuncia no tan asperamente como Khapac, hiriendo el ayre desde el medio de la boca hazia afuera. Y Khapac desde el gaznate hazia afuera." (Arte, fol. 2v.)

Pese a todo, escribe *punchao* en la gramática y en el diccionario, aunque también se lee "*ppunchau*. El día y el sol", "*ppunchao nintin cuna*. Todos los días" (vocabulario 295). Se había normalizado la escritura, pero se había también sembrado el caos, un caos que reflejaba otro no menos pernicioso: la variabilidad articulatoria que todavía preside la pronunciación quechua. Hoy, al margen de otras polémicas, muchos aún escriben como pueden o como quieren. En el primer caso, ahí tienen ustedes una muestra significativa en una estupenda antología (Noriega 1993), donde la mayoría de los autores sigue norma propia; en el segundo, el sistema Mayoñán (Atayupanqui 1991) que sustituye el fonema /i/ por z, el /.!/ por k, el /¢/ por h, el /h/ por j, entre otros galimatías.

Tras conocidos períodos de sequía llega el siglo XIX, y autores como Mossi, Tschudi y Middendorf adoptan, de nuevo, distintas posturas. Mossi (1857: 2) –no puedo resistirme a la cita– nos informa:

> "Alucinados algunos poco profundos en la falsa apariencia de haber visto que al idioma quichua faltan ocho letras del alfabeto castellano han formado el concepto de que su alfabeto sea incompleto, pero bien presto se desengañarían si considerasen que este alfabeto no sólo no carece de dichas letras, sino que tiene otras muchas más que el castellano, las cuales aunque se hayan suplido con la duplicación de las letras castellanas su pronunciación es en la realidad una sola: la que demostraremos después de haber justificado que la quichua no carece de ninguna de las letras castellanas..."

Así que su alfabeto consta de *a, e, i, o, u, f, b, p, v, ...*, las letras comunes con el castellano, y además seis redobladas: *cc, ch* del francés *(pichca), pp (ppaccha), qq (qquespicuni), tt (ttanta)* y *kc (kcara)*.

Tschudi (1853: 32), por su parte, considera las cosas de modo más apropiado a la idiosincrasia quechua; véase una muestra:

> "So felt in der Reihe der Dentalen das weiche d, hingegen ist ein aspirirtes (t') und ein geschnalztes t (t,)[1] vorhanden; unter den labialen fehlt das weiche b, wofür aber ein Lippenaspirat (p') und ein geschnalztes p (p,) vorkommen. Wie in den meisten südamerikanischen Sprachen, fehlt auch in dieser der F-Laut."

Así se tiene un conjunto de sonidos consonánticos autóctonos, algunos no representados, que después se completan con las vocales *a, e, i, o, u* y el glide *y* (/w/se suple con *o* o *u*).

_____

1   Adaptamos las grafías de Tschudi a un sistema más representativo.

Middendorf (1890) presenta C, K, 'K y K' para /k/, /q/, /qh/ y /k'/ respectivamente; Hu y 'H para /w/ y /h/; T, 'T y T' para /t/, /th/ y /t'/; P, 'P y P' para /p/, /ph/ y /p'/; y, por último, CH, C'H y CH' para /ch/, /chh/ y /ch'/. Las consonantes van normalizándose, por más que se alargue el problema de la confusión de niveles velar y uvular en ámbitos modificados, las vocales siguen siendo cinco.

Si dejamos de lado propuestas como la del *Diccionario de Lira* (1994), aun con algunas faltas de sistematización en la ortografía de las velares y uvulares, la Comisión Alfabética de Lima (1935-7) llegó ya a un sistema de reproducción escrita bastante fiel, aunque con dudas sobre el uso de *h/j* y de *chh/sh*. El alivio de esta duda y la posible reducción de las cinco vocales a tres (aunque esto en el fondo no es fundamental), habría dado un sistema reproductivo del quechua oral.

Es el lento avance hasta la luz émica, hasta la escritura en que se represente más fielmente aquello que más diferencias de significado produce.

Analizaremos ahora, brevemente, cuáles han sido los debates más interesantes después de los años treinta en la sistematización alfabética del quechua. Luego se procederá a avanzar sobre una propuesta con base en viejos –pero también nuevos– argumentos (entre éstos últimos especialmente el de los dobletes).

La segunda etapa –fundamental– de la escritura quechua comienza cuando el consenso se tiñe, por fin, de legalidad. Fue cuando, bajo los auspicios del entonces ministro de Educación, doctor Luis E. Valcárcel, se promulgó por primera vez, con estatuto legal, el alfabeto de 1947. Éste, basado en el AFI (Alfabeto Fonético Internacional), conjugaba procedimientos universales con sólidos conocimientos de fonología. Al mismo siguió el alfabeto de La Paz de 1954 en el III Congreso Indigenista Interamericano (seguimos a Zúñiga 1987). En el viaje de lo legal a lo oficial, 1975 marca una época con la Resolución General del Quechua 4023-75-ED y la elabo-

ración de un alfabeto panquechua. Pero las dificultades existían y resultaba difícil escribir con comodidad: el empleo de *e* y *o* no siempre estaba consensuado, por ejemplo. Eso llevó a nuevas reuniones y a nuevos acuerdos; pese a todo, estamos en disposición de decir que aquellos alfabetos eran suficientes, inclusive para el aimara. Muchas de las llamadas lenguas de cultura –el inglés, el francés, el japonés o el español– los envidiarían. Pero no: se siguió indagando y consensuando, como se deduce del I Taller de Escritura en Quechua y en Aimara de octubre de 1983, en el que siguieron eliminándose las grafías pentavocalistas. Así llegamos a la Resolución Ministerial 1218-85-ED de noviembre de 1985. Todo parecía, por fin, resuelto: la semejanza con las resoluciones bolivianas del año anterior habían quedado garantizadas, y la Unesco recomendaba el alfabeto para otras variedades quechuas.

La pregunta es por qué ese ciclo no se ha cerrado aún, por qué hoy algunos grupos de trabajos insisten en conculcar de modo abierto aquellos acuerdos, por qué se incurre en los errores que denunciábamos en el *BILCA* Nº 1 (1995) y que no es preciso repetir.

Uno de los debates que más tinta ha hecho correr sobre la ortografía del quechua es el de la elección de tres o cinco vocales. Es un debate largo que comienza cuando comienza la escritura, con la llegada de los españoles, y dista mucho de cerrarse todavía, ya que hay quienes enarbolan como bandera mantener el pentavocalismo y quienes, amparados en los conocimientos fónicos, desechan la solución y llevan al quechua hacia un trivocalismo a ultranza. Lo cierto es que la educación es ineludiblemente bilingüe (castellano-lengua amerindia), y en ese sentido resulta insatisfactorio para muchos que haya dos sistemas ortográficos diferentes (uno con acentos y otro sin ellos, uno con hache muda y otro con hache aspirada, uno con cinco vocales y otro con tres...); no obstante, hay que reconocer una serie de hechos: 1) a lengua diferente, ortografía diferente; 2) a enseñanza bilingüe, hábitos divergentes fortalecidos y disciplina constante; 3) a educación intercultural y plurilingüe, mayor desarrollo de la inteligencia y mejores logros educativos. En cualquier caso, la interferencia está servida. En este contexto, yo –a título personal– sugeriría:

1. Mantener un sistema trivocálico del quechua y el aimara en todos los contextos, inclusive en el de los préstamos de otras lenguas.

2. Asistematicidad: No se puede forzar a los hablantes a que regularicen oralmente sus préstamos. Ellos podrán decir *inlisiya* "Iglesia" o *latanus* "plátano" con *i* o *u*, pero otras veces dirán *bunbiru* (pronunciado [bombé-ro]). Se precisa un tratamiento individual de las palabras.

3. Variabilidad. Los préstamos no se han integrado todos con igual fuerza, ni son todos igual de antiguos, ni todos los hablantes están igualmente familiarizados con el castellano. La motosidad varía de sitio a sitio y de persona a persona. La solución debe ser la de no incurrir en hipercorrecciones: no se puede hacer decir [lúnis], aunque se escriba *lunis*. Por eso la escritura habrá de ser próxima a la del castellano, al menos en los casos en que aún no se haya integrado suficientemente el término y siempre que se vayan a producir ambigüedades; si no, no: es el caso de *misa* "sacrificio" incruento y *mesa* "mueble" en que por excepción se podría mantener la grafía de la *e*. Hay que evaluar, pues, sólo dos casos de intersección: el de la no integración y, sobre todo, el de la ambigüedad a ultranza.

Desde la perspectiva de la discusión hay que pasar a la de la consensuación (y nosotros hablamos desde ella). No sirve con quitar la razón al vecino, sino con respetar en lo posible las normas. De este modo se subordinan tres niveles:

1. Si la ortografía es realismo fónico, habría que obligar a escribir *e* y *o* allí donde suenen, sea cual sea el contexto. También en *otorongo* y en *poro* o en las dos [e] de *herq'e*. Pero como en quechua y aimara esos sonidos son sólo éticos y no émicos, habrá una gran holgura articulatoria que exigiría nuevos grafemas como [I] en [púrIq] "caminante", lo cual es a todas luces desaconsejable.

2. Si la ortografía es tradición también, habría que aceptar el argumento de aquellos que pretenden escribir con las cinco vocales, ya que la historia de la escritura les avala. Les avala por esa única razón, no porque sea argumentable la extensión gráfica a nuevos fonemas, que nadie –ni ellos mismos– justifica.

3. Entonces, como la elección de tres grafemas vocálicos (o los largos, además, allí donde los haya) tiene más ventajas que inconvenientes y se añade a ello la mejor decisión científica, parece que no hay necesidad de volver a antiguos estadios. Después de todo, las ortografías de todas las lenguas han sufrido modificaciones; aunque lo que más puede perjudicar es el cambio constante de criterios o la falta de repeto a las normas establecidas. Por lo tanto, el consenso, logrado casi del todo en las grafías vocálicas minimizadas, debe mantenerse, pese al argumento en contra que implica segundo escalón.

Todas estas cosas se han dicho ya muchas veces, hasta la saciedad, aunque quizá no de modo tan rotundo. Otros argumentos, sobre todo en relación con las consonantes, han sido menos esgrimidos, por lo que vamos a dedicar el grueso de nuestra argumentación a ellos.

Pese a hablar con claridad, hay que actuar con cortesía. Los que niegan el pan y la sal pentavocálica a los académicos quechuas –que después de todo deberían ser los veladores, reconocidos por todos, del quechua– les recriminan también que escriban con *qh* y con *q'*, con *ph* y con *p'*, etc.. Y a eso no hay derecho. De modo que los que opinan en contra deberían ceder en los dialectos que quepa hacerlo, y ello por varias razones:

1. El dialecto de mayor prestigio y de mayor número de hablantes usa de esas diferencias a nivel fónico y no sólo fonético. El problema es, por tanto, muy diferente –totalmente inverso– al de las vocales.

2. El cambio que se ejerció en la perspectiva histórica del quechua por Torero (1964), no significa que lo diacrónico tenga que someterse en la práctica a lo sincrónico.

3. No puede pretenderse que los dialectos menos representativos a nivel de hablantes, de menor prestigio literario, etc., tengan que constituir, sin embargo, la solución omnímoda de la discusión actual. En estos casos no se puede cortar por el camino de en medio y ni siquiera por un dialecto único de consenso (aunque fuera tan importante y representativo como es el ayacuchano).

4. Las líneas oficial y científica respaldan, en este punto, a los académicos. El alfabeto panquechua y las fonologías praguenses, léxica y no lineal, son sus aliados.

5. Es razonable pensar que si el quechua no se debe dejar influir por el castellano en la ortografía vocálica, no tiene por qué hacerlo tampoco en la consonántica. Por eso, no es argumentable que para una mejor didáctica se deba hacer un único alfabeto con base castellana. Ya lo dijimos antes: el que alfabetiza no es tonto porque no sepa y no hay que simplificarle inmotivadamente la tarea; más aún: alfabetizarse es elevarse a un mayor grado de abstracción y a una mayor capacidad de discriminación y raciocinio. Eso no quita para

que el quechua, pese a la variabilidad interna de sus usos consonánticos, sea más bien elusivo por lo que toca a los préstamos. De ahí que sean usuales ejemplos como *plantay* "plantar" o *plástiku* "plástico" con pl-, *bisiklita* con obstruyente sonora y silabización –*kli*-, etc. Por ello, mantener la presencia de los sonidos obstruyentes sonoros, correspondientes a los sordos fonémicos en las palabras patrimoniales, no es principio constitutivo de error. Ahora bien: conforme esos préstamos vayan acomodándose, como consecuencia de la erosión lingüística y de los nuevos hábitos, podrán cambiar de un modo de escritura a otro, o inclusive quedar en libertad de que cada cual los escriba como quiera. La única limitación a esa decisión es también la que viene dada por la ambigüedad. Así *tinda* "tienta", de escribirse tinta, podría acarrear dudas con la homónima autóctona de significado "mariposilla, polilla". La solución **tiyinta* sería, por otras razones, insatisfactoria. Además, sucede que en este caso no conocemos ningún hablante que lo pronuncie de este otro modo, y tampoco hay, por lo general, un problema como el de la motosidad: no se suele oír decir *tirichus, tular, tuminku, tuqtur* y sí *dirichus, dular, dumingu, duqtúr,* aunque en el caso de *durasnu* sean posibles también las fórmulas *rurasnu,* que es la que aconseja, y *lurasnu.*

6. Es un grave atentado contra la estructura de las lenguas que un hablante del cusqueño escriba *nuqanchik runakuna,* o que uno del boliviano escriba *nuqanchis* en idéntico gramema. Dejemos a cada dialecto con su gramática y con la escritura fehaciente de esa gramática; eso no tiene por qué provocar una ruptura,

sino reconocer una diferencia que ya existe. Es prematuro, hoy por hoy, llevar a una Koiné de ese tipo al quechua: hacen falta cien años de educación bilingüe antes. Los que escriben *wasi -pa punkun* "la puerta de la casa", en virtud de uniformar un flexema de caso genitivo, por razones uniformantes ya históricas, están perturbando la lengua. Y sobre todo, porque esto se hace en "comidilla" de amigos a la vuelta de cualquier esquina y bajo la presión del merecido prestigio de unos pocos que, pese a ello, no son en sí mismos el quechua y menos aún deben imponer el suyo originario como estándar a todos los grupos.

Las razones que voy a aportar ahora son estéticas, psicológicas, simbólicas y léxicas, y tienen su base en la imaginación de los hablantes del quechua, en el pueblo, que es el verdadero dueño de la lengua, aunque haya que enseñarle a prestigiarla y enaltecerla, a utilizarla en todos los contextos e, inclusive, a conservarla.

Se viene aludiendo últimamente, en contrapartida a los argumentos que desarrollaré después, que:

a. El quechua tiene sus glotales y aspiradas como herencia del aimara y que por eso habría que desterrarlas, ya que bastardean el conjunto. Primero, está por verse si ello no fue como causa de una propagación areal que abarca hoy enormes zonas de América Latina; y, segundo, ese rasgo es tan noble como cualquier otro diferencial, y además extendido de modo continuo a lo largo de una gran área digna del mayor uso y cuidado, pese a las enormes variaciones dialectales que hay que reconocer entre sus hablantes.

b. El quechua, en efecto, es caótico en cuanto a la articulación de glotales y aspiradas. Así, el CADEP, en un documento reciente firmado por Andrés Chirinos (Valderrama & Escalante 1994, epílogo), da una serie de ejemplos de inestabilidad articulatoria como *askha/achkha* "harto",

chaqruy/chhaqruy o *chharquy* "mezclar", *chikan/chhikan* "tanto", *chiririnka/chhichiranka* "moscardón", que son sus cuatro primeros ejemplos. Asegura el autor, además, que se dan inclusive variaciones individuales en el uso. La solución, entonces, es la de cortar por lo sano. Como muerto el perro se acabó la rabia, si se quitan de las grafías las diferencias entre consonantes primarias y modificadas, el problema ya estará resuelto. Pero este argumento, llevado a tales extremos, se vuelve contra quien afirma semejantes cosas, como veremos. El problema tiene varias vertientes:

1. La diversidad en posición implosiva es siempre mayor y generalmente, por ello, opera al margen de la diferencia semántica. Entonces la solución es la de la reducción gráfica, ya que el hablante no suele percibir conscientemente las diferencias: escribir *askha* en el primer ejemplo es lo correcto. (Igualmente *uspha, maqchhiy,* etc..)

2. La diversidad se da también en posición cognitiva diferenciada. Es el caso del segundo ejemplo, en el que no hay diferencias de significado, ni siquiera cuando hace su aparición la consabida metátesis. En este caso, la solución pasa por el estudio caso a caso, haciendo predominar las ideas de una mayor simplicidad (*chaqruy* en vez de *chhaqruy,* aunque cada uno pronuncie según su idiolecto) —en cuyo caso coincidimos con la idea de Chirinos—, un mayor y sistemático uso (*chhikan* en vez de *chikan*) o una apuesta por la duplicidad (caso de *chiririnka* y *chhichirinka,* aunque la primera palabra es más usual). Esta disposición ortográfica redundaría en beneficio de una escritura más acorde con los hábitos globales de los hablantes y con la lógica fonotáctica. Lo que Chirinos promueve —creemos que sin querer— es hacer distinciones antinaturales en

posición final de sílaba, escribiendo *achka,* y armonizaciones en principio de sílaba, escribiendo *chikan.* Justo al revés de lo cognitivamente esperado.

3. La sistematicidad de los cambios. Es bien sabido que en quechua *irqi* y *hirq'i, allpa* y *hallp'a* son variantes asumidas por todos por lo que al rasgo de discontinuidad silábica por acomodo glotal se refiere. En este caso cada uno debe ser muy dueño de escribir como quiera y, llegado el caso, de leer libremente lo escrito, salvo presión normativa.

4. Grado de enfatización. Los hablantes a los que hemos oído decir *tinkuy* y *t'inkuy* "encontrar" lo hacían convencidos de la fuerza o dinamismo de las palabras que pronunciaban. Aquí comienza la aventura de eso que se llama imaginería fónica y que está dando resultados tan sorprendentes en quechua. *T'inkuy* es un encuentro más enfático, más duradero o más intenso; o más violento, que todo cabe. *Tinkuy* es el término menos marcado, el más frecuente; el usual, en este caso. Se trata de un proceso de iconismo lingüístico (Haiman 1985) digno del mayor aprecio, iconismo que frecuentemente no da resultados léxicos, pero que sí lo hace en otros. Compárese:

— tiyanakuata tinku tinkuta churaranpusqanki, "habías puesto las sillas tocándose";
— chakrayta t'inkuruni, "he acotado mi campo".
Si se cotejan las dos entradas del diccionario de uno y de otro término se verán diferencias observadas:
— TINKUY (t'inkuy), encontrarse (con alguien), entrevistarse; tocarse (dos cosas).
— TINKUY (tinkuy), vincularse; acotar, vallar, las cuales aparecen

espléndidas en T'INKIY (k'intiy), conectar, enlazar, juntar, unir, atar, trabar, uncir, aparearse, con una diferencia u/i a veces ineficaz (chiqchiy/chaqchay, "carcajearse", q'aqway/q'aqwiy "despegar, desprender" con ejemplos similares), hecha aquí absolutamente significativa.

Si se esgrime como argumento que la uniformación es el mejor remedio contra la diversidad dialectal, se cae en el error de coger el rábano por las hojas: las diferencias dialectales, si no se escalonan de mayor a menor estandarización, perviven por siempre. Entonces lo mejor que se puede hacer es determinar el grado de aceptación (por la frecuencia y fijación del uso, el prestigio, la simplicidad, la tradición, etc.) y sugerir luego una ortografía acorde con él. Así, en el diccionario normativo se preferirá *kunan* a *khunan* "ahora", *llanthu* a *llantu* "sombra", *hutk'uy* a *husk'uy* "horadar" y se pondrán los segundos entre paréntesis, indicando que son meras variedades[2]. En casos de igualdad, como los derivados de los usos bolivianos frente a los cusqueños en qata/qhata, phinkiy/ p'inkiy, cada grupo mantendrá el suyo, y el que sabiendo un dialecto aprenda otro deberá aprender también cómo pronunciarlo y cómo escribirlo; aunque si la aproximación es posible, no hay por qué negarla (por ejemplo, en *suchuy* "deslizarse; tullirse", común a ambos, frente a *such'uy* puramente cusqueño, "tullirse", más enfático y fuerte semánticamente hablando). De todos modos, el argumento de la variabilidad es un

---

2 Hay tendencia a decir *husk'uy*, pero el término antiguo, prestigiado fonéticamente, *hutk'uy,* aún se utiliza y ha de imponerse normativamente.

obstáculo de importancia y no es dado negarlo. Frente a él, el siguiente —nunca antes esgrimido— nos parece también de una gran fuerza y hay que potenciarlo.

5. Grado de independencia léxica. Cuando el grado de enfatización (o de diferenciación dialectal) se convierte en regla fija, comienzan a producirse en algunos dialectos del quechua fuertes dobletes que por influencia léxica terminan por fijarse y por convertirse en fuente de renovación y de ampliación del vocabulario[3]. Es lo que pasa, por ejemplo, con *kiru* "diente" y con *k'iru* "cuña", que de más enfática ha pasado a significar otra cosa, significativamente próxima. A este aspecto es al que queremos dedicar nuestra atención para sugerir que la modificación artificial de las diferencias entre básicas, glotales y aspiradas, por más que se opera en el nivel de escritura, es un atentado contra el tronco quechua en una de sus lenguas más importantes. Hay que observar lo siguiente: una lengua puede diferenciar o no grafías para las palabras de significado distinto; es el caso del castellano *lila*1 "arbusto de la familia de las oleáceas", *lila*2 "tela de lana de varios colores" y *lila*3 "(fam.), tonto, fatuo" (< fr. Iilas, < fr. Lille, < onom. Iil, lel, del balbuceo), que no las diferencia, y de *asta* "mástil; cuerno", pero *hasta* "prep. que indica dirección o duración con límite exacto", que sí lo hace. Así tenemos palabras homófonas que son o no son homógrafas. Lo que nunca parece plausible es que una lengua tienda a destruir las diferencias gráficas, cuando las diferencias fónicas existen y producen, además, diferencias de significado. Eso es antinatural. Así que el diccionario, que debe tener un fuerte componente de normatividad (ser 'ortoépico'), debe orientar la norma hasta una solución definitiva. Ocurre que cuanta mayor variación provoquemos en las grafías, menos fijas estarán éstas y al fin la lengua se resentirá. Habremos sido caprichosos y lo pagaremos; por eso, ya está bien de algunos cambios. El nivel de proximidad gráfico-émico es de los más envidiables por lo que toca al quechua y al aimara. Y si esto vale para todo el léxico, mucho más para esas *singularidades paronímicas* en que la diferencia gráfica lleva a diferente Sdo. y Ste.: el caso clásico de *tanta* "colecta", *t'anta* "pan" y *thanta* "desgastado". Y si eso es preferente en los términos dichos y otros semejantes, lo es mucho más en aquellos que son como bebés recién nacidos, términos que precisan de cuidados especiales, porque aún no están totalmente consolidados o porque aún no han llegado a todo el ámbito hablado, aunque sean genuinamente quechuas en su construcción. Es el caso, repito, del doblete kiru/k'iru. Autores que han tratado el tema de la ortografía quechua, como Mannheim (1991), han recogido dobletes fónicos como *allpa* y *hallp'a* o como *qilqa* y *qillqa* (por escribir de modo más sofisticado o clásico, o bien por haber neutralización implosiva); como *phusuqu* y *pusuqu* (cusqueñismo y bolivianismo respectivamente) e inclusive la influencia asociativa (*Associative influence*, pp. 188-200) como *wilq'uy* "engullir" y *winq'uy* "ingurgitar a grandes tragos". Este par, cuyo primer miembro no hemos cons-

---

3   El doblete se produce fónicamente (como en *quizá* y *quizás* -o *lluy* y *lliw*-), pero llega a alcanzar gran importancia léxica (como en español *radio/rayo, harija/harina, clave/llave,* etcétera).

tatado en nuestras investigaciones (y
sí *milq'uy* [fam.], "tragar atropelladamente"), difiere en un grafema en el
que no existen criterios diferenciales
de escritura. Sí existen, en cambio,
en el único ejemplo que el autor
recoge del tipo de los que estamos
tratando ahora (con un único fonema
divergente), antes de alejarse en
especulaciones sobre un solo fonema
coincidente, que a veces son mucho
más discutibles aun como dobletes,
que pueden responder a antecedentes
etimológicos comunes, como *k'ullku*
= *k'illku* "muy retorcido" y *k'uyuy*
"enrollar, envolver", pero que presentan una metodología invertida: la
de iniciar la búsqueda de significantes que tengan uno o más fonemas en común, dado el mismo (o
parecido) significado léxico. Es,
pues, el caso excepcional de *suquy* y
suq'uy del que asegura Mannheim,
en letra pequeña: "Presumably, the
formal split between suqu and suq'u
was prompted by the associative sig-
nificance of glottalization for this
semantic set" (p. 190).

No obstante, este ejemplo no sirve. Se
asocia *suq'uy* "beber, sorber" a *suq'u* "carrizo", que en realidad es *suq'us* según los diccionarios desde González Holguín, en virtud
de que el hecho de sorber se realiza en un
recipiente cilíndrico y el carrizo o caña también son de esa forma. Eso se queda lejos de
la etimología más científica desde el siglo
XIX para retrotraerse a las *Etimologías* de
San Isidoro, por lo menos. ¿Se imaginan ustedes que *cana* (< *canus* "blanco") y *cana*
(<*canna*) se asociaran porque ambos son
redondos y alargados, por ejemplo?; pues
bien, en ese caso estaríamos tan lejos de la
realidad como en el ejemplo de Mannheim.

Muy diferentes son pares como *kusi* "alegre" y *k'usillu* "mono", *kuti* "turno, vez" y
k'uti "crónico", aunque pudiera parecer lo
contrario. Obsérvense las entradas del dic-

cionario, que explican por sí solas lo que
mantenemos:

- *KUSI* {gen.}, alegría, gozo, placer;
  solaz; (adj.), alegre, contento, festivo, gozoso, regocijado; fausto; (fig.),
  alegre [caus.]/*K'USILLU* [anim.],
  cusillo ¶, mico, mono; (fig.), bufón,
  hazmerreír, payaso.
- *KUTI* (*kutin*), (*kipa*), turno, vez;
  (sapa kutin), rueda, tanda; caso, circunstancia, coyuntura, momento,
  ocasión; regreso, retorno, vuelta;
  (kipa), reiteración, repetición {del
  turno}; devolución, vuelto ¶; decolo-
  ración; (adv.), al revés [abstr.] *kutiy*
  {gen.}, regresar, volver {atrás}...
  allinchu kutiramunki?, ¿has regresado bien?; dar {vueltas}; reincidir;
  recaer [psíq.]; (*qhispuy*), decolorarse,
  perderse {el tinte}; (*kutichiy*), llevar
  {la contraria}, responder //*K'UTI*
  (*chayapu*), crónico, recidivante /*k'uti
  unquy*, enfermedad {incurable}, mal
  {crónico}.

Es la consecuencia de propiciar un método que, basándose también en el simbolismo
fónico, parte de las mínimas diferencias significantes (no sólo de significado, que es más
dudosamente aislable) para extraer generali-
zaciones sobre el funcionamiento de una
lengua particular y recabar argumentos prácticos en pro de una ortografía fijada y no
cómodamente reducida en pro de una homo-
nimia/polisemia, mal necesario y siempre
objetable cuando no es natural.

Otros pares, en los que se constata con
seguridad este parentesco icónico y que se
prestan a las mismas dificultades aceptivas,
cuando por influjo del español o de algún
pandilecto abstracto se traten de igualar en su
escritura, son, alfabéticamente:

- *APA*, hermano {inmediato}//*APHA*,
  hijo {adulterino}.
- *CHIRI* "frío"/CH'IRI "desgreñado,
  hirsuto/*ch'iririki* (*ch'iriri*), granizo
  [cant.], mostacilla.
- *KANAY*, abrasar [+cant.], calcinar,
  incendiar, (*ruphachay*), incinerar,

(*ruphay*), quemar; (*rawray*), prender... *ninata kanamuy*, prende el fuego; arder [+cant.]; (*k'aray*), fogata, incendio/*kana*, incineración, quema//*K'ANAY*, ponerse {candente}; (*q'uchay*), insolarse [+cant.], requemarse; abochornarse, tener {fiebre alta}/*k'anaq* (*k'ana*), candente, al rojo vivo... *k'anaq rumi*, piedra al rojo vivo; (*ninaq*), ígneo, incandescente/*k'anaq rumi* (fam.), volcán/*k'analla*, tostador, tostadora.

— *KAPRA* (*kapri*), plato {de barro cocido}/*K'AKRA*, tiesto, vasija {rota}.

— *KAY*, ser; esto/*KHAYNA*, así, de esa manera.

— *LLIKA*, gasa, malla, red; [cuerpo] (*akarqana*), mesenterio, omento, peritoneo; (fam.) tela {transparente}; [cuerpo] (*raka llika*), himen; (*surq'an llika*) [cuerpo], pleura//*LLIK'IY*, desgarrarse [±hum.], rasgarse [±cant.], romperse {una tela}/*llik'i*, desgarrado; (*qhasu*), roto [±cant.].

— *LLINPAY*, rebasar { [líq.] [−cant.]} /*LLINP'AY* (*lliqmay*) (*phuqchiy*), derramarse [cont.]; rebalsar, rebosar [+cant.].

— *MATU*, producto {de café o coca cosechado de una vez}... *maturakamusun*, entregaremos la cantidad de coca [cogida de una vez]//*MAT'U*, espacio {donde se coloca la coca cosechada}.

— *MIQU*, gránulo, (*ch'illpi*; *k'ipta*), partícula; humus, mantillo. V. miq'u//*MIQ'U* (*miqu*), poso {de la yuca o papa, que queda abajo}.

— *MIRKA* [enf.] (*hukuku*), empeine, herpes. V.*mirkha*//*MIRKHA* (*mirka*) [enf.], mancha {negra en la piel}, paño, sarro {negro}; (*milla*), peca {de sarpullido}; sarpullido /*mirkhakuy*, tener {paño la embarazada}.

— *MUQU* (*muqun*) (*muqhu*), montículo, morro, prominencia; (*muqhu*), colina, cerro; (*uma*), cumbre; [cuerpo] (*muquchu*), rodilla; (*tunqur muqu*), bocado {de Adán}; artejo, articulación, coyuntura; joroba; [enf.], gota; nudo, protuberancia {gen.} //*MUQHU* (*muqu*), promontorio, prominencia, saliente {del suelo}; (*urqu*), cerro, colina, elevación [-cant.], lomo.

— *PANPA*, llanura, pampa ¶, piso {llano}; suelo; campo {abierto}, explanada; campiña; agro, superficie {de la tierra}; (*taqyasqa panpa*), pavimento; patio [+cant.], plaza; era; descampado; aeropuerto//*P'ANPAY*, enterrar, inhumar, sepultar, soterrar; funeral/*p'anpa*, entierro, sepultación, soterramiento.

— *PISQAY*. V. *phisqay*/*pisqa*, cinco/*pisqachay*, quintuplicar//*PHISQAY*, jugar {a juegos de azar}.

— *PIÑA* (*phiña*), cautiverio, presidio/*piñas*, cautivo/*piñaschay*, apriosionar, cautivar, encarcelar/*piñaschaq* (*watay kamayuq*), carcelero; (*willaka*), celador//*PHIÑA*, enojado, molesto; enconado, resentido; bravo, furioso; airado, colérico; adusto, antipático; áspero [abstr.]; feroz, salvaje; valiente; displicente; alborotado {el mar}, turbulento/*phiñay*, airar, disgustar; (*anyay*, *kunay*), amonestar [+cant.], censurar; enojarse, resentirse; despecharse, enfurecerse; censura, reprobación; furia/*phiñay wasi*, cárcel.

— *QAQA*, peña, roca; acantilado; (*wank'a*), farallón; afirmado, duro, firme, fuerte, seguro, sólido; (*mat'i*), apretado [+cant.], apretujado, apiñado, atestado//*Q'AQA*, tierra {virgen, sin barbechar}.

— *QARA* [cuerpo], cuero, piel... *papa qara*, piel de patata; cutis, epidermis, pellejo; escama; (*uña qara*), vaqueta; cáscara, corteza; cascarón {del huevo}; caparazón, carapacho; estuche; forro, funda, tapa; (*lliqthi*), costra; huella {rosada en la piel hecha por el brujo}; cutáneo; caroso ¶//*Q'ALA* (*q'alatu*), calato ¶, desnudo [hum.], en cueros; (*q'ara*), pelado; sin nada, vacío... *q'ala panpa*, terreno vacío {de vegetación]; (fam.) pobre, sin recursos; andrajoso, (que enseña las carnes), pobretón; exento, limpio; [anim.], galgo; (*q'ala chaki*), descalzo; <gram.> todo//*Q'ARA* (n.) [prenda], impermeable; (*qara*), badana; piel {del tambor}, témpano; (fam.) niño {de ciudad}; (adj.), erosionado, pelado; de poco pelo; imberbe, lampiño.

– *Q'ALLAY*, cortar {el tubérculo}; (*kuchuy*), tajar; rebanada//*QHALLAY* (*qhallchiy*), arrojar, aventar, desparramar {líquidos con la mano}); cortarse {con cuchillo o vidrio}.

– *Q'UCHU*, alegría, divertimento, jolgorio, placer, regocijo; alegre, festivo, jubiloso; (*q'uchulla*), gayo //*QHUCHU*, reunión, junta; cuadrilla, pandilla; patrulla /*qhuquchakuy* (*huñuy*; *tantay*), hacer {corro}, juntarse, reunirse/ *qhuchurikuy*, recrearse.

– *Q'ACHUY* (*qhachuy*), arrancar {el forraje}, segar... *haku q'achumusun quwikunapaq*, arranquemos pasto para los conejos; (*michiy*), pacer {el animal el forraje}//*QHACHUY*; arrancar {el cabello como forraje, retorciendo}, mesar [+viol.]. V. *q'achuy*.

– *QHALLUN*, barba {de la mies}, espiga//*QALLU* [cuerpo], lengua; flama, llama[4].

– *QURMAY* (*urmay*), arrojarse {desde lo alto}, precipitarse, tirarse... *aman qurmaychu kunan*, no te tires toda-

vía; caerse {desde lo alto}, (*suchuy*), rodar. V. *q'urmay*//*Q'URMAY*, deslizarse; (*lluskhay*), resbalar {y caer}; desliz, resbalón. V. *qurmay*/*q'urma*, caída.

– *RIKUY*, ver; atestiguar {con la vista}, presenciar; distinguir [±cant.], divisar, percibir... *ña llaqta rikukushanña*, ya se divisa el pueblo; (*qhaway*), mirar, observar, vigilar [±cant.]; conocer//*RIKHURIY* (*rikhuripuy*) (*lluqsiy*), aparecer, dejarse {ver}, presentarse; (*rikuchikuy*), manifestarse; encontrarse, hallarse; (*waqmanta rikhuriy*), reaparecer... *killa rikhurimun*, ya reapareció la luna; reaparición /*rikuchikuy*, presentación/*rikhurimuy*, aflorar/*rikhuriq*, visible/*rikhurichiy* (fam.), descubrir, hacer {aparecer}, manifestar, revelar.

– *SINQA* [cuerpo] nariz; extremidad {aguda}; (*muskhina*), (fam.) olfato/*sinq sinqa*, aristado/*sinqa t'uqu*, ventana {de la nariz}/*sinqalu*, narigudo/*sinqanay* desnarigar//*SINQ'A*, inhalación/*sinq'ay*, aspirar {por la nariz}, oler/*sinq'apa*, bozal, cabestro, jáquima, sencapa ¶... *sinq'apata asnuman churay*, ponle la sencapa al burro; (fig.), manea.

– *SUCHU*, que arrastra, rozagante [+cant.]... *suchu pullira*, falda que arrastra/*suchuna*, deslizadero, rodadero ¶/*suchuy*, deslizarse {de su sitio, en cuclillas o asentadillas} ... *suchumuy*, deslízate hacia acá; resbalar, rodar [±vol.]... *urqupatamanta suchushan*, se está deslizando desde lo alto del cerro; arrastrarse; meterse {en la cama deslizándose [+cant.] }; tullirse; (*iskiyay*), esquiar... *qharikuna suchunaman pukllanku*, los hombres juegan a esquiar [a escurrirse]/*suchukuy* (*achhuy*), acercarse; (*suchuykuy*), adentrarse; entrarse... *mamaykiq puñunanman suchukuy*, éntrate en el cama de tu mamá

---

4   La presencia del prototipificador -*n*, el elemento que obliga a pertenecer a un conjunto a algo que antes no pertenecía a él o lo hacía muy periféricamente, no deja lugar a dudas de la relación semántico-paronímica entre los miembros del par.

/*suchuriy* (*achhuriy*), apartarse, dejar {paso}, irse {del lugar [-cant.]}... *suchuriy*, vete lejos [para dejar paso]; retirarse ... *suchuriy kaymanta*, *qhillichachawanki*, retírate de aquí, que me estás ensuciando///*SUCH'U*, paralítico {de los pies}, sucho ¶, tullido; (*wist'u*), cojo {sin piernas}/*such'uyay*, ir {arrastras por la polio}, tullirse. V. *suchuy*.

— *TIPIY*, deshojar {la mazorca del maíz; la coca... }/*tipina*, deshojadora, mondadora {del maíz}, tipina //*T'IPIY* (*t'ipllay*), arrancar {una flor}; (*saq'ay*), sacar {de raíz}; (fam.) (*llipch'iy*), pellizcar {con las uñas, arrancando}, tispir ¶.

— WAQAY, llorar, plañir; aullar {el perro}; cantar {el gallo}; balar {las ovejas}; ulular {el búho}; graznar; (*arqhiy*), gruñir; (*ihihihiy*), relinchar; sonar, tocar {un instrumento musical}... *munaychata waqayamuchan*, tocan de manera hermosa; lamentación, queja; vagido; balido; graznido; [abstr.], musicalidad {instrumental}/*waqa*, llanto, lloro; lamento///*WAQ'AY* (*waq'aynin*), chifladura, idea {fija}, manía, tema; obsesión, paranoia/*waq'a*, loco, trastornado; alienado, destornillado; atolondrado, torpe[5].

_____

5 También hay pares de oposiciones que abarcarían a las diferencias con otros dialectos y no sólo internas. Es el caso de la diferencia émica entre p y k tanto en posición explosiva como implosiva:

kincha (*chaqllay*), tabique. V. *qincha*//*qincha* (gen.}, cerca, seto; (*pirka*), pedriza; (*kincha*), cerco, empalizada {de cañas y barro}, pared (rústica}, quincha ¶; valla {vertical}; quincha ¶, tejido (de juncos}; corona (de plumas de los bailarines}; *pirka* (*qincha*), pedriza, tapial [rústico}//*pirqa*, muro, pared; muralla; pirca ¶, tapia; tabique; mural).

rakray, tragar/*raqray*, agrietarse;

wakta, adrede, de mentira/*waqta*, costado; (fam.) latigazo.

Muy antigua parece la diferenciación entre *paka* y *phaka*:

— *PAKA*, ocultación; oculto, escondido, ignorado; velado, secreto, encubierto, misterioso; (*pakalla*), clandestino/*pakay*, esconder, ocultar... *pakaykuy*, escóndelo; cubrir, enterrar; soterrar; (fig.), encubrir // *PHAKA* [cuerpo], bragadura, entrepierna, ingles; bragueta/ aunque no porque sea menos velada, haya que descartarla. El sexo, las partes adyacentes a él, siempre han sido las primeras presas del pudor, inclusive entre las tribus desnudas, pero sobre todo lo son en el sentido de lo oculto o velado, aquello nuestro que no nos resulta tan fácil ver. Aquí la metáfora no es especialmente forzada, ni hay que inventarse nada. Lo mismo cabe esperar del par *pulqachiy* y *p'ullkachiy*, relacionados desde antiguo con *pukllay* "jugar" y en los que la escritura podría reducirse a - l# tras el proceso de despalatalización:

— *PULQACHIY* (*p'ullqachiy*), desviar... *unuta pulqachimuy*, desvía el agua; dejar, interrumpir... *llank' ananta pulqachimuy*, deja de trabajar; (fig.), ocultar//*P'ULLQACHIY* (*p'ullkachiy*) (*pulqay*), despistar, desviar, esquivar; evitar... *p'ull-qarachimuni chakra ruwananta*; *mana allin p'unchaychu*, he evitado que trabaje en la chacra; no era buen día. V. *pukllay* Y *p'ullqachina*, vitando/*p'ullqanqa* (*pullkanqa*), adarga, escudo, rodela; coselete.

Es prácticamente aceptable, al menos parcialmente, *kuru* y *khuru*:

— *KURU* [anim.] {gen.}, gusano, lombriz, verme [-cant.]//*KHURU*, hipnosis; hipnotismo; [veg.], hongo {que pone verrugosa a la planta}/*khuruy* (*ayararay*), aletargar, (*puñuchiy*), hipnotizar, sugestionar.

Y no debería merecer duda el par *tuku*/*t'uku*, por dos connotaciones: la de ser el búho animal de mal agüero y la de tener los ojos fijos y el padecer ciertas enfermedades como la de referencia:

- *TUKU* (*huku*) [anim], búho... *tukun qhinchapaq waqan*, el búho ulula para mal agüero; (*qisqiris*), lechuza, tuco ¶//*T'UKU* [enf.], síncope; ataque, paroxismo; apoplejía.

Algo desviado es el caso de *laqa* y *raq'a* en que hay una oposición de líquidas (que es universal) y la presencia concomitante de la glotal en la derivada *raq'anaq*:

- *LAQ'A* (*raq'a*), broza; (*phusuqu*), espuma; costra {al coagularse la sangre}; nata; (*k'askana*), apósito, compresa; (*rata*), emplasto; plasta /*RAQ'A*. V. *laq'a*. V. *laqhu*/ *raq'anaq*, espumadera.

Más discutible, en la escala prevista, es la interpretación de *ch'upu* y *chhupu*:

- *CH'UPU* (*chhupu*), absceso, chupo ¶, grano {infectado del cuerpo), forúnculo, tumor {supurante})/*CHHUPU* [enf.], divieso, tumor {supurante}; *postema,*

ya que parecen puras diferencias dialectales en las que se aprecia, no obstante, una diferencia léxica, que no se sabe si es casual: "postema" se aplica únicamente al segundo miembro del par, mientras que el primero acepta tanto una versión como la otra; de ahí que *chhupu* aparezca entre paréntesis; y de otros pares *chala/chhala* y *qillma/q'illma*, como se aprecia en la descripción:

- *CHALA* (*chhalla*), maíz [veg.] {seco}; delgado, flaco {por naturaleza}/*chalun, chalona* // *CHHALLA*, chala ¶, tallo { seco de maíz y cosas de poco peso y mucho bulto [–denso]}; pienso {del ganado}; (*chhaplla*), ligero, liviano; voluminoso... *chhallalla kasqa*, era liviano y abultaba; pando, somero.
- *QILLMA* (*asikuy*), befa, chocarrería, jocosidad, mofa, sátira; (*asiq*), bufón, burlón, satírico//*Q'ILLMA*, broma {grosera}, chanza; (*asina*),

chiste {indecente} (*qillma*), jocosidad {soez}.

De modo que los ejemplos varían entre una frontera en que no se sabe si las diferencias son de uso dialectal o por paronimia y la clara formación léxica de carácter simbólico que abarca inclusive, aunque en pocos casos, al triplete plana-eyectiva-aspirada. Es del primer caso:

- *PANANANAY*, tener {un cólico}; inflarse {el vientre [++cant.]}; [enf.], torozón//*P'ANANANAY* (*saksay*), hartarse, saciarse {en exceso [>] }, del que Lira afirma que son sinónimos (en el cuerpo del diccionario) para desdecirse parcialmente en el Apéndice 1((*Revista del Museo Nacional*, XVI, 1947: 72), en el que a *panananay* se le da una referencia de [enfermedad derivada de la hartazón]. El hecho de haberse reflejado ya el énfasis en la repetición silábica hace innecesario *a priori* un refuerzo del mismo para conseguir un nuevo significado; de ahí proviene la vacilación.

Es del segundo tipo, el registro triple y pleno del citado *tinkuy/t'inkuy* (y su parónimo *t'inkiy*) y *thinkuy* (el más especializado, como corresponde a las aspiradas):

- *TINKUY*, encontrarse (con alguien), entrevistarse; (*t'inkuy*), tocarse {dos cosas}... *tiyanakunata tinku tinkuta churaranpusqanki*, habías puesto las sillas tocándose; enfrentarse {con el enemigo}; afluir, confluir... *kay mayukuna huq llaqtapi tinkunku*, estos ríos confluyen en otro pueblo; toparse; cerrar {tocando}... *ama qunqaychu, punkuta tinkuy*, no olvides cerrar la puerta [juntándola sólo]; acoplar; casar {una llave falsa en la cerradura}; combinarse, condimentarse, mezclar; (fig.), tener {una premonición}, tincar ; confluencia, tingo /*tinku*, encuentro, unión... *tinkuq masiy maypiñataq kanki?*, ¿dónde estás ya, mi compañero de encuentros?; junta, juntura; corto [cant.], pequeño, tirando a mediano [cant.]; tincudo ¶/*tinkuq*, adecuado, confluyente; pintiparado/*tinkuchi*, comparación; (*rikch'a*), *simil* /*tinkuchiy*, preparar {alguna droga}; adaptar, falsear {la cerradura para que abra con dos llaves}/*tinkuna*, encrucijada/*tinkuq* (*tinkuqi*), frontera; divisoria; deslinde, lindero; llave {maestra}/tinkumanay (ant.). V. mana tinkuy I *tinkunakuy*, *tincunaco* ¶//*T'INKIY* (*k'intiy*), conectar, enlazar, juntar, unir; atar, trabar, uncir; aparearse/*t'inki*, enlace [fis.], trabazón, unión/*t'inkichay*, eslabonar [abstr.]/*t'inkinakuy*, (fam.) parearse [+hum.]/*t'inkiykuy* (*t'inkiy*), injertar; injerto//*T'INKUY*, vincularse; (*tinkuy*), acotar, vallar... *chakrayta t'inkuruni*, he acotado mi campo /*t'inku muqu*, zambo/*t'inkuna*, nexo, vínculo//*THINKUY*, amarrar {la pata delantera de la llama macho}[6].

También es de este tipo, aunque algo dudoso, porque las lenguas no aceptan demasiado bien la saturación, el triplete *waska-*/*wask'a* y *waskha*:

— *WASK'A*, alargado, largo [1a]//*WASKHA* {gen.}, cable, cuerda [+cant.], soga; (*chaqna*), lazo; liana; guasca ¶, ramal; (fam.), horizontal;/*waskacha*, galón ... *huq waskachatawanmi yapanku*, le han puesto otro galón [al ascender].

Obsérvese que casos como el triplete *quya*/*q'uya* y *qhuya* no son válidos, porque uno de los términos es parónimo igualmente restringido, pero no presenta similitud sémica que aconseje su agrupamiento. Véase:

— *Q'UYA*, atocha (*ch'illiwa*), esparto, paja {dura para hacer sogas o esteras}; estera; (*qhuya*), filón, vena, veta//*QHUYA*, mina/*qhuyay*, abrir {hueco para depositar la semilla}, sembrar; minar,

pero para *quya*:

— *QUYA*, dama, mujer {adulta importante}; coya ¶, reina, soberana; matrona, señora; mujer {con el vestido nativo}.

Queda por hacer una reflexión de última hora. Podrá aducirse que las palabras con obstruyentes marcadas proceden del aimara o qué sé yo, pero eso no es necesario (aunque posible y real); y ello, además de lo dicho, por dos razones fundamentales:

1. El quechua, como cualquier lengua, es renuente a la modificación inmediata de la palabra prestada. Acepta el préstamo como viene, hasta que lo integra en sus esquemas. Ciertamente que los primeros pasos en incorporar un nuevo fonema a una lengua vienen con las palabras tomadas (como en castellano *beige*, por ejemplo), pero esto no es causa suficiente para producir una sistematización (el castellano prefiere más bien la pronunciación [beis]). Así que debe haber otras causas, como las esgrimidas aquí, que coadyuven a su desarrollo.

2. El prurito de hacer un aporte de nuevos significados es el responsable final de la gran variabilidad que se observa en la articulación de las obstruyentes. Dicho lo cual no quiere decir que todos los cambios de significado en potencia se tengan que convertir en significados nuevos en acto. Pero no cabe duda de que los reseñados ya lo han hecho[7]. Deje-

---

6   El caso completamente antípoda es aquel en que el uso dialectal registra los tres valores sin diferenciación léxica aparente. Es el caso de *sanka, sankha* y *sanq'a* (asimilable a *sanq'a*).

---

7   Y otros como he constatado tras la redacción de este trabajo:

mos, entonces, a la ortografía la responsabilidad de ser fiel notario de estas "paqarinas" léxicas.

---

rirpu "espejo; imagen {en el espejo}"/_rirp'u_ "retrato {no idéntico}", _pák_ "¡exacto!"/_paqta_ "cabal; equitativo", _tuquchu_ "caña {gruesa}, canuto; cilindro"/_t'uquy_ "agujerear" y el triplete: _chuku_ "tocado; gorro; casco"/_ch'uku_ "falda {de tubo}; apretado"/_chhukuy_ "poner {algo justo en la cabeza}; picar al toro". Siempre en varios hablantes.

Bibliografía

AA.VV. [1584]
1985   *Doctrina Christiana y catecismo para instrucción de los Indios...* Antonio Ricardo, editor (facsímil). Lima: CSIC.

Atayupanqui Chamorro, Ángel
1991   *Diccionario castellano qjzswa (quechua).* Sistema Mayoñán. Lima: CONCYTEC.

Calvo Pérez, Julio, editor
1995   *Boletín Internacional de Lenguas y Culturas Amerindias (BILCA)* N° 1. Valencia: Instituto Valenciano de Lengua y Cultura Amerindias.

Escalante, Carmen y Ricardo Valderrama
1994   *Asuntapa kawsayninmanta* 1994. Apéndice sin paginar de Andrés Chirinos.

González Holguín, Diego
[1607]
1975   *Gramatica y arte nueva dela lengua general de todo el Perú, llamada Quichua, o del Inca.* Ed. facsímil. Vaduz-Georgetown, Cabildo.

[1608]
1989   *Vocabvlario de la lengua general de todo el Perú, llamada Quichua, o del Inca.* Lima, Francisco del Canto. Ed. facsímil. Lima: UNMSM.

Guaman Poma de Ayala, Felipe
[1615]
1987   *Nueva crónica y buen gobierno.* John Murra, Rolena Adorno y Jorge L. Urioste, editores. Madrid: Historia 16.

Haiman, John
1985   *Natural Syntax. Iconicity and Erosion.* Cambridge University Press.

Lara, Jesús
1957   *Tragedia del fin de Atawallpa.* Cochabamba: Canelas.

Lira, Jorge
1944   *Diccionario kkechuwa-español.* Tucumán: Universidad de Tucumán.

Mannheim, Bruce
1991   *The Language of the Inka since de European Invasion.* Austin: University of Texas Press.

Middendorf, Ernst
[1890]
1970   *Das Runa-Simi oder Kesva-Sprache wie sie Gegenwärtig in der Provinz Cuzco Geschprochen Wird.* Vol. 1. Gramática keshua. Traducción y prólogo de Ernesto More. Madrid: Aguilar.

Mossi, Honorio
1857   *Ensayo sobre las escelencias y perfección del idioma llamado comúnmente quichua.* Sucre: Imprenta López.

Mounin, Georges
1974   *Historia de la lingüística*. Madrid: Gredos.

Noriega Vernuy, Julio
1993   *Poesía quechua escrita en el Perú. Antología*. Lima: Centro de Estudios y
                       Publicaciones.

Rojas, Ibico
1982   "En torno a la oficialización de las lenguas quechua y aimara", en Rodolfo
                       Cerrón Palomino, compilador: *Aula quechua*. Lima: Signo.

Soto Ruiz, Clodoaldo
1989   "Los contenidos de un alfabeto quechua", en Rodolfo Cerrón-Palomino y
                       Gustavo Solís Fonseca, editores: *Temas de lingüística amerindia*. Lima:
                       CONCYTEC-GTZ.

Torero, Alfredo
1964   "Los dialectos quechuas". *Anales Científicos de la Universidad Agraria*, II,
                       4.

Tschudi, Johann Jakob von
(1853)   *Die Keshua Sprache*. Wien, Kaiserlich-königlichen Hof und
                       Staatsdruckerei.

Zúñiga, Madeleine
1987   "Sobre los alfabetos oficiales del quechua y el aimara". *Allpanchis* 29/30.
                       Lima: IPA.

Estado actual de los estudios aimarísticos y reconstrucción del *PA

Rodolfo Cerrón-Palomino
Academia Peruana de la Lengua, Perú

> *"Hayppu es la tarde, y Hayphu, es escuro no se parece bien: querra vno dezir el vno se deduce del otro; pero no tien que ver: y también son diuersos en la pronunciacion, y por no advertirse bien dan en estas deduciones."*
>
> BERTONIO ([1612B] 1984): *ANOTACIÓN*, 2.2

Premisas terminológicas

Antes que nada, quisiéramos hacer una aclaración de orden terminológico en relación con el uso de la palabra *aimara* y derivados. Hasta hace poco se empleaban, entre los estudiosos del área andina, las designaciones de *jaqui* o de *aru* para referir a la familia que comprende no sólo el aimara altiplánico sino también las variedades jacaru y cauqui, habladas en el distrito limeño de Yauyos, relictos de una presencia mucho más compacta de lo que podríamos llamar aimara central. Pues bien: debemos señalar que el acuñamiento de tales términos nunca encontró aceptación general entre los estudiosos, seguramente en parte debido a la naturaleza adventicia e innecesaria de los mismos. Uno de los argumentos que entonces se empleó para acuñar tales denominaciones fue que el término *aimara* refería únicamente a la variedad collavina con exclusión de la yauyina, lo cual era cierto, en parte; pero otro tanto se hubiera dicho del término *quechua*, que en los contextos no especializados alude específicamente a la variedad cusqueña con exclusión de los demás dialectos, que no pasan de ser eso: *dialectos*, y a veces con nombres propios; y, sin embargo, a nadie se le ocurrió crear una nueva designación para referir a toda la familia en su conjunto. Nuestra propuesta es entonces bastante sencilla y sólo busca reivindicar un uso tradicional, como el de llamar *aimara* a toda la familia idiomática en su conjunto, y así hablaremos en adelante del aimara central o tupino y del aimara sureño o collavino (cf., para mayores detalles, Cerrón-Palomino 1994b).

Fuentes coloniales

Los registros coloniales de la familia idiomática que nos concierne corresponden exclusivamente a la rama sureña. Así, según hemos podido rastrearlos, (a) los textos de la *Doctrina Christiana* (1584-1585), que constituyen la primera documentación escrita de la lengua, recogen el aimara propio de la etnia pacase; (b) los de Bertonio (1603, 1612a,b) codifican la variedad lupaca; (c) el de Torres Rubio (1616) consigna el aimara de Charcas y Potosí; (d) los escritos del criollo huamanguino Jerónimo de Oré (1598, 1607) ilustran el dialecto de Condesuyos; y, finalmente, (e), los fragmentos de Guaman Poma (1615), que ahora podemos atribuir al aimara lucaneño, una de las variedades aún vigentes a comienzos del siglo XVII del llamado "aimara cusqueño" por los traductores del Tercer Concilio (1584).

Luego de esa etapa de producciones relativamente fructíferas, los estudios aimaraicos, huérfanos de apoyo institucional, se convierten en esfuerzos individuales y repetitivos. Es más: la tradición aimarística muere definitivamente en el lado peruano, mas no así en el boliviano, en el que nunca se interrumpe, aunque la calidad de los trabajos es pobrísima y repetitiva.

Ahora bien: los trabajos coloniales todavía no han sido estudiados desde una perspectiva filológica (un adelanto es Cerrón-Palomino 1996), sino que, por el contrario, fueron subestimados por los descriptivistas contemporáneos, especialmente por los aimaristas de la Florida (cf. Hardman 1986), y por quienes, sin haberlos examinado cuidadosamente, caen en la simplicidad de tildarlos de latinizantes o normativistas a ultranza. Estudiando con seriedad tales materiales podemos "descubrir" una serie de fenómenos insospechados, como la antigüedad y la incepción de ciertos cambios, lo que permite la comprensión de la evolución del aimara descrito, aspecto fundamental inherente al trabajo comparatístico.

En suma, como en el caso del quechua, los dialectos alejados de la variedad collavina, tildados de corruptos y a veces llamados *hahua-simi* 'lengua fuera de la general', fueron ignorados, y la mayoría de ellos fue sucumbiendo ante el avance del quechua primeramente y del castellano después, hasta quedar, desde fines del siglo pasado, la isla aimaraica de Yauyos como el único vestigio de un territorio otrora vasto y compacto. Su estatuto como variedades centrales supérstites de la familia aimara inclusive acabó por ser confundido, pues se las consideró como puquina (Hervás y Panduro ([1800] 1979, cap. IV, 25) o como quechua (Rivero y Tschudi [1854] 1971, cap. V).

Estudios contemporáneos

Tras la noche oscura del siglo XVIII y buena parte del XIX, aparece la luz solitaria del trabajo de Middendorf (1891), quien, aunque inspirado en Bertonio, describe la variedad paceña. En la misma línea se inscriben los esfuerzos de Uhle (1894), cuyos trabajos (sobre todo en relación con el sistema verbal) permanecen inéditos hasta la fecha.

En 1905 se rompe, en el lado peruano, un silencio que ya llevaba unos trescientos años: se trata de la publicación del *Vocabulario políglota incaico*, que recoge el léxico aimara, y que ahora estamos en condiciones de sostener que se trata de la variedad puneña, pero que al ser "revisada" por fray Fernando María de Sanjinés, según declaración de la misma persona, resultó siendo ligeramente "bolivianizada".

Por lo que toca al aimara central, son loables los trabajos, si bien escuetos y fragmentarios, de Sebastián Barranca (1880) y Leonardo Villar (1895), que se basa en el primero; los de Julio C. Tello y Mejía Xesspe ([1941] 1979); y, finalmente, los de Farfán (1955, 1961). Se trata de estudios que se centran en la descripción de algunos aspectos gramaticales, en la recopilación del léxico, así como en el registro de materiales narrativos. Como todos los trabajos de su época, el manejo de los mismos requiere un examen interno cuidadoso, y hasta hace poco constituían el único material disponible para el estudio de la variedad involucrada.

Estudios actuales

Los trabajos descriptivos más recientes han sido iniciados por Martha Hardman, quien acomete primeramente el estudio del jacaru (Hardman 1966, 1983b) y posteriormente el del dialecto paceño (Hardman y otros 1987). Se constituye el grupo que denominamos los "aimaristas de la Florida", integrado por antiguos estudiantes de la promotora y sus colaboradores nacionales bolivianos. Los proyectos del grupo comprenden el estudio descriptivo, sociocultural y pedagógico (enseñanza del aimara collavino como L2) de la lengua, así como también su comprensión dialectológica (cf. Briggs 1993 y Cerrón-Palomino 1995b para una reseña de la misma obra).

En general, tales estudios son bastante defectuosos e incompletos. Como lo hemos venido señalando (cf. Cerrón-Palomino 1994c, 1995b), no creemos ser injustos al decir que los treinta años de trabajo que realizaron los miembros de la agrupación mencionada dejan mucho que desear. Dicho ello sin desconocer algunos de sus méritos, que son en verdad menores que los defectos, tomando en cuenta el tiempo y los esfuerzos invertidos. Como resultado, nos quedamos hasta la fecha sin contar con buenas descripciones de las lenguas estudiadas ni con registros léxicos satisfactorios. De hecho, quien quiera conocer las lenguas en cuestión, o tiene que volver, a falta de materiales contemporáneos confiables, a las fuentes coloniales (lo que supone una mínima familiarización con el trabajo filológico) o, de manera mucho más imperativa, aproximarse directamente a los hablantes de las mismas, algunas de ellas en serio peligro de total extinción. En

realidad, esto es precisamente lo que hemos venido haciendo en los últimos cinco años, sin descuidar el examen y la interpretación de las obras coloniales.

Ahora bien: fuera de los estudios que pretenden ser "científicos" o "modernos", a partir de la década de los ochenta han venido apareciendo, en el lado peruano, trabajos realizados no siempre por especialistas, pero no por ello menos valiosos en la medida que con dicho gesto se rompía un silencio de más de trescientos cincuenta años de olvido para con el estudio de la lengua. Nos referimos al vocabulario de Büttner y Condori (1984), al diccionario y gramática de Deza Galindo (1989, 1992), al diccionario de Ayala Loayza (1988), y al estudio de Lilianne Porterie (1988), malograda investigadora que ofrece un estudio del aimara de Chucuito. Otro tanto puede decirse del lado boliviano (cf., por ejemplo, de Lucca 1987), donde, como se dijo, nunca hubo ruptura de los estudios aimaraicos, y, por el contrario, son numerosos los manuales de enseñanza (cf. Ross 1963, Tarifa 1970, Ebbing 1981, Grondin 1985). Casi todos las trabajos mencionados, a excepción del estudio de Porterie, son, rigurosamente hablando, buenos ejemplos de cómo no debe describirse una lengua, pero a la vez, por paradójico que parezca, tienen la virtud de ofrecernos datos por momentos inéditos que, bien evaluados, contribuyen al escalarecimiento de muchos aspectos de la lengua.

Estudios comparatísticos

Como lo hemos venido señalando en ocasiones anteriores (cf. Cerrón-Palomino 1985, 1988, 1994), el trabajo comparativo aplicado a las lenguas aimaraicas estuvo hasta hace poco completamente entrampado a falta de materiales relativamente completos y fidedignos sobre el aimara central. Ni Martha Hardman ni la gente a quien alentáramos en varias ocasiones a trabajar en dicha dirección pudieron acometer dicha tarea ni menos parecían mostrar algún desprendimiento para proporcionar los materiales léxicos anhelados. No vamos a repetir aquí lo que ya señalamos en el prólogo al *Vocabulario* de Neli Belleza (1995), recientemente aparecido; sólo nos limitaremos a señalar que nos ratificamos en los términos expresados allí. Debemos lamentar, una vez más, hasta qué punto la gente que podía haber comenzado con el trabajo no lo hizo o porque no quiso o, como parece más probable, porque simplemente cayó abrumada por sus propios materiales. De otro modo no nos explicamos cómo en tan dilatado tiempo no se hizo nada notable, y, en cambio, hasta se quiso crear una atmósfera de desánimo (cf. Hardman 1985, 1986). Es por todo ello que la publicación del *Vocabulario jacaru-castellano/castellano-jacaru,* de Neli Belleza Castro, abre, como lo señaláramos, una ancha avenida como para transitar por ella en pos de la averiguación acerca de la protolengua. Dicho esto a pesar de las pequeñas fallas que pueda contener el texto mencionado. Lo que quisiéramos destacar es que gracias, no a un lingüista –por irónico que ello sea–, sino a una aficionada sin más armas que la de ser jacaruhablante, es que ahora podemos contar con el material básico que facilita enormemente el trabajo comparatístico e histórico.

Premisas metodológicas

Antes de referirnos al trabajo de reconstrucción del PA (protoaimara), tarea a la que nos hemos abocado, quisiéramos señalar aquí algunas premisas que juzgamos importantes para su abordaje, las mismas que han ido perfilándose a medida que compulsábamos los materiales pertinentes:

En primer lugar, aunque no es imposible contar con un análisis contemporáneo confiable del aimara sureño, resulta simplemente difícil decir lo mismo con respecto al aimara tupino o central: los estudios disponibles al respecto son, como se dijo, medianamente confiables por deficientes e incompletos. De manera que antes de empezar con la comparación hacía falta contar con un análisis más serio del jacaru-cauqui (asunto que se torna angustioso en vista de la virtual extinción de la variedad cachuina), para cuyo efecto era necesario examinar y contrastar entre sí cuidadosamente todo el material disponible.

En segundo lugar, hay que despojarse de la idea optimista pero inexacta, sostenida por Martha Hardman (1985) y tácitamente admitida por quienes la tomaron como autoridad indiscutible en la materia, de que la rama central del aimara guardaría con más fidelidad el estado de la protolengua. Ello no es del todo cierto, y, haciendo algunas salvedades, podemos afirmar que en verdad los dialectos de la rama sureña resultan ser igualmente conservadores en términos globales, y, sobre todo, en cuanto a su vitalidad y funcionamiento actuales. Así, pues, todo intento por reconstruir el sistema fonémico del PA tomando como base la fonología actual del tupino, como lo sugería la Hardman, está condenado al fracaso. No extraña entonces el atolladero en el que quedaron atrapados quienes se guiaron de ella, incluyendo la propia autora.

Otro aspecto, crucial muchas veces para la reconstrucción del PA, es el vocabulario quechua compartido. En la medida en que buena parte del léxico jacaru-cauqui, de por sí bastante reducido, es también compartido por el quechua (de aproximadamente 1.480 entradas que registra el vocabulario de Belleza 1995, el 35% es atribuible al quechua), no siempre será posible basar la comparación en un *corpus* clínicamente expurgado de quechuismos. El trabajo con elementos puramente cognaticios requiere, en no pocos casos, del recurso a dicho léxico compartido, ya en calidad de elemento corroborativo o simplemente ilustrativo. Sobra decir, por consiguiente, que para trabajar dentro de una perspectiva histórica, es requisito indispensable una familiarización con la historia y la dialectología quechuas. El descuido de esta necesidad explica en parte el poco éxito alcanzado en este aspecto por los aimaristas de la Florida, que siempre ignoraron campantemente el quechua: dicho esto no sólo de sus trabajos sincrónico-descriptivos sino también de los dialectológicos, como lo hemos señalado en nuestra reseña al libro de la Briggs (1993). Pero también reconocemos el trabajo incompleto y por momentos ingenuo de los investigadores nacionales, entre quienes nos incluimos, pues hasta hace poco trabajábamos en materia quechua con gran desconocimiento del aimara.

Otra lección que uno aprende tras el trato con la rama tupina del aimara es que estamos ante una lengua seriamente anquilosada debido al acorralamiento que sufrió por parte del quechua primeramente y por el castellano después; y también debido a su temprano "extrañamiento" por asfixia del resto de sus dialectos congéneres. La suerte del tupino es, en tal sentido, muy diferente a la del quechua central: cualquiera de los dialectos de éste resulta mucho más rico y creativo que el tupino. Con todo, debemos felicitarnos por el hecho de que la lengua no sólo haya sobrevivido (gracias a ello hoy podemos intentar la reconstrucción de la lengua ancestral) sino que se la siga usando todavía, a despecho de la situación de opresión por la que atraviesan nuestras lenguas minorizadas. La condición señalada obliga a aproximarse metodológicamente a ella como si estuviéramos ante una lengua en proceso de obsolescencia. Por lo demás, pese a todos los avatares sufridos, la lengua conserva muchas reliquias, las mismas que constituyen datos valiosos para la reconstrucción del idioma ancestral.

De otro lado, hay también la urgencia de trabajar con las fuentes coloniales, hasta ahora apenas tocadas. Son insospechados los datos que pueden hallarse en los textos de la *Doctrina Christiana* así como en las páginas de Bertonio (se advierten allí procesos en marcha, cambios consumados o abortados, etc.): lo que pasa es que tales fuentes aguardan todavía ser estudiadas con detenimiento y profundidad. Premunidos de tales materiales el cotejo sistemático de las lenguas resulta mucho más interesante e iluminador.

Con tales aparejos hemos iniciado el trabajo diacrónico en pos del PA, estando en condiciones de ofrecer a la fecha la reconstrucción de su sistema fonológico. No nos detendremos aquí, por obvias razones, a presentarles los resultados finales del trabajo, pues éste podrá estar a disposición de los interesados en breve para que sea evaluado críticamente. Nos limitaremos únicamente a presentar los sistemas tanto consonántico como vocálico que se postulan para el PA, y a partir de los cuales pueden trazarse los caminos evolutivos por los que transitaron las variedades modernas de la lengua ancestral. Pasaremos luego a señalar algunos puntos más saltantes que surgen del trabajo comparatístico.

Sistema fonológico del PA

Ofrecemos, a manera de primicia, el siguiente cuadro de protofonemas:

(a) Consonantes

```
*p  *t   *_   *_   *k   *q
*ph *th  *_h  *_h  kh   *qh
*p' *t'  *_'  *_'  *k'  *q'
         *s   *š              *h
*m  *n   *ñ
    *l   *λ
    *r
*w       *y
```

Postulamos, como se ve, seis órdenes de consonantes y no ocho como sostenía Martha Hardman. Ya en ocasiones anteriores habíamos hecho reparos, aunque sin mayores pruebas, del carácter sospechoso de dicha propuesta (Cerrón-Palomino 1987, cap. XI). De este modo, como se ve, el PA luce muy paralelo al PQ, siempre y cuando postulemos para éste el sistema de laringalizadas, como creemos que debe hacerse. Landerman (1994), Campbell (1994) y Cerrón-Palomino (1995a), entre otros, vienen reclamando esta revisión fundamental.

(b) Vocales

    *i   *u
        *a

Es decir, se trata de un sistema trivocálico mínimo en el que no cabe el alargamiento como rasgo nativo al sistema sino generado en la historia particular de las lenguas actuales. Nuevamente, el sistema evoca el del PQ, inclusive en lo que atañe al surgimiento de las vocales largas, que estimamos sea producto de una evolución ulterior.

Como no podemos discutir cada propuesta en particular, aquí nos limitaremos a mencionar los casos más espinosos de la reconstrucción consonántica, que son fundamentalmente: (a) el número de africadas; (b) el estatuto de la fricativa glotal */h/; (c) las nasales; y, (d) el tratamiento de la yod. Alusión de pasada será hecha a otros fenómenos no menos problemáticos como el acento, la estructura de la palabra y los procesos morfofonémicos de armonía.

Las africadas

La reconstrucción de sólo dos órdenes de africadas (*/_/ y */_/ en su triple manifestación) implica resolver por lo menos dos cosas: ¿cómo explicar las otras dos órdenes de africadas que registra el aimara central (la alveopalatal /ty/ y la dentoalveolar /ts/ con sus respectivas laringalizadas?; y, ¿cómo armonizar las correlaciones que se dan en el aimara collavino de /t/ y /_/ con las retroflejas del tupino? Creemos que para salir de las dificultades que plantea la correlación implicada hay que invocar la hipótesis del cambio por propagación léxica o del cambio trunco o abortado, como lo llamamos en el contexto de nuestro trabajo. En tal sentido, una estricta adhesión a la versión tradicional del cambio lingüístico regular y sin excepciones dejaría irresueltos una serie de fenómenos opacos en la evolución del PA. Para resolver los problemas mencionados hay también la necesidad de tomar en serio la evidencia "externa"

proveniente del quechua. Además, hay que echar mano de criterios auxiliares como el de la carga funcional de los fonemas y el de la simetría fónica. Otra cosa: en consonancia con la situación de obsolescencia por la que está atravesando el aimara tupino, hay que tener presente el estado de fluctuación por el que van atravesando las africadas y las dentales de la lengua en cuestión.

La */h/

Hay muchos problemas relacionados con la reconstrucción de este protosegmento. Ellos tienen que ver no sólo con la postulación del segmento en sí dentro del sistema atribuido al PA, que no posee ningún problema, sino sobre todo con el surgimiento de una /h/ espuria. Hay aquí todo un aprendizaje reciente, que nos complace compartir con Landerman (1994), y que permite ver de qué manera están relacionados o concatenados los fenómenos de espirantización de las consonantes en posición implosiva y la prótesis glotálica. La documentación colonial nos regala una preciosa información no entrevista hasta ahora por nuestros aimarólogos foráneos y nativos. Los datos nos permiten ver de qué manera el aimara collavino fue diferenciándose no sólo del tupino, en relación con los cambios involucrados, sino inclusive del resto de sus variedades congéneres, a las cuales influyó poderosamente por lo menos durante los siglos XVI y XVII.

En cuanto a las nasales, es interesante observar su historia particular en el aimara central, pues hay que distinguir aquí aquellas nasales atribuibles al PA de aquéllas que provienen de otra fuente, como producto de cambios ocurridos en el interior de esta rama. Muchos serían los enigmas en este punto si no echáramos mano de la evidencia externa: gracias a ésta podemos saber de qué manera las nasales están relacionadas con las laterales e inclusive con la vibrante. Por lo demás, nuestra reconstrucción no incluye el fonema nasal velar /_/, que consideramos producto de una evolución panaimara de carácter marginal aunque eventualmente haya llegado a adquirir cierto valor discriminativo.

En cuanto a la yod, creemos haber encontrado la explicación de algunas correlaciones inadvertidas hasta ahora: de por medio está el cambio */y/ > /(/, el mismo que resuelve una serie de interrogantes y hasta nos permite comprender el surgimiento de la marca de primera persona posesora y de futuro en las lenguas aimaras, aspecto no entrevisto por Martha Hardman (1975) en su estudio sobre la reconstrucción de las marcas verbales personales. Además, de rebote, se aclaran algunos aspectos de la evolución del quechua central.

En fin, en cuanto al fenómeno de armonía baste ofrecer una primicia: postulamos para el PA un fenómeno tal estimulado por los sufijos *-šu 'eductivo'y *-ri 'agentivo'. Pero donde la tendencia a la armonía encuentra terreno fructífero es en la rama central. Aquí postulamos por lo menos ocho diferentes manifestaciones de armonía, de las cuales cinco tienen como ámbito de operación el sistema verbal. Sobra decir que los fenómenos armónicos atribuibles al PA en su conjunto no fueron advertidos por cuanto, como lo dijimos ya, la fuente documental apenas ha sido revisada superficialmente.

Lista de cambios y evolución del PA

En esta sección ofreceremos la relación de los cambios que afectaron al sistema fonológico postulado para el PA. Primeramente enumeraremos los cambios compartidos por ambas lenguas y, por consiguiente, ocurridos antes de la escisión de aquél en sus ramas actuales, y luego aquellos que son el resultado de procesos específicos a una y otra rama.

Cambios operados en el PA

Registramos por lo menos seis cambios; a saber:

(1) */_‚_h‚_'/ > /t,th,t'/

*pha_u > AS phatu   'ancho'
*ya_a- > AC yatyi, AS yati-   'saber'
*_hapa > AS thapa   'nido'
*un_'u>AC hun_'u, AS hunt'u 'caliente'
cf. AC u_hunsa~utyunsa 'hueco';
cf.QC u_ku.

(2) > /h/ / ##—VC'VC...

*a_'a > AC ahts'a, AS ha_'a   'grande'
*u_'a > AC uhts'a, AS hu_'a   'tamaño'
*urp'i> AC hirp'i, AS hurp'i 'regazo'

(3) */r/ > /l/ /##—

*raqra > AC *laxra, AS laxra   'lengua'
*ranq'a> AC *lanq'a, AS lanqa 'barro'

(4) */n/ > /_/

*-naya > -_a (AC,AS)

(5) Armonización causada por *-šu y -ri

*ala-ri > AC, AS ali-ri   'comprador'
*ha_a-šu->AS ha_(u)su-   'verter
                              lágrimas'
*aya-šu- > AC ay(u)-šu-   'sacar palos'

(6) Elisión vocálica morfofonémica

Evolución de AC

El aimara central queda definido por la operación de seis cambios consonánticos y cuatro vocálicos, a saber:

(1) */t,th,t'/ > /ty,tyh,ty'/ / /—/i,u/
       *p'ita- > pityi   'tejer'
       *tuλqa > tyuλqa   'yerno'
       *phithu > phityhu   'alfiler'
       *t'imphi-> tyimpu   'arremangarse'

       /t'/ → [ts']
       /ty,tyh,ty'/→ [_‚_h‚_']

(2) */_,_h,_'/ > /ts,tsh,ts'/

*k'ip_a > k'iptsa   'hígado'
*qun_a > quntsa   'amigo'
*an_ha > antsa   'demasiado'
*u_ha > utsa   'mazamorra'
*_'ama > ts'ama   'fuerza'
*_'iqa > ts'iqa   'izquierda'

(3) */k,q/ > /χ/ / —C

*tuksa- > tuχsa   'heder'
*paqši > paχši   'luna'

(4) */l/ > /n/ / ##—

*rawa > (*lawa) > nawa 'leña'
*rap'a > (*lap'a)> nap'a 'piojo'

(5) */λ/ > /ñ/ /##—

*λama- > ñami   'cosechar'
*λawλi > ñawλi   'de cúbito ventral'

(6) */y/ > /χ/ / V—V

*naya > naχa   'yo'
*paya > paχa   'dos'
*saya- > saχa   'decir'
*maya- > maχi-(_i)   'pedir'

(7)   */i/ > /a/
     */u/ > /i/
     */a/ > /i/

(8) Procesos armónicos

-ru 'inductivo', -ya 'causativo', -ši 'mediopasivo', -ni 'posesivo', etc.

Evolución de AS

Identificamos siete cambios de naturaleza consonántica y uno de carácter suprasegmental; a saber:

(1) */p,t,_,k,q/ > /φ,s,š,χ,x/ / —C

*t'apra > t'aφra   'lana'
*k'ip_a > k'iφ_a   'hígado'
*qha_qha > qhasqha   'áspero'
*p'u_qu > p'usqu   'fermento'
*_'ikma > _'iχma   'almohada'
*tukru > thuχru   'bastón'
*muqsa > muxsa   'dulce'

(2) */p,t,_, k,q/ > [+asp] / ##—

*paqši > phaxsi   'luna'
*tuksa- > thu(sa   'heder'
*_uq(u > _hux(u   'choclo'
*kaqya > khaxya   'afección bron-
quial'
*qaqsi > qhaxsi   'vergüenza'

(3) [φ] > /h/ / ##—VChVC...

*ikha- > hikha-   'arrear animales'
*u_ha > hu_ha   'mazamorra'
*i_hu > hi_hu   'paja'
*aqhi > haqhi   'cueva'
*akλa- > haχλa-   'escoger'

(4) */_,_h,_'/ > /_,_h,_'/

*q'a_a > q'a_a   'afilado'
*win_ha > win_a   'diadema'
*_'ama > _'ama   'fuerza'

(5) */_/ > /r/

*paq_a > para   'frente'
*qhi_wa > qhirwa   'valle'
*phu_aka > puraka   'vientre'

(6) */š/ > /s/

*iši > isi   'vestido'
*_'uši > _usi   'frazada'
*puši > pusi   'cuatro'

(7) */w,y/ > ∅ / V—V

(7a) VV > [v:]

*aya-	> a:-	'llevar'
*maya	> ma:	'uno'
*maya-	> ma:-	'ir'
*saya-	> sa:-	'decir'
*q'awa	> q'a:	'bosta'
*kurawa	> kura:	'borde de pared'

(8) Acento de intensidad antepenúltimo.

Apreciaciones generales

Seguidamente ofrecemos algunos comentarios que surgen de la postulación de los cambios listados.

Es importante advertir cómo AC y AS registran una serie de cambios en común; en consecuencia, podemos postular que tales procesos habrían afectado igualmente a las variedades hoy extinguidas, ya que se los encuentra a un extremo y otro del antiguo espacio aimara hoy separado por el quechua.

De los cambios que afectaron a AC, algunos de ellos –(2) y (8)– han operado con más intensidad en el jacaru antes que en el cauqui. Contrariamente a lo sostenido por Martha Hardman, los datos examinados conducen a la conclusión de que aquí estamos ante dos dialectos de una misma rama antes que frente a dos lenguas diferentes. Es posible que cambios semejantes hayan afectado también a las demás variedades centrales hoy extinguidas.

Las variedades correspondientes al AS, comprendiendo dentro de él tanto a las extinguidas como a las sobrevivientes, formaban igualmente una sola lengua. Sin embargo, la variedad que se insinúa en los textos guamanpomianos, con fuerte dosis de influencia quechua, acusa rasgos propios, como si hubiera sido un dialecto puente entre AC y AS. En general, los datos del aimara collavino indican que fue en la variedad lupaca en la que se incubaron la mayoría de los cambios enumerados, y a partir de dicho foco fueron propa-

gándose al resto de los dialectos. Modernamente será la variedad paceña la que actúe como foco innovador. La diferenciación interna de AS actual se mantiene más o menos en las mismas condiciones en que se encontraba a fines del siglo XVI: desde el norte de Chile hasta el norte de Puno estamos ante una misma lengua.

En términos históricos, el área cubierta por el PA apunta hacia la costa y sierra centrales, territorio del cual fue siendo desplazado por el quechua que lo descoyunta segmentándolo gradualmente en dos secciones que se irán constituyendo en las ramas central y sureña. La presencia prequechua del aimara en territorios hoy íntegramente quechuizados y/o castellanizados puede ser demostrada en términos tanto estrictamente lingüísticos como etnohistóricos: de esta manera cobran actualidad las hipótesis del aimarismo primitivo de Middendorf y Uhle, quitada la procedencia sureña de éste último.

Como en el caso del quechua, las formas más arcaizantes del aimara se encuentran en el centro peruano, y es muy posible que antes de la expansión inicial del PQ dichas variedades estuvieran ya bastante fragmentadas. Las del AS, por el contrario, que se muestran más parejas y relativamente uniformes, estarían denunciando una propagación reciente (tal vez a partir de Ayacucho).

Por consiguiente, la atribución que se hace del aimara collavino a la civilización tiahuanaquense (cf., por ejemplo, Browman 1994) no parece tener asidero, por lo menos desde el punto de vista de la dialectología y de la reconstrucción histórica de la protolengua. Desde esta perspectiva, el aimara resulta siendo una importación reciente en el altiplano (propia del siglo XIII) difícilmente conciliable con la cronología que se le asigna a Tiahuanaco: de haber sido contemporáneos, hoy tendríamos a la vista no una lengua aimara collavina hablada en tan vasto territorio, sino varias de ellas.

Quedan todavía nebulosos los eventos que determinaron el desplazamiento y consiguiente absorción del PAC por parte del

PQ, y, posteriormente, los que determinaron
la expansión del PAS, posiblemente a partir
de Ayacucho, en dirección sureste, hecho que
habría ocurrido hace unos seiscientos cincuenta años aproximadamente.

Bibliografía

Adelaar, Willem F.H.
1994   "La nasal velar en el aymara y en el jacaru". Ponencia presentada en el 48 Congreso Internacional de Americanistas. Estocolmo/Upsala, Suecia, 4-9 de julio.

1986   "La relación quechua-aru: Perspectivas para la separación del léxico". *Revista Andina*, 8: 2. Lima: CBC.

Ayala, Juan Luis
1988   *Diccionario español-aymara/aymara-español.* Lima: Editorial Juan Mejía Baca.

Barranca, Sebastián
1876   "Fragmentos de una gramática para el cauqui". *El Siglo* Nº 25-26.

Belleza, Neli
1995   *Vocabulario jacaru-castellano/castellano-jacaru.* Cusco: CERA Bartolomé de Las Casas.

Bertonio, Ludovico
[1603]

1879   *Arte y grammatica muy copiosa de la lengua aymara.* Leipzig: B.G. Teubner.

1612a   *Arte de la lengva aymara, con vna silva de phrases de la misma lengva y declaracion en romance.* Chucuito: Francisco del Canto, editor.

[1612b]

1984   *Vocabvlario de la lengva aymara.* Cochabamba: CERES.

Briggs, Lucy Therina
1993   *El idioma aymara: Variantes regionales y sociales.* La Paz: Ediciones IICA.

Browman, David L.
1994   "Titicaca Basin Archaeolinguistics: Uru, Pukina and Aymara ad 750-1450". *Word Archaeology*, 26: 2.

Büttner, Thomas T. y Dionisio Condori
1984   *Diccionario aymara-castellano.* Puno: Proyecto Experimental de Educación Bilingüe.

Campbell, Lyle R.
1995   "The Quechumaran Hypothesis and Lessons for Distant Genetic Comparison". *Diachronica.*

Cerrón-Palomino, Rodolfo
1996   "La primera codificación del aimara", en Klaus, Zimmermann editor: *La descripción de las lenguas amerindias en la época colonial.* Berlín: Vervuert. Por aparecer.

1995a   "Tendencias actuales de la lingüística andina", en Ana Fernández Garay y Pedro Viegas Barros, editores: *Actas de las II Jornadas de Lingüística Aborigen*. Buenos Aires: UBA, Instituto de Lingüística.

1995b   "Dialectología del aimara sureño". *Revista Andina*, 25: 1. Lima: CBC.

1994a   "Vocales largas en jacaru: Reconsideración", en Peter Cole; Gabriela Hermon y Mario Daniel Martín, editores: *Language in the Andes*. Newark, Delaware: Latin American Studies, University of Delaware. También aparecido en *Lexis*, XVIII: 1, en versión corregida.

1994b   "Quechuística y aimarística: Una propuesta terminológica". *Signo & Seña*, 3.

1994c   *Quechumara: Estructuras paralelas del quechua y del aimara*. La Paz: CIPCA.

1988   "Balance y perspectivas de la lingüística andina", en Luis Enrique López, compilador: *Pesquisas en lingüística andina*. Lima: Gráfica Bellido.

1987   *Lingüística quechua*. Cusco: CERA Bartolomé de Las Casas.

1986   "Comentarios" a Adelaar, Willem F.H., 1986.

1985   "Panorama de la lingüística andina". *Revista Andina*, 6. Lima: CBC.

1979   "La primera persona posesora-actora del protoquechua". *Lexis*, 3: 1.

De Lucca, Manuel

1987   *Diccionario práctico aymara-castellano/castellano-aymara*. La Paz: Editorial Los Amigos del Libro.

Deza, Juan Francisco

1992   *Gramática de la lengua aymara*. Lima: Artex Editores.

1989   *Diccionario aymara-castellano/castellano-aimara*. Lima: Graphos 100 Editores.

Ebbing, Juan Enrique

1981   *Gramática y diccionario aimara*. La Paz: Editorial Don Bosco.

Farfán, José María Benigno

1961   "Diccionario conciso castellano-haqearu-quechua". *Revista del Museo Nacional*, tomo XXX.

1955   "Estudio de un vocabulario de las lenguas quechua, aymara y haqe-aru". *Revista del Museo Nacional*, tomo XXIV.

1953   *Colección de textos de haque-aru o kawki*. Sobretiro de la *Revista del Museo Nacional*, tomo XXI.

Ferrell, Marco

1992   *Jaqaru Kachuyna, Tupna (kuska saynuqpha Kachyath jaqarun, Tupith jaqarunpsa)*. Lima: Inti Tata.

Grondin, Marcelo
1985   *Método de aymara*. La Paz: Los Amigos del Libro.

Guaman Poma de Ayala, Felipe

[1615]
1936   *Nueva coronica y buen gobierno.* París: Institut d'Ethnologie.

[1615]
1980   *El primer nueva coronica y buen gobierno.* México: Siglo XXI.

Hardman, Martha J.
1986   "Comentarios" a Adelaar, Willem F.H., 1986.

1985a   "Jaqi Stop/Affricates **tx, *cx, *tz*". *IJAL*, 54: 4.

1985b   "Aymara and Quechua: Languages in Contact", en Manelis Klein, Harriet
                     E. y Louisa Stark, compiladoras: *South American Indian Languages:
                     Retrospect and Prospect.* Austin, Texas: The University of Texas Press.

1983a   "Jaqaru Short Vowels". *IJAL,* 49: 2.

1983b   *Jaqaru: Compendio de estructura fonológica y morfológica.* Lima: IEP e
                     III.

1978   "Jaqi: The Linguistic Family". *IJAL,* 44: 2.

[1966]

1975   "El jaqaru, el kawki y el aymara". *Actas del Simposio de Montevideo.*
                     México: Editorial Galache.

1975   "Proto-jaqui: Reconstrucción del sistema de personas gramaticales".
                     Revista del Museo Nacional, XLI.

Hardman, Martha; Juana Vásquez y Juan de Dios Yapita

1988   *Aymara: Compendio de estructura fonológica y gramatical.* La Paz:
                     Gramma Impresión.

Hervás y Panduro, Lorenzo
[1800]
1979   *Catálogo de las lenguas de las naciones conocidas.* Madrid: Ediciones
                     Atlas, Vol. II.

Landerman, Peter N.
1994   "Glottalization and Aspiration in Quechua and Aymara Reconsidered", en
                     Peter Cole y otros, compiladores: *Language in the Andes.*

Middendorf, Ernst W.
1891   *Die Aimará Sprache.* Leipzig: F.A. Brockhaus.

Oré, Jerónimo de
[1598]
1992   *Symbolo Catholico Indiano.* Lima: Australis. Edición facsimilar.

1607   *Ritvale sev Manvuale Pervanvm...* Nápoli: Jacobum Carlinum et
                     Constantinum Vitalem.

Porterie-Gutiérrez, Lilianne
1988   *Etude Linguistique de l'Aymara Septentrional (Perú-Bolivia).* París:
                     Universidad de París-Sorbona, AEA.

Propaganda Fide del Perú
1905   *Vocabulario políglota incaico.* Lima: Tipografía del Colegio de
               Propaganda Fide del Perú.

Rivero y Ustariz, Mariano y Johann Jakob von Tschudi
[1854]
1971   *Peruvian Antiquities.* New York: Kraus Reprint Co.

Ross, Elena
1963   *Rudimentos de gramática aymara.* La Paz: The Canadian Baptist Mission.

Tarifa Ascarrunz, Erasmo
1969   *Suma lajra aymara parlaña. Gramática de la lengua aymara.* La Paz:
               Editorial Don Bosco.

Tercer Concilio Limense
[1584-85]
1985   *Doctrina Christiana, y catecismo para instrvccion de los Indios...* Madrid:
               Consejo Superior de Investigaciones Científicas.

Torres Rubio, Diego de
1616   *Arte de la lengua aymara.* Lima: Francisco del Canto, editor.

Uhle, Max
1894   "Estudios sobre el verbo aimara". Trabajo inédito. Berlín: Fondo Uhle-
               Lehmann del Instituto Iberoamericano.

Villar, Leonardo
1895   "Lingüística nacional. Lenguas coexistentes con la keshua". *Boletín de la
               Sociedad Geográfica de Lima.*

El multilingüismo en el Perú

Inés Pozzi-Escot
Universidad Nacional Mayor de San Marcos, Perú

Esta ponencia presenta algunos resultados de investigaciones hechas en 1995 y comienzos de 1996 bajo el auspicio del Instituto de Investigación de Lingüística Aplicada (CILA) de la Facultad de Letras de la Universidad Nacional Mayor de San Marcos, con financiamiento del FEDU-Investigación. La primera investigación, titulada "El multilingüismo en el Perú", está ya en la fase final de preparación para su publicación y la segunda, complementaria de la primera, sobre el desplazamiento lingüístico, está en sus etapas iniciales. Esta ponencia se va a centrar, en consecuencia, en los resultados de la primera investigación.

Debemos advertir que cuando hablamos del multilingüismo en el Perú nos referimos a las lenguas autóctonas, dejando de lado el castellano y las lenguas extranjeras que aquí se hablan.

El propósito de la investigación era recoger información de las lenguas autóctonas aún habladas en el país para tener un testimonio de ellas y de su situación actual. Tuvimos la suerte, al comenzar la investigación, de que la revista *New Language Planning Newsletter,* publicada por el Instituto Central de Lenguas de la India, dependiente del Ministerio de Desarrollo de Recursos Humanos, publicase, en su número 3, volumen 9, de marzo de 1995, un cuestionario en inglés para el estudio de lenguas en peligro de extinción. Este cuestionario era, a su vez, producto de la preocupación que existe por las lenguas amenazadas en la Facultad de Letras de la Universidad de Tokio y específicamente en la oficina de lenguas en peligro del Departamento de Lingüística del Asia y del Pacífico de la misma universidad.

El cuestionario en referencia consta de trece preguntas que cubren aspectos lingüísticos como "nombre de la lengua y diferentes ortografías en uso", "dialectos", "clasificación genética", etc., y aspectos sociolingüísticos referidos al estado actual de la lengua en cuanto a número de miembros en el grupo étnico, número de hablantes, lenguas que se hablan en la comunidad o sitio sobre el cual informa el investigador, etc.. El ámbito de información que cubre el cuestionario es de máxima utilidad, pues abarca inclusive bibliografía, existencia de algún programa de mantenimiento y nómina de instituciones y personas que hayan estudiado o estén estudiando la lengua.

En un mundo globalizado donde las lenguas de los países más poderosos se hallan en disputa por la supremacía, vale decir, por el logro de un mayor número de áreas de predominio y de hablantes, sean éstos pasivos o activos, no es exagerado pensar que todas nuestras lenguas autóctonas se hallan amenazadas, a corto, mediano o largo plazo, con excepción de las de más fuerte raigambre –el quechua y el aimara–, defendidas por el número de hablantes y el prestigio de su tradición.

Desde esta perspectiva, para el estudio del multilingüismo en el Perú nos pareció pertinente usar el cuestionario propuesto por la Universidad de Tokio.

Tradujimos el cuestionario y lo enviamos a los investigadores que estudiaban o habían estudiado diversas lenguas en el Perú. Debo destacar el extraordinario apoyo que recibimos de los investigadores a quienes nos dirigimos, al punto que el porcentaje de no respuestas ha sido casi inexistente.

Otra coincidencia feliz fue que a tres lingüistas peruanos –el doctor Gustavo Solís, el licenciado Fernando García y quien escribe esta ponencia– se les encargó preparar un mapa lingüístico de las lenguas de la Amazonía peruana para el Encuentro Panamazónico sobre lenguas indígenas realizado en Belem do Pará a fines de marzo de este año. El encuentro tenía, entre otros, un propósito comparativo, esto es, el de esclarecer cuáles eran las familias lingüísticas internacionales (ubicadas en tres o más países), binacionales y nacionales simplemente en la Amazonía. Este encargo permitió un fructuoso diálogo con expertos de otros países amazónicos, lo que nos llevó a hacer cambios en el número de familias lingüísticas de la Amazonía peruana y sus componentes.

La propuesta consta de dieciséis familias lingüísticas y de cuarenta lenguas, siendo la familia arahuaca –con diez lenguas– y la familia pano –con siete– las más numerosas. Debemos resaltar que consideramos la propuesta un avance pero no la última palabra sobre este delicado tema de familias lingüísticas, lenguas y dialectos de la Amazonía peruana.

Desde los primeros contactos entre pobladores indígenas del Nuevo Mundo y españoles, éstos últimos quedaron impresionados por lo que señalaron como la multiplicidad de lenguas. Desde entonces hasta hoy nos persigue el embrollo entre grupos étnicos y lenguas, de un lado; y, de otro, entre lenguas y sus variantes. Quisiera recordar una cita de Alfredo Torero en *Lingüística e historia de la sociedad andina* en la cual hace referencia a la Descripción de la Tierra del Repartimiento de los Lucanas Antamarcas de la Corona Real, del año 1586, en la cual se lee:

> "Hay en este repartimiento mucha diferencia de lenguas... y estas lenguas no tienen nombre cada una de por sí, más que todos ellos dicen a su propia lengua hahuasimi, que quiere decir lengua fuera de la general, que es la del Inca..." (1970: 24).

Fuera de esta gran variedad de lenguas aparece también el espíritu fabulador de los recién llegados que los lleva a exagerar, al punto que fray Bartolomé de Las Casas, según cita de Waldemar Espinoza Soriano (1982: 164), consigna que eran "mil miles de lenguas".

Como ha señalado Jon Landaburu (1995: 3), no se podía esperar de los conquistadores clasificaciones fundadas en "observaciones intrínsecas de las lenguas".

No es nuestro propósito en esta ocasión hacer una historia de los esfuerzos de clasificación de las lenguas habladas en el Perú. Queremos, de cara al presente, contribuir a esclarecer la situación, enfatizando la necesidad de deslindar designaciones étnicas de designaciones de lenguas, confusión que ha llevado a mucho error.

Debemos tener en cuenta que los misioneros y exploradores se enfrentaron con el problema de denominar lenguas ágrafas, lo que resolvieron de distintas maneras: sea con el recurso a características físicas –como en el caso de "orejón" por ser lengua hablada por los orejones, quienes se alargaban las orejas–, sea apelando a denominaciones geográficas de los lugares donde habitaban las gentes que hablaban estas lenguas. Así surge el nombre de "lengua de Colán", de la cual recoge el obispo Baltazar Jaime Compañón una de sus ocho listas de palabras. Cuando existía una autodenominación del grupo, servía ésta para nombrar la lengua también. A veces se contaba con una denominación externa dada por los enemigos del grupo o simplemente por "los otros", caso del "Yanesha", autodenominación de los hablantes de la lengua que los "de afuera" denominan "amuesha".

En otros casos, podía ser cuestión de que el propio grupo daba un nombre a una parte de sí mismo, como ocurre hoy con el grupo machiguenga que denomina "Kugapacori" a un grupo separado de la etnia hace muchos años y que habla una variedad diferenciada de los dos dialectos del machiguenga. Complica el cuadro, igualmente, la utilización de nombres de clanes y la posibilidad de denominaciones para un mismo grupo con referencia a distintas ubicaciones espaciales relativas, como en el caso de los huitotos que distinguen dos ubicaciones: huitoto muinane (gente del oriente) y huitoto murui (gente del occidente). Según Jon Landaburu (1995: 32), en Colombia los muinane huitotos llamaban muinanes a grupos de la familia bora "por ser más occidentales que ellos" en su ubicación espacial. En el Perú hay muinane huitotos que hablan el dialecto nepode de la lengua.

Si había multitud de lenguas, ¿cuál podía ser la situación desde el ángulo de las etnias?

Cerrón-Palomino (1987: 53) nos dice, por ejemplo, en relación al quechua, hablado en un territorio dividido en cuatro suyos: "... Cada suyu comprendía un gran número de etnias diferentes, las mismas que ascenderían a por lo menos unas doscientas". Pero no había necesariamente paralelismo entre el número de etnias y el número de lenguas, porque podía "darse el caso de que distintas etnias se valieran de una misma lengua".

Jaime Urrutia (1994: 5), refiriéndose al espacio regional huamanguino al iniciarse "el proyecto colonizador", señala la "distribución étnica compleja, enrevesada en algunas zonas" y agrega:

> "Por ello, la territorialidad no se explica, en nuestro espacio, sin la interacción entre cuatro etnias originarias y los mitimaes de diversas procedencias colocados por la administración inca –en algunos casos posiblemente antes de ella– para mejor control de la población y mejor uso de los recursos."

Otro dato que señala Urrutia es la existencia de multiplicidad de lenguas al interior de las etnias, haciendo notar que:

> "... quedan aún por estudiar las razones de esta multiplicidad lingüística al interior de las etnias que, en teoría, coloca en debate el criterio mismo de la identidad étnica que intentamos estudiar" (Ibíd.: 11).

Parecen de especial interés estas observaciones de Urrutia que replantean el problema de la identidad étnica y que están corroboradas por datos recogidos por María Rostworowski (1993: 149) en relación al Inca Tupa Yupanqui. Éste, después de conquistar Chachapoyas, llevó al Cusco a más de mil indios mitimaes y los instaló "en la comarca de Amaybamba", pero "Junto con los chachapoyas fueron puestos en el lugar, indios sami o ami yunga, yancaibamba y puquises". ¿Qué lenguas hablaban esos indios que fueron puestos "junto" a los chachapoyas? Pareciera que multilingüismo y pluralidad étnica se han dado la mano desde antiguo en nuestra historia.

La desestructuración de las macroetnias con la división de los señoríos andinos (ibíd.: 16) para otorgar encomiendas a los conquistadores lleva a Rostworowski a afirmar:

"Pocos son los grupos étnicos que se pueden rastrear a través de los tiempos preínca, colonial y actual" (ibíd.: 19), lo que da una idea de la complejidad presente, a lo que se agregan las nuevas terminologías de comunidades campesinas y comunidades nativas.

Por eso, sorprende la decisión del Instituto Indigenista Peruano de publicar un mapa etnolingüístico oficial del Perú en el cual enlazan criterios de etnicidad con lenguas.

Se sostiene en la presentación del *Mapa etnolingüístico oficial del Perú,* publicado en 1994 por el Instituto Indigenista Peruano, que coexisten en nuestro territorio "sententaidós etnias/lenguas agrupadas en catorce familias lingüísticas indígenas". El documento define etnia, en una nota al pie de la página cinco, como "población con cultura y lengua propia". Esto implica que si hay setenta y dos etnias y éstas, por definición, tienen una lengua propia, hay también setenta y dos lenguas. De ahí nace un entrampamiento que impide un deslinde entre lenguas y grupos étnicos.

Por ejemplo, al abordar la discusión de la primera familia lingüística que explican, la familia quechua, señalan que "las etnias y lenguas que incluye son las siguientes" y enumeran, en primer término, Ayacucho-Cusco, que se tiene que entender como la primera etnia y dan la ubicación incluyendo una larga lista de provincias correspondientes a ocho departamentos; a saber: Moquegua, Puno, Apurímac, Arequipa, Ayacucho, Cusco, Huancavelica, Ica. ¿Pueden los hablantes de quechua de esas localidades constituir una etnia integrante de las setenta y dos etnias mencionadas como componentes de la realidad peruana? No queremos ahondar en este análisis, pero creemos que ha habido ligereza en calificar ese trabajo como "mapa etnolingüístico oficial del Perú".

En el estudio que nosotros hemos realizado utilizando el cuestionario propuesto por la Universidad de Tokio hemos considerado las lenguas habladas en el Perú y no las etnias. Un primer afán ha sido descartar las lenguas

cuyos hablantes se han extinguido en este último medio siglo y que aún aparecían en diversos recuentos. Para esta exclusión nos hemos valido del trabajo realizado por los lingüistas Solís, García y quien esto escribe para el encuentro panamazónico sobre lenguas indígenas de Belem do Pará y el valiosísimo acopio y análisis realizado por Mary Ruth Wise del Instituto Lingüístico de Verano (ILV) tanto en su trabajo de 1983 como en su ponencia al 48 Congreso Internacional de Americanistas realizado en Suecia en 1994.

La lista de lenguas extinguidas en este último medio siglo es la siguiente:

Nombre	Familia
1. Aguano	Sin clasificación
2. Andoa	Záparo
3. Cahuarano	Záparo
4. Cholón	Sin clasificación
5. Muniche	Sin clasificación
6. Omurano	Záparo
7. Panobo (huariapano)	Pano
8. Sensi	Pano
9. Yameo	Peba-yagua

En las condiciones de vida de los hablantes de lenguas amazónicas es muy difícil saber con exactitud cuándo ha desaparecido el último hablante de una lengua específica. Por ejemplo, en esta lista damos por extinguido al cholón. La profesora Sofía La Torre —quien estudió el cholón en Juanjuí, provincia de Mariscal Cáceres— nos informó que tuvo dos informantes de más de ochenta años y que sabe que uno murió y presume que el otro ha fallecido ya. Recientemente una investigadora extranjera ha recorrido los parajes donde se le indicó que habría la posibilidad de encontrar hablantes de cholón, pero no encontró a ninguno. Para todos los efectos prácticos, consideramos extinto al cholón.

Otro grupo de lenguas que hay que tratar con mucho cuidado es el constituido por las que se clasifican como lenguas "al borde de la extinción".

Nosotros hemos considerado "extintas" las que no tienen ya un solo hablante, y lenguas "al borde de la extinción" las que tienen doscientos o menos en el grupo, siguiendo el análisis de Mary Ruth Wise en su artículo de 1983 sobre las lenguas indígenas de la Amazonía peruana. Las lenguas al borde de la extinción las hemos incluido dentro de los listados de familias lingüísticas de la Amazonía, y hemos recibido respuestas a los cuestionarios para todas ellas, inclusive para el jebero y el omagua, aunque con algunos vacíos de información en el caso de estas dos. El caso del jebero es curioso, porque aparece en las referencias como que cuenta con un número considerable de miembros del grupo étnico –entre 2.300 y 3.000–, pero son hablantes de la lengua sólo unos pocos ancianos (Wise 1994: 20), lo que plantea otro problema interesante: la relación entre el número de miembros del grupo étnico y el número de hablantes. A veces el número coincide y, si el número no es viable, la lengua está perdida.

En el caso del jebero, la suerte de la lengua depende de la voluntad del grupo, de su decisión de prolongar su identidad como pueblo indígena. Hay algunos síntomas de un movimiento de esta naturaleza entre los jeberos. Por ejemplo, la organización de un grupo de teatro –el "polifacético"– con sede en la ciudad de Yurimaguas, que presenta versiones escénicas en jebero. ¿Se salvará el jebero?

En cuanto a los omagua, ni siquiera han sido censados en 1993. Se dice que quedan "unos pocos hablantes". Felizmente, hay omaguas en el Brasil, unos doscientos cuarenta (Adelaar 1991: 59).

Algunas de estas lenguas al borde de la extinción cuentan ya con un mínimo de hablantes, como el caso del Iñapari, que según datos del investigador Steve Parker del ILV tiene sólo cuatro hablantes, todos ellos hermanos, con lo cual se acaba la descendencia. A continuación la lista de las lenguas más amenazadas en el presente:

	Nombre	Familia	Nº de hablantes	Grupo étnico	Fecha
1.	Amahuaca	Pano		247	1993
2.	Caquinte	Arahuaca		229	1993
3.	Chamicuro	Arahuaca		126	1993
4.	Iñapari	Arahuaca	4	4	1995
5.	Iquito	Záparo		150	
6.	Isconahua	Pano	sin datos	28	
7.	Jebero	Cahuapana	pocos	2.300-3.000	1977
8.	Moronahua	Pano		150	
9.	Ocaina	Huitoto	sin datos	150 aprox.	1995
10.	Omagua	Tupí-Guaraní	sin datos	Pocos	
11.	Remo	Pano	?	?	
12.	Resígaro	Arahuaca	2	11	1995
13.	Taushiro	Záparo	7	18	1976

A esta lista habría que agregar el arabela, pese a que tiene trescientos miembros del grupo étnico porque sólo cien hablan la lengua y muy pocos niños la aprenden, según los datos proporcionados en el cuestionario por Rolland y Furne Rich del ILV.

Las causas que provocan esta trágica situación de extinción son varias. Mencionaremos algunas:

1. Las epidemias que han diezmado a poblaciones indígenas que no han recibido el beneficio de vacunas ni la explicación de otras medidas preventivas y que carecen de defensas en su organismo contra un sinnúmero de enfermedades a que el contacto con poblaciones mestizas las ha expuesto.

2. La fiebre del caucho que produjo desplazamientos violentos y exterminio. Como lo señala Wise (1983: 828) citando el caso del huitoto: "Los grupos de la familia Huitoto están entre los que sufrieron el trato más cruel de los caucheros y su población se redujo de 45.000 a algunos cientos de individuos..." Patético testimonio de esto es el ocaina, reducido a un centenar de miembros del grupo étnico y a un número no precisado de hablantes.

3. Otra causa son las luchas internas entre los grupos. Tal es el caso de las luchas de los mayoruna con los mayo, que llevaron a la desaparición de éstos últimos (ibíd.: 827).

4. Los matrimonios mixtos que determinan la lengua que se transmite a los hijos.

5. Los contactos crecientes con representantes de la sociedad nacional suelen afectar la supervivencia de las lenguas y culturas nativas porque imponen la necesidad de bilingüismos activos, lo que a menudo va a la par con sentimientos de baja autoestima de la propia lengua. Por eso la migración se torna una de las causas

más destructivas de las lenguas autóctonas.

Las lenguas autóctonas en el Perú y sus hablantes constituyen, según el censo de 1993, 20% de la población del país: 16% de ese 20% está constituido por los hablantes de quechua y el restante 4% por los hablantes de aimara y las demás lenguas autóctonas. Desgraciadamente, el censo último, de 1993, no distingue entre monolingües y bilingües, lo que impide hacer comparaciones con los resultados de censos anteriores. Lo que sí es evidente es que entre 1940, fecha del primer censo moderno de este siglo en el Perú, y nuestros días, el porcentaje de hablantes de lenguas autóctonas ha tenido una significativa baja, yendo de 51% de hablantes de lenguas autóctonas –bilingües o monolingües– en 1940 a 20% en 1993.

Los hablantes de lenguas autóctonas en el país se clasifican en tres grupos: 1. hablantes de lenguas amazónicas; 2. hablantes de quechua; y, 3. hablantes de aimara.

El equipo formado por los lingüistas Solís, García y Pozzi-Escot ha propuesto que se consideren dieciséis familias lingüísticas con un total de cuarenta lenguas para la Amazonía peruana, con la siguiente distribución:

Familias		Lenguas
I.	Arahua	Culina
II.	Arahuaca	Ashaninca
		Ashaninca
		Campa caquinte
		Campa nomatsiguenga
		Chamicuro
		Iñapari
		Machiguenga
		Piro
		Resígaro
		Yanesha-Amuesha
III.	Bora	Bora
IV.	Cahuapana	Chayahuita
		Jebero
V.	Harakmbut	Harakmbut
VI.	Huitoto	Huitoto
		Ocaina
VII.	Jíbaro	Achuar

		Aguaruna
		Candoshi
		Huambisa
VIII.	Pano	Amahuaca
		Capanahua
		Cashibo-Cacataibo
		Cashinahua
		Mayoruna
		Shipibo-Conibo
		Yaminahua
IX.	Peba-Yagua	Yagua
X.	Quechua	Quechua
XI.	Simaco	Urarina
XII.	Tacana	Ese'eja
XIII.	Ticuna	Ticuna
XIV.	Tucano	Orejón
		Secoya
XV.	Tupí-Guaraní	Cocama-Cocamilla
		Omagua
XVI.	Záparo	Arabela
		Iquito
		Taushiro

Las familias nuevas incorporadas a esta lista son:

1. Arahua, que existe también en el Brasil con otras lenguas además del culina, pero que en el Perú sólo está representada por esta lengua.
2. Bora que, por recomendación de algunos lingüistas estudiosos de lenguas colombianas, separamos de la familia huitoto.
3. Simaco.
4. Ticuna.
5. Harakmbut.

En cuanto a lenguas, hay varias reducciones por recomendación de los especialistas que las estudian. Señalamos:

1. El caso del huitoto, que hemos considerado una sola lengua.
2. La familia harakmbut también la hemos considerado como una sola lengua realizada en las variedades amarakaeri, wachipaeri, sapiteri o kapiteri, arasaeri, toyoeri y kisamabaeri o amaiweri. En el censo de comunidades indígenas de 1993, la

única que aparece con un número viable de hablantes que le aseguran alguna supervivencia es amarakaeri, con 1.000 hablantes.

Las demás registraron: wachipaeri, 159 hablantes; arasaeri, 122; toyoeri, 248; y kisamabaeri, 37. No aparece nombrada sapiteri/kapiteri.

3. De la familia pano hemos dejado fuera las variedades cuyo estatus está indeciso, no sabiéndose si son realmente lenguas independientes o variedades de alguna otra.

El segundo grupo de hablantes de lenguas autóctonas está constituido por los hablantes del quechua. Según la historia de los estudios de la familia quechua rastreados por Rodolfo Cerrón-Palomino, es en la década de los sesenta de este siglo cuando Parker y Torero, cada uno por su cuenta, intentan una reconstrucción del proto-quechua y una clasificación de los dialectos modernos (1987: 96-102). Parker, a partir del cotejo de ocho variedades, las subsume en dos grupos:

"El primero formado por los dialectos de Cuzco, Ayacucho, Bolivia, Ecuador y Ucayali; el segundo, integrado por las variedades peruanas de Ancash, Huánuco y Junín. Al primero lo llama Quechua A y al segundo Quechua B. Luego postula para cada grupo un estudio anterior común que viene a ser, respectivamente, el proto-quechua A (PQA) y el protoquechua B (PQB)."

Torero, por su parte, persiguiendo los mismos objetivos que Parker, pero contando con un material "mucho más abarcante y de primera mano", también postula dos grandes grupos de dialectos que denomina Quechua I y Quechua II. Sostiene Cerrón-Palomino que tanto en el caso de Parker como en el de Torero, "el membrete algebraico propuesto busca salvar la ausencia de unidad étnico-geográfica de los grupos" (1987: 98). Agrega el mismo investigador:

"Tomando como referencia el territorio peruano, y a riesgo de simplificar una realidad mucho más compleja, puede decirse que el territorio del QI (= QB) comprende los departamentos peruanos de Ancash, Huánuco, Cerro de Pasco, Junín y parte de Lima; el de QII (= QA), a su turno circunscribe a aquél, por el norte, hasta Ecuador y Colombia y por el sur hasta Santiago del Estero (Argentina). Empleando términos del lenguaje ordinario podemos distinguir entonces entre una rama central (= QB/I) y otra norteño-sureña (= QA/II) respectivamente."

Lo que precede viene a cuento porque debemos escoger una manera de agrupar los dialectos de quechua para los cuales hemos recibido cuestionarios de respuesta. Una forma podía ser enumerarlos simplemente. Otra, ubicarlos dentro de la clasificación Quechua I y Quechua II de Torero que fue la que alcanzó mayor difusión que la de A y B de Parker. Finalmente, podemos darles una referencia geográfica, separándolos en dialectos norteños, dialectos centrales, dialectos sureños y dialectos de la selva. Recordando la observación de Taylor (1994: 83) sobre algunas dudas respecto a

"la validez de una división donde hablas aisladas como las de Lamas, Chachapoyas, Cajamarca, Ferreñafe, Pacaraos y Yauyos se clasifican según un modelo que, sin embargo, se aplica de manera muy satisfactoria a los grandes conjuntos dialectales...",

hemos optado por la referencia geográfica gruesa.

Contamos con las respuestas a los siguientes dialectos (o las respuestas están comprometidas):

Quechua norteño:
1. Quechua de Cajamarca.
2. Quechua de Ferreñafe (Inkawasi-Cañaris).
3. Quechua de Chachapoyas.

Quechua central:
4. Quechua Huanca.
5. Quechua del Ato-Pativilca.
6. Quechua del norte de Conchucos.
7. Quechua del callejón de Conchucos (Ancash oeste).
8. Quechua del callejón de Huailas.
9. Quechua Yaru (comprende sureste de Cajatambo, serranías de Chancay, el departamento de Pasco, las provincias de Junín, Yauli y Tarma).
10. Quechua de Pacaraos.
11. Quechua de Yauyos.

Quechua sureño:
12. Quechua de Ayacucho.
13. Quechua Cusco-Collao.

Quechua de la selva:
14. Quechua de Lamas.
15. Quechua del Napo.
16. Quechua del Pastaza.
17. Quechua Santarrosino.

No obtuvimos destinatario para encargar el cuestionario del quechua del Tigre.

En 1976, después de darse el Decreto Ley 21156 de oficialización del quechua, para facilitar el cumplimiento de ese decreto se publicaron gramáticas y diccionarios del quechua en seis dialectos, a saber: 1. Ayacucho-Chanca; 2. Cusco-Collao; 3. Ancash-Huailas; 4. Junín-Huanca; 5. Cajamarca-Cañaris; y, 6. Quechua de San Martín.

Atendiendo a estudios posteriores y a diferentes objetivos, para la presente recolección de datos sobre el quechua usando el cuestionario de la Universidad de Tokio hemos incorporado algunas adiciones y cambios:

1. Hemos mantenido separados el quechua Ayacucho-Chanca del quechua cusqueño tomando en cuenta la importancia que los oyentes dan a sus diferencias fonológicas, aunque en un nivel supralectal pueden subsumirse en un solo grupo.

2. Asimismo, siguiendo la sugerencia de Gerald Taylor, el dialecto Cajamarca-Cañaris de la serie de gramáticas y diccionarios de 1976 lo hemos considerado como dos grupos dialectales: el quechua de Cajamarca y el quechua ferreñafano.

3. Entre las adiciones hemos incorporado el quechua de Pacaraos, hablado en algunos pueblos de la provincia de Huaral, porque es un dialecto poco conocido y singular pues no encaja totalmente con las características del quechua central, lo que ha llevado a Torero a postular una rama aislada que tenga como representante único a Pacaraos (véase Cerrón-Palomino 1987: 26).

4. Otra inclusión no usual es el quechua de Yauyos, denominado "supralecto Yauyos" en la clasificación de Cerrón-Palomino de 1987. Señala Taylor que en el valle de Cañete "se hablan por lo menos siete variedades del quechua en catorce comunidades" (1994: 83). Taylor considera que los dialectos quechuas de Yauyos se dividen en dos grupos: "los del norte (Huancaya, Vitis, Tomas, Alis y Laraos) y los del sur (Cacra, Hongos Lincha, Apurí, Huangáscar, Chocos, Viñac, Madeán y Azángaro). Estas hablas presentan una situación lingüística muy especial, según Taylor, debido al gran número de influencias a que han estado sujetas, de modo que tanto formas del quechua I como formas del quechua II se dan entre ellas.

5. Hemos incluido también el quechua de Chachapoyas, que se clasifica tanto en la categoría de norteño como en la de dialecto quechua de la selva. Ya que gozábamos del privilegio de tener en Lima al investigador Gerald Taylor, estudioso del chachapoyano y quien ha publicado una descripción comparativa de la morfología de este quechua, no se podía dejar fuera esta variedad.

6. Otra novedad es incluir un cuestionario sobre el quechua santarrosino, por lo general sólo nombrado. Aprovechamos también la oportunidad de tener contacto con antropólogos y lingüistas que trabajan en Madre de Dios y así pudimos obtener esta primicia.

Los cuestionarios de quechua incluyen en total diecisiete dialectos. No hay que olvidar que algunos dialectos y subdialectos del quechua se han extinguido ya y otros están en proceso de extinción. Los dialectos quechuas de Amazonas, por ejemplo, en 1975 "ya habían caído casi completamente en desuso", según testimonio del lingüista Gerald Taylor (1994: 9). Igual era la situación del quechua de Cajamarca. El mismo Taylor afirma: "El castellano casi ha erradicado el quechua de Chachapoyas y Cajamarca" (ibíd.: 20). En cuanto al quechua de Yauyos, señala Taylor: "... el estado de fragmentación al que se ha reducido la situación dialectal de Yauyos sólo refleja las consecuencias de la reducción constante de las zonas de habla quechua del departamento de Lima" (ibíd.: 102).

Según Cerrón-Palomino, el quechua huanca, hablado en las provincias de Huancayo y Concepción, está "en franco estado de extinción" en esta última provincia. Todo ello es producto de una serie de causas como ser la escuela de currículo urbano y castellanizante que rechaza las lenguas autóctonas, de las migraciones de todo tipo y del continuo empobrecimiento del agro.

El tercer grupo de lenguas habladas en el Perú está representado por la familia aimara. Según los conocimientos actuales, ésta incluye dos ramas: a) el aimara central o tupino; y, b) el aimara sureño o altiplánico. El aimara central se subdivide, a su vez, en el dialecto de Cachuy llamado frecuentemente cauqui y el de Tupe, Ayza y Colca designado preferentemente como jacaru. Ambas variedades del aimara, la de Tupe y la de Cachuy, son mutuamente inteligibles. No se da la misma inteligibilidad entre el aimara tupino y el aimara collavino, pues la inteligibilidad entre el aimara collavino y el tupino es casi nula. Nuestra investigación ha recibido respuestas a cuestionarios referentes a las tres variedades.

El aimara central, particularmente en la variedad llamada cauqui, sufre los embates del cambio y de la penetración del castellano. Por ejemplo, en las respuestas al cuestionario sobre la variedad de Cachuy, el informante declara que el número aproximado de los hablantes de la variedad llamada cauqui son once personas y que desde hace dos generaciones los niños no aprenden la lengua.

Finalmente, queremos destacar la importancia de reconocer la distinción entre etnias y lenguas y no subsumir las unas en las otras como se ha hecho en el *Atlas etnolingüístico oficial* de 1994, publicado por el Instituto Indigenista Peruano al contar el mismo número de etnias que de lenguas. Es preciso tener en cuenta que, tomado el país como un todo, el número de lenguas y el número de etnias no coinciden. La distribución de lenguas y de etnias en una región, subregión o departamento tampoco va a coincidir necesariamente. Recordemos el caso de la subregión de Madre de Dios en la región Inca que presenta un mosaico lingüístico cultural que alberga a siete familias lingüísticas y a unos diecisiete grupos étnicos (Pozzi-Escot 1995: 161).

Cuando se dio la Ley Regional de Oficialización del Quechua para esta región en 1991, se cometió el grave error de desatender la realidad lingüística y étnica de cada subregión, puesto que lo que era bueno para las subregiones de Cusco y Apurímac no lo era para la subregión de Madre de Dios. Las decisiones de política educativa tienen que estar acordes con la situación lingüística y étnica del lugar donde se van a aplicar. El ser un país multilingüe y pluricultural exige respeto a esa doble diversidad.

Es preciso divulgar en qué consiste nuestra diversidad lingüística, así como la cultural. Confiamos haber contribuido a la comprensión de nuestra diversidad lingüística con esta investigación sobre el multilingüismo en el Perú.

Bibliografía

Adelaar, Willem F.H.
1991   "The Endangered Languages Problem: South America", en R.H. Robins y
               E.M. Uhlenbeck, editores: _Endangered Languages_, pp. 45-91. Oxford/New
               York: Diogenes Library.

Cerrón-Palomino, Rodolfo
1987   _Lingüística quechua_. Cusco: Centro de Estudios Rurales Andinos
               Bartolomé de Las Casas.

Chirif, Alberto y Carlos Mora
1977   _Atlas de comunidades nativas_. Lima: SINAMOS.

Espinoza Pérez, Lucas
O.S.A.

1955   _Contribuciones lingüísticas y etnográficas sobre algunos pueblos indígenas
               del Amazonas peruano_, T. I. Madrid: Consejo Superior de Investigaciones
               Científicas, Instituto Bernardino Sahagúm.

Espinoza Soriano, Waldemar
1980   "Fundamentos lingüísticos de la etnohistoria", en Rodolfo Cerrón-
               Palomino, compilador: _Aula quechua_.

Landaburu, Jon (en prensa)
               "Lenguas indígenas de Colombia. Estudio preliminar para un Atlas lingüís-
               tico". Bogotá: Yerbabuena Imprenta Patriótica, Instituto Caro y Cuervo.

Ministerio de Agricultura
1994   _Mapa etnolingüístico oficial del Perú_. Lima: Instituto Indigenista Peruano.

Ministerio de Educación
1986   Bibliografía 1946-1986 (recopilación de Mary Ruth Wise). Yarinacocha,
               Pucallpa: Instituto Lingüístico de Verano.

Pozzi-Escot, Inés
1995   "Reflexiones sobre la política lingüística peruana". _Signo y Seña_ N° 4,
               mayo de 1995. Revista del Instituto de Lingüística, Facultad de Filosofía y
               Letras, Universidad de Buenos Aires.

Ravines, Roger y Rosalía Ávalos de Matos
1988   _Atlas etnolingüístico del Perú_. Lima: Instituto Andino de Artes Populares
               del Convenio Andrés Bello, Comisión Nacional del Perú.

Rostworowski, María
1993   _Ensayos de historia andina: Elites, etnias, recursos_. Lima: IEP/BRP.

Taylor, Gerald
1994   _Estudios de dialectología quechua (Chachapoyas, Ferreñafe, Yauyos)_.
               Chosica: Universidad Nacional de Educación.

Torero, Alfredo
1970   *Lingüística e historia de la sociedad andina.* Lima: Separata de Anales
                Científicos de la Universidad Nacional Agraria, vol. VIII, N° 3-4.

Urrutia, Jaime
1994   "La diversidad huamanguina. Tres momentos en sus orígenes". Documento
                de Trabajo N° 57, Serie Historia N° 11. Lima: IEP.

Wise, Mary Ruth
1994   "Endangered Languages of South America: Retrospect and Prospect". Po-
                nencia presentada en el simposio "Threatened Languages of the Americas
                and their Future", 48 Congreso Internacional de Americanistas.

1983   "Lenguas indígenas de la Amazonía peruana: Historia y estado presente".
                América Indígena, vol. XLIII, N° 4, octubre-diciembre.

La lingüística peruana ad portas del nuevo siglo

Gustavo Solís
Universidad Nacional Mayor de San Marcos, Perú

Existen varios trabajos relativamente recientes de compulsa de los estudios lingüísticos en el Perú. Todos ellos son específicos, sea sobre hispanística (Rivarola 1986), sobre andinística (Cerrón-Palomino 1993, 1995; Adelaar 1991) o sobre amazonística (Corbera 1993). Un balance un tanto más inclusivo es el mío, que trata sobre la Lingüística Amerindia (1994). Remitimos a dichos balances para revisiones en detalle. Por la naturaleza de este artículo, nos comprometemos con enunciados generales, resaltando, desde nuestra perspectiva, aquello que abre trocha o insiste en un mismo tema. En cualquier caso, se avizoran nuevas temáticas, que creemos interesarán crecientemente a los lingüistas peruanos al inicio de un nuevo siglo. Nos importa señalar las aristas de las fronteras hasta donde hemos avanzado para, desde allí, observar los caminos que se vislumbran por delante.

La lingüística peruana

El trabajo lingüístico en el Perú se caracteriza básicamente por su dedicación al estudio de las lenguas, claramente alejado de preocupaciones teóricas. Desde esta perspectiva, las dos ramas mayores de la lingüística peruana son la hispanística, con el idioma castellano como su objeto, y la lingüística amerindia, con las lenguas indígenas como materia de su quehacer. Las familias de lenguas vigentes involucradas en nuestro quehacer son diecinueve, y el número de idiomas es muy probablemente cuarenta y cuatro. No anotamos cifras sobre familias y lenguas extinguidas, pues no estamos seguros de las respectivas cantidades.

Los temas

Organizaré mi exposición señalando que a los lingüistas que trabajamos con las lenguas peruanas nos interesa en estos momentos, fundamentalmente:

1. La descripción de las lenguas.
2. Los estudios sobre relaciones genéticas.
3. El contacto de lenguas.
4. La extinción y la revitalización de idiomas.
5. Desarrollo de la filología en lenguas indígenas.
   Tenemos también, como es obvio, algunos otros intereses, y probablemente muchos coincidamos en la importancia de:
6. La educación bilingüe.
7. Implementación legal de la Constitución.

En lo que sigue, permítanme hacer una breve presentación de cómo veo nuestra tarea y nuestro avance sobre los tópicos señalados.

La descripción de lenguas

Los trabajos descriptivos gramaticales de las lenguas amerindias del Perú son preliminares o parciales. Muchos son esbozos o se refieren de preferencia sólo a determinados componentes de la gramática, mayormente al fonológico, o a este componente y, además, a algo de morfología y morfosintaxis.

Cuestiones semánticas y discursivas son deficitarias en las descripciones de las lenguas peruanas en general y particularmente de las de selva. Debe anotarse, sin embargo, que los estudios del discurso son relativamente frecuentes, pues hay un interés especial sobre estos tópicos de los misioneros debido a la necesidad de verter textos religiosos cristianos a las lenguas amerindias. Los estudios discursivos son cada vez más importantes desde la perspectiva de la enseñanza-aprendizaje de las lenguas indígenas por hablantes de idiomas que verbalizan la cultura occidental, como también por quienes quieren aprender idiomas occidentales.

Clasificación genética de lenguas

En los estudios de clasificación genética de lenguas peruanas hay dos tendencias bien marcadas:

a. las que tratan de generar grupos bastante inclusivos; y,
b. aquellas que se preocupan más por asegurar la validez de las relaciones genéticas en los niveles más bajos.

La primera tendencia sigue a Greenberg (1987) y da como resultado la propuesta de pocos grupos genéticos, que resultan ser muy inclusivos. Propuestas contrarias a las de Greenberg llevan a elevar el número de familias lingüísticas peruanas. En este sentido, nuestra propuesta de familias lingüísticas indígenas peruanas, con lenguas vigentes, presenta dieciocho familias de lenguas: arawa, arawak, bora, cahuapana, candoshi, harakmbut, huitoto, jíbaro, pano, shimaco, takana, ticuna, tukano, tupi-guaraní, yagua, záparo, quechua y aru. No sabemos si aún existen hablantes de cholón (selva de la provincia de Mariscal Cáceres) y de uro-chipaya (altiplano puneño); en caso de haber, las familias lingüísticas pasarían a ser veinte.

En relación con las lenguas amazónicas, aparte del trabajo de clasificación genética de los idiomas, los estudiosos se interesan por las tipologías areales. Por ejemplo, T. Kaufman (1990) propone XII zonas geolingüísticas basándose para ello en rasgos lingüísticos (genéticos y tipológicos) y rasgos culturales y geográficos. Asimismo, el hallazgo de características especiales privativas, algunas generales y otras relativamente particulares, es de sumo interés.

Contacto de lenguas

Los contactos diacrónicos y sincrónicos entre lenguas peruanas de las distintas regiones geográficas tienen un gran interés, tanto por las cuestiones sociolingüísticas actuales, que son el resultado del proceso de contacto histórico, cuanto por sus implicaciones diacrónicas en el esclarecimiento de nuestra realidad de lenguas.

El estudio del contacto lingüístico existente y habido entre lenguas amazónicas y entre éstas y lenguas andinas del Perú es un tema que aún no ha comenzado a desarrollarse. Sin embargo, merece mención especial el trabajo de Torero (1990) sobre dioses y procesos lingüísticos que apunta a señalar hitos pioneros en este campo, haciendo que la andinística y la amazonística encuentren razones de mutuo interés y colaboración. El contacto y la consiguiente difusión de préstamos es un problema que dificulta la correcta afiliación genética de las lenguas. Estudios históricos de la ocupación por lenguas selváticas de zonas andinas están también por iniciarse. Vale mencionar aquí el trabajo de Casevitz y Dollfus (1988) sobre la toponimia machiguenga que hace ver cómo, en otros tiempos, los machiguengas ocupaban territorios tan próximos a Machu Picchu, de donde ahora están muy alejados. Conocer los procesos migratorios forzados o inducidos de los grupos étnicos de la selva es sumamente importante para el contacto de lenguas en la Amazonía. Por ejemplo, la "dislocación tribal" (Lyon 1970) habida en la zona del Madre de Dios como consecuencia del traslado de diversos grupos étnicos durante la época del caucho, dificultó la correcta afiliación genética de los idiomas hablados en esa zona.

Uno de los eventos históricos importantes en la historia social de los pueblos peruanos, con consecuencias para las lenguas, es la aparición de importantes formaciones sociales, algunas de alcance regional –como la cocama del Amazonas o las de los estados regionales en el mundo andino–. Este hecho, aún no evaluado adecuadamente, implicó, entre otras cosas:

— Extinción de lenguas y culturas de grupos sociales minoritarios de entonces.
— Síntesis culturales de formaciones que se adscribían a culturas relativamente diferentes.
— Advenimiento de idiomas con una comunidad de hablantes más grande y territorios necesariamente más extensos.

El panorama configurado durante la época del surgimiento de aquellas formaciones sociales es, en lo lingüístico, básicamente el mismo que aquél encontrado por los españoles a su llegada a Cajamarca en 1532. Dicha configuración lingüístico-cultural-política sigue marcando la impronta de lo común y lo heterogéneo que advertimos aún hoy en el área geográfica peruana.

La distribución actual de las lenguas en el Perú, sobre todo si la consideramos en términos de grandes familias o troncos lingüísticos, tiene una profundidad temporal de tres a cinco mil años. En ese sentido, las familias de lenguas existentes en la actualidad se gestaron sobre la base de diferencias lingüísticas ya delineadas hace tres o cinco milenios; sin embargo, sus territorios tienen que haber sufrido a veces serias modificaciones a lo largo de la historia, sobre todo desde cuando en la sierra se constituyen sociedades con un alto grado de urbanización y con correlatos organizativos del tipo de Estados o imperios. Por ejemplo, es indudable que las lenguas selváticas vecinas de las serranas estuvieron antes mucho más cerca territorialmente a éstas, habiendo evidencias de que sólo en épocas recientes se han replegado más hacia la montaña, abandonando para los de la sierra amplias zonas que antes poseían.

El bilingüismo estable entre distintas lenguas de selva con idiomas andinos, especialmente el quechua, fue, al parecer, muy generalizado hasta antes de la presencia misionera en la Amazonía. Los misioneros inclinaron la balanza a favor del quechua –por ejemplo, en las misiones del Maynas a cargo de los jesuitas– dando fuerte impulso sistemático a la quechuización de grupos de selva como los jeberos (actuales lamistas), de záparos (actuales quechuas del Napo), candoshis y muratos (actuales quechuas del Pastaza). La consigna "primero lengua inga y catecismo" fue rigurosamente practicada durante los ciento treinta años de vigencia de las misiones del Maynas.

Se necesita estudiar en detalle la actuación de los misioneros del Maynas por una serie de razones, entre ellas:

– Su consecuencia en el probable surgimiento de caracteres de lenguas
criollas.
– La difusión de una lengua general.
(En el caso peruano esta función estuvo probablemente a cargo de la entidad que llamamos omagua y/o co-
cama-cocamilla.)

La expulsión de los jesuitas configura la
situación que los criollistas describen como
propicia para el surgimiento de lenguas criollas.

Para el estudio del contacto de lenguas
resulta importante esclarecer la naturaleza y
los alcances de ciertos circuitos de contacto.
Así, tenemos dos mayores –el circuito del río
Amazonas y el del Madre de Dios–, y otros
menores, como varios del Ecuador al Perú y
del Perú al Ecuador y varios, asimismo, de la
sierra a la selva y de la selva a la sierra.

También es conveniente considerar al
Amazonas como una frontera entre lenguas
norteamazónicas y lenguas del sur del Amazonas, sobre todo en tiempos actuales.

La extinción de lenguas

Tal como ya se ha afirmado, la mayoría
de las lenguas indígenas peruanas, inclusive
varios dialectos quechuas, se encuentran en
distinto grado de peligro de extinción. El indicio para decidir cuándo una lengua o cultura está en proceso de extinción es, en este
caso, el número relativamente corto de miembros culturales o hablantes y la no reproducción de la cultura.

La extinción de lenguas es un tema de
gran interés en la actualidad, que requiere de
desarrollo teórico urgente en cuanto instrumento que debe servir al fenómeno opuesto,
es decir, a la revitalización idiomática.

Dependiendo de las situaciones específicas de las lenguas, la extinción puede medirse
(cf. Solís 1987), así como puede estudiarse a
través de dominios tales como el de los sistemas de denominación: antroponimia, toponimia, fitonimia, zoonimia, etc.. Si se trata de
sistemas ya extinguidos, la constatación de la

existencia histórica de una lengua puede ser
hecha con más eficacia y propiedad a través
de indicios como los de la toponimia; de ahí
que la determinación de áreas toponímicas
sea un quehacer urgente para correlacionar
espacios geográficos con lenguas. La identificación de los sistemas de denominación
puede servir para ampliar el conocimiento
sobre los territorios históricos realmente ocupados por los grupos humanos en otros tiempos. En este tipo de estudios es conveniente
recordar, con T. Kaufman (1990), que las
lenguas verbalizan culturas específicas de
pueblos concretos.

En resumen, el desarrollo teórico y metodológico sobre cuestiones de extinción y rescate de lenguas parece prometedor en los próximos años.

Extinción de lenguas en la sierra

Estamos seguros de que subsisten actualmente cuatro lenguas indígenas en la región
de la sierra: dos del grupo quechua y dos del
grupo aru. No existen ya como instrumentos
de comunicación los idiomas culli de la sierra
norte, ni puquina de la sierra sur. Ambas lenguas aún se hablaban en el siglo pasado, y el
culli todavía hasta el presente siglo. Un hecho
relevante sobre el culli es el aumento de su
léxico, ocurrido en los últimos años, gracias
al trabajo de Manuel Flores, quien ha incre-
mentado de más o menos setenta y cuatro entradas (contando lo recogido por Martínez de
Compañón, Rivet y Silva-Santisteban), a una
cantidad que sobrepasa las seiscientas entradas. Varios otros idiomas han desaparecido
de la sierra. El altiplano puneño no es más
una zona de gran complejidad lingüística tal
como era a la llegada de los españoles, con
no menos de cinco lenguas en pleno funcionamiento, aunque no todas con igual vitalidad. Torero ha demostrado, a través de una
metodología especial, la vigencia de varias
lenguas en distintas zonas de los Andes mediante el rastreo de indicios toponímicos. Este tipo de trabajo deberá continuarse, espe-

cialmente en áreas de la sierra próximas a la selva.

Rescate de lenguas en la costa

De la zona de la costa han desaparecido todas las lenguas indígenas. La última de ellas subsistió hasta el presente siglo en Lambayeque. Se trata del idioma mochica. Martínez de Compañón nos da información sobre otras tres lenguas de esta región. No quedaron las lenguas de la costa sur ya muy tempranamente en la colonia. Falta hacer estudios como los que hizo Torero para la costa norte, a fin de identificar por lo menos los espacios geográficos que corresponden a las distintas lenguas extinguidas en la costa austral, especialmente desde el sur de Ica hasta Tacna.

Los estudios toponímicos resultan muy apropiados en el caso de la región de la costa para identificar los espacios geográficos de las lenguas que se hablaron en la zona. La toponimia se convierte así en un instrumento de rescate de lenguas, pues comienza identificando el territorio de un idioma.

Extinción de lenguas en la selva

Es difícil conocer con precisión el número real de entidades lingüísticas extinguidas en la Amazonía. Ribeiro y Wise (1978) mencionan quince grupos etnolingüísticos extinguidos en la Amazonía peruana en un lapso de setenta y cinco años (1900-1975). Estephen Parker (1992) testimonia dramáticamente la extinción del huariapano (pano), concomitantemente a la muerte, en marzo o abril de 1991, de don Arquímides Sinuiri Nunta en la localidad de Cashiboya (Ucayali). A comienzos de 1996 se atestiguaba la existencia de solamente cuatro hablantes de iñapari, lengua arawak de la zona de Madre de Dios. No parece haber ya hablantes de cholón desde la muerte de la anciana señora Victoria Cerquera Ojeda, a comienzos de la década del ochenta, en Juanjuí. Tenemos información de que en la ciudad de Jeberos vive aún una an-

ciana señora, tal vez una de las últimas hablantes del otrora importante idioma jebero, cuyo trágico destino tiene que ver bastante con su ingrato servicio de cazadores de otros nativos a las órdenes de los misioneros jesuitas.

La revitalización de lenguas

El interés contra la extinción de lenguas –que motiva los intentos de revitalizar aquéllas en peligro de desaparecer– es una preocupación relativamente reciente en el Perú. Los proyectos de educación bilingüe son, por ahora, las formas más elementales de revitalización, especialmente aquellos proyectos que se inscriben en las orientaciones de los propios grupos indígenas interesados. Desde esta perspectiva, cabe resaltar decisiones como las de aquellos cocama –monolingües de castellano– del Proyecto de Educación Bilingüe del Instituto Pedagógico Nuestra Señora de Loreto en Iquitos, de aprender el idioma nativo como segunda lengua, a fin de mantenerlo vigente. Una decisión desacostumbrada, pero digna de generalizarse.

El castellano en el Perú

Más que las descripciones gramaticales, la identificación de las formaciones dialectales del castellano en el Perú y la enseñanza de la lengua son las preocupaciones preponderantes de los hispanistas peruanos.

Si bien la caracterización general del castellano en el Perú puede considerarse como válida, su condición de general esconde una serie de imprecisiones, sobre todo cuando se tienen en cuenta las especificidades de las lenguas amerindias con las cuales ha estado o está en contacto. Una expresión como castellano andino oculta gruesamente la realidad, ya que no hay un castellano andino sino varios. Un buen ejemplo de un castellano andino específico es, verbigracia, el castellano de Cabana (cf. María del Carmen Cuba 1995), con características que se remiten con bastante seguridad a los resultados de contacto del castellano con la lengua culli; o el castellano de Yanashi, en Loreto, que tiene al idioma yagua como componente en su constitución.

Desarrollo de la filología en lenguas nativas

La tarea filológica ha estado inicialmente concernida, como era de esperarse, con el castellano; en los últimos tiempos, el quechua y el aimara se abren campo con éxito. El trabajo filológico en lenguas de selva está por comenzar, pero promete posibilidades de éxito, tal como sucede con la filología andinística, en vista de la no poca riqueza de materiales.

Educación bilingüe

Puede afirmarse que es cada vez más generalizada la convicción de que la educación bilingüe es una estrategia o modelo educativo coherente con nuestra realidad, pues siendo el Perú un país multilingüe, una educación en una sola lengua, sea cual fuere ella, es, en la práctica, incoherente con la realidad y profundamente discriminatoria.

Los especialistas advierten sobre la amplitud de significado del concepto educación bilingüe, pues es obvio que no se involucra sólo lenguas sino también culturas en su uso actual. Por esta razón tiene carácter definidor la adición del término bicultural o intercultural, según la opción específica.

Hay varios problemas complejos relacionados con la teoría y la práctica de la educación bilingüe, conforme lo señalan Zúñiga, Pozzi-Escot y López (1991). Problemas de una u otra naturaleza derivan fundamentalmente de la cuestión de la singularidad de las culturas, de las lenguas involucradas o de las políticas específicas de los Estados, entre otras. Un logro fundamental de la educación bilingüe en el Perú, desde la perspectiva de las lenguas, es el inicio de lo que parece ser un proceso que podría generalizarse, por lo menos entre aquellos cacama monolingües de castellano, de aprender la lengua nativa como segunda lengua.

Lenguas y Constitución

La última Constitución peruana genera una situación relativamente nueva para las lenguas peruanas indígenas vigentes de sierra y selva. Como sabemos, en la nueva Constitución no se modifica el estatus legal del castellano respecto a lo señalado en la Constitución del 79 (lengua oficial por excelencia del Estado peruano), pero en relación con las demás lenguas peruanas hay modificación radical. Las lenguas de quechua y aimara, consideradas solamente como de uso oficial en el 79, ahora aparecen como lenguas oficiales; y en cuanto a las lenguas de la selva, tenidas únicamente como patrimonio cultural, ahora son también oficiales. En cualquier caso, queda como tarea de los lingüistas para los próximos años contribuir en la elaboración del soporte legal con disposiciones de menor jerarquía (leyes) para llevar adelante las implicaciones de lo señalado en la Constitución, especialmente de aquello que se implica por oficialidad de las lenguas y por uso oficial.

Final

Estamos seguros de que los próximos años, tal como ya lo entrevén Adelaar (1991) y Cerrón-Palomino (1993) para la andinística, la interdisciplinaridad será el signo que caracterice el trabajo con las lenguas amerindias peruanas en general. Se vislumbra la irrupción con fuerza de un cúmulo de preocupaciones sobre algo que se configura con cierta nitidez a través de la etiqueta gramática de la cultura, que tiene que ver con una serie de hechos complejos que en la antropología suelen remitirse bajo la llamada antropología cognitiva y en la lingüística preferentemente bajo los dominios de la etnolingüística, la sicolingüística y la pragmática.

Señalemos ahora algunas tareas por emprender:
- Descripción de lenguas. En algunos casos esto significa, en realidad, iniciar; en otros, profundizar. Aun cuando algunas lenguas amerindias

peruanas pueden reputarse como muy bien conocidas científicamente (quechua, aimara, aguaruna, asháninka), la sensación de insuficiencia en las descripciones no deja de estar presente. Como lo señala Adelaar (1991) refiriéndose a lenguas andinas, ninguna descripción gramatical hasta ahora existente sirve a plenitud para el aprendizaje de la lengua, pues muchos asuntos relacionados con fenómenos cognitivos y realidades semánticas específicamente culturales no están capturados y menos explicitados en las descripciones.

— Filología amerindia. En este caso, la filología se ocupará también, en su desarrollo, de las lenguas amazónicas sobre las que poco se trabaja, pero no por ausencia de material, pues sobre ellas hay algunos antiguos conocidos y muchos recientes, sobre todo de literatura oral.

— Acopio y estudio de material textual nuevo y antiguo sobre el mayor número de lenguas peruanas. Esta tarea se liga con los intereses multidisciplinarios sobre cuestiones etnobotánicas, etnozoológicas, etnobiológicas, de literatura oral, etc.. El interés creciente en las literaturas no-occidentales del Perú parece que favorecerá este propósito.

— En lingüística aplicada, las preocupaciones por asuntos de política lingüística se vean probablemente renovadas. En este punto el contenido de política explícito ahora en la nueva Constitución merece una evaluación urgente. De otro lado, tanto legalmente como por la práctica, la educación bilingüe parece haberse consolidado como opción coherente con nuestra realidad plurilingüe, pues es cada vez más aceptada por los propios interesados pertenecientes a los grupos étnicos de la selva y la sierra.

— Estudios de indicios (como la toponimia) de lenguas extinguidas a lo largo del territorio para detectar sistemas lingüísticos extinguidos.

— Estudios de relaciones genéticas de las lenguas siguiendo las nuevas tendencias, en contrapartida a las muy inclusivas de Greenberg.

— Estudios de semántica de la cultura por su importancia teórica y práctica.

— Estudios de los contactos sincrónicos entre las lenguas peruanas y la evidencia de lo habido en otros tiempos. Desplazamiento de lenguas. Bilingüismo.

Por último, algunas necesidades prácticas:

— Centro de documentación de las lenguas peruanas.

— Museo de las lenguas del Perú, para mostrar nuestra riqueza lingüística y cultural.

— Mapa con la distribución de las lenguas peruanas vigentes, y con los espacios geográficos que han sido asiento de lenguas que hoy aparecen como extinguidas.

— Enseñanza de lenguas. En este campo constatamos, lamentablemente, que no hay profesores especializados, por lo mismo que no hay instituciones que los formen. No existen en nuestro medio lugares para la enseñanza-aprendizaje de las lenguas indígenas peruanas.

— Implementación legal para dar contenido efectivo a los enunciados de la nueva Constitución sobre materia de lenguas, culturas y etnias.

Bibliografía

Adelaar, W.F.
1991   "Presente y futuro de la lingüística andina". *Revista Andina,* año 9, N⁰ 1, pp. 49-63. Cusco: CERA Bartolomé de Las Casas.

Ballón Aguirre, Enrique
1989   "La identidad lingüística y cultural peruana: Bilingüismo y diglosia". *Amazonia Peruana* N⁰ 17. Lima: CAAAP.

Benvenutto, Pedro M.
1936   *El lenguaje peruano.* Lima: Sanmarti y Cía.

Bergli, Agot
1990   "Educación intercultural". *Comunidades y Culturas Peruanas* N⁰ 23. Pucallpa: ILV (Compilación).

Casevitz, F.M. Renard y O. Dollfus
1988   "Geografía de algunos mitos y creencias. Espacios simbólicos y realidades geográficas de los machiguenga del Alto Urubamba". *Amazonía Peruana* N⁰ 16. Lima: CAAAP.

Cerrón-Palomino, Rodolfo
1995   "Tendencias actuales en la lingüística andina", en *Actas de las segundas jornadas de lingüística aborigen.* Del 15 al 18 de noviembre de 1994. Argentina: Universidad de Buenos Aires.

Cerrón-Palomino, Rodolfo y Gustavo Solís Fonseca, editores
1989   *Temas de lingüística amerindia.* Lima: CONCYTEC-GTZ.

Chavarría, María C.
1993   "Tradición oral en el Perú: Aproximaciones para un debate" (Manuscrito).

Chirif, Alberto y Carlos Mora 1977
s/f   *Atlas de comunidades nativas.* Lima: SINAMOS.

Corbera, M. Ángel
1993   "Estudios sobre lenguas indígenas amazónicas en el Perú". *Amazonia Peruana* N⁰ 23. Lima: CAAAP.

Cuba, María del Carmen
1995   "El castellano de Pallazca" (Tesis de Licenciatura en Lingüística-UNMSM).

D'Ans, André
1973   "Reclasificación de las lenguas pano y datos glotocronológicos para la etnohistoria de la Amazonía Peruana". *Revista del Museo Nacional,* XXXIX: 349-369.

D'Ans, André; María Chavarría; Nilda Guillén y Gustavo Solís
1973   "Problemas de clasificación de lenguas no-andinas en el sureste peruano". Documento de Trabajo N⁰ 18. Lima: CILA-UNMSM.

Dávila, Carlos y Ángel Corbera
1982   *Lingüística en la Amazonía peruana.* Lima: UNMS-SEAS.

Escobar, Alberto
1992   "Postdata: Amazonean Spanish", en *Plurilingua XIII.* Bonn: Dummler.

1978   *Variaciones sociolingüísticas del castellano en el Perú.* Lima: IEP.

1970   "Realidad lingüística del Perú". *Atlas histórico, geográfico y de paisajes peruanos.* Lima: INP.

Gasche, Jurg y J.M. Arroyo
1984   *Balances amazónicos: Enfoques antropológicos.* Iquitos: CIAAP-UNAP.

Godenzzi, Juan Carlos
1990   "Investigaciones sobre educación bilingüe en el Perú y Bolivia: 1980-1990". *Revista Andina,* año 8, Nº 2. Cusco: CERA Bartolomé de Las Casas.

Greenberg, Joseph
1989   "Classification of American Indian Languages: A Reply to Campbell". *Language* 65: 107-114.

1987   *Language in the Americas.* Stanford University Press.

Grimes, Barbara F., editor
1988   *Ethnologue. Languages of the World.* SIL. Dallas, Texas: Eleventh Edition.

Instituto Indigenista Interamericano
1987   Seminario sobre políticas de reviltalización lingüística. *América Indígena,* vol. XLVII, Nº 3 y 4. México.

Instituto de Pastoral Andina
1987   "Lengua, nación y mundo andino". *Allpanchis* Nº 29/30, año XIX. Sicuani: IPA.

Jung, Ingrid
1992   *Conflicto cultural y educación. El proyecto de educación bilingüe-Puno/Perú.* Quito: Abya-Yala.

Kaufman, Terrence
1988   "Historical-Comparative Lingüístics in South America", en Doris L. Payne, editora: *1990. Amazonian Linguistics.* Texas: University of Texas Press.

López, Luis E. y Ruth Moya, editores
1989   *Pueblos indios, Estados y educación.* Lima.

Loukotka, Cestmir
1968   *Classification of South American Indian Languages.* Los Ángeles: University of California.

Lyon, Patricia
1975   "Dislocación tribal y clasificación lingüística en la zona del río Madre de Dios". XXXIX Congreso Internacional de Americanistas: Actas y Memorias, vol. 5: 185-207.

Martínez de Compañón, Baltazar Jaime (obispo)
1948   "Las primitivas lenguas de la costa". *Revista del Museo Nacional,* XVII.

Parker, Stephen
1992   *Datos del idioma huariapano.* Documento de Trabajo Nº 24. Pucallpa: ILV.

Pozzi-Escot, Inés
1987   "La incomunicación verbal en el Perú". *Allpanchis* Nº 29 y 30, pp. 45-63.
               Lima: IPA.

Quesada, Félix y Martha Zegarra
1993   "Desarrollo de la lingüística amazónica: Un avance". *Amazonía Peruana*
               Nº 23. pp. 75-88. Sicuani: Instituto de Pastoral Andina.

Quesada, Félix y Gustavo Solís
1989   "Notas para una política de investigación lingüística en el Perú". *Allpanchis*
               Nº 29-30. Sicuani: Instituto de Pastoral Andina.

Ramírez, Luis H.
s/f   "Estudios e investigaciones sobre el español peruano". *Studii si Cercetari
               Linguistice* Nº 29:3.

Ravines, Rogger y Rosalía Ávalos de Matos
1988   *Atlas etnolingüístico del Perú.* Lima: Instituto Andino de Artes Populares
               del Convenio Andrés Bello, Comisión Nacional del Perú.

Ribeiro, Darcy y Mary Ruth Wise
1979   "Grupos étnicos de la Amazonía peruana". *Comunidades y Culturas Pe-
               ruanas* Nº 13. Pucallpa: ILV.

Rivarola, José Luis
1990   *La formación lingüística de hispanoamérica.* Lima: PUCP-Fondo Editorial.

1986   "El español en el Perú. Balance y perspectiva de la investigación". *Lexis,*
               vol. X, Nº 1.

Solís, Gustavo
1994   "La lingüística amerindia peruana", en H. Rodríguez Pastor y Jonny
               Castillo Ch., editores: *Investigaciones en ciencias sociales, un balance
               necesario: 1993.* Lima: CONCYTEC.

1987   "Multilingüismo y extinción de lenguas en el Perú". *América Indígena,* vol.
               XLVII, Nº 4. Diciembre.

Torero, Alfredo
1990   "Procesos lingüísticos e identificación de dioses en los Andes Centrales".
               Revista Andina, año 8, Nº 1. Cusco: CERA Bartolomé de Las Casas.

Tovar, Antonio
1961   *Catálogo de las lenguas de América del Sur.* Buenos Aires: Editorial
               Sudamericana.

Trapnell, Lucy
1984   "Veinticinco años de educación bilingüe en la Amazonía peruana", en J.
               Gasche y J.M. Arroyo: *Balances amazónicos: Enfoques antropológicos.*
               Iquitos: CIAAP-UNAP.

Wise, Mary Ruth

1993   "Algunas interrogantes en la clasificación de las lenguas indígenas sudame-
               ricanas". Trabajo leído en la UNMSM en la reunión convocada por los
               estudiantes de la Escuela de Lingüística.

1989   "Nuevas tendencias en la clasificación genealógica de lenguas amazónicas
               peruanas". Ponencia presentada en el Congreso del Hombre y la Cultura
               Andina llevado a cabo en Trujillo.

Zúñiga, Madeleine; Inés Pozzi-Escot y Luis E. López

1991   *Educación bilingüe intercultural. Reflexiones y desafíos.* Lima:
               FOMCIENCIAS.

Literatura

Estaciones poéticas: Lo moderno en Carlos Germán Belli y la poesía hispanoamericana

Paul Borgeson
University of Illinois, Estados Unidos

Los años recientes han visto esfuerzos tan numerosos y sinceros como inconstantes entre sí para entender y definir la "modernidad", y para relacionar la producción literaria del modernismo y los períodos posteriores con los sutiles conceptos que nos han ofrecido. Lo interesante de estos trabajos tal vez resida más en ser un amplio intento para reconcebir la historia literaria que en los acercamientos específicos que proponen para percibir nuestra reciente historia cultural, y, por ende, nuestra propia época, aparentemente (según algunos de estos estudios) discontinua con las anteriores.

Sin embargo, de esta digna voluntad analítica puede preguntarse si estos estudios realmente han adelantado nuestro conocimiento y comprensión de lo estudiado, o si el producto bruto, al menos hasta la fecha, no ha sido más bien una extensa serie de debates circulares que nos conducen una y otra vez al mismo punto de partida. Más claro: me parece que este panorama consiste en que tales conceptos aún no redefinen la crítica literaria hispánica como disciplina, en parte por haberse desarrollado en y para otras culturas y circunstancias socioeconómicas, y en parte a causa de las contradicciones en y dentro de las aproximaciones en sí, con el caos y las inconstancias que de éstas nacen. Por ejemplo, si aún en cierta medida nos define el modernismo, aunque sea sólo por contraste, participamos por ende de él; una propuesta por supuesto nada nueva con nosotros y fácilmente comprobada cuando recordamos cuánto no corre el gusto popular por sus senderos. Para muchos, en las profundidades de corazón y psique, la "poesía de verdad", declamable, conmovedora, para el banque o la catarsis, es la de los modernistas.

Si el modernismo de esta manera sobrevive y se hace sentir, como cuando un Ernesto Cardenal nos invita a confrontarlos con Rubén Darío, luego su debida apreciación será una labor gorda. Estamos muy cerca; está muy dentro de nosotros y es, como nosotros, un ente aún en formación. De ahí que nuestras nociones del modernismo en sí, para nada decir de la modernidad que en parte lo engendró, sigan siendo borrosas.

Ahora bien: al mismo tiempo que el modernismo pervive, hemos pasado también a otras cosas, pues el artista es como el comensal que agrede el plato fuerte antes de terminar la sopa: no acaba un movimiento antes de que nazca el otro, y siempre se traslapan. Así, sin dejar de ser modernistas ulteriores, admiramos el verso evolucionario y revolucionario de Cardenal, así como la iconoclasta ironía de Nicanor Parra; simplificamos a Roque Dalton y Nicolás Guillén para hacerlos corresponder a nuestras preconcepciones[1]; discutimos feminismo y colonialismo en sor Juana; y la izquierda reinterpreta a Darío para hacer de él un icono ideológico a lo Martí. Es decir, así como pasamos como individuos de la infancia a la adolescencia sin haber entendido la primera –y no pocas veces llegamos a la madurez sin haber entendido francamente nada–, revisamos la historia y la sociedad antes de acabar de entender siquiera la anterior. No nos debería sorprender que, a la postre, el flan no cuaje. Así, críticos y escritores de hispanoamérica andan todos los caminos a la vez, ora en cierta convergencia (como en los sesenta), ora dando en destinos imprevisibles. Todo lo cual parecería ser una aguda crítica, a semejanza de las que hacía Ortega de su España; pero más bien, hay que reconocer que no ha podido producir otra cosa la historia cultural de hispanoamérica, híbrida y sincrética como todo lo propio de las Américas.

Esta circunstancia no sólo es propia de la historia cultural de las Américas: lo es también en nuestro siglo XX en busca de sí, queriendo hacer otro futuro sin querer soltar de las garras sus múltiples pasados. Tal situación resulta altamente estimulante para el es-

critor, quien se escapa de "escuelas" y tiene toda la historia literaria al alcance para ser usada o abusada. Pero para estudiosos y categorizadores con tal vez demasiada fe en los principios científicos, el panorama actual y reciente produce frustraciones y contradicciones, resulta irreductible y por ende indescriptible; amenaza, de este modo, con insinuarnos que somos muy malos científicos, o que los procesos literarios tan simplemente no son científicos, actitud que corre muy en contra de los prejuicios propios de nuestras décadas.

En ese croquis literario que todavía no tenemos, lo posmoderno ya se ha establecido como una cota reconocida, porque se usa, y porque todo vocablo alusivo al tiempo admite un pre y un pos: parece que casi lo único de lo que nos sentimos confiados es que, así como tras el modernismo hubo necesariamente posmodernismo y la vanguardia tuvo que dar en una posvanguardia –sin que ninguno de estos dos "pos" tenga significado concretable sino en el sentido cronológico–, tenemos que haber entrado, en algún momento, en la posmodernidad.

Lo moderno, para ser más concretos, se entiende como el crecimiento intenso de centros urbanos que trajo la industrialización, en compañía de la "maquinización" del trabajador industrial y otros fenómenos de rápido cambio político, social y económico del XIX tardío y todo el XX. Así pues, lo posmoderno se entiende como el resultado de y la reacción ante los productos de la etapa posterior a la modernidad[2]. Es, así, un concepto temporal y una actitud. Como metáfora es nuestra manera, por insuficiente que sea, de colocarnos en el tiempo y en la sociedad, de vernos como herederos de lo moderno, sea como beneficiarios o como víctimas, lo mismo en literatura como en sociedad.

Dicho todo lo anterior, debemos preguntarnos: ¿cómo gozará o sufrirá Hispanoamé-

---

1 Tener en cuenta cómo a Dalton y Guillén se los deforma en antologías, según las que pareciera que Dalton usó siempre un lenguaje populachero y concreto y que Guillén no escribió nada después de "Sóngoro Cosongo".

---

2 Se salta "vanguardia" por considerarse un fenómeno más artístico que socioeconómico.

rica, donde se debate si llegó o no la modernidad tal como la entienden los países del Atlántico del Norte, la posmodernidad? Para un país tal como Venezuela, donde al menos en Caracas y alrededores se saltaron los pasos normales del desarrollo industrial con el desorientador impacto del *boom* petrolero, el que impulsó a Venezuela desde una agricultura tradicionalista hasta una economía de importación-exportación a nivel internacional, podría tal vez decirse que lo moderno, como la vara del brujo, dio con el país en un tris de la tradición a la posmodernidad del "posboom", muy notablemente desde 1983[3]. Algo parecido, pero en escala menor, podría decirse del impacto, también del petróleo, en ciertas partes de México. Pero sería exagerar, pues estos fenómenos en su esencia no son sino otras máscaras del monocomercio —en metales, azúcar, tagua, hule, harina de pescado— anterior y en otros países, y que sigue siendo uno de los mayores obstáculos para las economías latinoamericanas. Y aun cuando no fuera así, estos fenómenos en sus avatares más recientes afectan sólo a porciones relativamente reducidas de nuestro mundo, con lo que la pregunta hecha hace un momento vale: ¿Cómo podrán verse como posmodernos el Perú o Bolivia, Colombia, la América Central, casi todo (si no todo) el Caribe? ¿Cómo producirán —si no viven la posmodernidad— literaturas posmodernas, en particular si las a veces simplistas causalidades entre sociologismos y arte fueran a valer, cuando hay en tales países quienes aún viven una época neofeudal, o, cuando más, poscolonialistas?

Las múltiples preguntas y dudas que hemos expresado sí tienen respuestas, las que no pueden dejar de ser parciales y provisorias. Un aspecto fundamental de la herencia de la modernidad, visto en el modernismo y la vanguardia, es el mismo rechazo de lo moderno en que insisten con razón Ivan Schulmann e Iris Zavala, entre otros, el que produce una actitud más defensiva que activa ante el cambio brusco y muchas veces llegado de otras partes, una repugnancia ante la misma novedad. Estas actitudes de rechazar aquello que lucha denodadamente por usarnos y definirnos, junto con las ambivalencias tan evidentes en música, estilos arquitectónicos y la fascinación ante lo mismo que nos deshumaniza y amenaza existen aún en aquellos rincones americanos que no se han modernizado en gran escala. El indígena de Amazonas, que tal vez vio su primer hacha hace una generación, se debate hoy entre la telenovela de Río o la vigésima representación de *La guerra de las galaxias*, siéndole la una tan alienante como la otra.

Carlos Fuentes ha observado que América Latina es el lugar donde ningún tiempo ha muerto, donde coexisten todos los tiempos. Y así existen los poetas, no conquistadores pero sí adelantados de las artes y las ideas, para que veamos con mayor claridad en sus versos la siempre creciente polarización, la hiperbólica y casi sarcástica contrastación entre todo lo vital, yuxtapuesto a gritos y empujones, que implica la posmodernidad.

No importa, pues, si lógicamente puede existir lo posmoderno donde no hubo o apenas hubo lo moderno, pues resulta que cuando menos en América Latina no son, como pareciera, diacronías. Lo uno puede darse, y se da, sin lo otro. Lo posmoderno existe, en parte, porque las mismas tecnologías que lo caracterizan arrasan también con las lógicas normales, anulando tiempos y espacios, y atentando también contra las diferencias culturales y nacionales. La computadora es, muchas veces, monolingüe, y tenemos que hablarle en inglés aun cuando escribimos en español, y el correo electrónico vuelve meras manchas sin sentido los más geniales mensajes en portugués o español. Todo lo que confirma, en la pequeña escala de nuestros enfrentamientos diarios, que somos posmodernos.

---

3   Lo que se observa en la poesía venezolana, de hecho, es una llegada notablemente tardía con una intensa cultivación de los -*ismos* vanguardistas, con la generación del 58.

Si esta América Latina diaria, hasta para un extranjero como uno, es escenario de un nuevo PC en monasterio colonial de Puebla, de la proliferación de antenas de televisión sobre los arrabales de Caracas o San Juan y el ruido del 737 sobre las pirámides de Tikal molesta a los monos y osos hormigueros, ¿cuánto más poderosas no serán tales viñetas para el poeta en México, Venezuela, Puerto Rico o Guatemala, ese tejedor de símbolos e imágenes verbales que hoy lee sus fax en su chinchorro?

Repetimos: lo posmoderno vive en América Latina y habla, escribe, pinta y esculpe en español, portugués, francés y lenguas indígenas. Y si en el que llaman "primer" mundo la posmodernidad denota ambigüedad, multiplicidad de modalidades y formas heterogéneas[4] –sin que éstas parezcan verse con asombro ni preocupación–, en América Latina en particular connotan también dolor antiguo. Es otro recordatorio de lo que no ha sucedido, del fracaso moral de la modernización, pues no es más, en un sentido netamente pragmático, que otra serie de maneras de decirnos que el feliz destino y las bellas promesas aún no se cumplen. La independencia y la libertad no son sinónimos, como lo sabía Esteban Echevarría, y son todavía tenues; el desarrollo es para los desarrollados; la nostalgia de otro futuro y otro destino sólo halla en lo posmoderno nuevas vías de burlar la fe americana.

Esperamos haber dado unos cuantos ecos en estos momentos de otras épocas que también confrontaron sus promesas huecas. Las alusiones a Darío y Echevarría por ejemplo, no fueron arbitrarias, pues buena parte de sus

críticas y quejas sigue siendo válida hoy; lo mismo podría decirse de la Edad Media (Jorge Manrique), el Renacimiento ("Desprecio de corte y alabanza de aldea") o del Barroco (pensar en la picaresca). La constante, al menos en las Américas (y notablemente más en América Latina que en la anglosajona), es el rechazo, el convencimiento de la insuficiencia. Los conquistadores rechazaban, en general, los valores de los mismos indígenas que lucharon por rechazar a colonizadores, e igual reacción se halla hoy aunque el antifaz de la nueva estafa se llame Buen Vecino o Fondo Monetario. Este rechazo –acaso la más clara característica de la historia intelectual de América Latina– se ve, desde luego, con mayor fidelidad e intensidad entre escritores que entre dirigentes políticos, los que pocas veces han encarnado la "actitud crítica" que observa Octavio Paz en los artistas e intelectuales de América Latina. Más que su famosa "tradición de ruptura" (exagerada, por demás), tenemos una "tradición del rechazo", de la inconformidad, tal como la afirman los mismos modernistas Martí, Silva y del Casal muy en particular, pero también Darío, ciertos poemas de Gutiérrez Nájera y la busca de otra cosa en González Martínez.

Esta actitud de rechazo se da con mucha claridad en la literatura peruana, en particular, ya que si no garantiza propuestas alternativas tampoco las excluye, como las de los últimos años de Vallejo. Algo similar puede observarse hoy en la poesía con, por ejemplo, Javier Sologuren, Alejandro Romualdo, Antonio Cisneros y Carlos Germán Belli; este último en todas y cada una de sus estaciones poéticas. Es tan constante en su verso como lo es para su país, su continente, y, como en Darío, hasta los poemas que podríamos llamar evasivos

---

4   El mismo conflicto hecho colaboración de elementos dispares que tipifica la arquitectura posmoderna será poderoso motor para su aprovechamiento en países como el Brasil, profundamente mestizos y mulatos en todo sentido y en todas sus artes por ser herederos de culturas y tradiciones heterogéneas desde un principio. En este contexto, el atractivo del hibridismo posmoderno resulta su perfecta equiparación de historia social y estética.

5   Esta observación vale para el conjunto de la obra de Belli, pero deberá modificarse si queremos tener en cuenta sus poemas más recientes, como los de *Acción de gracias*, donde parece buscar una aproximación entre realidad vivida y los sueños que en general entran en conflicto a lo largo de su producción.

aluden a una realidad extrapoética indigna y que obliga a buscarse otra cosa[5]. En Belli, la presencia de la actitud y los detalles híbridos, heterogéneos y desiguales de la posmodernidad son la confluencia de la gran tradición artística y cultural del Perú y de Hispanoamérica con una supuestamente nueva época, vista ya como otra serie de desilusiones, promesas falsas y traiciones de la historia social.

Más que posmoderna[6], preferimos calificar la poesía de Belli como la mejor de América hispánica, como antimoderna, y la suya como una poética de la antimodernidad.

Carlos Germán Belli y su poética de la antimodernidad

La poesía antimoderna, la que en varios sentidos podrá incluir a Parra, Cardenal y otros, nace de un ir y venir entre proponer y refutar su propio valor artístico y utilidad extraliteraria. Suele dudar de la validez o hasta la realidad de la inspiración romántica y de resoluciones metafísicas a la problemática humana, la social muy en particular[7]. Pero hay, por supuesto, más. Si bien en ciertas épocas, como el barroco y una porción de la vanguardia, el arte tenía que compensar aquello que con toda probabilidad seguirá para siempre irresoluble, no es tal la actitud de lo antimoderno, que rechaza en general la misma noción de resoluciones, y se mofa de expresiones artísticas que ofrecen tal ilusión –ante todo, al empezar mofándose de sí mis-

mo. Luego, un profundo sentido irónico, visible no sólo en su expresión y sus imágenes inmediatas sino hasta en la misma estructura de muchas de sus obras, informa la actitud posmoderna[8]. El artista, del que antes esperábamos aliento espiritual, propuestas sociopolíticas que nos condujera, en fin, a alguna otra parte, hoy nos avienta la puerta en la mera cara, no pocas veces riéndose para sus adentros ante nuestra credulidad. Piénsese en Carlos Contramaestre o Caupolicán Ovalles de Venezuela, los tzántzicos, estridentistas y demás. El poeta se pinta una máscara sólo para desvelarse y revelarnos que tiene nuestra misma cara. Como bien lo ha dicho Parra, el poeta ha bajado del Olimpo, y no lleva ya la toga ni el cilicio, sino blue-jeans arrugados y camiseta manchada. Y la célebre frase de Parra no es mero símbolo: nombra todo un proceso en que la relación poeta-lector invierte y hasta parodia el concepto tan de Benedetto Croce de la igualdad del lector del _Dante_ con el mismo Dante[9]. La idealización se ve como evasiva y hasta ridículamente elitista, como entre los poetas _beat_ norteamericanos y Tabla Redonda o El Techo de la Ballena de Venezuela, entre tantos otros ejemplos más.

Tenemos, de esta forma, una aproximación de lector y poeta que no era la que predicaba Croce. Si el poeta bajó del Olimpo, difícilmente subirá al Olimpo el lector. El abandono del idealismo, por motivos tanto ideológicos como pragmáticos, la co-hechura del texto poético y la consecuente liberación del lector del artista paternalista (visible muy dramáticamente, en particular, entre la escritura femenina y feminista desde los ochenta) caracterizan la actitud antimoderna en poesía hispanoamericana.

Otra característica del verso hispanoamericano actual –y en particular del que tildamos de antimoderno– es su hibridismo cultu-

---

6   El mismo Belli ha escrito de sus vínculos estéticos con la posmodernidad; ver su ensayo "El clasicismo de hoy", publicado en _El Comercio_, Lima, 26 de octubre de 1989, p. 2.

7   Desde luego que hay un elemento metafísico en Cardenal, pero tener en cuenta el grado en él de su "misticismo" nunca es escapista sino "materialista", por más paradójico que pareciera para los cristianos tradicionales. Belli, en los últimos años, también ha acentuado cierto misticismo, mucho más tradicional que el de Cardenal, como lo hemos observado ya (nota 5).

---

8   Belli ha mostrado predilección por ciertas formas notablemente aptas para expresar la circularidad laberíntica de esta sensación, como en particular la sextina.

9   Ver su _Estética_.

ral y lingüístico. El hibridismo (sincretismo, mestizaje) cultural ha estado siempre presente en Hispanoamérica, como lo hemos sabido siempre aunque nos lo han recordado en los últimos años muchos estudios nuevos. Pero ha sido suprimido, menosvalorado, visto como un problema más que la riqueza que es, por motivos (relacionados con los prejuicios y las jerarquías de valores tradicionales) de "pureza" lingüística y estilística. El poeta hispanoamericano sero debe ser más puro, más "castizo" que su hermano castellano a causa de su estatus todavía ambiguo como hispanohablante[10]. Hubo poetas de lengua inglesa, como Pound y Eliot, que mucho antes se hicieron de eclecticismos saludables y renovadores, los que sólo en las últimas décadas y esporádicamente han hallado ecos en la América hispana, como en los casos mencionados de Belli, Parra y Cardenal, o en otros peruanos como Romualdo y Sologuren. En el caso particular de Belli, ha sido este hibridismo el que más ha llamado la atención de lectores y críticos como Nick Hill o Mario Cánepa, quienes han luchado por contextualizarlo debidamente. Y más de uno, aunque no los citados, vacila en saberlo leer, y duda si da voz a autenticidad americana o a parodias nacidas de complejos personales y culturales aún sin superar.

La poesía antimoderna de Carlos Belli lleva dentro de sí una voz híbrida de pura necesidad, ineludiblemente. Hablar, escribir, ser de otra forma sería querer hacerse algo que no se es, algo no americano. Así, las contradicciones que poetizan en otros países

Jaime Augusto Shelley (México) o Juan Calzadilla (Venezuela), como las brutalidades a que nos lleva la lógica, se hallan en casi cada página de Carlos Belli en sus voces múltiples, imágenes en conflicto, paradojas y paralelismos circulares. Su neobarroquismo, que el mismo Belli no sólo no niega sino acepta con gusto, halla eco en todos los países y todos sus géneros literarios de nuestro siglo[11]. Si el barroco es el renacimiento desilusionado, la pos o antimodernidad en Hispanoamérica da su propia cachetada a la modernidad.

Resumen

Los años sesenta vieron un intenso *flirteo*[12] del artista con la izquierda, con efectos dramáticos en la poesía de Hispanoamérica. A partir de los cincuenta, e intensificándose mucho en la década siguiente, Neruda, Guillén, Cardenal y muchos otros aceptaron un compromiso ideológico con importantes impliaciones estéticas (pensar en las *Odas* de Neruda), patente ante todo en la poesía políticamente comprendida y su cualidad exhortativa muchas veces explícita (*Canto general, Hora 0, El Diario que a diario*). Los poetas (y novelistas y dramaturgos) discutieron acaloradamente –como Benedetti y Vargas Llosa– la responsabilidad social del escritor, la que se hizo la primera pregunta obligatoria de casi toda entrevista de la época, como si en Hispanoamérica el escritor pudiera realmente elegir no tenerla. Con un inicio de perspectiva, podemos aducir ahora que la literatura políticamente comprometida, tal como se dio en estas décadas, ha pasado, como la Unión Soviética o la amplia solidaridad con Cuba socialista. En un sentido tan profundo como di-

---

10 Belli ha confesado más de una vez su lucha con la sensación de no dominar debidamente la lengua, sentimiento que algo tiene en común con la persistente valorización relativa del español en Américas. Dice este juicio que el español de Lima o Bogotá es "buen modelo". Tanto peor para el hispanohablante de otras partes que un limeño se sienta inferior lingüísticamente. Tales son los absurdos a que conduce una herencia colonialista que aún no se supera.

---

11 Sería productivo, sospechamos, confrontar el neobarroquismo de Belli con los de Lezama Lima, Carpentier y hasta Cabrera Infante.

12 Decimos "flirteo" no para menospreciar, sino para reconocer que el "amor" parece haberse enfriado.

fuso, la antimodernidad venció al compromiso.

El "fusil al hombro" de Juan Gonzalo Rose y la pluma como arma parecen haberse llenado de orín, y los modelos políticos y estéticos que tantos lucharon por unificar parecen verse como más o menos impertinentes a nuestra edad del individuo.

En efecto, la poesía de hoy en Hispanoamérica es más individualizada, estéticamente fragmentada e independiente de ismos tanto artísticos como ideológicos que nunca. Rara vez, hoy, es exhortativa, hasta en la escritura feminista; pocas veces es siquiera explícitamente ejemplar; y sus voces rara vez ahora son plurales o comunales como lo eran en los sesenta. El poeta, si alguna vez era la "voz del pueblo", parece haberse callado, con muy pocas excepciones[13]. Estamos en la edad de poéticas individuales y privadas, con escrituras y simbolismos privados[14].

Si el poeta ha bajado del Olimpo, su poesía se ha desacralizado junto con su creador. Una impuesta "impureza" artificiosa y limitante ha cedido al hibridismo y multiplicidad; movimientos y escuelas han dado sus espacios a voces individuales y a la responsabilidad primaria del lector. Los textos poéticos son cada vez más autorreferenciales, y la intertextualidad predomina sobre el activismo político. La literatura es hoy, más que nunca en Hispanoamérica, su propio contexto.

Tal es el contexto que poetiza Carlos Germán Belli, el "pesapalabras"[15]. Vallejo preguntaba si la poesía era todavía válida ("Y si después de tantas palabras", por ejemplo) para afirmar una y otra vez que sí. Como poeta de donde todos los tiempos se dan al unísono, donde "tiempo" parecería significar menos cambio que persistencia, las diversas estaciones poéticas de Carlos Germán Belli constituyen una sola unidad. Si sus palabras todavía pesan, es por la fe y autenticidad del lenguaje unitario que forman, no por ser de nuestra época ambigua e indefinida, sino del poeta individual, del Perú y de Hispanoamérica, como poeta que es de la antimodernidad.

---

13 Cardenal constituirá una excepción parcial. Pero aun en él, el lenguaje popular es sólo uno de los muchos que confluyen en su expresión también híbrida y multiforme. Y cosa más importante para nuestra observación será recordar que la poética de Cardenal cuajó en los cincuenta y sesenta y, si bien sus temas han evolucionado, no ha habido grandes cambios en su estilo en las décadas posteriores.

14 Hemos tratado los simbolismos especiales de Belli en "El sistema simbológico de Carlos Germán Belli: Expresión pública de un discurso privado", estudio introductorio a nuestra edición _Los talleres del tiempo: Versos escogidos_. Madrid: Visor, 1992, pp. 9-20.

15 Palabra que el mismo Belli ha utilizado al escribir de su minuciosa atención a la forma.

Don Juan del Valle y Caviedes, foco de interés en el quehacer de la crítica hispanoamericana. El texto concordado de su obra completa

María Leticia Cáceres
Universidad Nacional Federico Villarreal, Perú

El 6 de julio de 1944 presenté ante la Facultad de Letras y Pedagogía de la UNMSM la tesis intitulada "La personalidad y obra de don Juan del Valle y Caviedes" para optar el grado de bachiller en Humanidades.

En aquel –para mí– memorable momento, al leer las palabras introductorias a la sustentación del grado, decía en los primeros párrafos: "Despierta verdadero interés el estudio de este original y pintoresco poeta que florece en la segunda mitad del siglo XVII, y hoy, debido a recientes y valiosos hallazgos, recobra vigor y actualidad." Tales documentos tienen la importancia primordial de ser el testimonio más convincente de la verdadera personalidad histórica y poética de Juan del Valle y Caviedes.

Este trabajo tiene por objeto, pues, interpretar y dar a conocer, basado en las novísimas fuentes, los nuevos aspectos de la personalidad y obra de Caviedes, ampliando de este modo las noticias que anteriormente hemos tenido del mismo.

Han pasado cincuenta y dos años y dos meses de este grato e inolvidable acontecimiento. A partir del Concilio Vaticano II el estado de la vida religiosa varía en su estructura y leyes o constituciones por las que cada instituto religioso se gobierna. Así me fue permitido volver al mundo intelectual, y, por supuesto, seguir con las investigaciones sobre Caviedes[1].

A partir de 1944 los más selectos y acuciosos investigadores peruanos y extranjeros se han ocupado de este poeta. Se ha formado en torno de él un verdadero foco de interés; tanto es así que, a las puertas del 2000, nos convoca gustosamente a intercambiar conocimientos o hallazgos acerca de su vida y obra.

---

1   Anoto esta circunstancia porque al poco tiempo de haberme graduado, ingresé en el Noviciado de las Religiosas Esclavas del Sagrado Corazón de Jesús en Buenos Aires.

¿Qué es el texto concordado?

Quizá yazga deteriorado por la humedad y el olvido —en cualquier sótano particular o estatal— aquel viejo y preciadísimo "cuaderno" del cual el polígrafo argentino Juan María Gutiérrez afirma que ha sido escrito, de puño y letra, el mismo Caviedes, a quien se refiere diciendo: "... tuvo el cuidado de reunir esas producciones en un volumen del cual se han extraído varias copias"[2].

Antes de la desaparición del apergaminado infolio, los amigos y admiradores del poeta multiplicaron las copias de copias. No era fácil imprimir; tampoco lo es hoy.

Es caso comprobado que, por esta razón, el texto primitivo se ha ido deformando, variando o aumentando de volumen con el tiempo y la acción de los distintos escribientes.

A causa de la variedad de versiones que poseemos, es necesario adoptar una posición crítica y prudente ante cada copia que, por no ser hológrafa ni fruto de una edición príncipe, tiene fallas lexicográficas y ha sufrido con el tiempo interpolaciones, adiciones, supresiones, cambios de grafía que deforman el texto primitivo que subyace en todas ellas, claro y nítido, a pesar de las alteraciones y errores mencionados. También han contribuido a la deformación del texto primitivo las lecturas paleográficas de los editores de Caviedes, tan absurdas que algunas llegan al ridículo y causan risa por lo antojadizas y descaminadas. Me refiero a lo editado por Odriozola (1873), Palma (1899), L.A. Sánchez y D. Ruzo (1925), R. Vargas Ugarte, S.J. (1947) y el norteamericano Daniel Ready (1984). Lamentablemente, todos ellos se han basado en un solo códice, el de la Universidad de Duke; a pesar de que, en el caso de los dos últimos editores, Vargas Ugarte y D. Ready, tenían disponibles para su edición siete y

ocho manuscritos respectivamente. Este último editor ha considerado dogmáticamente, como canon único e infalible, el dicho códice de la Biblioteca de la Universidad de Duke, al otorgarle un carácter de autenticidad textual e histórica que está muy lejos de tener porque, aun cronológicamente, pertenece al grupo de copias realizadas durante la segunda mitad del siglo XVIII. Si es verdad que es el más nutrido de todos los manuscritos conocidos, la causa hay que buscarla en la inclusión por el copista de un número relevante de composiciones que no pertenecen a Caviedes y otras que se le atribuyen. (Y esto se evidencia por la fraseología y estilo ajenos al poeta.) Lamentablemente, en algunos casos no podemos comprobar este aserto por falta de textos que lo avalen.

No pudiendo atenernos —por lo dicho anteriormente— tan sólo al contenido poético de una sola copia (aunque precede, obviamente, la confrontación con otras), se ha hecho necesaria la elaboración de un "texto concordado" que resulta, en primer lugar, de la confrontación simultánea literal y textual de las diez copias manuscritas que poseemos actualmente de la obra de Caviedes; y, en segundo término, de la redacción o fijación textual de todo el contenido poético que es lo que va a constituir el "*corpus* caviedano definitivo".

Metodología utilizada en la elaboración del texto concordado

Nuestra patria, gracias a los esfuerzos realizados por el Banco de Crédito del Perú, la Biblioteca Nacional a través del Departamento de Investigaciones y de nuestro modesto aporte, dispone en la actualidad, como acabamos de decir, de diez copias manuscritas (unas originales, otra en microfilm o en xerox) de la producción de Juan del Valle y Caviedes. Un número relevante de fuentes documentales, desacostumbrado en anteriores ediciones, exige, por su riqueza y abundancia, un tratamiento metodológico nuevo, distinto.

---

2 Artículo de Juan María Gutiérrez (Buenos Aires 1870) reproducido por Ricardo Palma en *Flor de Academias* y *Diente del Parnaso*. Lima, 1899, p. 8.

Hemos seguido los siguientes pasos:

Primero: Adquisición xerográfica de los diez códices en estudio.

Segundo: Elaboración de epígrafes foliados de cada una de las diez versiones a la vista.

Tercero: Clasificación de las composiciones comunes entre los códices.

Cuarto: Confrontación literal y textual de las composiciones comunes entre sí.

Quinto: Elección de la más adecuada y precisa lectura de las palabras o versos confrontados.

Sexto: Redacción del texto resultante o texto concordado.

El mayor número de frecuencias de una palabra o de un verso dado puede constituir un criterio de credibilidad para considerar como auténtico un determinado miembro contextual dentro del proceso de transcripción y de confrontación de códices. Pero no siempre esta repetición de un mismo vocablo o verso está de acuerdo con la verdad original del escrito. En algunos casos, el mayor número de frecuencias en copias manuscritas no manifiesta lo consignado en la copia original.

En ciertos casos hemos comprobado la existencia de grafías, vocablos y hasta frases transcritas por casi todos los copistas, y, desde luego, por todos los editores, que no corresponden ni al sentido ni al contenido significativo ni formal de lo que el autor propiamente escribió.

En tales momentos difíciles, inherentes a la elaboración y reconstrucción textual, aparece un factor que ya no es la transcripción fría y literal de lo que a todas luces se presenta como un error, una alteración o capricho verbal repetido invariablemente por copistas y editores. Aparece ya, decimos, la intuición del paleógrafo, y, sobre todo, el conocimiento profundo de la vida del autor, de su mundo literario y del estilo con que reviste y vierte sus creaciones poéticas. Se trata de un discernimiento entre lo que se ve escrito y repetido y aquello que no lo está y que, sin embargo, se tiene el convencimiento de que fue escrito por el autor en el texto original.

Examinemos un ejemplo de error de copistas y editores, conjuntamente:

En el *Romance joquiserio a saltos, al asunto que él dirá si lo preguntaren los ojos de quien quisiera leerlo*, Caviedes enumera más de sesenta personajes, a cada uno de los cuales dedica, por lo regular, una cuarteta.

Los copistas nos han legado el nombre propio correspondiente a la N° 42, verso 165 –con ligeras variantes en la grafía de la letra capital, de esta manera:

"Sócrates, gran rey de Egipto,
que dio principio a la ciencia
magia, dio a la Medicina
por imposible el saberla." (Cfr. M.17494, f. 86v; Tras. B., f. 174, Y.1, f. 72v.; A., f. 90 a 91.)

Los códices, D913, f.61v. y K. f. 109, 1ª. col., consignan:

"Zoroates, gran rey de Egipto."
Tanto ML, f. 114, como Y.2, f. 123 v., registran: "Zocrates, rey de Egipto."

El códice LP., f. 70, nos deja:

"Zoroates, rey de Egipto."

Por último, en la décima copia que estamos examinando como fuente para la elaboración del texto concordado la letra capital y la segunda grafía aparecen ilegibles, pero las ocho siguientes sí son claras y nítidas, por lo que el nombre propio allí es:

"Roastres, Rey de Egipto." (Cfr. M8341, f. 59.)

En realidad, ninguno de los diez copistas reproducen el texto original porque ni Sócrates ni Zoroastro (puede pensarse erróneamente en él) fueron reyes de Egipto. Pero las ocho grafías consignadas en el breve manuscrito de Madrid nos dan la pista para pensar en Sesostris, llamado también Senosrit, faraón legendario creado por los griegos y compuesto por la personalidad de dos faraones: Senusret I y Senusret III que gobernaron hacia 2150 y 2061 a.C. En realidad, Sesostris es el nombre de varios faraones de Egipto, entre los que destaca Ramsés II. Es sabido que la magia era considerada una ciencia muy importante entre los antiguos egipcios, y que los faraones dieron mucho impulso a las ciencias ocultas.

De todo ello se deduce que la lectura y transcripción correctas son las siguientes:

> "Sesostris, gran rey de Egipto,
> que dio principio a la ciencia
> magia, dio a la Medicina
> por imposible el saberla." (Texto concordado, p. 369.)

Los editores de Caviedes –por no citar más que a los modernos– transcriben: "Sócrates, el sabio Sócrates que dio principio a la ciencia llama 'magia' a la del médico por imposible saberla." (Cfr. Vargas Ugarte, Rubén: *Obras de D. Juan del Valle y Caviedes*. Lima, 1947, p. 315.)

Y el norteamericano Daniel Ready, fiel al manuscrito de la Universidad de Duke, copia:

> "Sócrates, gran rey de Egipto,..." etc.
> (D. Ready, Juan del Valle y Caviedes: *Obra completa*. Biblioteca Ayacucho Nº 107, p. 115, v. 165.)

El nombre propio de la autoridad siguiente de la estrofa 43, v. 169, sí pertenece al filósofo griego, Sócrates.

Examinemos ahora la lectura y transcripción caprichosa y deformada de nombres, comunes o propios, consignados correctamente en los manuscritos; claro está que con variantes ortográficas de la época, pero detectables con el paciente trabajo de confrontación léxica del caso en estudio, en todos los códices.

Nos interesa citar el caso de los dos editores mencionados, porque son los que declaran haber conocido y manejado, para publicar las obras del poeta, un número respetable de manuscritos.

Pues bien: en la cuarteta Nº 91, v. 361, del mismo *Romance* del cual extraemos las muestras, se consigna el nombre propio de la autoridad que Caviedes menciona, de la siguiente manera:

> "O bien, dijo, se curaban
> los médicos la pobreza
> con los enfermos, por el
> estipendio que les llevan." (Cfr. Ml., f. 117; Y.2, f. 127.)
> "Ovin dijo se curaban". (Cfr. M. 17494, f. 91v; M. 8341, f. 62.)
> "Obin dijo se curaban". (Cfr. LP., f. 73.)

Al manuscrito de Ayacucho le faltan 290 versos de los 500 que tiene este Romance, y entre ellos el que estamos examinando. Los otros cuatro copistas consignan:

> "Oben dijo se curaban". (Cfr. tras B., f. 183; K.f. 111, 2a col.; D. 913, f. 65; Y.1, f. 76.)

Oben, es indudable que se trata de un apellido de un personaje a quién Caviedes incluye en su galería de autoridades que respaldan su postura antigalénica. Teniendo en cuenta que la *w* no es letra que pertenece propiamente al alfabeto español y que al asimilarse al castellano se sustituye por uve (*v*), nos encontramos que el poeta cita a un tal Owen y así, en nuestras búsquedas, damos con Juan Owen por otro nombre Audoenus u Ovenus, poeta neolatino inglés nacido en Gales en 1560. Estudió Derecho en Oxford. Es autor de *Epigrammata* que se editó en Londres en 1606 y posteriormente en París en 1795. Se distingue por su agudeza mordaz y agresividad, por lo que sus obras fueron incluidas en el *Índice*. En Leipzig, 1813, se publicó *Epigrammata selecta*. Sus traductores se aprovecharon de su producción, especialmente el satírico español La Torre (1674).

Es indudable que Caviedes tuvo conocimiento de esta traducción de Owen hecha por La Torre; de ahí que lo tenga en cuenta en su Romance. Owen utilizó la sátira preferentemente en forma epigramática.

Vargas Ugarte, al llegar a este tópico de la transcripción, consigna:

> "También dijo se curaban
> los médicos la pobreza..." etc. (Cfr. Vargas
> Ugarte, ob. cit., p. 319.)

Y Daniel Ready, con gran despliegue de puntuación ortográfica y entrecomillados –que no existen–, lee y transcribe audazmente:

> "'Oh, ven', dijo, 'se curaban
> los médicos la pobreza
> con los enfermos, por el
> estipendio que les llevan.'" (Cfr. D. Ready,
> ob. cit. p. 120, v. 361 a 364.)

Una vez examinadas y contrastadas las fuentes manuscritas, la redacción del texto concordado es así, conservando la escritura que Caviedes utilizó:

> "Oven, dijo se curaban
> los médicos la pobreza
> con los enfermos, por el
> estipendio que les llevan." (Texto concordado, p. 374.)

Armonización de códices, depuración de la fuente escrita. Redacción del texto concordado

Después del estudio previo de cada una de las composiciones en sus partes constitutivas –fonética, morfológica, sintáctica y semántica–, hemos procedido a la composición armónica del texto concordado, previo examen de cada copia en particular, contrastándola luego con las demás hasta lograr reconocer claramente el sentido del verso y de la total estructura de la composición en su sentido originario. Una sola palabra mal transcrita desvía o deforma el pensamiento del autor. Fidelidad, honestidad y veracidad son inherentes al trabajo de transcripción.

En conclusión, definimos el texto concordado de la obra de Juan del Valle y Caviedes como la versión resultante de la confrontación de diez códices de su producción poética con el fin de extraer de dicho estudio –paleográfico, lexicológico y literario– la versión más ajustada al pensamiento y creatividad del autor, sin duda existentes en el texto original que no poseemos.

Fuentes documentales disponibles en el presente. La colección de códices de la obra de Caviedes

Contamos, como acabamos de exponer, con diez manuscritos diferentes entre sí en cuanto al número de composiciones, fechas de compilación, procedencia de los patrones originales para la reproducción de copias posteriores –que son las que nos han llegado, salvo pocas excepciones–, la diferente calidad cultural de los copistas y lo que cada cual reunía en el volumen legado. Todas éstas son peculiaridades específicas de cada manuscrito.

De otro lado, el estudio minucioso de su contenido; la comparación de composiciones comunes entre ellos; el rumbo distinto que tomó cada copista a partir de la poesía propiamente satírica, que todos consignan, nos permite calificar a cada copia, salvo un caso aislado, como un conjunto asistemático, inorgánico y no exclusivo de las obras de Caviedes. Por esta circunstancia, debemos ser, repetimos, muy cautos y discretos en la transcripción y atribución de las fuentes escritas que si bien es verdad son trasuntos de la obra del poeta, también lo es que hay contenidos atribuidos a su pluma que le son ajenos aunque todavía no se hayan descubierto documentos probatorios.

No podemos dejarnos fascinar por el volumen físico de un manuscrito atribuyendo todo el contenido a Caviedes, por más que se trate de los que se conservan en la Biblioteca de la Universidad de Duke y en la Biblioteca Nacional de Madrid. Tanto ellos como los demás son valiosísimos, y todos deben ser ubicados en un mismo nivel como documentos de estudio sujetos a verificación a través de la simultaneidad de confrontaciones de contenidos poéticos insertos en cada copia.

Caracteres generales de los códices

En el aspecto formal o sustancial de los contenidos, es significativa la repetición en todos los códices de unas mismas composiciones e inclusive del orden de presentación en que se hallan consignadas las poesías del género satírico y costumbrista, sin restar, por tal razón, autenticidad a otras del género lírico amoroso, de la poesía netamente religiosa y de aquellos intentos dramáticos que existen en algunos códices.

Esta poesía satírica y costumbrista, que es el núcleo y que conforma los dos tercios de la producción caviedana, es justamente la que le ha dado renombre universal, y pensamos que Caviedes sí fue cultor feliz de otros géneros poéticos —en realidad, la tradición más antigua y directa de su fama poética, que data de los mismos días en que él vivió, fue adquirida por su ingenio festivo y burlón de cuanto se le ponía al frente.

Otro carácter, o, mejor aún, factor extrínseco a los documentos pero que debe tenerse en cuenta al juzgar el valor de aportación de los mismos, es la persona del escribiente que se perfila distinta en cada caso, con peculiaridades individuales e inclusive con preferencias al momento de coleccionar los trabajos del autor. No hay ninguna copia oficial. Todas son realizadas por aficionados de calidad cultural diferente. Algunos manuscritos, los más voluminosos, nos dan la impresión, durante el curso de la copia, de ser conjuntos heterogéneos de obras de otros autores que han sido consignadas, en una especie de extraño entreverado, con las poesías de Caviedes.

Esta falta de coherencia interna y temática de la mayoría de los códices ha sido la dificultad mayor y más grave al fijar el texto concordado.

Antigüedad de las copias manuscritas

Pocos años después de la muerte de Caviedes —hoy, enhorabuena, ya fijada en el año 1698 gracias a los últimos descubrimientos de Guillermo Lohmann Villena, a quien la literatura peruana debe la auténtica biografía del poeta andaluz-limense— se operó una suerte de exaltación de su persona y encendido reconocimiento del valor poético de su obra:

"fuiste en vida diamante del oriente,
oh, Caviedes divino, y cuando mueres
influjo eres de ingenios refulgente",

dice el soneto anónimo en su memoria. Surgieron, desde luego, imitadores y plagiarios, de aquellos que aprovechan la ausencia definitiva del autor y la sombra de lo inédito. Por eso, tan sólo el estudioso, familiarizado con el estilo del autor, puede reconocer cuándo una composición es auténtica entre otras atribuidas al autor o escritas, tal vez, por imitadores.

Hubo otro grupo, los amigos y admiradores de Caviedes, que elaboraron trasuntos de los originales del poeta. Es probable que uno de los diez manuscritos que poseemos sea de esa época. El hecho es que la euforia pasó pronto y su recuerdo y sus obras también fueron sepultados hasta que a fines del siglo siguiente, en 1791, los redactores del *Mercurio Peruano* reviven su memoria y publican algunas de sus poesías.

Las copias que hoy poseemos pertenecen a la segunda mitad del siglo XVIII en adelante, es decir que hay una segunda edición manuscrita de sus obras quizá porque se cumplían cincuenta años de la muerte del poeta.

Esbozo genealógico de los códices

Si establecemos una genealogía de códices, advertimos que existen al menos dos vertientes de origen:

Primera: Las copias más cercanas al tiempo y vida del poeta. De contenido breve y netamente satírico y formato menos voluminoso.

Segunda: Las copias de copias, de grueso volumen, en donde se da la presencia de composiciones atribuidas a Caviedes, o que, decididamente, no le pertenecen así por el contenido temático como por el estilo y tono en que están elaboradas. En estas copias los poemas primitivos del autor sufren, en algunos casos, interpolaciones y añadiduras.

De esta manera, de modo natural, aparecen dos ramas, ninguna directa sino ambas colaterales por la carencia de copia autógrafa:

I. La vertiente antigua (V.A.).
II. La vertiente moderna (V.M.).

Criterio clasificatorio

Para ubicar los códices en una u otra vertiente, nos hemos valido de un criterio clasificatorio, de un dato clave que nos permite establecer la antigüedad de las copias y la filiación o parentesco entre las mismas. Dicho dato clave que hace las veces de "variable de comprobación" es el siguiente:

La composición poética "Pintura de una dama con los médicos y cirujanos que en la ocasión mataban en Lima", se halla consignada en los diez manuscritos que conforman nuestra fuente documental. Sin embargo, existe una diferencia sustancial de transcripción entre ellos: unos pocos, relativamente, consignan el romance sin estribillo, y los demás con estribillo. Y el dato clave está aquí, precisamente:

— Los que no tienen estribillo son los más antiguos y los más fidedignos por más cercanos, en el tiempo, al autor.

— Los que tienen estribillo son, cronológicamente, más alejados del autor y de su obra original, por haber sufrido interpolaciones y alteraciones textuales de diversa especie.

Expliquemos nuestra hipótesis. Entre todos los estribillos, existe uno, al finalizar el romance en las copias que los llevan, que alude al pie de la dama alabada por el poeta. Elige como recurso comparativo para su descripción al Dr. Francisco Vargas Machuca, diciendo:

> "Tu pie es flecha de Machuca
> pues siendo en la ciencia el menos,
> es el mayor matador
> y tiene punto con serlo.
> Y tu pie tiene
> buleto cual Machuca
> porque es el breve."

Para interpretar el contenido del estribillo es necesario saber que el presbítero doctor Francisco Vargas Machuca obtuvo dispensa, mediante un Breve expedido por el Papa Clemente XI con fecha 11 de febrero de 1718, para ejercer públicamente la Medicina en Lima no obstante ser sacerdote. Fue Protomédico del Virreinato, cargo honorífico para cuyo desempeño fue menester, además, la intervención de Felipe V.

Aparece la pregunta inmediata: ¿y qué relación tiene este hecho histórico con la antigüedad de los diez manuscritos de la obra de Caviedes y su posible parentesco? Existe una relación disyuntiva por la que hay que aceptar un hecho excluyendo totalmente al otro. Si el dato histórico del Breve otorgado al Dr. Machuca por Clemente XI se sitúa cronológicamente en 1718, se generan de inmediato dos alternativas de carácter disyuntivo en el caso que nos ocupa:

Primera: O Caviedes vivía aún en las dos décadas del siglo XVIII (hasta el mes en que muriera en 1718 después del otorgamiento del Breve), por lo que podría haber escrito su romance con estribillos.

Segunda: O los estribillos son añadiduras a la creación poética de Caviedes, salida de su pluma, sin ellos.

Para aceptar uno u otro elemento necesitamos la confirmación documental de la fecha de la muerte del poeta. Gracias a Dios, y al esfuerzo investigatorio del Dr. Lohmann, sabemos hoy qué ocurrió en 1698. La consecuencia es clara:

El romance de Juan del Valle y Caviedes intitulado "Pintura de una dama con los médicos y cirujanos que en la ocasión mataban en Lima", fue compuesto por su autor, sin estribillos.

Para determinar la antigüedad de los manuscritos y también su fidelidad al texto original perdido, utilizamos nuestra hipótesis confirmada ya en criterio clasificatorio que también sirve, como hemos expuesto al principio, de variable de comprobación. Distinguimos, así, dos clases de copias manuscritas:

A. Las más antiguas, porque el romance analizado fue escrito sin estribillos. Tales son:

1. El códice existente en la biblioteca particular del Dr. Rolando Costa Arduz. La Paz, Bolivia. Inédito y manejado por primera vez en la literatura peruana para la elaboración del presente texto concordado (L.P.).

2. El trasunto del manuscrito de 1689 que perteneció –por compra en una tienda de libros viejos– al historiador y erudito argentino Juan María Gutiérrez cuando vino al Perú en 1849 y posteriormente lo obsequió a su compatriota Gregorio Beeche, residente, por ese tiempo, en Valparaíso, y fue el mismo códice que Palma vio en dicha ciudad en 1862. A la copia existente en la Sala de Investigaciones de la Biblioteca Nacional del Perú de este manuscrito de 1689, la denominamos Trasunto Beeche (Tras. B.)

3. El códice que obra en la Colección Peruana de la Universidad de Yale (New Haven). Copia de otra hecha en Lima en 1689. Su último propietario peruano fue el bibliófilo Francisco Pérez de Velasco; salió al exterior por compra realizada por el explorador Hiram Bingham y desde 1912 se halla en Yale. Lo denominamos Yale 1 (Y.1).

4. El manuscrito que se halla desde hace unos veinte años en la Biblioteca de la Universidad de Kentucky (Lexington). Su último propietario sudamericano fue Jaime Molins. También data de 1689. Lo llamamos Kentucky. (K.).

B. Las copias manuscritas modernas y, por lo mismo, más alejadas del autor y de códice hológrafo perdido, que consignan estribillos que el autor no escribió en su romance. Son los siguientes:

1. El manuscrito "Los médicos de Lima", 1690, cuyo último propietario particular fue el Dr. Hermilio Valdizán. Fue analizado y utilizado por primera vez como fuente documental durante la elaboración de nuestra tesis de bachillerato en Humanidades sobre la personalidad y obra de Caviedes, realizada en julio de 1944. Desde esa fecha pertenece a la colección de Manuscritos de la Biblioteca Nacional-Médicos de Lima (M.L.).

2. El manuscrito existente en la Universidad de Duke (Durham), cuyo último propietario fue Francisco Pérez de Velasco. Comprobaremos en su momento que no posee la antigüedad que los editores –Vargas Ugarte y Ready– le han conferido. Se registra bajo la signatura 146, Peruvian Collection, Nº 913. Duke (D. 913).

3. El códice que obra en la Biblioteca Nacional de Madrid, cuyo último propietario fue el erudito español Pascual de Gayangos. Madrid 17494 (M.17494).

4. El códice descubierto en la Biblioteca Nacional de Madrid por el filólogo José Manuel Blecua, a fines de la década de los cincuenta, según referencias obtenidas por el escritor zaragozano Luis García-Abrines. Madrid 8341 (M.8341).

5. Pérez de Velasco contaba con un tercer manuscrito que vendió también a

Hiram Bingham en 1912. Después pasó a ser patrimonio de la Universidad de Yale: Yale 2 (Y.2).

C. El manuscrito de Ayacucho es considerado aparte como fuente *sui generis*. La producción satírica que consigna sigue con fidelidad la tradición antigua, por lo que debería estar incluido en el grupo A. Sin embargo, el copista ha recogido composiciones posteriores a la muerte de Caviedes que, evidentemente, no le pertenecen. Consigna, asimismo, otras cuya autenticidad no está comprobada.

De todas formas, el manuscrito de Ayacucho, entre otros valores como fuente documental –que hemos estudiado exhaustivamente en otros trabajos–, posee el de ser un instrumento de comprobación de las composiciones que, desde los tiempos de Caviedes, conforman la clásica poesía del autor.

Relaciones colaterales entre los manuscritos-miembros de una y otra vertientes genealógicas

1. Partimos de la existencia real de un códice autógrafo de Juan del Valle y Caviedes que se halla perdido hasta hoy.

2. El Ms. Costa Arduz-La Paz (LP) es el más antiguo conocido hasta hoy. Es el texto de "Hazañas de la ignorancia" que acusa fidelidad a la versión clásica conocida.

3. Por los caracteres ya estudiados, el trasunto del Ms. Beeche (Tras. B.), al igual que el de Yale (Y.1) y el de Kentucky (K.), pertenecen a la vertiente antigua porque el texto satírico-costumbrista no sufre alteraciones. A las demás no les restamos de ninguna manera autenticidad, previa confirmación de autoría.

4. El códice "Los médicos de Lima" (ML) y el segundo que obra en la Universidad de Yale (Y.2), por sus características semejantes, parecen proceder de un antecesor desconocido común, ya alterado y con cierta mezcla arbitraria de temas y géneros consignados.

5. El Ms. de la Universidad de Duke (D.913) y el de la Biblioteca Nacional de Madrid 17494 (M17494), aunque valiosos por otros conceptos, son quizá los más alejados de la época y producción del poeta. Proceden de dos ramas colaterales muy semejantes pero no idénticas, desconocidas y ya alteradas. Ambos códices presentan un carácter misceláneo, por lo que presumimos reúnen varias fuentes colaterales ajenas, algunas, a la producción del autor.

6. El segundo Ms. de la Biblioteca Nacional de Madrid 8341 (M8341) procede de una rama colateral alterada y lejana de "Hazañas de la ignorancia".

7. El Ms. del Convento de los Padres Franciscanos de Ayacucho (A.) procede de una fuente *sui generis* porque participa de la tradición clásica de "Hazañas de la ignorancia", y, por otra parte, recoge composiciones muy posteriores a la muerte de Caviedes, que no le pertenecen; en otras, cabe la duda de su autenticidad. Es rama colateral bastante alejada del tronco originario.

A continuación presentamos gráficas de la "Cronología de vertientes" y de las "Relaciones colaterales entre los códices-miembros" de una y otra vertientes genealógicas.

Cronología de vertientes

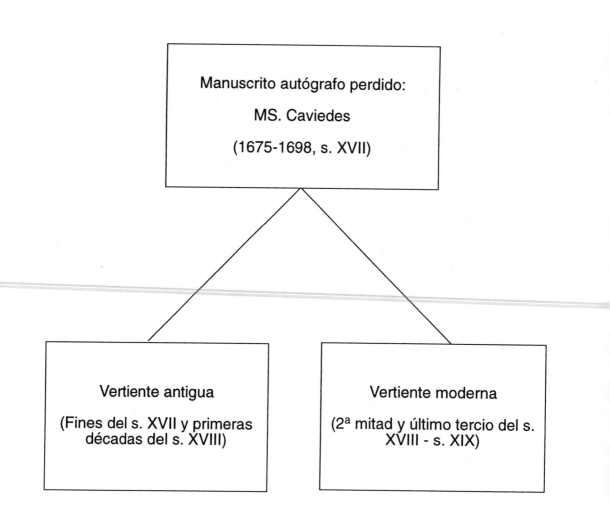

Manuscrito autógrafo perdido:

MS. Caviedes

(1675-1698, s. XVII)

Vertiente antigua

(Fines del s. XVII y primeras décadas del s. XVIII)

Vertiente moderna

(2ª mitad y último tercio del s. XVIII - s. XIX)

Relaciones colaterales entre los códices-miembros de una y otra vertientes genealógicas

Trazo aproximativo del árbol genealógico (*stemma*) y nexos familiares

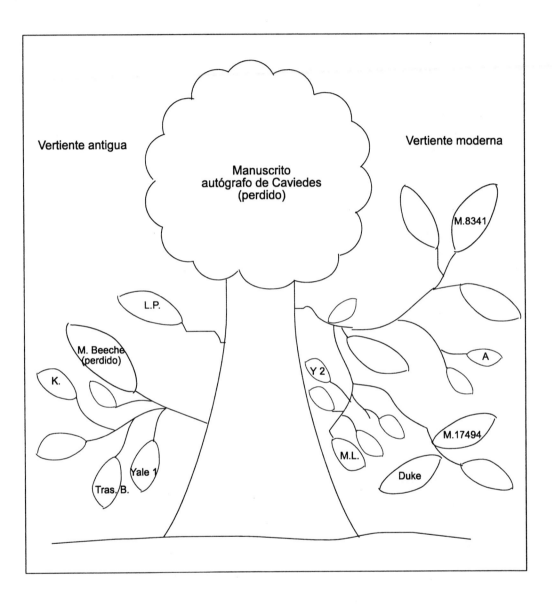

DISTRIBUCIÓN ORGÁNICA DEL TEXTO CONCORDADO

A. POESÍA SATÍRICA
   A1 AGUDA Y MORDAZ:
   (Cuyo objeto es la censura y ridiculización de determinados defectos de su época.)
   a) Contra médicos y Medicina:
      HAZAÑAS DE LA IGNORANCIA
   b) Contra poesía estragada y malos poetas.
   c) Contra mujeres de vida disoluta ("Damas").
   A2 SÁTIRA COSTUMBRISTA Y SOCIOPOLÍTICA:
   (Reproche burlesco de costumbres relajadas de la sociedad limeña de su tiempo y fustigación del arribismo y de los que lo practican. La sátira caviedana entraña hondo sentido moralizante.)
   a) REMEDIOS PARA SER LO QUE QUISIERES.
   b) PREGUNTAS QUE HACE LA VIEJA CURIOSIDAD A SU NIETO EL DESENGAÑO.
      COLOQUIO ENTRE UNA VIEJA Y PERIQUILLO.
   c) Otras piezas que se incluyen en este apartado.
   A3 POESÍA FESTIVA, JOCOSA Y REGOCIJANTE:
   (Cuyo objetivo es reír por el puro placer de reír y hacer reír.)
   Colección de poesías de variado metro y temática. (Incluye una breve colección de epigramas.)
B. POESÍA DE CIRCUNSTANCIAS:
   (Subjetiva, unas veces; y, otras, de alcance histórico y documental.)
   — Serie de romances, sonetos y quintillas sobre diversos asuntos.
C. POESÍA RELIGIOSA:
   (Subjetiva, de tema sacro.)
   C1 — DE LA INSPIRACIÓN MÍSTICA:
          (Elevación del alma a Dios; conversación con Jesucristo y su Sma. Madre.)
        — Serie de romances y sonetos.
   C2 — DE CONTENIDO ALTAMENTE TEOLÓGICO Y DOCTRINAL CATEQUÉTICO, POSIBLEMENTE ATRIBUIDAS AL POETA POR ESTAR INSERTAS EN ALGUNOS MANUSCRITOS DE SU OBRA LITERARIA.
        — Conjunto nutrido de sonetos, romances y glosas.
D. POEMAS DE ALIENTO FILOSÓFICO-CRISTIANO.
E. LÍRICA AMATORIA Y DE SABOR BUCÓLICO:
   — Colección de romances, sonetos, pinturas y glosas.
F. POESÍA GNÓMICA:
   — Breve conjunto de sentencias.
G. TEATRO:
   — Dos bailes y un entremés.
Apéndice 1:
   — Poesía de dudosa autoría.
Apéndice 2:
   — Composiciones que no pertenecen al poeta y se incluyen en algunos manuscritos de sus obras.
   — Interpolaciones descubiertas durante la confrontación de manuscritos.

César Moro: ¿Bilingüismo o translingüismo?

Martha Canfield
Università di Napoli, Italia

*Moro nació extranjero en Lima en 1903
y murió en Lima, extranjero, en 1956.*
AMÉRICO FERRARI

*Celui qui lit ces lignes
ne connaîtra jamais
leur valeur d'appel.*

Estos versos fueron escritos por Moro en 1933, al regresar al Perú
después de haber pasado ocho años en Francia. Allá había llegado
a los veintidós y allá había establecido relaciones de amistad con
Breton, Eluard, Reverdy, habiendo colaborado asiduamente con la
revista *Le Surréalisme au Service de la Révolution*. Había abrazado la causa del surrealismo como si, más que un movimiento literario y artístico, se hubiera tratado de una escuela de vida; y a los
principios del surrealismo permaneció siempre fiel. Sin embargo,
después de la publicación de *Arcane 17* (1947), Moro se distanció
de Breton, considerando que había banalizado los aportes de Freud
y afirmando su propia convicción de que la heterosexualidad y la
homosexualidad son modalidades distintas aunque igualmente
legítimas de la expresión sexual. Dada la lucidez con la que Moro
se refiere a las posibles causas del comportamiento sexual, es
inevitable pensar que fuera al mismo tiempo muy lúcido respecto
a su propia condición, de alguna manera vinculada a sus elecciones lingüísticas, como veremos. Dice en la famosa crítica
adversa:

"La afirmación de que todo ser humano busque (*sic*) un único ser de
otro sexo nos parece tan gratuita, tan oscurantista que sería necesario
que el estudio de la psicología sexual no hubiera hecho los progresos
que ha hecho para poder aceptarla, o pasarla por alto siquiera. ¿Acaso
no sabemos, por lo menos teóricamente, que el hombre persigue a
través del amor la satisfacción de una fijación infantil más o menos

bien orientada, más o menos aceptada por el superyo, por la sociedad? ¿No lo enriquece más bien con una especie de fatalidad dramática determinándolo ya desde la infancia?"[1]

Tal vez por respeto al fundador del surrealismo, a cuya difusión Moro se iba a dedicar durante toda su vida, primero en el Perú, con la ayuda de Emilio Adolfo Westphalen[2], y luego en México, donde vivió entre 1938 y 1948, no quiso romper su amistad con Breton, no obstante las divergencias de opinión. Breton a su vez, según el testimonio de Américo Ferrari, todavía en 1952 hablaba de él con profundo afecto[3].

Pero lo que más impresiona en la historia personal y en la obra de Moro, aun más que esa angustiosa llamada que él lanza a través de su poesía visionaria e incontenible y al mismo tiempo lúcida e irónica, es el hecho de que haya adoptado el francés en edad adulta y que esta adopción haya sido definitiva.

Moro no es el único poeta de lengua española que, tras el seductor estímulo de las vanguardias centralizadas en París, decidiera adoptar el francés como su propia lengua. Lo mismo hicieron el chileno Vicente Huidobro y el español Juan Larrea. En éste último el francés parece asociado al género poético: de hecho dejó de escribir poesía en 1932 y cuando, más tarde, empezó a elaborar su obra en prosa, regresó definitivamente al castellano. Más complejo, y tal vez más interesante para quien estudia el efecto de un idioma sobre otro, es ese ir y venir de Huidobro entre el español y el francés durante los años centrales y más empeñados de su ejercicio creativo. Una génesis muy compleja revela su obra maestra *Altazor* (1931), en la cual es posible estudiar la relación estimulante y desencadenante que un idioma ha ejercido sobre el otro[4]. Pero *Altazor* fue la última creación en la que Huidobro se sirvió del francés. Después regresó definitivamente al español y hasta su muerte, ocurrida en 1948, publicó todavía unas diez obras más, en verso y en prosa.

El caso de Moro, en cambio, es muy distinto y tal vez único en la historia de la poesía hispanoamericana, justamente porque su cambio de idioma fue definitivo y radical, aunque con un breve paréntesis, extraordinariamente significativo: *La tortuga ecuestre*[5].

Como se dijo antes, Moro se embarcó hacia París a los veintidós años. El bagaje que llevaba consigo consistía fundamentalmente en su vocación de pintor, unos pocos poemas escritos y el nuevo nombre que se había dado y que ya había impuesto a su familia. Alfredo Quíspez Asín se había transformado en César Moro, y éste había sido el primer paso de una serie que lo iba a conducir a crearse una nue-

1   Citado por André Coyné en "César Moro entre Lima, París y México", en Moro, César: *Obra poética,* p. 17. Edición de Ricardo Silva Santisteban. Lima: Instituto Nacional de Cultura, 1980. Todos los poemas están citados según esta edición, indicada ob. cit. Agradezco a André Coyné la lectura de estas páginas y todos los comentarios útiles y estimulantes que me ha hecho.

2   E.A. Westphalen (Lima, 1911) conoció a Moro cuando éste acababa de regresar de París. Entre ellos nació inmediatamente una auténtica amistad intelectual y fraternal que iba a durar toda la vida. Los primeros dos libros de Westphalen, *Las ínsulas extrañas* (1933) y *Abolición de la muerte* (1934), son fundamentales en la historia de la poesía y el surrealismo hispanoamericanos.

3   Cfr. Ferrari, Américo: "César Moro y la libertad de la palabra", en *Los sonidos del silencio*, p. 51. Lima: Mosca Azul, 1990.

4   Es cuanto ha hecho René de Costa en su *Introducción* a Huidobro, Vicente: *Altazor. Temblor de cielo,* pp. 11-45. Madrid: Cátedra, 1992.

5   El poemario fue publicado póstumamente por André Coyné (*La tortuga ecuestre y otros poemas: 1924-1949.* Lima: Ed. Tigrondine, 1957), reproducido por Editorial San Marcos, Lima, 1958. Más tarde fue recogido por Julio Ortega en *Palabra de escándalo.* Barcelona: Tusquets, 1974. Con el título original y otros textos, está en Monte Ávila, Caracas, 1976. Por fin, junto a la poesía en francés, en *Obra poética,* ob. cit.

va identidad, separándose de sus orígenes. Al llegar a París, Moro adoptó inmediatamente el surrealismo; y éste fue otro paso importante, en cuanto la identificación con una forma de expresión anticonvencional y antitradicional, nueva y libre, que se proponía hacer surgir todo lo que la educación enseña a reprimir, significaba para él sobre todo la realización de lo que era más importante a sus ojos, es decir, la libertad. La adopción de la nueva lengua, sobre todo en el ámbito poético, fue menos inmediata. Sabemos que él había empezado a escribir poesía en español; pero en París dejó de hacerlo, encerrándose en un silencio de incubación. Cuando volvió a escribir, algunos años más tarde, ya lo hacía en un francés perfecto, e inclusive lúdico. André Coyné ha demostrado que la poesía de esos años fue recogida por el autor en dos cuadernos que entregara respectivamente a Breton y a Eluard y que ambos cuadernos, desdichadamente, se perdieron. De Eluard queda sin embargo una carta donde comenta las "admirables" composiciones de Moro, en las que encuentra "la poesía que ama por encima de todo"[6].

En 1933 Moro regresó al Perú, y la excepcionalidad de su caso, así como su diversidad respecto a otros escritores que han adoptado como lengua literaria una distinta de la materna ya sea transitoriamente, como Huidobro o Larrea, ya sea alternativamente como Beckett, o definitivamente como Conrad o Canetti, está en el hecho de que Moro siguió escribiendo en francés aunque nunca más volviera a Francia y transcurriera el resto de su vida en países de lengua española: del 33 al 38 en Perú; del 38 al 48 en México y luego de nuevo en Perú hasta su muerte, en 1956. Mientras tanto, una mínima parte de lo que escribía se publicaba en ediciones mexicanas o peruanas, pero siempre en francés: _Le_

Château de Grisou, Lettre d'Amour, Trafalgar Square[7].

Otro hecho absolutamente excepcional del caso de Moro es que también su lengua cotidiana siguió siendo preferiblemente el francés, inclusive en las cartas que mandaba desde México al amigo Westphalen. Rara vez escribía una postal, o una breve misiva en español, y cuando lo hacía cometía errores ortográficos tan grotescos que no se puede dejar de pensar que quisiese estropear el idioma que había rechazado[8]. Veamos un ejemplo: en la carta del 1.10. 46 después de un párrafo bastante largo, correctamente escrito, dice:

> "Debes haber _rezivido_ ya carta mía, la puse al correo hace unos _diaz_ después de _aberla_ tenido guardada. _Convensido_ de que la _avía_ _enbiado_ ya. [...] _Reciviste_ la _rebista_ "Mañana"? No? Por qué? Cuándo? Porque cuando la recibas _hasme fabor_ de _dezirme que_ te _parese_. "Qué te _parese_ el serrano un bandido! Proposiciones de cierto _genero_..."

Los errores, indicados en itálicas, son más bien inverosímiles. La segunda mitad de la carta está escrita sin errores. En otra carta,

_____

6   Carta citada por A. Coyné, "Ahora al medio siglo...", en Moro, César: _Ces Poèmes..._, p. 78. Madrid: Libros Maina, 1987.

7   _Le Chateau de Grisou_. México: Tigrondine, 1943; _Lettre d'Amour_. México: Dyn, 1944; _Trafalgar Square_. Lima: Tigrondine, 1954. Además de _La tortuga ecuestre_, fueron publicados póstumos _Amour à Mort_ (París: Le Cheval Marin, 1957), _Pierre des Soleils_ (Lima, 1980, en _Obra poética_, ob. cit.), donde aparecen también los _Derniers Poèmes_, a cargo de R. Silva Santisteban, que precedentemente los había publicado en Ediciones Capulí (Lima, 1976), _Couleur de Bas-Rêves tête de Nègre_ (Lisboa: Altaforte, 1983) y _Ces Poèmes..._, ob. cit. Después de la muerte de Moro, además de la obra poética, A. Coyné ha recogido una serie de ensayos y de notas críticas y las ha publicado con el título _Los anteojos de azufre_ (Lima: Editorial San Marcos, 1958).

8   Cfr. _Vida de poeta: Algunas cartas de César Moro escritas en la Ciudad de México entre 1943 y 1948,_ con un prólogo de E.A. Westphalen. Lisboa: SCARL, 1983.

de las pocas escritas en su lengua materna, usa mexicanismos e inmediatamente los traduce entre paréntesis con el vocablo más usado en Perú (por ejemplo, "elote", que traduce "choclo"); o bien deforma con ironía las palabras (intelectuales se vuelve "telectuales"); usa arcaísmos ("leelle" y "envialla" en lugar de "leerlo" y "enviarla"), galicismos ("grippes") y sobreposiciones lexemáticas ("furúnculos menazantes", probablemente de "furoncles menaçants", en vez de "forúnculos amenazadores").

Hay que deducir que Moro no solamente quiso cambiar su lengua materna, sino que incluso renegó de ella, llegando a deformarla y estropearla cuando se veía obligado a usarla. Cuentan testigos de sus últimos años de vida, que él vivía en Lima como "exiliado" en su propia ciudad, hablando casi exclusivamente en francés, e inclusive en un francés que se iba volviendo cada vez más personal y que "literalmente casi nadie comprendía en torno suyo"[9].

Y vamos al nudo del problema. Está demostrado que entre la madre y la lengua materna (o "madre lengua") existe una conexión estrecha. Algunas expresiones metafóricas que se repiten de un idioma a otro, como "madre lingua", "mother tongue", "alma mater", etc., sugieren que la función del lenguaje se adquiere y se aprende en contacto directo con el pecho, junto con la leche[10]. En muchos idiomas, además, la palabra que indica el seno materno es semejante a la que indica a la madre. Y el sonido "mm", que en muchísimas lenguas forma parte del vocablo usado para decir "madre", y que sin darse cuenta muchos adultos pronuncian en momentos de calma interior, podría expresar la fantasía de estar unidos a la madre mientras se succiona la leche: en efecto, éste es el único sonido

que se puede pronunciar con la boca cerrada[11]. "Sumergido en un baño de palabras", el niño aprende, ya antes de hablar, el sentido de las palabras y los nexos entre las palabras y las cosas, en una red inextricable de vivencias emotivas y perceptivas[12].

Independientemente de cómo y hasta qué punto Moro se apropiara del francés[13], es necesario recordar que él no fue un caso de bilingüismo precoz donde, al lado de la figura materna asociada a una lengua, está la figura del padre o de una "vicemadre" asociadas a otra lengua[14]. Por lo mismo, cabe preguntarse qué cosa quiso aniquilar dentro de sí –seguramente era algo que sentía como terrible– al comprimir la lengua materna hasta hacerla casi desaparecer. ¿De qué vivencia, de cuál complejo vínculo afectivo, de qué memoria insoportable habrá querido liberarse, cambiando de país, de nombre y de lengua en un insólito acto simbólico? Para juzgar la poesía de Moro alcanzan las ciencias literarias, naturalmente; más simplemente, para gozar de su poesía, para sorprenderse ante su originalidad y su gracia, basta leerlo:

> *Baudelaire*
>
> "Beau de l'air de la nuit
> Beau de la glace de la lune
> Beau de l'eau de l'air
> Été et hiver beau
> Bel oiseau de l'air."
> (De *Pierre des soleils.*)

---

9 Coyné, A.: *César Moro entre Lima, París y México*, ob. cit., p. 20.

10 Amati, J.; S. Argentieri y J. Canestri: *La Babele dell'Inconscio, Lingua Madre e Lingue Straniere nella Dimensione Psicoanalítica*, p. 88. Milano: Raffaello Cortina editore, 1990.

11 Greenson, R.: *Esplorazioni Psicoanalitiche*. Torino: Boringhieri, 1978.

12 Spitz, R.A.: *Il No e il Sí. Saggio sulla Genesi della Comunicazione Umana*. Roma: Armando, 1975.

13 Han dado juicios positivos en ese sentido A. Coyné, A. Ferrari, R. Silva Santisteban y Roberto Paoli (del último véase "La lengua escandalosa de César Moro", en *Estudios sobre literatura peruana contemporánea*, p. 131. Firenze: Universitá degli Studi di Firenze, 1985).

14 Las ventajas del bilingüismo y del plurilingüismo precoces las ha sostenido Titone, Renzo: *Bilinguismo Precoce e Educazione Bilingue*. Roma: Armando, 1972.

Basta también dejarse ir en el vórtice de sus imágenes[15] para comprender la profundidad de sus heridas y cuánto la lengua francesa haya sido en su expresión justa y eficaz, perfectamente adherente a su imaginación cósmica e hiperbólica, a su mirada visionaria, que lo materializaba todo –sentimientos, conceptos–, dándole a todo cuerpo y color, permaneciendo pintor inclusive en su escritura[16]:

"Je pense à ton corps faisant du lit le ciel et
les montagnes suprèmes de la seule réalité
avec ses vallons et ses ombres
avec l'humidité et les marbres et l'eau noire
reflétant toutes les étoiles dans chaque oeil
...
Vainement je demande au feu la soif
vainement je blesse les murailles
au loin tombent les rideaux precaires de
l'oubli
a bout de forces
devant le paysage tordu dans la tempete."[17]
(De *Lettre d'amour.*)

Pero para penetrar en la zona secreta y tal vez desconocida aun para sí mismo, donde dos identidades se combatían, la lectura de los textos tiene que servirse del psicoanálisis y así penetrar hasta el fondo de sus motivaciones psicológicas. Por ejemplo, el nombre que se había dado tiene seguramente que ver con Julio César, el conquistador de la Galia, y con las grandes expectativas de Moro, con el enorme impulso de sus sueños juveniles. Sin embargo, un verso sugiere de pronto motivaciones menos claras, más ambiguas e inquietantes: "Chiens et chats = Jules César."

En este verso de *Pierre des Soleils*, la homofonía del primer término (homofonía que sería imposible en español) parece esconder la noción de lucha connotada por el acercamiento de los dos semantemas perro y gato. Luego, todo junto es igual a Julio César. En otras palabras, detrás de la aparente armonía se cela un mal escondido secreto.

Para entender la dimensión de ese conflicto, una posible pista es la homofilia de Moro, en conflicto con la sociedad convencional y gazmoña de la Lima de los años treinta y cuarenta, inadmisible para su familia y para los principios en los que fuera educado. Por su parte parecería que, a pesar de la lucidez demostrada en la citada crítica adversa de *Arcane 17* de Breton, Moro no vivió siempre con verdadera libertad su condición. Las breves reconstrucciones biográficas y los comentarios críticos a su obra han sido acompañados generalmente de un gran pudor y mucha reserva, aun por parte de quienes más lo frecuentaron, como Emilio Adolfo Westphalen y André Coyné. Pero, no obstante, algo se intuye y algo denuncia su poesía misma. Dice Álvaro Mutis:

"Moro fue uno de los seres más indescifrables, complejos, lastimados y desvalidos que han existido... Su condición de homosexual lo hacía padecer auténticos infiernos, comparados con los cuales los de Cernuda, por ejemplo, eran simples paraísos de huríes masculinas."[18]

Debió ser más fácil para Moro vivir su sexualidad en París que en Lima, especialmente a los veintidós años. Pero no parece motivo suficiente para que tuviera que buscar una nueva identidad con nombre nuevo e idioma distinto.

---

15 Se refiere a la progresión vertiginosa de las imágenes y al uso de la *geminatio* en *La tortuga ecuestre*. (Altuna, Elena: "César Moro: Escritura y exilio", en *Revista de Crítica Literaria Latinoamericana,* año XX, Nº 39, 1994, p. 109. Lima/Berkeley.)

16 Aunque en vida hizo vanas exposiciones, la obra pictórica de Moro es casi inédita. Algunos cuadros suyos estuvieron presentes en la muestra "El surrealismo entre viejo y nuevo mundo", diciembre 89-febrero 90, en Las Palmas (Canarias).

17 Ob. cit., p. 132.

18 Carta personal del 6.8.95.

Si es cierto, como se ha señalado más arriba, que la figura de la madre y de la lengua materna están estrechamente vinculadas desde el punto de vista psicológico, para entender el gesto de Moro habrá que ir aún más atrás del descubrimiento de su sexualidad. Habrá que ir tal vez a la impresión preponderante de exilio en la que él vive, impresión antigua e "inexplicable", inconscientemente vinculada a la imagen de su madre. Poco sabemos de las relaciones con su madre; pero mucho nos dice él mismo, en los poemas y en las cartas, de ese asedio constante del dolor, con una fuerza tal que doblega su voluntad, que lo obliga a un "exilio" permanente, no sólo literal sino también existencial y metafísico, y a un "olvido" defensivo y al mismo tiempo amargo porque aniquila una parte de sí mismo:

> "Pour une meilleure lumière
> Je guerroie
> Amertume
> Par un mortel oubli je suis servi
> ...
> A peine un cri
> Et tout redevient ce grand silence
> Cadencé et vorace
> Marqué de blessures profondes."[19]

El dolor es para Moro una especie de prisión perpetua en la que ve su propio quebranto, sin que le sea posible racionalizar la situación ni mucho menos actuar para modificarla: "Tout le drame se passe dans l'oeil et loin du cerveau."[20]

Imposible contar, confiesa Moro en una de sus cartas, "lo que puede sufrir un ser humano que a veces desconozco y que siento como un extranjero enloquecido dentro de una casa vacía"[21]. En los poemas y las cartas

se repiten las palabras "dolor", "sufrimiento", "exilio", "fuga", "persecución": "¡Vivo tan atormentado, tan turbado, tan perseguido siempre!"[22].

Para defenderse de este asedio, Moro buscó refugio en la "patria" del surrealismo y en la lengua francesa. Y el francés funcionó para él como un elemento equilibrador en la economía de su *psiquis*. Simona Argentieri y sus colegas han resumido en cuatro las funciones que una lengua puede tener para el individuo bilingüe o plurilingüe: ella puede constituirse como "lengua olvidada", "lengua prohibida", "lengua salvada" (es el caso de Elías Canetti y también el famoso título de uno de sus libros) y "lengua que salva". Bien: para Moro el francés fue sin duda la lengua que salva, mientras que el español, asociado a las primeras emociones y sensaciones de la vida ("lait musical" es una expresión suya), permaneció para él indisolublemente vinculado a la pulsión regresiva-fusional. De ahí la compulsión de huida, la búsqueda de una nueva identidad, la angustia y las muchas vacilaciones cuando debía decidir el regreso a la patria, mientras la figura materna se levantaba en la memoria del Perú como la razón fundamental para empujarlo a volver, en contraste con los "terrores infantiles" que lo inmovilizaban.

En las cartas publicadas por Westphalen, desdichadamente sólo en traducción española, Moro habla poco de su madre pero la menciona a menudo:

> "Gracias si llevas su carta a mi madre... Me he dicho luego que tengo mis amigos, es decir a ti, a mi madre (13.6.45)... Estoy muy inquieto y te ruego te comuniques por teléfono con mi familia y me escribas inmediatamente acerca de lo que ocurre. Hace mucho tiempo que no recibo ninguna noticia de mi madre (5.7.46)... Tu carta me

19 "La Fenêtre de la Méduse", en *Le Château de Grisou*, ob. cit., p. 106.

20 "Adresse au Trois Règnes", ob. cit., p. 110.

21 "Cartas", IV, en ob. cit., p.78.

22 Carta a Westphalen del 15.11.45, en *Vida de poeta*, ob. cit.

ha dado mucho gusto y me ha producido mucha inquietud porque, sin más explicación, me dices que mi madre está en cama y mejor. Yo no sabía que estuviera enferma y como no me explicas nada, me ha producido disgusto (1.10.46)... En el Perú tengo una madre y aquí tengo al hijo de A. al que adoro (17.10.46). Recibí una carta de mi madre donde me anuncia que todo está arreglado respecto a mi viaje (19.10.46)... No digas, si ves a mi madre, que viajaré en avión para evitarle la angustia (9.2.48)."

En el conjunto hay dos muy significativas, aquéllas en las cuales trata de explicar por qué siente que debe regresar al Perú. Las cartas están escritas a distancia de pocos meses una de otra, en 1945, de lo que se deduce que, a pesar de sus protestas y de sus "buenos propósitos", Moro se quedó en México tres años más. En la primera carta dice:

> "Debo comunicarte que he decidido, si puedo, regresar al Perú lo más pronto posible... es tiempo que regrese como adulto, *sin terrores infantiles* y que mire mi realidad a la cara." (13.6.45. Las itálicas son mías.)

La otra carta empieza con un reproche a Westphalen que evidentemente se había lamentado de no haber entendido algo de la carta anterior de Moro, y Moro no soporta que el amigo demuestre fallas en el conocimiento del francés[23]. Luego le vuelve a explicar por qué debe regresar al Perú, aunque ello le resulte muy duro:

> "Eres inaudito al decirme que no comprendes mi última carta; sin embargo yo la creía

muy clara; *no quisiera pero tengo que volver allá.* Es muy posible que yo haya conservado el recuerdo de una época terminada, pero al lado de eso hay para mí el imperativo de mi madre. *No me resigno a abandonarla.* Estoy obligado moralmente a reverla, a hacer algo por ella; aunque no fuera sino para hacer más llevadera su vejez con mi presencia, *con mi horrible presencia.* Al mismo tiempo no se trata en mi caso de desear cambiar de ambiente: me encuentro tan bien o tan mal como en cualquier parte." (15.11.45. Las itálicas son mías.)

En la carta se pone en evidencia el sentido de culpa respecto a su madre, a la cual no debería abandonar, mientras sabemos que en realidad él siguió postergando el regreso por varios años. Por muy razonablemente que se diga a sí mismo que es hora de volver y sobre todo que es hora de dejar los terrores infantiles, se sigue quedando en México.

Otra cosa, evidentemente, inmovilizaba a Moro; y ésta no puede ser más que el amor doloroso –porque ya no era correspondido– al que se refiere con mucho pudor pero sin ocultar la intensidad de sus sentimientos en las cartas al amigo fraternal. Este sentimiento y la historia de esta pasión están en la base de los únicos poemas que Moro escribiera en español, recogidos en un volumen que permaneció inédito hasta su muerte y que conocemos gracias a la solícita intervención de André Coyné. Se trata de *La tortuga ecuestre,* para muchos la obra maestra de Moro. Y aquí llegamos al segundo nudo, o sea al más íntimo y secreto de la vida, de la poesía y de las elecciones lingüísticas de Moro.

La tortuga ecuestre está compuesto por trece poemas y cinco cartas de amor, que son como otros poemas en prosa, éstas últimas precedidas por una composición en verso que revela el nombre del destinatario en una elocuente anáfora.:"ANTONIO es Dios/ ANTONIO es el Sol", y se cierra en un anillo mágico de pasión y de prisión fatales: "ANTONIO es toda la Dinastía de los Ptolomeos/ México crece alrededor de ANTONIO."

---

23 En otra ocasión le había dicho: "Tú tienes la obligación de leer perfectamente francés" (26.5.45).

En otro lugar al que remito al lector por premura de espacio[24], he podido estudiar cómo la pasión erótica que nutre estos versos encuentra un modelo de referencia en el mito de Prometeo y cómo para Moro el destino del amante y del poeta se resumen en la conclusión de Rimbaud: "Entonces el poeta es verdaderamente un ladrón de fuego." Esta pasión volcánica que se expresa a través de una poesía igualmente volcánica, como una lava ardiente, se configura mediante una rica isotopía del fuego, en la cual el humo (muchas veces mencionado) quiere indicar las huellas —por lo tanto la certeza–, pero también la pérdida de una presencia que acaba de desaparecer. Del mismo modo el fuego significa la epifanía: la gracia de la revelación, seguida por el dolor de la pérdida. "¿Por qué de mí huíste habiéndome herido?": no es impertinente la comparación con san Juan de la Cruz si se comprende que el sufrimiento del amor y del abandono llevan a Moro a un estado de extrañamiento del mundo que genera en él una forma de pasión como padecimiento, que psicológicamente se acerca mucho al éxtasis místico: "Soy el santo de los santos. El receptáculo de tu amor. Gracias a ti, de este fuego que ha quemado toda impureza."[25]

Pero más a menudo el sentimiento predominante es el de haberse acercado a una fuente prohibida, y la sospecha de que el fuego que lo ha tocado no le haya sido concedido sino que él se lo haya tomado abusivamente, para perderlo inmediatamente después. De ello deriva la nostalgia desgarradora, las interminables esperas en ese estado de aturdimiento que las cartas comunican tan bien, el deseo desesperado de anularse en el sentimiento mismo, dado que ya no en la beatífica fusión amorosa: "Abrásame en tus llamas poderoso demonio; consúmeme en tu aliento de

tromba marina", o bien "dispérsame en la lluvia"[26].

Entre *La tortuga ecuestre* y los otros poemarios de Moro, la diferencia está, mucho más que en el idioma escogido, en el tono extremo y fatal de esta poesía de amor, en la tiniebla que la envuelve ya desde el epígrafe de Baudelaire ("Les tenebres vertes dans les soirs humides..."), en el sentimiento paradójico —se diría "antipascaliano"– de claustrofobia cósmica, por el cual el yo poético se siente encerrado en habitaciones infinitamente dilatadas, hasta el punto que el techo se confunde con el cielo y la cama se encuentra a "mil pies debajo del mar", la almohada "está húmeda de lluvia en el centro del bosque". No podría ser de otra manera cuando en el *Visitante* frente y luna se confunden, cuerpo y árbol, cabeza y "montaña de oro y de nieve":

> "Con el humo fabuloso de tu cabellera
> Con las bestias nocturnas en los ojos
> Y tu cuerpo de rescoldo
> Con la noche que riegas a pedazos
> Con los bloques de noche que caen de tus manos."[27]

Es muy indicativo que la primera palabra del primer poema de *La tortuga ecuestre* sea "incesto". Para quien cree en la lógica inflexible de los procesos del inconsciente, en este contexto la palabra "incesto" parece funcionar como una bisagra que une y separa —que articula, digamos– los dos amores más peligrosos de la vida de Moro, los que implicaban para él, junto con el uso del español, la tentación aniquiladora de la fusión regresiva y beata. Mucho habría que agregar para distinguir entre ambas pasiones, pero eso no es posible aquí por razones de espacio.

Siguiendo la lógica de los procesos del inconsciente, tampoco puede ser casual que la temática de la "palabra obscena" aparezca en

---

24   "César Moro Ladro di Fuoco". *Sinopia III*, 8 (1987), pp. 20-24; y *Gnosis de la tiniebla: César Moro, en mi configuración del arquetipo*, p. 145. Firenze: Opus Libri, 1988.

25   "Cartas", II, en ob. cit., p. 75.

26   "Cartas", IV, en ob. cit., p. 80.

27   "Vienes en la noche con el humo fabuloso de tu cabellera", en ob. cit., p. 58.

este poemario asociada a la imagen del humo, "excremento del fuego" según Bachelard[28]. Si el fuego es la revelación y la gracia, al "ladrón de fuego" no le queda más que el humo; por lo tanto, en el acto de la verbalización lo que se expresará no será lo sublime del deseo, sino la bajeza, la culpa. Y dado que el ladrón de fuego es sobre todo el poeta, sus palabras serán, justamente, "poemas obscenos": "Tu aliento es humareda de ignición de poemas obscenos/tu aliento precipitándose a mansalva sobre campos inmensos bajo la luna."[29]

Muy sugestivo es también el hecho de que el único poema donde no aparece el "tú" —cuya identificación se revela en las *Cartas*— hable de "la pérdida de las facultades", "la adquisición de la demencia" y las patologías del lenguaje, en especial la afasia y la homologación estereotípica de la expresión, como de algo que procura "embriaguez": "El estupor/El estupor de cuentas de cristal/El estupor de vaho de cristal..."[30]

En el mismo poema finalmente se asocia este "estupor" a "bocas de dientes de azúcar", a lenguas que renacen y que mueren y a "senos opulentos bañados de miel". La composición sigue literalmente las reglas surrealistas de la escritura automática, por lo cual no hay soportes referenciales muy evidentes y las asociaciones libres se suceden en una cadena de imágenes imprevisibles, con repeticiones y paralelismos que crean, más que un "significado", una atmósfera, impresiones, alusiones... En las *Cartas*, en cambio, hay una mayor lógica sintáctica, más acorde con la intención dialógica y confesional que denuncian.

La historia de esta pasión empezó en México —según lo que se deduce de los textos mismos— entre noviembre y diciembre de 1938. *La tortuga ecuestre* está fechada 1938-39, y en el 39 la relación había terminado. Sabemos también que los sentimientos de Moro no se apagaron sino con el alejamiento de México y de la persona amada. Sin embargo, aun amando y sufriendo, Moro logro recuperar el dominio de sí mismo, como lo demuestra el hecho de que vuelva a usar exclusivamente el francés, sobre todo en la producción poética: *Le Château de Grisou* (1939-41), *Lettre d'Amour* (1942) y *Pierre des Soleils* (1944-46)[31].

En esta tercera fase de la poesía de Moro, si consideramos primera la producida en París y segunda la de *La tortuga ecuestre*, encontramos, asociada a su típica imaginación onírica y surrealista, una estructuración poética más meditada y una escritura más transparente, se diría "menos automática". El sentimiento de amor no arrebata la expresión, como antes, y por lo mismo ésta resulta más explícita; pero la ausencia de la persona amada y el dolor por esta pérdida se dejan sentir constantemente, casi en cada poema, sobre todo en *Le Château de Grisou*. Y es muy significativo que la ausencia se defina como ausencia de la palabra del amado, que esta privación se considere muy dura de soportar en el tiempo, y que además aquella palabra (que como sabemos pertenece a la lengua española) se asocie a la "leche musical" que nutre, pero de la cual no obstante es necesario "destetarse":

> "À l'aube du chateau les arbres Parlent
> Il est question de la victoire sur le temps
> De la continuité sublime de nos rapports oraux
> Question de savoir si je tiendrais longtemps
> Sevré du lait musical de ta parole."[32]

28 Bachelard, G.: *La Psychanalyse du Feu*, p. 189. París: Gallimard, 1967.

29 "El humo se disipa", en ob. cit., p. 57.

30 "A vista perdida". El título está evidentemente calcado del francés "à perte de vue", en ob. cit., p. 53.

31 Los dos primeros poemarios fueron publicados en México, en ediciones de autor, en 1943 y en 1944 respectivamente; mientras que la última quedó inédita hasta la edición peruana hecha por R. Silva Santisteban, ob. cit.

32 "Dialogue obscur", en ob. cit., p. 170.

En 1948, después de muchas vacilaciones, Moro regresa al Perú. Es el mes de abril. En diciembre del mismo año conoce a André Coyné, y este encuentro se demostrará fundamental, tanto como lo había sido la lengua francesa en el momento de la definición de su nueva identidad. Ahora, al regresar de México, todavía lastimado por esa gran pasión que había despertado, junto con la lengua de la infancia, los estratos más profundos y traumatizados de su *psiquis,* Moro encuentra una persona de lengua francesa con la que reconstruye su equilibrio afectivo y se vuelve a comunicar exclusivamente en la "lengua de la salvación". Coyné será, en efecto, hasta la muerte de Moro, su fiel compañero.

Moro produce en estos años otros dos poemarios, *Trafalgar Square* y *Amour à Mort*[33], y deja muchos textos inéditos, algunos de los cuales serán recuperados en ediciones póstumas. En las composiciones de *Amour à Mort* resulta recurrente la imagen de los "dióscuros", los gemelos divinos que se enfrentan en un "juego predestinado", con pericia, con gracia, con risa, contra un cielo azul "pur... plus que l'air", pero también con un erotismo despiadado y definitivo, "amour à mort" que se complace en "nacer para morir por el fuego" (*naître a mourir par le feu*)[34].

En la fuerza provocadora de ciertos adjetivos usados por Moro en sus últimos escritos, así como en la ambigüedad muy sugestiva de ciertas expresiones de Coyné[35], se adivina que los últimos años de su vida Moro los

vivió, si no con "escándalo" –como dice él mismo en el título de un famoso poema[36]–, con libertad; o sea, podemos creer, con mayor serenidad y acaso también con dicha. Volvamos a leer algunos de sus últimos versos, escritos, como no podía ser de otra manera, en la que para él fue la "lengua de la salvación":

"Il faut porter ses vices comme un manteau royal, sans hâte. Comme une auréole qu'on ignore, dont on fait semblant de ne pas s'apercevoir.
Il n'y a que les êtres à vice dont le contour ne s'estompe pas dans la boue hialine de l'atmosphère.
La beauté est un vice, merveilleux, de la forme.
On donne tout pour ne rien avoir. Toujours à recommencer. C'est le prix de la vie merveilleuse."[37]

33 Moro publica personalmente *Trafalgar Square*. Lima: Editorial Tigrondine, 1954. Deja inédito, en cambio, *Amour à Mort*, que Coyné hará publicar a su muerte (París: Le Cheval Marin, 1957). De éste último existe también una edición inglesa: *Love till Death,* traducida por Frances Le Fèvre. New York: The Vanishing Rotating Triangle Press, 1973.

34 De "Le jeu predestiné", en ob. cit., p. 198.

35 "No éramos muchos los que nos dábamos cuenta de que, lejos de la escena en que los historiadores multiplican sus muecas, él seguía llevando una existencia magnífica y escandalosa...": *Moro entre Lima, París y México,* ob. cit., p. 22. Y todavía Coyné, sobre los últimos años de Moro, "solitario entre solitarios", dejó de preocuparse por lo que se pensaba alrededor de él: "No en vano nacido: César Moro". *Eco* Nº 243, p. 298. Bogotá, 1982.

36 La vida escandalosa de César Moro forma parte de *La tortuga ecuestre*. Ha dado título a la primera edición del poemario preparado por Julio Ortega, *Palabra de escándalo,* ob. cit., y a la versión inglesa, *The Scandalous Life of César Moro, in his Own Words,* traducida por Philip Ward. New York: The Oleander Press, 1976.

37 "Il faut porter...", en ob. cit., p. 252.

El *ideologema étnico y la internalización de prácticas sociales en* Ximena de dos caminos *de Laura Riesco*

Federico Chalupa
Bowling Green State University, Estados Unidos

El presente trabajo propone se considere la novela *Ximena de dos caminos,* de Laura Riesco, como un mundo de ficción donde el ideologema étnico participa en la internalización del ser cultural peruano a través de un *criss-crossing* de espacios culturales[1]. A partir de esta aproximación, el propósito de este estudio es discutir, en términos generales, las diferentes funcionalizaciones del ideologema étnico, en particular el uso político de la Otredad en la orquestación de dicha identidad cultural para, luego, explicitar en el texto de Laura Riesco la textualización o representación narrativa de dicho ideologema, así como su articulación con el proceso de interrealización de la identidad cultural peruana.

Rastreamiento de lo étnico como ideologema

En esta primera parte del trabajo se busca rastrear el papel del uso político del Otro en el desarrollo y funcionalización del ideologema étnico. El objetivo en esta parte es demostrar cómo esta problemática se ha interconectado, creando o reproduciendo ideología, retórica y acción político-social en diversas etapas históricas.

Sus propios actos expansionistas y colonialistas ultramarinos, acometidos a partir del siglo XVI, plantearon a los europeos la necesidad de revisar sus creencias tradicionales sobre el proceso de anexión territorial y de otras etnias a la etnia dominante. Hasta el siglo XV, ante la conquista de nuevos territorios y de otras etnias, se procedía a una conversión cultural generalizada y finalmente a la asimilación, a la incorporación de las otras etnias a la etnia dominante, a un patrimonio común. Según Benedict Anderson, quizá Manuel I de Portugal, a fines del siglo XV, "haya sido el último gobernante europeo a quien tal solución parecía a la vez satisfactoria y natural".

---

1   Uso el término ideologema como unidad de representación, a través de la cual se legitiman prácticas culturales.

A partir del siglo XVI, la etapa colonialista ultramarina, se fue planteando la ideología de que a una ampliación territorial no seguía necesariamente una incorporación de las otras etnias (ahora llamadas "salvajes") a la etnia dominante, es decir, a un patrimonio común "civilizado". Se mantuvieron, sí, las prácticas de conversión o aculturación, pero no con el propósito de incorporación cultural, sino con una diferente y doble intencionalidad: primero, de delimitar el espacio de las etnias "salvajes"; y, segundo, de neutralizar todo posible desarrollo y afirmación de una conciencia étnico-nacional autóctona que amenazara la hegemonía europea. Si bien este proceso se inicia de una manera muy marcada en contra de la otredad radical (el nativo y/o el esclavo africano), poco a poco se extiende a otros grupos étnicos productos del colonialismo: a los mestizos, mulatos y a los criollos[2].

Ya en el siglo XIX, en la América conquistada por los españoles, los movimientos de independencia política o descolonización liderados por los criollos –que en algún momento tenían intención de construir una Nación-Estado republicana regida por un derecho civil igualitario– terminaron fundando naciones que repetían la lógica étnica colonial; es decir, el fundamentar que hay etnias inferiores a las cuales hay que separar y neutralizar. En general, las oligarquías decimonónicas, según Néstor García Canclini:

"... habrían hecho como que constituían Estados, pero sólo ordenaron algunas áreas

de la sociedad para promover un desarrollo subordinado e inconsciente: hicieron como que formaban culturas nacionales, y apenas construyeron culturas de élites dejando fuera a enormes poblaciones indígenas y campesinas...".

Si bien las interpretaciones hacia la acción social divergen a partir de aquí desde el proyecto oligárquico democrático de Sarmiento en Argentina –un ejemplo radical del uso de dicha lógica étnica, ya que plantea el exterminio de la Otredad– hasta la propuesta tropista del indianismo de Clorinda Matto de Turner de borrar la barbarie transformando al indígena en un "buen salvaje" y a su hábitat en un mero espacio discursivo, el uso político de la Otredad se convierte en una experiencia común y generalizada en la América de habla hispana, experiencia que trae como resultado la práctica social del *ninguneo* del Otro.

Es así como la nación decimonónica en la América hispanófona se imagina a sí misma como representando una cultura nacional, esto es, un patrimonio común compartido horizontal o fraternalmente, cuando en realidad sólo representa una cultura de elite, un patrimonio particular étnico-criollo. El resultado de dicha funcionalización, según Mary Louise Pratt, es que la nación elite está "expuesta a ataques, desafíos, contrahegemonías y formaciones alternativas que la obligan a afirmarse y reafirmarse a través de la negociación y la fuerza".

Ya en los años veinte y treinta del presente siglo la inteligencia peruana de clase media articula un movimiento contrahegemónico que, entre otras propuestas, contrapone conscientemente al ideologema étnico-criollo decimonónico un nuevo ideologema étnico, el mestizo.

En el Perú, como en muchos otros países latinoamericanos según Agustín Cueva, aquel movimiento contrahegemónico ocurrió "gracias a la vigorosa presencia social, política e ideológica de una inteligencia surgida de las nuevas capas medias, estrechamente aliadas con los sectores populares".

_____

2   Tal vez el ejemplo que mejor ilustra este extrañamiento o segregación que sufren tanto los nativos, los mestizos, como los criollos, es la oposición que se tenía para ordenarlos sacerdotes, a unos por pertenecer a "razas oscuras... (con) el más bajo de los espíritus", a los otros por "tener sangre nativa (que los) asemejaran a los indios" y a los criollos porque "aunque hubiesen nacido de padres blancos puros, han sido amamantados por ayas indias en su infancia, de modo que su sangre se ha contaminado para toda la vida".

Sin embargo, esta alianza no es tan estrecha y desinteresada –por lo menos en términos étnicos– como la planteó Cueva. Si bien es cierto que la inteligencia de clase media, en su mayoría mestiza, va a contraponer a la práctica étnica criolla –de base liberal– la mestiza –de base socialista–, es interesante recalcar que al hacerlo expresa su vocación reduccionista en dos sentidos: primero, la práctica del mestizaje promueve la mestización total de la sociedad, y, segundo, reduce la problemática étnica a una problemática económico-social[3].

Permítaseme usar una cita un tanto extensa para ilustrar esa vocación reduccionista y el papel de la inteligencia mestiza de ideología socialista, vista por Ángel Rama:

"El lugar de la intelectualidad mestiza se ofrecía... como capital: disponían ya de una cierta educación, bastante superior a la de millones de indígenas; tenían una visión coherente y simple de sus intereses de clase que veían coincidir con los intereses de la nación; habían logrado... estructurar una cosmovisión cultural propia... Por eso constituían una palanca poderosa que podía conducir a los indios hacia el progreso económico y social y también a su integración en la cultura mestiza... De la misma fuente occidental de donde procedió el liberalismo viene ahora el socialismo que habrá de operar sobre un doble frente: por una parte convalida la modernización como recurso indispensable para asegurar el progreso de la nación... lo que implica la aculturación de las poblaciones indígenas para incorporarlas rápidamente a la fuerza productiva... por otra sirve para enfrentarse a la oligarquía."

_____

3 De ahí que en el siglo XX en la América hispanófona el calificativo de mestizo no responde necesariamente a una categorización biológica, sino a una social: un indio puede convertirse en mestizo. (Ver los estudios de Arguedas, José María: *La cultura mestiza de Huamanga*, y de Knight, Alan: *Racism, Revolution, and Indigenism: México 1910-1940*.)

Por otra parte, la inteligencia de derecha en el Perú no postuló una vuelta radical al ideologema étnico-criollo, sino que lo reformuló: incorporó la experiencia indígena como "horizonte cultural" de la peruanidad. Riva Agüero, pero fundamentalmente Víctor Andrés Belaúnde, sitúan históricamente la experiencia indígena en un plano paralelo a la grecorromana; es decir, reducen la experiencia indígena a un tropo historiográfico carente de actualidad cultural.

Es importante señalar que, sin lugar a dudas, existe una marcada diferencia entre la teleología del ideologema y las del étnico-colonial y del criollo: mientras que las teleologías de éstos últimos buscaban *ningunear* a la etnia indígena y neutralizar cualquier afirmación de una conciencia étnico-nacional indígena, el concepto mestizaje busca darle presencia a la etnia indígena en el imaginario nacional mestizo y destruir la práctica social del *ninguneo*. Sin embargo, no intentemos tapar con un dedo las prácticas culturales que este concepto repitió y generó: paternalismo, aculturación forzada, falta de legitimidad social y uso político de la población indígena y, además, reducción de la problemática étnica a una socioeconómica.

Ideologema étnico e internalización de prácticas sociales en *Ximena de dos caminos*

Si bien a ese ideologema étnico mestizaje le han sucedido por lo menos otras dos propuestas interpretativas de la problemática étnica en el Perú, la culturalista de Arguedas y la de la choledad inicialmente descrita por Aníbal Quijano, el proceso de interiorización de las prácticas sociales que la narradora plantea en el mundo de ficción de *Ximena de dos caminos* parece sugerir una articulación con prácticas culturales reproducidas por dicho ideologema.

Desde esta perspectiva, en esta última parte del trabajo se discute cómo se representa el papel del ideologema étnico mestizaje en *Ximena de dos caminos*. El objetivo en esta parte es articular la representación de dicho ideologema con el proceso de internalización de las prácticas sociales peruanas que vive Ximena la niña, personaje principal de la novela.

Por razones de espacio, sólo quiero examinar el proceso de interiorización de una de las prácticas sociales señaladas: el paternalismo.

El paternalismo es una práctica social que basa su funcionalidad en el constructo patriarcal de que los hijos y la madre de una familia adolecen de incapacidad absoluta de raciocinio, toma de decisiones y accionar individual. Por lo tanto, el padre asume un papel autoritario, de guía y representante de la familia.

Articulado con el ideologema étnico, el paternalismo fue implantado usando la misma lógica; así, durante el colonialismo el ideologema étnico-colonial ejerció el paternalismo a través del cura y del misionismo religioso. Durante el primer siglo republicano, a través del patrón y del misionismo cientificista o civilizador y durante el segundo siglo, el ideologema étnico mestizaje ejerció el paternalismo a través de la clase media —maestros, agrónomos, profesionales, dirigentes políticos, etcétera— y del misionismo modernizador.

En la novela, Ximena —una niña de edad preescolar, de clase media alta, que vive en una ciudad minera de la sierra central peruana allá por la década del cuarenta— vive una serie de prácticas paternalistas, en una suerte de *criss-crossing* de espacios genérico-sexuales, étnicos y de clase, cuyo efecto parece sugerir un proceso de interiorización de dicha lógica paternalista; esto es, la necesidad de reconocer en una determinada situación social una figura autoritaria que guíe y determine por los Otros, ya que estos Otros adolecen de la marca de la incapacidad.

Permítaseme ejemplificar este proceso a través de dos situaciones en la novela: una en el espacio genérico-sexual y la otra en la intersección de lo étnico y de clase. Nótese cómo en la primera de ellas Ximena es marcada con la incapacidad y en la segunda ella, conscientemente, asume el papel autoritario.

Primera situación; cito:

> "La próxima vez que van al lugar secreto repiten la escena anterior. Las dos (Ximena y Cintia) se quitan los calzones y esperan que el otro las escudriñe atentamente. Luego planta la vara a su izquierda y se empieza a bajar los pantalones y seguidamente el diminuto calzoncillo blanco. Ximena le mira el sexo pasmada. ¡Qué feo!, piensa sin poder quitarle los ojos de encima. De pronto siente que por el cuerpo le sube un deseo loco de reírse a carcajadas, pero Edmundo está demasiado cerca, con su seño de alcalde y su vara al costado."

Me interesa hacer resaltar, esquemáticamente, las siguientes observaciones: 1) el papel de autoridad de Edmundo viene marcado por la presencia simbólica del falo: la vara del alcalde; 2) el rol pasivo y de incapacidad de Ximena y de Cintia viene marcado por la ausencia del mismo; 3) que Edmundo, consciente o inconscientemente, reafirma su autoridad simbólica mostrándoles su pene; 4) en el plano ideológico, este acto es importante porque se asocia lo simbólico como natural; 5) el proceso de interiorización paternalista queda asegurado, ya que se instaura la función de guía y maestro del hombre en el terreno sexual como natural y no como un constructo.

La otra situación se presenta como una intersección de lo étnico y lo de clase. Cito:

> "En puntillas se aproxima hasta pegar el oído a la madera... Ximena no entiende lo que dicen (hablan muy bajo, pero)... cree reconocer las consonantes ricas y los diptongos típicos del quechua. Empuja la puerta con suavidad. Si es quechua lo que oye *no le parece una temeridad averiguar quiénes están allí y por qué.*" (El énfasis es mío.)

La situación continúa cuando Ximena va corriendo donde su madre y le dice que don Serafino –el cholo costeño dueño del hotel donde están veraneando en la costa– tiene a dos indios encerrados en el armario. Isabel, la madre, no le cree, pero como Ximena insiste, va y constata por ella misma la presencia de los indios. Hablándoles en quechua, se entera de que en realidad no están encerrados en un armario, sino que el cuarto es muy pequeño y además don Serafino los va a echar a la calle porque le deben dinero. Es en el momento que Isabel –acompañada de Ximena– encara a don Serafino cuando la situación paternalista se manifiesta abiertamente. Cito:

"– Don Serafino... (dijo Isabel)... Cómo es eso de que va a echar a la calle a esos ayacuchanos cuando los pobres no tienen dónde ir.
– Que no me vengan con ese cuento, señora... los serranos lloriquean porque no tienen nada y bien que tienen, se hacen los que no entienden y bien que entienden...
– Pero cómo... ¿hay más? ¿Quiere usted decirme que hay otros cuartos como el sucucho ese? ¡Debería haber una ley, eso es un abuso!"

Para concluir, voy a resaltar esquemáticamente las siguientes observaciones: 1) que el papel de autoridad en esta situación está dado por el hecho de que ellas hablan español; 2) que los indios están marcados por la incapacidad porque sólo hablan quechua y son pobres; 3) que su madre puede protestar por ellos ante don Serafino porque habla español, tiene dinero y por lo tanto tiene derecho de cumplir el misionismo modernizador impuesto a la clase media por el ideologema mestizaje; 4) que el proceso de interiorización paternalista queda asegurado, porque Ximena internaliza claramente el papel de autoridad y de hablar por los indios como natural.

Bibliografía

Anderson, Benedict
s.a.   *Comunidades imaginadas: Reflexiones sobre el origen y la difusión del
                        nacionalismo.* México: FCE.

Arguedas, José María
1981   *Formación de una cultura nacional indoamericana.* México: Siglo XXI.

Cueva, Agustín
1988   "Literatura y sociedad en el Ecuador: 1920-1960". *Revista Iberoamericana,*
                        julio-diciembre, 54 (144-45).

García Canclini, Néstor
1989   *Culturas híbridas: Estrategias para entrar y salir de la modernidad.*
                        México, D.F.: Grijalbo.

Knight, Alan
1990   "Racism, Revolution, and Indigenismo: Mexico, 1910-1940", en Richard
                        Graham, editor: *The Idea of Race in Latin America, 1870-1940.* Austin:
                        University of Texas Press.

Pratt, Mary L.
1993   "Las mujeres y el imaginario nacional en el siglo XIX". *Revista de Crítica
                        Literaria Latinoamericana,* año XIX.

Rama, Ángel
1985   *Transculturación narrativa en América Latina.* México: Siglo XXI.

Riesco, Laura
1994   *Ximena de dos caminos.* Lima: PEISA.

La inmigración china: Historia y literatura

Eugenio Chang-Rodríguez
City University of New York, Estados Unidos

El tema chino en la literatura

Si el tema chino en las literaturas europeas se nutrió de la obra de Marco Polo (1254-1352) y del alto concepto que Voltaire, Kant y otros escritores tuvieron de la cultura china, en Hispanoamérica Rubén Darío, Julián del Casal, Juan José Tablada y otros modernistas contribuyeron al desarrollo de ese motivo literario. En el Perú el tema adquiere cierta vigencia con la presencia de los culis[1] y sus descendientes. Mas quienes lo cultivaron no siempre lo hicieron con simpatía. A menudo la incomprensión y el prejuicio tiñeron sus incursiones y excursiones literarias. Manuel González Prada (1844-1918), por ejemplo, muestra cierta sinofilia en el poema "La incertidumbre de Kuang Tseo"[2], a la vez que revela conmiseración en artículos publicados en *Los parias*. Es sinófobo, sin embargo, en sus pensamientos números 101 y 137 de *El tonel de Diógenes* (González Prada 1985: 2.215,222), y en algunos de sus versos. La ambivalencia pradiana la compartieron Juan de Arona (1891) y escritores como José Carlos Mariátegui (1894-1930) y José Diez Canseco (1904-49)[3]. ¿Cómo se explica esta contradicción? La historia de la trata de culis en el Perú puede ayudar a esclarecerla.

---

1 El Diccionario de la Real Academia (DRA 1962) incluye el vocablo 'culi' y no 'cooli' ni 'culí'. Lo define así: "(del ingl. coolie, y éste del hindi kuli) m. En la India, China y otros países de Oriente, trabajador o criado indígena." El *Diccionario manual de americanismos* de Marcos A. Morinigo (Buenos Aires: Muchnik, 1966), en cambio, registra: "culi m. Amer. Cooli". La tercera edición del *Diccionario de americanismos* de Augusto Malaret no incluye ninguna de estas palabras.

2 Originalmente publicado en *Exóticas* (Lima, 1911), está incluido en el tomo III del volumen V de sus *Obras* (Lima, 1988), 347.

3 Cf. Juan de Arona 1971: 88-130; Chang Rodríguez 1957: 182-83 y Diez Canseco 1934: 127-29.

Antecedentes históricos del período colonial

Los primeros inmigrantes del Extremo Oriente al Nuevo Mundo fueron los chinos. Dejando aparte la tesis del origen oriental del amerindio y las hipótesis y leyendas de su llegada precolombina al Hemisferio Occidental, la historia de las relaciones transpacíficas entre españoles y asiáticos documenta desde 1521 y se incrementa a partir de 1564 con la intensificación de los vínculos de Hispanoamérica con las Filipinas.

Desde el último cuarto del siglo XVI hasta principios del siglo XIX, las mercancías chinas constituyeron un renglón importante en el comercio entre Manila y los virreinatos de México y Perú. Gracias a la colaboración de altas autoridades coloniales, el contrabando de Manila a Acapulco y de este puerto al Callao llegó a sobrepasar el comercio legal. La intensificación de las relaciones mercantiles facilitó el afincamiento chino en las Filipinas, a tal punto que en 1602 residían en Manila 20.000 súbditos chinos y sólo 800 españoles. En las décadas siguientes, el número de hijos del Celeste Imperio en esa ciudad aumentó a 33.000. Con el correr de los años, los españoles mejoraron sus vínculos con los chinos de las Filipinas (*sangleyes*)[4], particularmente con los artesanos, a quienes consideraban indispensables en su aprovechamiento del medio asiático. El gobierno de Madrid aprobó las relaciones comerciales sino-filipinas con sus posesiones novomundanas el 14 de abril de 1579. Si bien celosos mercaderes sevillanos intentaron periódicamente limitarlas y prohibirlas, esas relaciones florecieron en los siglos XVII y XVIII.

Entre los *sangleyes* que sirvieron de tripulantes en el Galeón de Manila (1571-1814), algunos se radicaron en las colonias españolas de América desde fines del siglo XVI. Varios de ellos participaron en 1603 en la construcción del Puente de Piedra de Lima. Según el censo del Marqués de Montesclaros, una década más tarde llegaron a residir en la capital peruana treinta y ocho chinos. Al parecer la mayoría de ellos y sus sucesores tomaron la ruta Manila-Acapulco-Guayaquil-Callao. Al respecto conviene mencionar tres datos: uno lingüístico, otro literario y el último histórico: a) durante el siglo XVII el vocablo chino *cha* (en dialecto cantonés y pequinés, pronunciado *te* en el dialecto de Amoy), pasó permanentemente al portugués y al castellano como *cha* y *té* respectivamente[5]; b) en su obra narrativa *Los infortunios de Alonso Ramírez* (1690), el mexicano Carlos de Sigüenza y Góngora (1645-1700) usó como personajes a los *sangleyes* Francisco de la Cruz y Antonio González; y, c) Alexander von Humboldt (1769-1859) dejó como testimonio el haber visto chinos residentes en México y Cuba a fines del siglo XVIII y a principios del siguiente, cuando también un número limitado de ellos vivía en el Perú.

La inmigración china al Perú republicano

Durante las primeras décadas de vida republicana, el presupuesto nacional del Perú dependía principalmente del tributo del indio (30%) y de los aranceles aduaneros (40%). En 1845 el progresivo aumento de ingresos

---

4 El DRA 1992 dice del término 'sangley': "(del chino *sang lui*, a través del tagalo *sanglay*.) adj. Decíase del chino que pasaba a comerciar en Filipinas. U. t. c. s.//2. Por ext., chino residente en Filipinas. U. t. c. s."

5 El primer diccionario de la Real Academia de la Lengua, conocido como *Diccionario de Autoridades* (1726), registró la palabra 'te', pero la define bajo 'the', con la conclusión: "Llámanla también cha". Registra también 'china', con los significados: a) "Planta, o raíz que se trae de la China" (parecida a la zarzaparrilla [Corominas 1954]); y, b) "cualquier pieza de loza fina, que viene del Reino de la China" (documentada desde 1550 [Corominas 1954]).

por concepto de la exportación del guano como fertilizante sobrepasó a los demás rubros y llegó a representar 50% del presupuesto nacional del año fiscal 1854-55, y 80% del de 1861-62. Esta bonanza y el interés en el desarrollo de la agricultura de exportación por los terratenientes de la costa, beneficiados por la manumisión de los esclavos negros y la consolidación de la deuda interna[6], produjeron la llamada "escasez de brazos", eufemismo usado por los hacendados para referirse a la falta de esclavos y siervos[7]. En esta época, considerando el éxito económico de la importación de culis a Cuba, dos influyentes terratenientes de Pisco obtuvieron, gracias a la llamada "Ley China" del 17 de noviembre de 1849, la exclusividad para trasladar al Perú "colonos" chinos mediante el subsidio estatal de 30 pesos[8] por cada uno.

El alza del precio del azúcar y del algodón en el mercado mundial causada por la Guerra de Secesión norteamericana (1861-65) indujo a varios capitalistas peruanos sin tierra a adquirir haciendas para dedicarlas al cultivo de productos de exportación mediante el uso de agricultores chinos. Henry Swayne, por ejemplo, llegó a tener en Ica más de 1.500 culis. En virtud de este lucrativo negocio, entre 1849 y 1879 cerca de 100.000 chinos, secuestrados o contratados dolosamente, fueron transportados al Perú en barcos cuya tripulación arrojó al fondo del Pacífico unos 20.000 culis muertos en la travesía, víctimas del maltrato y las enfermedades[9]. La alta mortandad en los infiernos flotantes se mantuvo en tierras peruanas. Más de las tres cuartas partes de los vendidos y revendidos en el Perú fueron destinados a trabajar en la agricultura; los demás, a la extracción del guano y la construcción de ferrocarriles. Las pésimas condiciones de trabajo empujaron a muchos al suicidio. El grado de crueldad en el tratamiento de los culis ha sido documentado por testigos presenciales e investigadores nacionales (Arona 1891) y extranjeros (Mathew 1977: 39). Los abusos más divulgados, aunque no necesariamente los peores, se llevaron a cabo en el campo, donde, como escribió Jorge Luis Borges, "se extenuaron en los laboriosos infiernos de las plantaciones de algodón y azúcar de los valles de la Costa" (Trazegnies 1994: 1.13).

Los contratos dolosos firmados por los culis, en su mayoría analfabetos, los obligaban a trabajar exclusivamente para un patrón por ocho años, durante los cuales se les descontaba la cuarta parte de su salario mensual de cuatro pesos para cubrir el costo del viaje. El culi trabajaba un promedio de doce horas los siete días de la semana y disfrutaba anualmente de tres días libres para la celebración del año nuevo chino. Cuando, en 1863, se adoptó el sol como unidad monetaria, los culis fueron vendidos a los hacendados costeños de los departamentos de Ica, Lima y La Libertad por cerca de 450 soles cada uno. Como

---

6   Aprovechando la prosperidad económica derivada del guano, la oligarquía obtuvo del Congreso la aprobación de la ley de la consolidación de la deuda interna. En virtud de ella, el Estado pagó a los presuntos damnificados nacionales lo adeudado desde las guerras de la independencia por concepto de esclavos enrolados en el ejército patriota y los daños sufridos durante las contiendas.

7   La llamada escasez de mano de obra se agudizó a raíz de la ley de la abolición de la esclavitud en el Perú, aprobada en 1854 durante el régimen del presidente Ramón Castilla (1797-1867). La ley indemnizó a los hacendados con 300 pesos por esclavo emancipado real o ficticiamente.

8   El peso y el sol, su sustituto desde 1863, equivalían aproximadamente a un dólar norteamericano durante la trata de chinos. (Cf. Charles McQueen: *Peruvian Public Finance*. Washington, 1926: 52.)

9   En *Two Years in Peru with Exploration of its Antiquities* (London, 1873), Thomas J. Hutchinson aseguró que el porcentaje de chinos muertos en los infiernos flotantes llegaba a 31% (Arona 1971: 104). Un narrador peruano mencionado más adelante ha representado literariamente algunos aspectos de esta tragedia en su cuento "En alta mar" (Siu 1985: 83-87).

el coste de su traslado al Perú era de unos 150 soles, la utilidad de la trata era significativa.

Rebeliones y conflictos interétnicos

La alta mortandad en la travesía marítima y los abusos cometidos en las haciendas y las islas guaneras desencadenaron numerosas protestas y rebeliones, como la ocurrida en Pativilca en 1870 (Rodríguez 1979). La presión internacional determinó la abrogación de la "Ley China" el 6 de marzo de 1856. Sin embargo, este decreto no se cumplió y la trata continuó bajo onerosas condiciones hasta 1874, cuando entró en vigor el tratado de amistad y comercio de Tientsin[10], que prohibía el tráfico de culis y estipulaba la emigración libre y voluntaria. En virtud de este acuerdo, comenzaron a llegar al Perú inmigrantes chinos con capital propio para dedicarse al comercio. Hasta el estallido de la guerra con Chile (1879), gran parte del bienestar económico peruano se debió a la fuerza laboral china[11]. El auge de la hacienda costeña durante la segunda mitad del siglo XIX descansó principalmente en la trata de culis. Para mantener su hegemonía, la naciente oligarquía estimuló las rivalidades interraciales: del indio y del cholo contra el negro; de los tres contra el chino. Los recelos interétnicos se enraizaron, en parte porque el barón del agro, que antes había ordenado al capataz blanco o mestizo que azotara al esclavo negro, desde mediados del siglo XIX mandó al negro liberto a flagelar al culi. La Guerra del Pacífico (1879-83) puso claramente en evidencia el paroxismo de esos odios cuando centenares de culis de Ica, liberados por el ejército chileno, prendieron fuego a los galpones, trapiches y mansiones de sus opresores[12]. Como represalia por la noticia de la ayuda de los culis al ejército invasor, varios centenares de chinos fueron asesinados en Lima (en diciembre de 1880) y más de mil en Cañete (en febrero de 1881). Los atacantes olvidaron o no les importó que en la colecta nacional para defender al Perú de la invasión, los chinos contribuyeron bastante más que otras colonias extranjeras, entidades y grupos[13]. Al respecto, vale citar a Jorge Basadre:

"Se ignora o calla, por otra parte, que hubo chinos pro-peruanos y anti-chilenos. En las actas del tribunal militar erigido por las autoridades de ocupación de Lima... hay constancia de muchos castigos al vecindario asiático. Basta mencionar aquí una batida alrededor del teatro chino que dio a la prisión de unos centenares de individuos. Entre ellos, algunos sufrieron la pena de muerte (no fueron los únicos en aquella época); y a otros les correspondió recibir multas, palos o condenas a trabajos públi-

---

10 Firmado por Perú y China el 26 de junio de 1873.

11 Desde el comienzo de la trata, el sadismo concomitante fue denunciado sobre todo fuera del Perú. Hace poco un jurista ha reconocido: "(que) fueron tratados generalmente como cosas o, quizá más propiamente, como bestias", y que al terminar sus contratos muy pocos regresaron a China, muchos murieron cumpliéndolos o permanecieron en el Perú "aportando su espíritu de trabajo" al desarrollo del país (Trazegnies 1994: 1.26).

12 La fuerza propulsora de la acción del culi fue el odio acumulado contra el patrón codicioso y abusivo, que prefirió emplear al negro para castigar al chino: "Los negros en la esclavitud no tuvieron más tirano que los blancos; los chinos, a los blancos y a los negros." (Arona 1971: 93.) Esto tal vez explique la matanza de culis en Cañete en 1881, revelada años más tarde en vista del silencio de los diarios limeños frente a "tan extraordinarios sucesos nacionales" (Arona 1971: 99-109).

13 Trazegnies (1994: 611n) explica que el donativo de la colonia china fue de S/. 200.000 y transcribe estos datos: los Concejos Departamentales aportaron entre 160.000 y 180.000; la Aduana del Callao, 120.000; la Beneficencia de Lima, 50.000; la colonia española, 42.000; la colonia italiana del Callao, 60.000; el Cuerpo Médico de Lima, 12.000 (Paz Soldán 1979: 3.235-37).

cos (Sesión 39 del tribunal militar, 2 de abril de 1881)." (Basadre 1983: 6.365-66.)

Es difícil aceptar la tesis de que los culis explotados en el Perú no son "gente sin historia", como afirman varios científicos sociales (Deschamps 1974). Tal vez sea mejor postular que son gente cuya historia ha sido encubierta por la historiografía oficial. Con no muy disimulados métodos, se ha pretendido enfocar, con parcialidad, el comportamiento de los aherrojados culis liberados en 1880 por Patricio Lynch, capitán de navío chileno, entrenado en su juventud en China (Trazegnies 1994: 1.616n). Prejuiciosamente se recuerdan esos actos aislados de venganza mientras se olvida el comportamiento antipatriótico de muchos peruanos durante la Guerra del Pacífico descrito por Manuel González Prada y observadores militares que acompañaron a los dos ejércitos beligerantes[14].

El pésimo trato dispensado a la población china contribuyó a su disminución numérica, pese al arribo de paisanos suyos que viajaron por voluntad propia para establecerse en tareas comerciales e industriales en Lima, Callao, La Libertad, Lambayeque, Ancash e Ica (Hu 1988: 130). En estos departamentos se habían establecido los culis sobrevivientes de los contratos laborales de finales del siglo XIX[15].

---

14 Wu 1986: 45, 103, 110, 112, 120; Trazegnies 1964: 1.612; Basadre 1983: 6.243. A todas luces, la conducta de esos centenares de culis en el Perú invadido fue diferente de la de los miles de sus compatriotas honrados en La Habana con un monumento, con la elocuente alusión a su participación bélica y heroísmo en la lucha por la independencia de Cuba.

15 Desde las últimas décadas del siglo XIX, centenares de chinos se establecieron en la región andina, como lo demostró la revolución de Atusparia. Otros centenares se radicaron en la Amazonía peruana para dedicarse a la explotación del caucho, al pequeño comercio y a servir de guías, como los que ayudaron a Fitzcarrald (Lausent 1988).

La transculturación

Durante su secular residencia en el Perú, los chinos han experimentado diversos procesos sociales. La gama de integración varía desde la resistencia y la aculturación hasta la completa asimilación, dependiendo principalmente de la zona del país donde residen, el año de inmigración y el número de generaciones pasadas desde la llegada de sus antepasados. En general, la mayoría de los nacidos en China han tendido inicialmente a aferrarse a la cultura ancestral para defenderse de la hostilidad y el racismo. Conforme se prolonga su estada en el nuevo ambiente, la resistencia a la aculturación disminuye. Los nacidos en el Perú se han integrado rápidamente, han abrazado el catolicismo, se han identificado con lo nacional y forman parte del tejido étnico peruano. Este proceso hizo exagerar a González Prada en su muy citado grafito:

"Aquí descansa Manongo
de pura raza latina:
su madre vino del Congo,
su padre nació en la China."[16]

En el siglo XX la mayor parte de la población de origen chino nacida en el Perú es urbana, está integrada al resto de la población y sufre con ella los prejuicios raciales interétnicos. Los nacidos en China conservan mucho de la cultura tradicional, sus instituciones cívicas (tales como la Sociedad de Beneficencia, organizaciones distritales, clubes sociales) y colegios de instrucción primaria y secundaria. En Lima todavía se publican dos

---

16 Este grafito, tan citado sin que se dé su fuente, es el último de los nueve del Apéndice a los agrupados en la parte dedicada al Perú. Los dos grafitos anteriores, también de cuatro versos, afirman: "... 7) Casa Verde bautizaron/A la Casa de Gobierno.../(Dígalo Ud. muy despacio,/No se lo coma el Congreso.) 8) Los políticos peruanos/Siguen una regla fija:/Cuando son cuchillo, cortan;/Cuando son carne, chillan" (González Prada 1937: 174-75).

diarios en chino (*Man Shing Po,* órgano del Kuo Min Tang, y *La Voz de la Colonia China,* de orientación más izquierdista), y la revista bilingüe *Oriental*[17]. Buen número de peruanos de origen chino han superado las barreras prejuiciosas[18] y han sobresalido en las profesiones liberales, el comercio, la industria, las fuerzas armadas y los deportes. Algunos han llegado a ser ministros y viceministros de Estado, representantes en la Asamblea Constituyente, senadores y diputados, decanos y catedráticos universitarios y generales[19]. El proceso de aculturación e identificación con el resto de la sociedad pluriétnica, sin embargo, no los ha divorciado completamente de la cultura china aunque no hablen ni escriban chino.

Representación literaria

En este contexto histórico, varios escritores peruanos han incursionado en el tema chino. Por ejemplo en "Fantasía", poema simbolista publicado en 1929, José María Eguren

(1872-1942) mezcla imágenes chinas y japonesas:

> "En un rincón obscuro de la honda estancia
> El genio de la noche bate las alas...
> Y principian los sueños de vistas mágicas
> de un país amarillo de arenas claras.
> Con las verdes pagodas abrillantadas
> con azules dragones de colas largas...
> Las niñas mariposas, por la mañanas
> en los juncos navegan dulces y claras..."
> (Eguren 1974: 124.)

Dora Mayer de Zulen (1868-1959), en *La China silenciosa y elocuente* (Lima: Editorial Renovación, 1924) y en muchos artículos en la revista *Oriental* se ocupó de la inmigración china en el Perú y su legado cultural. Tres peruanos de origen chino también han cultivado el tema: Pedro S. Zulen (1889-1925) introdujo a la literatura peruana el hai-kai (Nuñez s.a.: 12), estrofa poética china popularizada en el Japón; A. Kuan Veng (n. 1900), autor del libro *Mey Shut,* poema en prosa elogiado por José Gálvez; y Siu Kam Wen (n. 1951), autor de *El tramo final,* colección de nueve cuentos sobre la colectividad china y su adaptación al ambiente peruano[20].

Abraham Valdelomar escribió unos "cuentos chinos"[21]; y César Vallejo dispuso algunos de sus versos tipográficamente influi-

---

17 Fundada en 1931 por Alfredo Chang y Gabriel Acat como revista mensual, *Oriental* se dedica a la difusión cultural y a dar noticias de la comunidad china.

18 A fines del siglo XX los peruanos de origen chino, con diversos porcentajes de raza china, son más numerosos que sus compatriotas de origen japonés, aunque los últimos censos, por la deficiente manera de las encuestas censales, revelen mayor el número de éstos que de aquéllos. En cambio, los censos sí son exactos al indicar que en el Perú hay un mayor número de personas de nacionalidad japonesa que de nacionalidad china.

19 Entre ellos, los filósofos Pedro S. Zulen (1889-1925) y Víctor Li Carrillo (1929-1989); el antropólogo Emilio Choy (1915-1976); el dirigente laboral Adalberto Fonken; el político Juan Chang Navarro; el campeón mundial de tiro al blanco en los Juegos Olímpicos de 1947, Edwin Vásquez; la subcampeona sudamericana de tenis en la década de 1960, Edith Wong; y la representante peruana en competencias internacionales de ping-pong, Mónica Liyau.

---

20 Una narración trata del siglo XIX y ocho del XX. Dos reseñas informativas son: Gazzolo 1986 y Sandoval 1986.

21 Ejemplo de sinofobia lo ofrece "El hediondo pozo siniestro", cuento plagado, desde el comienzo, de morbosos absurdos antihistóricos e inverosímiles: "Sike, la gran aldea china que existiera por los tiempos en que Confucio fumaba opio y dictaba lecciones de Moral en la Universidad de Pekín, había sufrido grandes vicisitudes políticas." (Valdelomar 1980: 187.) Tal vez este "malabarismo lógico, de una inconsistencia sofística" justifique su confesión íntima: "Cuando creía aprisionar una verdad definitiva, sólo encontraba el vacío, a la manera de un alucinado." (Valdelomar 1980: 28.)

do por los ideogramas chinos, según afirma Xavier Abril. En las últimas décadas todavía persiste la antipatía a los "amarillos", como lo revelan las décimas publicadas por Nicomedes Santa Cruz: (1966: 27-28 y 1982: 129)[22]. Tal vez la verdad histórica extraída de los archivos nacionales y difundida últimamente por los científicos sociales[23] invite a estudiosos de otras disciplinas a cultivar el tema chino con imparcialidad y sin ambivalencia, siguiendo la ruta trazada últimamente por Fernando de Trazegnies, Miguel Gutiérrez, Oswaldo Reynoso y Guillermo Dañino.

---

22 La primera dice: "Luego, una señora, hablando/contra el inmigrante chino/dijo que el chino cochino/ingresó de contrabando./Que no hay en el mundo infando/bicho que se le aseme-je./Por más que se le aconseje/no entiende la religión." La otra transcribe fonéticamente un insulto soez en el dialecto cantonés.

23 Como Stewart 1951, Choy 1954, Millones 1973, Derpich 1976, Fernández 1977, Lausent 1983, Hu 1988, Trazegnies 1994 y sobre todo Rodríguez 1979, 1988 y 1989.

Bibliografía

Arona, Juan de (seudónimo de Pedro Paz Soldán y Unanue)
1891   *La inmigración en el Perú. Monografía histórico-crítica.* (Reimpreso en Lima: Academia Diplomática del Perú, 1971.)

Basadre, Jorge
1983   *Historia de la República del Perú.* Lima: Editorial Universitaria, 1958 (7ª edición).

Chang-Rodríguez, Eugenio
1958   "Chinese Labor Migration into Latin America in the Nineteenth Century". *Revista de Historia de América,* 46.

Choy, Emilio
1954   "La esclavitud de los chinos en el Perú". *Revista de Folklore Americano,* 2: 2. Rep. en *Tareas del Pensamiento Peruano* 8, junio de 1965.

Corominas, J.
1954   *Diccionario crítico etimológico de la lengua castellana.* Madrid: Gredos.

Dañino, Guillermo
1990   *Desde China: Un país fascinante y misterioso.* Lima: Ediciones Labrusa.

Derpich, Wilma
1976   "Introducción al estudio del trabajador coolie chino en el Perú del siglo XIX". Tesis de Sociología. Lima: Universidad Nacional Mayor de San Marcos-Programa Académico de Ciencias Histórico Sociales.

Deschamps, Pedro
1974   *Contribución a la historia de la gente sin historia.* La Habana: Editorial de Ciencias Sociales.

Eguren, José María
1974   *Obras completas.* Lima: Mosca Azul.

Gazzolo, Ana María
1986   "Huellas de China en el cuento peruano". *El Comercio,* Lima, 16 de febrero, C3.

González Prada, Manuel
1985-1988   *Obras.* Lima: Ediciones Copé-Petroperú.

1937   *Grafitos.* París: Tip. de L. Bellenand et Fils.

Hu, Evelyn
1988   "Chinos comerciantes en el Perú: Breve y preliminar bosquejo histórico". *Primer Seminario sobre Poblaciones Inmigrantes (1869-1924),* 2: 127-135. Lima: CONCYTEC.

Kuan, A.
1924   *Mey Shut.* Prólogo de Óscar Miró Quesada. Lima: Imprenta Luz.

Lausent, Isabelle
1983   *Acos, valle de Chancay. Pequeña propiedad, poder y economía de merca-do.* Lima: IEP-IFEA.

Mathew, W. M
1979   "A Primitive Export Sector: Guano Production in Mid Ninenteenth Century Peru". *Journal of Latin American Studies,* 9.

Mayer de Zulen, Dora
s.a.   *La China silenciosa y elocuente.* Lima.

Millones, Luis
1973   "Los chinos en el Perú: Cuatro siglos de migraciones y adaptaciones en el área andina", en *Minorías étnicas en el Perú.* Lima: Pontificia Universidad Católica del Perú.

Núñez, Estuardo
s.a.   "El Japón y el Lejano Oriente en la literatura peruana". *Separata de la Revista Letras,* 78-79. Lima: Instituto de Literatura-Facultad de Letras y Ciencias Humanas-UNMSM.

Paz Soldán, Mariano
1979   *Narración histórica de la Guerra de Chile contra el Perú y Bolivia.* Lima: Editorial Milla Batres.

Real Academia Española
1990   *Diccionario de Autoridades.* Madrid: Gredos.

Rodríguez, Humberto
1989   *Hijos del Celeste Imperio en el Perú (1850-1900).* Lima: Instituto de Apoyo Agrario.

1988   "Los chinos en el Perú: Balance de las fuentes de investigación". *Primer Seminario sobre Poblaciones Inmigrantes (1869-1924),* 1. Lima: CONCYTEC.

1979   *La rebelión de los rostros pintados.* Huancayo: Instituto de Estudios Andinos.

Sánchez, Luis Alberto
1952   "Los 'chineros' en la historia peruana". *Cuadernos Americanos,* 63.2 (marzo-abril).

Sandoval, Renato
1986   "El tramo final de Siu Kam Wen". *El Nacional,* Lima, 21 de abril, p. 3.

Santa Cruz, Nicomedes
1982   *La décima en el Perú.* Lima: IEP.

1966   *Canto a mi Perú.* Lima: Studium.

Sigüenza y Góngora, Carlos de
1984   "Infortunios de Alonso Ramírez", en Irving A. Leonard, editor: *Seis obras.* Caracas: Biblioteca Ayacucho.

Siu, Kam Wen
1985   *El tramo final.* Lima: Lluvia Editores.

Stewart, Watt
1951   *Chinese Bondage in Peru, 1849-1874.* Durham, NC: Duke UP. Westport,
                Connecticut: Greenwood Press, 1970. Tr. Juilland. *Servidumbre china en el
                Perú.* Lima: Mosca Azul, 1976.

Trazegnies, Fernando de
1994   *En el país de las colinas de arena.* Lima: Pontificia Universidad Católica
                del Perú.

Valdelomar, Abraham
1980   "Cuentos". *Colección Autores Peruanos,* 10. Lima: Editorial Universo.

Wu, Celia
1986   *Testimonios británicos de la ocupación chilena de Lima.* Lima: Editorial
                Milla Batres.

Felipe Pardo y Aliaga: Una mirada diferente

Jorge Cornejo Polar
Universidad de Lima, Perú

Felipe Pardo y Aliaga (1806-1868) y Manuel Ascencio Segura (1805-1871), creadores de una obra literaria importante, variada e influyente, son también cronológicamente los dos primeros escritores del Perú republicano. Sin embargo, ni la crítica nacional ni la extranjera, a pesar de algunos excelentes trabajos, han logrado hasta el momento abarcar con sus estudios las múltiples posibilidades de asedio a la obra literaria de cada uno de estos dos autores ni han agotado tampoco en uno y otro caso la investigación biográfica. Como ocurre con la gran mayoría de escritores de nuestro siglo XIX, queda sin duda mucho por hacer.

Limitándonos por ahora al tema Pardo y Aliaga, un breve e incompleto listado de las asignaturas pendientes tendría que comprender al menos lo siguiente: a) una biografía sistemática y exhaustiva; b) el estudio sistemático de la formación literaria que recibió en el Colegio de San Mateo y en la Academia de Mirto, y en particular la que le impartieron Alberto Lista y José Gómez Hermosilla, sus principales maestros; c) el rastreo de las lecturas literarias, las costumbristas en particular, del joven Pardo durante su permanencia en España (1821-1828), así como de las representaciones teatrales del mismo género a las que por esos mismos años pudo haber asistido en Madrid; d) el estudio sistemático de la influencia que pudieron ejercer sobre Pardo y Aliaga los escritores españoles Ramón de la Cruz, Leandro Fernández de Moratín, Serafín Ibáñez Calderón, Ramón de Mesonero Romanos y Mariano José de Larra; e) la investigación acerca de las fuentes francesas e inglesas del costumbrismo de Felipe Pardo poniendo especial atención en los escritores franceses Víctor Joseph, Etienne (de Jouy), Joseph Addison y Laurence Sterne; f) el estudio sistemático de su teatro; g) el estudio sistemático de sus artículos de costumbres; h) el estudio completo de *El espejo de mi tierra*; i) el estudio de sus escritos de crítica teatral*; j) el estudio de la obra

---

* Los textos de Felipe Pardo están tomados de *Poesías y escritos en prosa de don Felipe Pardo y Aliaga*. París: Imprenta de los Caminos de

de Pardo como traductor literario; k) la recopilación y estudio sistemático de los escritos
políticos; l) la recopilación y estudio sistemático de la obra periodística; m) la recopilación y estudio sistemático del epistolario; n)
el estudio comparativo de las obras de Pardo
y Aliaga y Segura; o) el estudio de la influencia de la obra de Pardo y Aliaga, y su presencia en la literatura peruana posterior.

De este vasto cúmulo de obra crítica por
hacer o por completar, escogemos ahora como tema de estudio la sección de la obra literaria de Pardo que denominamos cívica y que
incluye textos patrióticos y textos políticos. A
nuestro entender, esta sección comprende las
siguientes composiciones: "Vuelta de un peruano a su patria", "Aniversario de la independencia del Perú", "El ministro y el aspi-
rante", "El reformador y el eco", "Triste realidad", "Los Paraísos de Sempronio", "Las
abejas y el zángano sarnoso", "A mi hijo en
sus días", "Vaya una República" y "Constitución política". En cambio, no consideramos
como parte de esta sección las sátiras dirigidas a personajes de la vida política peruana
que forman parte, nos parece, de la sección
rica de la producción de Felipe Pardo. No vamos a examinar por ahora uno a uno todos
estos textos. Nos detendremos solamente en
los que a nuestro juicio poseen mayor significación.

I

La composición "Vuelta de un peruano a
su patria" se publica en el *Mercurio Peruano
de Lima* (Nº 208 del 17 de abril de 1828), es
decir, a poco más de un mes del regreso de
Pardo y Aliaga al Perú (había desembarcado
en el Callao el 11 de marzo del mismo año).
Se trata, pues, del primer texto publicado por

Felipe Pardo. Para la cabal inteligencia del
poema, conviene recordar que el futuro escritor, entonces un adolescente de quince
años, había viajado a España a fines de 1821
junto con su familia, que se instaló en Madrid. Permanece allí hasta los primeros días
de 1828.

La oda "Vuelta de un peruano a su patria" consta de 23 estrofas y 198 versos de
metro variado. Lleva un epígrafe del *Tancre-
do* de Voltaire que dice: "A tous les coeurs
bien nés que la patrie est chére!" Se trata de
un enfervorizado arranque de patriotismo inspirado por la emoción del regreso: "Así, oh
patria, al mirarte/mi corazón en júbilo se in-
flama,/ y con noble entusiasmo/ansía beber la
fuente de tu gloria." Viene en seguida una
dura condenación del régimen virreinal ("Del
fiero despotismo/el monstruo detestado...")
con expresa mención del oro y la plata que se
llevaba a España mientras a la población
peruana se le cargaba de cadenas. Y luego
una breve referencia a las luchas por la emancipación.

Pero la parte más interesante del poema
es aquella que comienza con una lamentación
por haber dejado el Perú "y, entonces, ay,
perdí tus sacros muros"... La distancia que no
impide el recuerdo, "De mi pecho/nunca has
estado ausente..." alimenta en cambio el dolor: "Cuántas veces, llorando/mi malhadada
suerte/al Cielo he dirigido/plegaria fervoro-
sa/para tornar a verte." Asombra descubrir
cómo Felipe Pardo, hijo de un español de alcurnia que había sido un alto funcionario del
régimen virreinal en el Perú, se expresa de la
monarquía hispana: "En la morada odiosa/de
la opresión... cuántas veces, venero de con-
suelos,/a mis ardientes ojos te has mostrado!"

La intensidad del sentimiento del ausente
lo lleva a una extraña visión. En El Escorial
se levanta la losa de la tumba de Felipe II y
se ve "por romper sus cadenas forcejeando el
indio por tres siglos sometido" que invoca el
nombre de Ayacucho. Y aunque los esfuerzos
del "déspota insolente" son muchos, finalmente el indio se libera y "torna a caer la
losa/sobre su huésped yerto". No se ha trata-

Hierro A. Chaix et Cie, 1869; y de *Poesías de
Don Felipe Pardo y Aliaga*. Berkeley, Los
Ángeles, London: University of California
Press, 1973.

do sin embargo sólo de un sueño falaz. La realidad de la joven patria peruana permite abrigar las más grandes esperanzas; la libertad en ella impera: "En ronco acento/Libertad clama el hondo de los mares/responde libertad sonoro el viento/eco tan agradable absorto escucho/ya aura de libertad gozoso aspiro..."

El poema termina cantando en tono exaltado a la patria amada a la que se retorna con el alma colmada de ideales. A ella se le desea salud y gloria y también "a los valientes destructores de torpe despotismo... a los bravos peruanos a los incontrastables vencedores". Y así en tono mayor y ligeramente oratorio —"salud, hijos del sol, salud hermanos"— se cierra el poema que en algunos momentos recuerda a ciertos textos de la vertiente cívica de la poesía de Mariano Melgar. Como éstos se publicaron después de la muerte de Pardo, se trata seguramente sólo de una coincidencia o tal vez de que ambos autores pudieron haber leído con atención la poesía de Manuel José Quintana.

Si hemos de creer en la sinceridad de Pardo (y no hay motivo para ponerla en duda), cabe deducir que su impregnación con las ideas liberales era tan grande como su amor a la patria y su condena al "despotismo" del sistema virreinal, todo lo que se corrobora con el poema ligeramente posterior, "Al aniversario de la Independencia del Perú" (*Mercurio Peruano de Lima* Nº 292, 28 de julio de 1828).

Se trata otra vez de una oda, pero ahora en 4 estrofas y 64 versos, en la que de nuevo el tema del amor a la patria y el del culto a la libertad constituyen las líneas vertebradoras de un texto en que reaparece también la condena al despotismo hispano: "Entonces del horrendo despotismo/la asoladora imagen... cayó deshecha al suelo/y el ídolo precioso/de la santa libertad bajó del cielo." La mención a la batalla de Junín es inevitable, y la referencia a la de Ayacucho va precedida de una enumeración de las grandes victorias de la historia de España, cuyos heroicos protagonistas "volaron a Ayacucho/y al Peruano rindieron sus laureles. Allí

la libertad fijó sus aras". Y si algún nuevo déspota apareciera, "sírvale de escarmiento/ver que clavado en la rendida frente/de la fiera española/el estandarte del Perú tremola". Sorprende en verdad la dureza de los adjetivos con que se califica a España por un escritor que no solamente era hijo de español sino que había estudiado durante siete años en la península y tenía maestros e innumerables amigos españoles. Hay que apostar sin embargo por la sinceridad de los sentimientos de Pardo, aunque sin olvidar que su extremada juventud —tenía entonces apenas veintidós años— debe ser la responsable del tono exaltado.

En estos dos poemas de la iniciación literaria de Pardo —desde el punto de vista crítico en que estamos colocados— importa, más que sus méritos literarios, la expresión de un trasfondo ideológico de claro corte liberal ilustrado y la expresión tal vez algo ingenua de un patriotismo que quiere actuar. Textos de la índole cívica o patriótica de estas juveniles odas, aunque de sentido totalmente diferente, no volverán a aparecer en la obra de Pardo y Aliaga hasta la segunda mitad de la década de los cincuenta. Son cerca de treinta años de distancia en cuyo transcurso se inscribe la agitada carrera política del escritor.

II

En efecto, la actuación política de Pardo y Aliaga que se inicia el mismo año de su regreso (1828) con su acercamiento al cenáculo conservador que dirigía Pando, se prolongará hasta 1850 cuando sus problemas de salud lo obligan a renunciar a toda actividad pública (aunque no al ejercicio de la literatura). Se trata, pues, de más de veinte años de intensa participación en la agitada vida política del Perú de entonces, siendo su primer nombramiento como secretario de la Legación en Bolivia durante el gobierno del general Agustín Gamarra. Cuando, en 1835, Felipe Santiago Salaverry asume el mando, Pardo se convierte en su entusiasta partidario: "Una dictadura ejercida por un jefe ilustrado es el único medio de salvación que queda en el Perú", escribiría por esos días. Salaverry lo nombra ministro en España ampliando luego su misión a Chile. Al ser derrotado y fusilado el caudillo en 1836, comienza a tomar forma el proyecto de la Confederación Peruano-Boliviana que propugnaba el general Andrés de Santa Cruz. Pardo, enemigo declarado y militante de la Confederación, se opondrá tenazmente al proyecto desde Chile, donde se encontraba. Participó inclusive en las dos expediciones que para combatir a la Confederación se organizan en ese país (1837 y 1838). Fracasada la Confederación, Pardo vuelve a Chile. De nuevo en el Perú, es nombrado en 1840 vocal de la Corte Superior de Lima. En 1843 toma parte en la organización del movimiento revolucionario que lleva al poder al general Manuel Ignacio de Vivanco, quien nombra al escritor ministro de Relaciones Exteriores. Ejercerá el cargo por breve tiempo, ya que al ser derrocado Vivanco por Castilla le toca tomar una vez más el camino del destierro a Chile. De 1846 a 1848 vuelve a ser ministro plenipotenciario del Perú en Chile. Y de 1848 a 1849 –de nuevo en la patria–, ministro de Relaciones Exteriores, Justicia y Negocios Eclesiásticos. En 1849 es nombrado Consejero de Estado, cargo que ejerce hasta 1850 y constituye su última encomienda pública.

A lo largo de estos años las ideas políticas de Felipe Pardo variaron considerablemente, alejándose diametralmente del encendido pero fugaz liberalismo de su primera juventud. En realidad el cambio comenzó a producirse bien pronto, como lo revela el texto sobre Salaverry que hemos citado, pero su expresión literaria es posterior (puede datarse en 1855 en adelante). El espectáculo de la desordenada vida política de la época que conoció de cerca, con sus conflictos incesantes en los que las ambiciones egoístas y las pasiones personales primaban por lo general sobre los verdaderos intereses de la patria, hizo pensar a Pardo que el país, inmaduro todavía para disfrutar de una real democracia, necesitaba

más bien de un sistema autoritario que pusiese fin al caos y permitiese el progreso.

Hay un soneto sin fecha conocida pero que debe ser del inicio de la segunda etapa de su literatura política que Pardo titula "Para servir de advertencia a sus composiciones políticas". En esta suerte de prologuillo informa que no pondrá dique a su franqueza, a la vez que, al no tener "empleo que se vaya a pique", carece de intereses personales en juego. Alude enseguida a su enfermedad: "pálido, extenuado, moribundo", para sostener luego: "Porqué he de respetar las falsedades/que en desconcierto atroz ponen al mundo?". El soneto termina en tono admonitorio: "Lector, los males de la patria apuran/y hablar es fuerza. Si arden mis verdades,/también arden los cáusticos y curan."

Las verdades que arden como cáusticos comienzan a expresarse con un revelador epigrama titulado "A mi hijo en sus días". Como Manuel (el hijo mayor de don Felipe que andando el tiempo llegaría a ser presidente del Perú) cumplía veintiún años en 1855, cabe suponer, como lo hace Luis Monguió, que este breve texto corresponde a dicho año. Que su hijo por llegar a la mayoría de edad acceda a la ciudadanía peruana, le hace escribir a Pardo los siguientes ácidos versos: "Viendo que ya eres igual/según lo mandan las leyes,/al negro que unce tus bueyes/y al que te riega el maizal", en los que un chocante desprecio por lo popular es fruto seguramente de la extracción aristocrática del escritor.

De otro estilo es la composición "El Perú" que Manuel González de la Rosa, en su edición de la obra de Pardo de 1898, fecha tentativamente en 1856. Se trata de un largo poema de 288 versos endecasílabos agrupados en treinta y seis octavas con rima A-B/A-B/A-B/C-C, cuya principal línea temática está dada por una elogiosa descripción de la realidad peruana en su geografía y en sus riquezas naturales que culmina con una invocación patriótica.

La estructura significativa del texto se configura en tres partes desiguales. La primera (estrofas primera a tercera) expresa asombro y alarma ante la situación de los pueblos americanos a los que "un vértigo satánico... lleva a hundirse en abismo profundísimo", giro con el que se alude a las guerras y conflictos que conmueven a las naciones del nuevo mundo que aparece como "desposeído del ángel de la misericordia".

La segunda parte (estrofa cuarta y primera mitad de la quinta) afirma que la mira de Dios no puede ser la desgracia de América y menos aún de "la Nación que fundó Manco/con quien fue el cielo en dádivas más franco". La tercera parte –la más larga del poema– se extiende desde la segunda mitad de la quinta estrofa hasta la vigésima tercera y contiene la poética descripción de las bondades del clima y sobre todo de las riquezas con que la naturaleza ha dotado al suelo peruano. El discurso poético con frecuencia llega a la más detallada enumeración: la tuna, la palta, la piña, la guayaba, la granadilla van desfilando en esos versos de indudable parecido con los de la silva "A la agricultura de la zona tórrida", la famosa composición de Andrés Bello (aparecida en _El repertorio americano_ de octubre de 1826).

La cuarta parte (estrofas veinticuatro y veinticinco) es una secuencia en que primero se constata que en el Perú la civilización está "en la infancia", no obstante lo cual la profusión de dones y las riquezas del Perú son evidencia de que al Perú le aguardan "siglos de ventura y de grandeza". Que ello ocurra es responsabilidad de quienes habitan en el suelo peruano.

La quinta y última parte (estrofas veintiséis a treinta y seis) está dedicada a una invocación en tono mayor a los peruanos para que conviertan en realidad las promesas de ventura que la propia realidad encierra. El llamado es particularmente enérgico para aquellos "a los que al proletario en bienandanza/aventajáis, y en clara inteligencia..." a quienes conmina:

"Cumplid vuestros patrióticos deberes;
ennobleced un pueblo desidioso;

grabadle con eternos caracteres
que de la libertad el bien precioso,
lo dan la actividad de los talleres,
y el seno de la tierra generoso,
y la virtud; no el ocio ni los vicios,
ni el tumultuoso ardor de los comicios."

En la penúltima estrofa se clama: "Donde está de los próceres peruanos/el celo que proclaman y enaltecen... ?". Y en la estrofa final se llama a los "Patricios" para que respondan al grito unánime del Perú "que vuestra compasión implora exánime".

Una primera nota en relación a "El Perú": la capacidad literaria de Pardo para, sobre un tema de por sí árido, levantar una composición de estimables valores poéticos. La segunda, subrayar lo que llamaríamos la preocupación social del autor que se refleja en el llamado al sentido de responsabilidad de los sectores ilustrados de la población y también en la alarmada descripción de la realidad social peruana y americana de las primeras estrofas, que es la que en composiciones posteriores se convertirá en el _leit motiv_ de la poesía pardiana.

III

"Vaya una República-Epístola satírica", debe haber sido escrita entre el 16 de abril y el 14 de julio de 1856. Tal es la conclusión a la que llega Luis Monguió atendiendo a los hechos históricos que la motivan, que el propio Pardo se encarga de explicar en la "Advertencia" que precede a la composición. A principios de 1856 se desata en Lima una terrible epidemia de fiebre amarilla y la Convención Nacional, "para ponerse a cubierto de tan terrible azote", decidió trasladar su sede a Chorrillos. Esta decisión indigna a Pardo, quien recuerda que por la misma época Pedro V de Portugal, ante una epidemia similar que se da en Lisboa, ayuda a combatirla poniendo en peligro su vida. De igual modo, trae a colación a Napoleón III, ante una grave inundación producida en Lyon en marzo de 1856, despliega gran valor al socorrer personalmente a los necesitados. El "repugnante contraste" entre la conducta de los soberanos europeos y la de la Convención Nacional, "arrancó la presente composición a mi pobre musa", revela don Felipe, quien añade que ella "ya a causa de las agitaciones de la vida pública, ya de mi penosa enfermedad, yacía tiempo atrás en profundísimo letargo".

Informa también Pardo que esta composición estaba destinada al número tercero de *El espejo de mi tierra,* pero que desistió de tal propósito por temor a que pudiera interpretarse su texto como muestra de "cooperación a un programa revolucionario" (se refiere seguramente a la revolución encabezada por el general Manuel Ignacio de Vivanco que estalla en Arequipa el 31 de marzo de 1858). El número tercero de *El espejo de mi tierra* aparece el 31 de marzo de 1859, pero debió haber estado programado por Pardo tres años antes, según puede colegirse de sus dichos en esta advertencia.

El título de esta composición es doble. En efecto, antes de la "Advertencia" figura como "Vaya una república! Epístola satírica", pero luego de este texto en prosa y antes del poema propiamente dicho el título es "Vaya una república. Epístola a Delio", y va seguido de un epígrafe tomado de Cicerón: "Quam Republican habemus". Delio, debe recordarse, fue un seudónimo utilizado con frecuencia por Felipe Pardo en sus composiciones juveniles.

La "Epístola a Delio" es una larga composición de 728 versos distribuidos en estrofas de siete versos, descrita por Monguió así: "... una especie de seguidilla compuesta de 7-5-7-5-5-7-5 con rima abcbded". Está dividida en tres partes. La primera lleva como título "La peste" (veintiún estrofas), la segunda se titula "El garito" (treinta y nueve estrofas), y la tercera, "Los despropósitos", se compone de cuarenta y cuatro estrofas, haciendo un total de ciento cuatro estrofas en las que lo primero que percibe el lector es la facilidad y gracia de la versificación que discurre fluida, ágil y sin interrupciones del primero al último verso de tan extendido poema.

La primera parte, según anuncia el título, describe la conmoción que causa en Lima la epidemia de fiebre amarilla, aunque el énfasis está puesto en el afán por salvarse de los miembros de la Convención Nacional, que deciden prontamente el traslado de la corporación a Chorrillos, pero no se preocupan de la suerte que en semejante trance corra la mayoría de la población: "Socórrase a los miembros de la Asamblea;/y así del pueblo calman,/sin gran tarea,/las agonías;/pues son el pueblo mismo/sus Señorías", quienes, a mayor abundamiento, tienen cuatro boticas y cuatro médicos a su disposición. Esta primera parte termina haciendo escarnio del acuerdo del Parlamento de instalarse, ante la escasez de locales en Chorrillos, en lo que ha sido una casa de juego: "... Tinteros... campanilla... /sillas, curules.../y suena el pito.../Y ábrense las sesiones/en un garito".

La segunda parte se inicia con una alternancia de estrofas dedicadas unas a describir el garito y sus concurrentes y otras a presentar irónicamente las labores legislativas de la Convención. Se abre de pronto un breve paréntesis para satirizar la forma en que son elegidos los parlamentarios:

"Dinero, intrigas, palos,/suplantaciones,/Delio, esto es lo que engendra/nuestros Solones;/sufragio libre/llámense fechorías/de ese calibre." Terminada la interpolación se vuelve a la descripción alternada y fuertemente crítica de la casa de juegos y el parlamento.

"Los despropósitos" es el título de la tercera y más larga parte (también la más interesante de la epístola). Una buena parte de esta sección está dedicada a practicar sin remilgos un recuento crítico de las primeras décadas de vida republicana con la sucesión de constituciones, leyes, códigos, generalmente muy distanciados de la realidad del país: "Dannos instituciones/dannos derechos;/Muy bien! pero elocuentes/claman los hechos/contra esa sarta/de artículos estériles/que llaman Carta." Puede verse aquí, en germen, la idea que luego será el tema central de la "Constitución", la más importante sátira política de Pardo y

Aliaga. Un asunto en el que la pluma de Pardo se encarniza es el relativo a la abolición de la esclavitud, decisión a la que el aristocrático escritor era particularmente sensible, según se ha visto en el epigrama "A mi hijo en sus días"... Dice ahora: "... veinte mil negros/se han dado de alta;/no abrevó el Tibre/en sus mejores días/recua más libre". Y más adelante: "Son libres; que lo sean;/muy bien pensado... mas lo de ciudadanos/eso se atasca".

A partir del verso 603 el texto adquiere un revelador e interesante aire de justificación personal que vale la pena comentar. A quienes, principistas, puedan tacharlo de absolutista, les responde: "no soy absolutista;/no quiero embustes/ni embrollo eterno./Quiero libertad y orden;/quiero gobierno". Libertad y orden, en efecto, parece haber sido la divisa política del Pardo maduro, pero entendiendo por orden un sistema autoritario que, si es necesario, debe imponerse por la fuerza. Viene enseguida un largo y un poco fuera de contexto elogio de Napoleón III, en quien parece encarnarse para Pardo el ideal del gobernante. Refiriéndose a los dos Napoleones, exclama:

"Oh! si aprendiera de ellos/el Nuevo Mundo!". El pensamiento conservador del escritor se endurece al final: "Constituir en congresos/pueblos nacientes/es comer viandas duras/sin tener dientes;/es ponerse antes/que camisa y calzones,/ corbata y guantes."

La estrofa final, por su franqueza y por el pensamiento autoritario que revela, ha sido muchas veces comentada; dice:

> "Y la autoridad se acoja
> sabia y robusta,
> que orden y libertades
> concilie justa;
> Y firme y franca,
> promueva nuestra dicha
> con una tranca."

Algunas anotaciones finales sobre la "Epístola a Delio":

1. Representa, junto a la "Constitución", el estadio maduro y terminal del pensamiento político del autor. Los antecedentes escritos pueden encontrarse en la época de su vinculación con Salaverry y durante el tiempo que en el gobierno de Ramón Castilla desempeñó el Ministerio de Relaciones Exteriores, Justicia y Negocios Eclesiásticos. Los primeros son, entre otros, una carta de Felipe Pardo a su gran amigo el español José Joaquín de Mora (20 de abril de 1835) en la que afirmaba que el general Salaverry estaba decidido "a cimentar la ventura peruana a garrotazos, que es la medicina que una larga experiencia ha acreditado de más eficaz" y otra de la misma fecha dirigida a Pedro Antonio de la Torre en que el escritor habla a favor de un sistema político "de vigor, de decencia y de garrote". En cuanto a su actuación como ministro de Castilla, su pensamiento político autoritario se refleja nítidamente en la Memoria dirigida a las Cámaras el 21 de junio de 1849 en que pide medidas severas para poder acabar con una conspiración en marcha.

2. No obstante la intención política y el tono beligerante de la sátira, Pardo cuida escrupulosamente el aspecto específicamente literario de su texto, diseñando con cuidado su estructura tripartita y organizando con eficacia la distribución de los temas, y el uso de la seguidilla de heptasílabos y versos de cinco sílabas alternados. A este respecto, Monguió dice lo siguiente: "Emplea aquí Pardo, en efecto, un tipo de seguidilla compuesta de cuatro más tres versos de 7-5-7-5-5-7-5 con los heptasílabos sueltos, los primeros pentasílabos también pero con rima distinta a la de los primeros. El maestro de Pardo, don Alberto Lista, compuso mu-

chas seguidillas, pero de esquema distinto a éstas" (Monguió 1971: 268).

3. En éste como en muchos casos a lo largo de su vida y de su obra, Felipe Pardo y Aliaga da claro testimonio de su acendrado patriotismo. Lejos de todo interés personal, sus censuras a las instituciones y a los personajes que poblaban la vida política peruana se inspiran solamente en su amor al Perú.

4. Es notable finalmente la facilidad de Pardo para la versificación y su dominio de la lengua castellana.

IV

"Constitución" es a no dudarlo el texto más importante que Pardo y Aliaga escribió en la línea que hemos llamado cívica de su obra. Y esto no solamente por lo ambicioso del proyecto y lo acabado de su ejecución, sino porque esta extensa composición permite, como pocas, conocer su pensamiento político que es parte sustancial de su visión del mundo.

La "Constitución" se publica por vez primera en el número tres y último de *El espejo de mi tierra,* que aparece en Lima el 31 de marzo de 1859. No es sin embargo la versión final, ya que en *Poesías y escritos en prosa* (1869), la edición definitiva aunque no completa de la obra de Pardo, el texto es más largo que el de 1859. Luis Monguió detalla los cambios:

"Las octavas añadidas en la edición de 1869 son las cinco, versos 17-56, del presente título II. Soberanía (lo que hace que los demás títulos lleven en esta versión el número siguiente, en una unidad, al que llevaron en *El espejo de mi tierra*). Añadidas también son: la octava, versos 177-184, en el cual título VIII; dos en el IX, versos 217-233; y, en el comentario final (es decir, a partir del verso 329), hay diecinueve

octavas añadidas, versos 3435-416, 481-512, 529-536 y 745-753; más una variante en el verso 753." (Monguió 1973: 230.)

En su versión definitiva la "Constitución" consta, pues, de una advertencia en prosa, noventa y cinco octavas y 760 versos. Las octavas están compuestas en endecasílabos con rima A-B-A-B-A-B-C-C. Lleva como subtítulo "Poema satírico".

La "Advertencia" preliminar reviste especial interés. Así, en los párrafos iniciales, luego de advertir socarronamente que "en un país en donde raros son los que no se creen capaces de vaciar en veinticuatro horas el mejor código fundamental que pueda salir de molde legislativo... no se podrá negar sin injusticia al *Espejo de mi tierra* el permiso de echar su cuarto a espadas sobre tópico tan vulgar... ", explica Pardo con claridad que esta composición es totalmente diferente de su obra costumbrista. Dice en efecto:

"... aunque no he considerado a nuestra sociedad en mis primeros ensayos sino en sus relaciones familiares y privadas, me atrevo hoy a penetrar en la región de la política... Y lo puedo hacer sin escrúpulos, porque una situación excepcional, que por cierto nada tiene de envidiable, me pone a cubierto de cualquier imputación que pudiera suscitar contra mi buena fe y mi desinterés la amargura de mis verdades...: (alude obviamente Pardo a la enfermedad que lo tenía postrado y alejado de toda actividad política desde el inicio de los años cincuenta). Concluye, por eso: "Un escritor que no puede ser Ministro, ni Representante, ni Celador de barrio, es un ente privilegiado, en cuyo candor se puede descansar con ilimitada confianza..."

Más adelante defiende Felipe Pardo el derecho de un escritor de costumbres a tratar de temas políticos: "No se diga que las elucubraciones políticas son asuntos demasiado serios para someterse a la jurisdicción de un festivo periódico de costumbres." Pero lo fundamental de este rico texto preliminar vie-ne después y se puede sintetizar así: 1) Hay dos maneras de entender el término constitución. Una es la que entiende por tal la Ley Fundamental o Carta Magna, y la otra es la que considera que la constitución de un pueblo es su manera de ser, su realidad: "La Constitución del Perú no está en esos libros ni en esas constituciones sino en el mismo Perú, porque la Constitución de un pueblo no es la manera caprichosa y ficticia con que un sistema político quiere hacerlo existir, sino la obra primitiva de la naturaleza"; 2) Por tanto, la Constitución, ley fundamental, debe adecuarse a la constitución del pueblo, esto es, a su realidad; 3) A consecuencia de no haberse seguido esas ideas, "las diversas constituciones que han regido al Perú podrán ser, cada una de ellas, en su especie, como obra de fantasía, los dijes más preciosos que ha creado taller legislativo pero en cuanto a sus relaciones con la cara patria, así las considero yo emblemas de la sociedad peruana como de la sociedad japonesa...". Ésta es una idea central de Pardo que modernamente se podría expresar aludiendo a la distancia que hay entre el país real y el país legal, o entre el Perú oficial y el Perú profundo. Sobre esta base conceptual, Pardo procede a desnudar al paciente (el país) para conocer su verdadera constitución, comprobando que ésta no corresponde en nada a lo que dicen las leyes. Concluye por eso que "la constitución poema es la verdad y las constituciones-código son la fábula".

La "Constitución política" de Pardo, a la manera de las constituciones realmente existentes, se organiza en trece títulos que ocupan de la octava primera a la cuarenta y uno. A partir de la cuarenta y dos y hasta el final del poema en la octava noventa y cinco, se extiende una larga sección que ocupa más de la mitad del texto y contiene los elementos principales en el nivel de los significados. Monguió llama a esta tirada "comentario final", pero quizá podría denominársele "balance y conclusiones".

Los títulos son los siguientes: Religión, Soberanía, Gobierno, Ciudadanía, Derechos, Poder Legislativo, Formación de las Leyes, Poder Ejecutivo, Ministros de Despacho, Del Consejo de Estado, Del Poder Judicial, Régimen Interior y Ejército. El procedimiento más utilizado en todos ellos es la antítesis entre el enunciado ideal, ligeramente irónico, del "deber ser" de la institución de que se trata en cada caso, para luego, con el ingenio y el talante crítico característicos del autor, arremeter contra el funcionamiento en la práctica de la referida institución que, como puede suponerse, es muy distinto de lo que la teoría del texto constitucional prescribe. Pueden servir de ejemplo el título I, "Religión", y el título II, "Soberanía". En el primero se recuerda que "la Católica Romana/la profesa el Estado y la protege", y se señala enseguida cómo, en la práctica, al mismo Estado no le importa "que se difunda o no la fe cristiana/que la imprenta la ensalce o la moteje...". En el caso de la "Soberanía" se recuerda también que es "goce atributivo/del pueblo quien divide en tres Poderes/que son Ejecutivo, Legislativo y Judicial, sus altos procederes", demostrándose luego cómo en la realidad dichos poderes interfieren escandalosamente unos en la esfera de los otros y cometen quienes los ejercen anomalías, abusos, irregularidades mil.

Sin embargo, el eje temático de la composición de Felipe Pardo es su idea de que en la vida política de los Estados debe primar la libertad pero con orden severo, con talante autoritario. Así lo dice en la estrofa veinticinco, que transcribimos en su totalidad:

"Yo a un buen Ejecutivo le diría,
por toda atribución: Coge un garrote,
y cuidando sin vil hipocresía
que tu celo ejemplar el mundo note,
tu justicia, honradez y economía,
y que nadie esté ocioso, ni alborote;
haz al pueblo el mejor de los regalos:
dale cultura y bienestar a palos."

Es la misma creencia que hemos visto en "Vaya una República!" y también en las varias cartas que hemos citado. Esta imagen de un Estado gendarme sin escrúpulos se combina con un rechazo casi visceral a la igualdad de derechos con indios, negros, la plebe en general, que las leyes de la República disponen. Veamos algunos ejemplos: la manumisión de los esclavos significa que a la turbia y sucia fuente del progreso nacional se "la purifica echándole más lodo" (octava décima). Y en la número cuarenta y cinco se pregunta el autor con mal disimulada indignación:

"República con razas desiguales
de blancos, indios, negros y mestizos,
qué uso de siglos a vivir condena
eslabonados en servil cadena?"

A lo que se agrega, entre varios otros ejemplos del aristocratismo de Pardo, la octava setenta y dos en que se lee: "... pues esto de tener plebe tan roma/es del Perú la más fatal carcoma". En realidad, lo que Pardo no puede tolerar es la igualdad de todos los habitantes de un país que las leyes republicanas proclaman. Reconoce sin embargo que en algún momento pensó que esa igualdad era viable "si su mérito eleva al ciudadano... si el desorden fatal no reina insano... si se respetan de la misma suerte/los derechos del débil y del fuerte... si el pueblo que salió del coloniaje/se convierte en nación culta y dichosa..." Pero como "no fue así", su censura a la vida política peruana es implacable, y lo lleva en varios momentos del texto a sostener que era mejor la vida durante la colonia si se la compara con la que se lleva bajo la república:

"Fue nuestra suerte más adversa y dura
cuando nos agobiaba el despotismo
del monarca español?...
Los que esto asienten
con el perdón de mis lectores, mienten."
(Octava veintiuno.)

Luego de esta afirmación, no es de extrañar que en las estrofas siguientes pinte con elogio la realidad social de la Colonia comparándola, con desmedro para ésta, con la republicana.

Como es natural, y justificándose ante posibles críticas, Pardo proclama que lo que dice en su "Constitución" se ajusta a la realidad nacional. Y si hay diferencia con lo que dicen las diversas constituciones que han regido al país, lo que ocurre es que "ésas visten al Perú de máscara/y ésta (la de Pardo y Aliaga) lo deja con su propia cáscara".

Puede afirmarse que los cuatrocientos treinta y dos versos que integran la última parte o "comentario final" (como la denomina Monguió) de la "Constitución", son algo así como la fundamentación rica de la implacable crítica que domina a lo largo de los trece títulos de la "Constitución" en sí en los que solamente el tono humorístico suaviza un tanto el rigor. Son estas estrofas finales, por ello, un campo especialmente rico para el análisis de las ideas políticas de Felipe Pardo y Aliaga y de la forma como ellos penetran y dan sentido a las estructuras de su texto literario, tarea a la que nos dedicamos luego.

Una idea central del autor es aquella que considera que hay un doble error en los criterios que gobiernan la realidad política peruana de la iniciación de la república: a) la exagerada tendencia a transplantar, en poco razonada imitación, sistemas e instituciones legales foráneas a la realidad nacional ("adaptar trajes franceses a costumbres góticas"); b) la creencia de que bastan estas "empalmaduras estrambóticas/de temas de política didáctica..." para... "curar dolencias públicas/y a convertir colonias en repúblicas". Al comentar esta última crítica no puede desconocerse el tal vez parcial pero indiscutible acierto de Pardo. No basta, en efecto, sustituir un aparato legislativo por otro para transformar una colonia en un Estado independiente. La emancipación de 1821-1824, se sabe ahora, fue una independencia casi exclusivamente política y por eso dejó en gran medida intactos otros componentes de la vida y el sistema coloniales que continuaron vigentes todavía por un tiempo (es el "colonialismo supérstite" de que habla Mariátegui refiriéndose al mundo literario). Estos planteamientos básicos en que se sustenta el edificio ideológico del texto literario se complementan con la creencia de que no hay en el Perú de entonces suficiente madurez como para que funcione adecuadamente un sistema democrático ideal. La conclusión, la sabemos: el camino acertado es el de la libertad como orden, concepto que en Pardo se confunde con la fuerza (palos, garrotes, trancas).

La "Constitución Política" parece ser el eco literario un poco tardío de las ideas conservadoras de Bartolomé Herrera, las del discurso en los funerales de Gamarra en 1842, las del famoso sermón del 28 de julio de 1846, por ejemplo. En todo caso, representan la postura ideológica de quienes, indignados, alarmados o preocupados por el desgobierno y el caos reinante en las primeras décadas de la vida republicana del Perú, creían que era urgente hacer algo por cambiar la situación. El camino que Pardo propone (el autoritarismo) pudo estar equivocado, pero de lo que no se puede dudar es del sincero patriotismo del escritor, de su preocupación auténtica por la salvación de la patria así como de sus calidades literarias que alcanzan en la "Constitución Política" una de sus mejores expresiones.

Perfil ideológico del Inca Garcilaso de la Vega

Juan Bautista de Avalle-Arce
University of California, Estados Unidos

En el Cusco, antigua capital del desbaratado imperio incaico, a 12 de abril de 1539, nació el hijo del capitán Garcilaso de la Vega y de la princesa inca (*palla* era su dignidad india) Isabel Chimpu Ocllo, que recibió el nombre de Gómez Suárez de Figueroa, tradicional en la familia del padre, al punto que fue nombre de su hermano. Vale decir que el recién nacido recibe el nombre del tío carnal, y con ese nombre vivió y se identificó por casi treinta años. Los datos concretos de esa vida se pueden encasillar en tres momentos históricos: una primera veintena de años transcurridos en el Cusco, rematada con el viaje a España en 1560. En España, los primeros treinta años se centran en Montilla, delicioso pueblo al sur de Córdoba, en tierra de buenos vinos. Allí vivió una vida apacible, al abrigo de la buena amistad de su tío don Alonso de Vargas (muerto en 1570), interrumpida por un paréntesis militar para luchar en la rebelión de los moriscos de las Alpujarras, dura campaña que duró tres años hasta la reducción efectuada por don Juan de Austria, y que fue historiada por el elegante poeta don Diego Hurtado de Mendoza. La rebelión ocurrió en los años de 1568 a 1571. En esta campaña el mestizo americano ascendió a capitán.

Un duro desengaño le llevó a abandonar la profesión militar. Años más tarde, en 1592, habla en una carta al humanista Juan Fernández Franco (descubierta y publicada por mi gran amigo don Eugenio Asensio) de lo que llama "la ingratitud de algún príncipe y ninguna gratificación del rey". Éstas fueron las razones efectivas para abandonar una prometedora carrera en las armas. En desquite, y por muerte de algunos parientes, obtiene un cierto desahogo económico que le lleva a desplazarse a la ciudad de Córdoba, poco después de 1590. La última veintena de años transcurrió en Córdoba, y allí murió. Unos años antes había pactado con fray Diego de Mardones, obispo de Córdoba, la compra de un arco y una capilla dentro de la catedral, famosa por su magnífica arquitectura árabe. El documento de compra está fechado el 18 de septiembre de 1612, y el cabildo eclesiástico lo ratificó el 29 de octubre del mismo año. El Inca ordenó de inmediato el comienzo de la erección de su tumba en dicha capilla, llamada de las Ánimas del Purgatorio, y allí fue enterrado el día después de su muerte, ocurrida el 22 de abril de 1616, como recuerda un mármol de la capilla. Un día después moría en Madrid Miguel de Cervantes Saavedra. La capilla del Inca se conserva con toda dignidad hasta el día de hoy.

Durante los años españoles del Inca también ocurrió un acontecimiento tan notable como poco comentado por la crítica al uso que todavía, en muchos sentidos, sigue respondiendo a consignas que vienen de la época de don Marcelino Menéndez Pelayo, quien hablaba de la "mente semibárbara, semieducada" del Inca, y de su "imaginación rica, pero siempre infantil". Por el contrario, la personalidad del Inca fue propia de un hombre tan complejo como educado, con aristas tan varias como las que puede evocar la frase: un indio mestizo humanista del Renacimiento.

El acontecimiento al que aludía yo se cifra en las siguientes consideraciones: durante su vida en el Perú el Inca se llamaba Gómez Suárez de Figueroa. Al poco tiempo de llegar a España firmaba Garcilaso Inca de la Vega, en fecha que se puede fijar documentalmente como el 22 de noviembre de 1563. Para enfocar bien este fenómeno, de máxima rareza en los anales literarios, debo recordar que muy poco antes de este extraordinario cambio de nombre, al Inca se le había negado la licencia para volver a Indias. El destino del mestizo peruano quedaba circunscrito a España y a lo que la nueva patria tuviese que ofrecerle. El cordón umbilical que unía al Inca con el incario, que le había dado su primigenia sustancia física y espiritual, se ha cortado a la fuerza. Hay que buscar nuevo sustento, búsqueda que debe comenzar por una re-identificación de sí mismo, ya que el viejo YO ha muerto. El nuevo hombre ha quedado en riesgo propincuo de destruirse espiritualmente, y se barajan posibles medidas evasivas. Se dibuja con nitidez la posibi-

lidad de forjarse una nueva personalidad, cara a cara con la nueva circunstancia, que se convierte en ineludible desde el momento que se le ha prohibido volver a su tierra natal.

En este angustioso dilema de personalidad, el Inca adopta el nuevo nombre: se tira por la borda el viejo nombre Gómez Suárez de Figueroa y se iza el nuevo: Inca Garcilaso de la Vega, con su variante Garcilaso Inca de la Vega. En este acto se reproduce, en cierta medida, el sacramento del bautismo. El nuevo nombre es el rótulo identificatorio del hombre nuevo, en la misma forma en que el recién nacido halla su identificación mortal en la pila bautismal. Bien podemos comparar este fenómeno con la experiencia vital de Saulo de Tarso, ocurrida en los primeros años de la era cristiana. El hombre identificado con tal nombre fue un judío activo perseguidor de los cristianos, al punto que en su rabiosa búsqueda emprendió un viaje de Jerusalén a Damasco. En el camino de Damasco tuvo una súbita y maravillosa visión, enceguecedora en sentido literal, en la que una voz le dijo: "Ego sum Iesus, quem tu persequeris." En Damasco, al recobrar milagrosamente la vista, Saulo "baptizatus est". Pero el nuevo cristiano es un nuevo hombre con muy distintos horizontes vitales a los que tenía antes de su conversión; ahora es un cristiano, no un perseguidor de cristianos, y la vieja identificación con el nombre de Saulo es inoperable. La nueva identidad la proclamará, en forma resonante, el nuevo hombre en textos como éste, que pertenece al comienzo de la *Epístola a los gálatas*: "Pablo, apóstol, no de parte de hombres ni por mediación de ningún hombre, sino por Jesucristo y por Dios Padre, que le resucitó de entre los muertos." El viejo hombre ha muerto, y con él su nombre. Hombre nuevo-nombre nuevo.

Otra aproximación al cambio onomástico de Gómez Suárez de Figueroa a Garcilaso Inca de la Vega nos la provee el caso de un hidalgo manchego que cifraba su bienestar en comer "una olla de algo más vaca que carnero, salpicón las más noches, duelos y quebrantos los sábados, lentejas los viernes, algún palomino de añadidura los domingos", y que "gastaba calzas de velludo para las fiestas, con sus pantuflos de lo mismo". En este pacífico vivir el hidalgo se llama e identifica con el nombre de Alonso Quijano, o algo parecido. Pero llega un momento en que, tras una enloquecedora visión, el hidalgo se identifica y convierte en el caballero andante don Quijote de La Mancha. En forma axiomática, nuevo hombre-nuevo nombre.

El autobautismo lleva una intensísima carga de verdad humana, ganada a pulso, así se trate del caso de Saulo de Tarso-san Pablo, Alonso Quijano-don Quijote de La Mancha, o bien de Gómez Suárez de Figueroa-Garcilaso Inca de la Vega. En el autobautismo repercuten las palabras de san Pablo, el gran bautista de sí mismo, como hemos visto, y cito de su *Epístola a los romanos:*

> "Consepultados, pues, fuimos en él por el bautismo en orden a la muerte, para que como fue Cristo resucitado de entre los muertos por la gloria del Padre, así también nosotros en novedad de vida caminemos."

Se trata de un verdadero cambio de horizontes vitales –"In novitate vitae ambulemus", en palabras del apóstol–, que lleva a una nueva autodefinición. En el caso del Inca se trata de la forzosa identificación con España, ya que la vuelta a Indias le ha sido negada, y esto provoca un repensarse del que surge la conciencia de ser un hombre nuevo. El nuevo horizonte vital que vislumbra el Inca lo podemos columbrar por la ilustrísima prosapia literaria del nombre que se confiere en autobautismo: Garcilaso de la Vega. No importa que el nombre haya sido usado con anterioridad en la familia. En España el nuevo nombre sólo se identificaba con el poeta castellano por antonomasia. El hecho fundamental consiste en el abandono del nombre de bautismo, nombre ajeno a su voluntad, que le fue conferido por otros, y conferirse a sí mismo uno consecuente con las nuevas posibilidades, un nombre identificado

para siempre con las letras: Garcilaso de la Vega.

A mi juicio, el Inca ha hallado en ese momento su vocación, y se cortan amarras con el hombre viejo. Hombre viejo-viejo nombre, hombre nuevo-nuevo nombre. En ese 22 de noviembre de 1563, fecha en que tenemos constancia documental del nuevo nombre, en ese día el Inca Garcilaso de la Vega hizo su profesión de fe, de fe vital y vocacional, que lo alentará y animará en esa casi treintena de años que pasarán antes de publicar su primera obra. Su camino de Damasco, y lo que será su nueva meta vital, quedan rotulados para siempre con su nuevo nombre.

Ahora me siento mejor dispuesto para acercarme a su obra. En el transcurso de sus años españoles nuestro autor produjo una no muy amplia pero sí muy valiosa obra histórico-literaria. La primera en el tiempo fue su traducción del italiano de la obra del judío español exiliado en Roma (y por ello impresa en italiano) León Hebreo. El título en italiano de la obra era *Dialoghi d'Amore* y la traducción del Inca salió en Madrid en 1590. Había habido otras dos traducciones al español de este clásico del neoplatonismo filográfico –aunque la del Inca es considerada la mejor–, y de esta manera su nombre ingresó en la nómina de los tratadistas de amor en el Renacimiento, apartado muy importante en cualquier estudio del tema en esa época. En otras palabras, esta traducción fue obra típica de un humanista español... y llevada a cabo por un mestizo peruano, debo agregar.

En el año de 1596, y en Córdoba, el Inca firmó el manuscrito de su *Relación de la descendencia de Garci Pérez de Vargas*, tratado genealógico inédito hasta hace poco, y que se hace cargo de la personalidad y familia del semifabuloso héroe de la reconquista de Sevilla en el año de 1248, entre cuyos descendientes se contaba nuestro historiador. En Lisboa y en 1605 se publica *La Florida*, un estudio monográfico acerca de la desastrosa expedición de Hernando de Soto a la conquista de dicha península. Cuatro años después, y en el mismo lugar, Lisboa, aparecen los *Comentarios reales que tratan del origen de los Incas, reyes que fueron del Perú, de su idolatría, leyes y gobierno en paz y en guerra,* según reza el largo tíulo, en los cuales se entremezclan continuamente sus recuerdos personales, al punto que, a pedido de mi maestro y amigo Dámaso Alonso, yo formé una antología vívida de sus páginas, que publicó la Editorial Gredos de Madrid. La segunda parte de los *Comentarios* fue titulada *Historia general del Perú,* ya que salió póstuma, en Córdoba, en 1617.

Si dejamos de lado su traducción de los *Dialoghi d'Amore* de León Hebreo, por considerarla como trabajo poco original, *La Florida* se convierte en su primera obra en el tiempo. Al escribirla el Inca nos hace presente, en toda oportunidad favorable, la concepción que él tiene de la Historia (con mayúscula) como programa de acción. Que la Historia tiene un fin ejemplar y eminentemente ético es idea viejísima, al punto que para la época de Polibio (el gran historiador griego del siglo II antes de Cristo), ya constituía una convención literaria. Con apoyo en esta convención, pero soslayando sus implicaciones éticas, Maquiavelo construyó el gran edificio de sus *Discorsi sopra la Prima deca di Tito Livio,* en los que, so pretexto de comentar la magnífica obra del historiador romano, la ejemplaridad de la Historia sirve al gran pensador florentino para fundamentar un programa de acción política en su Italia contemporánea.

El Inca asimila todo esto a su caudal de lecturas y experiencias, y, volviendo a poner en primer plano las implicaciones éticas –al revés que Maquiavelo–, nos da una historia programática y ejemplar. *La Florida* puntualiza en toda ocasión el cómo y el porqué el territorio de la Florida se debe atraer al seno de la Iglesia católica, a la "república cristiana", como él la llama, con lo que evidencia ese universalismo dinámico de la historia que ha animado en todo momento al Cristianismo. Pero para el Inca hay un instrumento elegido para esa universalización, y es el imperio español, dentro del cual ha nacido y vive. Y por aquí venimos a desembocar en esa característica forma de vida y pensamiento que sustenta en vilo a la Edad de Oro española: el providencialismo mesiánico. Esto implica la directa intervención divina en la vida humana. La idea de la acción diaria de Dios en el quehacer del hombre estaba arraigadísima en la Edad Media europea, pero no después. Frente a esto, España se distingue por permanecer fiel a esa idea hasta mucho más acá de los siglos medios, y por darle un giro personalista: Dios interviene directamente en la historia española y señala así a esta nación como el Instrumento de su Providencia. Imperialismo y Providencialismo se convierten así en las dos caras de la medalla del pensamiento histórico de los siglos áureos españoles. El Inca Garcilaso acepta todo esto en forma implícita, y el universalismo consiguiente se realiza en su concepción de la Historia como programa de acción política, idea reforzada, desde un punto de vista laico, por los modelos de historiadores como Maquiavelo y Guicciardini, tan admirado éste último por él.

Pero el universalismo del Inca llevará el claro rótulo de la idea imperial hispana, ya que, como dice en ésta su primera obra, *La Florida:*

> "Pudiera ser que (la península de la Florida) hubiera dado principio a un imperio que fuera posible competir hoy con la Nueva España y el Perú... Por lo cual muchas y muchas veces suplicaré al rey nuestro señor y a la nación española no permitan que tierra tan buena, y hollada por los suyos, y tomada posesión de ella, esté fuera de su imperio y señorío, sino que se esfuercen a la conquistar y poblar para plantar en ella la fe católica que profesan... Para que se aumente y extienda la santa fe católica y la corona de España, que son mi primera y segunda intención." (*La Florida,* libro VI, cap. XXI.)

Universalismo católico y universalismo imperial van de la mano, como es propio, pero dentro de la imagen tradicional uno se imagina al Inca viéndose a sí mismo como el estratega que conducirá esta idea a través de la época de los primeros Felipes en España a nuevas órbitas y nuevos logros.

Dentro de este gran cuadro ocurren, sin embargo, extrañas reticencias y supresiones en el relato de los acontecimientos históricos, que van contra todos los tópicos acumulados en el tiempo y que tratan de definir la misión de la Historia. Estas supresiones son frecuentísimas; ilustraré sólo dos de los tipos principales. Al narrar las andanzas de Pánfilo de Narváez, escribe el Inca: "Panfilo de Narváez le había hecho ciertos agravios, que por ser odiosos no se cuentan" (*La Florida*, libro II, parte I, cap. I). Y más adelante, al hablar de la deshonrosa acción de dos militares, dice: "Los dos capitanes, que por su honra, callamos sus nombres..." (libro II, parte II, cap. XII). Estas supresiones por prurito ético caracterizan toda la obra histórica del Inca, sin excepción. Las reticencias se hacen tan consustanciales a su forma de relatar la historia, que se ha creído ver en ellas la influencia de los analistas quechuas, los *quipucamayocs,* que suprimían en sus cuentas los reinados de los malos soberanos. Pero en un historiador que, como el Inca, participa tan plenamente de la concepción ética y ejemplar de la Historia, que caracteriza a Europa al menos desde la época de Polibio, en un historiador con tales preocupaciones, ese tipo de reticencias me parece natural. Otro gran moralista español, Juan Luis Vives, a quien el Inca cita con respeto, escribió largamente en su *De Disciplinis* acerca del sentido y la forma de la Historia, y se lamentaba allí de que la Historia perpetuase las infamias. La obra del Inca Garcilaso cae de lleno dentro de esta concepción moralista (que, por lo demás, para su época se ve secundada por el pirronismo), y él extiende dicha concepción a sus consecuencias lógicas al escribir mucho más tarde en la *Historia general del Perú,* su última obra: "Los cuales pudiéramos nombrar, pero es justo que guardemos la reputación y honor de todos." (libro VIII, cap. IV.) O sea que se concibe al his-

toriador como depositario del honor de la colectividad, ya que es él quien lo preserva y transmite a través del tiempo, con lo que volvemos al tema recurrente de la obra del Inca: la responsabilidad moral del historiador.

En esta ocasión quiero destacar un último aspecto de *La Florida,* esa obra primeriza, pero que forma infragmentable unidad ideológica con los *Comentarios reales.* Me refiero a un supuesto que está insito en toda la obra del Inca, y que atañe a la fundamental uniformidad psicológica del hombre, y que en *La Florida* se evidencia en una continua serie de paralelos y comparaciones entre el indio de Florida, el hombre clásico, el indio de México y el del Perú, y el propio español, y que se puede resumir en la frase ponderativa que el Inca pone en boca de Hernando de Soto al hacerle exclamar: "¿No miráis cómo todo el mundo es uno?" (libro V, parte I, cap. V). Esto es, repito, un supuesto ideológico en ninguna ocasión analizado en forma explícita por el autor pero que alienta y fundamenta toda su obra.

Esta forma de concebir al hombre histórico, como dotado de una esencial uniformidad psicológica, constituye lo que el gran historiador de las ideas Arthur O. Lovejoy ha llamado *uniformitarianism,* palabreja que sonará mejor si la dejo en uniformismo. Éste es el supuesto cardinal del deísmo seiscentista, y es herencia, a su vez, del racionalismo y teísmo quinientistas. Si la razón es la misma en todos los hombres, como se supone, los efectos de su desempeño serán uniformes.

Las consecuencias de este supuesto mental uniformista se abultan en los *Comentarios reales,* donde adquieren un ceñido desarrollo lógico que lleva a sorprendentes conclusiones. Pero debo insistir en que el Inca nunca discurre en forma conceptual acerca de estos principios, sino que ellos van implícitos, y son como las raíces de su pensamiento historiográfico explícito. Sabido es que en los *Comentarios reales* el Inca Garcilaso dedica espacio preferente a tratar de la religión de los Incas. Lo que pueda haber de verdad arqueológica en sus afirmaciones no me concierne, sino sólo el sentido que adquieren sus reconstrucciones a la luz de ciertos complejos ideológicos europeos.

Ahora bien: ese uniformismo impuesto por la universalidad de la razón halla su campo preferido para las investigaciones en lo que se refiere a la religión. Porque si los logros de la razón son uniformes, la religión ofrecerá las mismas características comunes, ya que el hombre llega a ella guiado por una misma e inalterable "lumbre natural", como la llama el Inca cuando dice: "Los reyes incas y sus amautas, que eran los filósofos, rastrearon con lumbre natural al verdadero Dios y Señor Nuestro" (*Comentarios reales*, libro II, cap. II).

La consecuencia lógica de todo esto es que las religiones a su vez son uniformes, al punto que resulta más lógico hablar de la religión, con un singular de aplicación colectiva. A la comprobación de este aserto el Inca dedica sus mejores esfuerzos, aunque el tono siempre está dado con sordina, por un recelo muy natural a la censura del Estado-Iglesia español. Los ejemplos de ello se pueden recoger en cada capítulo —en cada página, casi— de los *Comentarios reales*. Me limitaré a recoger algunos pocos, de los que mejor ilustran el tema. Al hablar de una leyenda india sobre el Diluvio, establece de inmediato el paralelo con la leyenda griega de Pirra y Deucalión, para concluir: "También se pueden cotejar las de una gentilidad con las de la otra, que en muchos pedazos se remedan" (libro I, cap. XVIII). La orientación uniformista de su pensamiento lleva al Inca a trazar un denominador común entre el mito griego y la fábula quechua. Pero la buena lógica obliga a apurar los paralelos, lo que el Inca Garcilaso hace con osadía ideológica sólo refrenada al final, porque la anterior cita continúa: "Y asimismo tienen algo semejante a la historia de Noé, como algunos españoles han querido decir." Y remata la cuestión con este pasaje en el que no sé qué admirar más, si la intrepidez de las ideas o la recatada forma de solapar el pensamiento:

"Algunos españoles quieren decir, oyendo estos cuentos, que aquellos indios tuvieron noticia de la historia de Noé, de sus tres hijos, mujer y nueras, que fueron cuatro hombres y cuatro mujeres que Dios reservó del diluvio, que son los que dicen en la fábula, y que por la ventana del arca de Noé dijeron los indios la de Paucartampu, y que el hombre poderoso que la primera fábula dice que se apareció en Tiahanacu, que dicen repartió el mundo en aquellos cuatro hombres, quieren los curiosos que sea Dios que mandó a Noé y a sus tres hijos que poblasen el mundo. Otros pasos de la una fábula y de la otra quieren semejar a los de la santa historia, que les parece que se semejan. Yo no me entremeto en cosas tan hondas, digo llanamente las fábulas historiales que en mis niñeces oí a los míos, tómelas cada uno como quisiere, y déles el alegoría que más le cuadrare."

Me apresuro a aceptar la invitación del Inca a cotejar y formar juicios propios a base de la documentación que nos pone en las manos. Algunos de los resultados de tal tarea son los siguientes: primero, el Inca parte del uniformismo como supuesto ideológico, vale decir que el proceder del hombre guiado por "lumbre natural" logra siempre resultados uniformes, ya que esa lumbre, por ser natural, es siempre la misma. Segundo, como corolario de lo anterior, podemos decir que el Inca propugna un individualismo racionalista, ya que la búsqueda de la verdad es tarea individual con la guía de Naturaleza. Tercero, como lo natural es común a todos, las creencias y valores comunes de la humanidad, o sea, el *consensus gentium*, son buenos; de ahí el continuo trazar denominadores comunes por parte del Inca, a base del método comparativo. Cuarto, como todo lo bueno de naturaleza es común al hombre, se tiende naturalmente hacia un universalismo ideológico, que complementa al individualismo racionalista, y que se halla respaldado, en el caso del Inca, por la tradición imperial española. Si afinamos este último punto acerca del universalismo un poco más, llegamos a la conclusión, bien atestiguada en el pensamiento quinientista, de que _natura_ y _natio_ son términos antitéticos, y por aquí podemos llegar a una nueva y complementaria explicación de la desasosegada actitud del Inca, que se sentía indio entre españoles y español entre indios.

Al llegar a este punto me detendré un momento, porque debo advertir que al ir trazando este aspecto del perfil ideológico del Inca Garcilaso he estado trazando, al mismo tiempo, el esquema de la _religio generis humani_ del pensador francés Jean Bodin, muerto en 1596, a quien el Inca cita con aprobación. Pero aquello en lo que Bodin en ocasiones peca por un exceso de teoría, en la obra del Inca se ha enraizado con tesón en una realidad histórica de evidencia inmediata, como que es el imperio de sus antepasados. Y para ultimar este aspecto de mi esbozo, recordaré que el concepto de Bodin de una _religio generis humani_ adquiere en su desarrollo en el tiempo las proporciones del deísmo de Lord Herbert de Cherbury. Ahora bien: el padre del deísmo inglés leyó con provecho y aplauso los _Comentarios reales_ de nuestro Inca, y en su libro _Religione Gentilium_ lo cita repetidas veces con el fin de fundamentar sus ideas sobre el uniformismo de las religiones. Por eso me atrevo a postular que Lord Herbert de Cherbury, padre del deísmo inglés, tuvo un antepasado espiritual peruano.

Pero el Inca no llegó a tales audacias. Su puesto propio está a la cabeza del teísmo que distingue al siglo XVI europeo. Cuando el humanista alemán Conrad Muth (o sea Muciano Rufo) escribió a principios de ese siglo esta declaración de fe teísta: "Hay un solo dios y una sola diosa, pero sus poderes y nombres son muchos: Júpiter, Sol, Apolo, Moisés, Cristo, Luna, Ceres, Proserpina, Tierra, María"; cuando se escribieron estas palabras, digo, nadie podría haber sospechado la elegante y recatada demostración que recibirían en los _Comentarios reales_ del Inca Garcilaso.

Todo este complejo ideológico, que, según por donde se lo mire se puede llamar uniformismo, teísmo o religión natural, que se halla ya en Bodin y en otros muchos autores, el Inca lo modera con el Providencialismo, aspecto de su ideología que evidencia tanto el arraigo de su fe como el de los hábitos mentales hispanos. Porque para él la acción civilizadora del imperio incaico es la preparación providencial para la evangelización y la consolidación del imperio español. Pero esto implica una idea de progreso en la Historia, aunque un poco distinta a la idea cristiana de progreso, ya que para el Inca se trata de un lento proceso de perfeccionamiento a partir de unos comienzos de un salvajismo total, que niegan en redondo la posibilidad de una Edad de Oro allá en los orígenes del hombre. Y con esto volvemos a las ideas de Bodin en su _Methodus ad Facilem Historiarum Cognitionem_.

Hay mucho de Bodin en el Inca, como también lo hay de Juan Luis Vives y algunos otros pensadores. Hay mucho en el Inca de la más avanzada historiografía que se conocía en su tiempo. Porque al lanzarse en sus _Comentarios reales_ a la reconstrucción histórica del imperio incaico, que él no conoció, lo hace con los elementos más modernos de la historiografía, algunos de los cuales existían sólo en estado de teoría. Allí se entrelazan para recrear el pasado histórico los datos de la economía política con los problemas de cronología, las consideraciones de lingüística con el método comparativo de la historia de las religiones, y todo esto ordenado por un sabio manejo de la geografía y la climatología, y realzado por la continua criba y concordancia de fuentes, tanto escritas como orales. Más aun: no se puede negar que en la obra del Inca calzan bien los primores de forma de la historiografía humanista con el rigor metódico de la historiografía anticuaria, y con los desvelos textuales de clasicistas y escriturarios.

A pesar de este arsenal de disciplinas puestas al servicio de la reconstrucción histórica, se ha acusado al Inca, y seguramente con razón, de idealizar el pasado. Pero eso lo veo yo como una veta más, y la más profunda, de su mentalidad renacentista y española. Porque el inveterado utopismo del Renacimiento, desde el inglés Tomás Moro al italiano Tomás Campanella, había condicionado al hombre a aceptar la realidad subjetiva de una sociedad ideal. Lo que el Inca se lanza a hacer, con ayuda de los más modernos métodos historiográficos, es a dar objetividad a esa imagen subjetiva, a crear una utopía localizable y concreta, que disfraza a la realidad empírica con las galas del ideal. Y aquí el Inca nos revela, una vez más, la tenaz urdimbre hispánica de sus hábitos mentales, ya que ésta es la realidad de siempre de realizar Dulcineas, que tan hondo cala en el pensamiento hispano. Este tipo de quijotismo se mantiene vivo e inalterable, sujeto solamente a los cambiantes condicionamientos de la circunstancia histórica.

Al tratar ahora de reunir en haz algunas de las apreciaciones de estas páginas, veo que he hecho del Inca un nuevo Jano casi, que mira en dos direcciones a la vez. Pero quizá esto se pueda justificar si se observa la vigilancia que el Inca ejerce por igual sobre el pasado de sus hermanos indios y sobre el futuro de sus hermanos españoles; cuando lo vemos, desde Europa, pensar en Indias, y a la vez haciendo del Cusco una nueva Roma; cuando a su intrépido racionalismo y teísmo vemos aunado un concepto providencialista de la historia, de viejo cuño cristiano; en fin, cuando el imperialismo español desfila de la mano de un universalismo humanista y racionalista. Pero todo esto, y mucho más, cabe, desde luego, en ese desconcertante juego de dualidades que caracteriza, sustenta y define al siglo XVI español, que se debate hasta desangrarse entre la realidad y el ideal.

Humanismo y erudición en el Perú virreinal: ¿Discurso del poder o de la inseguridad?

Alicia de Colombí-Monguió
State University of New York at Albany, Estados Unidos

En la cultura de la clase dominante de la América virreinal se da una amplia gama de hechos curiosos: desde la práctica de la *traductio* y la *imitatio* de originales en diferentes lenguas –ya clásicas, ya vernáculas–, hasta la creación de un diálogo humanista de características polimórficas; incluyendo la discusión, a fines del siglo XVI, en la casi recién fundada Ciudad de La Paz, de cómo deben pronunciar el italiano los hablantes de lengua española, junto a la práctica de hablar en italiano en sociedad. Al mismo tiempo, la temprana adopción del petrarquismo implicó la primera instancia del fenómeno de homogeneización de la lengua poética americana, que ha de repetirse más tarde con el gongorismo y el modernismo. La amplitud de tal homogeneización puede juzgarse en el simple hecho de que el restringido léxico petrarquista fue usado desde el temprano siglo XVI no sólo en la usual lírica amatoria y religiosa, sino, sorprendentemente, en la poesía de denuncia político-social, tal como la del minero Enrique Garcés.

La diversidad de los hechos culturales que acabo de enumerar no es índice de pluralidad fenoménica. Por el contrario, se trata de los múltiples aspectos que integran un mismo y único fenómeno: todos ellos son variantes del discurso humanista. Debido a la amplitud misma de tan extenso fenómeno, juzgo oportuno poner coto al campo. Atender cumplidamente a su compleja multiplicidad me exigiría dimensiones de tratado. Para no desperdigarme, y no desperdigar la naturaleza de un fenómeno por esencia homogéneo, centraré el foco de nuestro catalejo de hoy, para restringir su mira, a una sola esfera geográfico-temporal: el Virreinato del Perú en la ultima década del siglo XVI y la primera del XVII. Muchos estudios similares serán necesarios antes de llegar un día a una descripción deliberada de este fenómeno, pero todos deberán atender a un aspecto tan fundamental cuanto sorprendente: en la América virreinal la exhibición erudita no conoce fronteras geográficas ni temporales, ni está limitada por diferencias de oficio o de estado social. Aflora entusiasta desde Nueva Galicia hasta el Alto Perú, en el siglo XVI y en el tardío barroco del XVIII, en academias y en conventos, entre encomenderos tanto como entre mineros. Tampoco sabe de monopolios sexuales, desplegándose en la docta poesía de la anónima autora del *Discurso en loor de la poesía* y en la espléndida audacia de sor Juana Inés de la Cruz. Consideremos a la anónima señora que muy a principios del siglo XVI frecuentaba y enriquecía en Lima ideales y verdaderas academias. Cerca de ella se halla el andaluz Diego Dávalos y Figueroa, quien de minero en los páramos del Titicaca terminó de encomendero en Ciudad de La Paz. Muy mozo había luchado en las moriscas Alpujarras, para luego irse a ese Perú donde su destino americano lo condujo al relumbre de exacerbadas galas eruditas. En las mismas Alpujarras se hizo capitán de su Majestad el indio Garcilaso quien, en principesca herencia inca y en castiza alcurnia, supo dar al humanismo americano acendrada y ya genuina realidad. Entre tantas diferencias de origen, estado y oficio, todos ellos se expresaron en la misma lengua, la del discurso humanista.

Tras la mención de semejante nómina –que podría alargarse en mucho–, nada me asombra tanto como nuestra larga falta de asombro. Nada más urgente que el admirarnos, si hemos de calibrar la naturaleza de un fenómeno que por excepcional debe ser reconocido como sorprendente, porque el discurso humanista en Europa jamás fue propiedad de medio mundo. Arrancando de Petrarca y Boccaccio, pasando por Coluccio Salutati, Leonardo Bruni, Lorenzo Valla y nuestro Nebrija, hasta su madurez en Poliziano, Ficino, Erasmo, Vives y Tomás Moro, la erudición humanista, lejos de ser fenómeno propio de variadas clases sociales ocupadas en múltiples oficios, aparece claramente restringida a un grupo de letrados en su inmensa mayoría de clase media, muy a menudo con previos estudios notariales o de leyes, en desempeño de una serie de oficios estrechamente conectados a la práctica de los *studia humanitatis:* secretarios o historiadores de repúblicas, reinos y estados señoriales, cancilleres, profesores de universidad, tutores de casas nobles.

Lo que digo de estas luminarias es aun más cierto de las muchas mediocridades que por ley natural poblaron la *respublica* de las letras humanistas, donde crearon, defendieron, perpetuaron y esparcieron *urbi et orbe* un discurso bien caracterizado. Discurso sellado por una erudición *sui generis,* de inmediato identificable por sus vehículos literarios, esos subgéneros donde se explaya en poesía o en prosa. Estos subgéneros fueron usados deliberadamente como carta de presentación que define tales obras como discurso humanista, exigiendo implícitamente que sean entendidas y juzgadas desde los valores del mismo. Por ejemplo, cuando la Anónima escribe su *Discurso* está señalando la filiación de su obra, y, a través de ella, presentando su carta de ciudadanía en la república humanista, porque la defensa de la poesía y su alabanza es, desde sus orígenes en Petrarca y Boccaccio, uno de los subgéneros más distintivos de las letras humanistas. Avalada desde su génesis por la más autorizada e indiscutible paternidad, se transmite a innúmeras plumas más o menos preclaras y ninguna insignificante, porque el ser alabanza y defensa de la poesía conlleva un significado de incalculable alcance, ya que la poética fue la más distintiva de las disciplinas humanistas pues en su nombre se luchó contra la enemiga dialéctica de los escolásticos.

El *Discurso en loor* conlleva así un mensaje clarísimo: su autora es una humanista, y esa Academia Antártica de que habla tiene absoluta e indiscutible realidad cultural: sus miembros todos son ciudadanos de la patria humanista. Mucho se ha discutido si la tal academia existió o no, por lo que debe entenderse si de hecho se reunían de acuerdo con el común uso de las academias de la época. Lo hicieran o no, y el cómo y el dónde, son preguntas que no tocan el meollo de la cuestión. La existencia de la Academia Antártica en tanto realidad cultural no necesita más prueba que la que le extiende el *Discurso* de la peruana. Éste, como toda partida de bautismo, no sólo certifica la existencia del bautizado sino que además nos informa de sus nombres. Tal hace la Anónima cuando incluye las alabanzas de cada miembro en su *Discurso en loor de la poesía*. No entendamos en ellas agregados adventicios; cada elogio es parte integrante de una suma, conformada por la existencia, desde Orfeo hasta Dávalos, de cada individuo en particular. El *Discurso* presenta bajo el estandarte de las letras humanistas su nómina de honor. La elite cultural del Virreinato queda así perfectamente identificada en todo lo esencial: con la mención de cada uno de sus reconocidos miembros dentro de la comunidad intelectual a que pertenecen, la misma que desde su nacimiento se levantó en defensa y alabanza de la poesía, y que hizo de la poética su sustancia y base. Así, el *Discurso en loor de la poesía* debe ser entendido como deliberado esfuerzo de presentar, cimentar y enaltecer la elite de letrados del Virreinato del Perú en su elegida identidad: la de humanistas.

Al usar –como veremos más adelante– el consabido tópico erudito de las armas y las letras, el *Discurso* lo ha yuxtapuesto al antiquísimo de la *translatio studii* en los imperios. Como Grecia pasara su cultura a Roma, ahora España la pasa a América:

> "así también el soberano Apolo
> le dio su pluma para que bolara
> del exe antiguo a nuestro nuevo Polo" (vv. 472-474).

El mensaje es atrevido, porque el fin de toda *translatio* es enaltecer al receptor con necesaria mengua del donante; por esto ¡cuánto más contundente suena tal exaltación en el verso de Clarinda! Apolo dio su pluma al imperio español, pero no para que permaneciera en la península o en sus posesiones europeas. No: se la dio translatíciamente para que España la pasara a otro hemisferio que el europeo, el cual en el *Discurso* no es simplemente el viejo mundo sino el "*exe* antiguo". Con una palabra la asombrosa peruana nos ha cambiado el *axis mundi*: América es ahora el eje nuevo. Y aún dice más. Esta extraordina-

ria *translatio* de las musas no acontece en tierra sólo nueva, sino, y sobre todo, en tierra *nuestra*: "del *exe* antiguo a nuestro nuevo polo".

No creo que ningún peninsular hubiese deseado o escrito cosa semejante. ¡Qué peculiar elogio de España el de la peruana! En silenciado desmedro de la península, eje antiguo de una *translatio* que, empobreciéndola, transfiere el *axis* cultural a la propia patria, estas vírgenes regiones donde la Academia Antártica ha hecho resonar la lira del Musageta humanista. En el *Discurso* los doctos del Virreinato podían reconocerse en toda su soñada nobleza: esa gloria de pertenecer a un imperio y a un parnaso donde el Perú se ha vuelto *axis mundi*.

Un soneto de la *Miscelánea austral* confirma cómo la elite dominante sentía necesidad urgente de reconocimiento cultural:

> "Ilustres letras por quien mil varones
> divina celsitud han conseguido,
> Norte por quien el mundo se ha regido
> en árticas y antárticas regiones."

Aquí también Dávalos incluye a los letrados del Virreinato dentro de la comunidad humanista –que no otra cosa significan estas "ilustres letras"–, declarando que a ella pertenecen ellos de hecho y por derecho. El andaluz no llega a la estupenda audacia de la peruana y no piensa cambiar el *axis mundi* de polo a polo, pero al equiparar "las árticas y antárticas regiones" está, por cierto, igualando América con Europa. La osadía de Clarinda se alzó a lo profético, y en muchos sentidos cobra realidad en nuestro presente; Dávalos se quedó en lo apenas hiperbólico. Probablemente ni pensó que al hacerlo negaba lo más genuino de la cultura humanista, la cual nació y creció en clara consciencia de la propia privación, ese desgarro cultural, esa carencia que como un abismo la separaba temporal y espiritualmente del mundo clásico, que había de ser resucitado y renovado para así lograr el propio renacer. En cambio, toda la *Miscelánea* pretende convencernos de que por lo menos en la persona de su autor la América Antártica no había logrado menos que el Viejo Mundo. Tanta pretensión es, a mi juicio, síntoma de una patología cultural de no difícil diagnóstico. Lejos de ser absurda manía de grandezas es, por el contrario, un hondo complejo de inferioridad.

Que no se trata de la idiosincrasia de un solo individuo, creo poder probarlo por un hecho que no puede ser entendido de otro modo que como anomalía cultural. Sentir auténtico fervor por la literatura italiana nada tenía de notable, y ese entusiasmo quizá explique la expresa preferencia de Dávalos por la lengua toscana. De este modo entendí yo el hecho al escribir mi libro. Hoy agrego un muy enfático "quizá", porque ahora creo que tal preferencia debe ser entendida no sólo como natural derivado de su pasión literaria, sino además a la luz de un hecho peculiar y hasta más que sorprendente: el ecijano Dávalos y sus amigos, todos ellos de lengua española, hablaban –o pretendían hablar– en puro toscano en ocasiones que colijo debieron ser de tertulia social (*Miscelánea* XIII, 51r).

Este testimonio de la *Miscelánea* es de indudable importancia para comprender esta comunidad de cultos del Virreinato. ¿Por qué habían de hablar en Lima o en La Paz una lengua que no era la propia, y que según testimonio del mismo Dávalos algunos ni pronunciaban ni entendían bien? ¿Por qué no les bastaba a estos indianos ese idioma que había loado como superior al de Italia el docto Herrera, y que había ilustrado la admirada épica de Ercilla? De cierto en el Perú habían leído la alabanza del castellano en las *Anotaciones* de Herrera, y aunque a veces se deploraba el indianismo de *La Araucana*, sus versos no conocieron sino unánime alabanza. Ningún español pudo ignorar que, desde el reinado del emperador, el prestigio de la lengua española en Europa– incluyendo muy especialmente a Italia– estaba en pleno apogeo. De modo tal que lo que llevó a hablar un idioma extranjero aun a aquéllos que no lo dominaban no pudo ser el desprecio del propio idioma como car-

ente de lustre literario o de prestigio cosmopolita. Tras mucho preguntarme por la causa de semejante anomalía en nuestras "antárticas regiones", sólo hallo una respuesta: lo único que le había pasado a la lengua española era que para ese entonces en suelo americano había dejado de ser propiedad exclusiva del conquistador por haber pasado a usufructo del conquistado. Pensemos en las circunstancias de aquéllos que prefirieron, para la tertulia culta, el uso de una lengua extranjera. El ejercicio del poder no defendía de la inseguridad cultural a quienes se sentían vivir en los últimos extremos de la única civilización a la que ellos creían necesitar pertenecer para poder sentirse civilizados. Remotos los únicos núcleos de cultura que podían aceptar como tales, se crearon la ilusión de una patria intelectual donde se preservara la dignidad de sus personas. La lengua española había pasado a la despreciada boca bárbara, y a estos letrados de provincia les era urgente diferenciarse; en esas conversaciones, en un idioma virgen de toda boca india, se fabricaron el engaño de su superioridad.

En el chapuceo del italiano debían sentirse dueños de un lenguaje ilustrado por la crema y nata del humanismo, *koiné* de la civilización. Estas pláticas en toscano en el Alto Perú tienen algo de patético, de aberrante, de desesperado. De desesperado, sí, porque no les encuentro otra causa suficiente que la del terror de una tambaleante identidad cultural. Quien vive entre lo despreciado crea su íntima vergüenza. Frente a la cotidiana pesadilla de invasión por la sospecha de la propia barbarie, en ese torpe italiano de tertulia se fabricaron una compuerta más contra la duda de su vergüenza inconfesable. Fue la defensa de su inseguridad. Ese humanismo que de tantos modos eligieron exhibir les sirvió a la vez como disfraz de un complejo de inferioridad y como defensa contra el escondido terror de la propia barbarie. Para calibrar la hondura de esta llaga en la identidad cultural de la América española quizá baste con medirla con el patrón modélico del más genuino de los humanistas americanos: el Inca Garcilaso.

Decía a propósito de la anónima peruana que la elección de ciertos subgéneros es por parte del autor un acto deliberado de identificarse a sí mismo bajo especie literaria. Como en el caso de la defensa de la poesía, también quien escribe o traduce _Dialoghi d'Amore_ —otro bien definido subgénero humanista— se está definiendo de intención y de hecho como miembro de la familia de humanistas. No otra cosa hicieron el Inca Garcilaso y el perulero Dávalos. Acto de fe humanista, define Juan Bautista de Avalle-Arce la espléndida traducción de los _Dialoghi_ de León Hebreo, y agrega certeramente: "Con esta obra el Inca se sabe acreditado para merecer un puesto en la república de los mejores." Por mi parte, ya he demostrado que la obra de Dávalos vino a tornarse miscelánea _in medias res_, habiendo sido desde su génesis diálogo de amor. Si los diálogos de amor de Dávalos crecieron en _Miscelánea austral_ se debe al inusitado desborde de una erudición humanista a la que no le bastó con una sencilla carta de presentación: es alarde de nuevo rico.

Muy otra cosa es la obra literaria de Garcilaso. Lejano y solo, nos dice José Durand. Lejano y solo también estuvo Dávalos. Pero qué distintas lejanías; el Inca escribe ya en la cordobesa Montilla, ya en Córdoba la docta. Desde su encomienda en La Paz, Dávalos lo hace en el vacío y el páramo. Lejanía de patrias que ambos sólo podrían ya recobrar en la memoria. Ya que los dos andaban por la veintena cuando partieron allende el mar, ninguno maduró culturalmente en la propia tierra. El peruano se quedó en Andalucía; el andaluz no regresó de América. Garcilaso se hizo humanista donde medraba el humanismo; Dávalos alucinó su humanismo en el desierto. Expatriados ambos, culturalmente el Inca habitó el polo positivo, mientras el negativo lo vivió el ecijano; fueron las suyas expatriaciones de signos contrarios. Solos los dos. Pero qué soledades tan distintas. Garcilaso transcurrió en la bien poblada biblioteca de su tío, y luego en el silencio de la propia, una soledad en compañía de amigos como el sabio Ambrosio de Morales y, humanista ex-

traordinario, Bernardo de Alderete. El Inca fue, entre ellos, uno de ellos, y como tal lo reconocieron. Sobradamente confirma el hecho Francisco Fernández de Córdoba cuando en su _Didascalia_ menciona a "Garcilaso Inca, varón de suma nobleza y entregado al estudio de las buenas letras". Fue la suya soledad de humanista entre humanistas. Dávalos, más que la soledad, conoció el aislamiento. A Morales y Argote de Molina sólo los escuchó en letra de imprenta, oyéndolos con los ojos en el íntimo silencio de su casi milagrosa biblioteca. Porque no otra cosa que un milagro hubo de ser su colección de libros en tal lugar y en tal época. Equícola, Rinaldi, Ruscelli, Paolo Giovio, Betussi, Petrarca, Aquilano, Ariosto, Poliziano, Tansillo, Vittoria Colonna, las varias antologías de Giolito, y apenas si nombro los libros italianos. El perulero tuvo como amigos gente como él, aislados en la más lejana lejanía, asediados de irreconciliable nostalgia por la civilización que sentían perdida, y por el escondido terror de vivir en la barbarie. Las ínfulas eruditas de Dávalos fueron la defensa de un disfraz.

Garcilaso supo del desgarro de una identidad mestiza amenazada por su doble ladera, pero afirmándose indio, inca y capitán español, no ocultó ninguna, y en las dos partes de sus _Comentarios_ harto defendió la nobleza de ambas. El humanismo de Garcilaso se afirma en un grave decoro sin alardes. Tan cristalina elegancia mal podría enmascarar inseguridades vergonzantes, ocultos temblores ni aterrorizada duda enmascarada. Toda la obra de Garcilaso transparenta la serenidad del humanismo en plena madurez. Durand dice que el Inca fue hombre complejo, a la vez tímido y audaz; y tiene razón. Pero me permito agregar que los ejemplos de su timidez se dan siempre en circunstancias sociales, en tanto que su audacia nos refrenda la entereza de su pensamiento humanista. No: el del Inca Garcilaso no fue un caso de inseguridad; lo fue de seguridad intelectual.

Ni es pensable que nuestro mestizo se hubiese empeñado en platicar con sus amigos en toscano, como tampoco lo sería que él

–tan cumplido en puntualizar sus fuentes– declarara suyas palabras tomadas *verbatim* de otras plumas, como se hace con casi alarmante frecuencia en la *Miscelánea austral.* De ser poeta le hubieran sido igualmente ajenos los aspavientos del soneto cuadrilingüe de Enrique Garcés, del trilingüe del dominico fray Miguel de Montalvo, y acaso hasta de los bilingües de Dávalos. En cuestiones de erudición sobran casos en los que el perulero falsea la verdad, sirviéndose de ocultamiento, escamoteo, engaños a medias o mentira descarada. Todo ello por pretender ser y haber sido lo que nunca fue ni pudo ser. El Inca jamás hubiera pergeñado el engaño del autor de la *Miscelánea,* pretendiendo traducir directamente del latín de Ovidio, y con suma facilidad, lo que de hecho estaba traduciendo con facilidad suma de una versión en italiano. El Inca no necesitó tapujos ni mentiras. Su humanismo fue tan coherente cuanto seguro. De ahí su serenidad.

Esa serenidad les estuvo negada a quienes dominaban las tierras del Incanato. ¿Por qué tantos letrados eligieron el discurso erudito aun en sus modos más extremos y rarificados? Todos compartían la urgencia de exteriorizar el elitismo de su identidad. El cerciorarse de tal identidad los llevó al uso extensivo de ese discurso mediatizado en grado a menudo altísimo. Tal uso de por sí implica la existencia de una necesidad de imperativa urgencia. A mi juicio, en América tal imperativo tiene una doble ladera. Intentaré delinearla en dos palabras: la necesidad de *poseer* y la de *pertenecer.*

Para legitimar lo que se poseía, antes que nada, estos peruleros y sus descendientes tenían que proclamar su pertenencia al Imperio; en segundo término, participar de su misión en la comunidad espiritual de los civilizadores; y, finalmente, formar parte de una elite cultural que les garantizara nobleza en el único mundo que ellos consideraban civilizado, es decir, en la república humanista. Si bien la Anónima escribe su poema para cimentar la pertenencia a ésta última, no por eso olvida el *sine qua non* de las otras dos. Recibiendo

legitimación de tan alta autoridad como el dios de la guerra junto al de las artes, he aquí el imperio en la pluma y en la espada:

> "Que como dio el Dios Marte con sus manos
> al Español su espada, porque el solo
> fuesse espanto y orror de los Paganos,
> assí también el soberano Apolo
> le dio su pluma para que bolara
> del exe antiguo a nuestro nuevo Polo."
> (Vv. 469-474.)

Muy hábilmente se hace que la dual gloria del imperio vaya a desembocar en cauce americano. ¿Contra qué paganos se ejercitaban las espadas españolas en aquel entonces? Considérese que estos versos están planteados en un paralelismo hecho bien explícito en el "assí también" con que arranca el segundo terceto, de modo que Marte tanto como Apolo vinieron del mundo viejo al orbe nuevo. Por tanto, estos "paganos" no pueden ser otros que los indios de América, los nuevos "bárbaros". La clase dominante del Virreinato debió sentir imperiosa necesidad de legitimar su poder como elite conquistadora de la "barbarie". Al indio se lo espanta con la espada, a la par que con la pluma se civiliza un mundo bárbaro.

El tópico mismo de la *translatio studii* implica la misión civilizadora del imperio, y viene muy a cuento en el *Discurso* ya que en ella se fundaba el mandato legitimador de la España imperial. Bien lo entiende la peruana, a quien le viene a las mil maravillas el tópico humanista del poeta como civilizador:

> "Estos (los poetas) mostraron de Naturaleza
> los secretos; juntaron a las gentes
> en pueblos y fundaron la nobleza." (Vv. 265-267.)

Cimentado en la autoridad de Cicerón y de Horacio, este linajudo *topos* de la defensa de la poesía avala en los tercetos del *Discurso* la misión imperial. La centra en sus poetas, las doctas plumas del Virreinato. Intento de legitimación del poder por la poesía. Porque si en Francia o en Italia el juntar "a las gentes en pueblos" pudiera entenderse como actividad urbanizadora, dentro del Perú las mismísimas palabras referían de inmediato a no menos inmediata realidad, haciendo de repartos y encomiendas actos benéficos del civilizador.

En el *Discurso,* la elite cultural del Virreinato asienta, por vía doble, su derecho a poseer, tanto por pertenecer al imperio como al Parnaso. Tal la Academia Antártica, vanguardia de la civilización:

> "Y vosotras, Antárticas regiones
> también podéis teneros por dichosas,
> pues alcançais tan celebres varones;
> cuyas plumas eroicas, milagrosas
> darán y an dado muestras cómo en esto
> alcançais voto, como en otras cosas." (Vv.
> 496-501.)

Estos versos sirven de preámbulo a la presentación de los miembros de la Academia, y no pueden decirlo más a las claras: nuestras antárticas regiones, gracias a sus poetas, han logrado carta de ciudadanía y tienen derecho a voto en la república humanista.

La clase dominante, pues, eligió una lengua cultural homogeneizada que fue bilingüe cuando no plurilingüe, o de hecho o por etiología: tal la lengua del poder. Sin embargo, el ejercicio del poder no los defendía de la barbarie. Recordemos que por lo menos desde Herodoto, barbarie es lo que define la otredad; lo aunque domeñable, ajeno, y por domeñado, despreciable. El ejercicio del poder sobre lo ajeno, para sentirlo justo o al menos apropiado, acaso exija montar la obtusa defensa del desprecio. Justificación peligrosa para quien ha de vivir entre lo despreciado, porque toda convivencia se vuelve ineludiblemente vivencia y pertenencia; así, quien vive entre lo despreciado crea el terror de ser y de sentirse despreciable. Tal el fantasma que debe exorcizar todo poderoso que desprecia.

En América el exorcismo más eficaz lo hizo la certidumbre de la supremacía de la propia lengua cultural en pleno despliegue erudito. Si para medrar necesitaban de "la barbarie" en toda su inmediatez, esa misma inmediatez los amenazaba con la feroz vivencia del propio exilio cultural. La América española, desde su crónica crisis de identidad, encontró en el discurso humanista perenne su ilusoria panacea. Fue, lo digo tristemente, la lengua de su inseguridad. Destierro y dominio, poder y crisis: el discurso erudito vistió desde entonces, con el polimórfico disfraz de su prestigio, nuestra aún bifronte realidad.

En busca de la imagen nacional: Tres derroteros en el estudio del sistema de representaciones

Eve-Marie Fell
Université de Paris III, Francia

A José María Arguedas le debemos el placer de participar en este Encuentro Internacional de Peruanistas organizado por la Universidad de Lima. Le hemos dedicado muchos años y dos libros: la tesis doctoral, que estudia la obra ensayística de Arguedas y su actuación como promotor de la cultura peruana[1], y la edición crítica de *El zorro de arriba y el zorro de abajo* que tuvimos la responsabilidad de coordinar para la colección Archivos[2]. A partir de estos trabajos, hemos dictado seminarios o dirigido tesis sobre José Antonio Encinas, Hildebrando Castro Pozo, Ciro Alegría, Emilio Adolfo Westphalen o Edgardo Rivera Martínez, para dar sólo algunos ejemplos; es decir, escritores que de una manera u otra, a nivel ideológico, cultural o afectivo, algo tenían que ver con las preocupaciones arguedianas. Nuestra deuda con el antropólogo-novelista es, pues, inmensa; y, sin embargo, en el marco de un encuentro científico dedicado a debatir "en torno a una serie de temas relativos a la imagen que del Perú se tiene en la actualidad en el ámbito de las ciencias humanas y de las ciencias sociales", no nos pareció oportuno hablar de nuestras investigaciones arguedianas y para-arguedianas. En dos palabras, queremos explicar por qué.

En Europa, en las últimas décadas, Arguedas ha venido a reunirse con Mariátegui y Vallejo en ese conocido panteón que llamamos en Francia *les passages obligés*, en lo que al Perú se refiere. ¿Qué estudiante hispanista no ha analizado, en alguna etapa de su trayectoria académica, esa hermosa novela de iniciación que se llama *Los ríos profundos?* De ahí a considerar que la obra narrativa de Arguedas podría presentar el retrato vivo de un Perú profundo que a nadie le preocupa definir seriamente, sólo hay un paso, que se da con excesiva facilidad en nuestras facultades europeas.

---

1 *José María Arguedas et la Culture Nationale dans le Pérou Contemporain.* Lille: Atelier National des Thèses, 1984.

2 Arguedas, José María: *El zorro de arriba y el zorro de abajo.* Madrid: Edición Archivos, 1990. Edición crítica.

Y probablemente en otras, ya que en el propio Perú podemos comprobar que Arguedas se ha vuelto también un autor de referencia para las ciencias sociales, como lo muestran los escritos de Flores Galindo o de Gonzalo Portocarrero entre muchos. Cabe ahora preguntarnos hasta qué punto el escritor fallecido se utiliza para legitimar interpretaciones de la realidad peruana contemporánea que le son muy posteriores y a veces ajenas. Llama así la atención un hecho: en las ciencias sociales se tiende paradójicamente a recurrir a la obra novelesca de Arguedas, que se presta, como todo texto ficcional, a lecturas plurisémicas, y muy rara vez se acude a su obra ensayística y periodística, tan clara y explícita. Añadiremos por fin que, por postulado ético, nos negamos a proponer lecturas simbólicas o interpretaciones de su vida y muerte, actitud que desafortunadamente inició en el Perú el propio Mario Vargas Llosa[3].

Creemos que no es indispensable recurrir a las obras de ficción para investigar en la realidad peruana, y en nuestro caso personal el centro de interés peruanista es, y ha sido siempre, el amplio campo de las representaciones. ¿Cómo se representan las clases dirigentes la extensión territorial y humana con la que, desde la fundación de la República, se intenta forjar una nación? ¿Cómo se perciben unas a otras las diferentes categorías llamadas a coexistir en el territorio y, en ciertos casos, a entablar una relación económica y laboral? ¿Cómo interfiere el factor étnico en el cuadro complejo de las representaciones del otro como de las autorrepresentaciones? ¿Y cómo

interfiere en este factor la rápida evolución sociocultural –hispanización y urbanización– de la sociedad nacional? Para intentar aclarar, aunque sea de manera muy limitada, aspectos de esta problemática, hace varios años que elegimos tres terrenos de estudio, espacios privilegiados para quien desea acercarse al sistema de representaciones: el estudio de la ideología racista que, bajo el ropaje del cientificismo, se mantuvo en el Perú como en otros países latinoamericanos hasta muy adelante en nuestro siglo; el estudio de la legislación escolar que permite captar la imagen nacional que el poder quiere difundir, así como las resistencias generales a la homogeneización real del país; y, por fin, el relato o historia de vida, género floreciente en los países andinos, material básico para quien desea explorar las representaciones que emanan del mundo del silencio[4].

Augusto Salazar Bondy, en un libro relevante[5], ha trazado los grandes derroteros de la investigación sobre la corriente de ideas que muy impropiamente, bajo influencia de estudiosos mexicanos, se ha venido a llamar el "positivismo". Esa corriente, hegemónica por muchos años en las aulas universitarias peruanas, debe muy poco, en efecto, a la obra de Augusto Comte y casi todo al evolucionismo darwinista y spenceriano, a menudo revisado por los franceses. Para quien se interesa por la visión de la sociedad nacional más que por las doctrinas filosóficas, es obvio que una generación de docentes, de Javier Prado o Alejandro Deustua, pasando por Mariano Cornejo y otros muchos, ha difundido entre centenares de estudiantes de

---

3   Citaré como ejemplo la lectura que propone Gonzalo Portocarrero de la depresión de Arguedas: "Desde el punto de vista sociológico, algo puede decirse sobre la tristeza de Arguedas. Podemos ver su desesperación como resultado de una crisis de identidad. *No poder integrar orientaciones valorativas que provienen de culturas diferentes.* No termina de identificarse con un grupo".("Las últimas reflexiones de José María Arguedas". *Racismo y mestizaje.* Lima: Sur, 1993, p. 290. Énfasis nuestro).

4   Estas investigaciones, compartidas con varios de mis alumnos de doctorado, se realizan en el cuadro de los dos equipos de investigación de los cuales soy corresponsable: el CRICCAL, que se ocupa de los campos culturales latinoamericanos, y el CIREMIA, que se dedica a la historia de la educación española y latinoamericana.

5   Salazar Bondy, Augusto: *Historia de las ideas en el Perú contemporáneo.* Lima: Moncloa, 1967. Primer tomo.

historia, estética o filosofía, la visión de una colonización autorizada por una estricta jerarquía de razas y un panorama sociológico del Perú republicano caracterizado por la "heterogeneidad de nuestras razas, nuestra herencia y nuestros hábitos"[6]. Queda todavía por estudiar a fondo la representación nacional sugerida entre líneas en numerosos tratados, ensayos o manuales que convergen hacia la representación de una sociedad de castas y la creación de un personaje terrible y bestial, felizmente aislado en las lejanas serranías: el indio peruano. Nos contentaremos con citar, entre docenas de párrafos casi idénticos, el retrato del indio contemporáneo que esboza en 1909, en un libro de historia colonial de carácter muy moderado, el doctor Carlos Wiese:

> "El indio... se volvió aun más callado, más reservado, más indiferente, más perezoso y profundamente hipócrita y servil. No se afanó por ser, porque además de que su alma no llevaba a grandes cosas, conocía que no podía pasar de su esfera de máquina de trabajo"[7].

Consideramos que la generación llamada "positivista", que consta de un número notable de intelectuales eminentes, elabora, al margen de su ideario filosófico, la primera visión global y coherente de la sociedad nacional, visión que sobrevive sin mayores dificultades a rotundos cambios posteriores: vuelta al espritualismo, descubrimiento y difusión

de las ideas de Bergson y victoria del arielismo sobre lo que Javier Prado, renegando de su propia orientación anterior, llamó "las concepciones materialistas, el mecanicismo físico y el socialismo revolucionario"[8]. Las grandes líneas del pensamiento universitario cambian por completo, pero las representaciones básicas de la sociedad nacional, fundamentadas por el célebre binomio del medio y de la raza, no cambian sustancialmente. Por falta de espacio y a modo de ejemplo, nos limitaremos a recordar dos ensayos característicos de la época, que presentan la ventaja de privilegiar el análisis social y mostrar así que la filiación evolucionista logra mantenerse por largo tiempo.

En 1897 Clemente Palma presenta en San Marcos su tesis de bachiller, "El porvenir de las razas en el Perú", dedicada a su maestro Javier Prado[9] y muy influida por las obras recientes del francés Gustave le Bon[10]. Considera Palma como universalmente admitidas dos "leyes" fundamentales (para utilizar su propia terminología): la de la lucha general por la sobrevivencia y la de la jerarquía inmutable que divide la humanidad en razas "superiores" e "inferiores". Trazada así la perspectiva, esboza Palma un cuadro global de la sociedad peruana que no presenta mucha originalidad (sería fácil encontrar antecedentes para cada uno de sus capítulos) pero que llama la atención por su pesimismo. El caso peruano se nos presenta como lamentable, ya que en la zona la sangre criolla ha sido corrompida por los injertos sucesivos de sangre inferior india, negra y amarilla.

---

6 Prado, Javier: "Memoria del Decano de la Facultad de Letras de la Universidad Nacional Mayor de San Marcos", 1908, cit. en Salazar Bondy, ob. cit., p. 133.

7 Wiese, Carlos: *Apuntes para la historia crítica del Perú (época colonial)*. Lima: E. Rosay editor, 1909, p. 38. Las coincidencias lexicales son reveladoras; algunos años después, Alejandro Deustua apunta: "El indio no es ni puede ser sino una máquina", "Ante el conflicto nacional" (1931?), *La cultura nacional*. Lima: UNMSM, 1937, 2ª edición, p. 68.

8 Prado, Javier. "Memoria del Decano...", ob. cit., p. 55.

9 En *Dos tesis leídas por Clemente de Palma para optar los grados de bachiller y doctor*. Lima: Imprenta Torres Aguirre, 1897, pp. 1-39.

10 Sobre la influencia del pensamiento racista francés en América Latina, ver Fell, Eve-Marie: "Sources Françaises du Courant Raciste en Amérique du Sud". *Études Hispano-Américaines*. Rennes: Université de Haute Bretagne, 1975, Po. 63-97.

Reducidos los problemas nacionales a una solapada guerra de razas –se siente la influencia directa o indirecta de Gumplowicz–, el ensayista desarrolla una visión que recuerda el pesimismo de un Gobineau: el país, muy alejado de los esplendores del pasado virreinal, se ve condenado a la degeneración específica e ineludible de los grupos de sangre mezclada. Los conocidos tópicos, de escaso interés científico pero muy importantes en el esquema de representaciones, abundan; el indio es "cobarde y servil", el chino "de sangre impura, enferma", el negro "puramente animal" y el mestizo "inestable". Se acumulan las fórmulas hasta formar un conjunto heterogéneo y cacofónico, que no se puede llamar "nación", un "pueblo enfermo" como lo irán diciendo paralelamente ensayistas de otros países. Alegato en contra de la homogeneización del país, "El porvenir de las razas en el Perú" expresa un profundo escepticismo ante las reformas políticas y los progresos educativos. La única "terapéutica" que propone para modificar y mejorar la sociedad peruana es el fomento de una inmigración germánica masiva, utopía que traduce la añoranza de un Perú ideal, puro y blanco.

Quince años después, bajo la influencia de otro gran maestro, Alejandro Deustua, el arielista Francisco García Calderón nos presenta, en un capítulo de un ensayo dedicado a las jóvenes democracias latinoamericanas, el problema racial, "llave del irremediable desorden que desgarra América"[11]. Admitiendo que en el Perú "el indio puro constituye la base étnica"[12], García Calderón analiza las características de su psicología o lo que cree ser tales: el indio es "desnutrido y sucio", "triste y cetrino", "servil y supersticioso", aunque no le faltan fuerzas para odiar a sus amos. "La simulación, el servilismo y la tris-

teza son sus rasgos característicos pero el rencor, la hipocresía y la aspereza son sus energía defensivas"[13].

En un contexto multiétnico, en el cual el negro se muestra "primitivo, impetuoso y sensual", el mulato "servil", el criollo "ocioso y sutil" y el mestizo de primera generación "desleal, servil y a menudo haragán", no sorprende el llamado a una inmigración blanca masiva para que "la masa europea domine y pueda imponer su mentalidad a las futuras razas"[14]. Sólo así podrá el continente entero, y más precisamente el Perú, uno de los países más enfermos, escapar a la espantosa decadencia que acarrea la mezcla de razas heterogéneas.

Este disparate, apenas una corta muestra de la visión que propagan numerosos intelectuales de fines del XIX y primeras décadas del XX, es esclarecedor en cuanto a su rechazo de las realidades sociológicas. El sueño quimérico de un Perú blanco y europeizante; la esperanza loca de la desaparición espontánea de las razas "inferiores", culpables de demostrar que el mestizaje existe y es una de las facetas del porvenir nacional; todo esto remite al campo fantasmático. Opinamos que es importante seguir rastreando este mundo de representaciones que se constituyen y propagan como sistema a partir del "positivismo", pero que siguen influyendo poderosa e inconscientemente en la población peruana letrada hasta mediados de nuestro siglo[15].

---

11 "Le Problème de la Race". Les Democraties Latines de l'Amérique. Paris: Flammarion, 1912. Citamos la traducción española de 1913, recogida en Biblioteca Ayacucho, Caracas, 1979, p. 193.

12 Ibídem, p. 196.

13 Ibídem, p. 195.

14 Ibídem, p. 200. Para una visión más amplia del evolucionismo latinoamericano, ver Fell, Eve-Marie: "Del pensamiento racista al despertar de la conciencia revolucionaria", América Latina: Palabra, literatura y cultura (obra colectiva en tres volúmenes). Campinas: Fundación Memorial de América Latina, 1994, Vol. II, pp. 577-595.

15 Todavía en los años sesenta se pueden ver huellas de este andamiaje etnicista en las polémicas sobre el uso del término "mestizo" en

En esa visión patológica de una nación enferma de sus razas, la cuestión educativa es un tema central. ¿Es posible reformar el cuerpo social gracias a la propagación de la escuela pública? Y, admitiendo que sea posible, ¿es deseable la realización de un programa de instrucción generalizada que absorbería la mayor parte del presupuesto estatal? Obviamente, la contestación a esas preguntas es reveladora de una imagen global de la sociedad nacional. Es conocida la polémica que sostienen sobre la escuela Villarán y Deustua, partidario el primero del desarrollo educativo y el segundo de una educación estrictamente elitista. Pero se ha dejado de lado un aspecto esencial según nuestra opinión: no están tan alejados uno de otro, como se cree, los dos ilustres protagonistas de la polémica. En efecto, no reclamaba el liberal Villarán, en 1908, la alfabetización total y obligatoria para el pueblo peruano. Si bien abogaba a favor de la escuela pública en las zonas urbanizadas y en los pueblos donde "el indio vive en frecuente trato con los centros adelantados", no vacilaba en proclamar que la escuela sería costosa e inútil "para los indígenas que vegetan aislados en las remotas serranías"[16], a quienes juzga incapaces de transformarse en auténticos ciudadanos. El debate excluye en realidad la masa rural indígena, no apta para el progreso según los dos intelectuales.

La constitución –real o ficticia– de la instrucción pública peruana es pues el segundo campo de investigación que quisiéramos presentar, campo casi totalmente abierto al estudio a pesar de su papel decisivo en la codificación de la nacionalidad. Pocos países

han investigado tan poco en su propia historia de la educación como el Perú, y el hecho es en sí mismo un motivo de interrogación. Por falta de espacio, nos contentaremos con plantear una serie limitada de perspectivas de estudio.

Se suele afirmar que el siglo XIX es el teatro de la institucionalización de la escuela de América Latina, expresión mal definida –¿qué se entiende por "institucionalización"?– que encubre un gran vacío para el investigador: las entidades oficiales no publican estadísticas y surge la tentación de confundir palabras y hechos, textos legislativos y aplicación local. Quisiéramos insistir, al contrario, sobre el espacio inmenso que mide, en cuanto a la instrucción primaria, entre leyes y reglamentos y alfabetización real. El siglo pasado se caracteriza en el Perú por una cantidad notable de textos oficiales que expresan deseos irrealizables, decisiones que calificaríamos de "míticas", revelándose más que todo el deseo de poner el país a tono con las naciones europeas en cuanto a legislación. La Constitución de 1823 no vacila en afirmar: "La instrucción es una necesidad y la República la debe igualmente a todos sus individuos"[17].

La de 1839 señala que el gobierno "garantiza también la instrucción primaria gratuita a todos los ciudadanos"[18].

Sin embargo, esa afirmación de los deberes del Estado no está acompañada con las medidas económicas indispensables para su concreción. Un poco más tarde, el presidente Castilla inaugura en sus Reglamentos de Instrucción las fórmulas evasivas que permiten afirmar el principio sin comprometerse a aplicarlo; en 1850 se impone en cada parroquia una escuela gratuita para la población pero se añade inmediatamente: "Las que fal-

Les Problèmes Agraires des Amériques Latines. París: CNRS, 1967, p. 398. Ver también la censura del vocablo "mestizo" en la revista *Cultura y Pueblo* que crea Arguedas en 1963, a pesar de que se dirige a un público mestizo y se propone alentar el mestizaje cultural.

16 Villarán, Manuel Vicente. "El factor económico en la educación nacional". *Páginas escogidas*. Lima: Talleres Gráficos Villanueva, 1962, p. 336.

17 Art. 181, Constitución política de 1823, en Pareja Paz-Soldán, José. *Las Constituciones del Perú. Exposición crítica y textos*. Madrid: Editorial Cultura Hispánica, 1954, p. 467.

18 Art. 174, Constitución política de 1839, en Pareja Paz-Soldán, José: ob. cit., p. 645.

tan se irán planificando como lo permitan los fondos del ramo"[19].

En cuanto a las escuelas normales que deberán crearse para formar maestros titulados, se aplazan al mismo tiempo que se crean: "Se establecerán cuando pueda proveerse a su competente dotación"[20].

Si bien en un texto posterior Castilla atribuye a la instrucción pública la misión de forjar "la regeneración de la República" y "la unidad del pensamiento nacional"[21], no se toma ninguna de las medidas que podrían fortalecer la escuela pública frente a los establecimientos privados: la escuela no es gratuita sino para los pobres que deben darse a conocer como tales; los fondos que permiten abrir escuelas y pagar maestros se recaudan y manejan a nivel regional y obedece el sistema escolar al conocido caciquismo local; por fin, no se les reconoce a los preceptores la "carrera pública" otorgada en 1861 a los profesores de colegios.

El Reglamento de 1876, promulgado por Manuel Pardo, intenta unificar la enseñanza primaria y los programas; declara nuevamente la escuela de primer grado obligatoria y gratuita, pero mantiene la financiación descentralizada de la primaria y suprime las ayudas que el ministerio del ramo podía atribuir a las zonas más miserables. La obra de Pardo, a pesar de las apariencias, arroja un saldo final negativo con un retroceso efectivo del número de escuelas. En cuanto a escuelas normales, se prevé la creación de un número indefinido de ellas, pero "tan luego como existan los elementos para su creación y sostenimiento"[22]. Y los maestros, mal pagados o sin pagar, sometidos a las autoridades locales, muy mal preparados, aparecen como los parias del sistema escolar.

El balance del siglo de la institucionalización de la escuela pública peruana aparece más negativo aun cuando se considera el desarrollo notable de los colegios nacionales en la misma época[23] y la intensa actividad de las congregaciones encargadas de la formación intelectual de las clases privilegiadas. Es notable el desequilibrio que subraya el sociólogo Mac Lean y Estenós:

> "Más se había hecho por la cultura superior que por la primaria. De ahí el contraste que en este aspecto ofrecía entonces –como en la época colonial– nuestro país con sus seis universidades nacionales por tres millones de habitantes, en su mayor parte indios analfabetos"[24].

En 1901-1902 el Ministerio de Justicia e Instrucción reconoce que 60% de los niños en edad escolar sigue sin escuela, tratándose casi exclusivamente de niños serranos. Los progresos serán lentos, ya que no se da el debido esfuerzo nacional para multiplicar las escuelas. Por ejemplo, de 1906 a 1913 se abren cada año, en promedio, doce escuelas nuevas, cifra insignificante en relación con las necesidades del país. En cuanto al nivel de la enseñanza impartida, según el propio ministerio, no más de la mitad de los alumnos de pri-

---

19 *Reglamento de Instrucción Pública para las escuelas y colegios de la República*. Lima: Imprenta de Eusebio Aranda, 1859, p. 4.

20 Ibídem, p. 5. Se esperará nueve años para ver la apertura de la primera escuela normal.

21 *Reglamento de Instrucción Pública*, 1855, recopilado en *Colección de Leyes y Decretos sobre Instrucción Pública desde enero de 1855 hasta la fecha*. Trujillo: Imprenta Francisco Rázuri, 1861, p. 3.

22 *Reglamento General de Instrucción Pública del Perú*, 18 de marzo de 1876. Lima: Imprenta del Estado, 1876, artículo 90.

23 En 1874 ya funcionan 26 colegios nacionales en el país.

24 Mac Lean y Estenós, Roberto: *Sociología educional del Perú*. Lima: Talleres gráficos de librería e Imprenta Gil, 1944, p. 303.

maria aprende realmente a leer y a escribir[25], fenómeno que sin duda se relaciona con el monolingüismo indígena que no contemplan ni mencionan los diferentes reglamentos.

Quedan por rastrear los fundamentos de una estrategia en realidad muy coherente, que consiste en afirmar principios generales y prometer futuros esfuerzos, manteniendo al mismo tiempo otras prioridades: el desarrollo de los establecimientos secundarios y superiores y la modernización previa del ejército, que viene a ser, a fin de cuentas, la entidad encargada de "civilizar" al indio. El juego de las resistencias locales, la orientación de las inversiones estatales, el problema complejo de la demanda indígena de instrucción, la relación entre alfabetización y ciudadanía, son líneas de investigación que se deberían seguir. Lo que nos parece incuestionable es el sentimiento común de los grupos letrados: invertir fondos importantes en la educación de las masas indígenas aparece hasta una fecha reciente como un despilfarro y un error político.

Entre las múltiples resistencias que logran aplazar la escuela pública realmente obligatoria y gratuita, merece una atención particular el problema de los maestros. Los de los gobiernos republicanos para formar maestros preparados y entregados a su misión conocen fracasos sucesivos que importa recordar. La primera Escuela Normal Central abre sus puertas en Lima en 1859 y dispone de fondos que permiten becar a los alumnos y mantener una escuela para las prácticas. Diez años y ocho directores después, la escuela cierra: hay muy pocos candidatos y los que se forman se niegan después a cumplir su promesa de trabajar en pueblos lejanos[26]. La

Ley Orgánica de 1901 dispone luego la creación de seis escuelas normales, pero hay que esperar a 1905 para que abra realmente una sola Escuela Normal de Varones. Al principio la formación que reciben los estudiantes tiene carácter de enseñanza superior, lo que atrae candidatos[27]; pero rápidamente se manifiestan otra vez los inconvenientes del primer experimento: evasión de los egresados y disminución de las candidaturas; tres en 1911, por ejemplo. Las autoridades se verán en la obligación de bajar considerablemente el nivel de estudios exigido para el ingreso y de multiplicar las medidas destinadas a obstaculizar la evasión. Habrá que esperar el decenio de los años cuarenta para comprobar una mejora sustancial del nivel de los candidatos normalistas, lo que no implica necesariamente cambios rotundos en las mentalidades.

Nuestros estudios de las Normales nos han convencido de que constituyen un sector muy revelador de la problemática nacional. Sería demasiado fácil atribuir al salario muy bajo y a la imagen social desprestigiada del preceptor la responsabilidad única del fracaso que acabamos de evocar. Realizar en Lima estudios gratuitos y sacar un título profesional que aseguraba entonces una plaza para toda la vida son incentivos importantes en las condiciones de pobreza que conoce el país en las primeras décadas del siglo XX. Estamos frente a fenómenos de mentalidades según las cuales aparece preferible renunciar a las ventajas precitadas para no encontrarse en la obligación de pasar años en un "horrible" pueblo de indios. Las sociedades andinas no

---

25 Ibídem, pp. 315-320. En 1913, de 95.545 alumnos recién matriculados se calcula que 47.618 aprenden a leer y 44.912 a escribir. Para mayores informaciones sobre el número de escuelas y su funcionamiento, ver Fell, Eve-Marie: "Perú 1870-1945", en _Historia de la educación iberoamericana_, compilación de Adriana Puiggrós y Claudio Lozano. México: García y Valades editores, Vol. 2, en prensa.

26 Ver Fell, Eve-Marie: "Avatars de la Formation des Maîtres au Pérou: L'École Normale de Lima", en Ciremia: _L'Enseignement Primaire en Espagne et en Amérique Latine du XVIIIè siècle à nos jours._ Tours: Publ. de l'Université F. Rabelais, 1986, pp. 473-485.

27 Ya se sabe que entre los diez y nueve primeros egresados figuran varias personas que tendrán una carrera notable en las letras o en la política, como por ejemplo José Antonio Encinas.

se muestran entonces capaces de forjar el ideal laico, democrático y nacionalista que podría lanzar a miles de maestros públicos hacia escuelitas serranas[28], como lo logran con sus incentivos propios los adventistas peruanos o los maestros misioneros mexicanos. Más tarde, el estudio de los Núcleos Escolares Campesinos fundados por Valcárcel en 1945 nos lleva a pensar que las mentalidades de los docentes, y en particular de los normalistas, no han cambiado mucho, sobre todo en lo que se refiere a la imagen de la sierra y de los campesinos indígenas. Nuestra hipótesis es que el análisis histórico y crítico de las escuelas normales y del gremio de los normalistas abre interesantes perspectivas de reflexión sobre la formación dificultosa del espíritu nacional en el Perú.

Si la sociedad letrada nos abre puertas múltiples para analizar aspectos de su sistema de representaciones, mucho más difícil es el acercamiento al mundo indígena, y más generalmente "popular". Por un largo período sólo disponíamos de discursos exteriores a las masas y que a menudo se parecían más a improperios que a observaciones honradas. A partir de este siglo surgen documentos utilizables, informes de maestros, informes de comisiones parlamentarias, etc., a la vez que se va afirmando el discurso científico, sociológico o antropológico. Obviamente, este discurso científico queda marcado por su exterioridad al objeto así como por las sucesivas modas o escuelas de pensamiento que le sirven de armazón. Conscientes de esta exterioridad, en el Perú han sido los estudiosos de ciencias sociales los primeros promotores –pensamos en José Matos Mar o en Baltazar Caravedo– de la utilización de cortas historias de vida como material de apoyo a sus trabajos estadísticos. La palabra se tomó y no se

ha devuelto: importa precisar que el relato de vida es un género multifacético que conoce un crecimiento impresionante en los países andinos y que nos parece muy lejos de agotarse.

Queremos primero destacar la absoluta necesidad de observar, en cuanto a ese material tan rico y complejo, una estricta metodología analítica. El relato de vida peruano puede emanar de entidades o "narratarios" muy distintos, que influyen poderosamente en el discurso del sujeto. Todo acercamiento a esas obras exige en consecuencia el estudio detallado de los promotores del libro, de las circunstancias de la emisión y grabación, del propósito, confesado o no, que se ha perseguido, y de las exigencias o miras editoriales, muy variables, que influyen en el resultado final. No se pueden estudiar del mismo modo el folleto didáctico ilustrado _Nuestro sentir de mujeres_ editado por el Centro Bartolomé de Las Casas, los dos libros recogidos por los antropólogos Carmen Escalante y Ricardo Valderrama, los relatos múltiples compilados por el Sindicato de Trabajadores del Hogar de Cusco, la vida ejemplar de Huillca grabada por Hugo Neira, los testimonios rebeldes del _Coraje de las mineras_ o los relatos de vida individuales suscitados por la periodista Maruja Barrig en distintas categorías socioculturales. Y suponemos que hoy mismo, como pasa en muchos países vecinos, van abriéndose en el Perú talleres de historia oral impulsados por grupos universitarios. Hemos comprobado que este inmenso material empieza a suscitar el interés de algunos investigadores peruanos[29], y confiamos en que el método de análisis dé cada vez mayor importancia al por qué, al para qué, al gracias a quién y al cómo...

¿Qué nos aporta el relato de vida peruano? Compartimos totalmente el punto de

---

28 Para útiles comparaciones, ver Fell, Eve-Marie: "La formación de las escuelas normales de maestros en los países andinos. Perú y Ecuador". _Revista de Ciencias de la Educación_ Nº 155. Madrid, julio-setiembre de 1993, pp. 373-380.

29 Ver Portocarrero, Gonzalo: "La dominación total". Análisis de _Basta-Testimonios_. Cusco: Centro Bartolomé de Las Casas/Sindicato de Trabajadores del Hogar de Cusco, 1982.

vista expresado en un artículo célebre de Pierre Bourdieu, "L'Illusion Biographique"[30], que pone de relieve la artificialidad de la reconstrucción imaginaria que constituye toda vida relatada *a posteriori* por un locutor. La trayectoria coherente que se dibuja para preservar el sentimiento de identidad, si bien multiplica los "efectos de realidad", dista mucho de ser verídica, y nos interesa más bien como artefacto revelador de modelos inconscientes o subconscientes. Mucho más fecundo es lo que nos dice el mismo relato sin quererlo y que podríamos clasificar dentro de lo que Georges Balandier llama la sociología de lo cotidiano. Es un campo inmenso, y nuevamente tenemos que señalar que por falta de espacio nos limitaremos a algunas indicaciones fragmentarias.

En el área de las producciones populares, pensamos que el relato de vida peruano es por excelencia la modalidad expresiva de las mujeres, por lo menos cuando los "narratarios" logran captar su confianza y prestar la debida atención a sus "pequeñas" anécdotas, lo que no siempre es el caso[31]. La trayectoria que dibujan los protagonistas masculinos, como lo muestran Huillca o Gregorio Condori Mamani, se centra en la exterioridad del personaje; conscientes de ser interrogados por su posible "representatividad", los locutores excluyen espontáneamente –y quizá subestiman– el mundo de la afectividad como el trajín de la vida cotidiana. Se constituyen

como actores sociales, definidos por sus relaciones laborales, sus salarios miserables, sus experiencias de paro o de cárcel, sus compromisos de sindicalistas o de ciudadanos; vale decir, los aspectos de su vida que más fácilmente podríamos abordar por otras vías. El caso de las mujeres es muy distinto; si se logra vencer el sentimiento de insignificancia que obstaculiza al principio su toma de palabra, el discurso que proponen abarca todos los sectores de la experiencia humana. No sólo refieren qué ha sido de su infancia, de sus padres, de su educación, de sus amores, maternidades y enfermedades, sino que relatan con espontaneidad la vida cotidiana, el vestir, la búsqueda y fabricación de alimentos, las tareas caseras, la relación con el compañero, la violencia intrafamiliar, las creencias y prácticas religiosas. Más allá de lo que quieren y creen decir –y recordaremos en esta ocasión la fórmula de Alain Touraine: "el sentido del acto no es reductible a la conciencia del actor"–, cada acto minúsculo de su vida nos informa sobre una cultura global muy a menudo en proceso de cambio o de quiebra[32].

Si tuviéramos que indicar algunos derroteros de investigación, señalaríamos los siguientes, entre otros. El relato de vida femenino en el Perú nos descubre un narcisismo bajísimo en mujeres jóvenes y, de modo más general, una valoración propia de marcado carácter negativo. Pensamos que las claves del problema aparecen en el mismo relato, con la evocación de las figuras de los padres. Subestimación de la niña desde el nacimiento por ser mujer, autoridad rígida y fría del padre, ambivalencia de la relación con la madre a quien se le reprocha a menudo una escasa transferencia de aspiraciones: sólo podemos mencionar temas de gran riqueza

---

30 Bourdieu, Pierre: "L'illusion Biographique". *Actes de la Recherche en Sciences Sociales* Nº 62-63. París: junio de 1986, pp. 69-72.

31 No siempre es el caso. En *De nosotros los runas,* dos relatos recogidos por Carmen Escalante y Ricardo Valderrama, se le ha dado mucho más espacio al relato masculino. En el libro siguiente de los mismos estudiosos, *Nosotros los humanos,* anuncian: "Quisimos recopilar el testimonio de dos familias; sin embargo; la información de las mujeres es muy limitada, por eso decidimos presentar sólo las historias de vida de los dos varones". Lástima.

32 Ver Fell, Eve-Marie y Flaude Fell: "Le Récit de Vie Fémenin en Amérique Latine. La Parole aux Dominées?" GRIMESREP. *Le Discours des Groupes Dominés.* París: Publ. de la Sorbonne Nouvelle, 1986, pp. 161-173.

que quedan por explorar. La subestimación abre paso a un doloroso problema de estatuto, otro tema que sería importante estudiar. Las niñas indígenas, contratadas a una edad muy precoz y obligadas a emprender un segundo proceso educativo, ya que la educación rural y tradicional que se les impartió en su pueblo de origen no les sirve luego en el espacio urbano, sufren de una carencia notable de estatuto. Huérfanas sin serlo, criadas disfrazadas de niñas de la casa, portadoras de un traje, un idioma, una cultura que sirven de base a su segregación, sólo les queda un recurso para existir y definirse como personas: asumir el estatuto de víctimas, adoptando actitudes de resignación y pasividad, cuando no verdaderas conductas de fracaso que desembocan en la inestabilidad laboral y geográfica y en la maternidad precoz. Finalmente, el discurso acusador que ellas emiten está mucho más cargado de significados por sus huecos, sus contradicciones, sus rupturas o sus hipérboles que por las anécdotas que acumula.

Señalamos, por fin, la importancia de este relato femenino para quien se interesa por la evolución de la familia popular peruana, duramente atacada por la migración y la cholificación[33]. Mucho se ha repetido que la familia patrifocal serrana tiende a deshacerse, constituyéndose en los suburbios de las grandes ciudades un nuevo tipo de familia monoparental, cuya base estable es una madre. Si el fenómeno puede ser descrito sin mayores dificultades a nivel macrosocial, mucho más complejo es entender el camino que recorre esa mujer "de adentro" que es la serrana, prisionera en su pueblo de un espacio de sociabilidad muy reducido, para transformarse en la trabajadora "de afuera", que sale y lucha cada día para ganar el pan de los suyos. El relato de vida es y será de invalorable aporta-

ción para quien quiera aprehender la nueva negociación impuesta a miles de seres humanos, negociación calificada muy erróneamente de "cambio sin desarraigo" hace algunos años. El desarraigo y el desconcierto son profundos, pero también son pasmosas las capacidades para crear nuevas estructuras de sobrevivencia y respaldo colectivo. Estos procesos evolutivos se podrían estudiar de modo fecundo si se sistematizaran los talleres de historia oral.

Esta exposición no propone conclusiones, por motivos obvios. Con la modestia del investigador extranjero, que padece grandes dificultades de acceso al terreno, hemos querido ante todo llamar la atención sobre áreas de investigación no muy exploradas y abrir puertas a la confrontación de ideas y experiencias. Si bien el estudioso foráneo no tiene un conocimiento tan íntimo ni tan complejo de la realidad nacional como lo puede tener el peruano, el alejamiento que vive, así como la variedad de sus terrenos de observación, le permiten, en general, tener una visión comparativa. En nuestro caso, conformando los tres países andinos –Perú, Ecuador y Bolivia– nuestro campo general de investigación, pensamos percibir mejor las especificidades culturales de cada zona así como sus avances o retrasos relativos en materia de investigaciones. Desde esta perspectiva y a modo de epílogo, nos permitiremos recomendar a los científicos sociales peruanos un énfasis prioritario en el trabajo individual y colectivo sobre la historia de las instituciones, realidades y contenidos educativos.

---

33 Ver Fell, Eve-Marie: "Famille et Éducation en Milieu Indigène Andin: L'Apport du Récit de Vie". Ciremia: *Famille et Éducation*. Tours: Publ. de l'Université F. Rabelais, en prensa.

La crítica y el problema del poder: Una aproximación a la poesía de Rodolfo Hinostroza

Camilo Fernández
Universidad Nacional Mayor de San Marcos, Perú

En esta breve ponencia intento hacer un balance de la más representativa crítica sobre la poesía de Rodolfo Hinostroza (Lima, 1941). Y después abordo algunos aspectos del discurso del poder en *Contranatura* (1971), sobre la base del análisis de tres personajes (César, Azucena y el yo poético), pues considero que en los estudios correspondientes no se ha investigado de modo minucioso el tema del poder, medular en la poesía de nuestro autor.

La obra de Hinostroza es bastante exigua. En el ámbito de la poesía, se reduce a dos libros: *Consejero del lobo* (1965) y *Contranatura*. La de Hinostroza es una poesía llena de ideas: aforismos que a fuerza de analogías se transforman en imaginería poética. Opta por una perspectiva cosmopolita de gran reflexión teórico-epistemológica. Se apropia de lo mejor de la cultura occidental. De ahí la alusión a Propercio, a Shakespeare, entre otros intertextos. "Occidental excéntrico", lo hubiera llamado Octavio Paz, quien formó parte del jurado que otorgó el Premio Maldoror al poeta en mérito a la perfección escritural de *Contranatura*. No hay quiebres bruscos en la obra de Hinostroza, sino una persistente línea de continuidad: el tema del poder, el ejercicio alienador de la Historia Oficial; y, a nivel estructural-formal, el dialoguismo de varias voces y el empleo de datos cultistas en la espacialización del tejido discursivo.

Veamos el aporte de algunos investigadores que han abordado nuestro objeto de estudio. Guillermo de Sucre, en su libro *La máscara, la transparencia*[1], inserta un estudio breve pero enjundioso sobre la poesía de Hinostroza. Aborda fundamentalmente *Contranatura*. Según Sucre, la poesía de Hinostroza no sólo constituye un testimonio de autocrítica, sino también un desafío a la historia. La consciencia y la pulsión instintual manifiestan una exaltación y un júbilo que cuestionan un tipo de historia como

---

1   Sucre, Guillermo de: *La máscara, la transparencia*, pp. 334-338. Caracas: Monte Ávila Editores, 1975.

sinónimo de orden represivo y "ejercicio ena-jenante del poder". Sucre señala la estirpe poundiana de la poesía de Hinostroza que lleva al poeta peruano a "una exaltación del amor como Eros" para hacernos ver que la historia constituye "un engranaje implacable e intimidador"[2]. La pasividad del yo lírico es sinónimo de lucidez como una forma de reto, de desafío. No hay proposición de regreso a la *natura* (el propio título *Contranatura* desmitifica este hecho), sino más bien un elogio del vagabundo. Sucre afirma:

> "Lo que Hinostroza busca –o vive– no es la elementalidad paradisíaca donde la sabiduría sea la inocencia en el sentido de la ignorancia. Lo mueve, por el contrario, el deseo de conocerlo todo, aun los extremos más opuestos, como vía hacia la *sagesse:* una ética que se vuelva instinto (o al revés), un conocimiento que sea sabiduría, gratuidad, y no el poder de la razón."[3]

Para Guilermo de Sucre, el deseo del yo lírico se encuentra regido por el erotismo, las filosofías orientales, las religiones marginales, la videncia (el poeta como vidente), la magia y la alquimia del espíritu. La multiplicidad de la palabra constituye una crítica a la centralización del poder[4].

Por su parte, Mirko Lauer publicó un ensayo en la revista *Amaru,* donde señala a la poesía de Saint-John Perse y los diálogos de Shakespeare como los antecedentes de *Consejero del lobo.* Lauer pone de relieve la imaginería del lenguaje poético de Hinostroza, la que da a *Consejero del lobo* un tono de racionalidad alucinada que raya en lo profético. Allen Ginsberg ha escrito que "quien ausculta su corazón y habla con franqueza tiene derecho a reclamar dotes proféticas"; Hinostroza las reclama, acudiendo a contextos bíblicos y situaciones dramáticas de la historia occidental para decir su palabra[5].

Según Lauer, la poesía de Hinostroza revela la presencia de una propuesta que supera la fácil oposición entre la poesía pura y la social, abordando aspectos sociopolíticos mediante el empleo de los recursos de la lírica.

Algo parecido sostiene Abelardo Oquendo[6], quien resalta la organicidad y notable estructuración de *Contranatura.* Un análisis minucioso del poema "Gambito de rey" lleva a Oquendo a plantear cómo el yo poético pierde la partida, pues "equivocó su vida como la historia su rumbo"[7]. De otro lado, el poema "Imitación de la vida"... "abre la alternativa erótica en un mundo donde el Poder, ese corruptor de la Idea... cualesquiera sean su índole y sus metas declaradas, aplasta y avasalla al hombre"[8].

El libro de Hinostroza evidencia la lectura de Freud, Norman Brown y Herbert Marcuse, a los que el poeta habría recurrido a fin de tejer una visión psicoanalítica de la historia.

Provistos de una perspectiva más valorativa que la de Oquendo, Julio Ortega y Mirko Lauer consideran que *Contranatura* es el libro más importante de la generación del sesenta porque constituye el punto extremo al que han llegado más de cinco años de experimentación formal en la nueva poesía peruana[9].

---

2   Ibídem, p. 335.

3   Ibídem, p. 336.

4   Ibídem, p. 338.

5   Lauer, Mirko: "Las batallas, los combatientes y los otros (comentario a los poemas de Rodolfo Hinostroza)". *Amaru* Nº 14, p. 85. Lima, 1971.

6   Oquendo, Abelardo: "Aproximación a *Contranatura*". *Textual* Nº 3, pp. 67-71. Lima, 1971.

7   Ibídem, p. 67.

8   Ibídem, p. 68.

9   Lauer, Mirko y Julio Ortega: "Partitura para una obertura de la lectura de *Contranatura*". *Creación y Crítica* Nº 13. Lima, 1972.

La de Hinostroza es una visión orgánica y totalizadora del mundo contemporáneo que expresa un conflicto entre el poeta y los sistemas de instrumentación del poder. En este caso, se desarrolla la oposición entre la aventura poética y el discurso autoritario del poder. Para Ortega y Lauer, la espacialidad de la poesía de Hinostroza se manifiesta en la voluntad de fragmentación de la tipografía de la página, a lo que se suma la cita directa en inglés o francés y la orquestación dramático-teatral de algunos poemas como "Celebración de Lisístrata". Hinostroza plantea, pues, un antagonismo entre el principio de placer y el principio de muerte, a la manera de Norman Brown, razón por la cual *Contranatura* propone un nuevo punto de vista: el del individuo que ha trascendido una situación traumática y descubre (o cree descubrir) las leyes que dictaron aquella circunstancia, proponiendo una alternativa basada en la visión utopista, desde la cual la nueva sociedad se reordenaría a partir de una liberación de tipo psicológico en primera instancia[10].

Este sucinto recuento de la crítica sobre la poesía de Hinostroza nos lleva a plantear algunas hipótesis. En efecto, la de Hinostroza es una poesía acerca del conocimiento. Las relaciones intersubjetivas entre los sujetos permiten al yo poético referirse al conocimiento, haciendo alusión a qué tipo de saber se impone y cuál otro queda marginado. La de Hinostroza es una escritura sobre la experiencia del poder. La palabra "poder" no sólo se configura en un campo semántico recurrente sino que ella adquiere otras dimensiones. El poder se apoya en un determinado régimen de saber. Ello quiere decir que el poder, en primer lugar, hace que el saber circule y funcione con características específicas. Así mismo, privilegia la transmisión de un determinado tipo de saber y margina otras expresiones. Y, en segundo término, se apoya en el eje de la comunicación: "Comunicar siempre es, sin lugar a dudas, una determinada manera de actuar sobre el otro o sobre los otros."[11] En *Consejero del lobo* y *Contranatura* no hay conocimiento al margen de la experiencia que se sitúa en la intrincada red de las relaciones de poder.

El discurso manifiesta en *Contranatura* dos tipos de experiencias. Una experiencia repetible y masificada, donde el sujeto pierde su individualidad, su capacidad crítica. Aquí interesa más la copia que el original. La singularidad de la experiencia del individuo se pierde en la multiplicidad de experiencias repetibles y mecanizadas en el ámbito de la modernidad, época de la reproductibilidad técnica. Estas experiencias automatizadas conducen al absurdo de la vida cotidiana, a la repetición mecánica de los gestos, a la cosificación del ser humano en el mundo moderno. La reproducción técnica entra, pues, en correlato de la vida; en cambio, la irrepetible es soñadora y no se deja avasallar por la oscura marea de la resignación.

En *Contranatura* vemos un personaje que ejemplifica la experiencia del primer tipo: César. Él quiere dirigir los actos de interpretación de los sujetos. Anhela controlar el saber, pero también el deseo de los hablantes. Se halla inmerso en las aguas del poder. Para él, todo conocimiento debe ser útil y, por lo tanto, personifica el saber utilitario. La persona que preserva su actitud crítica y su individualidad puede ser peligrosa:

"Oh César, oh demiurgo,
   tú que vives inmerso en el Poder, deja
que yo viva inmerso en la palabra.
   Cantaré tu poder? Haré mi SMO?
   Proyectaré slides sobre la nuca
de mis contemporáneos?
   Pero viene tu adjunto
sosteniendo que debo incorporarme al
movimiento si no, seré abolido por
el movimiento.
   No pasaré a la Historia, a tu

---

10 Ibídem.

11 Foucault, Michel: *El poder: Cuatro conciencias*, p. 25. México: Universidad Autónoma Metropolitana, 1989.

Historia, Oh César. 80 batallones
quemarán mis poemas, alegando que
eran inútiles y brutos.
No hay arreglo con la Historia Oficial."

En opinión de César, lo importante es la experiencia masificada y no tanto la individual. Las expresiones "movimiento" y "80 batallones" configuran el campo semántico de la masificación y además sustentan la historia oficial. ¿Pero en qué consiste ésta última? En efecto, ella es vista de manera determinista. La historia oficial no es sino una farsa. Se sustenta en el dogma incuestionable del carácter divino de César. Así mismo, sólo admite al arte que expresa la instrumentalización político-partidaria del discurso. César es concebido como un demiurgo por sus seguidores. En el fondo, oculta su lado perecedero y evita insertarse en la tradición. César quiere estar fuera de la tradición. La tradición es algo vivo; por el contrario, el demiurgo vive en la eternidad. Los batallones califican a los poetas de inútiles y brutos. De esa manera, aquéllos se creen dueños del saber. Evitan que se transmita la concepción del saber que tiene el yo poético. Éste preserva su experiencia irrepetible, su actitud crítica. Escribir, en opinión del yo poético, es un acto ritual. Sumergirse en el lenguaje significa que cada ser humano entre en comunión con la regeneración acuática de la tradición. La verdadera historia –no la oficial– es concebida como algo móvil y cambiante. No admite presupuestos ideológicos incuestionables. El yo poético no huye del tiempo ni se refugia en ningún tipo de visión ahistórica. Por el contrario, sustenta la idea de que la auténtica temporalidad implique necesariamente una libre comunicación entre los sujetos. Estar ubicado en el tiempo es, según Hinostroza, tener la posibilidad de hablar con los otros, de procrear con las palabras. A la dictadura de César, el yo poético responde con el erotismo y con la libertad del vagabundo.

La experiencia erótica no admite copia ni reproducción, según Hinostroza. Se opone a la masificación típica de la experiencia automatizada. Azucena, pues, es el personaje del poema que se asocia sólidamente con ese lado irrepetible del sujeto. Ella no busca un neorromántico retorno al pasado:

"No hay arreglo con la Historia Oficial.
Pero mis poemas serán leídos por
infinitos grupos de
    clochards sous le Petit Pont
    y me conducirán a los muslos
de Azucena
pues su temporalidad será excesiva
cosa comunicante."

Tanto Azucena como el yo poético intentan conservar lo que Walter Benjamin llama el aura. En efecto, Benjamin afirma:

"... incluso en la reproducción mejor acabada falta algo: el aquí y el ahora de la obra de arte, su existencia irrepetible en el lugar que se encuentra. En dicha existencia singular, y en ninguna otra cosa, se realizó la historia a la que ha estado sometida en el curso de su perduración"[12].

César es un personaje que ha perdido su aquí y su ahora. Los batallones, dirigidos por él, adoptan la posición de una divinidad omnipotente. Así, el discurso del poder convierte al sujeto en una reproducción. César se complace en exhibir su poder ante los otros. Ha perdido la relación ritual con su cuerpo. En cambio, Azucena y el yo poético mantienen su aura, el aquí y el ahora que vinculan al sujeto con la tradición y la historia, y que la sociedad moderna tiende a mutilar. El cuerpo del yo poético y el de Azucena revelan un contenido ritual.

Leamos los siguientes versos, donde se observa la concepción que el yo poético tiene de la historia:

_____

12 Benjamin, Walter: "La obra de arte en la época de su reproductibilidad técnica". *Discursos interrumpidos I*, p. 20. Madrid: Editorial Taurus, 1989.

"La Historia es la incesante búsqueda de un domo cristalino

que hay que mirar como jamás nadie ha mirado

y tus ojos son de esta tierra, Oh César

el poder corrompió a la Idea

pero la Idea queda

arbotante y tensión sobre un espacio de aire."

La expresión "que hay que mirar como jamás nadie ha mirado" pone de relieve que el sujeto mira de una manera irrepetible. El sujeto expresa su lado no automatizado en la mirada. El yo ocupa la posición de ese sujeto y, de ese modo, desacraliza la imagen de César. Los ojos de éste último revelan un instante pasajero, sustentado en la cotidianidad de la experiencia. El yo poético resalta la historicidad de la figura de César. ¿Cuál es la explicación de tal actitud?

En efecto, César configura una seudoconcreción, vale decir, una falsa concreción en el mundo de la apariencia, donde la *praxis* fetichizada de los individuos asume un aspecto natural y oculta su lado histórico. Todo se vuelve utilitario. La racionalidad utilitarista establece sus dominios. El pensamiento dialéctico, por el contrario, destruye la seudoconcreción, pues quiere observar la estructura del mundo de la realidad como producto de la *praxis* histórica del hombre. Karel Kosík, en *Dialéctica de lo concreto,* afirma que el individuo

"maneja el teléfono, el automóvil, el interruptor eléctrico, como algo ordinario e indiscutible. Sólo una avería le revela que él existe en un mundo de aparatos que funcionan, y que forman parte de un sistema internamente vinculado cuyas partes se condicionan entre sí. La avería demuestra que el aparato o mecanismo no es una cosa singular, sino una pluralidad, que el auricular carece de valor sin el micrófono, y lo mismo el micrófono sin el cable, o el cable sin la corriente eléctrica, ésta sin la central eléctrica y la central sin el carbón (materia prima) y las máquinas...

El ocuparse como trabajo abstracto crea en su aspecto fenoménico un mundo utilitario también abstracto, en el que todo se vuelve aparato utilitario. En este mundo, las cosas no poseen significado independiente ni existencia objetiva, sino que adquieren una significación sólo con respecto a su propia manejabilidad"[13].

Para César, las cosas y los individuos sólo adquieren un sentido utilitario. En cambio, el yo poético y Azucena disuelven las creaciones fetichizadas del mundo cosificado. De esa manera destruyen la seudoconcreción, formulando la idea de que la "Historia es la incesante búsqueda de un domo cristalino". La visión lúdica es una apertura al diálogo en el poema; en cambio, la perspectiva utilitaria formula al monólogo como fundamento del conocimiento. Escribir, para el yo poético, es sinónimo de hacer el amor sobre el papel, de ver unicornios en las paredes y así recobrar el lado mágico del sujeto.

Pero la reflexión sobre el utilitarismo nos lleva a plantear el siguiente problema: ¿cuál es la visión del mundo tecnológico que expresa el poeta en *Contranatura*? Tal vez más de un lector se desconcierte por el uso de signos matemáticos a lo largo del poemario. Consideramos que, para enfrentarse al discurso del poder, Hinostroza busca valores morales y estéticos en dichos signos matemáticos; de ahí que las fórmulas matemáticas se asocien con la inmaculada belleza y que la circunferencia, por ejemplo, se encuentre fuertemente vinculada al amor y a la armonía. Según el poeta, la matemática es también poesía. En *Contranatura,* pues, aparece la lucha entre la pureza de la poesía y la barbarie del poder. También se manifiesta la predilección por lo misterioso y concretamente por la astrología para interpretar la crisis del mundo moderno. A la dictadura del robot, el yo poético opone la sensación estéti-

13 Kosík, Karel: *Dialéctica de lo concreto,* pp. 87-88. México: Editorial Grijalbo, 1979.

ca como una especie de purificación espiritual para construir el reino de la libertad, el
cual deberá incluir la realización sexual del
ser humano. Todos estos elementos se dan en
la historia, comparten el diálogo de la historia. No en vano Hinostroza dirá que

"Un Yo compacto, un Yo
visible, si no revierte sobre la propia
Historia
es un poder desperdiciado, una pura metáfora hedonista."

Vallejo, Mariátegui y Arguedas: La palabra que se inventa y nos inventa cada día

Roland Forgues
Université de Pau et des Pays de L'Adour, Francia

Deseo empezar esta breve presentación de mi reflexión sobre el Perú iniciada en los años alborales de mi juventud por la lectura de Vallejo, Mariátegui y Arguedas[1] diciendo (parafraseando a Octavio Paz): contra el silencio y el bullicio, ellos –Mariátegui, Vallejo y Arguedas– inventaron la Palabra, libertad que se inventa y nos inventa cada día.

Quiero decir con esto que la obra de estos creadores, investigadores y ensayistas, es una obra abierta en proceso de superación permanente. Desde la advertencia preliminar de los *Siete ensayos*, Mariátegui precisa la meta de su reflexión. "Tengo –dice– una declarada y enérgica ambición: la de concurrir a la creación del socialismo peruano."

Afirma así desde el comienzo que considera al socialismo no como una doctrina unívoca y fijada, sino como una doctrina múltiple y evolutiva; empezando por aplicarse dicha idea a sí mismo: "Ninguno de estos ensayos está acabado: no lo estarán mientras yo viva y piense y tenga algo que añadir a lo por mí escrito, vivido y pensado".

A partir de géneros distintos: la poesía, el ensayo y la narrativa, Vallejo, Mariátegui y Arguedas nos ofrecen una interpretación global de la realidad peruana en el marco de la realidad mundial con propuestas de cambio que convergen hacia la elaboración de un mismo proyecto político, coherente y original: el de un socialismo peruano que conciliara en su práctica diaria el "socialismo científico" de los pensadores europeos y el "colectivismo prácti-

---

1 La presente reflexión se basa en los trabajos ya realizados y publicados sobre estos autores:

– *La espiga miliciana. Poesía de la guerra civil española (Vallejo, Neruda, Guillén)*. Lima: Editorial Horizonte, 1988.

– *Arguedas: Del pensamiento dialéctico al pensamiento trágico. Historia de una utopía*. Lima: Editorial Horizonte, 1989.

– *Mariátegui, la utopía realizable*. Lima: Editorial Amauta, 1995.

– *Vallejo, asumirse como totalidad*. Lima: Editorial Amaru, 1996.

co" de los incas, la cultura de Occidente y las prácticas mágico-religiosas aborígenes, razón y fe, materia y espíritu, hombre y cosmos, naturaleza y cultura. En una palabra, Vallejo, Mariátegui y Arguedas están pensando un socialismo enraizado en la propia vida del ser humano conservándole la indispensable dimensión utópica que alimenta la esperanza y hace que el mundo sea habitable.

Donde mejor encontramos esta dimensión utópica es probablemente donde menos sopechamos su presencia: el concepto de Dios en Vallejo, el de mito en Mariátegui y el de mestizaje en Arguedas.

Vallejo y Dios

Conocemos todos los hermosos versos de "Telúrica y magnética" de *Poemas humanos* donde Vallejo exclama: "¡Sierra de mi Perú, Perú del mundo, / y Perú al pie del orbe; yo me adhiero!" Estos versos que han dado la vuelta al mundo, más allá de un himno a la sierra y a la patria, expresan una concepción más amplia del hombre del Perú visto en el marco del mundo. Son reveladores también del progresivo delineamiento del perfil ideológico del poeta quien, en un proceso de constante maduración, llegará al final de su vida a comprometerse con el marxismo y tomar la defensa de la república española en los patéticos y dramáticos versos de *España aparta de mí este cáliz*[2].

De los poemas de *Los heraldos negros* consagrados a la vida hogareña en Santiago de Chuco, pasamos con *Trilce, Poemas humanos* y *España aparta de mí este cáliz* al tratamiento de temas nacionales y universales. No me parece nada fortuito que en el último poema de *España aparta de mí este cáliz*, Vallejo se dirija precisamente a los "Niños del mundo", encarnación del futuro y de la esperanza universal, diciéndoles: "...si la madre /España cae –digo, es un decir–/salid, niños del mundo; id a buscarla!..."

Desde los primeros versos hasta los últimos, se puede decir que la poesía vallejiana está marcada por la dualidad y el afán de resolverla, el enfrentamiento de los contrarios y la búsqueda de la unidad. Ello se expresa en el propio tratamiento del lenguaje poético.

Si el lenguaje de *Los heraldos negros* sostiene una visión más bien realista de la realidad, poco ideologizada en el sentido de que las más de las veces Vallejo se limita a constatar las cosas sin presentar esquemas preestablecidos de interpretación ni propuestas de cambio, el de la poesía posterior, por lo contrario, se caracterizará por una ideologización cada vez más fuerte. En *Trilce,* la desintegración de las palabras –tanto de su significante como de su significado– y la desaparición de los nexos semánticos o formales lógicos tienden a mostrar la dualidad real del mundo; de la misma manera que en *Poemas humanos* y *España aparta de mí este cáliz* la recomposicón de las palabras y la recuperación de los nexos semánticos y formales tienden a su vez a afirmar en forma ideal la posibilidad de resolverla para llegar a la unidad.

De hecho, se desprende de la poesía de Vallejo de manera más o menos explícita según las épocas y los temas tratados, un sentimiento de incomprensión ante la dualidad del mundo y más precisamente ante la ruptura de los vínculos que la sociedad moderna ha impuesto entre el hombre y el cosmos y de la cual el poeta se siente víctima; así mismo, se vislumbra una permanente preocupación por la forma de resolver esa contradicción y de restaurar la armonía rota entre el individuo y el mundo.

De aquí surge la imagen de Dios visto no como ser divino, Supremo Creador del mundo, sino como principio de armonía, como expresión de la unidad a la cual aspira el poeta. No carece de interés al respecto que en el título de su último libro, *España aparta de mí este cáliz,* Vallejo utilice una frase pronunciada por Jesús en Getsemaní: "Padre, si quieres, aparta de mí este cáliz" pero sustituyendo la palabra Padre por España; de tal forma que

_____

2   Véase *La espiga miliciana*, pp. 37-75.

España viniera a ocupar el propio sitio de Dios.

Ya desde *Los heraldos negros,* el poeta borra toda diferencia entre el hombre y Dios; ambos forman parte del universo como elementos complementarios. A partir de *Trilce* la asimilación se concreta con la interrogación sobre el sentido de la existencia y la presencia del absurdo. Hasta que el concepto de Dios como totalidad encuentre su plena realización en la visión materialista de la historia de *Poemas humanos* y *España aparta de mí este cáliz.* "No hay Dios ni hijo de Dios, sin desarrollo", dice Vallejo en "Intensidad y altura", pero sin perder de vista la dimensión espiritual encarnada en la utopía de llegar a construir un mundo ideal. Baste con recordar aquí los versos del "Himno a los voluntarios de la República" donde, en plena guerra civil, Vallejo profetiza: "¡Se amarán todos los hombres/.../y trabajarán todos los hombres/engendrarán todos los hombres, /comprenderán todos los hombres!"

Hay en la poesía de Vallejo una constante profanación de lo sagrado y sacralización de lo profano, según revela meridianamente el proceso de transfiguración que sufren los símbolos religiosos tratados como símbolos sociales[3], como para bien sentar que lo sagrado y lo profano no son sino cara y cruz de una misma realidad: la vida en sus múltiples dimensiones.

Ésta es la señal más patente de la aspiración de Vallejo a construir un socialismo en el que materialismo y espiritualidad, como enseñara Mariátegui, no fueran elementos antagónicos sino complementarios.

Mariátegui y el mito

Cuando, en 1924, Mariátegui sostiene que el indio es el cimiento de la nacionalidad peruana en formación, no cabe duda de que está pensando ya en un proyecto político de unificación nacional con base en la fusión de las culturas como instrumento de cambio.

Un año más tarde definirá dicho proyecto en forma más clara y precisa al escribir que cree percibir la elaboración de un "espíritu hispano-americano" y que "los aluviones occidentales en los cuales se desarrollan los embriones de la cultura hispano o latinoamericana –en la Argentina y en el Uruguay se puede hablar de latinidad– no han conseguido consustanciarse ni solidarizarse con el suelo sobre el cual la colonización de América los ha depositado".

La polémica con Sánchez a comienzos de 1927 le permitirá a Mariátegui aclarar definitivamente algunos aspectos malinterpretados de su pensamiento. Parte de una constatación: la dualidad nacida de la conquista para afirmar la necesidad histórica de resolverla. Y Mariátegui precisa que su ideal no es "el Perú colonial ni el Perú incaico sino un Perú integral" tratando de poner así un punto final a las especulaciones de Sánchez sobre el carácter exclusivista de la búsqueda mariateguiana.

Mostrando que el Perú es fruto de un enfrentamiento entre dos mundos, dos civilizaciones y dos culturas, enfrentamiento que conviene resolver pero sin destruir ninguno de los elementos antagónicos, en realidad Mariátegui confirma su concepción de la lucha social y política basada en el rescate y fusión de los valores positivos de ambos mundos como instrumento de cambio; una concepción que será desarrollada y sistematizada algunos años más tarde por José María Arguedas.

Así, Mariátegui naturalmente se opondrá tanto al "racismo de los que creen en la superioridad absoluta y permanente de la raza blanca" como al "racismo de los que superestiman al indio, con fe mesiánica en su misión como raza en el renacimiento americano", según aclara en 1929 en *El problema de las razas en la América Latina.*

Lo más urgente para Mariátegui es "la liquidación de la feudalidad" y de sus "dos expresiones solidarias": el latifundio y la servidumbre, que han venido a constituirse en el

_____

3   Ibídem, pp. 61-75.

núcleo central de la oposición[4] aunque no en elementos exclusivos, pues en esa oposición actuarán también factores étnicos y culturales.

Para Mariátegui el verdadero Perú se creará a partir de las tradiciones comunitarias precolombinas fecundadas por los aportes positivos de la civilización occidental. El "socialismo práctico" de los antiguos quechuas se vería así renovado en un socialismo moderno que conciliaría fe y razón, materia y espíritu, hombre y naturaleza.

Allí es donde interviene el rol esencial que Mariátegui le atribuye al mito soreliano, entendido a imagen y semejanza de la fe religiosa como entrega total al ideal revolucionario de construcción del socialismo peruano.

El concepto de mito hace, por consiguiente, hincapié en lo espiritual en tanto que herramienta de acción e instrumento de cambio. La transformación de la mística religiosa en mística revolucionaria no es tan sólo una simple inversión de los valores, sino una manera de presentar el mundo como una totalidad indivisible. Recordaré estas simples palabras de *Ideología y política* donde Mariátegui confiesa:

> "El materialismo socialista encierra todas las posibilidades de ascensión espiritual, ética y filosófica. Y nunca nos sentimos más rabiosa y eficaz y religiosamente idealistas que al asentar bien la idea y los pies en la materia."

Y, por supuesto, en su corta vida Mariátegui tratará de hacer efectiva esta concepción del mundo en la que la reflexión ideológica y política y la práctica social y sindical se alimentan mutuamente, teniendo en cuenta que el Perú es tan sólo una parcela del mundo y que si bien esa parcela tiene y debe tener originalidad y espíritu propios, forma parte de un conjunto del que no puede desprenderse. De aquí surge también la reflexión de Mariátegui sobre la mundialización del hecho económico, la interacción de las prácticas sociales y culturales.

Arguedas y el mestizaje

Una de las claves interpretativas de la obra de Arguedas la tenemos probablemente en esa famosa confesión consignada en el discurso que pronunciara en octubre de 1968 con motivo de la entrega del premio "Inca Garcilaso de la Vega". Allí preguntaba: "¿Hasta dónde entendí el socialismo? No lo sé bien", agregando en seguida: "Pero no mató en mí lo mágico." Todo su quehacer, en efecto, hasta su trágico suicidio, fue orientado hacia la búsqueda de un socialismo propio que conservara la dimensión mágica de la cultura quechua, sin renegar por ello de los valores de la cultura occidental. En una palabra, casi toda su vida fue marcada por una inquebrantable fe en el mestizaje como forma de resolver las contradicciones de un mundo donde se enfrentaban varias etnias y culturas o civilizaciones en una relación de dominación y dependencia.

Su obra narrativa, completada por los estudios folclóricos, etnológicos y sociológicos, se va construyendo a lo largo de treinta y cinco años de observación, análisis e interpretación de una realidad escindida, presa no de una simple oposición socioeconómica entre clases antagónicas, sino de múltiples conflictos étnicos y culturales, políticos e ideológicos que se interpenetran y se alimentan mutuamente, como ya había mostrado en forma magistral José Carlos Mariátegui.

Desde los primeros cuentos de *Agua* (1935) hasta *Todas las sangres* (1964), pasando por *Yawar fiesta* (1941), *Los ríos*

---

4 Conviene aclarar aquí que el concepto de "feudalidad" en Mariátegui es un concepto mucho más amplio que el europeo. Mariátegui se vale de él para definir en realidad un sistema de producción donde se imbrican relaciones de producción feudales, relaciones de producción capitalistas y relaciones de producción incaicas, todas degeneradas. Remito al respecto a mi libro *Mariátegui, la utopía realizable*, pp. 219-222.

profundos (1958) y *El Sexto* (1961), asistimos a una ampliación constante del espacio geográfico literario, apuntado por el propio Arguedas, señalado en cada etapa por una oposición dualista de mayor envergadura indio/gamonal, sierra/costa y Perú/imperialismo que, en realidad, no es sino la manifestación de la oposición única y universal explotado/explotador vista en contextos cada vez más amplios. En esta amplificación se perfila claramente el proceso interpretativo de la sociedad peruana en un marco global:

> "Concebir esta novela –escribió Arguedas explicando la génesis de *Todas las sangres*– me costó muchos años de meditación, no habría alcanzado a trazar su curso si no hubiera interpretado primero en *Agua* la vida de una aldea; la de una capital de provincias en *Yawar fiesta;* la de un territorio humano y geográfico más vasto y complejo en *Los ríos profundos;* y sin una experiencia larga y tensa del Perú."

En los tres espacios, delimitados por el mismo Arguedas –la sierra, el Perú y el mundo– actúan las tres mencionadas oposiciones con la complicación –correspondiente a la superposición en un momento histórico dado de varios modos de producción– de que en el segundo espacio sigue manifestándose la oposición indio/gamonal del primero y de que en el tercero siguen vigentes las oposiciones de los dos primeros.

En el primer espacio (*Agua*), la sierra en que conviven la comunidad indígena y la hacienda del gamonal es vista como un conjunto homogéneo, prácticamente aislado del resto del territorio nacional.

En el segundo espacio (*Yawar fiesta, Los ríos profundos, El Sexto*), constituido por el Perú, surgen dos sociedades opuestas y contradictorias y de alguna manera independientes la una de la otra: una sociedad arcaica, representada por la sierra, que sufre sus propios cambios, y una sociedad moderna, encarnada por la costa, que los produce.

Y en el tercer espacio (*Todas las sangres* y *El zorro de arriba y el zorro de abajo*), representado por el mundo, se levantan dos sociedades solidarias que se enfrentan al imperialismo, pero ya no como sociedades independientes, sino como los dos extremos de una misma sociedad de índole capitalista que históricamente ha tenido un desarrollo desigual.

Si en sus primeras obras Arguedas nos presenta la sociedad peruana como una sociedad dualista, a partir, en cambio, de *Yawar fiesta,* la interpretará a la luz de las más recientes teorías de las ciencias sociales. No debemos olvidar que habrá que esperar, efectivamente, el final de los años cuarenta y principios de los cincuenta para que se vea cuestionada la misma noción de dualismo, heredada de una errónea interpretación de Mariátegui[5], en la sociedad peruana en particular y latinoamericana en general[6].

A partir de los años sesenta, Arguedas observa y traduce literariamente de manera muy penetrante y sagaz el fenómeno y las contradicciones que surgen no sólo en el Perú, sino en varios países de América Latina, de la superposición sincrónica de momentos distintos en la evolución de un sistema económico dependiente, como ya había señalado de manera implícita José Carlos Mariátegui.

De todo ello surge, por supuesto, la visión social y el mensaje político de Arguedas.

---

5   Ibídem, pp. 221-222.

6   Orientada hacia el intercambio comercial y el mercado, la sociedad latinoamericana difícilmente podía confundirse con una sociedad de carácter feudal desde el punto de vista de las relaciones de producción. Y ello a pesar de que en ciertas zonas del interior no directamente vinculadas al comercio ultramarino –como fue el caso de la sierra peruana– el estancamiento económico permitió que aparecieran relaciones humanas próximas a las relaciones feudales de amo a siervo, mientras en las regiones costeras de mayor desarrollo mercantil seguían efectivamente la evolución natural –si bien mucho más lenta que la de las metrópolis– de las sociedades capitalistas.

Si en sus primeros cuentos –como *Agua* y *Los escoleros*– el explotado viene representado por el indio, ya desde *Yawar fiesta*, su primera novela, es el serrano quien ocupa este lugar y, a partir de *Todas las sangres,* es el peruano; esto es, el serrano y el costeño, sean ambos indios, blancos o mestizos. Porque el segundo espacio se sitúa dentro del marco de la oposición de una región a un capitalismo nacional y el tercero dentro del ámbito de oposición de un país dependiente frente al imperialismo internacional.

Partiendo de esta constatación, Arguedas busca un elemento mediador que pueda acercar a estas distintas categorías separadas por barreras étnicas, sociales y culturales. Lo encontrará en el mestizaje visto como categoría conceptual susceptible de reconciliar las dos naciones en conflicto, como él las llama; esto es, la civilización; la cultura y la sociedad aborígenes; y la civilización, la cultura y la sociedad coloniales y occidentales.

El mestizaje, como cualquier categoría conceptual, le servirá a Arguedas de herramienta interpretativa de la comunidad en el marco de la sierra, de la sierra en el marco del Perú y del Perú en el marco del mundo; llegando así a cubrir la categoría de mestizo la noción de región dominada (la sierra) y de país dependiente (el Perú).

Obviamente, el mestizaje en Arguedas tiene que ver con su propuesta ideológica de conciliar magia y socialismo para llegar a una sociedad ideal homogénea, bellamente encarnada en su obra narrativa por la tentativa literaria de crear una lengua nueva que recogiera la savia tanto del quechua como del castellano.

Si la propuesta se revela utópica en el sentido de no realizable, es porque el escritor como pensador más que como hombre de acción se mostró más cercano en ese campo a las teorías de Vasconcelos que a las de Mariátegui, cuyo pensamiento en el campo del realismo social y político superaba probablemente el del pensador mejicano.

Conclusión

En resumidas cuentas, Vallejo, Mariátegui y Arguedas, cada uno a su manera, no sólo propusieron una interpretación global de la sociedad peruana sino que formalizaron un proyecto político destinado a transformarla. Fueron los verdaderos iniciadores, en el Perú, de un acercamiento totalizante a la realidad nacional, y los fundadores de las ciencias sociales modernas.

Los tres reflexionaron sobre las relaciones entre los fenómenos económicos y las prácticas culturales, no como elementos excluyentes sino complementarios, y se negaron a separar las distintas actividades humanas del cuerpo y de la mente, el progreso material y el espiritual.

Los tres tuvieron la visión de la mundialización del hecho económico y del hecho cultural, enseñando que era imposible conocer y estudiar el Perú si se lo aislaba y separaba del resto del mundo.

Los tres propusieron la creación de un nuevo orden, la instauración de nuevos valores que no fueran los de la sociedad patriarcal que aislaba y marginaba a sectores enteros de la sociedad, a grupos étnica y culturalmente distintos, y que además, independientemente de la clase social, practicaba una diferenciación entre los sexos.

Los tres reflexionaron sobre la construcción de un socialismo que viabilizara un país pluriétnico y pluricultural que sus antecesores hispanistas habían asimilado artificialmente al modelo europeo del Estado-Nación.

Los tres fueron hombres de creación y de acción. Supieron dar a su reflexión la dimensión utópica sin apartarla de la realidad, buscando en el lenguaje poético, ensayístico y narrativo la forma de realizarla.

En este sentido, bien se puede decir –volviendo a parafrasear a Octavio Paz– que Vallejo, Mariátegui y Arguedas inventaron la Palabra y que esa Palabra, saliendo de la escritura para hacerse acción, nos inventa cada día, pues está orientada hacia la realización del ser humano como creación permanente.

En esto reside la vigencia de su pensamiento y el carácter ejemplar de su acción.

Teatro quechua colonial, Barroco andino y Renacimiento inca

Carlos García-Bedoya
Universidad Nacional Mayor de San Marcos, Perú

Discurso andino

Esta ponencia presenta una parte de un proyecto más amplio, destinado a estudiar un conjunto de expresiones discursivas vinculadas con las elites andinas del Perú colonial, en especial a lo largo del denominado período de estabilización colonial (fines del siglo XVI a mediados del XVIII)[1]. El objetivo de tal proyecto es mostrar cómo este sector social, a lo largo del complejo período de estabilización colonial, se va configurando como sujeto mediante la organización de una producción discursiva[2] por medio de la cual va posicionándose al interior del orden colonial, definiendo sus particulares puntos de vista y su peculiar sensibilidad. Intento destacar la función crucial cumplida por este sujeto andino en el proceso histórico de la colonia, papel en general insuficientemente apreciado.

Es muy conocido que las elites indígenas andinas se vieron fuertemente debilitadas a fines del siglo XVI. Sin embargo, a lo largo del XVII, en un fenómeno que ha sido poco estudiado, las elites andinas experimentaron una notable recuperación en su situación económica y su gravitación sociopolítica[3], y se esforzaron por desempeñar un papel de mayor relevancia en el orden virreinal, impulsando el proceso social y cultural denominado movimiento o Renacimiento Inca que alcanzó su máximo vigor en el

---

1 Esa investigación fue inicialmente desarrollada en mi disertación doctoral "Literatura peruana de la estabilización colonial: El discurso de las elites andinas". Universidad de Pittsburgh, 1995.

2 Habría que hablar inclusive de producción simbólica en general, pues las elites andinas propiciaron una vasta producción cultural, especialmente valiosa en la plástica.

3 Uno de los pocos trabajos en que se rastrea este proceso es el de Stern, Steve: *Peru's Indian Peoples and the Challenge of Spanish Conquest: Huamanga to 1640*. Madison: University of Wisconsin Press, 1982.

siglo XVIII[4]. Con frecuencia los curacas impulsaron movimientos legales (y a veces violentos) para limitar los perjuicios de la *mita,* o en general para alejar a los españoles de la subsociedad india, al tiempo que buscaban fortalecer sus propias posesiones (aprovechando inclusive en su favor mecanismos andinos tradicionales de reciprocidad) y su poder. Las primeras rebeliones indígenas que las nuevas elites andinas impulsaron se produjeron hacia 1660-70[5], y éstas se hicieron muy frecuentes en el siglo XVIII. Tales conflictos conducirán finalmente a las elites andinas a un enfrentamiento general contra el sistema colonial, que alcanzará su punto más alto durante la derrotada sublevación de Tupac Amaru[6].

El trabajo global aspira pues a ser un examen de conjunto de la producción discursiva de las elites andinas a lo largo del período de estabilización colonial, lo que muestra la unidad de un amplio *corpus* textual y su función en la configuración de un sujeto andino en el virreinato peruano. El empleo del concepto discursivo permite abarcar tanto manifestaciones canónicamente consideradas literarias como expresiones no canónicas, que desbordan los márgenes tradicionales de lo literario. La producción discursiva de las elites andinas no se define por la identidad étnica de sus productores. Sus textos pueden ser el resultado de la práctica escritural de individuos propiamente indígenas, integrantes de tal elite, pero también de mestizos más o menos andinizados, que comparten una posición semejante en un mundo virreinal. Inclusive los productores de tales discursos pueden ser a veces criollos, casi siempre sacerdotes integrantes de órdenes que concedían gran importancia a la cooptación de las elites nativas, como era el caso destacadamente de franciscanos y jesuitas, y que se constituían como intelectuales estrechamente ligados a los grupos señoriales andinos, tanto como educadores de la nobleza indígena en los colegios dedicados a tal fin como en tanto portavoces de sus aspiraciones y puntos de vista. Se trata pues de una producción discursiva definida por su relación orgánica con un grupo social, el de las noblezas indígenas coloniales, quienes eran tanto los patrocinadores como los consumidores de esta producción simbólica.

El discurso de las elites andinas es un discurso transcultural, resultante de un grupo social fuertemente empapado de cultura hispánica, en especial plenamente cristianizado, pero también conocedor, a través de su educación, de las manifestaciones más destacadas de la cultura metropolitana, sobre todo en el campo de las letras. Un bilingüismo que implicaba el hábil manejo tanto del quechua como del castellano, caracterizaba a este grupo social[7]; el quechua es el idioma familiar y sobre todo el vehículo de relación con las amplias mayorías indígenas monolingües; el castellano, en cambio, permite una eficaz acción en la esfera oficial: podemos constatar

---

4   El estudio pionero sobre el movimiento inca es el de John Rowe, "El movimiento nacional Inca del siglo XVIII", originalmente publicado en 1954. Puede consultarse en la recopilación de Flores Galindo, Alberto: *Tupac Amaru II-1780.* Lima: Retablo de Papel, 1976.

5   Sobre estos primeros movimientos, puede consultarse el libro de Glave, Luis Miguel: *Trajinantes.* Lima: Instituto de Apoyo Agrario, 1989. También hay referencias a ellos en el libro de Basadre, Jorge: *El conde de Lemos.* Lima: Huascarán, 1948.

6   Sobre los movimientos indígenas en el siglo XVIII, consúltese el trabajo de O'Phelan, Scarlet: *Un siglo de rebeliones anticoloniales. Perú y Bolivia 1700-1783.* Cusco: Centro de Estudios Rurales Andinos Bartolomé de Las Casas, 1988. También la compilación de Stern, Steve: *Resistencia y conciencia campesina en los Andes.* Lima: Instituto de Estudios Peruanos, 1990, así como la ya citada de Flores Galindo.

7   Consúltese a este respecto el trabajo de Godenzzi, Juan Carlos: "Discurso y actos de rebelión anticolonial: Textos políticos del siglo XVIII en los Andes", en César Itier, compilador: *Del Siglo de Oro al Siglo de las Luces. Lenguaje y sociedad en los Andes del siglo XVIII,* pp. 59-88. Cusco: Centro de Estudios Regionales Andinos Bartolomé de Las Casas, 1995.

que en los documentos oficiales que presentan se recurre a un castellano correcto y adecuado a las modalidades escriturales pertinentes (un buen ejemplo es la llamada *Genealogía de Tupac Amaru*). Las elites andinas conforman pues un emergente sujeto social cohesionado por un cordón umbilical que lo ata al pasado prehispánico, y que actúa constituyéndose en portavoz del conjunto de la "república de indios". La producción discursiva vinculada con este grupo revela la configuración de un cuerpo coherente de ideas consensualmente aceptado por sus integrantes. Todos ellos compartían una misma visión del pasado prehispánico (el incario como sociedad modélica)[8], de la conquista española (cuya violencia antiandina se considera injustificable) y del orden colonial (juzgado como opresivo para el indígena). Es especialmente notable la similitud en las críticas al orden colonial en textos de comienzos del XVII y mediados del XVIII, frecuentemente formuladas inclusive con fraseología muy semejante. Otros tópicos constantes del discurso andino son la reivindicación de la dignidad del indio, inspirada centralmente en una tradición de cuño lascasiano; o la constante preocupación por la situación de las elites nativas, con los correspondientes reclamos y demandas de respeto a su tradicional posición jerárquica; o la continua insistencia en la fácil aceptación de la dominación española y del cristianismo por parte de los indígenas, lo cual implicaba deslegitimar la conquista y sus atropellos. Toda esta tradición discursiva circulaba en buena medida de manera oral entre las elites nativas. Además, algunos sectores del clero que estaban a cargo de la educación

escolar de los hijos de los curacas contribuyeron sin duda a enraizar en ellos tales puntos de vista.

El análisis del *corpus* discursivo andino me llevó primero al estudio de un conjunto de crónicas de inicios del siglo XVII (las llamadas crónicas mestizas o andinas)[9], en las que se propone un balance de la imposición del dominio colonial español y de la ubicación de los grupos señoriales nativos en ese nuevo orden (*La nueva crónica* de Guaman Poma, los *Comentarios reales* de Garcilaso). Examiné luego la producción más canónicamente literaria, el teatro quechua colonial. Por último, analicé también los textos del siglo XVIII en los que se expresa de manera más nítida el proceso de recomposición de las elites indígenas, conocido como movimiento o Renacimiento inca (destacando en especial el texto conocido como *Representación verdadera*). La presente ponencia abarca únicamente la parte referente al teatro quechua colonial. Se trata de situar este teatro quechua colonial en función de dos coordenadas: una primera, de índole sociocultural, el Renacimiento inca de fines de siglo XVII y del siglo XVIII; una segunda, de naturaleza más específicamente artística, el Barroco andino. Se examinará inicialmente el concepto de Barroco andino; se analizará después de modo somero el impacto transculturador de códigos de filiación andina y de filiación hispánica en el teatro quechua colonial; luego se examinará sintéticamente cómo se presenta en estas obras la imagen del noble indígena y de su pasado; finalmente, se intentará un enfoque diacrónico del teatro quechua colonial, que, más que a establecer propiamente una cronología, apunta a la evaluación experimentada por esta formas dramáticas intentando demostrar que se ubica en los momentos centrales del Renacimiento inca.

---

8   En el caso particular de Guaman Poma hay una cierta ambigüedad en la presentación del Incario. Si bien se retrata a la sociedad incaica como una sociedad eminentemente ordenada y justa, se reprocha a los incas ser introductores del paganismo en los Andes. Las simpatías mayores de Guaman Poma se dirigen hacia los tiempos preincaicos, en especial la era de Auca Runa, regida por sus antepasados yarovilcas.

---

9   Sobre las crónicas mestizas, consúltese el trabajo de Lienhard, Martin: *La voz y su huella*. Lima: Horizonte, 1992.

Barroco andino y Renacimiento inca

Examinaré ahora el fenómeno que he propuesto denominar Barroco andino. En un primer acercamiento, es posible señalar que se trata de una vertiente del Barroco impactada por la cultura indígena, resultado de complejos procesos de transculturación. Ya en el campo de la arquitectura, la escultura y la pintura se había constatado la presencia de todo un sector de la producción barroca que mostraba claras huellas de la influencia nativa. Teresa Gisbert[10] agrupaba esta producción bajo el rótulo de "estilo mestizo", subrayando en ella el cruce de lo indígena y lo español. Este estilo mestizo se habría difundido sobre todo en el territorio del sur del Perú y en la actual Bolivia (hasta la actualidad las zonas de mayor concentración indígena del área andina). Aquí se preferirá el uso del término "andino" en lugar de "mestizo". "Mestizo" parece enfatizar demasiado el aspecto étnico, mientras que "andino" se ha hecho ya clásico en la historiografía y las ciencias sociales peruanas en contraposición a "criollo". Términos como "andino" o "criollo" enfatizan el componente cultural, mientras que "blanco", "indio" o "mestizo" destacan el componente étnico. Sin embargo, a pesar de la discrepancia terminológica, la aproximación de Gisbert es convergente con la aquí propuesta, al detectar el fenómeno peculiar de un barroco impactado por lo indígena.

En el campo de la literatura, es importante destacar el papel cumplido en la configuración del Barroco andino por las elites indígenas, propulsoras del Renacimiento inca. Durante buena parte de los siglos XVII y XVIII, estas recompuestas elites andinas, cuyo centro de acción mayor fue la ciudad del Cusco (ciudad con gran peso en la vida del Virreinato), estarán en condiciones de patrocinar una serie de festividades públicas y actividades artísticas, como por ejemplo la pintura de la escuela cusqueña o, en el campo de la literatura, el teatro quechua colonial. El Barroco literario andino es propio del universo de estas elites, que no sólo lo promovieron, sino fueron sus destinatarios naturales. El caso del teatro quechua colonial, su manifestación más destacada, es revelador de la naturaleza transcultural de tal arte: escrito en quechua, con temática indígena, pero con base en códigos literarios de filiación española procedentes de la comedia barroca.

El Barroco andino se distingue pues del criollo por la presencia importante de elementos culturales indígenas, que en el caso peruano están casi totalmente ausentes del barroco criollo, y por un circuito literario vinculado con un grupo social distinto, ubicado sobre todo en el Cusco, a diferencia del circuito criollo cortesano limeño. Sin embargo, estas dos vertientes del Barroco peruano colonial no pueden ser tratadas como compartimientos estancos, dadas, en primer lugar, las múltiples relaciones entre ambas, la común vigencia de los paradigmas metropolitanos y el hecho de que el Barroco andino fue un fenómeno más bien inestable, que nunca terminó de cuajar, al igual que nunca llegaron a consolidarse plenamente las nuevas elites andinas. Así, pues, los códigos del Barroco, en el caso peruano por lo menos, no sólo posibilitan la configuración de un sujeto criollo, sino también de un sujeto andino. El proceso de constitución de un sujeto andino quedó sin embargo truncado por la decisiva derrota que las elites andinas sufrieron en 1780.

El teatro quechua forma parte de esa rica y poco estudiada corriente de revitalización cultural andina, constituyendo la expresión literaria más destacada de ese esfuerzo de recomposición de un nuevo grupo dirigente andino que es el Renacimiento inca. Fenómeno vinculado con las elites y no con las masas campesinas indígenas, cuyo discurso literario contaba con otras manifestaciones. La adscripción de nuestro *corpus* a un sistema literario de elite se evidencia a distintos niveles.

---

10   "El Barroco andino y el estilo mestizo", en *Simposio Internazionale sul Barocco Latinoamericano*. Roma: Istituto Italo Latinoamericano, 1984.

En primer lugar, y sin asomo de dudas, en los códigos culturales que organizan nuestros textos: desde el propio código lingüístico, un quechua que ha sido caracterizado como purista, ajeno a interferencias castellanas ya entonces abundantes en la norma popular coloquial[11], hasta los códigos literarios, asimilados sobre todo del teatro barroco español. En otros niveles tenemos lamentablemente que movernos en terreno mucho más especulativo, ya que carecemos de información sobre las modalidades de representación de este teatro e inclusive resulta imposible garantizar que alguna vez fuera representado. Pero en ese nivel especulativo, las propias características textuales permiten sostener con bastante verosimilitud que se trató en todo caso de un teatro representado ante un público reducido, con un nivel educativo relativamente alto (y por tanto fuertemente aculturado), conformado por las elites sociales indígenas del Cusco[12], pues de haberse efectuado representaciones públicas masivas no habrían dejado de ser mencionadas en los numerosos documentos que poseemos sobre la vida cusqueña en los siglos XVII y XVIII. Las representaciones privadas ante estas elites estuvieron seguramente a cargo de aficionados integrantes de las propias elites. En cuanto a los productores de los textos, sabemos que uno de ellos, Juan de Espinosa Medrano, era sacerdote y más probablemente mestizo que indio (para un indio era imposible acceder al sacerdocio en la Colonia; para un mestizo, muy difícil). Es altamente probable que los demás autores (Centeno de Osma, de quien nada sabemos, y por cierto el padre Valdez, si lo aceptamos como autor del *Ollantay*) fueran igualmente clérigos y mestizos, con una sólida educación europea y profundos conocedores del quechua, y que hayan producido los textos a pedido de las elites indígenas y tal vez hasta remunerados por ellas.

Transculturación en el teatro quechua colonial

Los procesos de transculturación característicos del Barroco andino alcanzaron también expresión en la literatura. No se puede caer en la simpleza de adscribir toda la producción barroca cusqueña a la vertiente andina: evidentemente, la producción castellana del Lunarejo (el *Apologético*, *La novena maravillosa*, *Amar su propia muerte*) se vincula más bien con la vertiente criolla, lo mismo que muchos otros textos cusqueños. La expresión más visible del Barroco andino es el teatro quechua colonial, evidente manifestación de la heterogeneidad cultural peruana. El *corpus* del teatro quechua colonial consta al presente de cinco obras: *Rapto de Proserpina y sueño de Endimión*, *El hijo pródigo*, *El pobre más rico*, *Usca Páucar* y *Ollantay*[13].

---

11 Martin Lienhard, en referencia al Ollantay, explica: "El purismo quechua del texto, que a veces se esgrime como argumento de su ascendencia prehispánica, confirma más bien su elaboración escriptural: los textos quechuas que resultan de la transcripción de materiales orales aparecen, en efecto, con las características lingüísticas del quechua moderno, más o menos hispanizado: sólo una voluntad conscientemente 'nostálgica' explica la presencia, en plena época colonial, de un texto sin interferencias lingüísticas españolas." (Lienhard, Martin, ob. cit., p. 161.)

12 Opinión similar sostiene César Itier, quien afirma: "para llegar al tema o al mensaje de la obra, el público necesitaba manejar códigos que eran los mismos de quienes asistían a los corrales de comedias de las ciudades de España y América hispanohablante, y de ninguna manera los de los campesinos monolingües quechuahablantes" (Itier, César: "Quechua y cultura en el Cusco del siglo XVIII: De la 'lengua general' al 'idioma del imperio de los incas'", 98, en César Itier, compilador: *Del Siglo de Oro al Siglo de las Luces*, ob. cit.).

---

13 En torno del Ollantay se desarrolló un largo debate acerca de su carácter colonial o prehispánico. En la actualidad ya son pocos los defensores de la prehispanidad de la obra, pero todavía hay mucho que discutir sobre la relación entre lo andino y lo hispánico en este texto.

Excluimos de él textos como la "Tragedia del fin de Atahualpa", pues las versiones que conservamos son sin duda republicanas, si bien resulta altamente probable que existieran versiones coloniales previas.

El impacto de procesos de transculturación en esta producción dramática en quechua ya ha sido aludido al hablar de los códigos culturales que organizan estos textos. De un lado tenemos los códigos literarios asimilados del teatro barroco español (versificación generalmente tendiente al octosílabo, manejo de la rima, aunque en ambos aspectos con frecuentes irregularidades), o más concretamente de la comedia (el gracioso y su papel en contrapunto con el protagonista, la interpolación de fragmentos líricos, la división en tres actos), o del auto sacramental (los personajes alegóricos, la temática eucarística); del otro tenemos el código lingüístico quechua y la presencia referencial y temática del universo andino, que va desde simples detalles de color local y el nombre de un único personaje en el *Rapto de Proserpina,* y llega hasta a organizar el conjunto del mundo representado, como en el *Ollantay.*

Las expresiones del sincretismo cultural son fácilmente constatables en la figura de la Virgen, que en el imaginario andino ha adoptado muchas de las características de la Pachamama, la madre tierra prehispánica, o también en los ángeles, asociados generalmente con fenómenos meteorológicos tales como el trueno (recuérdese los cuadros que representan ángeles arcabuceros)[14]. A su vez, la figura cristiana del demonio aparece revestida con rasgos figurativos prehispánicos (uso de un arma nativa como el *champi*), al tiempo

que se le asocia con divinidades subterráneas prehispánicas como Pachacamac. Así mismo, los demonios son asociados con la región selvática o yunka, la región de los muertos según la cosmovisión indígena[15]. El plano de la expresión merecería un examen más detallado (para el que lamentablemente la ignorancia casi total del quechua me incapacita), que permitiría establecer qué recursos retóricos son de filiación andina y cuáles de filiación hispánica, o cómo se entrecruzan ambos en nuevos procedimientos sincréticos. Parece indudable que multiplicidad de imágenes son de raigambre andina, y, de otra parte, es fácil constatar, aun en traducción, que algunos pasajes no constituyen versiones de textos poéticos españoles: citemos las más claras (ambas incluidas en *El pobre más rico*), las glosas al "Aprended, flores, de mí", de Góngora, o al conocido "Ven muerte, tan escondida", originalmente del comendador Escrivá, pero célebre sobre todo por haber sido glosado por santa Teresa. Otro recurso preferido es la sustitución de referentes europeos por elementos andinos comparables; Lienhard, al examinar los pasajes líricos de filiación andina (*harauis*) intercalados en el *Ollantay* y sus modalidades de representación de la figura de la amada, representación que sigue patrones europeos, señala que "la adaptación andina consiste en la substitución de los términos de comparación clásicos (rosas, perlas, cristal, mármol, etc.) por sus "equivalentes" andinos: las flores, *achanqaray* o *qantu;* las semillas o piedritas para collares, *piñi;* la piedra preciosa, *quespi;* o la nieve (*riti*) de los nevados[16].

Estas obras, que en una primera aproximación pueden parecer un simple vehículo de aculturación de las elites andinas, revelan en un examen más atento una capacidad para

_____

14 Raquel Chang-Rodríguez ("Salvación y sumisión en el Usca Páucar", en *El discurso disidente. Ensayos de literatura colonial peruana*, pp. 209-245. Lima: Pontificia Universidad Católica del Perú, 1991) ha hecho notar los paralelismos entre las representaciones escénicas de estas figuras y sus representaciones pictóricas en el arte cusqueño promovido por las elites andinas.

15 Estas consideraciones sobre la figura del demonio las tomo del trabajo de Larrú, Manuel: "Traducción y traductibilidad en el Usca Páucar". *Hoja Naviera* Nº 4, pp. 31-34, 1995.

16 Lienhard, Martin, ob. cit., p. 162.

apropiarse discursos ajenos y remodularlos en función de las propias aspiraciones: en sus obras más originales, el teatro quechua colonial constituye incuestionablemente una expresión del orgullo por lo propio. Discrepo pues de las opiniones de Raquel Chang[17], que ve en el *Usca Páucar* solamente un mensaje de salvación religiosa y sumisión al orden colonial; o también de las de Manuel Larrú[18], que en la misma obra entiende al demonio como un símbolo del pasado prehispánico que hay que recusar en favor del presente colonial. Es indudable que obras como el *Uscar Páucar* preconizan la integración al orden cristiano colonial, pero conviene no olvidar ese carácter jánico que distingue al Barroco; al tiempo que estos discursos acatan el orden colonial, contribuyen a consolidar la identidad de un emergente sujeto andino, que se afirma como heredero de un idealizado pasado inca, y que más tarde será inclusive capaz de desafiar al propio orden colonial. Por eso tales obras se diferencian de un simple teatro misionero o evangelizador, por esta ambivalencia que les permite afirmar un orden y preparar su socavamiento[19].

La figura del noble indígena

Interesa ahora ocuparnos de cómo se presenta en este *corpus* la imagen del noble indígena y de su pasado. En el *Rapto de Proserpina,* los personajes, investidos de la dimensión alegórica propia del auto sacramental, tienen nombres tomados de la mitología greco-latina (Plutón, Ceres, Proserpina, Endimión), o de la tradición bíblica (el arcángel Miguel), salvo Taparaco, servidor de Plutón,

una especie de gracioso, pero de rasgos negativos, que recibe un nombre andino. En *El hijo pródigo,* también auto sacramental, los personajes reciben una denominación quechua alusiva a su significación alegórica (Diospa Simin, palabra de Dios; Kúyaj Yaya, padre amoroso; Uku, el cuerpo). En las demás obras ya nos encontramos con que los personajes principales son seres concretos e integrantes de las elites andinas.

Manuel Burga[20] agrupa a *El hijo pródigo, El pobre más rico* y el *Usca Páucar* en un ciclo al que denomina del noble indígena empobrecido. En mi opinión, sólo las dos últimas obras encajan plenamente en esta definición, mientras la primera sólo presenta un parentesco temático parcial. En efecto, en *El hijo pródigo* la pobreza que aflige al protagonista no es más que la correspondiente a la conocida parábola bíblica, aunque se le figurativiza de manera semejante al nombre andino pobre. El protagonista que abandona la casa paterna movido por el afán de ver mundo, termina convertido en pobre y en esclavo del demonio, hasta que se arrepiente y vuelve a la casa paterna, recuperando su situación social. Si bien la pobreza del protagonista no tiene las raíces históricas que tendrá en las otras obras del ciclo, son evidentes las similitudes temáticas.

Pero la problemática del nombre indígena empobrecido alcanza su plasmación integral en *El pobre más rico,* de Centeno de Osma, y en el anónimo *Usca Páucar.* Los protagonistas respectivos, Yauri Tito y Usca Páucar, son en primer lugar personajes individualizados, con nombres quechuas, y no meros entes alegóricos. Concretamente, son nombres Incas empobrecidos, en un contexto histórico que, aun cuando no muy claramente delimitado, parece corresponder a un lapso poco posterior a la conquista. Su condición social aparece con la mayor claridad en el

17 Chang-Rodríguez, Raquel, ob. cit.

18 Larrú, Manuel, ob. cit.

19 Recuérdese la similar interpretación de los cuadros representando la dinastía de incas y reyes, propuesta por Buntinx y Wuffarden: "Incas y reyes españoles en la pintura colonial peruana: La estela de Garcilaso". *Márgenes,* Nº 8, pp. 151-210, 1991.

20 Consúltese en especial las páginas 314-321 de su libro *Nacimiento de una utopía. Muerte y resurrección de los Incas.* Lima: Instituto de Apoyo Agrario, 1988.

discurso de Usca Páucar, que afirma ser nieto del Inca, y alude explícitamente a su reciente pérdida de jerarquía social, y a que el Cusco se halla en poder de extraños (evidentemente, los españoles):

"Ñojan cani Usca Paucar
jhinantinpa ulpuycunan
japajcunaj lirpucunan
jhatun runa, Auqui yahuar
juraj ritti, munay chhahuar
Ñojan jhuj ppunchau carjani
japaj Auqui manchay jari,
cunanri huajcha tucuspa
huairaj aparinan uspha
jupa phuru, yana sami."

"Yo soy Usca Páucar
–a quien reverenciaban todos–
un vivo ejemplo para los poderosos,
un gran hombre, de sangre real,
de esclarecida y gloriosa estirpe.
Yo he sido
príncipe poderoso, hombre respetado
y, ahora, convertido en pobre,
(soy) ceniza llevada por el viento;
basural de plumas; un infeliz..."[21]

Es ese fenómeno de desplazamiento social el que motiva la depresión de ambos protagonistas, y en correspondencia con el "desgano vital" que sabemos cundió en la población andina en el siglo XVI[22]. Movidos por la desesperación, ambos venden sus almas al diablo y son finalmente salvados gracias a la intercesión de la Virgen[23]. El pacto con el diablo parece deberse además (sobre todo en el caso de Yauri Tito) a un conocimiento aún superficial de la religión cristiana.

Tenemos pues por lo menos dos obras que nos retratan al noble cusqueño empobrecido, aún incipientemente cristianizado, nostálgico de la grandeza imperial incaica, errante y sufriente en un mundo que ha experimentado un trastorno brutal (en términos andinos, un *pachacuti*). La imagen del poderoso empobrecido estuvo profundamente arraigada en el imaginario andino colonial; el propio Guaman Poma se retrata según tal modelo en el capítulo "Camina el autor", el último que redactó y agregó a su *Nueva crónica y buen gobierno*. Además del caso mencionado, vale la pena aludir a un texto completamente distinto: los mitos y leyendas recopilados (hacia comienzos del XVII) por el extirpador de idolatrías Francisco de Ávila, conocidos generalmente bajo el título de *Dioses y hombres de Huarochirí*. Los dioses mayores que apa-

---

21 Meneses, Teodoro (introducción, traducción y notas): *Usca Páucar*, pp. 27 y 29. Lima: Biblioteca de la Sociedad Peruana de Historia, 1951.

22 En *El pobre más rico*, Inquill Tupa, el primer marido de Cori Umiña (quien luego se casará con Yauri Tito) se muere misteriosamente y sin causa aparente inmediatamente después del matrimonio. ¿Tal vez una víctima de ese desgano vital o de las extrañas enfermedades que diezmaron a la población andina en los primeros tiempos de la conquista?

23 Ambas obras están vinculadas con santuarios marianos específicos. En el caso de *El pobre más rico*, la salvación de Yauri Tito se produce ante el santuario de Belén. En el *Usca Páucar*, el lugar del milagro no aparece mencionado en el texto (tal vez por defecto de las copias que poseemos), pero algunas copias mencionan en el título el santuario de Copacabana. También se denomina a la obra auto sacramental, cosa que sin lugar a dudas no es, pues se trata más bien de una comedia mariana, al igual que *El pobre más rico*. En ninguna de estas dos obras encontramos la estructura alegórica que define el auto sacramental. Más bien están emparentadas con numerosas comedias barrocas españolas cuya trama gira en torno a personajes que se entregan al servicio del demonio (las más conocidas son *El esclavo del demonio* de Mira de Amescua y *El mágico prodigioso* de Calderón). La peculiaridad de las obras quechuas estaría en que la salvación de los protagonistas se debe a la intercesión de la Virgen: de ahí que optemos por designarlas como comedias marianas. César Itier también concuerda en denominar a estas obras comedias y no autos sacramentales (Itier: *Quechua y cultura en el Cusco del siglo XVIII*).

recen en ese ciclo mítico regional, Pariacaca y Cuniraya, se ocultan casi siempre bajo la apariencia de pobres, y sólo en los momentos culminantes revelan el esplendor de su poder. Se ha insistido mucho en que este ciclo mítico es uno de los más próximos a una cosmovisión andina "incontaminada"; pero sin entrar a discutir ese aserto, no parece exagerado pensar que la experiencia de la decadencia de las elites andinas pudiera haber reforzado una representación prehispánica de dioses adoptando la apariencia de pobres.

En el _Usca Páucar_ y el _El pobre más rico,_ las alusiones al esplendor imperial son frecuentes y expresan la nostalgia de un paraíso perdido para las elites andinas. Pero en el _Ollantay_ el pasado de gloria es el referente directo de la obra. Desde una perspectiva contemporánea puede resultar difícil comprender la novedad que esto significa, pero si situamos a estas obras en el horizonte de expectativas construido por la literatura de elites de su tiempo, es decir la literatura criolla de la etapa de estabilización colonial, será fácil constatar cómo ésta ignoró sistemáticamente lo indígena, tanto pasado como presente. Si dejamos de lado las crónicas y otras obras de pretensiones historiográficas y nos fijamos en los géneros literarios más tradicionales, comprobaremos que el indio desaparece de la literatura hacia comienzos del XVII, después de su destacada participación en condición de buen salvaje en la épica de la conquista[24]. La simple presencia de lo inca, en el teatro quechua colonial o en los cuadros de la escuela cusqueña que representan a la dinastía incaica, es la expresión de un emergente orgullo por la tradición propia, tanto tiempo menospreciada e ignorada: lo inca adquiere una nueva dignidad, frente al persistente silenciamiento criollo. La elite andina pretende legitimarse socialmente, ante la población

nativa por cierto, pero también ante la "república de españoles", presentándose como la heredera de un pasado de grandeza y de justicia, al que no puede seguir ignorándose, y cuyos descendientes merecen un lugar más relevante en el orden colonial.

La visión del pasado imperial presentada en esta obra corresponde sin duda a una imagen idealizada del Incario, de clara estirpe garcilasista. Aunque la relación entre rebeldía y poder imperial en el _Ollantay_ puede resultar ambigua, el desenlace final implica que el Inca justo y generoso termina por triunfar contra el rebelde que adopta la tradicional posición actancial del anti-Inca (o Auca). La generosidad final de Tupac Yupanqui obedece sin duda a una cristianización deliberada de la omnipotente autoridad inca[25]. No parece casual que el Inca triunfador y generoso sea aquí Tupac Yupanqui, a cuya _panaca_ pertenecía la familia de Garcilaso. Otras huellas garcilasistas concretas pueden constatarse en el hecho de que aun el autoritario Pachacutec preconiza en primera instancia los métodos de conquista pacíficos, o hasta en la denominación concreta de ese Inca, llamado aquí Inca Pachacutec, exactamente como en los _Comentarios reales_ (mientras en otras crónicas se le denomina frecuentemente Pachacutec Inca Yupanqui o inclusive simplemente Inca Yupanqui).

Hacia una cronología relativa del teatro quechua colonial

Se intentará ahora examinar el teatro quechua colonial desde una perspectiva diacrónica. Es indudable que entre los textos

---

24 Una de las últimas obras de este tipo es _Armas antárticas_ de Miramontes y Zuázola (hacia 1610), en la que justamente se presenta una historia amorosa bastante semejante a las de Ollantay y Cusi Coyllur.

25 Concuerdo con Lienhard cuando señala: "Al privilegiar la afectividad contra la rigidez de las normas sociales, el _happy end_ del Ollantay traduce una versión oocidentalizada de las relaciones amorosas." (Lienhard, Martin: _La voz y su huella_, p. 163.) También estoy de acuerdo con él en que a las elites andinas les convenía presentar una imagen benévola del poder inca que reclamaban como origen de su legitimidad social.

que constituyen nuestro *corpus* hay multiplicidad de referencias intertextuales, sobre todo entre las obras de temática religiosa (es decir todas, salvo el *Ollantay*). Las similitudes de los personajes son notables: a título de ejemplo, el demonio recibe nombres idénticos en *El hijo pródigo* y *El pobre más rico* (Nina Quiru-Diente de Fuego), y algo diferente en el *Usca Páucar* (Yunca Nina-Fuego de la Selva); los parlamentos donde alude su pasado de ángel rebelde vencido por el arcángel Miguel presentan notorias semejanzas en *Rapto de Proserpina* (donde recibe el nombre mitológico de Plutón), y en *El pobre más rico* y *Usca Páucar*. Es interesante notar que si bien el *Rapto de Proserpina* no alude a la problemática del noble indígena emprobrecido, comparte con las dos comedias marianas el enfrentamiento de las fuerzas del mal y las del bien por la disputa de un alma humana. Las semejanzas entre el *Usca Páucar* y *El pobre más rico* son tan grandes que casi se puede afirmar que una de ellas es un *remake* de la otra[26]. La figura del gracioso asoma en las cinco obras de nuestro *corpus:* en los autos sacramentales del Lunarejo se trata de graciosos incipientes, con cacterísticas negativas, pero en las comedias marianas ya tenemos un gracioso memorable, que además recibe el mismo nombre, Quespillo, e incorpora rasgos de la comicidad andina, personaje que alcanzará tal vez su más feliz expresión en el Piqui Chaqui del *Ollantay*. Resulta difícil, con los datos disponibles, elaborar una cronología rigurosa de las obras. Sin embargo, el hecho evidente de que todas ellas están estructuradas con base en códigos de procedencia calderoniana permite rechazar fechas demasiado tempranas. En principio, pienso que ninguna puede ser anterior a mediados del XVII. En un terreno ya más especulativo, soy partidario de fechas tardías, pues hay indicios que apuntan a una demora en la llegada de la influencia calderoniana[27]. Sin intentar una datacion rigurosa de las obras, me parece interesante discutir algunas hipótesis que formula Manuel Burga[28].

Burga concuerda con Meneses[29] en situar todas las obras entre 1645 y 1685, salvo el *Ollantay,* al que ubica en el XVIII, sin mayores precisiones. Al discutir las obras que agrupa en el ciclo del noble indígena emprobrecido, Burga ordena cronológicamente las tres obras de la siguiente manera: la primera

---

26 Manuel Larrú hace notar que el nombre Usca Páucar puede entenderse metafóricamente como equivalente de un pobre muy rico: "el término /usca/ (de uscacuk) alude a una persona muy pobre, literalmente al mendigo, mientras que /páucar/, además de referirse a un pájaro de vivos colores, se asocia con lo fino, con lo precioso y estimado. Por extensión, con lo rico aunque no en un sentido material" (Larrú, Manuel: *Traducción y traductibilidad*, ob. cit., p. 9).

27 Lohmann, en su *Historia del arte dramático en Lima durante el Virreinato* (Lima: Imprenta Americana, 1941), no menciona la representación de ninguna obra de Calderón en Lima en la primera mitad del siglo. La primera representación a la que alude es de 1661.

28 En Burga, Manuel: *Nacimiento de una utopía*, ob. cit.

29 Habría demasiado que decir sobre la peculiar modalidad de filología-ficción que cultivaba Meneses, desde la invención de una supuesta versión de *El pobre más rico* del Lunarejo escrita en 1642 (a los 14 años, según las hipótesis que él mismo admite sobre la fecha de nacimiento de su autor) y luego refundida en su imaginación por Centeno de Osma, pasando por las atribuciones arbitrarias, carentes del menor indicio probatorio, del *Usca Páucar* y el *Ollantay* a Vasco de Contreras (autor, sí, de una *Relación de la ciudad de Cusco* de 1649), hasta la ingenua creencia, que compartía con Tamayo Vargas, de que la historia del hombre que vendió su alma al diablo fue inventada por Calderón en *El mágico prodigioso*, cuando tenemos nuestras medievales ya en forma teatral en el siglo XVIII, como el *Misterio de Teófilo*, de Rutebeuf, para no hablar de la versión castellana de la misma leyenda incluida por Berceo en su *Milagros de Nuestra Señora*. Pero no quiero ocupar demasiado espacio con temas colaterales. Son problemas de una disciplina que permite afirmar impunemente cualquier cosa, sobre todo en un país donde, a falta de tradición crítica, el tuerto es rey.

sería el _Usca Páucar_, seguiría luego _El pobre más rico,_ y finalmente vendría _El hijo pródigo_. Sitúa al final _El hijo pródigo_ por pensar que la versión más apegada a la ortodoxia eclesiástica revela una fase final de aculturación. Aunque aprecio altamente el libro de Burga y considero muy valiosas sus reflexiones sobre el ciclo del noble indígena empobrecido, debo discrepar de él en este aspecto. Lo que parece lógico desde una perspectiva de historiador puede no serlo tanto desde la de los estudios literarios. En efecto, mi cronología sería exactamente opuesta: creo que la obra más antigua debe ser sin duda la que sigue más de cerca el modelo del auto sacramental, o sea _El hijo pródigo,_ y que las obras que revelan una mayor autonomía respecto a los modelos metropolitanos son posteriores. Todos los que tengan alguna experiencia crítica coincidirán en que en literatura (y posiblemente en general en el arte) primero es la imitación del modelo y luego el esfuerzo de originalidad.

Pero antes de desarrollar más esta hipótesis, quiero sintetizar consideraciones que desde una perspectiva muy distinta llegan a conclusiones totalmente convergentes con las planteadas. Me refiero al aporte de Bruce Mannheim[30], hecho desde una rigurosa metodología de lingüística diacrónica. Mediante el estudio de la evolución del sistema fónico, Mannheim se propone construir una cronología relativa de ciertos cambios fónicos claves del quechua Cusco-Collao, los cuales permitirían fechar de manera aproximativa diversos textos quechuas coloniales. Sin pretender profundizar en los detalles técnicos del análisis, bastará recordar que la innovación histórica más importante en el quechua Cusco-Collao es el debilitamiento de las consonantes en posición final de sílaba, debilitamiento que se produjo a lo largo de varios siglos. Los cambios presentan una lógica interna muy clara: el desgaste de las oclusivas sílabo-fina-

les ocurre a un ritmo mayor que el de las nasales; por otra parte, los debilitamientos y las fusiones sílabo-finales comienzan en el sistema de sufijos y pasan luego a las raíces de palabras. Observando la secuencialidad de estos cambios, Mannheim logra seriar de manera relativa algunos textos del teatro quechua colonial, llegando a la conclusión de que la cronología relativa sería la siguiente: _El pobre más rico, Usca Páucar_ (códice Sahuaraura), _Ollantay_ (códice Justiniani)[31]. Mannheim afirma que "no hay evidencia clara alguna de leniciones sílabo-finales regulares hasta el _Arte_ de Juan de Aguilar de 1691"[32]. Dado que tal característica sí se manifiesta con claridad en los manuscritos que mencionamos, concluye que todos ellos son posteriores a 1691. Como el códice Justiniani, el más reciente de todos, ya ha sido fechado hacia 1770-80, los tres anteriores deben ubicarse, en el orden ya señalado, entre aproximadamente 1700 y 1770[33].

Las conclusiones de Mannheim, asentadas sobre una rigurosa metodología lingüística, respaldan las que ya se apuntaron a partir de consideraciones histórico-literarias. En cambio, es necesario precisar discrepancias en cuanto a la interpretación social del fenómeno. Mannheim considera que tal producción teatral en quechua "fue la expresión de clase de los terratenientes provincianos criollos, los que se identificaron con el Cusco y su pasado

---

30 Mannheim, Bruce: "La cronología relativa de la lengua y literatura quechua cusqueña". _Revista Andina_, año 8, N° 1, pp. 139-177, 1990.

31 Excluye de esta cronología relativa a los textos del Lunarejo, pues éstos pueden fecharse aproximadamente al conocerse los datos biográficos del autor.

32 Mannheim, Bruce: "La cronología relativa", ob. cit., p. 150.

33 Mannheim, a partir de tales análisis, llega a denominar al siglo XVIII como Siglo de Oro del quechua literario. César Itier refrenda esta opinión, aunque precisando que ese período áureo se extendería más bien de mediados del XVII a las primeras décadas del XVIII. Añade Itier que su propio análisis del vocabulario de las obras teatrales quechuas coloniales confirma en general las conclusiones de Mannheim. (Mannheim, Bruce: "Quechua y cultura en el Cusco del siglo XVIII", p. 90.)

a fin de legitimar su poder"[34]. No se puede postular que los terratenientes criollos en general reivindicaran una simbología "incaísta", aunque pueden haberse dado casos aislados de adhesión a tales modalidades discursivas. En cambio, sí está sólidamente documentada la recuperación con fines legitimatorios de un pasado inca idealizado por parte de las elites nativas que dieron sustento al fenómeno del Renacimiento inca. Las elites criollas peruanas no se caracterizaron por su proindigenismo, ni siquiera retórico; fueron más bien los curacas nativos quienes promovieron y acogieron el teatro quechua colonial.

Igualmente, debo discrepar de la opinión de Itier, quien considera que el teatro quechua colonial fue un instrumento de aculturación de las elites nativas, instrumento por el cual se transmitían a éstas las producciones de la cultura dominante:

> "Mi hipótesis es que una vez terminada la época de la evangelización y la extirpación de idolatrías, una dramaturgia erudita en quechua tomó la sucesión de los sermonarios 'para los más capaces' del siglo XVII, como parte de una tradición criolla o española de trasmitir la cultura dominante a los estratos intermedios indígenas en su propia lengua"[35].

Creo, en primer lugar, que Itier no percibe correctamente esa ambivalencia que ya hemos comentado, ese carácter "jánico" de los discursos barrocos coloniales: transmisión de una cultura dominante, sí, pero también esfuerzo por constituirse como un nuevo sujeto social capaz de apropiarse los códigos del poder para cohesionar una nueva identidad. En segundo lugar, ya a mediados del XVII, ni españoles ni criollos necesitaban recurrir al quechua para aculturar a una elite indígena

que dominaba plenamente el castellano y podía asimilar en esa lengua los textos imperiales, lo que sin duda no dejaba de hacerse en los colegios para nobles nativos. Me reafirmo pues en que el teatro quechua colonial sí constituyó una vía para construir una identidad, una nueva subjetividad andina.

Convendrá ahora retornar, con puntos de apoyo más sólidos, a la problemática del ordenamiento cronológico del *corpus* teatral quechua colonial. Hay que distinguir tres momentos en tal *corpus*. Un primer momento lo constituirían los dos autos sacramentales que conservamos, *Rapto de Proserpina y sueño de Endimión,* y *El hijo pródigo,* ambos del Lunarejo. Estas dos obras, de claro propósito edificante, siguen de cerca el modelo del auto calderoniano, tomándose unas pocas libertades en la introducción de algunas notas de color local. El naciente teatro quechua ilustrado aún no está en condiciones de permitirse una reflexión autónoma sobre la problemática propia. Si ambas son obras del Lunarejo, me inclino por considerarlas obras tardías, y no de juventud, como afirma Meneses basándose en versiones confusas, probablemente parte de la leyenda póstuma del personaje, al que, como a todo sabio célebre, se le atribuye una extrema precocidad. Un dato que habría que investigar y que apoyaría esta datación tardía lo proporciona Paul Rivet, quien señala que un *Rapto de Proserpina* se representó en la corte española en 1677. Contra la opinión de quienes creen que sería el propio auto de Espinosa Medrano el que habría sido representado en esa ocasión, me inclino más bien a pensar que un drama español exitoso haya inspirado una adaptación quechua del ya maduro sacerdote cusqueño. Sus autos corresponderían a la etapa final de su existencia, verosímilmente a la década de 1680: en una circunstancia en que un Renacimiento inca estaba apenas en sus momentos muy iniciales, y en que lo andino era objeto de la mayor denigración y olvido, sólo una personalidad de gran prestigio, como lo era ya la del Lunarejo, podía atreverse a reivindicar la dignidad del quechua escribiendo un auto sacra-

---

34   Mannheim, Bruce: "La cronología relativa", ob. cit., p. 140.

35   Itier, César: "Quechua y cultura en el Cusco del siglo XVIII", p. 102.

mental –es decir, una obra "culta"– en esa lengua. *Rapto de Proserpina* podría ser la obra más antigua, inspirada en un éxito reciente en la corte, mientras que *El hijo pródigo* podría ser una obra posterior, en la que, además, las notas de color local (referencias a comidas y a usos y costumbres regionales) son más abundantes y consistentes.

El segundo momento estaría representado por las dos comedias marianas que configuran el ciclo del noble indígena empobrecido, *El pobre más rico* de Centeno de Osma y el anónimo *Usca Páucar,* en las que se yuxtapone a la historia edificante del esclavo del demonio salvado por la Virgen, una indagación sobre el pasado de las elites andinas: es esa reflexión sobre la triste suerte del aristócrata andino errante y pobre la que da a estas obras una dimensión semántica que relativiza el elemental mensaje religioso. Por presentar un retrato de las elites andinas en momentos cercanos a la conquista, algunos han querido situar a estas obras en el siglo XVI, lo que, dados sus moldes dramáticos calderonianos, es imposible. Al asumir una problemática propia, sin vinculaciones con la tradición metropolitana, me parece que estas obras representan un esfuerzo de originalidad posterior a la transposición inicial de los moldes metropolitanos representada por los autos sacramentales, que, sin dejar de lado el aspecto religioso, abre a una mayor laicización del texto. Me inclinaría pues a ubicarlas hacia fines del XVII y comienzos del XVIII, lo que es confirmado por el análisis ya sintetizado de Mannheim, que además permite establecer que la obra más antigua es *El pobre más rico;* esto se reafirma al constatar la presencia más consistente de contenidos culturales andinos en el *Usca Páucar.* En momentos iniciales del proceso de recuperación de las élites andinas, el pasado de decadencia estaba todavía cercano y resultaba un escenario ideal para obras de contenido edificante, recordando sufrimientos pretéritos a una capa social ya entonces pujante. Los milagros marianos se nutrían sin duda de una tradición oral que expresaba una asimilación sincrética de la religiosidad cristiana (la Virgen adopta muchos rasgos de la tradicional Pachamama), y la creación de referentes de una identidad colectiva (recuérdese el caso paradigmático de la Virgen de Guadalupe en México). No es imposible que obras de temática mariana formaran parte del teatro misionero del XVI, orientado a la catequización inicial de la población andina, y que algunos rasgos de tales obras hayan inspirado las posteriores comedias marianas, pero no conservamos textos de tal teatro misionero, aunque es posible conjeturar que fueran de mayor simplicidad, sin ninguno de los formulismos que desarrollará luego el teatro barroco.

El tercer momento está representado por el *Ollantay.* Aquí la temática propia ha adquirido plena legitimidad, que le permite prescindir de cualquier manto religioso. Esta alta valoración de la tradición andina debe ser fruto de un grupo social que busca ocupar un lugar de creciente importancia en el ordenamiento colonial: el pasado incaico es una fuente central de legitimación de sus proyectos. Por esto parece una hipótesis fuerte la de situar al *Ollantay* hacia 1760, en momentos de máximo apogeo del Renacimiento inca y poco antes de que entrara en su fase decididamente revolucionaria, aunque tampoco se puede descartar totalmente alguna fecha más temprana, hacia 1730-40. Con Lienhard, José María Arguedas y otros, me inclino hacia la fecha más tardía, lo que hace bastante verosímil que el padre Valdez fuera efectivamente el autor de la obra. Sin que haya argumentos para confirmar sin dudas tal autoría, no veo razones para, como se hizo con base en hoy descartadas hipótesis sobre el carácter incaico de la obra, rechazar apresuradamente los testimonios más tempranos sobre el autor del texto, testimonios que, por su proximidad cronológica a los hechos, hubieran podido ser fácilmente desmentidos por múltiples contemporáneos en caso de ser arbitrarios.

Todos los puntos esbozados merecerían un mayor desarrollo. Habrá sin embargo que dejar aquí esta serie de reflexiones preliminares sobre el teatro quechua colonial, confian-

do puedan aportar algunas luces sobre un
tema en torno al cual hay mucha confusión y
que es sin embargo fundamental en el complejo proceso cultural peruano.

Estancias, *síntesis de imágenes aéreas en la poesía de Javier Sologuren*

Pedro Granados
Universidad Femenina (Unife), Perú

Introducción

Leíamos a Javier Sologuren desde hace algún tiempo, creo que desde el colegio; la sensación que siempre se nos quedó a través de sus versos fue la de discreta intimidad, levedad y sutileza. Ya en los años universitarios nos llamó la atención la rigurosa arquitectura de sus poemas, su encauzado caudal, que, según hemos averiguado con el poeta, no obedecen a un trazado previsto sino a la irrupción instantánea de un sueño resoñado, de un texto gestado largamente en lo oculto. Del mismo modo, nos cautivaba su poderosa visualidad. De alguna manera, arquitectura y visualidad iban juntas refinándose, apuntando hacia una totalidad, desechando excesivas apoyaturas (sonoridad, signos de puntuación, figuras retóricas). Nos propusimos entonces algo que ahora sacamos a luz: intentar dar cuenta de la coherencia y armonía de esa *fanopoeia*[1], de los pilares que sostenían dicha arquitectura.

Para esta tarea se nos impuso la necesidad de encontrar un método adecuado a nuestro fin. No podía ser el meramente temático ni el estilístico, hasta el punto en que nosotros los entendemos, porque de algún modo resultaban "superficiales" para descubrir la lógica que subyacía en la poesía de Javier Sologuren, la solidaridad y la jerarquía entre sus elementos. ¿Cómo llamar a nuestro método? No lo sabemos. Sólo creemos que si delimitáramos su

---

1   "Representar el objeto (fijo o en movimiento) ante la imaginación visual". A diferencia de las otras dos maneras de "cargar el lenguaje con sentido al grado más máximo": "sugerir correlaciones emocionales por el sonido y el ritmo de lo hablado (*melopoeia*)"; y "sugerir ambos efectos estimulando las asociaciones (intelectuales o emocionales) que han quedado en la conciencia del receptor, respecto de las palabras reales o de los grupos de palabras empleados" (*logopoeia*). (Pound, Ezra: *El ABC de la lectura,* p. 51. Buenos Aires: Ediciones de la Flor, 1968.)

constelación, a semejanza de las cosas y hechos que pudieron influir, por ejemplo, en la creación de una obra literaria, citaríamos ciertamente a Gastón Bachelard, Ezra Pound, lo poco que conocemos del budismo Zen y, sobre todo, cierta práctica de análisis estructuralista inspirada en Lévi-Strauss; solamente en este último sentido nuestro método sería estructural.

Nos ha facilitado enormemente la tarea encontrar en el poemario *Estancias* (1960) un mirador desde el cual –con suma propiedad– retroceder para entender el pasado, y avanzar para comprender el presente y avizorar el futuro; es decir, reconocido por los críticos y el propio poeta[2] como el poemario donde empieza su madurez. Las conclusiones que podamos inferir del análisis de este poemario contienen perfectamente la lógica implícita en el período poético que va desde *El Morador* (1944), y probablemente puedan ser avaladas en textos posteriores a *Estancias,* tales como *Surcando el aire oscuro* (1970), *Folios del enamorado y la muerte* (1980), *El amor y los cuerpos* (1985), etc..

El presente ensayo es una sinopsis de nuestra tesis de bachillerato que lleva el mismo título. Aquí el curioso lector podrá encontrar, desarrolladas, algunas de las afirmaciones que pueden dar la impresión de sustento. No ha sido tarea muy sencilla dejar de lado cierta información sobre el *corpus,* en particular aquella que complementa y es anterior al poemario que nos ocupa; sin embargo, creemos que de esta manera difundimos –aunque recortado– un trabajo que tiene ya una década (1986) y que no ha desbordado –tomando en cuenta su presentación anterior– el seno del claustro universitario; en este caso, el de la Pontificia Universidad Católica del Perú.

Marco teórico

Concepto de imagen aérea. Definición de flujograma y de diagrama

"El lenguaje de mis poemas tiende a lo lírico y aspira, en su aparente difusión, a esclarecimientos, iluminaciones de la experiencia... Pienso que tal lenguaje no es cosa que se elige, sino algo inherente a la propia personalidad. El oficio y las reiteraciones de su uso sólo contribuyen a marcar su perfil"[3].

No sería la primera vez que Javier Sologuren nos dé la pista de la exégesis de su propia obra. En realidad es una constante en él el diálogo que establece entre creación y crítica (título además de una revista que dirigiera junto a Ricardo Silva Santisteban y el recordado Armando Rojas), expresado en más de una revista y artículo. ¿Qué significa que un lenguaje sea "algo inherente a la propia personalidad?". Esta afirmación es demasiado audaz y profunda. Ciertamente, no creemos que se confunda con el ropaje de época que pueda adoptar, también en forma inconsciente, la escritura de un autor, sobre todo en los comienzos del ejercicio literario; descartamos absolutamente que nuestro poeta no se haya percatado, por ejemplo, de la influencia de Martín Adán o de Góngora en *El Morador,* o del surrealismo en *Detenimientos:* su aseveración no va por este camino. Tampoco creemos que este lenguaje "inherente" sea la coincidencia de ciertas palabras o, fenómeno a observar muy importante para la estilística, sólo la recurrencia de ciertas imágenes. Consideramos que esto último es únicamente el primer paso para aproximarnos a todo lo que implica dicha afirmación.

En este sentido, lo más importante a relevar serían sobre todo las relaciones implícitas

2   "Es en *Estancias* donde empieza el cambio de mi poesía". Oquendo, Abelardo: "Sologuren. Yo nunca me he sentido escritor ni poeta".

3   Kozer, José: "Hablando con Javier Sologuren", en *Domingo,* p. 28. Nueva York, 17 de abril de 1983.

entre significados, no necesariamente entre idénticos vocablos. Es decir, en aquel repertorio de imágenes sus unidades explícitas o inferidas observan eventuales solidaridades y rechazos, establecen una jerarquía, marcan un perfil. Parafraseando a Gastón Bachelard, no tienen una movilidad indeterminada sino a menudo específica; o sea, describen una verdadera gráfica que resume su cinetismo[4]. Como es obvio, a través de lo expresado se desprenderá que nuestra metodología se inspira en la obra de este humanista, concretamente en su libro *El aire y los sueños:*

a. Las imágenes tienen una vida propia y autónoma, independiente de la voluntad del creador[5].

b. Se agrupan o diferencian entre sí según predomine en ellas uno de los cuatro elementos básicos de la naturaleza: tierra, agua, aire y fuego[6].

c. Tienen un dinamismo, sufren transfiguraciones, apuntan a un infinito según sea su elemento homogeneizador. Este infinito da el sentido a ese universo de imágenes[7].

_____

4   Bachelard, Gastón: *El aire y los sueños,* p. 10. México: FCE, 1982.

5   "... lo que queremos examinar en esta obra es en verdad la inmanencia de lo imaginario a lo real". Ibídem, p. 13.

6   "Sin duda pueden intervenir muchos elementos para constituir una imagen particular. Hay imágenes compuestas; pero la vida de las imágenes es de una pureza de filiación más exigente. Desde el momento en que las imágenes se ofrecen en serie, descubren una materia prima, un elemento fundamental. La fisiología de la imaginación, más aún que su anatomía, obedece a la ley de los cuatro elementos" (Ibídem, p. 17).

7   "En el reino de la imaginación, a toda inmanencia se une una trascendencia... Entonces podemos clasificar a los poetas haciéndoles la siguiente pregunta: 'Dime cuál es tu infinito y sabré el sentido de tu universo: ¿Es el infinito del mar o del cielo, el infinito de la tierra profunda o el de la hoguera?', En el reino de la imaginación el infinito es la región donde aquello se afirma como imaginación pura, donde está libre y sola..." (Ibídem, pp. 14-15).

Cabe ahora preguntar en qué sentido estamos utilizando el término "imagen". En sentido amplio, entendemos por ella tanto sinécdoques y metáforas como imágenes propiamente dichas; o, mejor dicho, adoptamos también una acepción bachelariana, muy sencilla o muy compleja según como se la mire:

"Para merecer el título de imagen literaria, se precisa un mérito de originalidad... la palabra –la vieja palabra– viene a recibir allí un significado nuevo. Pero esto no basta: la imagen literaria debe enriquecerse con un onirismo nuevo. Significar otra cosa y hacer soñar de otro modo, tal es la doble función de la imagen literaria"[8].

A partir de lo dicho, es entonces relativamente sencillo desprender qué imagen aérea será aquélla donde predomina el vuelo, clave por excelencia de lo aéreo, pero no en forma necesariamente expresa, sino también sugerida:

"(ya que) en la imaginación del vuelo existe divorcio entre la imaginación dinámica y la imagen formal. El problema procede de una divergencia absoluta entre las condiciones del vuelo humano (vuelo onírico) y la representación clara mediante atributos inherentes a los seres reales que vuelan en el aire... son los procedimientos indirectos los que resuelven mejor –en la medida de lo posible– el problema de la representación del vuelo humano"[9].

Por lo demás, si "tratándose del aire, el movimiento supera la sustancia o sólo hay sustancia cuando hay movimiento", y "Esencialmente toda imagen aérea tiene un porvenir,

_____

8   Ibídem, p. 306.

9   Ibídem, p. 98.

10 Ibídem, pp. 18 y 33 respectivamente.

un *vector* de vuelo"[10], tenemos aquí nuestra decisión de emplear flujogramas, palabra no definida en ningún diccionario, y que nosotros entendemos como un diagrama[11] que indica dirección y sentido. Esto se justifica en la medida que pretenden graficar en aquellas imágenes aéreas la lógica que subyace en esa movilidad. El empleo posterior y definitivo del diagrama, sobre todo en el tercer capítulo que atañe a *Estancias,* no significa que Sologuren abandone su opción aérea, sino, más bien, que la velocidad a graficarse es tal que resultaría 'obsoleto' el uso de los flujogramas; es decir, como más adelante detallaremos, si desde *El Morador* hasta *Otoño, endechas* (1944 a 1956), inclusive la tendencia aérea tiene un corte decididamente neoplatónico con claras imágenes de ascensión donde es lo más conveniente vectorizar. En cambio, en *Estancias* la influencia oriental define que la tendencia aérea no tenga vectores de vuelo hacia un espacio superior u otro espacio; de alguna manera el vuelo se hace inmanente y por lo tanto ya no se precisa de los flujogramas. Pero, en definitiva, en ambas etapas la opción es la misma: "Mientras para un 'terrícola' todo se dispersa y se pierde al abandonar la tierra, para un aéreo todo se reúne, todo se enriquece al ascender"[12].

Criterios de elección del *corpus*

Estancias es el *corpus* fundamental de nuestro trabajo porque la mayoría de los críticos coinciden en señalar a este poemario como el hito de madurez en la poesía de Javier Sologuren: "el poeta amplía su mundo hasta incorporar ya todas las esencias sustanciales a su poesía"[13]; "Un vigilante sentido de la forma lo ha llevado a la poesía más rigurosa, transpa-

rente y esencial que alcanza su plenitud en *Estancias*, su libro más hermoso"[14]; "la poesía se va reduciendo a un lenguaje mínimo, a una expresión exacta y final: sus últimos poemas, sobre todo la secuencia *Estancias*"[15].

Aquello, sumado al hecho de que inclusive cronológicamente el poemario guarda una apretada unidad, nos llevó a entender que interpretando *Estancias* llegaríamos a una opinión bastante consistente de lo que ocurre en la poesía sologureniana.

Mas es cierto que nuestro análisis no se limita sólo a este libro; tenemos también otro *corpus* que hemos elegido un poco arbitrariamente, pero orientados por lo que el mismo humanista francés considera imagen aérea. Así, seleccionamos en cada uno de los poemarios anteriores a *Estancias* un repertorio integrado por sesenta imágenes aéreas (ver nuestra tesis de bachillerato). Sin embargo, ¿por qué no hemos trabajado —salvo una excepción— con poemas completos? La respuesta es muy sencilla: lo que se trató de hacer fue reducir los riesgos de manejar segmentos demasiado complejos, y más bien lo que decidimos fue entresacar de los poemas aquello que, según nuestro criterio, resultara discreto y revelador. En pocas palabras, como principio científico universal, intentamos hallar un *corpus* lo más representativo e idóneo a nuestro fin.

Lo hemos dividido en dos partes para indicar los dos movimientos básicos ascensionales que se producen en la poesía de Javier Sologuren; pero debemos hacer la salvedad de que esta partición en A y B es más que todo didáctica; en realidad, el definitivo flujograma general parcial es el B. Aparte, creemos que resulta útil esta división sobre todo porque da cuenta de los dos niveles de interpretación a los que podemos someter el título que unifica toda la obra poética de nuestro autor: *Vida continua.*

_____

11 "Dibujo geométrico que sirve para demostrar una proposición, resolver un problema o figurar de una manera gráfica la ley de variación de un fenómeno". (*Diccionario de la Lengua Española,* decimonovena edición. Madrid, 1970).

12 Barchelard, Gastón, ob. cit., p. 67.

13 Soncini, Anna: "Continuo y discreto en la poesía de Javier Sologuren" en *Lexis,* VIII/I, p. 96. Lima, 1984.

_____

14 Oviedo, J. M.: "Tendencias actuales en la narración y en la poesía" en *El Comercio,* p. 43. 4 de mayo de 1964.

15 Ortega, Julio: *Figuración de la persona,* p. 180. Barcelona: EDHASA, 1971.

Por un lado (letra A), dentro del devenir temporal se constata una solidaridad entre todos los elementos de la naturaleza y el Yo poético en torno al anhelo; pero quizá es mucho más explícita y relevante la presencia del mundo natural respecto del hombre por motivo de una pedagogía muy sologureniana. Citamos a Nancy Vivas:

> "Al igual que ocurre entre los hombres, Sologuren nos ofrece nuevamente el diálogo, la comunión que existe entre los elementos de la naturaleza. Se presenta el mundo natural como modelo del mundo de la creación humana"[16].

La característica fundamental de este anhelo es una tensión, a manera de movimiento ascensional, desde la vigilia (valorada negativamente) hacia el mundo de la noche y el sueño. De lo que se trata es de huir de la luz solar que delata las sombras, falta de transparencia a modo del aire o del vacío, la división entre los seres, la imperfección y el movimiento (devenir, mutaciones, carencia de plenitud). Es interesante rastrear, al respecto, en cuanto a la valoración de la noche, una vinculación poetológica que, por lo demás, no nos debe extrañar, habida cuenta de la relativa afinidad entre Sologuren y Eguren[17]. Roberto Paoli, hablando de la poesía de éste último, indica:

> "En el mundo animado de la naturaleza donde rige una profunda unidad, cualquier cosa puede transmutarse en otra, transformarse en mayor hermosura, en horas privilegiadas como en la opalescencia nocturna, propicia a crear un ambiente falaz de metamorfosis"[18].

Vemos, pues, que olas, follaje, cabellos, manos, etc., guardan mutua complicidad, sirviéndonos de inspiración para tratar de acceder sin desánimo al mundo del sueño y del vacío, que es propiamente otro mundo.

Por otro lado (letra B), si bien es cierto que al interior de la secuencia temporal "todos los objetos sufren la tentación constante de abandonar la tierra para ir al cielo"[20] —entre ellos la palabra poética—, tenemos ya algunas primicias del vacío; alegorías más bien, sobre todo en elementos como el mar, el follaje y el sueño. Sólo a partir de este flujograma se puede observar la radicalidad de los polos comprometidos: Viejo Mundo y Nuevo Mundo. Al Viejo Mundo lo define fundamentalmente el anhelo, lo que tienen en común el hombre y la naturaleza, estando comprometido también el tiempo. Anhelo de acceder al vacío a través de la instancia privilegiada del

---

16 Vivas, Nancy: _La naturaleza como símbolo de la vida y la creación literaria en_ Corola Parva, p. 48. Memoria de Bachillerato. Lima: PUC, 1985.

17 De esta afinidad han dado cuenta explícitamente por lo menos dos autores, Alberto Morán: "Entre el autor de _Simbólicas_ y el de _Otoño, endechas_ hay una actitud vital que los hermana: el encuentro, en cada poema, con el rostro de la pureza" ("Eguren-Sologuren plumas paralelas" en _La Tribuna_, p. 6. 2 de febrero de 1964); y en forma más elaborada, Armando Rojas, refiriéndose a _Otoño, endechas_: "La contemplación de la naturaleza como un mundo puro y opuesto a lo exterior

significa el hallazgo de lo esencial. Grabado el mundo natural dentro de sí, el poeta es a la vez contemplador de la naturaleza y de sí mismo y en este sentido, si su voz vierte el mundo interior para oponerlo al otro, el de la apariencia, vierte en verdad una visión de la vida natural aunque en sus formas esenciales (5)"; y en la nota Nº 5 de su tesis desarrolla lo siguiente: "Cuán cercano a Eguren, en la concepción del tema, resulta Sologuren en este libro". Rojas, Armando: _Obra poética de Javier Sologuren II (1959-1970)_, p. 40. Tesis para optar el grado de Doctor en Letras. Lima: UNMSM, 1973.

18 Paoli, Roberto: _Estudios de literatura peruana contemporánea_, pp. 41-42. Firenze: Stamparia Editoriales Parenti, 1985.

19 Ibídem, p. 36.

20 Bachelard, Gastón, ob. cit., pp. 61-62.

sueño; concepto, aquél, que resume al Nuevo Mundo y que de alguna manera describimos como la intersección de la inmovilidad, el amor y la pureza. Vacío fantasmagórico, es cierto, como una película muda y muy lenta que repite, en sepia, sus encuadres estelares a perpetuidad.

Conviene, además, agregar que este flujograma ilustra una etapa poética bastante homogénea a decir de Armando Rojas. Éste, como nosotros, cree ver en *Otoño, endechas* (1951-1956) el comienzo de una época o nueva poesía[21]:

> "Esta inclinación a la irrealidad sitúa a los poemas en la misma línea de los de la primera época (está refiriéndose a todos los poemarios hasta 1950), al mantener intacta la forma pura de la poesía aunque su estructura sonora se oriente hacia la depuración formal"[22].

Esta "depuración formal de la estructura sonora", este refinamiento en el silencio, revela inclusive que no sólo las imágenes de nuestro autor sino la misma estructura versal están comprometidas cada vez más con el vacío; diríamos que se insinúa paulatinamente un predominio de lo visual en desmedro de lo auditivo: economía del lenguaje y disposición de las palabras en el blanco de la página. Creemos que esta tendencia cristaliza en *Estancias;* también en *Surcando el aire oscuro;* y es obvia en *Corola Parva* y *Folios del enamorado y la muerte* (poemarios escritos en 1959, 1970 y en el período 1972-

1975 respectivamente[23]). Por último, es posible caracterizar la poesía de nuestro autor del modo siguiente, parafraseando a Gastón Bachelard: el repertorio de imágenes de Javier Sologuren se afirma en el vacío como imaginación pura y libre.

Estancias (1959)

Estructura y lenguaje

De entrada afirmamos, con Abelardo Oquendo, que en *Estancias* "el poeta ha descubierto que el mundo es nombrable sin traicionar a la poesía", o que "es testimonio de una voluntad de estar en el mundo"[24]. Esto debe traer inmediatamente a colación que en la poesía de Javier Sologuren, hasta *Otoño, endechas,* cohabitaban, confundidas pero no fusionadas, dos tendencias filosóficas; la primera, de nítida inspiración platónica que daba lugar, en un común anhelo de ascensión con la segunda, a una clara evasión del mundo o valoración de otro mundo (Idea platónica) sobre todo a través de la ensoñación; y la segunda, de tendencia oriental, que trataba de encontrar en la misma "talidad de las cosas" de este mundo la revelación de su perdida unidad e inmutabilidad que hemos denominado vacío. Por lo tanto, es imprescindible considerar a *Estancias* como el poe-

_____

21 "Así, *Otoño, endechas* marca el comienzo de una nueva época, la segunda, y es apertura de nueva poesía de estilo y contenidos también nuevos en una lenta y cuidada simplificación del lenguaje que sugiere una vuelta a los elementos más próximos a la existencia del poeta" (Rojas, Armando, ob. cit., 1973, p. 6).

22 Ibídem, p. 44.

_____

23 "Aunque el libro no consigne esta información, es aceptable que los poemas de *Folios...* fueron escritos entre 1972 y 1975, esto es, posteriormente a *Surcando el aire oscuro* y contemporáneos de *Corola Parva.* En todo caso son anteriores a 1977, fecha en que Sologuren envía los originales del libro a Caracas, limitándose a esperar la aparición del mismo". (O'Hara, Edgar: "Reseña a 'Folios de El Enamorado y la Muerte'". *Revista Peruana de Cultura,* segunda época, Nº 1, p. 214. Lima: INC, 1982).

24 Oquendo, Abelardo: "Sologuren: la poesía y la vida", en Sologuren, Javier: *Vida continua.* Lima: INC, 1971 (p. 20 y 21, respectivamente).

25 Ibídem, p. 21.

mario donde se afirma, en desmedro de la tendencia platónica, la segunda visión filosófica mencionada.

Esto nos da pie para referirnos explícitamente a la estructura del poemario; el mismo Sologuren la enfatiza al justificar el motivo por el cual no incluyó ningún poema de *Estancias* en la antología personal que se le solicitó para una edición de *Vida continua* (1979). Citamos: "... poseen un núcleo de exaltación de la naturaleza y del hombre..., pero tomados aisladamente pierden su rumor celebratorio y coral"[27]. Debemos tener muy presente este carácter orgánico del poemario que originalmente constaba sólo de diecinueve poemas (*Vida continua*, 1966) a los que se añadieron, en la edición que manejamos (*Vida continua*, 1971), tres poemas[28] con fecha de escritura ligeramente posterior a 1959 (año de *Estancias*), ya que estaban incluidos en *La gruta de la sirena* (escrito entre 1960 y 1966). Esta organicidad, que fue percibida enseguida por los críticos, ha llevado a declarar a Anna Soncini, corroborando la opinión de nuestro autor:

"... dicho texto puede ser leído como una sola composición unitaria y total que está por encima de cada fragmento porque la cohesión existente entre ellos es tal que aparecen como partes o estrofas de un único y grande himno coral"[29].

Pero quizá lo más interesante sea lo que agrega enseguida la estudiosa italiana al percatarse también de la independencia y personalidad de cada estancia tomada por separado:

"En este sentido nos parece muy sugestiva otra lectura de *Estancias,* considerando esta vez la colección como vocabulario esencial, como repertorio de los realia sologurenianos, al ser cada fragmento como un haz de luz arrojado sobre una palabra-sustancia"[30].

Lo anterior se vincula intrínsecamente con la idea directriz de nuestra concepción: nos hallamos ante la consolidación de una poética en el ámbito privilegiado de un *corpus* restringido y escrito en un lapso común que potencia su extraordinaria unidad, y que justifica plenamente nuestro intento de hallar la lógica de sus imágenes.

Respecto al lenguaje, cabe citar otra atinada observación de nuestro autor: "*Estancia...* alude tanto a la estrofa como a la residencia permanente que halla la realidad elemental en la palabra que, como un santuario, la contiene"[31]. Esta 'realidad elemental' es otra manera de referirse a lo que Soncini nombra como 'vocabulario esencial'; pero la novedad estriba en que estos motivos requieren, dado su carácter esencial y sagrado (deriva de la palabra *santuario*, ver *Diccionario de la Real Academia*), de un decir también esencial y sensiblemente motivado de lo que acoge. En este sentido se alinean y complementan las siguientes citas: "Hoy el creador se permite el gozo sensorial y el desborde sensitivo inencontrables en *El Morador*, donde la captación

---

26 Rojas, Armando, ob. cit., 1973, p. 59.

27 Sologuren, Javier: *Vida continua,* p. 2. Lima: Cuadernos del Hipocampo, 1979.

28 Estos poemas son: "Estancias", "Tenaz con tus tenazas" y "Hollado otoño", que pasaron a ser las Estancias 19, 20 y 21 respectivamente.

29 Soncini, Anna: "Continuo y discreto en la escritura de Javier Sologuren". *Lexis* VIII/I, p. 96. Lima, 1984.

30 Ibídem, p. 97.

31 Oviedo, José Miguel: "Residencias elementales". *El Comercio,* Suplemento Cultural, Lima, 13.11.1960.

racional sacrificó el deleite de los sentidos"[32]; "Los poemas, de tono fuertemente exclamativo, son genuinas laudes a los elementos"[33]. La manera de realizar estos cantos, como ya lo observara muy bien Luis Hernán Ramírez[34], tiene su fundamento lingüístico en el vocativo; esto lleva a Armando Rojas a explicar:

> "El vocativo como elemento de la afectividad explícita es un recurso de atracción del oyente que le permite la extensión en el diálogo y la más extremada comunicación; y su inclusión dentro de la poesía responde a ese cometido inicial de dialogar y trascender la propia afectividad y llegar a los elementos exteriores para lograr su aproximación"[35].

No debemos perder de vista a estas alturas que el lenguaje de *Estancias* es conciso y limpio, dentro de esa línea de depuración que tiene su antecedente más próximo en el poemario *Otoño, endechas;* pero es fundamental poner de relieve que este "trascender la propia afectividad y llegar a los elementos exteriores para lograr su aproximación" es lo estrictamente característico de *Estancias.*

No debe confundir ni resultar paradójico que habiendo afectividad se le trate de trascender; lo que sucede es que el gozo por transmitir es el de los propios elementos con la esfera del Yo interfiriendo lo menos posible, tal como el aire o el viento que no se dejan ver y que permiten nuestro acceso a la experiencia o comunión con los cuerpos y con los mundos. Por lo demás, ésta ha sido la intención del poeta: "He querido que en todos y cada uno de los lugares de las 'estancias' haya algo, un objeto"[36]; tanto es así que en una carta que le envía Luis Loayza a raíz de la publicación del poemario, le dice:

> "*Estancias* me parece sencillo, despojado de toda gala inútil, muy hermoso; en ellos la voz es casi impersonal de tan pura. Los seres, el tiempo, están en tus estancias límpidamente, no alterados por las imágenes sino en su luminosa realidad".

Esta desyoización, este "anhelo de objetividad", no es otra cosa que optar por la 'talidad de las cosas' –en perjuicio del romanticismo, el surrealismo o el conceptismo que son algunas marcas o excesos del Ego expresadas en los poemarios anteriores a *Estancias*–. Esto lo sabe exponer a su manera Armando Rojas:

> "El poeta va construyendo una poesía que desdibuja el más mínimo hechizo sentimental. De ahí que al desaparecer la continuidad subjetiva desaparece la voz personal. Las alusiones a la despersonalización son frecuentes. El poeta deja el mundo sensible y se despoja de la primera persona, confiando su voz a la secuencia impersonal"[37].

Es decir, si bien es cierto que hay afectividad elegiaca, también lo es que hay desyoización, vista a un ideal muy concreto, caracterizado excelentemente por Odysseus Elytis en su discurso de recepción del premio Nobel:

---

32 Rojas, Armando: "Obra poética de Javier Sologuren (1944-1950)", p. 48. Tesis para optar el grado de Bachiller en Literatura Hispánica. Lima: UNMSM, 1972.

33 Soncini, Anna, ob. cit., p. 97.

34 "En el desarrollo poético del 'tú' Sologuren se abandona a la invocación; una singular riqueza de vocativos constituye ahora el fundamento lingüístico de su poesía" (Ramírez, Luis Hernán: *Estilo y poesía de Javier Sologuren*, p. 60. Lima: Biblioteca Universitaria, 1967).

35 Rojas, Armando, ob. cit., 1973, p. 67.

36 Navarro, José: "Poesía". *La Prensa,* Suplemento Dominical, Lima, 27.11.1960.

37 Rojas, Armando, ob. cit., 1972, p. 30.

"Subordinación del sentimiento a la reflexión, ennoblecimiento del verbo poético y reactivación de todas las energías del instrumento lingüístico en busca de la revelación"[38].

Sintetizando, pues, esta despersonalización se expresa formalmente a través de la reiterada ausencia del registro verbal: "Sin verbo, sin acción de transcurso, la poesía de Sologuren tendrá un tono impersonal con tendencia descriptiva"[39]. Esto no hace sino revelar el prestigio del vacío en desmedro del cambio y del movimiento: "Sologuren aquieta el paisaje y con él la realidad... Las señales del mundo tienen formas inmóviles"[40]; es decir, ajustar su lenguaje a la denotación no hace sino reflejar la actitud sologureniana de perseguir los vínculos perdidos entre las cosas, la candorosa continuidad del vacío tal como en el *haiku* de Basho, a través del mundo previamente destilado, en lenguaje Zen, en la misma "talidad de las cosas"; en forma análoga, esto es señalado por un crítico colombiano: "Hombre y mundo se identifican en la nueva poesía de Sologuren. Y es más: el hombre se hace mundo, se convierte en el universo"[41].

Análisis de "Árbol" (Estancia Nº 9)

"Árbol, altar de ramas,
de pájaros, de hojas,
de sombra rumorosa;

en tu ofrenda callada,
en tu sereno anhelo,
hay soledad poblada
de luz de tierra y cielo".

Hemos decidido detenernos en la exégesis de este poema por considerarlo paradigmático de lo que sucede realmente en *Estancias;* además, porque Bachelard concede especial relieve al árbol en su análisis del dinamismo de las imágenes[42].

En principio se trata de un poema de arte menor (versos heptasílabos) dividido en dos partes (punto y coma), con rima asonante pareada el primer terceto (aab), y con rima consonante abrazada el cuarteto (cdcd). Los tres sonidos más aliterados en el terceto son tanto vocálicos como consonánticos (A, R y O); en el cuarteto, en cambio, son sólo vocálicos (E, A y O).

No debemos olvidar que la partícula "Oh" está implícitamente unida al vocativo; por lo tanto, si este poema es un retrato del ÁRBOL, también lo es al mismo tiempo del Yo poético. En la primera oración se trataría más bien de la descripción superior; y en la segunda, delimitada por un punto y coma, de la imagen inferior; ciertamente ambas, como las oraciones que separa este signo de puntuación, sumamente complementarias.

Es importante detenernos a reflexionar en el sujeto de la descripción. El sustantivo "altar", como su nombre lo indica, es "monumento dispuesto para inmolar la víctima y ofrecer el sacrificio" (ver *Diccionario de la lengua española*); es decir, es un lugar especial de encuentro entre un emisor y un receptor, entre alguien que ofrece el sacrificio y alguien que lo recibe; propiamente, nuestra interpretación deberá dar cuenta de estos actores.

38   Cobo Borda, Juan: *Antología de la poesía hispanoamericana*, p. 12. México: FCE, 1985.

39   Rebaza, Luis: *La poesía y el poeta en la obra poética de Javier Sologuren*, p. 124. Memoria para optar el grado de Bachiller en Humanidades. Lima: PUC, 1986.

40   Rojas, Armando, ob. cit., 1972, p. 35.

41   Posada, Germán: "La nueva canción". *El Tiempo*, p. 5. Bogotá, 26.1.1961.

42   "El árbol derecho es una fuerza evidente que lleva una vida terrestre en el cielo azul"; "El árbol reúne y ordena los elementos más diversos"; "En la naturaleza sólo el árbol, por una razón típica, es vertical, con el hombre"; "Sólo el árbol sostiene firmemente, para la imaginación dinámica, la constancia vertical". Barchelard, Gastón: *El aire y los sueños*. México: FCE, 1982 (pp. 252, 253, 255 y 256 respectivamente).

Tenemos entonces el siguiente esquema a resolver:

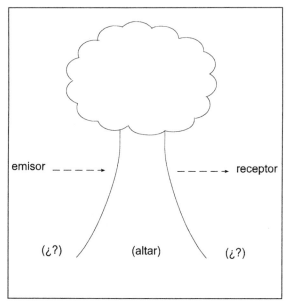

emisor – – – – →   – – – – → receptor

(¿?)   (altar)   (¿?)

De la enumeración pasamos a la segunda oración. El cuarto verso, si bien es cierto no especifica el tipo de don que se ofrece en el *árbol* (debemos suponer que se trata de la totalidad de éste: belleza, sombra, frutos, etc.), sí especifica la manera de entregarlo, mediante una comunicación no lingüística, "callada". En el quinto verso comienzan a oponerse más radicalmente los significados denotivos ("sereno" y "anhelo"); obviamente, siempre es posible una lectura. Para esto es necesario retroceder al verso anterior y anotar que es precisamente el Yo poético –y por extensión la especie humana– el que puede gozar o valorar en lo justo la "ofrenda" del *árbol;* en este sentido tenemos ubicado ya el receptor de nuestro esquema. Ahora, el "anhelo" sería precisamente esta vocación hacia el hombre; y "sereno" porque el emisor va cargando o complejizando sus regalos en el *árbol* respetando la vida vegetativa que, algo así como la humana, es necesariamente lenta (no se puede dar sombra o soportar los pájaros de la noche a la mañana, los frutos se dan en sólo ciertas estaciones del año, etc.); es decir, el lenguaje del *árbol* es, como toda imagen, de simultaneidad, pero está delimita-

do también por la linealidad, por el paso del tiempo, aunque es cierto, como ya se dijo, que sus unidades discretas son no lingüísticas.

El sexto verso está encabalgado con el séptimo, pero lo explicaremos separadamente. Aquí se extralimita el absurdo lógico ("soledad poblada"); en principio "soledad" puede aludir a que este "altar" no congrega adecuadamente al hombre, no recibe una respuesta suficientemente grata de él; pero también "soledad" en la medida de lo más evidente: el *árbol* aparece claro y distinto utilizando una terminología cartesiana. Y "poblada" sugiere que esta aparente unidad indivisible en realidad no es cierta; existe gracias al trabajo permanente y solidario de una multitud en su interior: "de luz de tierra y cielo". Lo curioso de este verso, fundamental para la exégesis, es la exclusión de la coma; es decir, no se trata de una enumeración: se nos invita a leerlo muy de corrido (en sentido estricto su lectura es alineal), a considerar estos elementos tan unidos que no admiten separación entre sí, y, por tanto, niegan su individualidad; están fusionados formando otra cosa, sintetizándose al interior del ÁRBOL. Este elemento nuevo es, creemos, la savia, sustancia de estado líquido, que no es precisamente sino luz, tierra y cielo, y que tiene al mismo tiempo estrecha correspondencia con la manera como deberíamos leer este último verso, en forma fluida, rápida y simultánea. Pero, qué es en sentido literal la luz, la tierra y el cielo, sino la naturaleza; entonces, ya tenemos resuelto el receptor en nuestro esquema:

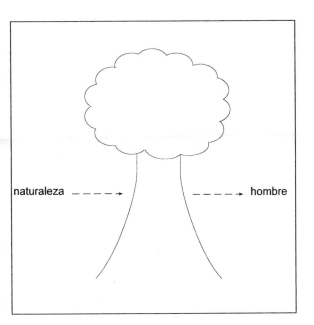

naturaleza – – – – →   – – – – → hombre

Es en definitiva la naturaleza la que está convocando constantemente al hombre a través del ÁRBOL; es una convocatoria pedagógica para que lo imitemos en transparencia, sabiduría y generosidad (pureza, inmovilidad y amor, constitutivos del vacío, respectivamente). Es muy hermoso el mensaje: la naturaleza está permanentemente confluyendo en el exterior y en el interior del *árbol* para regalarse al hombre; y esto, trasladándolo al caso de un ser humano, es naturaleza, *vida continua;* tanto lo que sucede en su interior (ideas del más allá, pensamiento, sueños, etc.) como en su exterior (las impresiones de sus sentidos): no hay antítesis ni dicotomía, y en esto es profundamente coherente con el pensamiento Zen que, repetimos, marca la obra posterior de nuestro autor[43].

Cabe agregar, pues, que lo exterior y lo interior, tanto como lo superior y lo inferior, no están separados radicalmente; más bien, uno

no puede prescindir de lo otro. Aunque, también en el caso del ser humano, lo interior tenga mayor jerarquía: corroborado por la rima incompleta y asonante en el terceto, además de la pertinencia en él de las consonantes que suponen necesariamente obstrucción o dificultad en el paso del aire espirado haciendo de éstas algo superficial respecto de la vocal –puro sonido laríngeo modulado– que deja fluir más plenamente el aire que viene de los pulmones[44]. En cambio, en el cuarteto la rima es completa y consonante, perfectamente cruzada; al interior del *árbol* no hay riesgos de que no haya pájaros, que no haya sol o que las ramas no den sombra por las hojas que se cayeron en el otoño; hay necesariamente savia, y ésta tiene toda la naturaleza en sí unida; además, tiene la profundidad aludida por la aliteración preferente de vocales en estos cuatro versos. Pero, sobre todo, lo interior tiene más jerarquía que lo exterior, porque en aquél siempre prevalece la noche; ésta no está sujeta a cambios, y ya sabemos el prestigio que tiene la noche en la poesía de Javier Sologuren: símbolo del vacío en cuanto anula las diferencias y sintetiza los elementos.

Asimismo, no está de más destacar que en el tercer y séptimo verso del poema –que son la conclusión de la primera y segunda parte respectivamente–, se producen también, en la línea de lo que acabamos de explicar, dos procesos antitéticos pero complementarios: tenemos necesidad de hacer análisis para el tercero, mientras que para el segundo, tal como lo hemos desarrollado, hemos hecho síntesis; es decir, "sombra rumorosa" (sol y viento) es una metáfora que está desenmascarada por la enumeración, que no puede evadirse de estar circunscrita a la descripción exterior del *árbol;* en cambio, "de luz de tierra y cielo" es una enumeración que tiene que ser una metáfora por el mismo carácter del

---

43   Es muy revelador citar el epígrafe de los *Folios* :

"aquella blancura que habitaba las

profundidades del espejo

era la nieve".

Yasunari Kawabata.

---

44   Alonso, Amado y Pedro Henríquez Ureña: *Gramática castellana,* pp. 202-203. Segundo curso. Argentina: Lozada, 1967, 22ª edición.

cuarteto. De esta manera, comparando los elementos referidos por ambos versos vemos que forman dos perfectos pares (sol: luz, viento: cielo), faltándole al tercer verso el elemento "tierra", y esto para nosotros es un indicador de que, no obstante que en un *árbol* lo exterior y lo interior no pueden estar separados, ahora lo "alto" no es superior a lo "bajo", lo platónico está en franca retirada, y más bien lo "bajo" (este mundo o la "talidad" de las cosas) es más complejo, completo y sugerente que lo "alto" (el de la dicotomía platónica, el de la Idea).

Lo observado está en perfecta conjugación con aquella vocación por la tierra en el poemario *Estancias,* por aquello precisado muy bien por el crítico Abelardo Oquendo: "voluntad de estar en el mundo".

Finalmente, como señalábamos antes, "este anhelo de objetividad" en la poética de *Estancias* se traduce en la potenciación –sin precedentes hasta antes de 1959, con *Otoño, endechas,* y, luego, recurrente en las colecciones posteriores a 1970– del aspecto icónico del lenguaje que asumen los versos o la escritura de Javier Sologuren. De esta manera, en el caso de "árbol" esto es muy claro: la primera parte del poema (el follaje) es, obvia y convencionalmente, más breve (3 frente a 4 versos) que la segunda parte (el tronco). En síntesis, pues, estamos ante una *fanopoeia* de fuertes vínculos con las artes plásticas, pero no trabajada de un modo explícito (como la tradición que explota, por ejemplo, Eielson o el propio Sologuren otras veces), sino desde su *logopoeia* y su *melopoeia;* una manera admirable de mímesis a través de la conjunción de grafía, concepto y música; una suerte de escritura ideogramática.

Tal como habíamos anticipado, en la esquematización posible de lo que ocurre en *Estancias* es pertinente ya no un flujograma, sino un diagrama. Más importante que tratar de aludir al movimiento ascencional entre los elementos de la naturaleza o de éstos hacia un Nuevo Mundo de características platónicas, es dar cuenta de un movimiento fulminante e instantáneo, a la manera de un relámpago,

que implicaría no un 'salir de', sino un 'reconocer dentro de' uno mismo la perfecta unión con la naturaleza en lo que hemos denominado vacío.

Por lo tanto, el Nuevo Mundo delataría en este poemario o poema una mirada inmanente, no por eso menos ascencional (espiritual) que una trascendente; es decir, conforme a la evolución y opción de la poesía de nuestro autor por una óptica oriental, en *Estancias* lo más indicado es un diagrama para intentar reflejar la simultaneidad –no el anterior viaje (flujogramas A y B), el esquema 'uno en el otro'– propia de la experiencia del vacío.

Entonces el Viejo Mundo sería más bien el divorcio de la naturaleza y el hombre, su alienación, en el tiempo. Dicho divorcio ocurre básicamente por dos motivos: el trascendentalismo, prescindir de la misma "talidad" de las cosas, aunque en Sologuren éstas estén previamente refinadas o esencializadas; y algo que le puede ser inherente, la abstracción o la especulación. Sobre esto último hemos visto reiteradamente que la experiencia Zen se contrapone al pensamiento discursivo, mediatizador entre nosotros y la naturaleza; y en este sentido las *Estancias,* tomadas en forma individual o en conjunto, son una invitación a una experiencia muy similar a la del budismo japonés.

En conclusión, no hay distancia entre el hombre y la naturaleza (*Vida continua*)[45]; a la larga, sujeto y objeto son una misma cosa; tienen en sí mismos esa posibilidad en la experiencia del vacío.

_____

45 "Vida continua: poesía sin interrupción", es un verso de Jorge Guillén –uno de los maestros de Javier Sologuren– que Anna Soncini pone como epígrafe en la edición italiana de la obra homónima del peruano. Y, precisamente, en la introducción podemos leer algo muy justo respecto de lo que es nuestra conclusión: "In Sologuren vita e poesía sono intimamente legate da una stessa tensione sensa soluzione di continuitá, da un movimiento comune". (Javier Sologuren. *Vita continua*. Poesie 1947-1987. Firenze: Universitá degli Studi di Firenze, 1988).

Flujograma general parcial

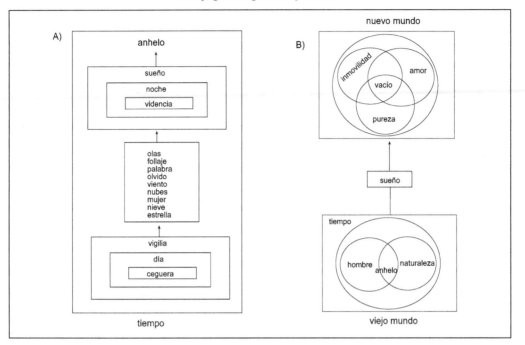

Diagrama general final

¿Qué hace Rita en las nostalgias imperiales?

Jorge Guzmán
Universidad de Chile

Enigmático es este poema. Queremos proponer que es un auténtico poema en prosa en el sentido de Riffaterre[1]. Si ello vale, hay aquí una doble derivación, generada por una sola matriz.

Existe un mutilado, no de un combate sino de un abrazo; no de la guerra sino de la paz. Perdió el rostro en el amor y no en el odio. Lo perdió en el curso normal de la vida y no en un accidente. Lo perdió en el orden de la naturaleza y no en el desorden de los hombres. El coronel Piccot, presidente de "Les Gueules Cassées", lleva a la boca comida por la pólvora de 1914. Este mutilado que conozco lleva el rostro comido por el aire inmortal e inmemorial.

Rostro muerto sobre el tronco vivo. Rostro yerto y pegado con clavos a la cabeza viva. Este rostro resulta ser el dorso del cráneo, el cráneo del cráneo. Vi una vez un árbol darme la espalda y vi una vez un camino que me daba la espalda. Un árbol de espaldas sólo crece en los lugares donde nunca nació ni murió nadie. Un camino de espaldas sólo avanza por los lugares donde ha habido todas las muertes y ningún nacimiento. El mutilado de la paz y del amor, del abrazo y del orden y que lleva el rostro muerto sobre el tronco vivo, nació a la sombra de un árbol de espaldas y su existencia transcurre a lo largo de un camino de espaldas.

Como el rostro está yerto y difunto, toda la vida psíquica, toda la expresión animal de este hombre, se refugia, para traducirse al exterior, en el peludo cráneo, en el tórax y en las extremidades. Los impulsos de su ser profundo, al salir, retroceden del rostro y la respiración, el olfato, la vista, el oído, la palabra, el resplandor humano de su ser, funcionan y se expresan por el pecho, por los hombros, por el cabello, por las costillas, por los brazos y las piernas y los pies.

---

1 "The Semiotics of Genre: The Prose Poem", en Riffaterre, Michael: *The Semiotics of Poetry,* capítulo V, pp. 116 y ss. Bloomington and London: Indiana University Press, 1978.

Mutilado del rostro, tapado del rostro, cerrado del rostro, este hombre, no obstante, está entero y nada le hace falta. No tiene ojos y ve y llora. No tiene narices y huele y respira. No tiene oídos y escucha. No tiene boca y habla y sonríe. No tiene frente y piensa y se sume en sí mismo. No tiene mentón y quiere y subsiste. Jesús conocía al mutilado de la función, que tenía ojos y no veía y tenía orejas y no oía. Yo conozco al mutilado del órgano, que ve sin ojos y oye sin orejas.

Proponemos que la matriz de este poema en prosa es "indio". Lo cual requiere actualizar algunos de los predicados que el uso excesivo ha desgastado. Creemos que el más necesario de traer a la lectura de este poema es "designación que los europeos dieron a los aborígenes del continente que invadieron". En otras palabras, antes de la invasión y del error geográfico de Colón, no existían "indios". Había cientos de pueblos con diversas organizaciones y lenguajes, que carecían de un nombre común. La otra cosa que creo necesario actualizar es una ambigüedad que ya tenía la palabra desde muy temprano. En efecto, Garcilaso Inca se llamó a sí mismo tanto "indio" como "mestizo" en sus *Comentarios*[2]; es decir, no distinguía tajantemente los dos términos.

Esta palabra matriz, "indio", genera dos textos: el poema presente, que llamamos "Existe un mutilado", y el texto (ausente) de la historia del "indio" peruano, que sólo actualiza la lectura[3].

Empecemos por recordar que la palabra "rostro" tiene presuposiciones y predicados de la mayor importancia, especialmente en la cultura llamada cristiana occidental. Mucho puede decirse de "rostro" y de su sinónimo "cara", pero queremos recordar sólo dos contenidos de "rostro" imprescindibles aquí[4]:

1. "Rostro" es, ante todo, el más poderoso de los componentes de la identidad. Nuestro rostro es la persona visible y nos inserta en la sociedad a través de la mirada de los otros. Por eso, sin duda, se lo consideró "espejo del alma".

_____

2. En el capítulo VI del libro I, al hablar de los papeles de Blas Valera, dice: "que yo como *indio* traduje en mi tosco romance". Más adelante, al final del capítulo XIX del mismo libro, dice: "Al lector suplico reciba mi ánimo, que es de darle gusto y contento, aunque las fuerças ni el habilidad de un *indio* nascido entre los indios... no puedan llegar allá." En el capítulo XXXI del libro IX se halla la muy citada frase: "... nos llaman *mestizos*... que fue impuesto por los primeros españoles... y por ser nombre impuesto por nuestros padres y por su significación, me lo llamo yo a boca llena, y me honro con él" (Inca Garcilaso de la Vega: *Comentarios reales de los incas,* 2 volúmenes. Buenos Aires: Emecé Editores, 1943. Énfasis nuestro.

3. Para intertextos secundarios, me parece adecuada la proposición de Julio Vélez, aceptada por González Vigil, de que la relación marxista entre "órgano" y "función" está de alguna manera presente aquí, pero no en la forma excesivamente simplificada que él propone. (Cf. su edición anotada de *Poemas en prosa*; *Poemas humanos*; *España, aparta de mí este cáliz*. Madrid: Cátedra, 1988, p. 105.) Más ceñida parece la mención que hace González Vigil de la idea darwiniana de la transferencia a otros órganos de la función que ya no puede cumplir un órgano faltante. (Cf. Vallejo, César: *Obra poética*, tomo I de *Obras completas*. Lima: Edición crítica. Prólogo, bibliografía e índices de Ricardo González Vigil; *Biblioteca Clásicos del Perú*, 6. Lima: Banco de Crédito del Perú, 1991, pp. 481 y ss.)

4. "Rostro" y su sinónimo "cara" son importantes metáforas o metonimias en innumerables expresiones muy cargadas: "enrostrar", "arrostrar", "descarado", "cara dura", "me lo negó en mi cara", "no tener cara para algo", "de cara al futuro". Porta los "ojos", centro de una riquísima red de sentidos que han dado a nuestra cultura el mito platónico de la Caverna, el de Edipo (ciego), el de Medusa. Porta los "oídos" (lenguaje, música, armonía). Porta la boca (lenguaje, amor, alimento, sonrisa).

2. Pero hay un predicado que tiene particular vigencia en nuestras sociedades latinoamericanas. Para nosotros, el "rostro" es el lugar del cuerpo que lleva los más poderosos signos raciales. Más aún: mientras los racistas norteamericanos creían y creen que la raza es cosa de sangre, nosotros creemos que es cosa, ante todo, de forma y color facial.

Lo primero que entrega la lectura de este poema es una sensación de cabal absurdo. Esta primera impresión, lejos de disminuir, aumenta con cada nueva lectura. Todo el texto es un amasijo de contradicciones, ilogicidades y negaciones de códigos respetados por todo el mundo.

El primer párrafo parece estar formado por dos series de términos opuestos ordenados por las palabras también opuestas: "guerra" y "paz". Como la primera palabra relativa a esta oposición es "mutilado", las expectativas del lector inclinan la lectura hacia las habituales relaciones entre "guerra" y "mutilación". Pero el desarrollo del párrafo es una repetida frustración de estas expectativas. Una y otra vez se niega la relación habitual entre estos dos términos. Más todavía: el desarrollo textual consiste en negar sistemáticamente las relaciones habituales entre "guerra" y "mutilado". Esta "mutilación" vallejiana no pertenece a la enciclopedia de la palabra "guerra". Muy al principio el texto dice que el mutilado es "de la paz". Pero a muy poco andar, esto también se muestra falso.

Digamos aquí que hay una sola predicación de mutilado que, por implicación y presuposición, se mantiene: ser mutilado es siempre profundamente negativo. La especificación de la "mutilación", en la segunda frase, por ejemplo, aumenta la negatividad de la palabra "mutilado" hasta el horror: el "mutilado" lo está "del rostro". Lo cual, ciertamente, distorsiona en algún grado la palabra "mutilado", que habitualmente designa una ablación de un miembro físico protuberante (nariz, mano, pierna). Pero al mismo tiempo, aumenta la enormidad del daño: la mutilación del rostro, aun si es inimaginable, es atroz.

Sin embargo, abordado así, el texto no es demasiado resistente a empezar a entregar su significancia. Alguien cuyo rostro fue mutilado por el "amor" y que, además, saca su mutilación de "un abrazo", es bastante legible si se pone el texto no en el código "guerra", sino en el código "amor". "Abrazo", en efecto, es una de las designaciones de la cópula humana. Se diría, entonces, que el "mutilado" lo es por razón de que alguien "abrazó" enamoradamente a alguien. Esta lectura parece calzar también con otro de los extraños signos textuales: la "pérdida" del rostro ocurrió "en el orden de la naturaleza", no "en el desorden de los hombres".

Esa oposición es particularmente interesante. En algún sentido, dice que el "mutilado" se originó al margen de las cosas humanas. Sin duda que el opuesto normal de "guerra", ese "desorden de los hombres", sería "paz". Pero "paz" es el "orden de los hombres" y el poema dice expresamente que lo opuesto al "desorden de los hombres" no es algún orden humano, sino el "orden de la naturaleza". La dificultad empieza a ceder cuando se nota que en el código habitual, cuando decimos "paz", decimos mayormente "tiempo en que predomina el orden civil, el orden civilizado, el orden normal de una sociedad humana organizada". Y entonces se ve claro que no es en este "orden" donde se ha producido nuestro "mutilado". Él pertenece a otro "orden", no al humano sino al natural. Esta lectura se comprueba del todo en la última oposición, la que pone en un extremo al agente que le "comió" la boca al coronel Piccot, que fue la "pólvora", metonimia por "guerra". Pólvora y guerra pertenecen al "orden"/"desorden" propiamente humano. En el otro extremo está el mutilado. A él lo mutiló el "aire", un agente que no pertenece al orden humano sino al orden natural, donde permite la vida de todos: plantas, animales, hombres. Los no mutilados pertenecen al "desorden"/"orden" humano. Los mutilados del rostro provienen del "orden de la naturaleza", es decir, están en el grupo de todas las cosas vivas que no son consideradas hombres por no pertenecer al orden civil, a la comunidad de los no mutilados. Permítaseme un recuerdo. La generación de mis padres explicaba en Chile la preñez extramatrimonial de las mujeres pobres con la siguiente frase: "Son como animalitos."

La palabra "guerra", leída desde la matriz "indio", hace que las palabras del poema empiecen a ponerse muy tensas. Esta "guerra" la llama el poema "desorden de los hombres". Según el texto, al margen de este desorden, en otro orden, en el "de la naturaleza", se produjo un "abrazo", un abrazo de "amor". De ahí provino el mutilado. Si ahora hacemos el ejercicio de aplicar estas frases a personajes concretos; si pensamos, por ejemplo, en los padres de Garcilaso Inca de la Vega, en el noble español Garcilaso, uno de los primeros invasores europeos, y en su concubina, doña Isabel Chimpu Occllo, princesa Inca, ¿cómo, desde qué código, leer el "desorden de los hombres" y el "orden de la naturaleza"? No cabe duda de que, leída desde los códigos de doña Isabel, su historia personal después de la invasión pertenece plenamente al "desorden de los hombres". Leída desde los códigos de él, miembro de la nobleza española, pertenece en cambio al "orden de la naturaleza". ¿Y cómo, si no con humillación y furia, leería esa oposición el hijo poeta, dueño de los dos códigos?

En el párrafo segundo se acumulan dificultades nuevas. Se dijo en el primero que había un "mutilado" del rostro. Ahora, en esta segunda, nueva contradicción, resulta que tiene "rostro", pero "yerto". Y además, "muerto". Por cierto que el significado de "muerto" es ante todo poético. Proviene de dos fuentes. Primero, de su opuesto, la palabra "vivo". Por oposición a lo "vivo" del "tronco", el rostro está "muerto". Pero también se lo llama "muerto" por contagio de "yerto", que pertenece al sistema descriptivo de "muerto". Todo el párrafo está estructurado por la oposición "vivo"/ "muerto". La palabra "yerto" se halla en una frase extremadamente violenta: "rostro yerto pegado con clavos a la cabeza viva". Se introduce así en el texto el contenido dolor, y también violencia. Alguien le clavó una prótesis atroz en la carne viva al mutilado. No es, pues, un acontecimiento trivial esto de tener un rostro mutilado por provenir de ese "abrazo" que ocurrió ajeno al orden civil. Tales abrazos producen hombres, ciertamente, pero son hombres sin identidad, hombres cuyo rostro no es rostro, y, por eso, hombres a cuya cabeza le duele el rostro que lleva, adherido a ella por la violencia de unos clavos metidos en la carne. La matriz "indio" que postulábamos parece producir un texto más rico en cada frase.

Las que vienen son una nueva justificación de esta lectura. Como suele suceder en estos poemas de Vallejo donde prevalece la categoría blanco/no blanco, el poeta está textualizado aquí. "Vi una vez un árbol darme la espalda y vi una vez un camino que me daba la espalda." "Dar la espalda" es una conocida frase hecha, cuyo significado mayor es despreciar, no tomar en cuenta, *ningunear*. El poeta textualizado fue, pues, víctima de esta violencia triste. Un "árbol" le dio la espalda, y también se la dio un "camino". Luego explica lo que es "un árbol de espaldas" y "un camino de espaldas". Son diferentes. Aquél "sólo crece en los lugares donde nunca nació ni murió nadie". Éste "avanza por los lugares donde ha habido todas las muertes y ningún nacimiento". A la sombra de un árbol de ésos nació el mutilado del rostro. Y su existencia transcurre a lo largo de uno de esos caminos. En resumen: tanto los entes de la naturaleza como los entes de la cultura desprecian al hombre mutilado del rostro. Lo que dice, entonces, todo el párrafo es soledad. Pero ¿soledad por relación a qué? Ciertamente, no la soledad romántica del yo rechazado por excelso. La del mutilado es una soledad doble. Es, primero, la concreta soledad del que no halla compañía entre las cosas naturales. Esas cosas naturales acompañaban al súbdito del Imperio Inca porque el "orden" humano de las comunidades del Incario les daba un ánima. Animadas, ellas amaban a cada súbdito imperial y eran amadas por ellos. Sin el "orden" social que murió por la invasión, por la "guerra", nadie ha nacido ni ha muerto por relación a estos árboles.

Tampoco halla compañía el mutilado en los caminos, esos productos culturales de la organización civil de los hombres. Perdido el "orden" en que vivieron esos eficientísimos constructores de caminos que fueron los ciudadanos del Imperio, el mutilado está solo de esos caminos; por ejemplo, del maravilloso Camino del Inca, que todavía se usa, en tramos, en el sur de Chile. Los que construyeron y usaron los caminos del Incario están todos muertos. Y está solo de los caminos construidos de la invasión acá, los caminos de los no mutilados, porque el "orden" nuevo en que ellos valen le está negado.

El tercer párrafo dice cómo funciona el mutilado del rostro. Digamos que aquí está plenamente presente algo que era apenas una presuposición débil en el primer párrafo. El mutilado del rostro vive y se mueve en un mundo de hombres que no son mutilados. Y aquí cabe la pregunta que no hicimos a tiempo: ¿quién le clavó un rostro yerto al mutilado en el cráneo? Los otros, los no mutilados, parece una buena respuesta. A esta altura, quiero confesar que ya antes, en esa extrañísima frase del párrafo segundo ("Este rostro resulta ser el dorso del cráneo, el cráneo del cráneo"), me parece ver la imagen de un hombre humillado, que habla a su interlocutor con la cara tan agachada, que no deja ver más que su cráneo. El habérsele obligado a llevar un doloroso rostro de "indio" pegado al cráneo, hace a este rostro "yerto", y por eso "toda la vida psíquica, toda la expresión animal de este hombre, se refugia, para traducirse al exterior, en el peludo cráneo, en el tronco y las extremidades". Por no poderse ver el rostro real, el de los no mutilados, toda la noticia que da esta víctima de su verdadera vida psíquica y también de sus impulsos animales, hay que obtenerla observando el resto de su cuerpo. La segunda de las dos frases

que componen el párrafo repite lo mismo, agregando bellamente un término que antes no estaba. Entre lo que no puede expresar directamente el rostro mutilado está "el resplandor humano de su ser".

El párrafo final es el más cargado de todos. Lo lastran de dolor los tres antecedentes. Este hombre sin rostro, pese a su mutilación, pese a que le hemos fijado una máscara yerta con clavos sobre el cráneo, es un hombre cabal, un hombre como cualquier otro. "Está entero y nada le hace falta... ve y llora... huele y respira... escucha... habla y sonríe... piensa y se sume en sí... quiere y subsiste." Cuatro elementos me emocionan especialmente en esta enumeración: "llora", "piensa", "sonríe", "se sume en sí". Me dan imágenes hermanas de otras que he visto por las pampas del norte de mi país y por los caminos de Bolivia y del Perú.

Las dos últimas frases agregan una consideración que no es, como parece a primera vista, un puro remate retórico. Al decir "Jesús conocía al mutilado de la función... Yo conozco al mutilado del órgano", sin duda está enfrentando, una vez más, los dos "órdenes": el que provino de la invasión de los cristianos y el que esos cristianos le impusieron a los que así vinieron a ser los mutilados del Nuevo Mundo.

César Vallejo y sus "estatuas"

Stephen Hart
University of Kentucky, Estados Unidos

> *"Lo que importa principalmente en un poema es el tono con que se dice una cosa; secundariamente, lo que se dice".*
>
> CÉSAR VALLEJO:
> *ELECTRONES DE LA OBRA DE ARTE*

La poesía es un género eminentemente oral, y, por lo tanto, invisible. Y, por eso, tanto en el Viejo como en el Nuevo Mundo, también el más antiguo[1]. Antes del teatro, antes de la narración, había poesía. En nuesto mundo moderno –mejor dicho, posmoderno–, tan adicto a todo lo visual, desde las telenovelas hasta las noticias del día en la televisión, ¿cómo puede competir la poesía? Ésta es la pregunta fundamental que guía este ensayo. Para responderla, decidí tratar de elucidar las diversas maneras como la poesía se comunica visualmente en nuestro mundo, sobre todo al constituirse en cultura visual cotidiana. Y la poesía de César Vallejo, el gran poeta peruano, es especialmente apta para este análisis porque, como veremos, se enfoca en la visualidad de la cultura peruana, es decir, en sus "estatuas"[2].

En nuestra época, la estatua tiene un valor social específico. Así, la mayoría de las estatuas no son autónomas sino que están integradas con edificios o con otras obras de arte. Por lo general,

---

1 Toda cultura, hasta las preletradas, tiene el don de la poesía. No es una casualidad que Aristóteles empiece su discusión de la "mímesis" con un análisis de la poesía para luego pasar a la tragedia, la épica, etcétera, en la *Poética*. También es de notar que, en cuanto a las "letras" precolombinas, tenemos mucho más información sobre la poesía que sobre los otros géneros.

2 Aquí debo mencionar que utilizo la palabra "estatua" en el sentido de "sinédocque de la cultura visual cotidiana". Hay otro episodio que debo mencionar como algo que inspiró el presente ensayo. La primera vez que vine al Perú, en 1981, estaba explicando a una criada en el hotel donde me alojaba lo que hacía aquí (había venido para hacer una investigación sobre Vallejo), y me chocó el sentido de devoción –casi religiosa– con que pronunció el nombre del poeta peruano –aunque nunca había leído alguna de sus obras–, lo que probablemente era verdad. Descubrí de golpe el enorme impacto social que tiene la obra de un gran poeta aun en los ciudadanos de las clases más humildes. Es interesante, por ejemplo, que el valor social

las estatuas proveen un punto focal para la encrucijada de calles, en mercados, plazas y otras áreas urbanas al aire libre. La escultura es un arte al aire libre; y sus imágenes –y aquí cito la *Enciclopedia Británica*– sirven como "símbolos religiosos, o míticos o cívicos, los cuales expresan las creencias, o los sentimientos espirituales más profundos de la humanidad" (*EB* 27: 58-59). Parece una perogrullada, pero en el mundo hispánico la mayoría de las estatuas en las plazas mayores representan a poetas; la ciudad andaluza de Córdoba, por ejemplo, está llena de estatuas de poetas andaluces: Bécquer, Góngora, entre otros. Al convertirse en estatua, el poeta cobra un valor social y cultural que trasciende la verbalidad de su obra literaria en sí; se convierte en "poeta en la calle", para usar al pie de la letra una frase de Rafael Alberti. Concretamente, para utilizar una terminología más técnica, el poeta se transforma en cultura visual cotidiana. Vallejo viene muy al caso; hasta hay una estatua de Vallejo en Pucallpa, donde, que yo sepa, Vallejo nunca estuvo (al menos había una estatua de Vallejo en piedra verde cuando estuve allí hace quince años)[3].

El título de este trabajo, "César Vallejo y sus 'estatuas'", se debe a mi interés por la manera en que la literatura se convierte en cultura vital, es decir, en un sustrato ideológi-

co en que están implícitas ideas tales como la nacionalidad y el nacionalismo; y la idea fue inspirada esencialmente por el campo de Cultural Studies, que es una nueva disciplina que trata de enfocar la cuestión de la cultura, su creación, su mantenimiento y su impacto en un sentido social, al mismo tiempo que el contacto que tiene con otras artes tales como la cultura visual (y por eso he escogido la estatua como punto de partida)[4]. En este congreso, precisamente, donde se reúnen tantas disciplinas, tenemos la posibilidad de romper estas barreras no solamente entre las disciplinas sino también entre los países. A veces el diálogo entre dos países puede conllevar problemas serios de incomunicación. En su libro *Fire on the Andes*, por ejemplo, Carleton Beals, uno de los autores antologizados en el libro reciente *The Peru Reader,* describe la despedida de un hombre de negocios inglés del Lima Cricket Club en los años veinte. En su discurso de despedida el aludido dijo lo siguiente:

> "There are not so many of us here now these days of depression, but in promoting cricket you are promoting the interests of your country, helping to safeguard its valuable properties here. Teach the Peruvians to play the game. Many year ago we English were the only ones who played it, then a few high-class Peruvians educated in England; now as you see here today, it has spread to the common people. That is a good thing, a healthy thing. It helps keep the minds of the common people off Socialism and Bolshevism and all the new radical ideas menacing Perú" (Beals 1934).

_____

que se le da a ciertas personas –como por ejemplo a Simón Bolívar– trascienda los hechos concretos de su vida. Las grandes figuras de la historia –igual que las grandes obras literarias, o los descubrimientos científicos– adquieren ese valor –que es tanto social como cultural– porque su significado se recrea en el alma de cada generación. Este valor social se trasluce frecuentemente en la creación de obras de cultura visual tales como cuadros o estatuas. Un rasgo esencial de esta cultura visual es que sea pública, es decir, vista por todos.

3   En Inglaterra, sin embargo, la mayoría de las estatuas están dedicadas a militares; así, por ejemplo, la gran columna de Nelson en Trafalgar Square, que conmemora la batalla que Nelson tuvo con la armada española en 1805 cerca del cabo Trafalgar: "Dime de quién haces estatuas, y te diré cómo eres."

_____

4   Un buen ejemplo de este nuevo campo de estudios lo tenemos en el libro *The Peru Reader,* una antología que incluye textos tan diversos como el manuscrito de Huarochirí, una entrevista con un activista limeño gay y un texto autobiográfico escrito por un miembro de Sendero Luminoso. Y la confluencia de todos estos textos es importante, porque tenemos que liberar a la literatura del recinto limitado del canon donde tradicionalmente ha estado encarcelada.

El deporte del cricket se ve, así, como una medicina que combate la enfermedad del socialismo y el bolchevismo; y, desde la óptica de los años noventa, parece un poco ridícula la idea de que con el cricket desaparece la tensión social en el Perú. De esta manera nace un desfase entre el país y la percepción que de él se construye en otros lugares del mundo. Este desfase entre dos países, la proyección que un país hace de otro, es lo que estamos tratando de destruir –o por lo menos entender– hoy durante este congreso[5].

Esta incomunicación no pasa solamente entre países, sino que se da también entre las regiones de un mismo país, y entre representantes de una determinada región. Vallejo, por ejemplo, no se escapa de ese dilema hermenéutico; como poeta tenía la costumbre de mitificar su entorno, especialmente los indios. El gran crítico peruano Luis Alberto Sánchez habló en su discurso de incorporación a la Academia Peruana de la Lengua que dio el 23 de abril de 1981 ("Indianismo e indigenismo en la literatura peruana"), de que la proyección del indio en el Occidente ha tenido dos vertientes: la del indio inocente, el "buen salvaje", y la del animal feroz, el caníbal, el "mal salvaje". Puntualizó que la imagen del "buen salvaje" se conoce con el término indianismo y la del "mal salvaje" con el de indigenismo (Sánchez 1981: 11-27). Desde el punto de vista del "Cultural Studies" –un campo de saber muy sensible a la manera en que los miembros de una sociedad se proyectan en otra sociedad y cuya obra clásica es *Orientalism* de Edward Said– podemos visualizar el indigenismo como mayoritariamente creado en el país de los indios, y el indianismo como creado en el país de los blancos. Y claro está, el país de los blancos podría ser París o también Lima. Por lo general, como han demostrado críticos como Edward Said, Gayatri Spivak y Homi Bhabha, cuanto menos se comprende un fenómeno cultural y social, más intensamente se crea una imagen de esa realidad, la cual, aunque no fuera en lo más mínimo verdadera en un sentido empírico, no por eso pierde su verdad social. Es decir, si el blanco dice en París que los indios son caníbales, en efecto son caníbales en París, aunque la verdad fuera otra. Es un hecho quizá olvidado que Theodor de Bry, cuyas obras que describen el canibalismo de los indios tuvieron tanto impacto en Europa en el siglo XVII, nunca había visitado las Américas. Sin embargo, sus obras se vendían en todas partes de Europa y tuvieron un impacto social innegable[6].

_____

5   Hay una letanía de cuentos sobre la incomunicación que brotó al llegar los europeos al Nuevo Mundo. En una de sus cartas Cortés describe cómo nombró Yucatán: pensó que los indios le decían el nombre del territorio donde estaba, pero lo que en realidad le decían era "no entendemos sus palabras". Más recientemente hubo un caso muy especial de incomunicación entre dos países. Durante la guerra de las Malvinas, en mayo de 1982, un oficial de la Marina inglesa, un tal capitán McCracken, estaba desembarcando en Sussex Mountain cuando vio, junto a sus soldados, algo que le pareció ser una unidad de soldados argentinos. Se escondió detrás de un montículo por treinta minutos y escuchó algo que le pareció ser la lengua española, lo que confirmó su impresión de que se trataba de una escuadra de soldados argentinos. Después de media hora decidió averiguar su primera impresión; salió y se encontró con un gran grupo de ruidosos pingüinos. Al dar su reporte a su jefe, aconsejó que se enseñara más español en las escuelas secundarias británicas en el futuro para que no se repitiera este tipo de problema (Thompson 1985: 35). La anécdota es impresionante, a mi modo de ver, porque demuestra algo muy intrínseco de lo que estamos haciendo en este congreso, es decir, reunir a los investigadores peruanos con los investigadores extranjeros para evitar el riesgo babélico del saber y así empezar a hablar la misma "lengua".

_____

6   En 1994 visité la colección de libros raros del Stetson Collection en la Universidad de Florida y encontré una cantidad enorme de los libros de Bry. Traducciones en inglés, español, alemán, holandés, francés, lo que permite deducir que el impacto de sus libros fue comparable al de las obras –también muy traducidas– de Bartolomé de Las Casas.

En el Perú brotaron en los años veinte algunos inicios del indigenismo. Sánchez ha recordado lo que pasaba –desde un punto de vista cultural– en aquellos años:

> "En todas partes había surgido un naciona-
> lismo sistemático; en el Perú también. Se
> trataba de buscar, como en los días románti-
> cos, las más viejas tradiciones nacionales.
> Lo popular y lo folclórico subieron de nivel
> y de precio. En el Perú ocurrió lo mismo.
> Abraham Valdelomar, uno de los máximos
> exponentes de nuestro retrasado moder-
> nismo, había lanzado entre 1912 y 1918 una
> serie de narraciones seudoincaicas... En
> 1918 el joven César Vallejo elogiaba lo
> incaico en sus 'Sonetos imperiales'(en efec-
> to, se llamaba 'Nostalgias imperiales')
> insertos en *Los heraldos negros*. Poco
> antes, Percy Gibson cantaba lo serrano y lo
> mestizo semiindio en sus 'Sonetos are-
> quipeños'... Enrique López Albújar editaba
> sus vigorosos *Cuentos andinos*; Luis
> Valcárcel ensayaba una sinfonía literaria
> incaica; y al año siguiente Felipe Cossío del
> Pomar publicaba por primera vez *La pintu-
> ra en el Cusco;* de todo lo cual surgiría el
> rescate de lo indio" (Sánchez 1981: 8).

En el caso de Vallejo, según Sánchez ha indicado, la mayoría de las alusiones a la indianidad en *Los heraldos negros* (1918) se encuentran en "Nostalgias imperiales". En estos poemas, aunque tengan su vertiente a favor del indio, los indios se proyectan, en última instancia, desde una óptica indianista, es decir, pintoresca y, a veces, colonizadora[7]. Así, los indios se ven desde una perspectiva mestiza o criolla; pertenecen a una civi-

lización ya muerta. Vallejo podía estar miran-do los egipcios o los mayas. Por ejemplo, dice lo siguiente de una india: "La anciana pensativa, cual relieve de un bloque pre-incaico, hila que hila".

La anciana pertenece a un museo más que a una comunidad viva; es una estatua más que un ser vivo. También Vallejo habla de una "emoción de huaca" y de "un tedio estatual de terracota", "un huaco gigante" (Vallejo 1983: 82-83); y estas imágenes con-firman nuestra impresión de que la cultura incaica se ve proyectada bajo la mirada dis-tante de un arqueólogo, quien hace sus excavaciones, tamiza la tierra, saca sus con-clusiones, y para quien la cultura, apriorísti-camente, está muerta y no puede resucitar excepto a través de la palabra del investi-gador. Una cultura de piedras en vez de cuer-pos humanos. Un "Pedro Páramo" peruano.

La actitud del poeta también tiene su lado personal en estos poemas. Vallejo –en un gesto muy romántico– proyecta sus propias angustias a través de sus alrededores. Dice lo siguiente, por ejemplo:

> "De codos yo en el muro,
> cuando triunfa en el alma el tinte oscuro
> y el viento reza en los ramajes yertos
> llantos de quenas, tímidos, inciertos,
> suspiro una congoja,
> al ver que en la penumbra gualda y roja
> llora un trágico azul de idilios muertos!"

Los "idilios muertos" referidos aquí son simultáneamente la congoja del poeta al ver su amor desaparecido y la depresión producida por la vista de una cultura muerta. Pero la primera alusión es la más importante, es decir, el lado personal. La referencia al ambiente incaico se debe a la creación de un trasfondo contra el que puede destacarse la silueta de la emoción poética. Así, siempre existe una distancia entre la cultura incaica y el yo poético. Nótese la distancia aludida en la cita siguiente:

---

7   Aquí se puede notar cierta semejanza entre la actitud de Vallejo y la actitud artística del pin-tor peruano José Sabogal, cuyos cuadros de la población india –muy populares en los años veinte– dan una visión estereotipada y pin-toresca de los indios. (Véanse, por ejemplo, las ilustraciones que aparecen en la obra cita-da de Beals).

"Las pallas, aquenando hondos suspiros,
como en raras estampas seculares,
enrosarian un símbolo en sus giros."

La referencia a "estampas" revela que Vallejo ve a la cultura incaica en términos escultóricos; el hecho de que sea "rara" la estampa nos muestra también que Vallejo es un extranjero en este ambiente incaico. Es importante señalar que el único caso en que Vallejo se entusiasma por lo que ve se da cuando recurre a mitos y alusiones míticas occidentales. En "Mayo", por ejemplo, se refiere tanto al Antiguo Testamento ("en pos de alguna Ruth sagrada, pura... bajo la hebraica unción de los trigales") como a la mitología clásica ("Aquiles incaico del trabajo", "oh Venus pobre", "un himno de Virgilio"). Es decir que Vallejo, lo mismo que sus contemporáneos europeos, ve todo lo griego y romano como positivo y rebosante de vida, y todo lo otro como primitivo, muerto y ajeno; en fin, sólo útil para los museos. En conclusión, en "Nostalgias imperiales", Vallejo, como buen arqueólogo, coloniza su ambiente indio[8].

Ahora surge una pregunta: basado en lo dicho hasta ahora, ¿qué se puede deducir del autor en cuanto a su ideología nacional? El nacionalismo expresado por esta colección de poesías es una ideología de cosas muertas, de estatuas más que de seres vivos. También es un ideología europeizante. Ejemplifica esta actitud la decisión que en un principio Vallejo tomó para darse el *nom de plume* de César Perú para *Los heraldos negros,* siguiendo el ejemplo del escritor francés Anatole France. Solamente después de sufrir las burlas de sus amigos por varias horas rechazó la idea y publicó la colección con su verdadero nombre[9]. En efecto, en *Los heraldos negros* Vallejo es arqueólogo europeizante del alma de su país[10]. Más tarde, como veremos, se convertirá en médico. Una de las metáforas más importantes de la obra de Vallejo, y especialmente de *Poemas humanos* (1939), es el cuerpo[11]. El cuerpo se convierte en una imagen obsesionante para el poeta peruano, principalmente porque la presencia de su propio cuerpo le da al poeta el permiso para una investigación minuciosa de la mortalidad del ser humano. Así, hay un gran número de poemas dedicados —siguiendo el modelo de Quevedo— a la muerte; el más famoso es "Sermón sobre la muerte". Para mí, sin embargo, lo más característico de la obra póstuma vallejiana es su indagación de los intersticios de su propio cuerpo, como si Vallejo fuera el médico de su propio cuerpo[12].

---

8   Vallejo está, por eso, muy lejos de Martí cuando éste pidió lo siguiente: "La historia de América, de los incas a acá, ha de enseñarse de dedillo, aunque no se enseñe la de los arcontes de Grecia. Nuestra Grecia es preferible a la Grecia que no es nuestra." (*Nuestra América,* 1891.) Sin embargo, la obra de Vallejo era un atisbo —a finales de la seguda década de este siglo— de una reevaluación de lo indio en el Perú.

9   La costumbre de tomar apellidos de otros autores merecería un estudio más detenido. No fue Vallejo el único en sufrir la tentación de adoptar el nombre de un poeta europeo. También lo hicieron los poetas chilenos Gabriela Mistral y Pablo Neruda. Lo que sí demuestra es la ideología europeizante que reinaba en aquellos años.

10   Mi intención aquí no es desprestigiar la obra de Vallejo al sugerir que estaba explotando el legado incaico de su país. Sin embargo, en los años veinte y treinta, con el interés creciente en lo incaico en círculos intelectuales nacionales, algunos arqueólogos peruanos vendieron obras de arte, esculturas y estatuas a museos extranjeros, haciéndose ricos y negando a su país la posibilidad de retener su legado cultural incaico. Un ejemplo es Gabriel de Castilla, cuyas maniobras (escandalosas) se describen en Beals (1934: 105-107). También culpables fueron los museos extranjeros que compraron aquellas obras de arte.

11   Todavía de gran valor es el ensayo de Sobejano sobre el cuerpo en *Poemas humanos.*

12   La figura del médico ha tenido una larga tradición en la literatura hispánica. Pienso especialmente en *El médico de su honra* de Calderón de la Barca, y los médicos que se ven retratados grotescamente en las páginas de Caviedes.

En "Epístola a los transeúntes", por ejemplo, Vallejo se refiere a su "brazo", su "estómago", su "cabeza", su "cuerpo solidario", y, finalmente: "mi hombligo en que maté mis piojos natos,/ésta mi cosa cosa, mi cosa tremebunda".

Otro poema, "Esto", tiene una referencia a su costumbre –entendida en un sentido metafórico–: "me hago doler yo mismo, extraigo tristemente,/por la noche, mis uñas".

Otro tema importante de *Poemas humanos* es la proyección de la nacionalidad del poeta. Por lo general, Vallejo ve la peruanidad como íntimamente conectada con la tierra. Su poema "Telúrica y magnética", inspirado por su entusiasmo por la Unión Soviética del Segundo Plan Quinquenal, por ejemplo, enfatiza la conexión Perú/tierra. Empieza así:

"¡Mecánica sincera y peruanísima
la del cerro colorado!
¡Suelo teórico y práctico!"

Es muy probable que la referencia al "suelo teórico y práctico" aluda a un libro escrito por Stalin, *El marxismo teórico y práctico*, que Vallejo leyó a finales de los años veinte o a principios de los treinta en una traducción francesa, según he demostrado en mi libro sobre Vallejo (Hart 1987: 25); lo que significa que Vallejo ve, en aquel momento, el marxismo como algo que crece tan naturalmente como la tierra. Un poco como José Carlos Mariátegui, Vallejo describe una conexión entre el Perú, la naturaleza y el marxismo, y proyecta esta triada como parte de una ecuación natural y racional[13]. En el mismo poema, Vallejo escribe sus versos más nacionalistas:

"¡Sierra de mi Perú, Perú del mundo,
y Perú al pie del orbe; yo me adhiero!"

Para nuestra investigación, lo que nos interesa es encontrar el punto en *Poemas humanos* donde se entrecruzan las narrativas de nacionalidad y cuerpo. Y, precisamente, hay un poema en el que estos dos tópicos se entrelazan, a saber, "Fue domingo en las claras orejas de mi burro...". En este poema, como veremos, Vallejo proyecta su propio cuerpo como convirtiéndose en icono de la nación peruana. El poema abre con una referencia a la peruanidad[14]:

"Fue domingo en las claras orejas de mi burro,
de mi burro peruano en el Perú (Perdonen la tristeza)."

Para explicar el contexto, hay que anotar que Vallejo aquí se imagina como Cristo que entra en Jerusalén sentado en un burro, unos días antes de su muerte[15]. Lo que sí es interesante es que Vallejo, en la estrofa siguiente, se refiere a imágenes visuales de su propio país:

---

13 Véase el estudio de Escajadillo sobre este punto.

14 El término "peruanidad" es muy debatido. En su libro sobre este tema, Víctor Andrés Belaunde rechaza la importancia del legado incaico en el Perú. Dice, por ejemplo: "(e)l indigenismo radical importa la mutilación de la peruanidad... Es imposible revivir aún en la propia masa indígena la estructura económica, política y social extinguida ni resucitar los dioses muertos. El movimiento indigenista radical reviste el carácter de una rebelión de masas con un sentido negativo, regresivo y destructor". Finalmente, propone que "(l)a peruanidad es una síntesis creada por el espíritu católico" (Belaunde 1965: 477). Vallejo, sin embargo, aunque rechaza hasta cierto punto el legado incaico como hemos visto en nuestro análisis de las "Notalgias imperiales", poco tiene que ver con la "estética blanca" de Belaunde. La interpretación que hace Vallejo de su realidad política es una lectura mestiza, o, mejor dicho, una lectura de "cholo".

15 Hay otro elemento que hace pensar que Vallejo se despedía de la vida en este poema. Despúes de una alusión a Voltaire, Vallejo nombra la cifra "diecisiete", y es posible que este número tuviera un sentido específico y

"Tal de mi tierra veo los cerros retratados,
ricos en burros, hijos de burros, padres hoy
de vista,
que tornan ya pintados de creencias,
cerros horizontales de mis penas."

Después el poeta pasa a una comparación entre sí mismo y una estatua de Voltaire que quiero comentar más detenidamente. Las dos últimas estrofas, que realmente constituyen el meollo intelectual del poema, rezan así:

"En su estatua, de espada,
Voltaire cruza su capa y mira el zócalo,
pero el sol me penetra y espanta de mis
dientes incisivos
un número crecido de cuerpos inorgánicos.

_____

personal para él; es decir, que se trate de una imagen cuyo valor es indescrifrable en un sentido empírico. Sin embargo, propongo una interpretación. Según el testimonio de Juan Espejo Asturrizaga, Vallejo tuvo una premonición de su muerte en 1920: "Estaba despierto –decía– cuando de pronto me encontré tendido, inmóvil, con las manos juntas, muerto. Gentes extrañas a quienes yo no había visto nunca rodeaban mi lecho. Destacaban entre éstas una mujer desconocida, cubierta con ropas oscuras y, más allá, en la penumbra difusa, mi madre como saliendo del marco de un vacío de sombra, se me acercaba y sonriente me tendía sus manos... Estaba en París y la escena transcurría tranquila, serena, sin llantos." (Espejo Asturrizaga 1960: 97-98). Por eso, más tarde se refirió a su muerte como si fuera un recuerdo en "Piedra negra sobre una piedra blanca": "Me moriré en París con aguacero, un día del cual tengo ya el recuerdo. Me moriré en París –y no me corro– tal vez un jueves, como es hoy, de otoño." Vallejo tenía razón con respecto a ciertos detalles (por ejemplo, que iba a morirse en París "con aguacero" pues, en efecto, llovía el día en que murió), pero no con respecto a otros (no murió un jueves sino un viernes, y no en otoño sino en primavera). No carece de interés el que el número de años entre el año de la premonición (1920) y el año de su muerte (1938) sea, con un año de error, "diecisiete", a saber, la cifra que aparece en este poema, lo que podría sugerirnos que se trata de otro ejemplo de recuerdo de la premonición original.

Y entonces sueño en una piedra
verduzca, diecisiete,
peñasco número que he olvidado,
sonido de años en el rumor de aguja de mi
brazo,
lluvia y sol en Europa, y ¡cómo toso! ¡cómo
vivo!
¡cómo me duele el pelo al columbrar los
siglos semanales!
y, como, por recodo, mi ciclo microbiano,
quiero decir, mi trémulo, patriótico peinado."

He analizado este poema en otro estudio mío, y por eso quiero limitarme a algunas observaciones específicas[16]. Primero, un punto de clarificación: el poema está basado probablemente en la famosa estatua de Voltaire que está en la Comédie-Française hecha por Jean-Antoine Houdon[17]. La estatua de Houdon, como el poema de Vallejo, muestra a Voltaire llevando una capa. El punto de comparación en el poema se traza entre Voltaire, símbolo de Francia, de fuerza y per-

_____

16 Véase mi estudio "César Vallejo and the Space of Cultural Enunciation: An Analysis of 'Fue domingo en las claras orejas de mi burro...'" que se publicará en las Actas del Congreso sobre Vallejo que tuvo lugar en Nottingham, Inglaterra, en diciembre de 1992.

17 Según el testimonio de Juan Domingo Córdoba Vargas, en los años veinte en París a Vallejo le gustaba visitar las tumbas de famosos escritores franceses, tales como La Fontaine, Molière, Victor Hugo, Alfred de Musset, Baudelaire y Zola, para luego empezar a dialogar con ellos. También visitó la urna funeraria de Voltaire en el Panthéon. El poema analizado arriba, en efecto, parece tener su punto de arranque en el diálogo con un muerto, en este caso Voltaire. Por consiguiente, es por su fascinación por la muerte, y especialmente por las tumbas de famosos escritores franceses, por lo que, según Georgette, Vallejo quería ser enterrado en el cementerio Montparnasse. Hoy en día sus restos están en el cementerio Montparnasse, y muchos vallejistas han hecho el peregrinaje a ese cementerio para visitar su tumba (incluido yo); pero cabe preguntarse si ya es tiempo de que los restos mortales de Vallejo se devuelvan a su país de nacimiento.

manencia, y Vallejo, símbolo del Perú (indicado por la alusión a "mi trémulo, patriótico peinado"), de debilidad ("cuerpos inorgánicos", y "¡cómo toso!"), temporalidad (véase la alusión a "el rumor de aguja en mi brazo", lo cual significa el tópico del *tempus fugit* pero en el cuerpo mismo), e impermanencia ("mi ciclo microbiano" da a entender la mortalidad del poeta). Aquí Vallejo no rechaza a Voltaire con un gesto de nacionalismo vulgar, sino que trata de enunciar una nueva visión de la relación entre los dos países, Perú y Francia, que no se basa en la desigualdad sino en la mutua comprensión. Muy lejos, según podemos ver, del nacionalismo crudo de algunos de los poemas anteriores de Vallejo, y aún más lejos de la actitud del arqueólogo del alma del Perú, según vimos en las "Nostalgias imperiales". Nótese también que Vallejo, en este poema, se trata a sí mismo como si fuera un médico, palpando su propio cuerpo, haciendo el diagnóstico de su cuerpo. Anteriormente arqueólogo, ahora Vallejo se ha convertido en médico del cuerpo de su país[18].

En *España, aparta de mí este cáliz* (1939) se puede hablar de la aparición de un nuevo papel, o "máscara", para el poeta. Anteriormente arqueólogo y después médico, ahora se le puede considerar como *phar-*

makos del alma de su madre quien, en este caso, es España: "Niños del mundo, está la madre España con su vientre a cuestas"[19]. Como buen médico, le aconseja a España sobre su "salud", al advertirla de la creación de células nocivas (entendido esto en un sentido tanto médico como político) en su cuerpo social. En Poema XIV, por ejemplo, dice:

> "¡Cuídate, España, de tu propia España!
> ¡Cuídate de la hoz sin el martillo,
> cuídate del martillo sin la hoz!"

Aquí Vallejo se refiere a la creación de una nueva España republicana y comunista, la que podría resultar dañada si los ideales de la Revolución no se respetan. Hoz y martillo son símbolos, respectivamente, de la agricultura (y un atisbo de su visión agriculturalista se puede rastrear en "Gleba" y "Telúrica y magnética") y la fuerza política (recuérdese, también, que la hoz aparece en la bandera de la Unión Soviética y Vallejo alude visualmente a ese símbolo). En otro verso del mismo poema, "¡Cuídate del leal ciento por ciento!", hay una referencia velada a la lucha encarnizada que se desarrollaba en aquel entonces entre los trotskistas y los estalinistas en España, a consecuencia de la cual la causa republicana perdía terreno en la guerra contra las fuerzas nacionalistas de Franco[20]. Mien-

---

18 Hay otro elemento en este poema que vale la pena enfatizar. Aunque Vallejo no fue reconocido en vida (pues su fama creció póstumamente con el descubrimiento de sus *Poemas humanos* y *España, aparta de mí este cáliz*), es posible conjeturar que él ya era consciente del valor de su obra. Recordemos que en 1920, después de una lectura poco exitosa de sus versos en Huamachuco, pronunció la siguiente frase: "¿Cómo no me aplauden? A mí que llegaré a ser más grande que Rubén Darío y tendré el orgullo de ver a la América prosternada a mis pies." (Espejo Asturrizaga 1960: 92). En efecto, Vallejo tenía razón, pero hubiera sido casi imposible adivinar lo que el futuro le reservaba. En "Fue domingo en las claras orejas de mi burro..." es posible detectar la conciencia que Vallejo ya tenía de su valor como icono de la peruanidad.

19 Aquí utilizo el término *pharmakos* para designar a Vallejo como médico del alma más que del cuerpo y, recurriendo a una metáfora que san Pablo utilizó para describir a Cristo en sus cartas, a saber, "sanador". No estoy sugiriendo que Vallejo fuera cristólogo; es otro ejemplo de la actitud –o, mejor dicho, "máscara", para utilizar el término de Óscar Wilde– que el escritor toma para verbalizar su verdad.

20 Hay un estudio excelente de la lucha sangrienta entre los trotskistas y los estalinistas en el territorio español durante la guerra civil española (1936-1939) en Hugh Thomas. También relevante en este contexto es el excelente ensayo de George Orwell, *Homage to Catalonia,* donde se describe esta rivalidad feroz. Juan Larrea ha mencionado la posibili-

tras que antes Vallejo, como médico, profetizaba la muerte del paciente, aquí expresa una fe innegable en la resurrección de España. Según dice en III:

> "Pedro Rojas, así, después de muerto
> se levantó, besó su catafalco ensangrentado,
> lloró por España
> y volvió a escribir con el dedo en el aire:
> '¡Viban los compañeros! Pedro Rojas'.
> Su cadáver estaba lleno de mundo".

Más que médico del cuerpo, ahora Vallejo se convierte en *pharmakos* del alma, en el sentido que san Pablo da a ese término en el Nuevo Testamento. La estatua de la muerte se ha convertido en carne viva[21].

Según hemos visto, el papel desempeñado por el poeta peruano es sumamente proteico en su obra. De arqueólogo del alma peruano en "Nostalgias imperiales" se convirtió en médico en *Poemas humanos* y *pharmakos* en

España, aparta de mí este cáliz. La diferencia entre las dos obras póstumas radica en la actitud espiritual que adopta con respecto al país-cuerpo-paciente, necrólogo en el primero y sanadero en el segundo.

Observación final: para describir el horror que sintió al ver la destrucción provocada por las fuerzas nacionalistas durante la guerra civil española, Vallejo recurrió a la metáfora de estatua, que ha guiado el rumbo seguido por este ensayo: "Matan el caso exacto de la estatua." Este verso es ambiguo; sin embargo, propongo una interpretación: las fuerzas nacionalistas matan a los republicanos que, al morirse, se vuelven fríos como la piedra, y así son como estatuas. El "caso exacto" es el acusativo en latín, es decir, el caso que indica la cualidad de objetividad (de ser "objeto") del referido[22]. Así podemos deducir, volviendo al revés la lógica de este verso, que Vallejo desea que los seres humanos dejen de ser estatuas, que dejen de estar muertos, para transformarse en sujetos activos, es decir, capaces de controlar su propio destino, y de "nombrar" (lo cual es equivalente al caso del nominativo en latín) su propio futuro.

---

dad de que Pablo Neruda, para desprestigiar a su "amigo" peruano, informó a las autoridades republicanas en París que Vallejo era trotskista más que estalinista, lo que le quitó a Vallejo la posibilidad de ser el representante oficial en París por la causa republicana, hecho que le hubiera supuesto un beneficio tanto monetario como social. Vallejo pagó caramente su "amistad" con el poeta chileno. Véase también el estudio reciente y valioso de Lambie (1995: 164-184). Lambie comenta que *España, aparta de mí este cáliz* "sugiere con mucha claridad que (Vallejo) no apoyaba la línea moscovita en España" (ibíd.: 236).

21 Podemos hablar de la presencia de una catarsis en la obra póstuma de Vallejo, especialmente en *España, aparta de mí este cáliz*. La catarsis, según la teoría aristotélica enunciada en la *Poética*, se refiere no solamente a la purgación de emociones tales como el miedo y la compasión (para utilizar una terminología psicoanalítica, lo que Freud llamaría un *cathexis*) y la purificación de ellas, sino también al placer cognitivo producido por la experiencia de la representación misma ("mímesis") (véanse Golden, Lear y Janks). Esta catarsis se produce quizá más en aquellos poemas donde las emociones se exaltan y hay representación de la muerte.

---

22 También hay otra posible interpretación de este verso. Se trata de una alusión a la tremenda labor de rescate del patrimonio nacional organizado por literatos tales como Rafael Alberti, entre otros, para proteger la cultura —es decir, las estatuas, los cuadros, las pinturas— que las fuerzas nacionales no vacilaron en destruir durante la guerra civil. Esta lectura más empírica, espero, no impide otra interpretación —como la mía— que sea más abstracta.

Bibliografía

Beals, Carleton
1934   *Fire on the Andes.* London: J.B. Lippincott Co.

Belaunde, Víctor Andrés
1965   *Peruanidad.* Lima: Ediciones Librería Studium. 3ª edición.

Córdoba, Juan Domingo
1995   *César Vallejo del Perú profundo y sacrificado.* Lima: Jaime Campodónico Editor.

Encyclopaedia Britannica
1995   Chicago: Encyclopaedia Britannica. 15ª edición.

Escajadillo, Tomás
1980   "Ciro Alegría, José María Arguedas y el indigenismo de Mariátegui", en Ricardo Luna Vegas, editor: *Mariátegui y la literatura.* Lima: Amauta.

Espejo, Juan
1960   *César Vallejo: Itinerario del hombre.* Lima: Mejía Baca.

Golden, León, traductor
1981   *Aristotle's Poetics.* Commentaries de O.B. Hardison, Jr. Tallahassee: University Presses of Florida.

Hart, Stephen
1987   *Religión, política y ciencia en la obra de César Vallejo.* London: Tamesis.

Janks, Richard
1992   "From Catharsis to the Aristotelian Mean", en Amélia Oksenberg Rorty, editora: *Essays on Aristotle's Poetics.* Princeton: Princeton University Press.

Lambie, George
1995   *El pensamiento político de César Vallejo y la guerra civil española.* Lima: Editorial Milla Batres.

Lear, Jonathan
1992   "Katharsis", en Amélia Oksenberg Rorty, editora: *Essays on Aristotle's Poetics.* Princeton: Princeton University Press.

Sánchez, Luis Alberto
1981   *Indianismo e indigenismo en la literatura peruana.* Lima: Mosca Azul Editores.

Sobejano, Gonzalo
1971   "Poesía del cuerpo en *Poemas humanos*", en Ángel Flores, editor: *Aproximaciones a César Vallejo,* II. Nueva York: Las Américas.

Starn, Orin: Carlos Iván Degregori y Robin Kirk, editores
1995   *The Peru Reader: History, Culture, Politics.* Durham and London: Duke
               University Press.

Thomas, Hugh
1981   *The Spanish Civil War.* Harmondsworth: Penguin.

Thompson, Julian
1985   *No Picnic: 3 Commando Brigade in the South Atlantic: 1982.* London: Leo
               Cooper in association with Secker & Warburg.

Vallejo, César
1983   *Obra poética completa.* Madrid: Alianza.

1973   "Electrones de la obra de arte". *El arte y la revolución.* Lima: Mosca Azul
               Editores.

El espíritu de la letra: Para una historia de la crítica literaria peruana del siglo XX

Miguel Ángel Huamán
Universidad Nacional Mayor de San Marcos, Perú

Por el título de este trabajo, se hace evidente que ante tema tan vasto como el planteado resulta inaudito intentar la proeza de abarcarlo en tan breves líneas. Así que he optado por presentarles las primeras conclusiones de una investigación en curso, que me ha tomado tres años y que probablemente ocupe mi tiempo más adelante por un período semejante. Pero primero quiero que me permitan dos precisiones.

La primera: quisiera dedicar esta ponencia en torno a la crítica literaria peruana precisamente a dos de los maestros y hombres de letras presentes en este Primer Encuentro de Peruanistas, cuya labor constituye sin duda un legado invalorable para quienes como yo intentamos seguir sus pasos por la investigación y la docencia. Me refiero a los doctores Estuardo Núñez y Jorge Puccinelli.

En segundo lugar: por deformación profesional me gustaría, antes de empezar, precisar la situación comunicativa pertinente que puede hacer más comprensible esta ponencia. Este Primer Encuentro de Peruanistas, por las disciplinas involucradas –básicamente ciencias histórico-sociales– es también un encuentro de humanistas, cuya dinámica no es ajena a la que sustenta a la referida en mi investigación.

Creo que lo paradójico del proceso de la crítica literaria peruana es también lo paradójico de la dinámica de peruanistas o humanistas de este encuentro. En ambos casos se trata de confluir hacia propuestas que hagan inteligible la realidad sobre la base del cuestionamiento de una epistemología tradicional. Pero, al margen de la conciencia o voluntad de los involucrados, el resultado de las actividades viene a ser una sobreposición serena de modelos antagónicos, convivencia armónica de enfoques opuestos, validación simultánea de metodologías irreconciliables, etc..

En otras palabras, una crítica acrítica cuya historia sin crisis ni rupturas contradice flagrantemente su afán de cuestionar la racionalidad científica tradicional desde la creatividad humanística e histórico-social. ¿Cómo dar cuenta de ese proceso paradójico sin caer, a su vez, en impresionismos, subjetivismos o biografismos?

Éste es, en el fondo, el interrogante que me ha animado y cuya dilucidación está en curso desde hace tres años; como aún no he concluido, aquí me limitaré a presentar la forma como he encarado el problema, con la esperanza de que pueda ser útil a quienes tienen preocupaciones semejantes.

Parece contradictoria y paradójica la pretensión de ofrecer una historia en pleno auge del pensamiento posmoderno. Vivimos una época finisecular y de inicio de un nuevo milenio, pero poco proclive a la mirada histórica. Nuestra propuesta se asume desde su propia inserción en el proceso de la crítica literaria de fin de siglo. Postula su identificación con sus determinaciones como opción crítico-metodológica.

La pérdida de un norte, la sensación de vértigo, la percepción de la vida de los seres humanos como un desperdicio, todo ello parece imponerse en el sentido común de nuestra sociedad, carente de teleologías válidas. Conscientes de la hegemonía de dicho temperamento —signo de nuestro tiempo—, apostamos en contra con ánimo crítico y voluntad de cambio. No pretendemos construir nuevas utopías; simplemente recuperar el sentido de nuestro propio devenir como una tarea indispensable para pensar un futuro diferente.

Benedetto Croce sostuvo que "ogni vera storia é storia contemporanea" (cada historia verdadera es historia contemporánea), afirmando que a la historia de un lapso cercano se le suele denominar historia contemporánea. En ese sentido, una historia de la crítica literaria peruana debe ser contemporánea porque sólo en los últimos cincuenta años del presente siglo se puede hablar de crítica literaria como un campo de conocimientos con perfiles propios en el Perú.

Así, los llamados estudios literarios (teoría, historia y crítica) son producto de nuestra modernidad e hijos del presente siglo. Sus contradicciones son las de nuestra cultura moderna. El Perú no es, en este campo, la excepción. La crítica literaria peruana, denominación genérica de estas disciplinas, nace en las primeras décadas del siglo con José Carlos Mariátegui y Luis Alberto Sánchez. ¿Cómo dar cuenta de ella sin caer en una enumeración caprichosa de nombres?

Para los antiguos historiadores, el conocimiento de los hechos del pasado estaba íntimamente ligado a la observación. El historiador sabía lo ocurrido porque lo había visto, era testigo y acreditaba por autopsia (*auto* = propio, *opsis* = vista), es decir, por visión propia o directa. Ello otorgaba a su discurso el *ethos* autorizado. En la base de este trabajo está una posición semejante. Me ha tocado vivir buena parte del proceso de configuración de la crítica literaria peruana actual. Lo cual no es sorprendente si precisamos que sólo a partir de mediados del presente siglo podemos hablar con rigor de crítica literaria en nuestro país.

Hablaré, por lo tanto, de hechos y sucesos que "he visto" o, en todo caso, que otros han visto por mí. Por supuesto que esto no otorga a mi discurso la autoridad que debe, pero al menos le brinda un marco dentro de la tradición más añeja de la historia que espero permita, más que la preferencia por mi visión directa, la sana competencia por recuperar nuestros esfuerzos o acontecimientos, estímulo para quienes comparten conmigo dicha experiencia. Entiendo que me toca a mí, para variar, abrir el debate.

Sin embargo, ahora que estamos hablando de acontecimientos vividos, se hace necesario aclarar que cuando hablamos de historia debemos distinguir dos sentidos en el vocablo: uno primero referido a la investigación de los hechos ocurridos, y otro que alude a la narración de dichos hechos. En nuestra investigación usamos la primera acepción, es decir, historia en tanto investigación de los hechos sucedidos.

Pero, ¿a qué hechos nos referimos como problema a investigar? Al proceso de configuración de los estudios literarios como dominio del conocimiento.

Por estudios literarios hay que entender "un campo indiferenciado de actividades e intuitivamente reconocido. Dentro de este campo aparece un tipo específico de actividad que se designa con muchas semejanzas: Teoría Literaria, Teoría de la Literatura, Ciencia de la Literatura, Poética, y quizá con algunas nociones más" (Mignolo 1978: 19).

Es a comienzos de este siglo, desde el llamado formalismo ruso, que este dominio del conocimiento humanístico se plantea desde un estatuto sistemático, objetivo y riguroso. A partir de esa óptica, la crítica literaria –término con el que también se suele denominar a los estudios literarios en general– surge con este siglo, incorporada al cuestionamiento de la epistemología tradicional (González 1982: 6), y a fines del mismo goza de un reconocimiento como saber científico.

En nuestro país, la crítica literaria también ha sido un fenómeno del siglo XX y ha logrado una autonomía conceptual plenamente moderna. Sin embargo, no se ha planteado seriamente el estudio de su proceso histórico más allá de escasos y loables esfuerzos iniciales. De suerte que a pesar de que los estudios literarios –como nuestra literatura– han adquirido con la modernidad su plena madurez, el desciframiento de su dinámica constitutiva y la naturaleza de su inserción en nuestra formación sociocultural a través de los años permanece como un problema aún por dilucidar.

Además, podemos constatar la existencia de una vasta producción crítica en este siglo que configura un *corpus* suficientemente amplio y consistente para que se haga necesario su tratamiento analítico.

Por otro lado, la resonancia y repercusión alcanzadas por la crítica literaria peruana en otros ámbitos de la actividad científica y académica exigen desde hace tiempo la tarea de profundizar en sus categorías, procedimientos y modelos comprensivos. Cuestionar la lectura de la crítica para ahondar en el conocimiento de nuestra cultura, pero también para recuperar, acrecentar y asimilar el enriquecedor debate que desde inicios de siglo se ha venido dando –aunque no en forma continua– entre los estudios literarios y otras disciplinas humanísticas, sociales e históricas.

Así mismo, hoy en día el estado de la cuestión de nuestra disciplina, ubicada en el centro de los principales problemas en torno al conocimiento humanístico y científico en general, nos plantea la posibilidad de participar consistentemente en la reflexión contemporánea si logramos desentrañar el propio nudo de nuestra crítica. Establecer su dinámica, el grado de recepción de las corrientes intelectuales, la solidez de sus propuestas y el grado de adecuación a nuestra realidad, son algunos de los aspectos que nos pueden permitir incorporarnos a un debate teórico en el que, lamentablemente, siempre hemos estado ausentes.

Todo lo reseñado define la naturaleza problemática del proceso de los estudios literarios en el Perú de este siglo y la urgencia de su tratamiento. Abordaje que en esencia nos lleva a intentar respuestas iniciales con esta investigación y cuyo sentido último está articulado a un esclarecimiento mayor: el del problemático y tensional proceso sociocultural de nuestra nación.

Para lograr dicha intelección de nuestra cultura y sociedad nos instalamos en el ámbito de los estudios literarios. Desde ahí, nuestra investigación intenta responder a un interrogante principal: ¿cómo ha sido el proceso de la crítica literaria peruana en este siglo?

Esta pregunta supone responder, antes, a dos previas, que nos precisan el problema y la metodología para resolverlo: ¿qué entendemos por crítica literaria?, y ¿cuál es la naturaleza de su dinámica?

Partamos precisando lo siguiente: la crítica literaria, término con que hemos designado a los estudios literarios, se constituye en una actividad diferente aunque no ajena a la literatura. Adoptamos la definición lotmaniana de la literatura, es decir, una estructura verbo-simbólica regida por una metalengua (metatexto) que lo especifica como tal. La crítica literaria tiene como objeto de conocimiento el paso del Sistema Modelizador Primario (el de la lengua natural) al Sistema Modelizador Secundario. A dicho proceso denomina la crítica "semiotización".

Es desde esa perspectiva que podemos responder a los interrogantes. Entendemos por crítica literaria un metalenguaje (Estudios Literarios) relacionado con una lengua-objeto (Literatura). En otras palabras, para nosotros la crítica es el metatexto que rige el tránsito de las estructuras verbo-simbólicas del Sistema Modelizador Primario al Sistema Modelizador Secundario.

La crítica literaria la entenderemos, pues, en tanto discursos concretos y cuyo proceso de producción se ha ido dando con carácter autónomo en este siglo. Por lo tanto, nuestra preocupación será precisar su significación en los contextos donde han sido producidos. Establecer la situación comunicativa en la que se instalan como sistemas significativos, es decir, indicar las presuposiciones de su recepción (los paradigmas desde los cuales fueron formulados), los sobreentendidos de su circulación (los rasgos institucionales de la semiotización) y las implicaturas que comunicativamente postulan (su resonancia en la tradición cultural).

A partir de lo señalado es claro que nuestro problema se ubica en el terreno de lo cultural, y que la naturaleza del proceso que pretendemos investigar es esencialmente de lenguaje, en tanto sentidos que adquieren rasgos consensuales durante determinado período en las interacciones humanas y que responden a una racionalidad histórica (ideología).

Este ámbito marca un diferente nivel de pertinencia para nuestro estudio, pues lo afinca en forma independiente pero no al margen del nivel social que supone su determinación causal dentro de una comunidad científica o literaria que generalmente materializa la crítica literaria como una práctica impositiva determinada por causas instrumentales y pragmáticas. Campo éste que pone énfasis en los sujetos más que en los discursos y que no interesa a nuestra investigación directamente, convencidos de que sólo el desciframiento de la articulación de sentido de los textos de los estudiosos de la literatura nos permite evitar positivismos, biografismos y sustancialismos

de los que hay lamentablemente muchos ejemplos en nuestras disciplinas.

Nuestro trabajo, pues, se centra en la crítica como metatexto, paradigma y consenso. Por ello, metodológicamente haremos uso sobre todo del análisis del discurso de la producción escritural de los estudiosos de la literatura más representativos del Perú de este siglo (fuentes de primera mano). En relación al establecimiento de los paradigmas desde los que fueron producidos, haremos uso de entrevistas realizadas personalmente (más o menos venticinco) y publicadas por otros, así como en información en torno a adscripción declarada a determinadas corrientes y a estancias formativas en instituciones nacionales y extranjeras (fuentes de segunda mano).

En relación al consenso nos remitiremos a las historias de la literatura, a las encuestas sobre literatura y al espacio educativo para medir la difusión de los metatextos formulados por lo estudiosos en el espacio cultural y comunicativo (fuentes de tercera mano).

Por obvias razones, nuestra investigación se plantea desde un marco teórico principalmente pragmático, semiótico y sociocrítico que le da un rasgo global de estudio cultural, pero desde una formulación interdisciplinaria más próxima a la lingüística que a la sociología.

Podemos, desde este marco, precisar el objeto de nuestra investigación: la producción escritural de los principales teóricos de nuestro proceso literario (metatextos), que se han formulado en los tres campos de los estudios literarios (teoría, crítica e historia) como marcos comprensivos de la tradición crítica peruana del siglo XX. Busca precisar las presuposiciones comunicativas (paradigmas) que definen su significación y el grado de su legitimidad en la comunidad científica (literaria) nacional.

Como toda investigación que busca iniciar un debate, nuestro trabajo tiene muchas limitaciones. No somos conscientes de todas, pero sí de las siguientes:

En relación a la delimitación del *corpus,* cabe preguntarse si hay realmente producción teórica en nuestra tradición crítica. Una posible limitación del trabajo radica en que se da por supuesta la respuesta afirmativa a dicho interrogante, aunque es necesario precisar que el estudio no pretende problematizar en torno a lo que en el pasado fue el debate sobre la llamada Teoría Literaria Latinoamericana. Más allá de las declaraciones y de las intenciones, busca tal vez establecer un ámbito propio de respuesta que haga del resultado un intento serio de análisis diacrónico, específicamente desde nuestra disciplina; es decir, sin caer en lo que sería una de las historias que en determinado momento nos expropió el objeto de nuestra crítica.

No realizaremos pues un estudio del pensamiento sistemático de la crítica en cada cambio de paradigma. Nos interesa la crítica, no los ismos (estructuralismo, marxismo, etc.). Intentaremos no caer en una historia de la crítica como si fuera una historia de las ideas, una historia intelectual o una historia de las mentalidades. Esto, sin duda, nos restringe y dificulta la manipulación del *corpus,* dada la naturaleza del proceso de nuestra crítica y la precariedad de los espacios en que se ha desarrollado.

Esto nos lleva a una segunda gran limitación que tiene que enfrentar la investigación: la naturaleza del metatexto. La crítica literaria no se ha expresado necesariamente por vías formales o publicaciones ordenadas y unívocas. Es preciso encontrar los metatextos de la crítica literaria peruana en diversos niveles comprensivos: artículos, ensayos, artes poéticas, etc.. Ello no nos sorprende, si consideramos que no hay prácticamente textos teóricos en nuestro *corpus;* lo que nos permite preguntarnos: ¿cómo, al margen de su organización interna, su función sociocultural es teórica?

En otras palabras, la función metatextual se ha ejercido pragmáticamente, lo que nos acerca a una de nuestras ideas centrales en torno a la crítica y cuyos alcances tal vez involucren dimensiones mayores para la comprensión de nuestro proceso cultural y social.

Siguiendo a Mignolo (1986), podemos diferenciar dos niveles de comprensión: una comprensión teórica y una hermenéutica. Expliquemos la diferencia, porque nos resulta altamente valioso para nuestro enfoque sobre la crítica literaria peruana y tal vez latinoamericana.

La comprensión teórica implica un horizonte preocupado de las condiciones de aparición de un fenómeno. Supone un modelo hipotético-deductivo que tenga rango universal y que posibilite la explanación de las teorías y la explicación de textos. Es un nivel esencialmente analítico y descriptivo, que postula, desde la regularidad de los hechos literarios, la distancia entre el sujeto cognoscente y el objeto conocido.

La comprensión hermenéutica supone un horizonte preocupado de las ocurrencias o apariciones de un fenómeno. Implica un modelo inductivo-experimental que tenga rango general y que posibilite la explicación de la interpretación y de las artes poéticas. Es un nivel esencialmente valorativo y normativo, que postula, desde la particularidad del hecho literario, la cercanía entre sujeto cognoscente y objeto conocido.

Nuestra idea es que el metatexto que ha construido la crítica peruana ha confundido ambos niveles, el hermenéutico con el teórico, de manera que su comprensión de las estructuras verbo-simbólicas —y, por ende, de los sistemas lingüísticos, sociales y culturales— ha estado marcada por una universalización de aspectos generales. La naturaleza precaria de la crítica literaria peruana, el tono conflictivo de su proceso en el presente siglo y la inconsistencia de su categorías que deberían haberla extinguido no serían rasgos particulares sino condiciones de su existencia, como ámbito modelizador de las tensiones entre la institucionalidad y la estructura del poder, las fuerzas centrífugas de identidad y las centrípetas de diferencia; en otras palabras, en la articulación explosiva entre nuestra sociedad y su cultura.

Esto, entre otras cosas, permite comprender la naturaleza discontinua de nuestra producción crítica, precisar el peso analítico de la heterogeneidad de su totalidad simbólica –peligrosamente erigida como supracategoría–, y, sobre todo, la descentralidad de la palabra en nuestra sociedad.

Nuestras hipótesis básicas son, por lo mismo, las siguientes:

1. El proceso de la crítica peruana está determinado por el conflicto entre las posibilidades de renovación de la tradición y las tendencias desestructurantes de la comunidad literaria. Es decir, la imposibilidad de consenso.

2. Los presupuestos de los discursos críticos en los que se ubican imaginariamente son entendidos como universales de una ciencia normal que se configura como espacio simbólico de las tensiones entre modernidad y tradición.

3. El metatexto que ha formalizado los estudios literarios ha oscilado entre la comprensión teórica y hermenéutica, limitando su legitimidad en la propia institución, restringiendo su capacidad para contribuir al proceso de individuación social al propugnar su realización externa.

Bibliografía

Achugar, Hugo
1978   "Notas para un debate sobre la crítica literaria". *Casa de las Américas* Nº
               110, setiembre-octubre. La Habana.

Arroyo, Carlos
1992   *Hombres de letras. Historia y crítica literaria en el Perú.* Lima:
               Memoriangosta.

Ballón, Enrique
1990   "Las diglosias literarias peruanas (deslinde y conceptos), en E. Ballón y
               Rodolfo Cerrón-Palomino, editores: *Diglosia linguo literaria y educación
               en el Perú. Homenaje a Alberto Escobar.* Lima: CONCYTEC/GTZ.

1986   "El discurso de la historia de la literatura peruana". *Socialismo y
               Participación* Nº 33. Lima: CEDEP.

Bobes, C.; G. Baamonte; M. Cueto; E. Frechilla e I. Marful
1995   *Historia de la teoría literaria. I: La antigüedad grecolatina.* Madrid:
               Gredos.

Bueno, Raúl
1991   *Escribir en hispanoamérica. Ensayos sobre teoría y crítica literarias.*
               Latinoamericana.

Cornejo, Antonio
1982   *Sobre literatura y crítica latinoamericanas.* Caracas: Ediciones de la
               Facultad de Humanidades y Educación-Universidad Central de Venezuela.

Cornejo, Antonio; Wáshington Delgado; Mirko Lauer, Marco Martos; Abelardo Oquendo y
Mario Montalbetti (moderador)
1982   "Literatura y sociedad en el Perú. Cuestionamiento de la crítica". *Hueso
               Húmero,* tomo I. Lima: Mosca Azul Editores.

Díaz Caballero, Jesús; Camilo Fernández; Carlos García-Bedoya y Miguel Ángel Huamán
1990   "El Perú crítico: Utopía y realidad". *Revista de Crítica Literaria
               Latinoamericana,* año XVI, Nº 31-32. Lima.

Fernández, César, editor
1974   *América Latina en su literatura.* México: Siglo XXI/UNESCO.

Fernández Retamar, Roberto
1975   *Para una teoría de la literatura hispanoamericana.* La Habana: Casa de las
               Américas.

García-Bedoya, Carlos
s.a.   "Apuntes fragmentarios sobre los estudios literarios latinoamericanos
               1970-1992". *Revista Iberoamericana.*

González, César
1982   *Función de la teoría en los estudios literarios.* México: UNAM.

González, Antonio
1992   "Perú: No una sino varias literaturas". *Tierra Nuestra,* revista del Departamento de Ciencias Humanas de la UNALM, año 2, Nº 2. Lima.

Landa, Josu
s.a.   "Para pensar la crítica de poesía en América Latina". *Revista Iberoamericana.*

Mariaca, Guillermo
1993   *El poder de la palabra: Ensayos sobre la modernidad de la crítica literaria hispanoamericana.* La Paz: Carrera de Literatura-Universidad Mayor de San Andrés.

Maturo, Graciela y otros
1976   *Hacia una crítica literaria latinoamericana.* Buenos Aires: Fernando García Cambeiro.

Mignolo, Wálter
1986   *Teoría del texto e interpretación de textos.* México: UNAM.

1983   *Textos, modelos y metáforas.* México: Xalapa.

1978   *Elementos para una teoría del texto literario.* Barcelona: Crítica.

Miñonis, Juan José
1986   "Crisis de la crítica: Reflexiones sobre el objeto en la crítica literaria". *TILALC, Talleres de Investigación Literaria sobre América Latina y el Caribe,* año 2, Nº 3. Caracas: Universidad Simón Bolívar.

Osorio, Nelson
1977   "La nueva narrativa y los problemas de la crítica en hispanoamérica actual". *Revista de Crítica Literaria Latinoamericana* Nº 5.

Portuondo, José Antonio
1975   "La emancipación literaria de hispanoamérica". *Cuadernos Casa* Nº 15. La Habana.

Rodríguez, Iván
1991   *Literatura peruana/Teoría, historia, pedagogía.* Lima: Seglusa.

Wellek, Rene
1955-58   *Historia de la crítica moderna (1750-1950).* London: Yale University. (*I: La segunda mitad del siglo XVIII.* Madrid: Gredos, 1959. *II: El Romanticismo.* Madrid: Gredos, 1962. *III. Los años de transición.* Madrid: Gredos, 1972. *IV: La segunda mitad del siglo XIX.* Madrid: Gredos, 1988. *V: Crítica inglesa (1900-1950).* Madrid: Gredos, 1988. *VI: Crítica americana [1900-1950].* Madrid: Gredos, 1988.)

La mujer en la torre: Un acercamiento a la poesía de Francisco Bendezú

Carlos López Degregori
Universidad de Lima, Perú

La configuración de una poética

Francisco Bendezú ha sido parco en publicar, y su obra recogida en libros está conformada, hasta el momento, por *Arte menor* (segunda parte de *Los años*), aparecido en 1960; *Los años,* colección editada en 1961 y que reúne toda la poesía escrita por el autor entre 1946 y 1960; *Cantos* en 1971; y, por último, *El piano del deseo,* serie de cinco poemas publicada como separata de la revista *Socialismo y Participación* en 1983[1].

La poesía de Bendezú es sumamente coherente y unitaria, y destaca por su vocación lírica en el sentido primigenio que posee este género literario en Occidente y por la fidelidad absoluta al tema amoroso que se convierte en la única luz que justifica la escritura. Sin embargo, recurriendo al año 1960 como punto de escisión, es factible distinguir dos grandes etapas en un proceso sin rupturas evidentes y que opera, en cambio, a través de modulaciones y expansiones sucesivas.

Los primeros poemas que publicó Francisco Bendezú aparecieron en periódicos y revistas de Lima en los años 1946 y 1947, y fueron recogidos posteriormente en la tercera y última sección de *Los años.* Son siete textos que no muestran los titubeos e imperfecciones frecuentes en los primeros ejercicios de casi todos los poetas y que afirman, por el contrario, una seguridad y dominio formal notables:

> "Te adivino mientras crece entre la hierba la lámpara del miedo
> A la hora de los
> ciegos iracundos y el anillo de plomo olvidado en un peldaño

---

1 Para las citas de poemas optaremos por las siguientes siglas: LA: "Los años" (Lima: Ediciones La Rama Florida, 1961); C: "Cantos" (Lima: Ediciones La Rama Florida, 1971) —existe una segunda edición de "Cantos" (Lima: Lluvia Editores, 1994)—; EPD: "El piano del deseo" (*Socialismo y Participación* Nº 21. Lima: CEDEP, 1983).

Mientras el ratón de goma roe el quicio de
mi puerta y el pie paralizado
Te hablo desde lejos al otro lado del mar
Cuando suben a tu sueño los vapores de la
noche y el buscador de perlas
Te escribo mis cartas en relieve
Mis cartas escritas en la nube de papiro
blanco
Mis cartas de algodón incendiado."
(LA: "Poema I", p. 69.)

Estos versos corresponden al texto más antiguo publicado por el poeta en la revista *Jornada* el 15 de octubre de 1946, y nos revelan, entre otras cosas, una actitud visionaria que marcará para siempre al poeta; la empatía con los fundadores de la modernidad (Baudelaire, Rimbaud, Mallarmé); y, sobre todo, el descubrimiento del surrealismo que le entrega al joven escritor las claves para el trabajo de las imágenes y la liberación de un torrente mágico y sensual que arrastra las palabras. Este descubrimiento fue para el autor una experiencia deslumbrante; sus declaraciones al respecto son contundentes:

"Cuando ingresé a San Marcos –como egresado de La Recoleta– conocía el francés. En ese entonces la biblioteca de San Marcos estaba bien provista, cargada de novedades e inclusive de antigüedades hoy desaparecidas. En el 45 tenía 17 años y ahí en la biblioteca fue que leí a Rimbaud, Baudelaire, Mallarmé y los surrealistas: Aragon, Breton, Eluard, Char y otros. Fue un deslumbramiento."[2]

Estamos, pues, ante un poeta que ya se identifica y vive un lenguaje, y que está entregando, al mismo tiempo, los primeros elementos de un mito amoroso que toda su obra posterior desarrollará.

En 1960, después de obtener el Premio Nacional de Poesía José Santos Chocano de 1957, Bendezú publica una *plaquette: Arte menor* (segunda parte de *Los años*) en las legendarias ediciones de La Rama Florida de Javier Sologuren; y en 1961 *Los años,* volumen que recoge toda su poesía escrita hasta el año 1960. Esta recopilación incluye, además, una nota aclaratoria del autor y tres aforismos fechados en Roma en 1958. No debemos buscar en estas palabras preliminares la densidad conceptual ni los acercamientos originales, pues Bendezú no es un autor precisamente reflexivo; pero son importantes pues tornan explícita una actitud ante la escritura ya vislumbrada en los primeros textos. En efecto, Bendezú se preocupa por reforzar la correlación palabra-emoción: "Poesía es intensidad, energía de sentimiento infusa en la palabra" (LA, p. XI); y la síntesis del verbo con la música: "La belleza de la poesía es el ritmo." (LA, p. XI.) A ambos elementos, canto y emoción, definitorios de la lírica en Occidente a lo largo de los siglos, se suma la opción por un discurso amoroso como espacio temático exclusivo de la literatura: "La sangre de la poesía es el amor" (LA, p. XI); y finalmente la entrega apasionada a la corporeidad misma del lenguaje.

Excluyendo los poemas de 1946 y 1947, los textos restantes de *Los años* discurren en una doble vertiente. La primera está representada por los quince "Poemas en prosa" (once "Enigmas" y cuatro "Variaciones") que continúan formalmente la exuberancia y el carácter onírico y mágico de sus textos primigenios; y la segunda por los diez poemas breves que conforman *Arte menor* y que suponen una identificación con las fuentes tradicionales de la lírica española. Existe así, en este libro, una tensión representada en dos opciones formales contrapuestas que encarnan, respectivamente, en un discurso proliferante que se nutre de las libertades surrealistas y un discurso contenido que opta por la sujeción estricta a los moldes del verso tradicional castellano. Una sencilla revisión de la fecha de escritura y/o primera aparición de estos poemas en revistas y publicaciones periódicas demuestra que, si bien ambas series fueron

---

2   De Cárdenas, Federico y Peter Élmore, ob. cit., p. I.

compuestas entre los años 1952 y 1957 paralelamente, existió una clara preferencia en el autor por los límites formales rigurosos entre los años 1952 y 1956, y que regresa a la amplia libertad y a la exploración del poema en prosa en los últimos años de la década[3]. Cabe especular, pues, que los poemas de *Arte menor* representan un intento de contención que será vencido paulatinamente por la liberación de las formas y la conquista, utilizando las palabras de Paoli, de un discurso paroxístico y desaforado[4].

De otro lado, *Los años* consolida los perfiles definitivos de una poética que distinguirá a su autor en el concierto de voces del cincuenta: la ambientación exótica y lujosa; el servicio indeclinable a una mujer que se sabe inalcanzable; la cristalización de un canto sensual y pletórico de deseo; la exploración desde el sustento amoroso de la soledad, la memoria, el destino, la fugacidad del tiempo y la muerte.

La aparición de *Cantos* en 1971, después de la obtención de otro premio nacional de poesía en 1966, significa la opción definitiva por el discurso torrencial y la inauguración de una segunda etapa, ya de madurez, en el proceso poético del autor. Bendezú, por supuesto, es consciente de la intencionalidad de esta apertura, y declarará al respecto:

"En *Cantos*... se amplía mi capacidad respiratoria. Paso del verso breve, del verso de arte menor, clásico, al verso desbordado, amplio, libre aunque muy trabajado. Siempre en base a la imagen surrealista, un tanto irracional, la sinestesia, el oxímoron, el an-

tagonismo en los términos —soledad sonora, música callada— que es una figura que utilizo mucho en *Cantos*"[5].

Sin embargo, la conquista de la palabra desbordada no implica en Bendezú la ruptura, sino el sabio aprovechamiento de toda una tradición en pos de una forma sincrética que confunde y renueva distintos referentes. Una escritura proteica, pues, que igual puede reconocerse en los poetas franceses de la segunda mitad del siglo XIX, en el surrealismo, en algunas voces del Siglo de Oro español, en la poética del amor cortés, e inclusive en ciertos elementos del modernismo hispanoamericano. Y allí radica, precisamente, la capacidad renovadora del poeta reconocida por todos sus críticos: ser clásico para Bendezú, ha señalado Luis Jaime Cisneros:

"... no significa ir a refugiarse por entero en los moldes de la hora medieval o de los siglos áureos, sino que implica pedirle a esas antiguas corrientes la melodía, para vestir al poema con léxico y sentimiento de la hora contemporánea"[6].

Los quince poemas de *Cantos,* y sobre todo los cinco notables textos de *El piano del deseo,* alumbran, en su madurez formal, un lenguaje sincrético actual y de siempre. Es la constancia de fidelidad a una tradición viva que permite ensayar —como en el jazz, tan caro a Bendezú— múltiples improvisaciones. La propia voz intransferible ha sido hallada.

La mujer en la torre

Los primeros poemas de Bendezú, además de revelar el descubrimiento y apropiación de un lenguaje, como ya se ha señalado, ofrecen los elementos de un "mito amoroso"

3   Para una revisión de las fechas de escritura y publicación de estos poemas, revísese la "tabla cronológico-bibliográfica" en *Los años*, pp. 89-93.

4   Paoli, Roberto: "El paroxismo verbal de Francisco Bendezú", en *Estudios sobre literatura peruana contemporánea*. Firenze: Universita degli Studi di Firenze, 1985.

5   De Cárdenas, Federico y Peter Élmore, ob. cit., p. II.

6   Cisneros, Luis Jaime: "Canto a Bendezú". "Artes y Letras", suplemento de *El Mundo*. Lima, 8-9 de octubre de 1994, p. 6D.

que, sin claudicaciones ni renuncias, acompañará siempre al poeta. En efecto, estos siete textos estallan en un canto que celebra las perfecciones de una "diosa" arquetípica que es, al mismo tiempo, ninguna y todas las mujeres y que mora en un espacio y tiempo difusos.

La escritura es en ellos un discurso mágico y ritual que permite alcanzar ese *topos* mítico donde mora la amada, y es capaz, también, de otorgarle la corporeidad que su lejanía e indefinición le niegan. El hallazgo, para emplear un verso del poeta, es una mujer "hija del automatismo" (LA: "Pradera perpetua", p. 71) o un cuerpo ideal y ornado de perfecciones generado a partir del impulso inconsciente que libera el discurso:

> "Te escribo mis cartas en relieve
> Mis cartas escritas en la nube de papiro blanco
> Mis cartas de algodón incendiado
> Eres la esclava de corazón de azogue
> Eres la loca que se mira en el espejo y llora
> Eres la golondrina aterida con escarcha en las pestañas
> Eres la niña de madera mojada en el sudor de los hervores
> Eres la muerta que huye dando gritos
> Espantada del crujido de las barcas y la rotura del agua
> Espantada de la brasa que quema la venda de sus ojos
> Marchas entre rieles imantados por el rodar de la moneda
> Marchas hacia los jirones de noche perdidos en las zarzas
> En busca de la paloma herida
> En busca de tu lengua de puente entre dos abismos
> Quiero pronto los buques para cargar mi sangre
> Quiero pronto la estatua para graduar su sueño
> Quiero ver a la tarde labrar sus lingotes de oro."
> (LA: "Poema I", pp. 69-70.)

Las palabras –lenguas de "puente entre dos abismos"– o las "cartas" o "rieles imantados" –es decir, los poemas– viajan de "un lado" que es el nuestro y el del yo poético a un "otro lado" que es el mítico. Y en su marcha visten de carne a esa mujer primordial y avizoran la unión sexual que se anuncia inminente en los tres últimos versos. Por ello, es correcto afirmar que en los primeros poemas de Bendezú se produce un instante de conciliación entre el yo lírico y la amada; pues la mujer, salvando el aura mítica que la define, es una entidad alcanzable y pasible de ser poseída.

A partir de *Los años* puede detectarse un cambio en la percepción que el yo poético tiene de la amada. La modificación no es abrupta, y resulta posible encontrar aun textos que anuncian la felicidad del encuentro como sucede en "Eternidad", por ejemplo (LA, p. 14).

Esos instantes de gozo, sin embargo, tienden a ser escasos, y una creciente conciencia de pérdida va impregnando los poemas y transformando la palabra celebratoria en un discurso de dolor y carencias. El poema ha dejado de ser la llave que abre el paraíso erótico y es ahora el campo de batalla donde se enfrentan fuerzas contrarias que afirman y niegan sucesivamente la realidad-irrealidad y la existencia-inexistencia de la amada. Veamos, por ejemplo, el poema "El amor", escrito en 1957, cuando el autor se está acercando ya a los treinta años. Las palabras se hilvanan en este texto con la memoria y recuperan mujeres espléndidas que son al mismo tiempo las encarnaciones de ese ser primigenio entrevisto en la juventud:

> "Mi corazón oscilaba como un detector de arcanos. El paladio difuso de los balcones forzaba con imanes la piedra tenue de mi voluntad. Y el primor más imperceptible bastaba a encadenarme: el aire pensativo de alguna paseante solitaria o el fluido de sus ojos rasgados; el metal de su voz o la cicatriz de su mejilla; los visos azafranados de su tez o el modelo de sus sandalias. Y sus

impasibles talles de junco, sus pungentes
pezones (¡sedas briscadas, batistas, museli-
nas!), la cadencia de sus pasos, la leonada
elipse de sus piernas, sus vívidas cabelleras
(¡oh insolaciones del alma!) me sumían,
antes que en la concupiscencia o la melancolía, en lustrales paroxismos visionarios."
(LA: "El amor", pp. 30-31.)

Es factible para el lector percibir, al lado
de esa celebrada lujuria y del paroxismo vi-
sionario, una fuerza soterrada que va minan-
do la certeza de los cuerpos y que los disuelve irremediablemente en apariciones o fantasmas. El dolor y la duda, por consiguiente,
no se hacen esperar:

"¿Dónde moraban las emblemáticas vírgenes entrevistas en los solios florales del
crepúsculo? Acaso en palacios hexago-
nales, o galeones desvelados, o fosfóricas
mansiones alhajadas con tapices de
Flandes; acaso —orantes y franjeadas— sólo
poblaban con bulto falaz de alucinaciones
la atmósfera intumescente del otoño.
Al amanecer observaba —transido de aflic-
ción, beodo— emerger radiosos fantasmas
de los espejos, y entreoía a distancia el canto lancinante de las sirenas".
(LA: "El amor", pp. 31-32).

El choque entre la realidad e irrealidad se
ha generado y allí radica, precisamente, la
fuerza de este libro y de la obra poética toda
de Bendezú: el tránsito de los cuerpos a las
alucinaciones, de la carne y los huesos a los
fantasmas; y la función compensatoria de la
escritura, que es capaz de colmar con palabras hermosas esa ausencia. La misma dolorosa dialéctica, con una reflexión adicional
sobre las posibilidades de la poesía, aparece
en "La diosa":

"He paseado por los salones del castillo. Ni
tapices ni óleos engalanaban los muros,
pero por las brechas entreveíanse ninfas
danzando, prefiguraciones, óperas.

Una mujer recluida en una torre vertiginosa
(¡por defuera las cortinas copiaban las fre-
néticas contorsiones de las bayaderas!) alternativamente modulaba arias de felicidad
y desengaño —de su labio fluían silencios,
sílabas de oro, profecías.
Y ninguna escala conducía al aposento de
la diosa.
La cuerda que arrojé a su ventana me fue
devuelta misteriosamente.
(Pero una esclava me presentó en una
fuente las tres amapolas del conocimiento...)."
(LA: "La diosa", p. 33.)

Ambos poemas —"El amor" y "La diosa"— reúnen todos los elementos que definen
la poética de Bendezú. Sobresale la prolija
contextualización exótica y lujosa que se des-
hace de los referentes concretos y que potencia, por el contrario, una atmósfera irreal.
Destacan, igualmente, los atributos de belleza
sobrehumana de la mujer y el total rendi-
miento del amado que acata y sirve con sus
visiones y palabras a esa amada que conjuga
todas las "felicidades" y "desengaños". Pero
llama sobre todo la atención la certeza de que
esa mujer mora en un espacio prohibido al
que jamás podrá accederse. Así, el yo poético
comprueba en "La diosa" la inexistencia de la
escala y la inutilidad de la cuerda. Por ello el
poema se disuelve en la inacción —los puntos
suspensivos— que proclaman desde su silencio la respuesta al acertijo que el texto plantea. Las "tres amapolas del conocimiento" serían, en última instancia, la revelación y
aceptación de un destino que rinde su amor y
su servicio a quien no existe.

Es congruente, entonces, que la mayor
parte de los poemas de Bendezú a partir de
Los años opten por diseñar barreras o espacios excluyentes que escinden los ámbitos en
que se mueven el yo poético y la amada. Pueden ser balcones de inalcanzables barandas
donde sólo habita la "soledad decapitada" (C:
"Nocturno de Santiago", p. 31); azoteas o torres (C: "Nostalgia de lo infinito", p. 61); vi-
trinas (C: "Muchachas de Roma", p. 28). En

todos estos casos se destaca una distancia espacial en la que no caben puentes ni mediaciones. En otras ocasiones la inaccesibilidad de la amada está definida por una obsesiva desmaterialización. La mujer se troca en "sombra" o "trashumante negativo" (C: "Misterio y melancolía de una calle", p. 69), en "niebla" (C: "Muchachas de Roma", p. 27) y en las múltiples referencias a los fantasmas y a las apariciones ilusorias de los espejos que atraviesan toda la obra del poeta.

La mujer puede, inclusive, adoptar transitoriamente una cadena vertiginosa de identidades como sucede en el exuberante poema de *El piano del deseo*, "Oda paroxística a Christine incoercible" (EPD, p. 158).

En él la prolija enumeración de mujeres reales o inventadas –no lo sabemos– coexiste en la identidad de Christine; vale decir, Christine las contiene aunque, en tanto ser incoercible, no puede contenerlas nunca. Todo el arsenal retórico de Bendezú y su galería de diosas y fulgurantes apariciones ocultan en su lujosa parafernalia una ausencia terrible; o quizá, como declara el autor en el poema "Máscaras" de *Cantos*, sean sencillamente el más aterrador vacío:

> "¿Qué baila detrás de nuestras frentes?
> ¿Quién vela al otro lado? ¿Qué nos espera?
> Nadie. Nada.
> Solamente una luz fuliginosa.
> O nuestros brazos como remos de inútiles mareas.
> Ni punto ni círculo ni línea
> ni la barca del tiempo.
> (Yo no sé si la voz no es más que un sueño
> ni si el amor es un casto paroxismo de amapolas).
> Mujeres sin sombra, apariciones,
> espejos insondables con lentos naufragios a distancia,
> y fuegos fatuos, y en las landas
> el tierno gemido de las mandrágoras recién arrancadas,
> y el siempre y el jamás ardiendo juntos."
> (C: "Máscaras", p. 77.)

Probablemente éste sea el texto de Bendezú en el que la inexistencia de la amada alcanza modulaciones más dolorosas y en el que la fuerza de desrealización ataca también al yo poético. Éste es sólo una voz que ya no aguarda la unión que los primeros textos prometían, y que está condenado a perennizar una clausura: la desaparición definitiva de esa mujer sobrehumana laboriosamente construida. Pero, paradójicamente, el poema no se hunde en la desesperación: "¿es acaso inútil la esperanza?" (C, p. 78), se pregunta el yo poético; la respuesta es la proclamación de la victoria final de la poesía: levantar una "insomne navaja de alaridos contra su hilo indestructible de silencio" (C, p. 78). El mito amoroso de Bendezú consuma, pues, el sacrificio de los cuerpos y la afirmación de las palabras.

El lugar de la poesía

La desolación amorosa planteada tiene en la obra de Bendezú, no obstante, una contraparte gozosa: la fe absoluta en la belleza y poderes de la palabra poética y la certeza de que ella tiene por destino la sublimación de cualquier dolor o carencia, como ya lo hemos sugerido. Quizá Bendezú sea, entre todos los poetas peruanos de este siglo, el único autor que en ningún momento se ha problematizado el acto mismo de escribir; y que se ha entregado, por el contrario, en un ardor sin límites, a la fiesta de las palabras. La confianza en la inspiración que el autor siempre ha proclamado se une a una convicción en la que el poeta es el ser de "una raza superior" o "un ángel que ha venido a la tierra"[7].

En este sentido, y acatando esta concepción romántica del poeta, es conveniente explorar las dos razones de ser básicas que el autor le confiere a la poesía: un canto mayor de celebración a la mujer y, en segundo lugar,

---

7 Forgues, Roland: "Francisco Bendezú/El derecho al sueño", en *Palabra viva,* tomo II: Poetas, p. 158. Lima: Editorial Studium, 1988.

un discurso compensatorio que, confiando en los poderes mágicos del lenguaje, consuma en los signos la unión amorosa que la realidad escamotea.

En referencia a la poesía como canto celebratorio, ya Paoli ha señalado que el poeta "sangrante de dolor, se embriaga de imágenes deslumbrantes, se deja arrastrar por la crecida de sus versículos que se suceden como oleadas" en pos de un "rosario de loores, grito" y "súplica desgarrada"[8]. Igualmente, Martos ha rastreado los probables orígenes de la actitud poética del autor, situándolos en la tradición árabe de los sufíes, en el estricto código del amor cortés de la poesía provenzal y en una porción de la poesía de Dante y Petrarca[9]. La vocación de servicio a la dama, la exaltación sobrehumana de su perfección y belleza y la fidelidad irrenunciable a un amor que se sabe imposible, atraviesan, en efecto, todos los poemas de Bendezú. El resultado es, evidentemente, un canto apoteósico en donde todas las palabras del idioma sólo existen para ataviar a la amada.

Paoli ha señalado, también, que al lado de esta vocación exaltatoria existe una secreta denostación que condena el desdén y lejanía del objeto del deseo[10]. Sin embargo, la fuerza celebratoria de Bendezú es infinitamente superior y parece gritar en cada verso que el amor se basta a sí mismo. En esta perspectiva, la desrealización e inexistencia de la amada no parece ser en nuestro autor una experiencia traumática; ella es, felizmente, el secreto origen de las mejores palabras y la conquista, a fin de cuentas, de una justificación vital y literaria.

Surge así la función compensatoria que le cabe a la poesía. Si retornamos al poema "La diosa" –ya citado– observamos cómo la amada inaccesible otorga, como un reemplazo de su cuerpo, tres flores que encarnan un "saber" o "conocimiento". No es necesario forzar la interpretación para concluir que esas tres flores representan al poema: la ausencia se ha convertido, pues, en la pasión productiva de los signos. La misma conciencia es formulada explícitamente en el epígrafe de Whitman que abre *Cantos*:

> "He aquí que tú o yo
> O la mujer, hombre o estado, conocidos y desconocidos,
> Parece que construimos sólidas riquezas, fuerza, belleza, pero, realmente
> Construimos imágenes."

La declarada construcción de imágenes admite una doble lectura. Muestra, por un lado, el rechazo al carácter lógico y abstracto del lenguaje recuperando para la escritura poética la sensorialidad y sensualidad que sus "imágenes" generan; pero explica, sobre todo, el destino de una poesía que sólo se nutre de ausencias. Las "imágenes" son representaciones o sucedáneos que en ningún momento pueden confundirse con los seres y objetos reales. De este modo, si la amada y el yo poético son fantasmas o niebla o entidades ilusorias –es decir "imágenes"–, sólo cabe el amor en el dominio de los signos poéticos, esto es de las "imágenes". El poema oficia, pues, un ritual en el que las imágenes de los signos lingüísticos hacen posible el amor de las imágenes de los cuerpos. "Twilight", el célebre poema de Bendezú, puede ser leído, así, como un acto de unión "erótica" en el que el encuentro, inexistente en la realidad o ya imposible por perdido, se concreta en las palabras. Es interesante observar, al respecto, cómo los primeros versos que ofrece el yo poético suponen la creación mediante los signos del objeto de su deseo:

---

8   Paoli, R., ob. cit., p. 161.

9   Martos, Marco: "La generación del cincuenta". Documento de Literatura Nº 1. Lima, trimestre abril-mayo-junio de 1993, p. 17.

10   Paoli, R., ob. cit., p. 162.

"Yo soy el granizo
que entra aullando
por tu pecho desquiciado.
Soy tu boca.
Yo atesoré a ras del sueño,
debajo de las horas,
el latido de tus pasos por el polvo de
Santiago."
(C: "Twilight", p. 43.)

El "granizo", es decir, la voz atraviesa "aullando" a una impalpable Mercedes. El mecanismo ya está en marcha y la poesía en su delirio onírico empieza a generar una presencia tangible que resucita en el pasado de "Santiago" como un "latido" de pasos, y que llega al presente de la escritura.

La unión amorosa sublimada, por supuesto, no se hace esperar y arde simbolizada en el encuentro de los signos:

"Otra vuelta estar contigo!
¡Oh día de verano
extraviado en alta mar
como una mariposa!
Contra el flujo incoercible de los años
los días, uno a uno,
absurdamente buscan tu lámpara en las
sombras,
no la penumbra, no el espejo de la muerte,
sino el cristal de la esperanza:
tu ventana que sólo está en la tierra.
¡Aspersiones de ceniza para tu boca cerrada!
Otra vez tengo veinte años, y sonámbulo, y
en llanto
a la puerta de tu casa estoy llamando,
al pie de tu reja, como antaño,
bajo la lluvia sin telón ni máscaras ni agua.
¡Oh zumbantes calendarios
que en vano el cierzo,
como a encinas,
deshojara!"
(C: "Twilight", p. 45.)

Las palabras, en su mágico ritual (tengamos en cuenta esas "aspersiones de ceniza" que connotan, evidentemente, una ceremonia) vencen a la "sombra", al "flujo incoercible de

los años" y al "espejo de la muerte"; y permiten que el yo poético y Mercedes vuelvan a vivir el trágico fin de un amor ("Otra vez tengo veinte años..."). Sin embargo, este milagro es por cierto precario, y el yo poético es consciente de lo ilusorio de su intento. En este sentido, el remate del poema es elocuente: las palabras quedan sonando solitarias otra vez —como al inicio de "Twilight"— a la espera, tal vez, de un nuevo rito que en el acto de la escritura y la lectura permita el reencuentro de las imágenes de los cuerpos en los signos:

"No me digas que te quise! Te quiero.
Te debía este lamento, y aunque un grito
mi sangre apenas sea,
también te lo debía: un solo interminable
de un corazón en las tinieblas."
(C: "Twilight", p. 45.)

Es lógico, por ello, que la poética de Bendezú concluya en *El piano del deseo* con la identificación del objeto del deseo con el poema: ambos están hechos de la misma sustancia y son, a fin de cuentas, la misma imposible obsesión. Christine —por ejemplo–, irremediablemente ajena y fantasmal, es asediada de innumerables maneras y es cubierta por una avalancha incontenible de ornamentos y adjetivos que la inventan, celebran y acercan sin que la posesión erótica sea ya algo que se espera. Ella es sólo palabras, y con éstas debe el yo poético conformarse:

"Con el tímpano roto y con tramos amasados con herpes, lisis, nacencias y sollozos, más allá de la ceniza, te celebro y canto, musa umbría:/¡Christine ajena! ¡Emblemática figura en color morel de sal compaginada al cielo! ¡Alambor fantasmal de tu frente! ¡Poesía!"
(EPD: "Retrato autógeno de Christine", p. 153.)

La equivalencia amada-poesía es la revelación final del mito amoroso de Bendezú: el amor negado, inexistente o perdido en la rea-

lidad se cumple de una manera cualitativa-
mente superior en la victoria imaginaria de
los signos. Se explica así la opción por un
discurso proliferante y expansivo. A la ausencia —y de ello Bendezú parece estar plenamente convencido— sólo cabe cubrirla con palabras; o, mejor aún: ese vacío es el poema.
No se trata de generalizar, pero probablemente no otra cosa es y ha sido siempre la poesía.

La poesía de César Moro

Marco Martos
Universidad Nacional Mayor de San Marcos, Perú

Como es sabido, desde Baudelaire hasta nuestros días la poesía y quienes la practican han perdido los antiguos roles que les daban un sitio conocido en la sociedad: magos, vates y consejeros, que en sílabas bien contadas ofrecían noticias, trasmitían historias y emociones individuales y colectivas. Los poetas y aquello que escriben son sospechosos, pertenecen al reino de las catacumbas y ni siquiera es necesario silenciarlos porque no existen en el radiante mediodía de las sociedades autosatisfechas, saturadas de información inútil, de múltiples canales de televisión en el mundo, tan pero tan disímiles que resultan diabólicamente iguales en todos los rincones del planeta. Pero en la llamada "aldea global", de ahora y del próximo milenio, la poesía tiene un lugar, el reservado a la palabra necesaria, indispensable, diferente a ese hablar por hablar que satura calles, parlamentos, fábricas y oficinas, diarios, revistas e inclusive universidades y academias. Contra ese lenguaje "de madera" se levanta la palabra exacta, atenta a su propio tiempo interno y no a la historia trivial, dicción más próxima al silencio que al lenguaje de todos los días. Nunca como ahora la palabra poética se ha vuelto marginal, pero su potencia y claridad iluminan la noche del fin del milenio. La sobriedad, la concisión, el vocablo justo, los sentimientos radicalmente verdaderos, han dado una pátina de duración a la mejor poesía de cualquier sociedad en diferentes circunstancias históricas.

De esa laya de escritura son los versos, la escasa prosa y las traducciones de César Moro (1903-1956), sin duda uno de los más originales escritores de Latinoamérica en el siglo XX, que va recibiendo poco a poco unánime reconocimiento de lectores y críticos.

Debemos a André Coyné las páginas más agudas sobre la vida de Moro[1]. Los hechos más saltantes de su biografía civil han sido relatados por el estudioso francés de manera convincente y pueden

---

1 Recientemente, en *Aiguilles* (revista cultural de la Alianza Francesa de Jesús María, año 2, Nº 4), Coyné entregó unas meditadas páginas que titula "César Moro". Bajo ese mismo título escribió en 1956 un opúsculo valioso editado en Lima que incluye el texto de una charla

resumirse en pocas líneas donde privilegiaremos los encuentros y las rupturas. La muerte pronta del padre, cuando alguien haga la biografía detenida de Moro, tendrá, sin duda, un lugar de importancia para determinar algunos rasgos de la naturaleza de su escritura. El dejar de lado su propio nombre y su heredado apellido, Alfredo Quíspez Asín, en 1923, para elegir el sonoro apelativo con que lo conocemos, implica, sin una muy sesuda reflexión, la necesidad de bautizarse a sí mismo, de ser su propio padre, como se dice en el lenguaje de la psicología.

Dos tensiones atraviesan la vida y la poesía de César Moro: la de reconocerse en lo propio y la de internarse en lo ajeno. Casi podría hacerse un cuadro didáctico que explicase este conflicto explícito o soterrado. Reconocerse en lo propio es encontrar lugares "mágicos" en la Lima que más tarde llamaría horrible, como el viejo Museo Nacional, la fuente del Parque Neptuno, los monumentos al naturalista italiano Antonio Raimondi o al almirante francés Abel Bergasse du Petit Thouars. Buscar lo diferente no sólo es hacer el viaje ritual a Europa, en especial a París, que todo artista peruano aspiraba a hacer en las primeras décadas del siglo XX, sino escoger el francés como lengua poética para una porción bastante importante de sus escritos, aunque cabe señalar que muchos lectores ven la poesía de Moro escrita en francés como una poesía de alguna manera facilitada por la elección de lo que podemos llamar el subcódigo surrealista que permite y estimula las frases insólitas, las palabras auténticamente rebuscadas, que confieren extraña belleza y absurdidad como norma a los textos. Como es sabido, pese a los espectaculares avances de la lingüística y de la interpretación de textos literarios, estamos todavía (y tal vez lo estaremos siempre) en el principio del principio de la interpretación global de la escritura surrealista, pese a que nos son conocidos los "tics" y las recetas de Breton y sus amigos. Además, respecto de este punto, en el caso de Moro poco se ha avanzado en investigar la pertinencia de su dominio del francés común y corriente, materia que fue la única de su interés durante sus tediosos estudios en el colegio jesuita La Inmaculada de Lima. La cabal complejidad de sus poemas en castellano, el fulgor natural que emana de esos versos, nos dice que Moro se expresaba muy bien en su idioma materno. Y si volvemos a enlazar biografía con escritura, y lengua, y espacio geográfico, Moro vivió en Lima entre 1903 y 1925. Entre 1926 y 1933 residirá en París, con ocasionales visitas a Bruselas y Londres. Luego regresa a Lima, donde vivirá hasta 1938, y después se marchará a México, donde residirá diez años, para, finalmente, retornar a la capital peruana, hasta su muerte en 1956. En la mayor parte de su vida, pues, Moro usó el castellano para comunicarse. Puede deducirse que al extrañamiento de ser poeta añadía un gusto secreto por otra separación que lo alejaba de lo que corrientemente podría considerarse un público natural: escribir una parte importante de sus poemas en la lengua que menos conocía, consiguiendo, sin embargo, un sorprendente efecto estético. Ese "yo soy otro" que asociamos con Rimbaud, bien podemos reconocerlo en Moro, cambiante todo el tiempo en su naturaleza más íntima: nace como Alfredo Quíspez Asín Más y se transforma en César Moro; su lengua materna es el español y escoge el francés; encantador para las mujeres, prefiere el amor uranista de los efebos. He aquí su cuádruple marginalidad: cambiarse de nombre, elegir la poesía, adentrarse en el francés, practicar y defender la homosexualidad. Lo ha recordado George Steiner[2]: la idea de escribir en una lengua diferente de la materna es relativamente reciente. Los románticos creían que, de

---

que pronunció en el Instituto de Arte Contemporáneo el 21 de agosto de 1956, un artículo publicado en *El Comercio* de Lima el 15 de enero de 1956 y otro en la revista *Cultura* Nº 1 de Lima en 1956.

---

2   Steiner, George: *Extraterritorial,* Barcelona: Seix Barral Editores, 1973.

todos los hombres, es el escritor quien de manera más evidente encarna el genio, la esencia de su lengua materna, y que cada lengua cristaliza la historia interna, la cosmovisión específica de una nación. En líneas generales, resulta extraña la idea de un escritor "sin casa" lingüística. La poesía europea, según el propio Steiner, desde Petrarca hasta Hölderlin, es clásica en un sentido muy material porque representa una prolongada acción de *imitatio,* una traducción interna a la lengua vernácula en cuestión de modos de decir y de sentir griegos y latinos. Dice también que la noción de escritor *enraciné* es algo más que una mística nacionalista y que el latín es un caso muy especial por ser una lengua común, sacramental y cultural, que conservaba sus funciones, debido precisamente a que las lenguas vernáculas se estaban separando unas de otras y profundizando su propia conciencia.

Moro es un autor multilingüe. El simple hecho de ser peruano ya lo coloca en una zona de fronteras, aunque su lengua materna haya sido el español y no se encuentren en sus escritos trazas de quechua o de otras lenguas aborígenes como sí pueden hallarse en César Vallejo, tan diferente, pero que sin embargo comparte con él su admiración por el francés. Escribir en dos lenguas acerca a Moro a otro escritor con mucho reconocimiento: José María Arguedas. Arguedas escribía en dos lenguas que convivían en los mismos espacios geográficos y que se habían influido mutuamente. En primera instancia Moro escogió lo más alejado y diferente, el francés. ¿Pero era tanto como ahora nos parece? Ciertamente, no. El francés era a principios del siglo XX no solamente el lenguaje que hablaban los diplomáticos, sino la segunda lengua para muchos peruanos. Como otros grandes escritores, como Nabokov, como Bashevis Singer, Moro comparte el convencimiento de que un eje lingüístico único empobrece la literatura. Si nos limitamos a la lengua española, bueno es recordar que, desde Garcilaso, los poetas más destacados miraron a otras tradiciones. Así lo hicieron Rubén Darío y nuestro Manuel González Prada.

En 1996 se celebró el centenario del nacimiento del poeta rumano Tristan Tzara. Él, como Moro, dejó su lengua natal para elegir el francés. Ambos se incorporaron en la primera hora al movimiento surrealista y adhirieron a los manifiestos de Breton. Pero mientras el poeta dadaísta dinamitaba las palabras y exploraba la posibilidad de una función del lenguaje que no ha sido suficientemente estudiada por los lingüistas, la de incomunicar, los surrealistas —según lo ha recordado Alain Bosquet[3]— se propusieron reemplazar el cartesianismo, la lógica, la psicología, por otra jerarquía de valores: la alucinación, el sueño, sobre todo el sueño, el discurso del niño o del loco. El rechazo de lo normal se permitía todos los excesos, salvo uno: los surrealistas no podían disecar las palabras, las frases, la sintaxis, la constitución misma del lenguaje. Tzara no fue un líder en el movimiento surrealista. Su lugar fue bastante modesto. La poesía de valor que escribió después fue posterior a su apartamiento del movimiento en 1935. Dadá, lo que él había fundado, era un movimiento sedicioso y el surrealismo, roto en múltiples tendencias, aparece hoy día con más rasgos conservadores y autoritarios, aunque sin él es imposible imaginar la libertad conseguida por la poesía contemporánea en Europa y América.

Si volvemos a Moro, en este cuadro no resulta casual señalar tanto su radical libertad como su surrealismo profundo, íntimo, y al mismo tiempo distanciado de todo lo que sea espíritu de capilla. Moro jamás pudo participar en las luchas de tendencias dentro del movimiento. Estuvo cerca de Breton y colaboró con él con lealtad, pero cuando éste publicó *Arcane 17* en 1945 no vaciló en criticarlo abiertamente. Escribió:

"Nadie permanece insensible, es cierto, a la pirotecnia de estilo de Breton; nadie, que no

---

3   Bosquet, Alain: "Tzara, Dada o le Langage Saboté". *Le Monde.* París, 9.8.1996.

haya leído antes otros libros de Breton, podrá sustraerse a la seducción de un lirismo que deja transparentar la pureza de sus intenciones, pero, junto a la limpidez aparente, cuánto no queda aún por sufrir un análisis más exhaustivo, una mayor severidad; los relatos de sueños son digresiones amables, estéticas que no aportan la luz buscada"[4].

A Moro le gustó siempre estar en el peligro. Como a Baudelaire, ser un hombre útil le parecía algo horrible; y como a Rousseau, la ociosidad le bastaba, y con tal de no hacer nada prefería soñar despierto que en sueños. En uno de sus versos más citados escribió:

"Amo el amor
El martes y no el miércoles
Amo el amor de los estados desunidos
El amor de unos doscientos cincuenta
años"[5].

4   Moro, César: *Los anteojos de azufre,* pp. 40-41, 1958.

5   Moro, César: *La tortuga ecuestre y otros poemas, 1924-1949,* p. 28, 1957.

Bibliografía

Moro, César
1980   *Obra poética*. Lima: Instituto Nacional de Cultura. Prefacio de André
                Coyné. Edición, prólogo y notas de Ricardo Silva Santisteban.

1976   *Derniers poèmes*. Traducción de Ricardo Silva Santisteban. Lima:
                Ediciones Capulí.

1958   *Los anteojos de azufre*. Lima.

1957   *La tortuga ecuestre y otros poemas, 1924-1949*. Lima.

s.a.   *Versiones del surrealismo*. Barcelona: Tusquets editor. Selección y prólogo
                de Julio Ortega.

Steiner, George
1973   *Extraterritorial*. Barcelona: Seix Barral Editores.

Westphalen, Emilio Adolfo

1974   "Poetas en la Lima de los años treinta", en *Dos soledades,* libro que se pu-
                blicó con la doble autoría de Westphalen y Julio Ramón Ribeyro. Lima:
                Instituto Nacional de Cultura.

El Perú de Antonello Gerbi

Antonio Melis
Università degli Studi di Siena, Italia

He escogido este tema para el Encuentro Internacional de Peruanistas porque considero que lo mismo Italia que el Perú están en
deuda con ese gran investigador. Con ocasión del Quinto Centenario del primer viaje americano de Cristóbal Colón, con un
grupo de americanistas italianos formulamos el proyecto de un
coloquio dedicado a Antonello Gerbi. La pereza intelectual y
burocrática han impedido hasta ahora la realización de este merecido homenaje. En la espera de que se creen condiciones más
favorables para la investigación auténtica, fuera de los rituales ofi-
cialistas, existe una razón importante para hablar del historiador
italiano en esta oportunidad. En los últimos años, en efecto, han
aparecido dos libros del autor sobre el Perú, en buena parte inéditos[1]. Debemos al hijo de Gerbi, Sandro, la recopilación y la edición de este material precioso. Como explica la nota introductoria,
el núcleo fundamental de los dos volúmenes formaba parte de un
libro que el autor escribió durante los último años de su fecunda
estadía en el Perú, entre 1945 y 1946. La obra, compuesta por
encargo de la Oxford University Press de New York, debía titu-
larse *A Portrait of Peru.* Pero el texto no llegó nunca a ser publicado. La justificación oficial alegada por la editorial fue la extensión
excesiva del libro, doble con respecto a la previsión inicial. Pero
Sandro Gerbi insinúa otra explicación, vinculada con las dificultades económicas de la editorial norteamericana y con una caída
del interés de Estados Unidos hacia los temas latinoamericanos.

El primer volumen, *Il mito del Peru,* tiene su núcleo fundamental en el capítulo inicial de la obra. "El Perú en Europa" se
conocía hasta hoy sólo en una pequeña sección, publicada en el
volumen de 1961: *Perú*[2]. Ya en la introducción encontramos algunas proposiciones de gran interés teórico y metodológico. Gerbi

---

1   Antonello Gerbi. *Il mito del Peru*. Milano: Franco Angeli, 1988.
     Antonello Gerbi. *Il Peru. Una storia sociale. Dalla Conquista alla Se-
     conda Guerra Mondiale. Milano: Franco Angeli*, 1994.

2   s.l., Editoriale Sipec, 1961.

afirma que no se puede trazar un retrato del Perú sin tomar en cuenta la visión peculiar a la que ha sido sometido el país andino, incluyendo las deformaciones evidentes. La leyenda del Perú, según este enfoque, es un elemento fundamental de su historia. Esta dimensión mítica sigue caracterizando el debate actual dentro del mismo país. Gerbi, quien vivió en Perú en la década 1938-1948, llega a la conclusión de que en el país andino toda la historia pasada, tanto la verdadera como la soñada, sigue siendo actual. De allí la tendencia, en todas las discusiones sobre la actualidad, a remontarse siempre a la historia, incluyendo la más remota.

Antonello Gerbi ha muerto en 1976. Si hubiera podido vivir los años más recientes, habría encontrado comprobaciones significativas de este diagnóstico. Por un lado, todo el florecimiento de estudios que rescatan el discurso de la utopía andina. Por el otro, la tentativa de explicar los dramáticos acontecimientos de los últimos años a partir de sus raíces remotas en la historia precolombina.

Pero, al lado de esta presencia del pasado en la vida actual del Perú, hay otra razón para empezar un trabajo histórico con la evocación del mito peruano. La leyenda del país sudamericano se impuso en todo el mundo occidental antes de su realidad histórica. Para utilizar las palabras de Gerbi, fue conocido primero como poesía y luego como prosa. Esto significó que durante siglos el europeo habló del Perú sin conocerlo.

Como consecuencia de esta actitud, se determina una forma de escisión entre la denuncia de la dura suerte sufrida por los antiguos peruanos y la falta de interés efectivo hacia los peruanos contemporáneos. El autor concluye subrayando que la paradoja de una introducción de tipo mitológico a un texto de geografía económica, tiene sus raíces en la historia misma y no es responsabilidad suya.

En realidad, este planteamiento forma parte integrante de la personalidad cultural de Gerbi. Es al mismo tiempo singular y significativo que el dirigente bancario italiano, enviado al Perú para salvarlo de las infames leyes raciales de Mussolini por Raffaele Mattioli –el iluminado humanista director de la Banca Comerciale, fundador con Benedetto Croce de una importante colección de clásicos de la literatura italiana– sea un protagonista de primera grandeza de la llamada "historia de las ideas". En su visión, en efecto, no existe ninguna barrera entre las diferentes dimensiones del proceso histórico. Sería oportuno, tal vez, hablar de un proyecto de historia integral.

Como los trabajos ya conocidos del autor, también en estas páginas rescatadas aparece un despliegue de erudición deslumbrante. No se trata, sin embargo, de una exhibición gratuita. Las fuentes utilizadas reflejan una auténtica actitud interdisciplinaria, además de un conocimiento de primera mano de distintas tradiciones culturales. En la reconstrucción del mito peruano, el autor aporta una cantidad impresionante de testimonios. Al lado de la documentación proporcionada por los primeros cronistas, aparecen las referencias al tema presentes en la literatura de la época. Los clásicos españoles reflejan tempranamente la difusión del mito. Pero el motivo se propaga rápidamente a otros países. Se asoma en los poetas franceses del Renacimiento. Confiere una nota exótica a los desfiles del Carnaval en la Firenze de los Medici. Se insinúa en el gran teatro de la época isabelina en Inglaterra.

Por otra parte, el autor subraya también el carácter ambiguo de este símbolo. Si bien es cierto que el país andino evoca una riqueza enorme, se asocia al mismo tiempo a la injusticia de su dominación. Es una actitud que refleja la envidia de las potencias rivales de España y su deseo de suplantar al país ibérico. Ocupándose de este aspecto, una vez más Gerbi ejemplifica su método histórico integral. Las raíces económicas y sociales del hambre de oro que recorre la época sucesiva a la conquista se aclaran muy bien. Pero, al mismo tiempo, se evoca el resurgimiento de la alquimia así como la dimensión simbólica que mantiene el fabuloso metal. Se conoce muy bien la afirmación del mismo Colón sobre la capacidad del oro de asegurar hasta el Paraíso a las ánimas.

La leyenda del oro americano se transforma en un poderoso estímulo para la polémica antihispánica y anticatólica. Al lado del contrabando y la piratería, la batalla se desarrolla también en el terreno ideológico. En nombre del derecho se atacan los privilegios de los españoles. En nombre de la moral se cuestiona la legitimidad de este dominio. A la exaltación cortesana de las riquezas, se substituye progresivamente la ironía y la burla abierta. Pero el país andino sigue apareciendo como la base fundamental del poder de España. Desde este punto de vista, ninguna otra tierra de América despierta fantasías y pasiones tan intensas. La confrontación con el caso de México, el otro centro del imperio americano, permite comprobar esta realidad, sobre todo por lo que se refiere al impacto producido sobre la imaginación. El Perú hereda y concentra en sí la fama de todas las tierras productoras de oro. La identificación entre el país americano y la bíblica Ofir es muy elocuente al respecto.

Con esta dimensión está vinculada también la célebre leyenda de El Dorado. Después de haber aclarado su origen, el autor analiza su transformación, a partir de un evento local, en un símbolo universal del Nuevo Mundo. Las metamorfosis de estas creencias son objeto de las páginas siguientes, donde se aclara también la relación que se establece entre los incas y el mundo de la selva. De hecho el topónimo Perú, en muchas ocasiones, pierde sus rasgos geográficos e históricos y pasa a indicar una noción más bien ideal. Gerbi analiza detalladamente el caso particular de Walter Raleigh, quien acaba por perder su vida en la búsqueda de El Dorado.

La valoración negativa del oro se desarrolla en forma paralela y complementaria. El oro aparece en su papel de instrumento de corrupción y proporciona muchos argumentos a la polémica antiespañola. En este caso, al lado de los protestantes, figuran también los católicos que sufren la dominación española, como en el caso de los italianos. El oro español, afirma Gerbi con mucho humor, acaba por cumplir el papel oscuro y siniestro que, en años más recientes, se atribuirá al llamado "oro de Moscú".

Progresivamente, este mito también decae, hasta desaparecer lentamente. En el siglo XVIII se asiste a su transformación radical, sobre todo en los textos de los iluministas, donde adquiere los rasgos novedosos de un mensaje pacifista.

Dentro de su diseño de historia global, Gerbi dedica el capítulo siguiente al significado económico que adquieren los metales americanos en el Viejo Mundo. Pero se trata, una vez más, de una división sólo parcial y aparente. Hasta los procesos económicos pasan a través del filtro de numerosas citas, que proceden de los campos del saber más diferentes. La gran paradoja de la pobreza española a pesar de las inmensas riquezas americanas, alimenta el debate económico internacional, pero abastece de sugerencias también la fantasía literaria. Antonello Gerbi es un verdadero maestro en el arte difícil de relacionar lo particular con lo general. En este caso, aclara cómo el ejemplo de España se transforma en la ocasión de una condena más general contra los metales. El autor habla, a este propósito, de una "ideología del oro", que sufre modificaciones a lo largo del tiempo. Pero tienden a predominar las imágenes que subrayan su fugacidad y su carácter funesto. En contraposición con estos rasgos negativos, se manifiesta la exaltación de la actividad industrial y comercial. Al mismo tiempo se llama la atención sobre la importancia decisiva del factor humano. La búsqueda del oro americano, en efecto, se transforma en una causa de despoblación para España, contribuyendo de esta manera a su empobrecimiento.

A través de este recorrido, el debate sobre el oro americano contribuye al desarrollo de distintos sectores del saber. La ciencia de la economía, por ejemplo, se alimenta ampliamente de las experiencias vinculadas con el aflujo de los metales americanos. Pero asimismo el debate sobre las cuestiones éticas encuentra un formidable punto de apoyo en los temas peruanos.

Por un lado se reactualizan los viejos tópicos contra el oro que habían abundado en la clasicidad. Por el otro, se advierte claramente la influencia de la lectura teológica del tema propuesta por fray Bartolomé de las Casas. Sin embargo, durante la época de la Ilustración, se oyen también voces diferentes. La exaltación de los metales como factores de progreso humano se revela como un aspecto de una visión esencialmente optimista del desarrollo social.

El tercer capítulo analiza la metamorfosis de la imagen del peruano en la cultura europea. Se trata, una vez más, de una historia que se manifiesta en distintos niveles. El caso tal vez más conocido es el de la misma figura del último Inca. A pesar de que Gerbi parece ignorar —o por lo menos no cita— la obra de José María Arguedas, está al tanto de la transformación sufrida por su figura durante la época colonial, como se desprende de obras como *La tragedia del fin de Atawallpa* y el *Apu Inka Atawallpam*.

Pero existe también una imagen europea más general del peruano. A ella contribuye, en primer lugar, la idealización proporcionada por algunos autores de la Colonia. Bartolomé de las Casas ocupa un lugar fundamental en este itinerario, a partir de su apasionada defensa de las poblaciones indígenas. Su exaltación de la civilización andina, en función polémica contra las agresiones de los conquistadores, echa las primeras bases de un mito. Su auténtico edificador, sin embargo, es obviamente el Inca Garcilaso de la Vega. Por medio de la amplia difusión europea de los *Comentarios reales* se forma sobre todo la imagen del Estado justo. Esta visión, como se sabe, se propone como elemento significativo del debate político durante el siglo XVIII. Sobre todo en Francia y en Italia, esta referencia está presente en la elaboración de diversos autores. Gerbi llama la atención sobre el rol privilegiado que ocupa en esos textos el peruano, con respecto a otros pueblos oprimidos.

Surgen así obras literarias inspiradas en la visión mitificada del antiguo pueblo andino. Madame de Grafigny, amiga de Voltaire, imagina una correspondencia entre una princesa peruana que se encuentra en Europa y su novio que está en el Perú, mantenida por medio de los *khipu*. A través de esta ficción, se presenta un punto de vista americano sobre la vida europea. Es evidente la analogía con obras clásicas de la época iluminista, como las *Lettres Persanes* de Montesquieu. Pero la referencia a los *khipu* introduce una nota específica, que tendrá consecuencias interesantes en la cultura de la época. Con ella, por ejemplo, se vinculan algunos desarrollos singulares, como los del napolitano Raimondo di Sangro, Príncipe de Sansevero.

La última etapa de esta historia tiene como protagonista a Pablo de Olavide. Como subraya Gerbi, el escritor representa en la Europa de su tiempo la encarnación de la figura ya largamente idealizada del peruano. Sus rasgos, a los ojos de los observadores europeos, adquieren connotaciones míticas. En esta representación confluyen también sugestiones que proceden de las confusas noticias sobre la rebelión de Tupaq Amaru. A partir de estas premisas, reciben un enfoque novedoso las proposiciones de restauración incaica presentes en la fase de transición hacia la independencia americana. Al mismo tiempo, se trata ya de un producto totalmente europeo. Por eso mismo la idea no tiene vigencia efectiva en América. El propio Bolívar, como es bien conocido, no puede dejar de expresar su ironía sobre la presencia de Wayna Qapaq en la oda de José Joaquín Olmedo a la victoria de Junín. Con la independencia del Perú, según el autor, el mito tiende a un proceso de burocratización. Sólo con el movimiento indigenista se asiste a un resurgimiento del mismo y a su vinculación con el socialismo moderno.

En esta oportunidad, no es posible dar cuenta de todos los materiales incluidos en los dos tomos. Quiero señalar, sin embargo, por lo menos algunos conceptos fundamentales de la sección dedicada a la historia social del país. Una tesis singular del autor es la de la impropiedad de toda definición del Perú como colonia. Por haber sido en varias épocas un centro de irradiación cultural, le aparece más bien como una madre patria. Durante los años del Virreinato que siguen la conquista, encontramos el momento decisivo de la relación entre los dos componentes fundamentales de la nacionalidad, que no llegan a fusionarse. Gerbi subraya la repercusión en el país andino de algunos rasgos históricos característicos de España, como el espíritu de cruzada, tan presente en la conquista de América, y el retraso de la cultura científica con respecto a los otros países europeos. Desde el punto de vista económico, se registra el choque entre una organización indígena cuyo centro es la tierra y un proyecto de despojo que encuentra su símbolo más evidente en la transformación del oro en moneda.

Las contradicciones originadas por este proceso se reflejan en la organización administrativa del dominio colonial. No se organiza una emigración masiva de España hacia el país andino, y la introducción del esclavo africano aumenta los conflictos interétnicos. En el terreno económico, el desarrollo de la industria minera queda como un cuerpo extraño en el país. Gerbi alude también a un tema ecológico, que en los últimos tiempos ha recibido cada vez mayor atención. Me refiero a la introducción en el Perú de instrumentos de trabajo y plantas inadecuadas para los terrenos andinos. Es un argumento que ha sido reactualizado por los debates relativos al Quinto Centenario.

En el terreno de las relaciones interétnicas, el autor subraya la ineficacia de la legislación tutelar de los indios. De hecho, sigue manteniéndose una rígida separación entre las dos "naciones" principales que forman el país. Para el indio la conquista significa la reducción a mero número. Gerbi analiza también los límites del proceso de cristianización de los indios. Detecta no sólo los elementos

"paganos" que representan un residuo de sus antiguas creencias, sino también las nuevas supersticiones que proceden del propio cristianismo, que por eso mismo tiene una fuerza de atracción limitada sobre un pueblo que ignora el concepto europeo de historia. El autor percibe también claramente el significado del repliegue del indio en sí mismo, como forma de mantener su dignidad.

Por lo que se refiere al mestizo, piensa que sobre todo a él se debe la idealización del mundo incaico. Por otra parte, en el terreno social, el mestizo exaspera las contradicciones entre españoles e indios. La división adquiere matices particulares en el terreno lingüístico. Se registra también la paradoja de una difusión del quechua, como "lengua general" de los indios, estimulada por los propios españoles.

La condición económica del indígena recibe, por supuesto, toda la atención del autor. Se pone en evidencia la relación que existe entre el lujo de la Colonia y la pauperización creciente de los indios. La base de la explotación es el sistema de la encomienda, que produce, a través de su supuesta función evangelizadora, los grandes latifundios. La estructura económica creada por este proceso sobrevive a la Colonia misma. La Independencia es el resultado de la acción de una minoría. Las ideas revolucionarias de la Ilustración llegan en una forma empobrecida y deformada. La capital del país, en particular, queda ajena a la agitación independentista. Este vicio de origen se refleja en la debilidad del nuevo Estado nacional.

Las contradicciones heredadas se manifiestan a lo largo de toda la época republicana. Gerbi coincide con los historiadores que subrayan el deterioro de la condición indígena que se manifiesta en la nueva situación, a partir de la abolición de la comunidad decretada por Bolívar. Por otra parte, la misma lucha de independencia, en su aspecto militar, favorece el surgimiento del fenómeno caudillista.

En el examen de la economía republicana, el autor nos ofrece páginas al mismo tiempo profundas y amenas. Todo el ciclo del guano se presenta en su carácter de verdadero despojo, que lleva al agotamiento del recurso, más tarde desplazado por los progresos de la industria química. En el terreno social, se percibe la formación tardía de una burguesía embrionaria, sobre todo a partir de la emigración europea hacia el país andino. Sin embargo, las tentativas de reforma, como la de Castilla, se quedan a mitad del camino. Las ambigüedades del país encuentran su piedra de toque, como siempre, en la condición indígena. La supresión del tributo indígena, que tiene la apariencia de una medida progresista, significa de hecho la eliminación de cualquier vínculo del indio con el Estado y su separación del contexto nacional.

Entre los muchos temas de este segundo tomo que podrían destacarse, señalo, para terminar, el capítulo dedicado a la emigración asiática. El autor describe con riqueza de detalles los sufrimientos de los chinos, introducidos como mano de obra para compensar los efectos de la abolición de la esclavitud. Sólo en una fase sucesiva, a partir sobre todo de la crisis del guano, su condición empezará a cambiar, hasta su incorporación progresiva al sector del pequeño comercio. El empleo de los chinos en la construcción de los ferrocarriles ofrece a Gerbi la oportunidad de analizar la red ferroviaria del país. Subraya, al respecto, la ausencia de un auténtico sistema nacional unificado, y por eso su incapacidad de desempeñar el papel de cohesión que tuvo en otros países.

La emigración japonesa es más tardía y se concentra sobre todo en la capital. Gerbi, quien ha dedicado al tema un trabajo específico[3], opina que las características esenciales de la colonia japonesa han sido su impermeabilidad y su ausencia de la vida social y cultural del país. Se detiene también en su situación durante la Segunda Guerra Mundial, cuando los japoneses residentes en el Perú fueron sometidos a medidas represivas que, según el autor, afectaron más los bienes que las personas.

Sería posible seguir largamente con esta visión a vuelo de pájaro para proporcionar aunque sea una pálida idea de la riqueza temática de la obra. El autor se ocupa también de la vida intelectual del país y, a propósito de la guerra del Pacífico, sintetiza con gran vigor el papel jugado por González Prada. Por otra parte, en el proyecto de una "Biblioteca de las Américas" presentado alrededor de 1956 a la editorial italiana Ricciardi —y reproducida como apéndice al primer tomo— Gerbi solicitaba la traducción al italiano de González Prada, junto con Mariátegui y Jorge Basadre.

Pero, para concluir, me interesa sobre todo destacar el estilo intelectual del autor. En Gerbi encontramos una capacidad inimitable de juntar la extraordinaria erudición con una prosa rica de tensión literaria. Sus textos se colocan a contracorriente con respecto a la tendencia a un lenguaje ultraespecializado y hasta jergal. El autor revela que el rigor de la investigación y de la elaboración no está condenado fatalmente a asociarse con la pedantería y el aburrimiento. Hasta los temas más complejos pueden tratarse con la ligereza aérea que procede del dominio profundo de la materia. En la apertura pluridisciplinaria de estas páginas percibimos el aliento de uno de los últimos grandes humanistas.

---

3   J.F. Normano - A. Gerbi. *The Japanese in South America. An Introductory Survey with Special Reference to Peru.* New York: Institute of Pacific Relations, 1943 (reimpreso en 1978, New York: AMS Press).

Orígenes de la lírica peruana, siglos XVI-XVII

Carlos Milla Batres
Universidad Nacional Mayor de San Marcos, Perú

Hace veinte años sustentamos, en la Facultad de Letras de la Universidad Nacional Mayor de San Marcos (Lima), una tesis de grado que contenía los resultados de una larga investigación documental de manuscritos e impresos en archivos y bibliotecas del Perú y España; el trabajo había demandado quince años (finales de 1960-octubre de 1975). Gracias a la invitación que nos hiciera el presidente de este Congreso Internacional de Peruanistas, doctor Jorge Cornejo Polar, en nombre de la Universidad de Lima, que patrocina este encuentro de estudiosos de las ciencias y la cultura del Perú, exponemos los contenidos de la primera etapa de nuestro trabajo que abarca la última parte del siglo XVI y comienzos del siglo XVII.

En lo referente a la literatura, el siglo XVI todavía es oscuro, pues hasta hoy solamente se conoce la existencia de una poesía bastante incipiente y de carácter místico que apenas dejó huella, aun cuando cabe reconocer que deben investigarse a profundidad diversos archivos de la nación y sobre todo los repositorios de los monasterios limeños y provinciales todavía bajo clausura. La investigación ha centrado sus fuerzas en la historia, marginando el vasto espacio social, artístico, económico y sobre todo el creativo.

José de la Riva-Agüero inició el estudio de la poesía colonial hacia 1905, e hizo una importante recopilación poética que vino a ser culminada por Luis Alberto Sánchez en 1921 con el libro *Los poetas de la colonia* y su voluminosa obra *Literatura peruana, 1928-1936;* no podemos dejar de mencionar el sustancial aporte que para la literatura poética de esta vital época (fines del XVI, comienzos del XVII) representó el trabajo de muy notables estudiosos como el polígrafo Rubén Vargas Ugarte, Javier Prado, Carlos Wiese y el filólogo y lingüista Luis Jaime Cisneros con sus rigurosos análisis de la obra de Diego Mexía de Fernangil, quien en 1608 publicara en Lima la primera parte de su obra *Parnaso antártico,* prologada por la poetisa Clarinda con un poema en tercetos. Hasta hoy permanece inédita la segunda parte, que habremos de editar próximamente.

La lírica peruana arranca, propiamente, a comienzos del siglo XVII con el *Discurso en loor de la poesía*, de la poetisa anónima Clarinda, cuyo texto de enjundiosa erudición de literatura clásica y versificación fue acertadamente rescatado por Mexía de Fernangil en su libro de 1608; en 1614 Miramontes Suázola, poeta residente en Lima entre 1580 y 1614, escribió su libro *Armas antárticas;* hacia 1615 aparece la edición del poema épico religioso del dominico fray Diego de Ojeda, *La Cristiada;* sin embargo, el poema de mayor trascendencia de este arranque lírico en el Perú, a comienzos del siglo XVII, fue el de la anónima Amarilis, nacida en Huánuco aproximadamente hacia 1555 y quien nos legara una epístola en silvas de extraordinaria belleza que el Fénix de los Ingenios, Lope de Vega, incluyera en su obra miscelánica *La Filomena*, impresa en Madrid en 1621. Fuera de estos textos de notable valor, el que sobresale cenitalmente es el de Amarilis. La crítica literaria peruana de comienzos del siglo XX tuvo una visión muy escasa en torno a los inicios de nuestra literatura y la menospreció al comentarla, calificándola de efímera, cortesana, vacua, superflua y de elogio y sumisión. Se argumenta que en el siglo XVI peruano no se ha encontrado siquiera un poema épico que sirva de cimiento al género lírico, no obstante el crucial enfrentamiento bélico del pueblo quechua contra la invasión hispánica desde la toma de Cajamarca por Francisco Pizarro y su hueste de 168 hombres el 16 de noviembre de 1532. Durante los siguientes setenta años de conquista del Imperio Inca únicamente se escribirán extensas crónicas, relaciones y memoriales de cronistas castellanos que narran tendenciosamente, en su mayoría, la sangrienta resistencia indígena andina en desiguales combates contra la soldadesca hispana que terminó aplastando la raza y su cultura gracias al poder de la pólvora, el destructor armamento y una experimentada estrategia bélica europea no conocida que fue imposible contener, asimilar o contrarrestar por los hombres del Imperio Incaico que paulatinamente fueron cediendo al poder de los conquistadores hasta culminar en un mestizaje humano y cultural que originó una fusión que fue consolidándose a través de todo el coloniaje. Es así que a comienzos del siglo XVII empieza a germinar en suelo peruano una poesía de singular talento artístico en contenidos, dominio de un lenguaje propio, fina expresión y destreza en la versificación, como podemos apreciar en la poesía de la huanuqueña Amarilis, o en las estrofas de Clarinda, ambas anónimas por causas que hasta hoy ignoramos.

Esta ponencia condensa nuestra investigación sobre el difícil lapso histórico comprendido entre 1550 y 1621, y, sobre todo, la identificación de la poetisa Amarilis, a quien reconocemos, con pruebas documentales suficientemente examinadas, como Gerónima de Garay Muchuy, viuda de Diego de Acuña; mujer religiosa que vivió cuarenta años enclaustrada, como ella misma confiesa en escritos notariales elevados ante el arzobispo de Lima, Bartolomé Lobo Guerrero (muerto en Lima en 1622), en el juicio eclesiástico que le entablara el perverso visitador del arzobispado de Lima, Fernando de Avendaño, en julio de 1620. Presumimos que la poetisa de Huánuco nació hacia 1555 y que comenzó a escribir poesía en algún monasterio limeño a finales del siglo XVI, pues la perfección de su *Epístola a Belardo* induce a pensar, o conjeturar, que doña Gerónima debió versificar con mucha anterioridad. Este ejercicio le permitió adquirir un dominio del lenguaje y una sabia experiencia poética, como lo demostrara en su magnífica epístola en silvas al Fénix Lope de Vega, quien valoró y acogió tan memorable texto en su *Filomena*. Intuimos que la poetisa Clarinda es la misma autora de la *Epístola a Belardo,* pues el extenso poema *Discurso en loor de la poesía* encierra tal sabiduría y conocimiento literario como solamente puede encontrarse en el poema que Amarilis consagrara platónicamente a Lope de Vega. El poema de Clarinda fue publicado por el dramaturgo español Diego Mexía de Fernangil, avecindado en Lima hacia 1581 y 1617, quien debió ser el nexo entre la religiosa de Huánuco y Lope de Vega. Nuestra presunción de que la religiosa Gerónima de Garay escribiera desde fines del siglo XVI, surge de las numerosas referencias biográficas y sucesos históricos acaecidos en tierra peruana, como describe a Lope en su bella *Epístola*, y sobre todo en las escrituras existentes en un expediente notarial y eclesiástico que exhumáramos hacia 1965, durante el proceso de una investigación en el Archivo Arzobispal de Lima.

Hace dos siglos que se viene estudiando la identificación de la anónima Amarilis, pero tantos esfuerzos han sido infructuosos debido a la complicada trama histórica, literaria y genealógica que la misma poetisa se encargó de urdir para permanecer en el anonimato absoluto, de suerte que se requiere de un trabajo extenso y profundo para esclarecer no sólo la biografía sino también toda la obra poética que debió haber labrado la misteriosa monja enclaustrada durante más de cuarenta años. Así nos lo revela ella misma en una escritura pública extendida en Huánuco en julio de 1620 y que forma parte de un valioso expediente notarial y eclesiástico que contiene el juicio seguido a doña Gerónima de Garay Muchuy, licenciado Fernando de Avendaño, a quien recusa con inteligencia y recio carácter la indefensa religiosa, denunciando atropellos, calumnias, abusos de autoridad y demás vejámenes de que fuera víctima, solamente por celebrar unas honras fúnebres a su hermano, el presbítero Francisco de Garay, en la ermita de su propiedad, erigida en el solar de su morada en la ciudad trasandina de Huánuco.

El valeroso alegato de doña Gerónima está muy bien sustentado ante la vicaría del arzobispado de la Ciudad de los Reyes; estas apelaciones rezuman una muy rica información biográfica dado que la religiosa debió en última instancia confesar su abolengo para ser escuchada, respetada y absuelta de los graves cargos que se le imputaban; no vacila en declarar:

"Soy hija de don Antonio de Garay, conquistador de estos reinos, nieta del adelantado don Francisco de Garay (nombrado adelantado de la isla La Española, gobernador de Jamaica y conquistador de México y cuñado del almirante Cristóbal Colón)... soy mujer de muchas prendas y virtudes... que ha vivido enclaustrada 40 años... vecina de esta ciudad de León de Guánuco, donde he construido a mi costa en el hogar de mi morada una ermita para aumento de la fe y devoción..."

Estas noticias son raramente coincidentes con las que refiere a Lope de Vega en su *Epístola a Belardo:*

"Al fin en este, donde el sur me esconde..."
(estrofa II)

"Y quien del claro Lima el agua bebe..."
(estrofa V)

"Quiero, pues, comenzar a darte cuenta
de mis padres y patria y de mi estado
porque sepas quién te ama y quién te
escribe..." (estrofa VIII)

"En este imperio oculto, que el sur baña...
entre un trópico frío y otro ardiente...
cuando Pizarro con su flota vino,
fundó ciudades y dejó memorias,
que eternas quedarán en las historias:
a quien un valle ameno,
de tantos bienes y delicias lleno,
que siempre es primavera...
la ciudad de León fue edificada,
y con hado dichoso,
quedó de héroes fortísimos poblada..."
(estrofa IX)

"Es frontera de bárbaros y ha sido '
terror de los tiranos, que intentaron
contra su rey enarbolar banderas:
al que Jauja por ellos fue rendido,
su atrevido estandarte le arrastraron,
y volvieron el reino cuyo era.
Bien pudiera, Belardo, si quisiera...
decir hazañas de mis dos abuelos

que aqueste nuevo mundo conquistaron
y esta ciudad también edificaron,
dos vasallos tuvieron
y por su rey su vida y sangre dieron"
(estrofa X)

La *Epístola a Belardo* constituye una excepcional pieza poética de la religiosa huanuqueña, a quien identificamos como Gerónima de Garay. Su poema es el mayor monumento lírico del albor de nuestra literatura colonial. Para nosotros es el génesis de un primer renacimiento de la lírica del Perú y la cristalización de un mestizaje poético que abre un panorama luminoso en el que aflora con toda pureza el alma nacional. El descubrimiento y valoración de nuestra poetisa Amarilis lo debemos, incuestionablemente, al Fénix de los Ingenios, quien se percató sabiamente del talento literario de la religiosa huanuqueña, acogiéndola y correspondiéndole con otra epístola, incluida en su magnífica obra *La Filomena* que tanto éxito editorial obtuviera en Europa, como lo demuestran las sucesivas impresiones en España y París.

En esta breve ponencia comentamos las cuatro hipótesis planteadas por los más notables intelectuales de América y España para la identificación de Amarilis y la valoración de su epístola en silvas, acaso escrita con muchos años de anterioridad a su edición en Madrid en 1621.

Representantes de las cuatro hipótesis sobre la identificación de "Amarilis"

A cuatro reducimos las hipótesis principales sobre las que gira la investigación y la crítica literaria para el esclarecimiento e identificación de Amarilis, quien dedicara a Lope de Vega y Carpio el poema estelar en toda la historia de la literatura colonial del Perú.

Primera hipótesis: Trata de la autenticidad autobiográfica que confiesa la misma Amarilis. Sustentada por nueve investigadores que sostienen que las estrofas III, IV,

V, VI, VII, VIII, IX, X, XI y XII de la *Epístola a Belardo,* constituyen suficientes indicios para asegurar que la poetisa era oriunda de Huánuco, descendiente de fundadores de esta ciudad, que era hermana de una hermosa doncella, y que profesaba de religiosa en un monasterio limeño. Los notables representantes de tal criterio son Manuel Antonio Valdizán (Lima, 1834); Manuel de Mendiburu (Lima, 1878); Cayetano Alberto de la Barrera (Madrid, 1890); Marcelino Menéndez y Pelayo (Madrid, 1894); José Toribio Medina (Santiago de Chile, 1904); José de la Riva-Agüero (Lima, 1921); Luis Alberto Sánchez (Lima, 1921); Francisco Rubén Berroa (Huánuco, 1939); Alberto Tauro del Pino (Lima, 1945).

Segunda hipótesis: Versa sobre la peruanidad de Amarilis, sin tomar en cuenta la genealogía insinuada en la epístola. Los principales autores son: Carlos Wiesse (1909); Manuel Beltroy (1921); Anónimo "Alpha" (Santiago de Chile, 1922); Aurelio Miró Quesada (1935); José María Souviron (Santiago de Chile, 1935); Alberto Ureta (1935); Irving Leonard (Stanford, California, 1931); Ventura García Calderón (París, 1938); Rafael de la Fuente y Benavides (1939); Ella Dunbar Temple (1939); José Jiménez Borja (1945); Jorge Puccinelli (1946); Augusto Tamayo Vargas (1953); Sebastián Salazar Bondy, Alejandro Romualdo (1956); Emilia Romero de Valle (1966); Maurilio Arriola Grande (1968); Juan María Gutiérrez (1975).

Tercera hipótesis: Plantea que se trata del seudónimo de un hombre y no de una mujer, pues indagando el contenido autobiográfico de la epístola deducen que el nombre Amarilis es un pretexto para excusar la identidad de un autor; siguiendo un concepto peyorativo resultaba improbable que una mujer de esa época escribiera un poema de tanta perfección, erudición y arte poética, conociendo la pobreza cultural de la mujer en ese tiempo, aparte de su limitación religiosa. En consecuencia, se acepta la peruanidad del autor de la epístola, mas no la feminidad del seudónimo Amarilis, ni, menos, su estado religioso. Ellos son: Ricardo Palma (1899); Javier Prado (1818); Angélica Palma (Buenos Aires, 1935); Luis Jaime Cisneros (1953); Esteban Pavletich (1964).

Cuarta hipótesis: Una superchería de Lope de Vega. Los investigadores que plantean este criterio creen que las dos epístolas –*Amarilis a Belardo* y *Belardo a Amarilis*– son una superchería o engaño del propio Lope, es decir, que no existió la tal Amarilis indiana. Los representantes de esta tesis son: Francisco Asenjo Barbieri (Madrid, 1876); Juan Millé y Giménez (Buenos Aires, 1930); Federico Carlos Sainz de Robles (1945).

Primera aproximación biográfica a Gerónima de Garay (Amarilis)

Aun cuando no hemos logrado culminar una investigación totalizadora que esclarezca hechos y fechas definitivas, como año de nacimiento, juventud, matrimonio y vida monástica de esta religiosa que escribiera los sublimes versos de su epístola sentimental al Fénix de los Ingenios, acaso después de componer su extenso poema *Discurso en loor de la poesía*, como suponemos, sí estimamos oportuno diseñar una primera aproximación biográfica, partiendo de la información que arrojan las escrituras notariales de mayo-setiembre de 1620, documentos suficientemente probatorios de la etapa final de la vida de doña Gerónima de Garay Muchuy. Ella misma nos revela una muy valiosa información sobre su nacimiento en Huánuco, llamada ciudad de la eterna primavera, su altivo abolengo enraizado con la historia de la conquista del Perú, estado matrimonial, su vida monástica durante cuarenta años y su profunda devoción y profesión religiosa hasta su muerte; datos que, en conjunto, coinciden con las referencias biográficas que confiesa anónimamente a Lope de Vega. Todo esto nos permite inferir que la poetisa no es otra que la Amarilis indiana de la *Epístola a Belardo,* pieza editada en 1621, pero que indudablemente fuera escrita con varios años de ante-

rioridad. Basta tomar en cuenta el tiempo que demoraba la correspondencia entre la capital del virreinato del Perú y España en el siglo XVI, dado que la travesía marítima entre el oceano Pacífico y el Atlántico tardaba varios meses, más las moras consecuentes, aparte del tiempo que demandara a Lope decidir cómo publicar tal epístola en una obra adecuada, lo cual sólo ocurrió al dar a prensas su libro misceláneo *La Filomena.*

En los protocolos notariales, doña Gerónima de Garay declara bajo juramento ser hija de don Antonio de Garay, quien participara en la fundación de Huánuco (2 de febrero de 1543) y cuyo primer regidor fue Pedro de Puelles (según Vargas Ugarte). Garay combatió en el ejército realista durante las guerras civiles y estuvo en el ejército de Pedro de Alvarado, que se enfrentó al rebelde Francisco Hernández Girón en Pucará, donde éste se había fortificado alzando bandera contra el rey, pero fue derrotado y capturado en Jatunjauja, el 11 de octubre de 1554. Aquí Hernández Girón fue capturado y conducido reo a Lima, siendo ejecutado la noche del 7 de diciembre de 1554. Los vencedores fueron premiados con encomiendas de indios. Antonio de Garay era hijo del adelantado de La Española, Francisco de Garay, activo militante en la conquista del Nuevo Mundo a comienzos del siglo XVI, según propias declaraciones de su nieta Gerónima de Garay en los testimonios citados de julio de 1620. El obispo historiador Francisco Rubén Berroa sostiene, equivocadamente, que Amarilis fue María de Rojas y Garay, hija de Diego de Rojas y Garay, y éste hijo de Antonio de Garay, pero, como hemos visto, doña Gerónima jura ante notarios y escribanos públicos ser hija de Antonio de Garay y nieta de Francisco de Garay. Esta prueba es incontrovertible y definitiva. En el mismo expediente agrega ser viuda de Diego de Acuña, acaso algún mílite de la época, manifestando además haber permanecido enclaustrada como religiosa durante cuarenta años, a lo que agrega tener dos hermanos clérigos: Francisco de Garay, fallecido en mayo de 1619, al que da entierro en su propia capilla, consagrada a nuestra Señora de Guadalupe, y Diego de Garay, cura de Paucartambo, quien la defiende en el juicio eclesiástico que le sigue el abusivo visitador Fernando de Avendaño. Por el aludido expediente venimos a enterarnos de que la madre de la religiosa fue la cacica Luisa Muchuy, perteneciente a la tribu o comunidad amazónica de los mashcos, combatidos por el ejército realista en sus incursiones de penetración a las montañas orientales. Por esta razón, probablemente, doña Gerónima no mencione a su madre en un momento tan crucial en que debía sacar a relucir el prestigio de sus antepasados, para alcanzar clemencia y protección del arzobispo de Lima y de la Audiencia Real ante los vejámenes del poderoso visitador eclesiástico Avendaño, que la extorsiona a pagar doblemente ofrendas y derechos monetarios y varias especies ya entregadas a los oficiantes de las honras fúnebres:

> "Con la pasión que me tiene –clama doña Gerónima al arzobispo de Lima Lobo Guerrero– me ha hecho mil agravios, molestias y vejaciones, haciendo escrutinio de mi vida... hasta poner objeto en mi honor y casa, siendo como soy mujer viuda, honrada, honesta, recogida y que he vivido 40 años en clausura... públicamente él (Avendaño) me ha hecho mil amenazas de que me va a destruir y hacer todo el mal que pudiere a mí y a mis cosas... dando a entender, además con calumnias que soy mudable... me ha excomulgado y puesto en la tablilla pública, apretándome con tanto rigor y enfermando mi alma al privarme de la gracia de la comunión... Mi apelación no es para regiones luengas ni ultramarinas sino para un tribunal tan cercano (como el de Lima)... Soy persona segura, abonada y arraigada de haciendas en esta ciudad... en que me tiene menoscabada mi salud y puesto de morir, digo y protesto de haber sido V.M. la causa e instrumento de ella (al expedir el arzobispo la dicha licencia, también atropellada por el vesánico Avendaño)... protesto señor los diarios menoscabos que se me hacen."

Sin embargo, el perverso licenciado Avendaño y los hambrientos beneficiados eclesiásticos de Huánuco prosiguieron en su empecinada persecución judicial contra doña Gerónima hasta el 14 de setiembre de 1621, no obstante haber ella invocado una provisión del rey de España Felipe III (1598-1621), quien conminaba a las autoridades de la Real Audiencia de la Ciudad de los Reyes a fin de que no se tolerasen abusos en los procesos de las demandas y sentencias sin que se permitiese a los ofendidos un plazo de ochenta días para hacer sus apelaciones; pero el sagaz Avendaño hizo caso omiso de la orden de la Corona tergiversando su contenido, y mantuvo su sentencia de excomunión y exigencia férrea del pago demandado a su víctima indefensa y fatigada en el ocaso de su vida, pues en 1623 fallecía en Huánuco. Si nos atenemos a su propia manifestación, de julio de 1620, en que declara haber sido monja enclaustrada por cuarenta años, podríamos deducir que la sublime Amarilis debió haber nacido hacia 1555 (suponiendo que se casara muy joven, tal vez a los 15 años, y que su matrimonio con Diego de Acuña durase poco tiempo, acaso cinco o más años). El fallecimiento de su esposo debió inducirla a enclaustrarse en alguno de los monasterios de Lima, donde su angustia mística perduró cuarenta años, apartándose después a vivir en soledad, cansada y melancólica, en su primaveral tierra natal de Huánuco, donde hace de su casa un cenobio y construye una ermita en setiembre de 1615 para perdurar en la oración, hasta morir y ser sepultada aquí mismo en setiembre de 1623. Así, podríamos reconstruir su vida en cuatro etapas: niñez y juventud, matrimonio, cuarenta años de enclaustramiento en Lima, y los últimos ocho años en Huánuco.

Conclusiones

Nuestro estudio de las fuentes documentales y bibliográficas examinadas está enmarcado en el espacio cronológico entre fines del siglo XVI y comienzos del XVII, donde el monumento lírico más visible es el de las poetisas Clarinda (1608) y Amarilis (1621). Presumimos que ambos textos poéticos pertenecen a una misma autora que los compuso en algún monasterio de Lima, Arequipa o Cusco, durante su enclaustramiento de cuarenta años, como lo confiesa la religiosa huanuqueña Gerónima de Garay, viuda de Diego de Acuña, hija del conquistador español Antonio de Garay (fundador de Huánuco), y de la cacica Muchuy, perteneciente a la comunidad amazónica de los mashcos. Según los protocolos notariales y eclesiásticos, esta magnífica poetisa nació en Huánuco (creemos que posiblemente hacia 1555) y murió en esta misma ciudad en setiembre de 1623, siendo enterrada en la ermita de nuestra Señora de Guadalupe, que ella misma erigiera en el solar de su morada, a las afueras de la ciudad. Es probable que contrajera matrimonio a temprana edad y que al enviudar ingresara de novicia a un monasterio limeño, o provinciano, donde se consagrara al servicio de Dios y de los libros, de cuya enseñanza prendió su vocación por la poesía, comenzando a versificar dentro de los claustros posiblemente a finales del siglo XVI e inicios del XVII. En una escritura notarial de julio de 1620 declara que ha permanecido cuarenta años enclaustrada en un monasterio, de donde saliera posiblemente en mayo de 1615 en que pide licencia al arzobispo de la Ciudad de los Reyes, Bartolomé Lobo Guerrero, para consagrar la ermita de su propiedad, petición que le fue concedida al autorizársele celebrar misas solemnes en días domingos y festivos a lo cual dio un devoto cumplimiento hasta mayo de 1620, cuando fue gravemente demandada por el visitador eclesiástico Fernando de Avendaño, en julio de 1620, por celebrar en su capilla unas honras fúnebres a su hermano presbítero, Francisco de Garay, fallecido en mayo de 1619.

Solamente nos resta comentar el entusiasmo cultural que produjo en Lima la llegada de las obras literarias de los geniales escritores del Siglo de Oro español: Miguel de Cervantes, Luis de Góngora, Francisco de Quevedo y sobre todo Lope de Vega, cuyas comedias fueron representadas con éxito y contagiosa alegría en la Ciudad de los Reyes, donde con rapidez prendió el barroquismo, el culteranismo y el conceptismo. El Fénix de los Ingenios no vaciló en publicar dentro de su obra miscelánica _La Filomena,_ editada en Madrid en 1621, una rara composición poética en silvas (combinación de versos endecasílabos y heptasílabos) en la que una rendida admiradora suya, desde el remoto Perú, le declaraba su amor platónico; esta _Epístola a Belardo_ ha sido estudiada desde el siglo XIX y todo el siglo XX por numerosos historiadores y críticos literarios, a los que hemos clasificado en cuatro sectores, siguiendo los criterios de las tesis sustentadas en torno a la poetisa Amarilis y al origen o país de procedencia de esta bella pieza lírica. En conjunto hemos dividido en cuatro las hipótesis o tesis que abordan el problema de la identificación de nuestra Amarilis indiana: i) los que creen en la autenticidad autobiográfica que manifiesta Amarilis en varias estrofas de su epístola al Fénix; ii) los que únicamente sostienen que se trata de una poetisa peruana, dejando de lado las referencias autobiográficas vertidas en la _Epístola a Belardo;_ iii) los que niegan la feminidad del seudónimo "Amarilis", dada la imposibilidad de que una mujer de esa época pudiera escribir un poema de tanta perfección y erudición literaria, aduciendo la pobreza cultural de la mujer de ese tiempo; en consecuencia, se acepta la peruanidad del autor mas no la feminidad del seudónimo; y, iv) los que argumentan que las dos epístolas (_Amarilis a Belardo_ y la respuesta, _Belardo a Amarilis_) son una sola y misma superchería de Lope de Vega; vale decir que no existió la Amarilis indiana y que todo fue un juego del Fénix de los Ingenios para acrecentar su inmensa fama en ambos mundos (el nuevo y el viejo).

Finalmente, sostenemos con pruebas documentales la autenticidad peruana del poema y de su autora Amarilis, a quien hemos identificado como Gerónima de Garay Muchuy, viuda de Diego de Acuña. Las subsecuentes pruebas biográficas están basadas en escrituras y poderes notariales suscritos en la ciudad de León de Huánuco, en el oriente peruano, entre mayo y setiembre de 1620, cuando se entabló el proceso eclesiástico a la religiosa Gerónima de Garay, acaso la fundadora de una sorprendente poesía en América que desde este prístino origen irá consagrándose en la literatura universal. Todo esto nos induce a plantear que por la perfección estilística, el lucimiento de un lenguaje propio, la composición perfecta, el dominio en la versificación, fineza y sensibilidad de esta nueva poesía, surgida espontáneamente en ese lapso auroral de fines de un siglo duro y cruento como lo fue el XVI e inicios del XVII, constituye una primera síntesis espiritual y humana que consolida y fundamenta un mestizaje artístico, originando así un primer Renacimiento maravilloso de la lírica en el Perú.

El imaginario femenino en la cuentística de Ribeyro

Giovanna Minardi
Università di Palermo, Italia

En mi tesis doctoral sobre la cuentística de Ribeyro no analizo específicamente el imaginario femenino en su obra, aspecto que, sin embargo, en una investigación *in fieri* me interesa esencialmente por dos razones. Primero, porque Ribeyro reflexiona sobre la mujer y la relación de pareja en sus ensayos *Prosas apátridas* y *Dichos de Luder,* y sólo un escasísimo número de veces sus ficciones giran alrededor del tema del amor y del ser femenino. ¿Podemos interpretar este hecho como una incongruencia o una indirecta forma de respeto hacia la mujer, ese "ser misterioso", como a menudo ha declarado? En segundo lugar, por la construcción narratológica que hace de los personajes femeninos y sus funciones.

En resumen, mi trabajo –por supuesto muy esquemáticamente– se va a dividir en dos partes: presentar las reflexiones de Ribeyro sobre la mujer y analizar el imaginario femenino que se deriva de su cuentística.

Veamos el caso de las *Prosas apátridas.* Las prosas 66 y 67 contienen dos definiciones sobre la mujer que revelan una indudable sensibilidad hacia el otro sexo y, a la vez, una visión en parte tradicionalista:

> "Mientras más conozco a las mujeres, más me asombran... Ellas son leales, atentas, se admiran fácilmente, son serviciales, sacrificadas y fieles... Además, ellas son las únicas que nos ponen en contacto directo con la vida, tomada ésta en su sentido más inmediato y también más profundo: la compañía, la conjunción, el placer, la fecundación, la progenie."[1]

> "... Vieja y exacta metáfora de identificar a la mujer con la tierra, con lo que se surca, se siembra y se cosecha... Hacer el amor es un retorno, un

---

1   Ribeyro, Julio Ramón: *Prosas apátridas completas.* Barcelona: Tusquets, 1986 (3ª edición).

impulso atávico que nos conduce a la caverna original, donde se bebe el agua que nos dio la vida."[2]

Según estos textos la mujer es vista como el ser bueno, servicial por naturaleza, que se identifica justamente con los ritmos naturales de la vida, llegando a ser el elemento de salvación del hombre, en tanto "descanso del guerrero" y/o "muleta" de su autoafirmación.

En la América latina la lucha contra el machismo y en favor de la emancipación de la mujer está lejos de tener una evolución lineal: si por una parte existe una evidente erosión del machismo, hay que admitir, por la otra, el carácter discontinuo y ambiguo de dicha erosión (pensemos en Cortázar, quien en *Rayuela* crea a un superpersonaje femenino –la Maga– y luego distingue al "lector macho", activamente creativo, del "lector hembra", torpe y pasivo). Creo que Ribeyro aún se inserta en esta tradición, por así decir, de "maternal respeto" a la mujer, a la que habría que añadir las tensiones que genera la realidad emancipadora de la mujer en nuestra época.

Es por esto que nos habla de la incapacidad del hombre para entender profundamente a la mujer, la dificultad de llevar a cabo una verdadera relación de pareja y, más esencialmente, la fatuidad de lo masculino por aprehender la totalidad de lo femenino:

"... En su comportamiento con las mujeres los hombres son por lo general necios, fatuos y francamente detestables..."[3]

"Las relaciones que uno tiene con su mujer, por hermosa que sea, llegan con el tiempo a hacerse tan rutinarias como las que uno mantiene con su ciudad... La vida conyugal, cuando no hay... compatibilidades temperamentales o sexuales, llega a convertirse en una ficción, en un compañerismo a ciegas..."[4]

_____

2 Ibídem, p. 72.
3 Ibídem, p. 84.
4 Ibídem, p. 60.

En conjunto, el universo ficcional de Ribeyro está lleno de mujeres, pero ellas no tienen, digamos, una existencia autónoma, no juegan un papel protagonista, sino más bien están vistas en función de la figura sempiterna del hombre, quien llega a desearlas ardientemente (pensemos en "Una aventura nocturna", en "La juventud en la otra ribera", en "Silvio en El Rosedal"), o están simplemente presentes a su lado, como es el caso de "El profesor suplente", "El banquete" o "La solución". Aunque muy pocas veces toman decisiones, a menudo su presencia determina las acciones del protagonista ("Dirección equivocada", "De color modesto", "Una aventura nocturna").

Ante estos hechos, podemos lanzar la hipótesis de que Ribeyro no ha dado la palabra a muchos personajes femeninos o los ha arcaizado por coherencia, en cierta manera, con la idea siempre reconocida de su incapacidad para asumir, inclusive por cuestiones metafísicas, la plenitud de la autonomía e independencia del ser femenino.

En cuanto al segundo aspecto que indicaba en este proyecto, tengo que decir que los cuentos con genuinas protagonistas femeninas –"Mientras arde la vela" (1953), "La tela de araña" (1953), "Un domingo cualquiera" (1964), "Una medalla para Virginia" (1965)– y las narraciones evocativas del narrador sobre personajes expresamente femeninos –"La señorita Fabiola" (1976), "Las tres gracias" y "Tía Clementina"– son escasos en la obra de nuestro autor (siete de casi cien), pero muy fructíferos a la hora de extraer las singularidades del arquetipo femenino ribeyriano.

Hay que reconocer que inclusive en estos cuentos nunca nos encontramos con narradoras autodiegéticas. Es como si el autor mantuviera una mayor distancia entre el que narra y el mundo narrado; no obstante, los cambios de focalización –la palabra cedida al personaje femenino a través del discurso indirecto libre o del diálogo– alejan al narrador de todo frío distanciamiento del simple relatar de los hechos sin ninguna participación emotiva.

Se puede esbozar la siguiente tipología –siempre a modo de hipótesis– de los siguientes cuentos: "Un domingo cualquiera", "Una medalla para Virginia", "La señorita Fabiola", "Las tres gracias" y "Tía Clementina" constituirían un universo en el cual la mujer no tiene la especificidad ni los medios de su propio ser. Están encerradas en ámbitos pequeñoburgueses, con o sin un trasfondo social conflictivo y, por lo general, la narración presenta un tono triste, algo sombrío y escasamente irónico. Todas las protagonistas, básicamente jóvenes, padecen infelicidad existencial e inclusive, en caso de felicidad, ésta desemboca en la muerte violenta (véase "Tía Clementina"). Estos personajes femeninos carecen de una exhaustiva descripción física, y cuando Ribeyro se anima a describir a la mujer lo hace justamente desde la perspectiva de lo horrendo femenino, caso de Fabiola, o a modo expresionista, como en "Las tres gracias":

> "Era pequeñita, casi una enana, pero con una cara enorme, un poco caballuna, cutis marcado por el acné y un bozo muy pronunciado. La cara estaba plantada en un cuerpo informe, tetón pero sin poto ni cintura, que sostenían dos piernas flaquísimas y velludas"[5].
>
> "... La tercera era la joya del trío: ... era altísima... de piernas muy largas y perfectamente torneadas, cintura estrecha, nalgas prominentes, senos turgentes..."[6].

Tampoco conocemos de ellas sus particularidades morales, si no es a través de las desdibujadas acciones que llevan a cabo en un mundo masculino. Su labor como reflejo idéntico de lo otro sólo les posibilita alcanzar una conciencia sobre su propia infelicidad, sobre la hipocresía de la sociedad, de la pareja, pero en ningún caso les permite encontrarse como libres y creadoras de valores propios, aunque ciertamente en cuentos como "Un domingo cualquiera" el lenguaje del cuerpo adquiere un valor extrapoético en tanto la desnudez de los cuerpos permite la comunicación de las dos chicas y nos transmite imágenes tactiles ajenas a la tradicional sensibilidad masculina.

En el segundo bloque de cuentos Ribeyro habría ensayado la salida de esta senda a la que posteriormente abocó a todas las protagonistas. A fin de cuentas, se trataría de abrir un posible camino a una mujer distinta, imaginamos liberada.

Según la terminología de Jouve[7], tendremos personajes *liberés* y personajes *retenus:* los primeros serían aquéllos a cuyo pensamiento podemos acceder gracias al autor; los segundos, aquéllos en los que solamente se textualiza su discurso pero no su pensamiento. Respetando esta distinción, creo que "La tela de araña" y "Mientras arde la vela" son los cuentos en los que los personajes femeninos están "femeninamente" mejor construidos. Ellos, si seguimos ahora los estudios de Hamon[8], están "informados" por un mayor número de ejes semánticos que dan luz sobre su complejidad textual. Aquí el narrador entra más en la interioridad de las protagonistas que viven una condición de opresión económica y sexual, en el sentido de que sufren, además de una situación de pobreza, un estatus de inferioridad, de falta de poder respecto al hombre-dueño. El conocimiento de sus pensamientos aminora la distancia entre nosotros los lectores y el universo ficcional; y, más importante, aunque Ribeyro no es ciertamente feminista, en estos dos cuentos de juventud tiene el atrevimiento de captar la psicología femenina, presentándonos no sólo las

---

5   Ribeyro, Julio Ramón: *Cuentos completos.* Madrid: Alfaguara, 1994, p. 462.

6   Ibídem, p. 691.

7   Cfr. Jouve, V.: *L'Effet-Personnage dans le Roman.* París: PUF, 1992.

8   Cfr. Hamon, P.: *Semiología Lessico Leggibilità del Testo Narrativo.* Parma: Editorial Pratiche, 1984 (3ª edición). El libro comprende la traducción de varios ensayos del autor, publicados a lo largo de los años setenta en revistas francesas.

discriminaciones e injusticias sexuales que afectan a la mujer en la sociedad peruana (aunque no sólo), sino también dándonos acceso al *pensamiento,* único valor del poder simbólico masculino que puede erosionar su superioridad y su falsa "neutralidad".

En "La tela de araña" la protagonista, María, es víctima del acoso psíquico y sexual masculino. Lo particular, en relación a los cuentos del primer bloque, es que accedemos a ella a través de la expresión que el autor nos da de su pensamiento. Es en su pensamiento donde se experimenta su condición; es decir, a través de las reflexiones silenciosas nos transmite el dolor, el sufrimiento y el estado de prisión psíquica en el que se halla. Finalmente, es incapaz de romper esa situación, y la protagonista termina en una actitud de resignación e imposibilidad:

> "Entonces se dio cuenta, sin ningún raciocinio, de que su vuelo había terminado y de que esa cadena, antes que un obsequio, era como un cepo que la unía a un destino que ella nunca buscó"[9].

Es decir que Ribeyro, según este cuento, aún no ha encontrado un esquema liberador para sus personajes femeninos.

Pasemos a un nuevo intento en "Mientras arde la vela". Mercedes ha accedido también al mundo del pensamiento y, con ello, a su posible liberación[10]. Es en este momento cuando Ribeyro da un paso más en la búsqueda acercando a la protagonista al mundo negativo –pero posible y real– del hombre, haciéndole actuar con la mayor violencia. Mercedes mata a su marido en un acto premeditado. Ese gesto concluye una situación opresiva, pero la acción queda congelada en este instante mortal. Tras el acercamiento a la ex-

periencia del mal, Ribeyro siente la necesidad de detenerse; es como si, habiendo aproximado al personaje a su otro destino, lo hubiera lanzado al abismo más profundo del ser humano. Ante esto parece que nuestro autor enmudece. Quizá por ello ha preferido seguir en su cuentística una línea más sosegada en la cual la mujer se silencia, y en los casos más extremos de tiranía masculina su función consiste en articular la predisposición natural de poner en orden el desorden, de aminorar el desajuste y casualidad de los eventos, como si ella viniera a completar el diseño empezado por el destino.

Concluyendo esta brevísima pasarela de las protagonistas y co-protagonistas en la cuentística de Ribeyro, podemos decir que, en general, su imaginario femenino da mucha importancia a la mujer, pero en función del mundo simbólico del hombre. Ella puede dominar el espacio hogareño, mas en el fondo es el ser débil que manifiesta escasa voluntad decisoria y poca fuerza autorrepresentativa para reaccionar a las trampas del hombre y del sistema. Cuando lo hace, a través del pensamiento según mi hipótesis, termina en un fracaso resignado o en una incógnita y profundo vacío.

No obstante, hay que reconocer que, más allá de todo feminismo o machismo, esos cuentos nos confirman una vez más el carácter polifacético de la producción literaria de Ribeyro, quien ha sido capaz de trazar una variada tipología de personajes, en este caso femeninos, fruto de sus contradicciones y ambigüedades internas y, cómo no, de la época que le ha tocado vivir: la nuestra.

---

9   "La tela de araña", p. 63.

10   "... Miró sus manos como si le fuera necesario buscar en ellas alguna razón profunda. Habían perdido toda condición humana" (p. 48).

Fernando Velarde, agente del Romanticismo: Sus primicias limeñas

Luis Monguió
University of California, Berkeley, Estados Unidos

Salvo en las historias de la literatura del Perú y de las de Centroamérica, hoy día Fernando Velarde es un escritor olvidado.

En España, su país natal, ni siquiera la aparición en Santander en 1954 de un volumen de poesías suyas seleccionadas y acompañadas de un estudio de Leopoldo Rodríguez Alcalde parece haber tenido repercusión bibliográfica, como tampoco la tuvo la reedición en Lima, en 1982, de *Las flores del desierto*, de 1848, por Carlos García Barrón. En la península, pues, hay que retroceder en el tiempo hasta los días de Menéndez Pelayo para encontrar un estudio suyo sobre su coterráneo, estudio fechado el 8 de junio de 1876, o lo dicho por don Marcelino sobre él en su *Antología* (1894-95) y su *Historia de la poesía hispanoamericana* (1911)[1].

En Lima, fue Palma quien lo sitúa para los historiadores de la literatura peruana. Gracias sean dadas a don Ricardo por "La bohemia de 1848 a 1860" (1887)[2]. Complementan a Palma las páginas de don José de La Riva-Agüero en su *Carácter de la literatura del Perú independiente* (1905) y, con más detalle, en *El Perú his-*

---

1 Rodríguez Alcalde, Leopoldo: *Fernando Velarde. Selección y estudio de...* Santander: Imprenta y Encuadernación de la Librería Moderna (Antología de Escritores y Artistas Montañeses, XXXVII), 1954, XCIII+91 pp. Fernando Velarde: *Las flores del desierto*, ed. y estudio preliminar de Carlos García Barrón. Lima: Pontificia Universidad Católica del Perú, Fondo Editorial, 1982, 135 pp. Marcelino Menéndez Pelayo, "Don Fernando Velarde" (fechado 8 de junio de 1876) en Obras completas de Menéndez Pelayo, vol. XI (escritos y discursos de crítica histórica y literaria, Vol. VI. Santander, 1941, pp. 185-206; Antología de poetas hispanoamericanos publicada por la Real Academia Española, Madrid: Sucesores de Rivadeneyra, 1894, Tomo III, pp. CCLXXII-CCLLXXIV; Historia de la poesía hispano-americana (1911), Tomo II; Santander: Aldus (Consejo Superior de Investigaciones Científicas. Edición nacional de las Obras completas de Menendez Pelayo, XXVII), 1948, pp. 183-184.

2 Palma, Ricardo: "La bohemia de 1848 a 1860" en sus *Poesías*. Lima: Imprenta Torres Aguirre, 1887 y con variantes en sus *Recuerdos de España* precedidos de *La Bohemia de mi tiempo*. Lima: Imprenta La Industria, 1899, pp. 5-11.

tórico y artístico (1921)[3]. Recientemente, en 1992, lo menciona con alguna frecuencia Alberto Varillas Montenegro en *La literatura peruana del siglo XIX*[4].

En Centroamérica se le recuerda también porque figura en la que por muchos años fue la colección antológica indispensable para el estudio de aquellas literaturas, la de don Ramón Uriarte, *Galería poética centroamericana* (1888)[5], con poemas de Velarde y notas biográficas y críticas. Creo que aún más se le recuerda allí por unos versos del Rubén Darío joven, "La poesía castellana", de 1882:

> "... sus gratos rumores riega/tendiendo siempre a elevarse,/y sus fulgores esparce/palpita, se mueve y arde,/en los versos de Velarde,/en poemas de Núñez de Arce"[6].

Velarde que es nuestro Fernando y no, como algunas veces se ha sospechado, José Velarde, un discípulo de don Gaspar, algo menos olvidado que el santanderino en las historias de la literatura española. Que es Fernando lo confirman las varias menciones que Darío hace de él en su prosa en 1888, 1909 y 1912[7].

Hace años me dediqué a coleccionar los libros de Fernando Velarde en sus ediciones originales o en copias microfilmadas o fotocopiadas, y a recoger y copiar su producción en periódicos y revistas de la época con el fin de poder estudiarlo orgánicamente, por lo menos en sus días peruanos. El estudio quedó empantanado porque me faltaba una pieza clave en su bibliografía peruana, la colección de la revista *El Talismán*, que todas las referencias señalaban como importantísima y publicada por él en Lima por 1846. No logré encontrarla ni en las bibliotecas de varios países, ni en librerías anticuarias, ni en tiendas de libros viejos; pero mi amigo José Durand Flores, tan prematura y desdichadamente fallecido, cuya obra crítica es honra de la erudición peruana e hispánica, era además un extraordinario bibliófilo, un azor en la busca de obras raras. Sabía que *El Talismán* era una de mis desideratas y un buen día apareció en mi casa con un ejemplar de la colección que había adquirido para mí en una subasta de antigüedades en Chile; ejemplar que, en su memoria, ira algún día, por disposición testamentaria mía, a la Biblioteca Nacional del Perú. De la poesía de Velarde en esa colección voy a ocuparme hoy.

Ante todo, quizá convenga puntualizar algunos datos y fechas. Fernando Velarde y del Campo Herrera Bustamante y Ruiz Collantes nació en Hinojedo, Santander, el 12 de diciembre de 1823. Sus hidalgos apellidos montañeses[8] pueden explicar, según Riva-Agüero, la buena acogida que le dieron en Lima familias distinguidas de origen santande-

3   Obras completas de José de La Riva-Agüero, I, Estudios de Literatura peruana: *Carácter de la literatura del Perú independiente* (1905). Lima: Pontificia Universidad Católica del Perú, 1962, pp. 139-142 y *El Perú histórico y artístico. Influencia y desendencia de los montañeses en él*. Santander: Sociedad Menéndez Pelayo, 1921, pp. 165-179.

4   Varillas Montenegro, Alberto: *La literatura peruana del siglo XIX*. Lima: Pontificia Universidad Católica del Perú, Fondo Editorial, 1942, pp. 184, 1186, 191, 203, 204, 205 y 210.

5   Uriarte, Ramón: *Galería poética Centro-Americana*, 2a ed. Guatemala: Tipografía La Unión, 1885, Tomo II, pp. 301-322.

6   Ruben Darío: "La poesía castellana", Ilustración Centro-Americana, San Salvador, El Salvador, Nº1, 15 de octubre de 1882 y en Rubén Darío: *Poesías completas*, ed. Alfonso Méndez Plancarte. Madrid: Aguilar, 1952, pp. 276-286 y 1260.

7   Ruben Darío: "Literatura en Centro-América", *Revista de Artes y Letras*. Santiago de Chile, Tomo XI, Nº 96, 1 de junio de 1888, pp. 340 y 343; "El viaje a Nicaragua" (1909) en *Obras Completas*, Tomo III, Viajes y crónicas. Madrid: Afrodisio Aguado, 1950, p. 1060; Autobiografía (1912) en *Obras completas*, Tomo I, Crítica y ensayos, ed. cit., pp. 40-41.

8   Riva-Agüero, *El Perú histórico*, ed. cit., p. 168.

rino; Riglos y Rábago, por ejemplo. La familia de Fernando debía ser muy religiosa e inclinada a la poesía: su hermana Eulalia publicó versos en *Los ecos del amor de María*, de Barcelona, y en periódicos de Santander y Valladolid. Otra hermana, Virtudes, fue priora del Real Monasterio de Las Huelgas (Burgos) y escribió versos en imitación de los religiosos de Lope de Vega[9]. Palma recordaba que en Lima tenían a Velarde por muy ortodoxo "tan a machamartillo que picaba en fanático con ribetes de gilito descalzo"[10], ortodoxia de la que tanto se alejó a partir de los años sesenta de los ochocientos.

Desde los catorce suyos había viajado a Cuba por lo menos dos veces, y allí, desde 1844 a 1846, fue secretario de la Tenencia de Gobierno de la Villa de Santa Clara, y había visitado también Puerto Rico.

Cruzado el Caribe y el entonces istmo de Panamá, Velarde llegó al Callao el día 6 de junio de 1846 a bordo del vapor inglés "Chile", de 500 toneladas; su capitán era Juan Smith. En la lista de pasajeros figuraba "De Panamá... D. Fernando Velarde"[11], y en la "Razón de pasajeros presentados y expedidos" de la Intendencia de Policía, de Lima, en la sección de "Presentados" figura "D. Fernando Velarde de Puerto Rico, calle de Mercaderías", donde debió estar su primer alojamiento[12]. Me he detenido un tanto en fijar la fecha de llegada porque se ha dicho que Velarde había establecido en Lima *El Talismán* (Menéndez Pelayo, 1876, por ejemplo), lo cual no puede ser cierto puesto que su número 1 apareció en la capital peruana el domingo 3 de mayo de 1846 y, antes de la llegada de Velarde el 6 de junio, ya se habían publicado cinco números. Evidentemente, no pudo ser él el fundador; ¿quién lo fue?

La autoridad del bibliógrafo boliviano don Gabriel René Moreno en una nota biográfica sobre el periodista y político también boliviano Juan Ramón Muñoz Cabrera (1819-1869) dice:

> "Después de haber fundado *La Época* (en La Paz) pasó el señor Muñoz a Lima donde fundó *El Talismán*, semanario de literatura que alcanzó cierta boga en la sociedad de gente principal y vivió un año."[13]

Pronto debió relacionarse Velarde con el señor Muñoz Cabrera en Lima, ya que en la primera página del número 9 del semanario, del 28 de junio de 1846, se leen estas líneas:

> "Se dice que la redacción de *El Talismán* mudará (todavía no ha mudado) de Redactor; que esta ocurrencia no debilitará el empeño que hacen sus empresarios para satisfacer sus compromisos y agradar a sus favorecedores; pues ya la nueva redacción ha tomado las medidas necesarias a fin de poder anunciarse..."

Colíjase de ello que el señor Muñoz Cabrera iba a seguir de empresario de *El Talismán* cuando Velarde se encargara de su redacción, lo que debió ocurrir a partir del número 10, del domingo 5 de julio de 1846, en el que aparece su primera colaboración firmada, un poema, y como redactor debió continuar hasta el número 64, del 16 de julio de 1847, último de la colección encuadernada

---

9 Cossío, José María de: *Cincuenta años de poesía española* (1850-1900), Vol. II. Madrid: Espasa-Calpe, 1960, p. 1388.

10 Palma, R.: *La Bohemia de mi tiempo*, ed. de 1899, ob. cit, p. 9.

11 *El Comercio*, Lima, Nº 2082, 6 de junio de 1846, p. 2, "Puerto del Callao/Entradas/.../ Junio 6."

12 *El Comercio*, Lima, Nº 284, 9 de junio de 1848, pp. 3-4, "Intendencia de Policía/ ... / Razón de los pasaportes presentados y expedidos/ Presentados..."

13 René-Moreno, Gabriel: *Estudios de literatura boliviana*. Prólogo de Humberto Velásquez Machicado. Potosí: Editorial Potosí, Casa Nacional de Moneda (Colección de Cultura Boliviana, V, Colección Segunda: "Los escritores del siglo XIX, Nº 2), 1955, pp. 99-100.

que manejo, si bien su última colaboración firmada, otro poema, se halla tres números antes, en el 61, del 27 de junio de 1847. En el mismo 1847 había fundado el señor Muñoz Cabrera, en El Callao, un diario de nombre *El Telégrafo* que murió (¿como *El Talismán?*) con el regreso de su propietario a Bolivia[14].

En sus comienzos tuvo *El Talismán* lo que para esa época, y para un semanario literario que no se ocupó de política, era un buen número de suscriptores. En una lista de las ciudades de Lima y del Callao (encuadernada entre los números 7 y 8, de 14 y 21 de junio del 46) figuran 199 caballeros y 49 señoras, 248 personas en total. Entre los caballeros se cuentan el presidente de la República, D. Ramón Castilla (con diez suscripciones) y los ministros de Hacienda y Relaciones, Gobierno y Guerra, D. Gregorio Paz Soldán, D. Felipe Estenós y General D. Rufino Echenique respectivamente; llama la atención la presencia de bastantes militares, generales (entre ellos Gutiérrez de la Fuente y San Román), coroneles, tenientes coroneles y sargentos mayores. Figuran también notables personajes civiles: D. José Joaquín de Olmedo, D. Benito Laso, D. Bartolomé Herrera, por ejemplo; y entre las damas, doña Manuela Gorriti, doña Dolores Recabarren y tantas más de familias principales.

Velarde hizo su presentación al público limeño con un poema titulado "A mi dulce amada", que imprimió en *El Talismán* número 10, del 5 de julio de 1846, páginas 77-79, con su conclusión en la entrega siguiente del semanario o número 11, del 12 de julio, páginas 85-86, con un total de 314 versos. Es de notar aquí, entre paréntesis, que en todo el tiempo que vivió *El Talismán* Velarde reservó la publicación de sus versos únicamente para su periódico y tan sólo permitió la reproducción en *El Comercio* (N° 2143) del 10 de agosto del 46, página 4, de una poesía necrológica publicada el día antes en *El Talismán* número 15 (del 9 de agosto, páginas 119-

120), "En la sentida muerte de la señora Doña Rafaela Balta de Carrera".

"A mi dulce amada" (la mujer conocida desde su adolescencia y a la que dirigió poemas a lo largo de toda su vida) ofrece variedad métrica y estrófica: comienza con un romance de octosílabos asonantados en i-a, seguido de una tirada de quintillas de rima abbad (un par de ellas agudas), seguida a su vez de otro romance de rima aguda en a, continuando (ya en el número 11) con una serie de cuartetos endecasílabos de rima cruzada abab, terminando el poema con una serie de octavillas agudas con cierta preferencia por las rimadas abbé:cddé, combinación frecuente en Espronceda y en Zorrilla. En efecto, todos los mencionados son metros y estrofas de moda en el Romanticismo español e hispanoamericano: el romance, muy empleado en composiciones sueltas o como parte de poemas en variedad de metros; la quintilla, "más empleada que la redondilla en la poesía lírica romántica"; el cuarteto endecasílabo, que fue "la estrofa más usada en la poesía romántica"; y la octavilla aguda, "más usada que ninguna otra estrofa octosílaba en la lírica romántica"[15]. Exhibió así Velarde, en su primera publicación limeña, su pericia técnica en la versificación romántica.

La temática de "A mi dulce amada" recorre lo que a la distancia de siglo y medio percibimos como varios *clichés* del Romanticismo; pero que en aquellos días en Lima, en contraste con el antecedente racionalismo, decoro y culto lenguaje neoclásicos, debieron parecer novedosos y conmover a la nueva generación que en los nueve años de la residencia de Velarde en el Perú pasó de la adolescencia a la juventud, la generación de Márquez y Corpancho (que crecieran de los dieciséis a los veinticinco años), del propio Palma y de Llona (que pasaron de los trece y catorce

---

14 Ibídem.

15 Ver Navarro, Tomás: *Métrica española*, Reseña histórica y descriptiva Syracuse, NY; Syracuse University Press, 1956, pp. 373-375 (romance), 348 (quintilla), 341 (cuarteto endecasílabo) y 349 (octavilla aguda).

a los veintidós o veintitrés), y que con la persona y la poesía de Velarde se entusiasmaron porque ellos, lectores apasionados de los lejanos Byron, Hugo, Lamartine, Espronceda y Zorrilla, encontraron en Velarde la inmediata presencia física de un poeta europeo, de un joven él mismo de entre veintidós y treinta años, de fogosa imaginación, idealismo y una obra que, con defectos y todo, era desencadenadamente romántica y así –lo recuerda Palma– pasó ese "mancebo" a ser "El Gran Capitán de la Bohemia Limeña".

Unas breves calas en esos versos bastarán para percibir los temas, el temple y el lenguaje poético de ese texto. Comienza con el tópico del sufrimiento del poeta por la lejanía, la ausencia o el apartamiento de la amada, expresado directamente, casi con el lenguaje de un muchacho que habla a su novia con el corazón en la mano:

> "Si supieras cuánto sufro,
> Sensible gacela mía,
> Tan lejos de ti apartado,
> Tan lejos de ti, mi vida..."

en la que con la expresión coloquial se mezcla ese "sensible gacela mía", exquisita cursilería arabista u orientalista dirigida a una muchacha santanderina. La necesidad de que la amada sepa el dolor que sufre el hablante en el poema (por comodidad y por el notorio autobiografismo romántico, digamos del poeta) es perdurable tema en el Romanticismo. Del otro extremo del continente y varias décadas más tarde, en el agotamiento del Romanticismo en Hispanoamérica resuena aún, y todos recordamos (más o menos) aquellos versos famosos:

> "Necesito decirte que te quiero,
> que te adoro con todo el corazón,
> que es tanto lo que sufro,
> que es tanto lo que lloro..." etc.,

del "Nocturno. A Rosario" de Manuel Acuña, versos de los que decía don Marcelino

Menéndez Pelayo, tan romanticón con todo su clasicismo a cuestas, que eran de una de sus dos o tres composiciones dignas de una antología y que, en general, los versos del mexicano "aunque muy incorrectos" tienen cierta genialidad lírica en potencia[16]. Algo no muy distinto dijo de los de Velarde en sus estudios sobre él.

Sigue "A mi dulce amada" con la exaltación del poeta por esa amada, pura, virginal, angelical:

> "Nunca olvides que tú eres
> La clara luz de mis días
> ...
> La virgen de mis amores,
> El ángel de mis delicias..."

Típico del Romanticismo es que la amada lo sea mientras siga siendo la mujer imposible, ideal, puro espíritu; y ésta lo era cuando el poeta al contemplar su retrato sueña con ella y en sueños:

> "Creo entonces que respiro
> El aliento que respiras,
> Que sentimos y gozamos
> Dulces sensaciones místicas,
> Inefables sentimientos,
> Efusiones de alegría,
> Que nuestras almas flotantes
> Armoniosamente vibran."

Nótese cómo ha ido elevando el temple y la dicción por el camino de lo místico inefable, de la armonía de las almas.

El muchacho de lenguaje coloquial de los primeros versos del poema habrá leído a estas alturas algunos versos de san Juan de la Cruz, entendidos más mal que bien en esta transcripción del amor inefable a la "fabla"; pero siempre dentro del tópico de la amada ideali-

---

16 Menéndez Pelayo: *Historia de la poesía hispanoamericana*, ed. cit., Tomo I, p. 156.

zada. Tras de la soñada, ideal, espiritual felicidad, pasa Velarde al otro tópico contrastante, el de la desesperación ante la realidad de la vida:

> "Qué terrible es despertar
> Del sueño de la ventura
> Para después apurar
> El gemir y rabiar
> En la copa de amargura."

La amargura velardiana en esos versos dice proceder de su creencia de que nunca volvería a ver a la amada.

Si no me equivoco, Velarde publicó con su firma en *El Talismán* veintidós poemas. Trece de ellos fueron seguramente escritos en Lima; de ocho hay pruebas de que habían sido escritos ya antes de su llegada al Perú, y de otro estoy casi seguro de que lo había sido también. De los veintidós hay diez que no los publicó de nuevo; pero los doce restantes debían gustarle en especial porque los volvió a imprimir (con más o menos variantes) en años posteriores, algunos de ellos dos o tres veces y hasta fecha tan tardía como 1878. En su primer libro, *Las flores del desierto,* en Lima y 1848, pudieron ya volver a leerse seis de los veintidós, lo cual permite suponer que ésos fueran sus favoritos entre los de *El Talismán.*

Llama la atención en sus textos publicados en el semanario la afición de Velarde por lo fúnebre y tétrico, sobre todo tratándose de un hombre tan joven, que andaba en los veintidós y veintitrés años de edad. Su quinto poema en él (Nº 14, 2 de agosto de 1846, pp. 112-113), en romance endecasílabo, se titula "El cementerio" y lleva por epígrafe un muy recordado verso de su admirado Espronceda (de "Jarifa, en una orgía", V. 76), verso que Velarde además incorpora en el texto de su propio poema: "Las flores ¡ay! del corazón cayeron/Solo en la paz de los sepulcros creo." El poeta no teme, entre las densas sombras de la noche, visitar el cementerio:

> "Ni vacilan mis pies ni retroceden
> Al hollar tu incrustado pavimento
> De huecas calaveras descarnadas
> Y rotos cráneos, que en conjunto horrendo
> El fin de la existencia testifican
> De mil generaciones que vivieron
> Y en sus despojos mudos nos legaron
> Terrífico padrón, fatal secreto,
> Lo mismo que nosotros legaremos
> A nuestros hijos y a los suyos ellos
> ¡Sentencia irrevocable que trazara
> De la sublime eternidad el dedo!"

Perdidas las esperanzas en esta vida, le place vagar entre las tumbas y sondear el misterio de la muerte, de la nada o el más allá:

> "Mas ¡ay! en vano con furor relucho.
> El hondo arcano sorprender no puedo;
> La mente en su potencia se fatiga."

Sorprende hallar tanta duda en un escritor por entonces tan católico a machamartillo. Probablemente *clichés* de la "duda romántica" a los que sucumbe. Y la adjetivación no es menos típica, de época: calaveras "huecas" y "descarnadas" (¿qué iban a ser si no?), conjunto "horrendo", despojos "mudos", "terrífico" padrón, "fatal" secreto, sentencia "irrevocable", típicos del aspecto lúgubre del romanticismo.

Otro poema luctuoso, que debió al momento ser muy leído en Lima por su reimpresión en *El Comercio* al día siguiente de aparecer en *El Talismán,* es "En la sentida muerte de la Señora Doña Rafaela Balta de Carrera" ya mencionado. Comienza en sexta rima, ABABCC, lúgubremente:

> "Ese cadáver que mírala sombrío
> Al borde helado de la tumba impura
> Inmóvil, yerto, inanimado y frío,
> Sin voz al labio, la pupila oscura,
> Ayer viviendo deliraba amores,
> Ayer gozando germinaba flores",

y sigue con varias octavas reales descriptivas de las bellezas físicas y morales de la dama; pero "Y agora vedla silenciosa y muerta/... ¡¡¡Vedla cadáver!!!", para que esposo, hijito huérfano y amigos "lágrimas derramen de eterno duelo ". En la estrofa final vuelve Velarde a la sexta rima para pergeñar unos versos autobiográficos:

"Yo, cual vosotros desgraciado, lloro
Y endulzo siempre mi dolor llorando
Y memorias punzantes atesoro
Para sentir y delirar penando,
Porque las prendas de mi bien queridas
No están difuntas, pero están perdidas".

La más literaturizada por Velarde de esas bien queridas prendas es "J.A.T.", "Josefa", "Pepita", a la que ya a los catorce años escribió un poema que fue el que puso luego a la cabeza de los impresos en *Las flores del desierto*, de 1848, y que fue también el primero de los muchos a J.A.T. dirigidos o en los que es mencionada o aludida.

El tercero de los luctuosos que publicó en *El Talismán* es un romance endecasílabo "En memoria del poeta don José Espronceda, invocación" (Nº 19, 6 de setiembre de 1846, p. 156). Sospecho que debió ser escrito antes de viajar Velarde al Perú porque un poeta tan de lo emocional inmediato como él era, no puedo creer que esperara cuatro años para escribir unos versos a la muerte de Espronceda, ocurrida en 1842. Es además un poema peculiar porque de todos los necrológicos suyos que conozco (y escribió bastantes, además de los de *El Talismán,* tanto en el mismo Perú como en años subsiguientes en otros países), éste sitúa sin duda alguna al alma del muerto en el cielo, "... en la mansión dichosa. Dos eternas moran en quietud segura/ Las almas venturosas de los justos/ Por siempre libres de infeliz angustia...". "Espronceda inmortal feliz disfruta". Lo cual no hace explícito otras veces con otros difuntos que pudieran parecer mejores candidatos a la beatitud que el autor de *El estudiante de Salamanca.*

Creo que precisamente por haber mencionado antes la "duda romántica" sobre el destino de ultratumba que aparece en tantos versos de Velarde en este período de su vida en que era católico casi fanático, según Palma recordaba, debería mencionarse un soneto religioso que publicó en *El Talismán* (Nº 49, 4 de abril de 1847, p. 401) que nos ofrece un aspecto más personal e íntimo que sus repeticiones de los tópicos generacionales:

"A Dios crucificado
Dios de la eternidad, autor del mundo,
Que abarcas lo infinito con tu mano
Y animas con tu aliento soberano,
O destruyes sañudo y tremebundo.
Gran Ser Omnipotente sin segundo,
Incomprensible milagroso arcanos,
Que audaz intenta comprender en vano
Con ansia ardiente mi pensar profundo;
Tu excelsa gloria ni el poder que ostentas
Fulminando mil rayos indignado,
ni tantas maravillas que sustentas.
Conmueven a mi pecho consternado
Cual las penas horribles y sangrientas
que sufriste ¡oh Dios crucificado!"

"Incomprensible milagroso arcano" es, en efecto, Dios que Es, y no es totalmente inteligible por el hombre finito, cuya razón, inteligencia, "pensar profundo" son insuficientes en ese intento de aprehender lo infinito. El Dios de los cuartetos velardianos parece ser el Dios padre, creador del cielo y de la tierra, el Dios que así como crea, destruye "sañudo y tremebundo", que fulmina "mil rayos indignado" en el Antiguo Testamento. Su gloria, poder y maravillas conmueven menos al poeta que "... las penas horribles y sangrientas que sufriste ¡oh Dios crucificado!". El Dios crucificado, es decir, el Hijo, Dios y hombre verdadero. En tanto Dios, no puede morir; pero sí puede hacerlo siendo encarnado –hombre de carne y hueso–, cargado de todas las culpas de todos los hombres y cuyo sufrimiento como tal es nuestra redención. Es Jesús, todo amor, el crucificado. Por eso el famoso poema (ya precautivamente anónimo) del siglo XVII que me parece seguro subtexto de los últimos versos del de Velarde, lleva por título "Soneto a Cristo crucificado".

"Tú me mueves, Señor; muéveme el verte
clavado en una cruz y escarnecido,
muéveme ver tu cuerpo tan herido,
muéveme tus afrentas y tu muerte.
muéveme, al fin, tu amor..."

En el soneto de Velarde el "incomprensible milagroso arcano", el *Deus absconditus* es paradojalmente a la vez omnipotente y vulnerable. El alma romántica del poeta se conmueve no ante la gloria y el poder divinos sino por compasión hacia un Dios vulnerado, ensangrentado. Años más tarde Velarde se creó una filosofía, mezcla de Biblia, panteísmo y teosofía a la que llamó "la religión del porvenir"[17].

Contrastando con los poemas sobre luctuosos sucesos a Velarde le gustaba también escribir poemas en los santos y cumpleaños, de señoritas por lo general, y versos a niñitos. Tres de este tipo hay en *El Talismán,* con augurios de felicidad a las personas a quienes los dedica y en los tres mezcla esa constante suya, la nota de sus propios infortunios y penas.

Uno de ellos, un romance de ciento sesenta y seis versos, se titula "A M.C. en sus días" (Nº 42, 14 de febrero de 1847, pp. 342-344) y "Hermosa y pura limeña" llama a M.C. en el texto. Con el título de "Al cumpleaños de...", sin iniciales, lo reimprimió en *Las flores del desierto* en 1848 (pp. 193-200), con tres variantes. Dos son versos que no regían en *El Talismán* ("Un presente, una obligación" pasa a ser "Un presente, una oblación"). La tercera ofrece otro interés: el verso 127, "Hermosa y pura limeña" es sustituido en *Las flores...* por "Preciosísima sirena". En un posterior libro suyo, de 1860,

Cánticos del Nuevo Mundo[18], aparece este mismo poema (con algunas variantes) pero titulado "En el cumpleaños de la Señorita Da. Beatriz Machado" y con la fecha "Villa Clara, 1845", es decir, escrito en la Villa de Santa Clara, Cuba, en 1845. Total que a la bella limeña le colocó un poema de segunda mano, dedicado antes a otra persona en el cumpleaños de ésta.

Otro grupo de poemas de Velarde en *El Talismán* es el de los poemas de amor, aunque en varios de otro tema central haya también alusiones a su amada o a las penas que sufre por ese siempre vivo lejano amor. Como al tipo de poemas de amor pertenece el "A mi dulce amada", ya comentado, bastará decir ahora que sus demás poemas de este tipo impresos en la revista son de parecido temple y factura. En dos, escritos antes de su residencia en el Perú y dedicados no a "J.A.T." sino a otras mujeres, no falta tampoco la presencia de aquélla ("A ... [una cubana]. Despedida", Nº 20, 13 de setiembre de 1846, pp. 163-165, y "A una malagueña", Nº 40 y 41, 31 de enero y 7 de febrero de 1847, pp. 328-330 y 334-336). A la malagueña, pasajera como él en un bergantín con destino a Cuba, tras algunos requiebros le hace una descripción de Josefa y le confiesa:

"Si alguna emoción sentí
Al mirarte tan graciosa
Fue sin duda que creí
Su imagen mirar en ti
Y en tu voz hermosa".

Los poemas de Velarde en *El Talismán* en los que la naturaleza figura prominentemente reflejan un trazo romántico auténtico: el acuerdo, la armonía entre el temple anímico del poeta y un determinado estado, condición o aspecto de la naturaleza, del mundo natural.

17   *La poesía y la religión del porvenir*, pp. 34-35. Barcelona: Establecimiento Tipográfico de Narciso Ramírez y Cía., 1870, 112 pp.

18   Velarde, Fernando: *Cánticos del Nuevo Mundo.* "Al inmortal García Tassara". New York, NY: J.W. ORR, 1860, 308 pp.

Puesto que, como él mismo dijo en un poema de sus días en el Caribe, "... a mi genio apasionado y triste/le placen cuadros de terror profundo", no habrá de extrañarnos que tienda a sentir y sentirse en las tempestades. En el titulado precisamente "Una noche tempestuosa en el océano" (Nº 13, 26 de julio de 1846, pp. 102-104):

"Domina la noche: del mar turbulento
Los broncos rugidos redoblan su horror,
Retumban los truenos, rebraman los
vientos,
Y todo es tinieblas, tristeza y pavor",

donde maneja bien la apropiada sonoridad, el insistente ruido si se quiere, con esas (r) fricativas sonoras y vibrantes, esas (b) bilabiales sonoras y la leve acertada atenuación en el cuarto verso con las (t) dentales oclusivas sordas.

También es capaz de sumirse, melancólicamente, en una tranquilidad nocturna. En unas octavillas agudas, a orillas del panameño río Chagres (Nº 16, 16 de agosto de 1846, pp. 127-129), suspira:

"Qué augusta, qué bella
Qué grata es la noche,
Qué amigas las sombras,
Qué plácidas son
Al ánima triste
Que llora perdidas
Las glorias que fueron
Su amada ilusión!
...
Los vientos sonoros
Los mares profundos
En hondo letargo
Sumidos están.
Los seres vivientes,
Del sueño embargados,
Dichosos suspenden
Su inútil afán."

En la paz de una noche calma reposan a la par la naturaleza y el hombre, otrora agitados.

Es ésta una pequeña muestra de la poesía que un escritor trashumante del siglo pasado publicó en una revista limeña, hoy día casi inhallable. Fue Velarde un poeta irregular; tendía a escribir largos poemas en los cuales junto a estrofas o tiradas buenas se encuentran otras manidas o desafortunadas; pero fue admirado por unos jóvenes poetas peruanos a los que hizo sentir la fuerza del vendaval romántico probablemente gracias a la fuerza de su pasión literaria.

Que fue admirado en Lima lo comprueba una serie de poemas, insertos en la prensa de aquellos días y a él dedicados, algunos con claras muestras temáticas y estilísticas de su influencia. En *El Comercio* del 2 de junio 1847 se publicó uno anónimo (quizá de José Arnaldo Márquez), verdaderamente ditirámbico:

"Al señor D. Fernando Velarde: Al escuchar tu acento sobrehumano/ La Reina del Pacífico Océano/ Despertó de su plácida embriaguez", poema al que Velarde contestó pronto en el mismo diario el 7 de junio: "Dime quién eres, trovador, quién eres...".

También en *El Comercio* pueden encontrarse unos versos titulados "La Rosa del Panteón. A mi amigo el señor don Fernando Velarde", de Aníbal Víctor de la Torre (3 de agosto de 1848); de Luis Benjamín Cisneros, que a la sazón tenía catorce años, "Al inmortal poeta don Fernando Velarde. Soneto. Dedicado por su discípulo" y fechado "San Carlos, octubre 2, 1851"; de Numa Pompilio Llona lo hay el 2 de octubre de 1852 y luego —tan larga fue su fidelidad a Velarde— en sus *Cantares americanos,* de 1866, y en *La estela de una vida,* de 1893. Manuel Nicolás Corpancho se los dedicó en sus *Ensayos poéticos* de 1864 y en *El Heraldo de Lima* de 1855. Hasta el pintoresco personaje y prolífico poeta Ángel Fenández de Quirós, "el loco Quirós", defendió a Velarde, airadamente en verso, contra un detractor[19]. En la ocasión de la partida de Velarde del Perú, en 1855, le escribieron despedidas Clemente Althaus, Corpancho y Trinidad Fernández[20]. El último volvió a recordar al santanderino en sus *Violetas silvestres* de 1867.

Es así, pues, como Fernando Velarde, viajero y viajante del Romanticismo, ganó su puesto en la historia literaria del Perú.

19   Por ejemplo, en *El Comercio*, Lima, 6 y 18 de noviembre de 1850 hacia el final de una ya entonces larga polémica ocasionada por ataques a Velarde y su obra publicados en *El Correo del Perú* a raíz de la aparición de *Las flores del desierto* en 1848.

20   Althaus, C: "A un viajero", *El Comercio*, Lima, Nº4789, de 18 de julio 1855, p. 3 ("Vas a partir a playas muy distantes/ De donde nunca volverá tal vez... "). Corpancho, a "Don Fernando Velarde con motivo de su viaje, "El Heraldo de Lima", Nº 311, de 23 de julio de 1855, p. 3 ("Amigo ¡adiós!/ Te alejas de la orilla/Que armonizaron tanto tus cantares.. " Trinidad Fernández , "A mi amigo Don Fernando Velarde con motivo de su partida, *El Comercio*, 21 de julio de 1855, p. 4 ("Inconsolable, adios, ¡adiós! te dice/ ¿Quién sabe para siempre? el corazón/ y con triste ternura te bendice/ ¡oh infausto peregrino del dolor!... "La partida ocurrió, en efecto, el 8 de agosto de 1855 en el bergantín peruano "Margarita" de 165 toneladas, para Guayaquil, que "Conduce de pasaje a Don Fernando Velarde y Sra.". Ver *El Comercio*, Nº 4808, del jueves, 9 de agosto de 1855, p. 2.

El Inca Garcilaso en el Siglo de las Luces

Edgar Montiel
Unesco, Perú

I

Investigaciones recientes han mostrado el impacto que tuvieron el hecho americano, el pensamiento y la vida americanos en Europa, desde el Renacimiento hasta el Siglo de las Luces. La tesis más frecuente sostiene que los autores de la Ilustración influyeron en la independencia de América. Esa tesis es parcialmente cierta, pues ignora cómo América había influido en la conformación del ideario de la Ilustración.

Una de las dimensiones más importantes del diálogo entre Europa y América se ubica precisamente en el plano de las ideas. Al respecto se puede tomar como referencia canónica la presencia del Inca Garcilaso en el Siglo de las Luces. Pero ¿qué tiene que ver un Inca con la Corte de Versalles, con las diferentes cortes europeas, o los cenáculos de pensadores ilustrados? Y el hecho es que no solamente Garcilaso, sino otros escritores americanos, tuvieron una influencia notable en la evolución del pensamiento político y la renovación del pensamiento reformador y utópico de la Europa de esos tiempos.

Dividiré la exposición en varias instancias: en la primera quisiera llamar la atención acerca de lo que significa para el pensamiento europeo la aparición de América. Qué significa en el plano de las ideas, qué en el plano del pensamiento o del desarrollo científico.

II

Se recordará que la *Utopía,* escrita por Moro en 1516, se sitúa en la base de la renovación de un pensamiento político que marca a Europa; pero la *Utopía* no se puede escribir si no aparecen previamente dos libros: *Las cartas* de Américo Vespucio –que Moro cita de modo explícito– y *Las décadas* de Pedro Mártir de Anglería.

Las cartas de Américo se comienzan a publicar desde 1504, y en 1507 circula una edición completa que hace un geógrafo de la Lorraine, Waldseemuller. En esta edición, en la cual Vespucio habla ya del Nuevo Mundo, afirma que en el viaje entre el Occidente europeo y el Oriente existe un nuevo mundo. Utiliza esta expresión de modo genérico, pero el editor Waldseemuller titula una de las cartas como *El Nuevo Mundo.* De modo que cuando en la Europa de esos años se hablaba de algo paradisíaco, se decía que se estaba hablando de las tierras de Américo, y luego se dijo simplemente "América".

El otro texto va a provocar también un impacto enorme; es una especie de primer retrato de América en la mentalidad de Europa. Pedro Mártir publica *10 décadas.* ¿Quién es este autor? Es un "agregado" italiano en la corte española, un hombre ilustrado que funge como corresponsal sin desplazarse a América; lo que hace es informarse, hablar con todos los viajeros que regresan del Caribe a España —todavía no ha aparecido la Tierra Firme— a quienes Mártir de Anglería indaga y acumula notas para escribir sus *Décadas.* Éstas comienzan a publicarse a partir de 1511 y adquieren una gran popularidad en Europa. Es en ellas donde se observan ya los primeros rasgos del encontronazo entre Europa y América, porque se comienzan a perfilar los primeros elementos de lo que después serían teorías políticas o percepciones del hombre americano. ¿Cuáles son estos elementos?

La condición natural del hombre americano, concepto que va a encontrar su mayor desarrollo con Rousseau dos siglos después, con esa especie de filosofía natural que elogia al buen salvaje. Pero hay una aparente antinomia en esta expresión barroca: se habla de un hombre que es bueno porque es salvaje, lo que equivale a decir que lo bueno se encuentra sólo en estado natural. Pedro Mártir habla inclusive de un "filósofo desnudo", refiriéndose a la sabiduría de un taino, con lo cual quiere advertir sobre la presencia de una inteligencia natural (otra aparente antinomia). De todo esto nace una idea de América como espacio del bien, donde el mal, el pecado, todavía no había penetrado; América como una tierra edénica, como lugar donde se objetivan los anhelos de la colectividad. Por eso en el Renacimiento cuaja bien el poder evocador de América; es cuando renacen todos los mitos de la antigüedad griega y latina, las náyades, las sirenas, Júpiter; en fin, toda esa profusa imaginería del Renacimiento con la que Europa va a mirar el nuevo mundo.

De modo que América aparece en la imagen de Europa bajo ese alero que no era del todo falso. Mártir de Anglería, por ejemplo, dice de la sapiencia americana, de la realidad de este continente:

> "Tienen ellos los americanos, los caribes, que la tierra así como el sol y el agua es común y que no debe haber entre ellos mío y tuyo... Fíjense que no debe haber entre ellos mío y tuyo, o sea, la propiedad. Semillas de todos los males, es el mío y el tuyo, pues se contentan con tan poco que en aquel vasto territorio más sobran campos que no le falta a nadie nada."

Es efectivamente en Mártir que aparece como motivo recurrente esta idea, que era cierta en su momento y que fue una revelación en Europa, de que cuando los europeos llegan aquí no había que sembrar nada, sólo había que estirar la mano y tomar los frutos de la tierra, cosa que era impensable en una Europa medieval donde sí hay que sembrar, hay que respetar las estaciones; aquí era la primavera permanente. Dice:

> "... territorio que más sobran campos que no le falta a nadie nada, territorios suficientes, para ellos es la Edad de Oro, no cierran sus heredades, ni con fosos —la propiedad medieval había que cerrarla con fosos—, se las tienen ahí, no hay candados, no hay puertas",

visión que se repite también con las culturas de México, del mundo mesoamericano y del mundo andino; no hay candados, no hay puertas para cerrar, la gente transita libremente. Dice:

> "... ni con palo ni con paredes, ni con setos, viven en huertos abiertos, sin leyes, sin libros, sin jueces, de su natural; veneran al que es recto, tienen por malo y perverso al que se complace en hacer injuria a cualquiera, sin embargo cultivan el maíz, la yuca y los ajos".

Esta idea de la no propiedad, de la bonanza de la naturaleza, se va a redondear luego con otra idea que va a ser culminante en la mentalidad de Europa, que es la de la libertad tribal. Mártir dice que no tienen capitán ninguno, ni señor; es decir, no son siervos, idea que en Europa representó una revolución. ¿Cómo que no son siervos? ¿A quiénes, es decir, de quién reciben órdenes?

Aparece entonces una frase que va a revolucionar el pensamiento político europeo: viven en libertad. La idea de libertad aparece unida desde el primer momento a la partida de nacimiento de América: son libres. Y algunos dirán que viven en libertad porque son salvajes...

Esta idea de Pedro Mártir va a impactar. Se puede ver cómo este pensamiento va a ir calando en los pensadores de los siglos XVI al XVIII.

III

Pero existe otro libro muy poco conocido que aparece en 1534 en una editora de Lyon —en la misma casa editorial en la cual Rabelais publica sus obras—. Es pertinente notar que Pantagruel, el personaje de Rabelais, viaja, en lo que constituye la primera forma de la novela moderna que combina la realidad y la fantasía, yéndose hacia "el Oriente". Sin embargo, según la descripción, es hacia Occidente adonde va, y se puede advertir que las cosas que dice Pantagruel son del Caribe y provienen de las *Décadas* de Pedro Mártir de

Anglería: las sirenas, los manatíes, las pepitas de oro, los pájaros que se reproducen en el aire...

En esta misma casa editorial de Lyon, la Notre Dame de Comfort, se publica un libro pequeño que es una revelación, que circula mucho; se llama *Nouvelles Certaines des Isles du Pérou,* de autor anónimo.

Resulta sorprendente, porque cuenta el aprisionamiento de Atahualpa por Pizarro ocurrido en 1532, y que sólo dos años después circula como novedad en Europa (pude obtener una fotocopia del ejemplar único que existe, que se encuentra en el British Museum). Esto es interesante, porque lo que se cuenta allí hace tangible toda la historia referida al ahorcamiento de Atahualpa y el posterior transporte del oro y la plata incaica –que pasa por Cartagena de Indias y Santo Domingo– hacia España.

El padre Bartolomé de Las Casas, que se encontraba en Santo Domingo, da fe de los barcos que pasan llenos del tesoro con el cual Atahualpa había pagado su rescate, que nunca se produjo. No aparecen las medidas exactas del cargamento, pero lo que importa destacar es que al poco tiempo de los acontecimientos, aparece ya un texto en francés que habla sobre ello. Y el interés se explica en el hecho de que, con ese tesoro, España pagó una deuda a Francia. ¿De dónde proviene esta crónica? Tal vez fuera escrita por el secretario de Pizarro o por el cronista militar Pedro Sancho; tal vez había sido sacada de la crónica de Francisco de Xérez, que ya circulaba manuscrita, o probablemente hubiese sido elaborada a partir de la información de los viajeros que regresaban en esos años.

Este texto es interesante, porque deja su huella en la percepción de Rabelais. Rabelais habla de unas pepitas de oro, de unas barras y de unos indios, que se interesan más en tener flores o plumas que oro y plata. Esta percepción está en los orígenes de la teoría del relativismo cultural, porque el oro y la plata en América no eran metales "preciosos"; para los amerindios lo preciado estaba identificado con lo delicado: las plumas, el algodón y las flores. Se puede decir, entonces, que el adjetivo precioso, aplicado al metal, es un agregado del siglo XVI y del mercantilismo europeo. Este texto influye no sólo en Rabelais, sino también en quien sería, tres décadas después, el promotor o el gran autor que va a incorporar en el humanismo europeo la reflexión más avanzada al respecto; se trata de Michel de Montaigne y sus ensayos sobre el relativismo cultural.

De modo que hay un terreno abonado para que después de estas informaciones sobre el Caribe, Perú y México, venga el Inca Garcilaso a lograr una influencia mayor.

IV

Como se sabe, Garcilaso nace en 1539 de la unión de un capitán español ilustrado y una princesa incaica, Isabel Chimpu Ocllo. El padre de Garcilaso, el capitán Garcilaso de la Vega, entra en el Cusco en el año 1536. Primeramente había estado en el Caribe, en Cuba y Panamá; luego sigue a Pedro de Alvarado cuando éste se marcha a la conquista de Perú. Hay que tener presente que la conquista fue una de las más anunciadas desde Europa mediante las Capitulaciones de 1528. Los círculos más informados ya lo sabían; por eso se preparó con acuerdos, con compra de barcos, arcabuces, con lo mejor de la utilería y armamentos de ese momento; inclusive se liberaron impuestos para incentivar la migración al Perú.

Pedro de Alvarado fue uno de los que se quiso sumar (ya estaba Pizarro en Perú). Con él va el capitán Garcilaso de la Vega, quien conoce a Isabel Chimpu Ocllo al entrar en el Cusco en 1536. Se dice que la conoce estando en las ceremonias del Templo del Coricancha, donde se rendían los honores más solemnes al Sol. Sobre sus muros se estaba construyendo un convento. Este niño que nace en 1539 se cría en Perú y a los 21 años viaja a Madrid para reclamar tierras.

La gestión no resulta en las Cortes de Madrid y se dedica a la investigación. Aprende latín, francés, italiano; se enrola en las fuerzas de Felipe II; participa en las campañas de Italia; traduce y se convierte en el primer traductor americano: traduce "del latín al indio" la obra de uno de los más grandes poetas del Renacimiento que es León Hebreo, autor de los *Diálogos de amor.*

Llamo la atención sobre este aspecto porque Garcilaso era un quechuahablante; había aprendido español y luego latín, pero de pronto se convierte en traductor. Tal vez sea sintomático de esa vocación ecuménica que denota al hombre americano que aprende idiomas, que recibe y asimila influencias de un lado y de otro.

De la docena que existen, esta traducción de los *Diálogos de amor* es muy apreciada y popular; pocos advierten que fue hecha por el Inca Garcilaso.

Los *Diálogos...* comienzan a popularizar a Garcilaso en Europa, pero él seguía recibiendo, en Montilla, información de todos los llamados peruleros que habían regresado. Todos aquellos que habían combatido en las campañas del Perú, las guerras civiles, todos los conquistadores vencedores o vencidos que regresaron y se asentaron en España, benefician de algún modo el imaginario del Inca. Así conoce a Gonzalo Silvestre, quien había participado en la campaña del Perú, en la del Caribe y en la conquista de La Florida. Escribe entonces una obra que va a devenir célebre: *La Florida,* más conocida como *La Florida del Inca,* que es la versión de Gonzalo Silvestre y Hernando de Soto sobre la conquista de ese territorio.

La Florida resulta interesante porque es otra versión de la historia del Caribe, la escrita desde el punto de vista de un mestizo americano. Por lo menos un veinte por ciento del libro trata sobre el Caribe y sobre Cuba. Su ubicación histórica corresponde al período comprendido entre 1530 y 1560. Habla de los preparativos que se hacían en la isla; del viaje de Hernando de Soto de Santiago a La Habana; de la salida, del reclutamiento. Se refiere a la crianza de caballos, en la cual Cuba adquirió gran desarrollo para abastecer de estos animales las expediciones de conquista del resto de la región.

La Florida adquiere una notable popularidad en su momento. Aparece una primera edición en 1604; poco tiempo después se hace otra, y a partir de ahí se inician las traducciones al francés, italiano, inglés, alemán y holandés.

En los siglos XVII y XVIII se pueden contabilizar una veintena de ediciones, lo que constituye algo absolutamente inédito para un autor americano.

Es un texto escrito con esmero, voluntad de estilo, con información detallada de primera mano. En su amplia lectura se cuentan los *Comentarios...* de Julio César sobre la conquista de las Galias, que narraban gestas parecidas. Es una obra que llama mucho la atención. Las traducciones al francés, a partir de 1670, proliferan; a ésta les siguen las de 1707, 1709, 1711, 1731, 1735, 1737, 1751, etc.. (He perdido la pista del número de traducciones al alemán, al inglés y al latín, por lo que valdría la pena elaborar un inventario.) Impresiona verdaderamente la manera en que este texto comienza a calar y a ser leído a lo largo del tiempo. El que sea escrito por un Inca fascinaba a sus lectores europeos y le daba una ventaja de verismo sobre las versiones contadas por los cronistas españoles.

V

A finales del siglo XVI comienza a escribir sus *Comentarios reales*, su obra más afamada, que tiene dos partes: la conocida por *Comentarios reales,* que es toda la historia de los Incas, y la segunda parte, más conocida como *La historia general del Perú,* que trata de la conquista, las guerras civiles y de cómo los españoles ocuparon el Antiguo Perú, venciendo el último foco de resistencia inca encabezado por Tupac Amaru I (1576).

¿Por qué escribe Garcilaso esta historia? ¿Qué lo lleva a convertirse en historiador? ¿Tenía alguna necesidad compulsiva de contar su versión de los hechos? Creo que existe una razón ética; una razón política y de derechos humanos a tomar en cuenta.

Garcilaso se informa de que hacia 1560 el virrey Toledo –que era una especie de tecnócrata enviado por la Corona al Perú para instaurar el nuevo orden colonial– condena a muerte al último Inca, Tupac Amaru, que era primo de Garcilaso por el lado de Isabel Chimpu Ocllo. El Inca resistente había sido derrotado cuando reinaba todavía en un territorio grande, en la zona de Vilcabamba, al sur del Cusco. Los vencidos se habían fortificado y el padre Las Casas, consultado en Madrid, aconsejó que se reconociera este territorio como un estado pequeño dentro del inmenso Virreinato del Perú y se le concediera su autonomía. Sin embargo, Toledo utilizó un argumento político para justificar la ofensiva del arcabuz y la espada frente a una población ya vencida militarmente. Comenzó a argumentar que los herederos de los Incas –estamos hablando de cuarenta años después de la conquista– no tenían derecho a la propiedad ni a la libertad individual, hecho que era grave porque lo que estaba planteándose todavía con los Incas sobrevivientes era justamente el derecho de restitución.

Comienza entonces un debate jurídicomoral mediante el cual, en suma, debía demostrarse que los Incas eran opresores y los españoles liberadores. Se necesitaba una justificación histórica y Toledo encuentra dos historiadores que le van a hacer el trabajo: uno es Diego Fernández "el Palentino" y el otro un historiador de moda en Europa, Francisco de Gómara.

De allí nace para Garcilaso la necesidad de hacer sus "comentarios de la realidad". Estima que se necesita explicar a España, América y Europa que no se trataba de reinos de bárbaros, sino de gentiles; que no se trataba de pueblos sin ningún desarrollo, sino de pueblos que tenían una civilización.

A Garcilaso no le quedaba otra opción que recurrir a la cultura y la historia para vencer a la política de la espada y el arcabuz, y así preservar al hombre y la cultura autóctonos, y entonces decide escribir los *Comenta-*

rios reales; reales no por lo de aristocrático sino por lo de veraces, para rectificar a los historiadores a sueldo que habían comenzado ya a profesar en Europa la versión de una América caníbal, sacrificial, idólatra, déspota y opresiva.

Se aprecia ahí un móvil ético y político que Garcilaso entiende; adopta entonces el nombre de Inca Garcilaso de la Vega –porque venía llamándose Gómez Suárez de Figueroa–, recuperando así un título de la tradición materna y un nombre de lustre literario perteneciente a su ancestro paterno.

Fuera del texto del Palentino hay un texto que en Europa se traduce mucho, que adquiere notable popularidad e influencia: la *Historia general de las Indias Occidentales* de Gómara.

Esta historia de América de Gómara se traduce y difunde en el mundo y contribuye a crear una mala imagen. Al principio circuló la idea de una América edénica, libre de pecado; y después, al oficializarse las conquistas, aparece la imagen de que no eran buenos, que eran antropófagos caníbales, sodomitas y violentos, que había que ir contra ellos con la fuerza. La ofensiva era fuerte; para enfrentarla el Inca Garcilaso escribe los *Comentarios reales* y Bernal Díaz del Castillo *La verdadera historia de la conquista de México.* Lo de "real" y "verdadero" era para confrontarse con la historia "general" de Gómara.

Gómara era un historiador pagado por Cortés; por eso es con él sumamente exegético: no podía tomar distancia de su "objeto de estudio"; su visión de los hechos está muy condicionada a esa circunstancia. Se explica entonces que aparezcan estas otras dos historias con el fin de demostrar que no era como dice Gómara.

En medio de este debate aparecen, pues, los *Comentarios reales,* y nuevamente, como ocurrió con *La Florida,* se produce un rosario de traducciones. En la Biblioteca Nacional de París consulté una de las bibliografías americanas más completas: *Catálogo razonado sobre América y las Filipinas,* elaborado en 1867. Allí aparece una veintena de traduccio-

nes al francés, inglés, alemán, italiano y holandés, y hay inclusive una edición en latín. La influencia de Garcilaso es, otra vez, muy grande.

¿Qué dice Garcilaso para impactar de ese modo? Lo que cuenta es la organización social decimal de la sociedad Inca; habla de las comunidades agrarias, de cómo se domesticó la papa, cómo se hacen las aleaciones de metales; habla de las construcciones ciclópeas, del tendido de rutas y puentes, pero lo que más impacta en el imaginario político de Europa es lo que refiere sobre la organización colectivista de la sociedad. La organización decimal (un jefe cada diez, cien o mil familias), la repartición de la tierra, la tierra como propiedad colectiva, la repartición de los excedentes –que ahora llamamos redistribución–, el control de la natalidad, todas estas cosas dan la medida, en Europa, de que existen otras maneras de concebir la relación del hombre con la política, del hombre con la naturaleza, del hombre con el poder. Es decir, Garcilaso de pronto encarna la alteridad, lo diferente. Esto es lo que va a propiciar la influencia de su obra en los pensadores europeos.

VI

Las ediciones y las traducciones circulan ampliamente. Hay una en francés de 1744, publicada en dos pequeños volúmenes, que es la edición que leen Voltaire, Diderot, D'Alambert, el Barón de Holbach y toda esa generación, y que viene anotada curiosamente con pies de página firmados por Godin, Feuillés, Pifón, Frezier, Margrave, Gage, La Condamine, es decir, los filósofos viajeros del siglo XVIII. Las anotaciones son del tipo: "aquí Garcilaso no tiene la razón por tal cosa"; o, hablando de aleaciones sobre el oro y la plata, "tiene razón porque hasta ahora se hace así"; o confirmaciones: "sí, efectivamente, la quinina sirve para bajar la fiebre". Por cierto, el rey de Francia había mandado a hacer un estudio sobre la quinina, que de pronto se convirtió en un medicamento estratégico porque servía para bajar la fiebre más porfiada: durante las guerras servía para curar heridos. Ocurrió lo mismo con otra serie de productos que reporta Garcilaso, que el lector europeo toma muy en serio; por ejemplo, los poderes vitalizantes del chocolate; se crea toda un aura sobre los poderes energéticos del cacao. Se decía que la reina de Versalles daba a sus comensales mucho cacao, chocolate. Luego se mezcló con leche, se elaboró las barritas de chocolate, se mixturó con el maní, nueces, etc..

El otro producto mítico fue el aguacate, la prodigiosa palta, una fruta existente en toda América. Se comenzó a decir que era afrodisíaca y se puso rápido de moda. Un desayuno con aguacates era carísimo. De ahí que a los americanos que tenían amigos en Europa, cuando viajaban siempre les pedían que llevasen aguacates, guayabas, y especialmente chocolates. El abate Raynal, por ejemplo, le pedía a Pablo de Olavide o a Francisco de Miranda que llevaran esas encomiendas. Todas estas cosas de las que habla el Inca resultaban de interés en la vida cotidiana de los europeos.

Se pueden mencionar algunos ejemplos: se ve su huella en el libro de Campanella *La ciudad del sol,* publicado en 1623. Para entonces ya se habían publicado los *Comentarios...,* la *Historia general del Perú* y *La Florida.* Campanella no los leía en traducciones sino en español. Su erudición lo llevó a escribir un ensayo sobre la monarquía española. *La ciudad del sol* tiene analogías con el Cusco, aunque no lo menciona explícitamente; se refiere al imperio del trabajo, a la organización social; muestra su admiración por la filosofía del trabajo, que era la fuerza motriz del Imperio de los Incas, según lo mostraba Garcilaso.

Hay dos personajes que suscitan el interés de los escritores de esa época: la figura de Pachacutek –les sonaba raro el exotismo del nombre–; ese Pachacutek, decían, era "el reformador del mundo", como lo nombraba Garcilaso. El otro era el Inca Yupanqui, que se había distinguido por organizar la natali-

dad. Se preguntaban cómo se puede organizar eso: era entonces una cosa impensable; ahora todo el mundo lo hace, pero para el siglo XVI eso era una práctica audaz. Por cierto este interés por la natalidad, por la regulación social, se encuentra en casi todos los textos utópicos.

Estas opiniones dejan su marca en otro gran pensador, Francis Bacon. ¿Cómo funciona esta influencia? *El nuevo Organon* y *La nueva Atlántida* se publican en 1620. ¿Qué es la nueva Atlántida? Es lo que está del otro lado del océano. Es interesante ver en Bacon todo lo que significa la revolución epistemológica con la aparición de América. Comienzan a conocerse nuevas plantas, nuevos animales, nuevos fenómenos; había que repensar el mundo. Entonces Bacon sostiene que había que repensar la física, la mecánica, que las teorías de Aristóteles no se ajustaban a la nueva realidad. Esto mismo le pasa a otro gran escritor, un gran botánico, Boemus, que publica en siete tomos, después de treinta años de trabajo, la recopilación completa de las plantas existentes en el mundo. Pero comienzan a aparecer los libros de América con plantas nuevas, y él tuvo que rehacer su tarea: no le quedaba alternativa. Murió en el intento.

Otro pensador importante sobre el que influye es Morelly. Morelly fue el fundador del llamado socialismo utópico; fue líder intelectual de pensadores que después adhirieron a esta tradición, como Fourier y Proudhon.

Morelly publica, en 1755, un texto llamado *El Código de la Naturaleza.* Lee los dos volúmenes de 1744 en francés y asimila las ideas del Inca Garcilaso. Su propósito era, probablemente, hacer un primer tratado ecológico, un código de la naturaleza: es una tesis sobre cómo el hombre debe relacionarse con la naturaleza, cómo el hombre debe ayudarla a reproducirse y no a luchar contra ella.

Otro autor en cuyos escritos se advierte la presencia del Inca es Louis Mercier; éste publica en Londres, en 1772, un libro de ciencia ficción que se llama *El año 2440.* Lo que se dice en *2440* es lo que Garcilaso cuenta del pasado colectivista de América, o sea, que el pasado de América servía de referente para la utopía que se proponía alcanzar.

Montesquieu, por su parte, en su tratado sobre *El espíritu de las leyes,* cita de modo explícito al Inca, a la manera moderna, al pie de página. Le sirve para argumentar su tesis sobre el desarrollo desigual: no todos los pueblos tienen un desarrollo lineal, progresivo; cada pueblo tiene su estilo y ritmo de desarrollo. Diderot igual: lee al Inca para escribir con el abate Raynal el tomo III de la *Historia filosófica y moral de las Indias.* En esos años escribe una biografía del peruano Pablo de Olavide para *La Enciclopedia.*

VII

¿Quién era Pablo de Olavide? Era un escritor criollo que había sido expulsado de Perú hacia 1760. Llega a España, lo vuelven a expulsar años después por causa de su liberalismo ilustrado y se refugia en Francia. Amigo de Diderot, Voltaire (con quien mantuvo correspondencia), Marmontel y Raynal, Olavide era uno de los grandes propagandistas del Inca Garcilaso en Europa. Cada vez que le preguntaban sobre el Perú decía: "¡Lean al Inca Garcilaso; hay traducciones, léanlo!" El grupo de los enciclopedistas lee pues al Inca.

Entre ellos hay que destacar a Voltaire. Es un caso muy simbólico, porque Voltaire lee al Inca, lee *La araucana,* de Alonso de Ercilla; inclusive lo cita en sus obras; su información americana es muy grande, y él, que asistía mucho a los salones de las damas distinguidas de Francia, les hace leer los *Comentarios...* Tuve la oportunidad de estar en la biblioteca de Voltaire, en el pueblito de Ferney, que está justo en la frontera entre Francia y Suiza; al lado está Ginebra (Voltaire vivía al lado de Ginebra por razones prácticas: si lo perseguían se pasaba al estado de Ginebra, que era un estado independiente y laico, y luego regresaba). En su biblioteca pude leer sus anotaciones, en las que menciona a quiénes daba a leer cada libro, y luego uno

comprueba cómo aparecen estos libros en las obras de los visitantes recibidos por Voltaire. Entre ellos la ilustre madame de Grafigny.

Ella, que tenía un salón, sabía que era tan apasionante la filosofía como los filósofos. Lee mucho y escribe una novela llamada *Les Lettres d'une Peruvienne* –publicada en 1747–, que se convierte en un *best seller*. Narra una pequeña historia de amor en la que una princesa Inca le manda unos *quipus* a su amado. Se cuentan, así, cada una su historia, una historia de galanterías que resulta muy interesante porque se escuda en el pretexto americano para filtrar su filosofía liberal.

Otra autora que tiene mucha influencia de Voltaire, y a quien Voltaire hace leer los *Comentarios...,* es madame Olimpe de Gouges, quien publica *La colombiada,* una obra de teatro sobre Colón. Luego pone en escena una obra de teatro sobre la trata de negros con una posición sumamente progresista para el momento. De este modo Voltaire va dando a conocer las ideas del Inca Garcilaso. En ambos casos las autoras mencionan al Inca al pie de página; reconocen su influencia.

Otra novela, especie de novela filosófica o histórica, es la de Marmontel, *Los Incas o la destrucción del Imperio del Perú.* En ella Marmontel se refiere a dos autores: el padre Bartolomé de Las Casas y el Inca Garcilaso. Cuenta una historia sobre el cacique Orozimbo, que viene huyendo de México después de la conquista, y va a Cajamarca a pedir ayuda a Atahualpa para recuperar el Imperio Azteca. Es una novela histórica, y hay elementos que él reconstruye; se puede clasificar como una novela moderna. Tuvo mucho éxito y mereció numerosas ediciones.

Quisiera cerrar este panorama con algunos comentarios sobre cómo Garcilaso influye en los debates de la Revolución francesa. El 22 Floreal, que es el año 8 de la Revolución, el abate Gregorio prepara un homenaje a Bartolomé de Las Casas y, de pasada, al Inca Garcilaso. Así se introduce al Inca en el debate de la Revolución. ¿Qué tenía que hacer un Inca en la Revolución francesa? El asunto era muy sencillo: había una corriente que era partidaria de la colectivización de la tierra, o sea la posición más vanguardista, y tomaron como modelo el colectivismo agrario expuesto por el Inca Garcilaso. La otra posición, burguesa moderna, defendía la propiedad privada, hablaba de la productividad, de "cada uno para lo suyo". Uno de los grupos que más se aferra a los planteos del Inca se refiere al derecho de todos a la propiedad de la tierra, la madre común, es decir, retoman la idea de la madre tierra, la *pachamama*.

La Academia de Lyon convocó un concurso; lo ganó el abate Genty. El certamen tenía un título significativo: "La contribución de América a la felicidad del género humano". Es muy importante ver a América en este *continuum* desde Mártir de Anglería hasta la Revolución francesa, como símbolo de libertad, de felicidad, de tierra edénica. Una imagen desde fuera que cautivó a Europa. Pero tampoco esta imagen está totalmente desfasada de su objeto de origen. América, en su historia y tradición, expresa una alteridad política y cultural difícil de asir.

El Inca Garcilaso es un ejemplo emblemático, porque él buscó expresar, comunicar, una realidad histórica, y su auditorio acogió con interés y verismo su versión, hasta devenir autoridad para la formulación de los proyectos alternativos destinados a sus sucesores. Es un deber de nuestra América hacer memoria sobre este aspecto de la relación con Europa, de cómo el Inca Garcilaso dejó su huella en el pensamiento de la Ilustración europea.

La utopía de una mito-literatura en el Perú

Julio E. Noriega
Indiana University at South Bend, Estados Unidos

En el Perú de este siglo, al menos cuando se trata de entender el mundo indígena, el mito es ya un territorio muy transitado. Estudiosos de todos los tiempos y de todas las disciplinas que se perdieron en el laberinto de los mitos andinos han acuñado conceptos y términos bastante sugestivos, tales como "historia mítica", "literatura mítica" y, el más afortunado de todos ellos, "pensamiento mítico". En lo que concierne a los estudios críticos, el concepto de "literatura mítica" ha posibilitado el reconocimiento del referente mágico, del lenguaje, de la estructura y de los personajes míticos como huellas de una serie de elementos inherentes a la tradición oral y a la cosmovisión indígena que habían traspasado las obras de la llamada literatura indigenista. Partiendo de este antecedente inmediato, intento advertir, aunque mi intención parezca algo exagerada, que en el Perú existe una mito-literatura cuya materialización se ciñe más y mejor a los parámetros de mitos y rituales modernizados que a los de la realización propiamente literaria.

La mito-literatura se inició simultáneamente en el campo de la psiquiatría y de la antropología en los años sesenta. Fernando Pagés Larraya, un psiquiatra argentino totalmente desconocido en el mundo antropológico como en el literario, pero ganado por la visión culturalista en el tratamiento de la locura, en la terapia de pacientes quechuas y aymaras con esquizofrenia profunda, no sólo hizo que la psiquiatría se aproximara al espacio de los mitos, sino que rescató y divulgó para una elite letrada las fichas clínicas, voces e iconos de indígenas locos, de "respetable(s) filósofo(s) de hospicio" y de profetas de manicomio[1]. Por la misma década, la que corresponde a su última y radicalizada etapa, José María Arguedas, el más prestigioso de los escritores andinos de cuya vida y de cuyos problemas psicológicos se ha hablado con mayor insis-

---

1 Pagés, Fernando: *La esquizofrenia en tierra de aymaras y quechuas*. Buenos Aires: Ediciones Drusa, 1967. En adelante, para cualquier referencia bibliográfica con relación a este libro, me limitaré a consignar únicamente el número de página.

tencia e interés que de su misma condición de escritor y antropólogo, luchaba por convertir una tesis académica en "novela doctoral", en una "buena crónica... salpicad(a) de cierto matiz académico"[2]; es decir, intentaba al mismo tiempo antropologizar la literatura y literaturizar la antropología. Pero es todavía mucho más obvio el empeño de Arguedas por sustituir el cuento o relato literarios por la transcripción arreglada del mito ritualizado, en transformar también el género de la novela en la deliberada actualización de los antiguos mitos y, además, en subvertir poéticamente el papel de los "doctores" en pacientes occidentales frente a un curandero de tradición indígena.

El libro de Fernando Pagés, *La esquizofrenia en tierra de aymaras y quechuas,* es un magnífico tratado antropológico, "una exploración histórico-cultural de la esquizofrenia" (p. 65). A lo largo de los seis capítulos en que se divide el volumen se examinan mitos, leyendas y rituales andinos como "la fiesta de la citua", "la misa en el socavón" y "la Telesita" en "relación con las tres dimensiones fundamentales de su espíritu: la vida, la muerte y el castigo" (p. 1). Al mismo tiempo, valiéndose de fichas clínicas archivadas en hospitales del Perú y Bolivia, de crónicas y anales de la Inquisición y de recientes trabajos antropológicos de campo, en los capítulos centrales se transcriben, traducen y analizan documentos valiosos, dibujos y testimonios de esquizofrénicos aymaras y quechuas que han pasado por un "proceso de aculturación" en el curso de este siglo, como también de otros casos de pacientes que no sólo habían provocado, con sus revelaciones y predicciones, grandes escándalos en los fanáticos círculos religiosos de la época colonial, sino que además habían alcanzado renombre y celebridad convirtiendo "en negros a los blancos", tomando el *Quijote* de modelo para sus invenciones y sosteniendo de vez en cuando

"coloquios interminables con Cristo Nuestro Señor y con la Virgen Santísima, con los ángeles y con los santos del cielo" (p. 58).

Fernando Pagés realiza su estudio de la esquizofrenia de quechuas y aymaras a partir de una muestra total de veintisiete casos y sobre la premisa conceptual de que el

"esquizofrénico es algo así como 'el idealista mágico' de Novalis, que con sólo levantar la varilla del encantamiento construye un universo en el cual todo depende del Yo, quien es el que realiza el ensueño de plasmar en forma inmanente su propia realidad" (p. IX).

El primer problema que se le interpuso en su de por sí ya trabajoso análisis y tratamiento de esos casos fue, por supuesto, el problema de la incomunicación, la falta de un conocimiento adecuado para hacer frente al todavía "extraño mundo aborigen" y a sus lenguas no menos extrañas. Lo superó en parte, y cuando le fue posible, mediante traducciones. Pagés se valió además de la reproducción de imágenes de algunas máscaras del Museo Etnográfico de Buenos Aires "para el análisis de la fenomenología de estas máscaras en los sujetos enfermos" (p. X), comprobando así que "ellas hablaban un lenguaje ideográfico de difícil comprensión, pero que permitía(n) el acceso a un universo esotérico y abría(n) las barreras de la comunicación" (p. X).

El resultado final, la conclusión de este modo combinado de interpretación semiótica, dejó establecido el hecho de que con la esquizofrenia resurgía la "cosmovisión mítica" avasallando cualquier otro proceso de aprendizaje, integración o aculturación posterior que el indígena haya experimentado. Esa evidencia fáctica aún no esclarecida ni bien explicada hasta ahora es la que finalmente condujo a Fernando Pagés, como si se tratara de compensar la frustración en su esfuerzo por revelar los misterios en torno a la pervivencia del mito en el delirio de pacientes transculturados, a distinguir diferencias culturales en la

---

2 Arguedas, José María: *Las comunidades de España y del Perú,* p. 5. Lima: Universidad Nacional Mayor de San Marcos, 1968.

manifestación de un tipo de locura ya canonizado y universalizado; pero también, a disociar completamente la irrupción del mito o "conciencia mítica" de los síntomas clásicos de la esquizofrenia. Así Pagés, como ningún otro psiquiatra de su tiempo, le otorga legitimidad y racionalidad al discurso mítico, llama "filósofos" a locos de manicomio y libera el mito de los predios de la locura occidental. Reorienta la ciencia médica sin menospreciar lo mágico, sin subestimar los alcances del curanderismo ni alterar el sentido esencial de los rituales. Un rito, la muerte voluntaria de un enfermo mental al arrojarse de una peña dentro de un ambiente de "acontecimientos esotéricos" y de "una gran agitación" en el *ayllu*, acto éste que de acuerdo con los cánones del mundo occidental se consideraría un perfecto suicidio, mantiene en los comentarios de Pagés su sentido original de ser un posible sacrificio humano. Por eso, la particular metodología de este profesional respetuoso del conocimiento y de las prácticas de otra cultura, tanto en la interpretación de datos como en el tratamiento de los enfermos, más que original y novedosa por servirse de máscaras y por adaptarse a los requerimientos del caso, es profundamente empírica e intuitiva. Además, con la acertada transcripción –a veces hasta paleográfica— de numerosas fichas cuya historia clínica contiene varios mitos indígenas, aunque no siempre se haya conservado la lengua original aymara o quechua en la versión de los relatos orales, Pagés ha aliviado en algo la generalizada costumbre de los antropólogos que después de haberse servido de los textos como documentos para probar sus teorías los excluyen de los suyos y ha salvado en parte el andamiaje literario y la riqueza simbólica de esos mitos. Allí están, en las elaboraciones delirantes de Nicolás Carrón Lazo, indígena quechua de la zona de Huancayo que ha envejecido en el manicomio Larco Herrera de Lima, una versión del mito Inkarrí, otra del Sol, algunos fragmentos de Pariacaca y Wirakocha y, finalmente, otra versión de un nuevo mito, El Divino Padre Eterno. En resumen, con todas sus limitacio-

nes, errores e inexactitudes, especialmente en su forzado intento de explicar los mitos andinos recurriendo innecesariamente al clásico arsenal de la mitología griega, Pagés es un verdadero hito, tal vez el fundador de la naciente antropología psiquiátrica andina o "genética epistemológica", como él mismo prefiere denominarla.

En el plano literario, la situación de José María Arguedas es un doble reto en la crucial relación entre pacientes y doctores. El reto es doble porque José María tuvo que hacer de paciente y curandero quechuas, de Carrón y Pagés; pero con su muerte también pudo haber practicado en otro ambiente el papel ritual del sacrificio de ese joven indígena que, según el informe de Pagés, se quita la vida provocando una "gran agitación" colectiva entre los pobladores de un *ayllu* boliviano. Oficiando al mismo tiempo de paciente y de curandero ante los "doctores" occidentales, José María hizo mito de su vida y ritual de sus actos. Como la mayoría de migrantes quechuas y sus milenarios dioses errantes, inquebrantablemente fiel a esa larga tradición de mitos y realizando toda una elaboración ideológica a partir de su situación personal, no sólo se identificó con la figura de un héroe huérfano y forastero, sino que, como ningún otro, ejerció con pasión y entrega las prácticas rituales dentro del campo literario. Producto de esa entrega son todas sus obras, en especial las que escenifican prácticas rituales como *La agonía de Rasu Ñiti*[3] y las que, además, se conectan más directamente con ciertos asuntos en los últimos años de su vida: "Huk doctorkunaman qayay/Llamado a algunos doctores"[4], cuya motivación directa y

---

3 Arguedas, José María: *La agonía de Rasu Ñiti*. Lima: Talleres Gráficos Ícaro, 1962.

4 Arguedas, José María: "Huk doctorkunaman qayay/Llamado a algunos doctores". *Katatay*, pp. 41-47. Lima: Editorial Horizonte, 1984. Las citas que manejo pertenecen a esta edición, por lo que indicaré sólo el número de página. Sin embargo, este poema se publicó originalmente en 1966.

personal fue el debate sobre la recepción de *Todas las sangres* en una mesa redonda con un grupo de intelectuales en 1965, y *El zorro de arriba y el zorro de abajo*[5], que es el "coloquio" del re-encuentro de dos zorros míticos para dar cuenta, entre otros tantos asuntos, de las luchas y "dolencias" del Perú, de sus pobladores y del propio Arguedas mediante la ritualización de un acto de sacrificio y despedida triunfal consagrado en 1969.

Para los que hemos sido tocados a medianoche mucho más intensamente por la mano de viejas curanderas que por los guantes de los "doctores" o por el milagro de dioses occidentales; para aquellos que hemos visto y sufrido, espantados, en el pequeño cuerpo de un conejillo de indias el latir de nuestros corazones y el dolor de nuestros órganos lesionados más viva y nítidamente que en las mismas placas transparentes de las radiografías de hoy; para todos los que nos hemos bañado por dentro y por fuera con el jugo de múltiples plantas, semillas y flores silvestres; y, en fin, para todos aquellos serranos que, habiendo aprendido el español, pasado por las aulas universitarias lo mismo que por las cárceles peruanas e inclusive, en algunos casos, radicando fuera del Perú, todavía no hemos renunciado a cantar, bailar o pensar en quechua, contrariamente a lo que predica el avasallador proyecto de modernización neoliberal[6], no es posible leer a José María Arguedas

sin recurrir a la aplicación del modelo de los rituales andinos. El propio acto de la escritura y la lectura es, en este sentido, un ritual. No se lee ni se escribe: se habla en forma ceremonial, se dialoga mágicamente mediante la música, el canto y el baile con la misma esencia material y espiritual del universo entero en interacción. Es por eso que la apelación, aunque todavía experimental por ahora, tanto a la misma cosmovisión como a la representación ritual del *tinkuy* y del *haylli,* dos prácticas colectivas en plena vigencia no sólo en el Perú sino también en Bolivia, le otorga otro sentido interpretativo totalmente distinto al que, con algunas excepciones honrosas, estamos acostumbrados en la crítica de la obra narrativa y poética de José María Arguedas. El *tinkuy,* un re-encuentro cíclico de unidades contrarias en una relación binaria, ya sea en forma simétrica o asimétrica, para generar en la dinámica propia de cada encuentro, de acuerdo con el concepto andino de renovación y reproducción, una nueva unidad de equilibrio sin vencidos ni vencedores, se representa como ritual, entre otras tantas escenas, en los enfrentamientos tradicionales de contrapunto que protagonizan los danzantes de "tijeras" en la región chanka, de chiaraje en el Cusco y del tinku en Bolivia[7]; y, por

_____

5 Arguedas, José María: *El zorro de arriba y el zorro de abajo.* Lima: Editorial Horizonte, 1988. Igualmente, cada vez que recurra a citas textuales para esta novela, cuya primera edición póstuma es de 1971, indicaré sólo el número de página de la edición que manejo.

6 "El precio que ellos (los campesinos indios) deben pagar por la integración es alto –la renuncia a su cultura, su idioma, sus creencias, sus tradiciones y costumbres, y la adopción de la cultura de sus antiguos amos... Quizás no haya ninguna forma realista de integrar nuestras sociedades sin pedir a los indios que paguen ese precio... Si tuviese que escoger entre la preservación de las culturas indias y su asimilación, con gran tristeza yo escogería la modernización de la población

india, porque... la modernización sólo es posible con el sacrificio de las culturas indias." (Vargas Llosa, Mario: "Questions of Conquest". *Harper's,* 281. 1687 [1990], pp. 52-53.).

7 "No se trata pues (en el *tinkuy*) que uno de los elementos aplaste o derrote al otro. La oposición no es 'a muerte' sino 'a vida'. De la oposición nace la vida, el ámbito de la fecundidad y la reproducción... Podemos hallar esta filosofía casi en todos los campos: en la medicina andina, en la organización de los ayllus, en los enfrentamientos rituales como el 'chiaraje' cuzqueño y el 'tinku' boliviano, en la clasificación de los suelos... y también en la pareja humana... Es importante recalcar que el resultado del tinku nunca es definitivo, es decir que siempre se va a necesitar el encuentro de los opuestos originales para obtener dicho resultado. El tinku macho/hem-

supuesto, motivado por una lectura –la mía– no sé hasta qué punto sólo vivencial e intuitiva, esta vez se hace evidente también en los textos de mito-literatura arguediana. Por las mismas razones, invoco la legitimidad de otra lectura que, por lo menos en cuanto al "¿Último diario?" de la última novela de Arguedas, ponga de manifiesto, en frontal oposición a la tradicional lectura por demás cartesiana y occidental cuya racionalidad no ha visto en el análisis de esos diarios sino a un "suicida" chantajeando al lector con su cadáver y con su discurso, la triunfal presencia del *haylli* indígena, de un ritual que, haciendo un solo himno de la música, del baile y del canto de comuneros en faena colectiva, anuncia el término de la jornada y solemniza la retirada desde el centro de trabajo hasta el lugar de descanso.

Por el tono, por la estructura dialógica y, sobre todo, por las circunstancias que motivaron su escritura y posterior publicación, la

_____

bra da lugar a una nueva vida, pero ésta no es eterna y nuevos tinkus macho/hembra serán necesarios para la reproducción de la especie. El tinku frío/calor no produce 'tibio' como una solución definitiva sino que el frío y el calor se vuelven a encontrar de manera diferente para reproducir equilibrios." (Zutter, Pierre de: *Mitos del desarrollo rural andino,* pp. 100-101. Lima: Editorial Horizonte/Grupo Tinkuy, 1978.) Al respecto, Tom Zuidema observó la necesidad de profundizar en el estudio del *tinkuy* y la necesidad de hacer una distinción entre mi propuesta y la orientación del grupo Tinkuy dirigido por Jorge Flores Ochoa. (Para una mayor información sobre los estudios del *tinkuy*, ver Earls, John e Irene Silverblatt: "La realidad física y social en la cosmología andina". *Actes de XLII Congrès International des Américanistes,* 4, pp. 299-325. Fondation Singer-Polignac, 1978; Isbell, Billie Jean: *To Defend Ourselves: Ecology and Ritual in an Andean Village.* Prospects Heights: Waveland Press, 1985; Rasnake, Roger Neil: *Domination and Cultural Resistance: Authority and Power Among the Indean People.* Durham: Duke University Press, 1988; Urton, Gary: *At the Crossroads of Earth and Sky: An Andean Cosmology.* Austin: University of Texas Press, 1981.)

crítica ha insistido en señalar aquello que Miguel Ángel Huamán llama la "invocación al diálogo" o la "vocación interpelativa" del poema quechua "Llamado a algunos doctores", y esta crítica también ha sido constante en ponderar las diferencias socioculturales entre el universo andino y el occidental que el mismo sujeto poético se encarga de confrontar en forma abierta[8]. Aunque no sea más que un obvio detalle no manifestado hasta ahora por los estudios críticos, hay algo importante que añadir a la precedente lectura. "Llamado a algunos doctores" es, desde la perspectiva del *tinkuy,* la ascensión subversiva de los enfermos andinos a curanderos y la profunda caída de los "doctores" occidentales al abismo de los enfermos. En otras palabras, los "doctores", los "sabios", ahora convertidos en pacientes, deben someterse a una terapia, a un tratamiento bajo las bondades de la ciencia y la medicina andinas y bajo las indicaciones de un curandero también andino. Sólo así, cuando los papeles se hayan intercambiado, cuando el doctor haya levantado al curandero a las cabinas de su helicóptero y el curandero, por su parte, le haya invitado a beber "el licor de mil savias diferentes" (p. 17), y cuando, al final, ambos se reconozcan como "hermanitos", se habrá realizado el verdadero sueño del Perú sano y profundo de "todas las patrias".

Para aceptar esta propuesta de lectura no es necesario recurrir a complicadas operaciones de análisis crítico. Basta con recordar que el término "doctor", aparte de los siete sociólogos, historiadores y críticos que participaron en aquel ingrato debate de 1965, en el poema incluye a todo un universo de letrados y, en forma especial y simbólica, a los médicos. Mucho más que un "diálogo de invocación", ese texto poético quechua se realiza original y genuinamente como la puesta en escena del ritual *tinkuy* en tres encuentros. En

_____

8   Cf. Huamán, Miguel Ángel: *Poesía y utopía andina,* pp. 112-116. Lima: Centro de Estudios y Promoción del Desarrollo, 1988.

el primer encuentro, los doctores son occidentales y los pacientes, andinos identificados con la forma discursiva del nosotros inclusivo que incorpora y, a la vez, hace suya la voz del sujeto poético:

> "Dicen (los doctores) que ya no sabemos nada, que somos el atraso, que nos han de cambiar la cabeza por otra mejor./Dicen que nuestro corazón tampoco conviene a los tiempos, que está lleno de temores, de lágrimas." (p. 43)

En el segundo encuentro, un "mediodía" y "junto a las montañas sagradas", aparece el curandero andino, mezcla mágica de hombre y naturaleza: "El oro y la noche, la plata y la noche temible forman las rocas, las paredes de los abismos en que el río suena; de esa roca están hechos mi mente, mi corazón, mis dedos" (p. 43). Este curandero, brujo salido desde las mismas entrañas del *wamani,* sabio en las propiedades curativas de las plantas, conocedor de secretos de otra ciencia más humana y, ahora, doctor de doctores, es quien curará al doctor enfermo, al prejuicioso homicida:

> "Yo, aleteando amor, sacaré de tus sesos las piedras idiotas que te han hundido. El sonido de los precipicios que nadie alcanza, la luz de la nieve rojiza que, espantando, brilla en las cumbres; el jugo feliz de millares de yerbas, de millares de raíces que piensan y saben, derramaré en tu sangre, en la niña de tus ojos" (p. 47)

Y en el tercer encuentro de este ritual poético, después de que cada uno de ellos se ha intercambiado el rol de paciente, doctor y curandero, sabio y brujo se desafían, se amenazan de igual a igual; pero también se acercan y buscan reconocerse:

> "No hermanito mío (doctor). No ayudes a afilar esa máquina contra mí; acércate, deja que te conozca; mira detenidamente mi ros-

tro, mis venas; el viento que va de mi tierra a la tuya es el mismo; el mismo viento respiramos." (p. 47-48)

En cuanto al estudio de *El zorro de arriba y el zorro de abajo,* el avance de la crítica es notable en todo sentido. De una significativa cantidad de autores, unos con mayor originalidad y agudeza que otros en la tarea de deshilvanar el matizado tejido de un ritual transplantado por la vía de la escritura a un ámbito temporal y espacialmente moderno o, por el contrario, de extirpar el mito ritualizado que acaba con la novela tradicional, se extraen sólo algunas tesis cuyos aportes se ubican en uno y otro bando con relación a la línea propuesta en este trabajo. Por un lado, tomamos de Antonio Cornejo Polar el concepto de "episodio del encuentro de los dos zorros" como elemento mítico y el de "la unión" de "tres niveles del relato: el novelesco, el autobiográfico y el mítico" como estructura y técnica de representación fragmentada[9]; además, nos es muy útil el término "coloquio" usado en el sentido que le da Martin Lienhard y la idea de encarnación de los zorros míticos en personajes vivos cuando los *dansaq* irrumpen en el universo narrativo como en "una suerte de plaza de pueblo andino en un día de fiesta"[10]; y, por último, el término "relato etnoliterario", introducido por Alberto Escobar y acuñado originalmente por Lévi-Strauss, nos remite al antecedente más inmediato del término mito-literatura[11]. Por otro lado, con

---

9   Cf. Cornejo Polar, Antonino: *Los universos narrativos de José María Arguedas,* pp. 272-273 y 283. Buenos Aires: Editorial Losada, 1973.

10 Lienhard, Martin: *Cultura popular andina y forma novelesca: Zorros y danzantes en la última novela de Arguedas,* p. 23. Lima: Latinoamericana Editores y Tarea, 1981.

11 "La definición de Lévi-Strauss postula que el relato etnoliterario no es una mensaje-ocurrencia autónomo sino que se constituye por el conjunto de las correlaciones entre todas sus variantes. El relato etnoliterario no es sino un sistema de correlaciones orales cuyo código semántico es implícito. Contrariamente, lo pro-

planteamientos y propósitos ideológicos evidentemente disímiles, se opone a esta propuesta la larga lista de suicidios cometidos por escritores de muy diversa índole en la cual se incluye el caso de Arguedas[12] como, también, las tesis que ven en los diarios "el delirio" o "el discurso del suicida"[13], y en el lenguaje, en los monólogos y diálogos, el fracaso total de la obra escrita, al final de cuentas, por un utópico arcaico, por "un suicida" que, desesperado por pasar a la posteridad, con "su cadáver inflige un chantaje al lector"[14].

El zorro de arriba y el zorro de abajo es, en todo sentido, "la teatralización" cíclica, la puesta en acción de encuentros y enfrentamientos transformadores del *tinkuy* como ritual andino modernizado. Incorporando e incorporándose a los dos zorros, el de arriba y el de abajo, como personajes-actores y tomando como motivo el mito de enfermedades raras que pertenecen al campo de la magia, estos encuentros *tinkuy* continúan la fundacional historia suspendida en uno de los tantos episodios míticos de Huarochirí[15]; pero no la cierran ni la terminan, sino que la dejan abierta, suspendida otra vez, como para que el mito y el rito todavía pudieran reactualizarse en los nuevos encuentros por venir. Mediante ese original encuentro mito-literario se logra traspasar las barreras que separan esquizofrénicamente la realidad de la ficción, el autor del personaje y, en general, el hombre de su mundo: la naturaleza, los animales y sus dioses; además, se consigue que tanto la música como la danza y el canto dinamicen contrapuntos de metamorfosis, de encarnaciones en la mayoría de los personajes-actores –incluyendo al propio autor-diarista–, cuyos roles se ven multiplicados, en constante intercambio, dentro de las funciones y categorías propias de la naturaleza así como de muchas otras inherentes sólo al género humano. Sin dejar de ser esencialmente una ciudad heterogénea, la ciudad de Chimbote, antropologizada desde la perspectiva mítica andina, adquiere una imagen como la de un zoológico en caos o simplemente es "la puta más generosa", los fenómenos sociales como la

---

pio de la literatura es integrarse a un código semántico, el mismo del texto." (Escobar, Alberto: *Arguedas o la utopía de la lengua*, p. 190. Lima: Instituto de Estudios Peruanos, 1984.)

12 Sergio Essenin y Vladimir Maiakovski en Rusia, Ernest Hemingway en Estados Unidos, Leopoldo Lugones y Alfonsina Storni en Argentina. (Cf. Lévano, César: *Arguedas: Un sentimiento trágico de la vida*, pp. 14-15. Lima: Editorial Gráfica Labor, 1969.)

13 Ortega, Julio: "Discurso del suicida". *Anthropos*, 128 (1992: 60-63).

14 Vargas Llosa, Mario: "Literatura y suicidio (*El zorro de arriba y el zorro de abajo*)". *Revista Iberoamericana* Nº 45, pp. 110-111 (1980: 7, 26).

15 "Mientras dormía (Huatyacuri), un zorro que subía se encontró a mitad del camino con otro que bajaba. El primero preguntó al otro: 'Hermano, ¿cómo está la situación en la huillca de arriba?'. 'Lo que está bien está bien' le contestó el otro, 'aunque un señor, un huillca de Anchicocha, que finge ser un gran sabio, un dios, se ha enfermado. Por esto, todos los adivinos hacen sortilegios para descubrir el origen de una enfermedad tan grave, pero nadie llega a saberlo. He aquí por qué se enfermó. Un grano de maíz de varios colores saltó del tiesto donde su mujer estaba tostando y tocó sus vergüenzas; después, ella lo recogió y se lo dio de comer a otro hombre. Este acto ha establecido una relación culpable entre ella y el hombre que comió el maíz. Por eso ahora se la considera adúltera. Por esta culpa una serpiente vive encima de aquella casa tan hermosa y se los está comiendo. Hay también un sapo con dos cabezas que se encuentra debajo de su batán. Y nadie sospecha ahora que son éstos quienes se los están comiendo'. Después de haber contado esto al zorro que venía de abajo, el de arriba le preguntó sobre los hombres de la huillca de abajo. Entonces, el otro a su vez le contestó: 'Hay una mujer –la hija de ese gran señor– que, a causa de un pene, casi se muere'. (Este cuento, hasta el restablecimiento de la mujer, es muy largo. Lo transcribiremos después. Ahora vamos a volver al relato anterior.)" (Taylor, Gerald: *Ritos y tradiciones de Huarochirí*, pp. 91 y 93. Lima: Instituto de Estudios Peruanos/ Instituto Francés de Estudios Andinos, 1987).

migración son *lloqlla* de la naturaleza y, en el corazón de este mundo en pleno desborde y permanente enfrentamiento[16], los personajes-actores se desafían entre ellos, desarrollando una doble y no menos contradictoria identidad, a veces mucho más y mejor simbolizada en el papel humano, re-encarnado, de las figuras míticas como la culebra y los zorros. Es obvio que el diarista Arguedas desempeña en su obra el doble papel de autor y personaje a la vez; pero también, y sobre todo, se realiza solemnemente como un gran actor serrano, desdoblándose y encarnándose en múltiples seres mitológicos: actúa de zorro mítico de altura abajo en la costa, del legendario y modernizado Huatyacuri que, "adormeciéndose", oye y "mir(a) por los ojos de los Zorros desde la cumbre de Cruz de Hueso adonde ningún humano ha llegado" (p. 197), y hasta llega a convertirse mágicamente, al estilo de la narradora quechua Carmen Taripha y "como todos los serranos encarnizados, (en) algo de sapo, de calandria, de víbora y de killincho" (p. 71).

Los diarios de *El zorro de arriba y el zorro de abajo* se oponen a los relatos en un encuentro, en un *tinkuy* sólo de nivel formal. En el plano de cualquier otra dimensión literaria, ya sea intertextual, textual o discursiva, ellos son tan testimoniales y míticos como los relatos mismos. Guiado por una lectura de orientación algo inversa a lo señalado por la crítica hasta ahora, yo diría además que su vínculo con el manuscrito de Huarochirí es mucho más intenso y profundo que el de los relatos[17]. Allí se vive, se sufre y se goza la mezcla de múltiples encuentros inseparables por

siglos, la tensa y, a la vez, desgarradora fusión entre la historia y la leyenda, la biografía (escritura) y la creación (mito). La polémica y desafiante vida del autor-personaje Arguedas –"estoy luchando en un país de halcones y sapos desde que tenía cinco años" (p. 73)– no es sino la pelea mítica del pobre Huatyacuri todavía librando batalla con sus retadores ricos cientos de años después[18]. Su enfermedad, "una dolencia psíquica contraída en la infancia" (p. 17), o ese "dolor en la nuca", tampoco es otra muy distinta al tipo de enfermedades míticas en Huarochirí quizá curables sólo con la intervención de hechiceros, brujos o curanderos. La medicina occidental pues no le sirve a Arguedas ni siquiera para matarse de manera eficaz:

> "Las píldoras –que me dijeron que mataban con toda seguridad– producen una muerte macanuda cuando matan. Y si no, causan lo que yo tengo, en gentes como yo, una pegazón de la muerte en un cuerpo aún fornido." (p. 17)

Pudo más en él, en rocobrar su sanidad aunque sea por contados días, el poder "vivir unos días rascándole la cabeza a los chanchos mostrencos, conversando muy bien con los perros y hasta revolcándo(se) en la tierra con algunos de esos perros chuscos" (p. 18). Pero, especialmente en levantar el ánimo de Arguedas del pozo en el que caía con frecuencia, fueron mucho más eficaces que su psiquiatra y sus imploraciones infantiles a la Virgen, el abrazo del indio Felipe Maywa, el

---

16 "Los siglos que cargan en sus cabezas cada uno de esos hombres enfrentados en Chimbote y continuadores *sui generis* de una pugna que viene desde que la civilización existe." (p. 196)

17 Poco después de haber escrito esta ponencia, justamente en mi viaje al Perú, leí con relación a este punto otra, muy breve pero reveladora, que Eduardo Urdanivia había presentado en un homenaje a José María Arguedas con motivo de los veinticinco años de su muerte.

(Cf. Urdanivia Bertarelli, Eduardo: "*Los zorros y el manuscrito de Dioses y hombres de Huarochirí*". *Hoja Naviera*. 2.3 [1994], pp. 51-53.)

18 "Después de haberle ganado en todo, el pobre (Huatyacuri), siguiendo el consejo de su padre, dijo (a su rival): 'Hermano, tantas veces ya he aceptado tus desafíos; ahora te toca a ti aceptar el desafío que voy a hacerte yo'. (El hombre rico) aceptó." (Taylor, Gerald: *Ritos y tradiciones de Huarochirí*, ob. cit., p. 111.)

encanto mágico de un "pino de ciento veinte metros de altura" en Arequipa y, por cierto, el "encuentro[19] con una zamba gorda, joven, prostituta (que le) devolvió eso que los médicos llaman 'el tono de vida'" (p. 17). Así, este paciente que padecía de un mal raro, un personaje aparentemente atormentado, poco leído y abatido, se alza míticamente para oficiar con la "audacia" y la solemnidad de un amauta, de zorro mágico y de curandero en las letras (escritor no profesional, provinciano) frente a los "doctores" (escritores profesionales, cosmopolitas). Actuando de zorro de altura que se ha "zambullido en el corazón" de Huatyacuri y en el de la ciudad, Arguedas atiza el ritual del enfrentamiento individual y abierto a lo largo de su polémica con Julio Cortázar, que en algo se parece a las luchas del legendario Huatyacuri con su único rival rico y prestigioso; pero, sobre todo, toma el ejemplar reto de practicar mediante una escritura mítica sobre Chimbote la primera y única autopsia serrana (antropología andina) de la ciudad y de realizar el primer enjuiciamiento crítico, también mítico, de lo que implica la modernización cultural, literaria y artística en América Latina y de lo que significa el impacto que ha provocado toda una generación de escritores de diversa orientación: un grupo heterogéneo dentro del cual algunos, tal vez de una manera cuestionable como en el caso del poder de Tamtañamca en los cuentos de Huarochirí, gozaban de la fama y del prestigio ganados con el *boom* y se prestaban al juego de la profesionalización y la consiguiente comercialización del arte:

"Todo eso para ganar plata. ¿Y cuando ya no haya la imprescindible urgencia de ganar plata? Se desmariconizará lo mariconizado

---

19 Se debe prestar atención a la reiterada presencia de esta palabra: tres veces en cuatro oraciones del primer párrafo corto con el que se inicia la obra de Arguedas, conectándose así estrechamente, según entiendo, con el episodio del encuentro de los zorros en los mitos de Huarochirí.

por el comercio, también en la literatura, en la medicina, hasta en el modo cómo se acerca la mujer al macho" (p. 22).

José María Arguedas, actor mítico en el sentido más amplio del término y hombre en cuya sangre corrían "muchas de las apetencias del serrano antiguo por angas y mangas" (p. 198), cumple su turno de compromiso colectivo en esta cadena ritual de encuentros y enfrentamientos (*tinkuy*) ofrendando su vida, como sacrificio por el futuro del mundo andino, y recurriendo a la práctica ceremonial de otro ritual también andino: el *haylli* de despedida triunfal. Por eso, en el "¿Último diario?" no hay aquel fatalismo que invade las despedidas de los suicidas. No existe en él ni el más tenue rastro de remordimiento o resentimiento alguno, sino todo lo contrario: mucha fe en el futuro del Perú. Esta despedida es himno puro de sacrificio; es testimonio de coraje, de lucha y de esperanza elevado a un ritual colectivo. Como en el *haylli,* y por lo demás reproduciendo fielmente el esquema de este ritual donde tampoco la música y el baile pueden faltar, en el último diario el diarista Arguedas, héroe mítico del compromiso indígena con el trabajo en bien del pueblo, no sólo rinde cuentas y presenta el balance final ante estudiantes, autoridades, políticos, intelectuales e indígenas del trabajo que con creces ha cumplido por el Perú; sino que, convocándolos a un acto público honesto y sincero, a una de esas "ceremonias honradas (y no a) las fantochadas del carajo" (p. 198), los compromete a asumir con plena entrega y responsabilidad, así como él lo hizo, la tarea que aún queda por hacer. No hay duda de que sus pedidos, encargos y disposiciones caen dentro de este modelo, y de que esa ceremonia era el *haylli* que despedía todo un ciclo de múltiples *tinkuy*:

"Quizá conmigo empieza a cerrarse un ciclo y a abrirse otro en el Perú y lo que él representa: se cierra el de la calandria consoladora, del azote, del arrieraje, del odio impotente, de los fúnebres 'alzamientos', del temor a Dios y del predominio de ese Dios y sus protegidos, sus fabricantes; se abre el de la luz y de la fuerza liberadora invencible del hombre de Vietnam, el de la calandria de fuego, el del dios liberador" (p. 198).

El *tinkuy* podría también aplicarse a otros diarios si es que se me permitiera la osadía utópica de "importar" un modelo andino, para la lectura de algunos textos inclusive no andinos, en vez de copiar una teoría de moda en Europa y Norteamérica o de fraguar un ejército de nombres derivados de la mitología griega para escribir, como signo de clara ignorancia y falta de respeto a la cultura andina, novelas comerciales sobre los Andes desplazando su lengua y manipulando intencionalmente "sus valores más caros"[20]. Si, por ejemplo, practicando un acto de reciprocidad puramente andina de retribuir el trato recibido, se me permitiera aplicar el modelo, muy de pasada, al diario de un pez ahogado[21], resulta que allí el diarista es el "suicida" y su testimonio el "discurso de un suicida" porque, de acuerdo con los parámetros culturales del mundo andino, renunciar a un *ayllu,* desprestigiándolo, para supuestamente pertenecer a otro mejor, no sólo es "chantaje al lector" sino sencillamente un suicidio. Así, siguiendo con la tentativa utópica de la posible aplicación del modelo andino, se comprueba que, en uno de los tantos *tinkuy* del mencionado diario, los "intelectuales baratos" han hecho el papel de pacientes frente a un doctor suicida. Y si el doctor hubiera echado raíces en su *ayllu,* si hubiera sido común de la comunidad, hoy lloraríamos. Por el contrario, ese señor nunca bajó porque no fue de arriba ni subió porque tampoco fue de abajo. Nunca fue zorro; fue un "doctor", un extranjero. No aprendió de Vallejo, quien hizo antropología

literaria en Francia y escribió en el aire con Pedro Rojas en España. Pero, ¡cantemos! Los "intelectuales baratos" serán curanderos, serán nuestros para siempre; otros doctores de veras, desde lejos y desde muy abajo, luchando fuerte contra la fatiga y contra la altura, arrojando sus "largavistas", han subido despacio pero firme. Ahora que ellos, aunque todavía pocos, ya convertidos en zorros de arriba y de abajo, son nuestros "hermanitos" y están en nuestros corazones, cantemos todos en coro. Si es posible, cantemos en quechua aquí en el Perú como en el mundo entero, como yo he cantado en América y Europa, al lado de Carmen Escalante y Ricardo Valderrama, con Antonio Melis, William Rowe, Martin Lienhard, Julio Calvo y Tom Cummins. Estoy seguro de que si lo hacemos José María nos oirá, cantará con nosotros con voz de calandria y los dioses montaña seguirán repitiendo eternamente ese eco hasta que los zorros vuelvan a encontrarse en otro "coloquio", en otro *tinkuy.*

---

20 Larrú, Manuel: "Lituma en los Antis". *Lienzo* Nº 17, p. 440. Lima: Universidad de Lima, 1996.

21 Vargas Llosa, Mario: *El pez en el agua.* Barcelona: Seix Barral, 1993.

Escaramuzas con la tradición: El caso Luis Hernández

Edgar O'Hara
University of Washington, Estados Unidos

Desde su muerte, ocurrida en octubre de 1977, la aventura literaria del autor de *Las constelaciones* (1965) ha ido en aumento de año en año. Sus lectores agotaron rápidamente las dos ediciones de *Vox horrísona,* y a partir de tales monumentos poéticos han surgido diversas aproximaciones críticas y también imágenes del poeta recogidas por las artes visuales (un documental de Cartucho Guerra, basado en testimonios de parientes y amigos; dos producciones breves, de Benjamín Sevilla y Beto Ortiz, para programas televisivos a raíz de la aparición de *Trazos de los dedos silenciosos*)[1]. Desde fines de los años ochenta la fama de este poeta, de decidida marginalidad, se muestra mucho más fiel que cuando respiraba y no sabía que su destino literario en la tradición peruana (aceptemos que ésta existe; quiero decir, que se puede "visitar" bibliográfica e imaginariamente) se consolidaría alrededor de sus cuadernos ológrafos, el mitológico Volvo, una personalidad difícil y, *last but not least* (juguemos a Hernández), un lirismo a prueba de tiempo.

Volvamos entonces al tema que nos interesa. Ahora que el Perú cuenta con un Museo de la Nación (sintomáticamente instalado en el ex Ministerio de Pesquería de la época del general Velasco), amable sede para distintos ramales del arte, ¿conviene acaso preguntarnos si también la poesía –oral, escrita, popular, culta, achorada o mística– requiere de un espacio físico que la acoja? No entraré en discusiones ideológicas (aquí son necesarias, pero han de esperar una hora distinta), sino en una simple descripción del fenómeno. En el Perú carecemos de un archivo literario, y son precisamente los cuadernos ológrafos de Luis Hernández los que motivan e insisten, desde sus guariques, al respecto. El "caso" Hernán-

---

1   *Vox horrísona.* Prólogo, recopilación y notas de Nicolás Yerovi. Lima: Editorial Ames, 1978. *Vox horrísona/Obra poética completa.* 2ª edición. Ampliada con nuevos textos recogidos por Nicolás Yerovi. Prólogo de Javier Sologuren. Edición y notas de Ernesto Mora. Lima: Punto y Trama, 1983. *Trazos de los dedos silenciosos/Antología poética.* Selección, prólogo y notas de E. O. Lima: PetroPerú/Jaime Campodónico, 1995.

dez es único, por lo visto, en un país que cuenta con una maravillosa producción literaria pero al que le hace falta una institución, vale decir, una entidad que suele identificarse como una palabra viva, presente. No me refiero al nacionalismo de pacotilla, pero sí a una preocupación nacional por el legado que proviene de la literatura, definase ésta de la manera que se quiera.

Luis Hernández dejó una herencia importantísima: sus cuadernos ológrafos. Escritos entre 1970 y 1977 (antes de su viaje a Buenos Aires, donde moriría), no sabemos (¿lo sabremos algún día?) cuántos son en número. En la actualidad se conservan –ubicados– los siguientes: treinta y seis en casa de Luis La Hoz (los conté personalmente en agosto de 1996); cinco en la Biblioteca Nacional[2]. ¿A quién pertenecen dichos cuadernos? Luis La Hoz los tiene en calidad de guardián, pues son los que en 1991 fueron devueltos por Ernesto Mora, encargado de la segunda edición (ampliada) de *Vox horrísona*. Tales cuadernos constituyen el único "archivo Hernández" que existe[3]. Pero existe un problema: no hay el mínimo registro respecto de sus dueños (una lista de poseedores y sus posesiones

correspondientes) ni indicación alguna en ninguna parte de esos textos que indique a quiénes tendrían que ser devueltos. ¿Cuánto tiempo más ha de pasar para que este legado sea pasto de rencillas y malentendidos? Imaginémonos que en un plazo de treinta años, la imagen del poeta (como ha sucedido con Vallejo y Eguren, para situar dos casos de dominio público) va a desplegarse en muchas direcciones. ¿Qué será, pues, de esos cuadernos en ese entonces?

El segundo punto está relacionado directamente con lo anterior. Si los cuadernos ológrafos de Hernández (que incluyen citas, poemas, traducciones, dibujos, pentagramas, recortes de periódico) no "pertenecen" a nadie, ¿quién podría reclamarse legalmente albacea de una obra *sui generis* no-impresa? Y así supiéramos que pertenecen a fulano o zutana, ¿ello significaría que dichas personas están en su ley al cobrar derechos por la edición de un texto que les fue regalado, que en verdad les pertenecería como una herencia establecida por el autor?

No tengo respuestas totales ni, menos aún, encaminadas hacia una explicación de trámite judicial. Y muy poco esclarecedor se-

---

2   Otras personas conservarán los suyos. Por lo menos sé que Silvio Ratto guarda el que Hernández le regaló en 1974. Al respecto, cf. "El tercer planeta" (cuatro poemas inéditos de L.H.), *Revista,* p. 5 (suplemento cultural de *El Peruano*). Lima, lunes 2 de octubre de 1995.

3   Todo depende de cómo se entienda el número. Yo conté treinta y seis cuadernos, es verdad; pero Herman Schwarz, por ejemplo, quien revisó ese mismo archivo en junio de 1996, notó que Ernesto Mora había hecho una ordenación basada no se sabe bien en qué pues no todos los cuadernos llevan fecha al final e inclusive aquéllos que sí la llevan indican muy poco (Hernández fechaba anacrónicamente sus poemas: ¿para despistar a sus futuros lectores?). El propio Mora los numeró (pegándoles cinta adhesiva) en la parte interna de la portada. El total, según esta ordenación, da 32. Reproduzco el registro que me incluye Herman en su carta del 8 de junio de 1996:

# Mora	Marca	Título	Año
1	(sin pasta)	Voces íntimas	1970
2	Atlas	Ars poética	Setiembre '73
3	Atlas	Sacre du Printemps	1970
3a	Atlas	L'Historie du Soldat	1970
3b		Rainer María Rilke	
4	Atlas	Naturaleza viva	
4b		La playa inexistente	
5	Minerva	Elegías	1977
5b	Atlas	El sol lila	1976

ría preguntarnos qué habría deseado hacer el poeta con su fama póstuma como para solucionar el destino de sus testimonios poéticos. Tampoco cabe indicar el tipo de reproducción fidedigna que estaría dentro de una zona amparada por la ley del *copyright*. Vale decir, la reproducción facsimilar. ¿En qué sentido se podría decir que la transcripción de los textos verbales de Hernández (separándolos de los iconográficos y demás) no infringe para nada el estatuto del original y que, en consecuencia, cualquier editor no caería en falta al publicarlos de esa (otra) manera? Esto

último presenta una complicación adicional en la que inclusive (a la luz del resto de los cuadernos que fueron "apareciendo" después de la edición de 1978) la voluntad del autor importaría menos que la de sus lectores. Hernández no sólo aprobó la recopilación de poemas hecha por Nicolás Yerovi en un lapso de año y pico (de mediados de 1975 a fines de 1976), a partir de transcripciones que, al contrastarlas con los originales, son titubeantes en más de un caso, sino que fue él, Hernández mismo, quien le puso título al libro y diseñó la carátula con un dibujo suyo. Es

# Mora	Marca	Título	Año
6	Atlas	*Al borde de la mar*	
6b	Atlas	*Elegías*	1976
7	Minerva	*A todos los prófugos del mundo*	
8	Justus	*Una impecable soledad*	
8a	Justus	*Una impecable soledad*	
8b	(sin pasta)	*El jardín de los cherris*	
9a	Atlas	*El sol lila*	
9b	Atlas	*Novela en verso libre*	
11	Minerva	*El elefante asado*	Mayo 73
11b	Justus	*El estanque*	
12		*Preludios y fugas*	
12b	(Atlas grande)		1977
13	Minerva	*Olvídate*	1973
14			11/1973
15		*Survival Grand Funk*	
16	Minerva	*La novela de la isla*	
17	Minerva	Dos en uno (tenía, según Luis La Hoz, pasta de cuero)	
19	Minerva		1973
20	Atlas	*La avenida del cloro eterno*	
20a	Justus	*Una impecable soledad*	
22	Atlas	*Los cromáticos yates y eventos de astros*	
26	Justus	*Linternas*	
Sin #		*Book the 19th*	

Varias cosas. En primer lugar, hay "números" que brillan por su ausencia. En segundo lugar, cuando revisé el archivo de Luis La Hoz hallé los tres cuadernos independientes de *Una impecable soledad* más *Book the 19th* (encontré el fragmento restante en las páginas de *La avenida del cloro eterno;* pero el segmento más largo, consignado en la edición de Mora, no estaba por ningún lado). Ahora bien: el tercero de los cuadernos independientes (*Book the last*) correspondía a un cuaderno de tamaño pequeño o *notebook*. En su carta, Herman me dice lo siguiente: "Había dos que arrancaban con *Una impecable soledad* (Justus) y otro cuaderno (Loro) con *Una impe...* a la mitad. Nunca encontré el *notebook*". El cuaderno Loro ha de ser, más bien, Atlas (*La avenida del cloro eterno*). Pero si Herman no halló el *notebook*, ¿cuál de los cuadernos sería el 20a numerado por Mora? Los misterios no se acabarán hasta que se haga un inventario preciso de estos cuadernos.

más: en la entrevista con Alex Zisman, publicada en el diario *Correo* de Lima en junio de 1975, anuncia que *Vox horrísona* incluirá toda la obra:

> "(Y) toda la obra es: *Voces íntimas, Al borde de la mar, El elefante asado, Cinco canciones rusas, La avenida del cloro eterno, El sol lila, Los cromáticos yates, El estanque moteado, La playa inexistente*"[4].

De acuerdo con esto, el autor desechó versiones, traducciones, dibujos, etc. Es más: participó y no participó[5].

En resumidas cuentas, nos hallamos ante un caso muy peculiar. Queriéndolo o no, el poeta nos está obligando a modificar no sólo nuestra percepción de lo que es un texto (ya que cada cuaderno apuntaría a lo único, lo singular), sino de la tradición literaria en cuanto a que ésta se aproxima a la de otras artes, especialmente las plásticas. Si yo compro un cuadro, ¿tengo además el derecho de hacer reproducciones y venderlas? Pregunta extrema, y es posible que de inmediata contestación: no, no puedo, no me es permitido. ¿Qué pasa entonces con un inédito en poesía? Supongamos que alguien tuviera un inédito que Vallejo le hubiese regalado en un café parisino. Calculo que dicha persona podría ofrecérselo a alguna revista o periódico esperando a cambio una retribución económica "por la primicia". Ahora bien: siendo un inédito que le fue regalado por el autor, y no en calidad de legado *post-mortem* (el baúl de manuscri-

tos que encontramos en el garaje de la abuelita y al que nadie le había prestado ni bola), ¿qué sucede si se publica en forma de libro? (Digamos que el inédito es un poema extenso que ofrece la posibilidad de, con tipos grandes y derroche estético de espacio, editarlo como librito de unas veinte páginas.) ¿Quién exigiría el pago de los derechos?

Hernández es doblemente complicado en este punto. Los cuadernos ya constituyen "libros" que además son "álbumes", una especie de "cuadros para una exposición" de carácter infinito. Desde esta perspectiva sólo queda, pues, esperar que una institución (que *shines by its absence:* rejuguemos a L.H.) se haga cargo de todos los cuadernos del poeta con el fin de protegerlos del paso del tiempo y también ofrecérselos a quien o quienes deseen acercarse a ellos con propósito de estudio. Así mismo, tal centralización permitiría llegar a una imagen (verbal/gráfica) de la obra "inédita" del poeta. (Bien se puede afirmar que en este específico sentido sigue estando inédita, por más que se hayan transcrito los textos.) Abro, entonces, el diálogo. O dejo suelta la inquietud.

---

4   Cito por la edición de Mora, p. 543.

5   En una conversación realizada en setiembre de 1994, Nicolás Yerovi me aseguró que Hernández se desentendió del proyecto y hasta se negaba a ayudarlo: no le contestaba preguntas, cambiaba de tema, ponía el tocadiscos a todo volumen. En pocas palabras, dio el visto bueno pero nada más. Sin embargo, en diciembre de 1976, en el recital multitudinario del INC, Hernández leyó del manuscrito preparado por Yerovi. Puedo afirmarlo como lo habría dicho el cubano Trespatines: "Yoetaba í, chico".

La difusión de la literatura peruana en Alemania hoy en día

Eduardo Orrego
Pontificia Universidad Católica del Perú

El propósito de este trabajo es mostrar de qué manera se difunde la literatura peruana en la Alemania de los años noventa, en la Alemania reunificada. ¿Se conoce la literatura peruana? ¿Cuáles son los géneros literarios que concitan mayor interés del lector alemán? ¿Que autores peruanos tienen mayor repercusión? ¿Qué temas son los que logran mayor acogida? ¿Quiénes son los que se interesan por la literatura peruana? Éstos son algunos de los interrogantes que hemos tenido presentes al enfocar nuestro tema.

El interés por la literatura peruana en Alemania no puede separarse del conocimiento de una realidad más vasta: la literatura latino o iberoamericana en su conjunto.

La presencia de las letras iberoamericanas en ese país no es nada desdeñable. En 1991 la Feria del Libro de Frankfurt tuvo como tema central a España, en 1992 a México y en 1994 a Brasil. Desde 1976, año en que la Feria decidiera dedicarle su pabellón central a América Latina, comenzaron a circular con especial fuerza los nombres de García Márquez, Carlos Fuentes y Mario Vargas Llosa, exponentes del *boom*[1]. Fue éste el marco en el que se propagaron simultáneamente y de manera considerable las distintas literaturas regionales que estaban contempladas en el *boom*[2].

La presente investigación busca dar una visión panorámica del grado en que se conoce nuestra literatura en Alemania. El lugar que ocupa el Perú en los intereses del público alemán sigue siendo pequeño a pesar de lo que nuestro país representa para la cultura

---

1 Véase "Magazín América Latina". *Deutschland*, revista de política, cultura, economía y ciencias Nº 5. Frankfurt am Main, octubre de 1994, p. 34. Así mismo, puede consultarse la misma revista en sus números 1, de febrero de 1994, p. 3, y 3, de diciembre de 1993, p. 28/29. Además está el catálogo "La Hora de España" (España 1991, Frankfurt), Calendario de actividades, Tema Central España. Frankfurt am Main: Ausstellungs und Messe GmbH des Börsenvereins des Deutschen Buchhandels, 1991.

2 Véase "Magazín América Latina". *Deutschland*, revista de política, cultura, economía y ciencias Nº 3. Frankfurt am Main, diciembre de 1993, p. 28.

latinoamericana y el enorme potencial que posee[3].

Los centros especializados en Americanística o en América Latina, ya sea el Lateinamerika Institut de la Freie Universität de Berlín, el Iberoamerikanisches Forschungsinstitut de Hamburgo, la Universidad de Eichstätt o la Universidad de Bonn, son los que más se ocupan de nuestra literatura[4]. Un público curioso por nuestro continente, sea por atracción natural, algún origen familiar, algún interés social o político en concreto o por simple cultura general, se ocupa de estos temas.

El asunto que tenemos ahora frente a nosotros nos conduce por tres senderos:

1. Narrativa peruana en Alemania.
2. Poesía peruana.
3. Teatro y cine peruanos en Alemania.

Inspirado en el trabajo de Dietrich Rall titulado "La literatura como expresión de relaciones culturales entre México y Alemania"[5], creo distinguir en la difusión de nuestra literatura un factor decisivo para el encuentro entre dos culturas; en este caso, la peruana y la alemana.

Narrativa peruana

Presencia de Mario Vargas Llosa en Alemania

Sólo Vargas Llosa (exponente del *boom*) alcanza en Alemania difusión masiva. Sus libros se editan y reeditan gracias a la editorial Suhrkamp de Frankfurt am Main[6]. El novelista ha tocado en unos de sus últimos libros traducidos al alemán, *Lituma en los Andes* (*Tod in den Anden*), aspectos concernientes a la violencia y al terrorismo del Perú de los ochenta y comienzos de los noventa. Elaborados de una manera sugerente, aluden a ritos ancestrales y toman de la mitología griega el mito de Dionisos, que el autor traslada al Perú[7].

Lo exótico de América Latina, lo mágico y a la vez lo agresivo del mundo andino vienen de la mano con una original recreación de la mitología griega. Se suma a esto el interés por los desarrollos políticos y sociales en

---

3 Puede compararse con las opiniones de Wilfried Böhringer. Véase Böhringer, Wilfried: "Der verstelle Blick", en *Die Horen, Zeitschrift für Literatur, Kunst und Kritik, der Corregidor reiter auf einen Pferd aus Blech*. Neue Prosa und Lyrik aus Perú, zusammengestellt von Wilfried Böhringer un Kurt Scharf, mit Photos von Martin Chambi, Nº 176. Bremerhaven 1994, pp. 9-10.

4 Información obtenida a partir de la correspondencia personal sostenida con las universidades alemanas como la Johann Wolfgang Goethe/Universität de Frankfurt am Main en el año 1994.

5 Rall, Dietrich: "La literatura como expresión de relaciones culturales entre México y Alemania", en Miguel Giusti y Horst Nitschack, editores: *Encuentros y desencuentros*. Lima: Fondo Editorial PUC, 1993, pp. 261-277.

6 Véase catálogo de SuhrKamp. *Taschenbuch Journal Herbst* 94. Frankfurt, 1994, pp. 5 y 11.

7 Consúltese el "Magazín América Latina", *Deutschland*, revista de política, cultura, economía y ciencias Nº 3. Frankfurt, junio de 1996, pp. 40-41. Además se puede recurrir a la entrevista llevada a cabo por Hannes Stein y Helene Zuber a Vargas Llosa (ver "Die Massen Wollen Blut" *Der Spiegel* Nº 15, abril de 1996, pp. 212-216). Vargas Llosa dijo en dicha entrevista: "En los años ochenta el Perú estaba en situación desesperada. Era sobre todo la población de los Andes la que más sufría. Sendero Luminoso fue para América Latina un movimiento atípico, extremadamente fanático, dogmático y sujeto casi religiosamente a un objetivo concreto. Los campesinos no podían explicarse lo que sucedía y por eso se entregaban a lo irracional, se abrían a la superstición, a la magia, los antiguos ritos. Para explicar mejor la violencia, desde lo más profundo del ser humano he trasladado sin más ni menos Dionisos a los Andes... El mito de Dionisos trata de lo que sucede cuando los seres humanos pierden finalmente la razón y en su búsqueda de experiencias plenas siguen únicamente los instintos, las pasiones".

un mundo cada vez más globalizado y, por otro lado, más desigual. El lector alemán promedio encontrará atractivos estos elementos.

Casi todas las obras de Vargas Llosa están en alemán, excepto la más reciente, para teatro, que de seguro no tardará en aparecer traducida[8].

Traductores como Annesliese Botond, Michi Strausfeld, Elke Wehr, Dagmar Ploetz, Heidrum Adler y Wolfgang Luchting han posibilitado la difusión en alemán del autor desde el año 1976, y más aún desde el año 90, cuando el novelista postuló a la Presidencia de la República del Perú. De estas personas ha dependido la mejor recepción de las obras y en muchos casos las críticas, que han sido bastante favorables pese a que el mayor crítico literario alemán, Marcel Reich Ranicki, suela restarle importancia a la literatura latinoamericana[9]. Con honorarios por página traducida que muchas veces no están acordes con las horas invertidas —40 marcos por página (25 dólares)—, los traductores demuestran vocación auténtica como factor decisivo en la intercomunicación cultural[10].

Kurt Scharf, ex director de la Casa de las Culturas del Mundo de Berlín, cree explicar la vigencia y presencia de Vargas Llosa en el hecho de que resida en Europa[11].

No obstante, es de sorprender que frente a los más de dos millones de ejemplares vendidos del libro *La casa de los espíritus* de Isabel Allende[12], el novelista peruano pueda o haya podido tener menos atractivo para el alemán promedio. Su nombre aparece poco en la lista de los libros más vendidos por ejemplo en los años 94-95; lo contrario ocurre con los de García Márquez y la escritora chilena[13]. Así mismo, llama la atención que dentro de la gran cantidad de premios que el autor ha recibido hasta la fecha, el reconocimiento alemán haya llegado un poco retrasado con el Premio de la Paz de los Libreros

8   Compárese en el "Magazín América Latina", *Deutschland*, Revista de política, cultura... Nº 3. Frankfurt, junio de 1996, p. 27. Los siguientes títulos de Vargas Llosa son algunos de los que están disponibles en traducciones alemanas: *Contra viento y marea* (*Gegen Wind und Wetter*), *El hablador* (*Der geschichtenerzähler*), *Conversación en La Catedral* (*Gespräch in de Karhedrale*), *La casa verde* (*Das grüne Haus*), *Pantaleón y las visitadoras* (*Der Hauptmann und sein Frauenbataillon*), *Los cachorros* (*Die kleinen Hunde*), *La guerra del fin del mundo* (*Der Krieg am Ende der Welt*), *La Chunga* (*La Chunga*), *Elogio de la madrastra* (*Lob der Stiefmutter*), *Historia de Mayta* (*Maytas Geschichte*), *La ciudad y los perros* (*La ciudad y los perros*), *La tía Julia y el escribidor* (*Tante Julia und der Kunstschreiber*), *¿Quién mató a Palomino Molero?* (*Wer hat Palomino Molero ungebracht?*), *Lituma en los Andes* (*Tod in den anden*), *El loco de los balcones* (*Der verrückte Balkonschützer*).

9   Véase catálogo "Lateinamerika", publicado por Suhrkamp en julio de 1990, pp. 14-15, y la crítica a la obra de Vargas Llosa de los diarios alemanes *Die Weltwoche*, y *Frankfurter Rundschau*. Sobre Marcel Reich Ranicki, los siguientes datos: nacido en 1920 en Polonia, crece en Berlín. De 1960 a 1973 trabaja como crítico literario en el diario *Die Zeit* y luego lo hará en el *Frankfurter Allgemeine Zeitung*. Es docente y participa de debates literarios televisados como "el cuarteto literario". *Revista Humboldt*, Nº 117, año 38, Bonn inter Nationes, 1996, pp. 71-74.

10 Véase "Magazín América Latina". *Deutschland*, revista de política..., Nº 3. Frankfurt, junio de 1995, pp. 32-33, 38-39.

11 Scharf, Kurt: "Jenseits des Leuchtenden Pfades, Perú ist mehr", *Die Horen* Nº 176 Bremerhaven, 1994, p. 5. El hecho de vivir en Europa ha ayudado al escritor a ser difundido más rápidamente allí.

12 Compárese "Magazín de América Latina", *Deutschland*, revista de política... Nº 3. Frankfurt, diciembre 1993, p. 29.

13 Esta referencia alude a los *best-sellers* que aparecen en la revista de alta circulación *Der Spiegel* en los años 94 y 95. Este año la evolución indica haber sido distinta. "Mario Vargas Llosa, el autor peruano, y su última novela *Lituma en los Andes,* ocuparon un lugar destacado en los suplementos culturales de los periódicos alemanes". "Magazín América Latina". (Deutschland, revista de política... Nº 3. Frankfurt, junio de 1996, p. 40).

Alemanes que se le va a otorgar en octubre del año en curso (1996)[14].

Otros narradores peruanos

Pero ¿qué sucede con los demás escritores peruanos? Más allá de Vargas Llosa hay aún injustos vacíos en la difusión de nuestra literatura y en la atención a autores de gran peso. El editor y traductor Wilfried Böhringer cree encontrar la causa de este problema en una actitud de psicología colectiva del alemán. Vargas Llosa es un escritor del *boom*. Quienes lo han leído creen saciar su sed de literatura peruana y no se ocupan ni de lo que vino ni de lo que vendrá después, señala[15].

Kurt Scharf lamenta esto, y no deja de reconocer la riquísima tradición literaria peruana desde Guaman Poma de Ayala y el Inca Garcilaso de la Vega[16], estudiados por F. Huhle en su análisis *Guaman Poma de Ayalas Verhältnis zu Schrift und Buch* (*Guaman Poma de Ayala y su relación con la escritura y el libro*) y B. Scharlau: *Abhängigkeit und autonomie. Die Sprachbetrachtung des I. G. de la Vega (Dependencia y autonomía. Análisis de la lengua y acercamiento lingüístico del Inca Garcilaso de la Vega)[17].*

En general, los demás grandes talentos peruanos –sea en la narrativa, sea en la poesía– tienen menor fortuna para ser publicados masivamente en Alemania.

Comencemos ahondando sobre la narrativa peruana.

Hubo en los sesenta, setenta y ochenta, y en gran parte de la raíz del *boom,* traducciones al alemán de nuestros escritores indigenistas más prominentes realizadas por la editorial Suhrkamp: José María Arguedas, Ciro Alegría y Manuel Scorza[18].

En los noventa, pese a sus inconfundibles valores, no se han vuelto a editar obras de ellos. José María Arguedas sólo tiene un libro en el mercado alemán, y en versión alemana: *Los ríos profundos* (*Die Tiefen Flüsse*)[19], y cuentos aislados en antologías, como los traducidos por Wolfgang Luchting ya en el año 68: "El Warma Kuyay" ("El amor del niño Ernesto por Justina"), por ejemplo[20]. Todas las sangres, traducida en el año 1983 con un título no muy afortunado (*Trink mein Blut, trink meine Tränen*; literalmente, *Toma mi*

Inca Garcilaso de la Vega. "Geschichte der Eroberung von Florida, dt. 1753", "Geschichte der Inkas, Könige von Perú, dt. 1787/1788", "Wahrhaftige Kommentare zum Reich der Inka, dt. 1983". Todo esto puede ser verificado en la antología *Eine Blume auf dem Platz des schönen Todes Erzählungen aus dem peruanischen Alltag*, editada por Luis Fayad y Kurt Scharf bajo auspicios de la Casa de las Culturas del Mundo de Berlín. Berlín, enero de 1994, pp. 9-10.

14 Ibídem, p. 40. Sobre los premisos que Vargas Llosa ha recibido de Francia, España, Inglaterra, Estados Unidos, Italia, Israel, véase la revista *Caretas* del 18.1.96 y el artículo dedicado al escritor con motivo de sus 60 años.

15 Böhringer, Wilfried: "Der verstellte Blick", *Die Horen*, Nº 176. Bremerhaven, 1994, p. 9.

16 Veáse Scharf, Kurt: "Jenseits des Leuchtenden Pfades, Perú ist mehr, Die Horen Nº 176. Bremerhaven, 1994, pp. 5-9.

17 Huhle, F.: "Guaman Poma de Ayalas Verhältnis zu Schrift un Buch". *Hispanorama,* Nº 59, 1991, pp. 48-51. Scharlau, B: Abhängigkeit und Autonomie. Die Sprachbetrachtung des Inca Garcilaso de la Vega tienen ya bastante tiempo de ser conocidos en Alemania. Como ejemplos están las traducciones al alemán de Guaman Poma: "Das Altperuanische Inkareich und seine Kultur, dt. 1949" y las del

18 Véase catálogo "Lateinamerika", editado por Suhrkamp. Frankfurt am Main, julio de 1990, p. 16.

19 Véase Böhringer, Wilfried: "Der verstellte Blick". *Die Horen, Zeitscjrift für Literatur...* Nº 176. Bremerhaven, 1994, p. 9. Consúltese, por ejemplo, Arguedas, José María: *Die tiefen Flüsse. Übersetzung von Susanne Heintz,* München DTV, 1966, 260 pp.

20 Consúltese la antología *Lateinamerika, Gedichte und Erzählungen*, revisada y prologada por José Miguel Oviedo Frankfurt: Suhrkamp, 1982, pp. 135-142.

sangre, toma mis lágrimas) prácticamente no se difundió[21].

Los recientes trabajos del suizo y por consiguiente también germánico Martin Lienhard sobre la oralidad popular en la última novela de Arguedas reviven la llama que debería estar siempre encendida[22]. Así mismo, las giras del grupo teatral Yuyachkani en los ochenta y noventa y su difusión de la obra del escritor a través de los trabajos como _Encuentro de zorros_ no pueden ser omitidas[23].

Por otro lado está Ciro Alegría. El autor de _La serpiente de oro_ cuenta con dos traducciones importantes: _Los perros hambrientos_ (_Die Hungrigen Hunde_), traducción de 1978, y _El mundo es ancho y ajeno_ (_Die Welt ist Gross und Fremd_), traducción de 1980, debidas a Wolfgang Luchting y Lina y Alfred Fankhauser, pero luego no ha aparecido nada trascendental sobre este escritor que sea de difusión masiva[24]. Su hijo ha estado vinculado a Alemania, adonde ha concluido hace poco un doctorado en filosofía[25]. Los alemanes recalcaron, en el caso de Ciro Alegría, la estrecha relación que el novelista buscó en sus libros[26] entre realidad y justicia.

Manuel Scorza tuvo buenas críticas de la _Frankfurter Allgemeine Zeitung_, periódico de gran circulación en Alemania, a fines de los ochenta: "Lo nuevo en las novelas de Scorza frente a la novela de antes, más seria, es el uso de una cierta forma de fantasía como elemento cómico o satírico"[27]. Fueron llevadas al alemán _Redoble por Rancas_ (_Trommelwirbel für Rancas_), _El jinete insomne_ (_Der Schlaflose Reiter_) y _Garabombo el invisible_ (_Garabombo der Unsichtbare_)[28], pero tampoco los noventa fueron afortunados para la obra del escritor. Se alejan los días en que, por ejemplo, el profesor Arnold Rothe, de la Universidad de Heidelberg, trabajara constantemente en sus seminarios "el realismo mágico" en el caso de Scorza[29].

21 Véase Böhringer, Wilfried "Der verstellte Blick". _Die Horen_, revista de literatura... Nº 176. Bremerhaven, 1994, p. 9.

22 Lienhard, Martin (Basilea 1946): _Cultura andina y forma novelesca, zorros y danzantes en la última novela de Arguedas._ Lima: Editorial Horizonte, 1990.

23 Véase _Caretas_ del 2.5.96, p. 53. Integrantes del grupo Yuyachkani estuvieron en la Universidad de Heidelberg, Alemania, en la primavera del 91 y expusieron su dramaturgia con el lema: "Ein 'neues' Theater für ein 'neues' Publikum".

24 Véase _Eine Blume auf dem Platz de schönen Todes, Erzählungen aus dem peruanischen Alltag_, Kurt Scharf/Luis Fayad editores, Berlín, 1994, pp. 10-11. Además pueden consultarse la revista monográfica _Die Horen_, Nº 176, Benerhaven, 1994, pp. 9-10; el catálogo "Lateinamerika" publicado por Suhrkamp en julio de 1990, p. 16. Entre las traducciones de Ciro Alegría están _Los perros hambrientos"_ (_Die hungrigen Hunde_), _Übersetzt von Wolfgang A. Luchting_, Frankfurt, Suhramp, 1978. Reeditada en el 87. Con epílogo de Walter Boehlich. Luego viene _El mundo es ancho y ajeno_ (_Die Welt ist gross und fremd_), _Übersetzt von Lina un alfred Fankhauser_. Stuttgart, Huber, 1980.

25 Véase _Caretas_, Nº 1408, del 3.4.96, p. 63. Ciro Alegría Varona, hijo del escritor, se doctoró en filosofía con el libro _Tragedia y sociedad civil_.

26 Véase el catálogo "Lateinamerika" de la editorial Suhrkamp, publicado en julio de 1990, p. 16. Las siguientes palabras de Ciro Alegría han sido especialmente recalcadas: "Realität und Gerechtigkeit. Sie gehören zusammen und sollen in meinen Büchern ein Thema werden".

27 Citado en Scorza, Manuel: _Der schlaflose Reiter_, Übersetzt von Wilhelm Plackmeyer. München, Piper, 1987, p. 1. Traducido al español por el autor de este trabajo.

28 Scorza, Manuel: _Trommelwirbel für Rancas_. Übersetzt von Wilhelm Plackmeyer. Frankfurt. Suhrkamp, 1975. Scorza, Manuel: _Der schlaflose Reiter_, Übersetzt von Wilhelm Plackmeyer München, Piper, 1987. Scorza, Manuel: _Garabombo der unsichtbare_. Roman, übersetzt von Wilhelm Plackmeyer. München, 1979.

29 Arnold Rothe: Director del seminario de Romanística de la Ruprecht-Karls Universität de Heidelberg. Véase Rothe, Arnold: _Themenvorschläge fur Magisterklausuren_ (Beispiele aus den Jahren 1982-84), januar 1984: "Erläuterung des Terminus 'Realismo Mágico' am Beispiel von Scorzas "Redoble por Rancas".

Refirámonos ahora a los portavoces de la narrativa urbana más relacionada con la costa: Julio Ramón Ribeyro y Alfredo Bryce Echenique, los dos con períodos de estadía en Alemania[30]. De Julio Ramón Ribeyro se tradujo, ya a comienzos de los sesenta, una novela y un conjunto de cuentos en alemán[31]. Nuevamente la gratitud al profesor muniqués Wolfgang Luchting, que los tradujo e incorporó a la antología titulada *Mit Jimmy in Paracas und andere Erzählungen* en el año 68[32].

Del año 71 y 88 tenemos dos estudios críticos: "Julio Ramón Ribeyro y sus dobles"[33] y "Estudiando a Julio Ramón Ribeyro"[34]. A comienzos de los ochenta se tradujo un cuento suyo con "Auf den Wellen" para una antología editada con la colaboración de José Miguel Oviedo[35], y a fines de esta década fueron traducidas *Las prosas apátridas* (*Heimatlose Geschichten*)[36], que es prácticamente lo único que se conoce hoy en día del autor en alemán, amén de la bastante reciente traducción de su relato "Los jacarandás" llevada a cabo por Elke Wehr[37].

En cuanto a Alfredo Bryce Echenique, el autor goza de menos propagación en Alemania. Su estudio está restringido fundamentalmente al ámbito universitario. ¿Será que los alemanes no entienden su "subjetivismo incoherente", como lo llamara Alejandro Losada[38], o su sentido del humor; o acaso los temas concernientes a una minoría social costeña de corte occidental no ofrecen "lo otro", aquello que el alemán desea encontrar? No obstante, lo que sí se dio a conocer en alemán fue el relato "Con Jimmy en Paracas" ("Mit Jimmy in Paracas") que Luchting usó como título para una antología ya antes citada. Ciertas obras de Bryce en español sí se pueden adquirir en librería alemanas[39]. Cabe agregar un dato relativamente reciente. En el año 94 Gerhard Poppenberg tradujo un relato de Bryce bajo el título "Ein Abschnitt Leben"[40].

---

30 Véase reseñas bibliográficas en los libros Ribeyro, Julio Ramón: *La tentación del fracaso*, vol. 1 (1950/1960). Lima: Jaime Campodónico, 1992; y Bryce Echenique, Alfredo: *El hombre que hablaba de Octavia de Cádiz*. Barcelona: Plaza & Janes Editores, 1985.

31 Véase Böhringer, Wilfried: "Der verstellte Blick", *Die Horen*, revista de literatura... Nº 176: Bremerhaven, 1994, pp. 9-10. Además puede consultarse Luchting, Wolfgang A.: *Julio Ramón Ribeyro y sus dobles*. Lima: Instituto Nacional de Cultura, 1971. Wolfgang Luchting estuvo en el Perú de 1956 a 1962 y tradujo novelas y cuentos de Vargas Llosa, Bryce y Ribeyro. En 1956 Ribeyro escribía su *Crónica de San Gabriel* en Munich. En 1960 fue publicada y galardonada con el Premio Nacional de Novela. En 1964 Ribeyro publicó su novela *Los geniecillos dominicales* y sólo en 1978 pudo publicar su tercera novela, escrita en París entre los años 64 y 66: *Cambio de guardia*.

32 *Mit Jimmy in Paracas und andere Erzählungen*, Ausgewählt und übersetzt von Wolfgang A. Luchting. Tübingen: Erdmann, 1968.

33 Luchting Wolfgang: *Julio Ramón Ribeyro y sus dobles*. Lima, Instituto Nacional de Cultura, 1971.

34 Luchting, Wolfgang: *Estudiando a Julio Ramón Ribeyro*. Frankfurt: Verfuert, 1988.

35 Ribeyro, Julio Ramón: "Auf den Wellen, übersetzt von Renate Schuller". *Lateinamerika*, Gedichte und Erzählungen, bearbeitet von José Miguel Oviedo, Frankfurt: Suhrkamp, 1982, pp. 304-310.

36 Compárese Böringer, Wilfried: "Der verstellte Blick". *Die Horen*, revista de política... Nº 176. Bremerhaven, 1994, pp. 9-10.

37 Véase *Eine Blume auf dem Platz de schönen Todes, erzählungen aus dem peruanischen Alltag*, Luis Fayad/ Kurt Scharf editores, Berlín, 1994, p. 11.

38 Losada, Alejandro: *Creación y praxis. La producción literaria como praxis social en Hispanoamérica y el Perú*. Lima: Universidad Nacional Mayor de San Marcos, 1976, pp. 95-105. (La creación como entretenimiento y el subjetivismo incoherente).

39 Compárese catálogo "Bücher in Spanisch" de la editorial Verfuert, p. 6.

40 Véase *Eine Blume auf dem Platz des schönen Todes. Erzählungen aus dem peruanischen Alltag*, Luis Fayad /Kurt Scharf editores, 1994, p. 12.

En los últimos años algunos de los escritores peruanos han buscado un espacio en Alemania. Hay quienes, impulsados por el poco apoyo de las editoriales peruanas a los jóvenes talentos, llegan en ciertos casos hasta a dejar de publicar por no tener los medios, mientras otros escogen el exilio para mejorar también su situación económica[41]. Walter Lingán, ganador de menciones honrosas en los Juegos Florales Josafat Roel Pineda, es un caso[42]. Señalemos además a Gregorio Condori Mamani, a quien la editorial Suhrkamp le publicara en 1990 un testimonio de marcada crítica social[43]. Es inevitable, a estas alturas, subrayar el apoyo, aunque aún modesto, de instituciones alemanas a intelectuales peruanos ya sea del DAAD (Servicio de Intercambio Académico Alemán), a manera de becas de estudio, o de fundaciones especiales que permiten que estudiosos peruanos publiquen o viajen a Alemania[44].

El año 1994 ha marcado un hito en la difusión de nuestras letras y de sus más recientes y promisorios representantes. Sobresale el encuentro de escritores peruanos (narradores y poetas) en la Universidad Católica de Eichstätt para un seminario organizado por el profesor Karl Kohut a comienzos de ese año. Este acontecimiento dio pie a una serie de lecturas de obras peruanas en otras universidades alemanas como en Bonn y en Berlín, auspiciadas en este último caso por la Casa de las Culturas del Mundo[45]. Debido a estos eventos, ya a comienzos del 94 se publicó una antología con textos de voces conocidas y otras más nuevas de nuestra narrativa (Cronwell Jara, Julio Ramón Ribeyro, Alonso Cueto, Guillermo Niño de Guzmán, Miguel Gutiérrez, Carmen Ollé, Teresa Ruiz Rosas, Miguel Barreda, Alfredo Bryce Echenique, Carlos Calderón Fajardo, Abelardo Sánchez León, Giovanna Pollarolo, José Alberto Bravo de Rueda, Edgardo Rivera Martínez, Mariella Sala, Óscar Malca)[46]. Lleva como título las sugerentes palabras de Edgardo Rivera Martínez: _Eine Blume auf dem Platz des Schönen Todes_ (_Una flor en el lugar de la bella muerte_) que nos hacen pensar en la alusión de los editores, a nivel interpretativo, a Sendero Luminoso.

Radio Bremen afirmó que se constataba en esta antología el sello dejado por las dicta-

---

41 Compárese con la opiniones vertida en _Perú, Express Reisehandbuch_. Lieselotte Kammler, editora, Rautenberg/ München: Mund Verlag, 1992, p. 181.

42 Ibídem, p. 181.

43 El libro se titula _Autobiographie_. Remitámonos al catálogo "Lateinamerika" publicado por la editorial Suhrkamp de Frankfurt am Main en julio de 1990, p. 16. Allí se citan las siguientes palabras del periodista Rainer Appell de la Frankfurter Allgemeine Zeitung: "A través de la lectura de este libro agobiante e impresionante, uno se pregunta cuál es en realidad el mínimo vital que un hombre puede aguantar, tanto psíquica como físicamente hasta que se derrumba o se levanta desesperado". Estas palabras han sido traducidas por el autor de este trabajo.

44 Aquí pueden mencionarse las Fundaciones Konrad Adenauer, Friedrich Ebert, Friedrich Naumann, entre otras.

45 Al respecto está el artículo que publicó el diario _La República_ el 24.4.94, p. 22 (Cultural), con el título: "Literatura peruana busca un lugar en la escena alemana".

46 La antología _Eine Blume auf dem Platz des schönen Todes, Erzählungen aus dem peruanischen Alltag_. Luis Fayad, Kurt Scharf, editores Berlín, edition diá, 1994", contiene un poema introductorio de Marco Martos titulado: "Perú", un prologo de los editores Luis Fayad y Kurt Scharf y los siguientes textos; Cronwell Jara (_Ein harter Knochen_), Julio Ramón Ribeyro (_Die Jakarandabäume_), Giovanna Pollarolo (_Warten auf den Strom_), Abelardo Sánchez León (_Der Schaffner_), José Alberto Bravo (_Arachne_), Edgardo Rivera Martínez (_Eine Blume auf dem Platz des schönen Todes_), Alonso Cueto (_Die Kleider einer Dame_), Guillermo Niño de Guzmán (_Mitternachtspferde_), Carmen Ollé (_Lince un der letzte Sommer_), Mariella Sala (_Natch in Lima_), Óscar Malca (_Schwarzlicht_), Miguel Gutiérrez (_Der ungewöhnliche Begleiter_), Teresa Ruiz Rosas (_Hinter de Calle Toledo_), Miguel Barreda (_Alle Welt liebt dich, wenn du tot bist_), Carlos Calderón Fajardo (_Der schwarze Pianist_), Alfredo Bryce Echenique (_Ein Abschnitt Leben_).

duras y generales en el mundo peruano[47]. A fines del 94 el número 176 de la revista literaria *Die Horen*, difusora de literaturas extranjeras, fue dedicado íntegramente al Perú[48]. El editor y traductor Böhringer argumentaba: "Hay pues un tiempo después de Vargas Llosa en la prosa peruana y la calidad literaria de esta producción se dejar ver. Así como son muy variados los temas tratados, así también los estilos, que seguramente no están exentos de influencias"[49]. Su colega Kurt Scharf, en artículo titulado "Más allá de Sendero Luminoso, el Perú es más", recalcaba por otra parte que la mayoría de narradores difundidos eran de lengua española y que casi no había relatos de quechuas[50]. En este marco debe citarse, no obstante, la publicación *Llataq Takiy* del año 93 con canciones, leyendas e historias de los quechuas[51].

Poesía peruana

Demos paso a la poesía peruana. Este género literario comenzó a difundirse en gran medida gracias al reconocido poeta y crítico literario alemán, autor de *Ach Europa!*, Hans Magnus Enzensberger, quien al fundar la sección de Kurbuch en la editorial Suhrkamp, se interesó por temas extraeuropeos, entre ellos Cuba, América Latina[52]. Enzensberger tradujo, en primer término, un conjunto de poemas de *Los heraldos negros* y *Poemas humanos* de César Vallejo, ya en el año 63, reeditados en el 76, 81 y a comienzos de los 90[53]. He aquí un extracto de "Intensidad y altura" ("Nachdruck und Gipfel"): "Ich schäume aus dem Mund, statt dab ich schriebe, was ich zu sagen hätte wird mi Kot ersäuft[54] (dt.). Esto significa: "Quiero escribir, pero me sale espuma, quiero decir muchísimo y me atollo". Si se formulara literalmente lo que ha sido traducido diría en castellano: "Me sale espuma, en vez de que yo escriba". Riesgosa tarea la de la traducción, "una traición del texto original", como diría Martha Canfield[55]. Pero meritoria recreación al fin de cuentas.

47   Véase la ya citada revista *Die Horen* Nº 176. Bremerhaven. 1994, p. 182.

48   En este número estuvieron incluidos textos narradores ganadores de los Premios Copé de cuento de los años 80: Edmundo Motta Zamalloa "Los perros se oyen aquí", Alfredo Pita "En camino", Alfredo Quintanilla "De todas maneras quiero ir a la gloria", Fernando Iwasaki "El tiempo del mito", Pablo Huapaya Alvarado "Los dordos días del amor", Roger Díaz Arrué "La biblioteca", Jorge Cuba Luque "Colmena 624", Luis Dante Bobadilla "El viejo", Oscar Araujo "Sobre un fondo gris", Jorge Eduardo Benavides "Cuentario", Dante Castro "Ñakay Pacha. El tiempo del dolor", Zein Zorrilla "Dos Jinetes", Carlos Schealb Tola "El remolino", Mario del Carpio "El hombre araña", Miguel Barreda "El desayuno".

49   Böhringer, Wilfried: Der verstellte Blick: *Die Horen*, revista de política, Nº 176. Bremerhaven, 1994, p. 10.

50   Scharf, Kurt: "Jenseits des Leuchtenden Pfades, Perú ist mehr". *Die Horen*. Nº 176, p. 6.

51   *Llataq Takiy. Canciones, leyendas e historias de los quechuas*. Frankfurt: Editorial Verfuert, 1993.

52   Véase el catálogo Suhrkamp, Taschenbuch Journal, Herbst 94, Frankfurt 94, pp. 11 y 21.

53   Vallejo, César: *Gedichte, Übertragung und Nachwort von hans Magnus Enzensberger*. Frankfurt Suhrkamp, 1976. Cabe señalar que César Vallejo ha suscitado interés especial como lo demuestra el opúsculo de Rafael Gutiérrez Girardot sobre César Vallejo, publicado por la editorial Verfuert de Frankfurt am Main en 1993. Así mismo hay que mencionar que está por aparecer una edición nueva y mejorada de los poemas de Vallejo.

54   *Lateinamerika, Gedichte un Erzälungen*. Vorwort von José Miguel Oviedo. Frankfurt: Suhrkamp 1982 (reedición), pp. 22-23. El texto en castellano es de Vallejo, *Obra poética completa*. Lima: Mosca Azul, 1983, p. 174.

55   Véase la revista *Sí* Nº 445, 25.9/1.10.1995 y aquí el artículo de César Lévano titulado: "El arte de la traducción". Martha Canfield, estudiosa italiana de literatura peruana, nos dice: "Está muy difundido el lugar que se considera

Enzensberger patrocinó también a Antonio Cisneros en los sesenta. Allí están un grupo de poemas, entre los que destacan: "Karl Marx died 1883 aged 65" del que Suhrkamp publicase incluso un póster[56].

Antonio Cisneros ha sido más traducido que César Vallejo, tal vez por las dificultades que impone el lenguaje vallejiano. Desde sus años berlineses 84/85, donde fuera becado por el DAAD, se han publicado poemas suyos en varias antologías[57].

En 1986 apareció la selección de poemas o antología editada por la Editorial Verfuert con el escueto título *Gedichte*, cuya traducción corrió a cargo del filólogo alemán Carlos Müller[58]. Igualmente fueron publicados poemas de Cisneros en una antología de autores de varias regiones del mundo titulada

Besetz deinen Platz auf der Erde (*Ocupa tu lugar en el mundo*) de la editorial de Fischer y auspiciada por el DAAD[59]. Últimamente, el numero 176 de la revista *Die Horen* le publicó tres poemas: "Crónica de Lima", "La fiesta del Corregidor" y un monólogo inspirado en Goethe[60]. El poeta ha mantenido contacto con Alemania desde 1985. Ha ido siete veces a Berlín, Colonia, Freiburg, y hace poco estaba en prensa –en versión alemana– su libro *Las inmensas preguntas celestes* (*Die unermeBlichen Fragen des Himmels*)[61]. Así como en su momento Luis Hernández pasó por Alemania y la tomó como inspiración para varios poemas suyos[62], así también Cisneros, quien llega a decirnos, por ejemplo: "Noches de Leipzig o Arequipa, nada quedó del vino en los labios (ni siquiera las deudas)"[63]. La importante generación del cincuenta, con poetas de la talla de Javier Sologuren, autor de trabajos sobre Rilke y Hölderlin[64], Jorge Eduardo Eielson, Blanca Varela y Carlos Germán Belli, tiene traducidos poemas resueltos en antologías como la editada por Kurt Marti en el año 69 o la editada por Suhr-

---

la traducción, sobre todo, como una traición del texto original. Expresiones como 'traduttore traditore' o 'la bella infedele' son bien conocidas y se repiten en todos los idiomas: la primera para subrayar (justamente) la afrenta al original, la segunda para justificar en parte la 'infidelidad'en razón de la 'belleza'".

56 La traducción del poema mencionado puede encontrarse en la antología *Lateinamerika, Gedichte und Erzählungen*. Vorwort von José Miguel Oviedo. Frankfurt: Suhrkamp, 1982 (reedición). El mismo poema se encuentra también en una antología anterior adonde aparece Antonio Cisneros (Lima, 1942) titulada *Lateinamerikanische Gedichte*. Darmstadt, 1969. La información sobre el póster fue obtenida en conversaciones con el mismo poeta. Cisneros explicó que fue traducido en el 69 cuando había obtenido el Premio Casa de las Américas, en la época de la rebeldía juvenil de los sesenta. Conversación con Antonio Cisneros, 25.8.96.

57 Véase nota biográfica del poeta en Cisneros, Antonio: *Las inmensas preguntas celestes*, Lima: Jaime Campodónico editor, 1992. DAAD (Deutscher Akademischer Austauschdienst).

58 Cisneros, Antonio: *Gedichte*. Ausgewählt von Antonio Cisneros (40 poema) und aus dem Spanischen übertragen von Carlos Müller, mit einem Nachwort von Ricardo Bada. Frankfurt: Verfuert, 1986.

59 *Besetz deinen Platz auf der Erde*. Editado por Jürgen Bolten u.a, Fischer Verlag.

60 Véase el índice de la ya antes citada revista *Die Horen* Nº 176.

61 Ibídem, pp. 9-10. Consúltese sobre todo la reseña biográfica sobre Antonio Cisneros en la parte de atrás de la revista.

62 Puede verse el libro Hernández, Luis: *Obra poética completa*. Lima: Punto y Trama, 1978, p. 163 (Landscapes). El poema titulado "Landscapes" tiene dos estrofas dedicadas al lago de Constanza y a Tübingen en Alemania. Aparte de estos versos, hay en el libro un gran número de menciones a poetas, filósofos y músicos alemanes como Rilke, Hölderlin, Goethe, Nietzsche, Mahler, etcétera.

63 Véase el monólogo inspirado en Goethe, publicado por la revista *Die Horen* Nº 176. Bremerhaven, 1994.

64 Compárese Sologuren, Javier: *Gravitaciones y tangencias*. Lima: Colmillo Blanco, 1988, pp. 71-84 (Hölderlin, la pasión de la armonía), pp. 85-89 (Hölderlin: Mitad de la vida), pp. 90-98 (Actualidad de Rilke).

kamp en colaboración con José Miguel Oviedo en el año 82[65].

Así mismo, han sido traducidos textos de Juan Ríos[66], Emilio Adolfo Westphalen, Efraín Huerta y César Moro[67]. La divulgación de estas voces en los noventa, una vez más, ha sido casi nula. De la generación del sesenta figura la traducción del año 94 de Javier Heraud, realizada por el autor de este trabajo y presente en distintos centros universitarios de Suiza, Alemania, y Austria[68]. La poesía peruana de los setenta, ochenta y noventa tiene posibilidades de entrar en Alemania y de ser conocida en ambientes académicos y por el público en general. Los nuevos enfoques de una poesía enfatizan el papel de la mujer poeta y el desarrollo de la actividad en centros del interior del país, sea Tacna, Arequipa, Trujillo o Piura, despiertan expectativas en muchos de los grupos en Alemania[69].

El evento del 94 en la Universidad Católica de Eichstätt lo ha demostrado, así como las lecturas efectuadas en Bonn y en Berlín en ese mismo año. Varios y varias poetas presentaron aquí trabajos que fueron luego traducidos. Entre los poetas traducidos están: Alonso Ruiz Rosas, Giovanna Pollarollo (*Huerto de olivos*), Carmen Ollé (*Noches de adrenalina*), Abelardo Sánchez León y Marco Martos[70].

Carmen Ollé ya había publicado en alemán, en el marco de un simposio de mujeres escritoras realizado en Viena en el año 93, el cual dio pábulo a la publicación de una antología bajo el título *Torturada, von schlächtern und gechlechtrn, Texte lateinamerikanischer Autorinnen zu politishher Gewalt und Folter* en la cual también estuvo incluido un texto de la poeta Violeta Barrientos[71].

En términos generales, la difusión de la poesía peruana está más restringida a instituciones especializadas o universidades, como señala el editor Klaus Dieter Verfuert[72], o, en todo caso, las obras poéticas son publicadas por editoriales pequeñas. Nótese un marcado predominio, por consiguiente, de la difusión de la narrativa por encima de la poesía peruana. El motivo reside en que el género narrativo transmite de una manera más descifrable y accesible al lector alemán los aspectos culturales y sociales que le interesan. El análisis de la poesía es más complejo en tanto que no es tan fácil sistematizarlo o captar el contexto cultural que sostiene esa creación. En la novela hay técnicas manejables, de utilidad para la comprensión y el análisis. El lirismo y los conceptos de estética de la poesía peruana en lengua castellana distan bastante, por otro lado, de su contraparte alemana. Pese a la reducida difusión poética en Alema-

65 Jorge Eduardo Eielson: *Primera muerte de María (Als María zum erten Mal star)* Blanca Varela: *Del orden de las cosas (Von der Ordnung der Dinge)*; Carlos Germán Belli *Sextinas y otros poemas (Sestine über ungleiche)*. *Lateinamerika, Gedichte und Erzählungen, Vorwort von José Miguel Oviedo*, Frankfurt am Main: Suhrkamp, 1982. Véase poemas de Sologuren en la antología *Baciu* Stefan/ Kurt Marti: *Der du bist im Exil*. Gedichte zwischen Revolution und Christentum aus 16. Lateinamerikanischen Ländern. Hammer, Wuppertal-Barmen, 1969.

66 Ríos, Juan. Ein peruanischer Lyriker, berarbeitet von Heidrun Adler. Frankfurt, 1972.

67 Emilio Adolfo Westphalen: (Du kannst du liessest dich nieder); Efraín Huerta: (Immer mein); César Moro: (Reise in die Nacht).

68 Heraud, Javier: Yo soy el río que viaja dentro de los hombres (Ich bin der Flub, der in den Menschen reist), Übersetzung von Eduardo Orrego Acuña, Lima, Francisco Campodónico F. editor, 1994.

69 Véase *Oiga* del 10.6.1991, pp. 54-57 (Poesía peruana a inicios de los noventa).

70 *Die Horen, Zeitschrift für Literatur*, N° 176. Bremerhaven, 1994.

71 Torturada, von schlächtern und geschlechtern. Texte lateinamerikanischer Autorinnen zu politischer Gewalt und Folter, herausgegeben und übersetzt von Erna Pfeiser, Wien, Wiener Frauenverlag, 1993, 353 p. El texto de Violeta Barrientos es una poesía titulada "Elixir" y el de Carmen Ollé es prosa "Der Schrei".

72 Carta dirigida al autor de este trabajo por la editorial Verfuert de Wielandstrasse. Frankfurt am Main, 1993.

nia, hay instituciones como los Perú Burö (Oficinas del Perú) que también se preocupan por contar con últimas publicaciones de este género en bibliotecas[73].

Teatro y cine peruanos en Alemania

Los casos del género teatral y del cine peruano en Alemania deben ser mencionados someramente. Integrantes de los grupos Yuyachkani y Cuatrotablas, con influencias del teatro épico de Bertolt Brecht, han viajado a Alemania en los ochenta y noventa, hecho giras, participado en festivales como el Festival Horizonte del 82 y han difundido a través de la dramaturgia, de su concepto de teatro popular o experimental, dependiendo del caso, sus reflexiones y reivindicaciones sociales, su búsqueda de la esencia de lo peruano, recurriendo a menudo a Arguedas y Flores Galindo[74]. Max Meier y Claudia Löhmann, estudiosos alemanes de teatro, resaltan los valores de estos grupos que salen adelante sin subvenciones[75].

El cine peruano también se ha dado a conocer en Alemania en los ochenta y noventa. Gundula Meinzolt, cineasta alemana que organiza una de las salas del Festival de Cine de Berlín, reconoce valores como Francisco Lombardi, quien ha difundido sus películas _La boca del lobo_ y _La ciudad y los perros_; así mismo, el grupo _Chaski_, con producciones como _Gregorio_, transmitidas por la televisión alemana[76]. _La ciudad y los perros_, debido a su base literaria, tuvo acogida en centros de estudio donde se analizó la relación entre literatura e imagen[77]. Cabe destacar además el seminario organizado por Amparo Völk en Heidelberg en el invierno europeo del 94, donde se difundió la labor de mujeres cineastas como Nora de Izcue que toma temas literarios para sus películas, Marcela Robles y María Barea, ésta última bastante vinculada a los Festivales del Cine de Berlín[78].

Conclusiones

Temáticamente, observamos en los distintos géneros literarios que se difunden que el público alemán manifiesta un interés variado; por un lado, por el Perú indígena o andino con sus mitos, sus atrasos y desafíos; por otro lado, por el Perú urbano, mestizo, en lucha por ser moderno, en búsqueda de identidad, así como por temas que atañen al papel de las mujeres, la libertad en el Perú, la justicia e igualdad, la violencia, el terrorismo, la pobreza, la función del Estado, entre otros.

Un país como Alemania, que ha dado origen a Gutenberg, que posee un alto número de títulos publicados anualmente (65.000) y muchas editoriales de importancia (Fischer, Suhrkamp, Cotta, Insel, entre otras), que produce cerca de 10.000 traducciones anuales –750 de las cuales vienen de América Latina, y esto en una época de _boom–;_ un país donde la Asociación de Bolsas del co-

73 BDKJ-Perú Büro de Heidelberg, Bahnhofstrasse. 53, 6900 Heidelberg, telefon. 06221-23417.

74 Pueden consultarse las siguientes fuentes: "Yuyachkani, el teatro de la memoria". _Caretas,_ 2.5.96, pp. 53-54;"Yuyachkani: Contra el viento". Lima, Grupo Cultural Yuyachkani, 1990; "Los 25 años de Cuatrotablas". _El Comercio_, 24.8.96, p. C12.

75 Meier, Max/ Claudia Löhmann: Contra el viento, Gergen den Wind, Theater in Perú, en Perú Express Reisehandbuch, Lieselotte Kammler editora, rautenberg, München, Mundo Verlag, 1992, pp. 188-192.

76 Meinzolt Gundula: eine Arbeit für Titanen-Filmen in Perú, en Perú, op. cit. Pp. 184-187.

77 Seminario de Cine Español e Hispanoamericano organizado por el Dr. Mecke en el otoño-invierno europeo de 1991 en la Universidad de Heidelberg.

78 A raíz de este seminario, tuve la oportunidad de entrevistar a María Barea el 15 de marzo de 1994 y a Nora de Izcue el 17 de marzo de 1994. Nora de Izcue explicó que para una de sus producciones usó un texto poético del escritor loretano Roger Rumrrill.

mercio alemán de librerías organiza cada año la mayor Feria Mundial del Libro en Frankfurt, entendida como un lugar de intercambio a alto nivel, con una tradición que viene desde 1500, podría ser conquistado por los interesados peruanos aún más[79].

¿Cuándo será el día, por ejemplo, que en Frankfurt pueda el Perú ser tema focal de la Feria del Libro o tener simplemente un *stand* fijo?

Obviamente, faltan los recursos, pero existe un deseo de tener presencia allí, como lo demostrara el ya fallecido dueño de "El Virrey", librería limeña de propiedad del señor Sanseviero. Gerhard Kurze, organizador de la Feria del Libro, señala que ellos ofrecen ayuda a países pequeños "con menos posibilidades de hacerse notar"[80].

¿No podría lograr una participación central allí, ya que nuestra literatura –y de eso se trata– tiene suficientes méritos para estar presente? Necesitamos avanzar aún bastante en esa dirección, organizar un sistema catalogado de nuestros libros (ISBN), trabajar con la Cámara del Libro. La Feria del Libro de Frankfurt tiene la ventaja de que más allá de la promoción literaria del país respectivo a través de un pabellón central, ofrece, gracias a la confluencia de editores y autores, la posibilidad de organizar conversatorios en todo el país. Es necesario, eso sí, un mayor intercambio, que más literatura alemana sea conocida en el Perú y se establezca un puente más sólido. Sirvan estas ideas como reflexiones para intentar darle o soñar con darle a nuestra literatura un espacio tal como el que ocupan México y Brasil en la escena alemana.

---

79 Véanse las revistas *Deutchland*, Nº 61, febrero de 1994, p. 3; *Deutschland* Nº 3, diciembre de 1993, p. 31; *Deutschland* Nº 5, octubre de 1994, pp. 34-35.

80 Ibídem, p. 34.

Bibliografía

Alegría, Ciro
1978   *Die hungrigen Hunde.* Roman. Übersetzung von Wolfgang Luchting.
                Frankfurt: Suhrkamp.

Arguedas, José María
1987   *Die tiefen Flüse: Übersetzung von Suzanne Heintz.* München DTV, 1966.

Böhringer, Wilfried
1994   "Der verstellte Blick". *Die Horen.* Zeitschrift für Literatur. Bremerhaven.

Bryce, Alfredo
1985   *El hombre que hablaba de Octavia de Cádiz.* Barcelona: Plaza & Janés.

Búcher in Spanisch, Verlag Klaus Dieter Verfuert (catálogo).

Caretas, 18.1.96. Véase homenaje a Vargas Llosa.

Caretas Nº 1408, 3.4.96.

Caretas Nº 1412, 2.5.96, artículo: "Yuyachkani: El teatro de la memoria".

Cisneros, Antonio
1992   *Las inmensas preguntas celestes.* Lima: Jaime Campodónico Editor.

Deutschland, revista de política, cultura, economía y ciencias, Nº 3. Frankfurt am Main:
                Frankfurter Societäts-Druckerei, diciembre de 1993. "Magazín América
                Latina".

                –Nº 2. Frankfurt am Main, febrero de 1994.

                –Nº 5. Frankfurt am Main, octubre de 1994. "Magazín América Latina".

                –Nº 3. Frankfurt am Main, junio de 1995. "Magazín América Latina".

                –Nº 4. Frankfurt am Main, junio de 1996. "Magazín América Latina".

Die Horen
1994   Zeitschrift für Literatur, Kunst und Kritik. Der Corregidor reiter auf einen
                Pferd aus Blech. Neu Prosa und Lyrik aus Peru, zusammengestellt von
                Wilfried Böhringer und Kurt Scharf, mit Photos von Martín Chambi, Nº
                176. Bremerhaven.

Eine Blume auf dem Platz des schönen Todes. Erzählungen aus dem peruanischen Alltag.
                Herausgegeben von Luis Fayad und Kurt Scharf im Auftrag des Hauses der
                Kulturen der Welt, Berlín, Edition diá, 1994.

Heraud, Javier
1994   *Yo soy el río que viaja dentro de los hombres (Ich bin der Flub, der in den*
                Menschen reist). Übersetzung von Eduardo Orrego Acuña. Lima: Francisco
                Campodónico Editor.

Hernández, Luis
1978   *Obra poética completa.* Lima: Punto y Trama.

La Hora de España España 1991-Frankfurt. Frankfurt am Main: Ausstellungs-und Messe Gmbh des Börsenvereins des Deutschen Buchhandels.

La República, 24.4.1997. Cultural.

Lateinamerika, Gedichte und Erzählungen, Vorwirt von José Miguel Oviedo: Frankfurt: Suhrkamp, 1981 y 1982 (reedición).

Lateinamerika Katalog. Frankfurt am Main: Suhrkamp, 1990.

Lienhard, Martin
1990   *Cultura andina y forma novelesca. Zorros y danzantes en la última novela de Arguedas.* Lima: Editorial Horizonte.

Llataq, Takiy. Frankfurt am Main: Verfuert, 1993.

Losada, Alejandro
1976   *Creación y praxis. La producción literaria como praxis social en Hispanoamérica y el Perú.* Lima: Universidad Nacional Mayor de San Marcos (Alfredo Bryce: *La creación como entretenimiento y el subjetivismo incoherente*).

"Los 25 años de Cuatrotablas". *El Comercio,* 24.8.1996.

Luchting, Wolfgang
1971   *Julio Ramón Ribeyro y sus dobles.* Lima: Instituto Nacional de Cultura.

Estudiando a Julio Ramón Ribeyro. Frankfurt: Verfuert, 1988.

Meier, Max-Claudia Löhmann
1992   "Contra el viento/ Gegen den Wind. Theater in Perú", en Lieselotte Kammler, editora: *Perú Express Reisehanbuch.* Rautenberg/München.

Meinzolt, Gundula

1992   Eine Arbeit für Titanen-Filmen in Perú, en Perú. Express Reisehandbuch. Lieselotte Kammler, editora; Rautenberg/ München.

Mit Jimmy in Paracas und andere peruanische Erzählungen. Ausgewählt und übersetzt von Wolfgang. A. Luchting. Tübingen: Erdmann, 1968.

Oiga, 10.6.1991. Poesía peruana a inicios de los noventa.

Perú. Express Reisehandbuch. Lieselotte Kammler, editora. Rautenberg/München, 1992.

Rall, Dietrich
1993   "La literatura como expresión de las relaciones culturales entre México y Alemania", en Miguel Giusti y Horst Nitschack, editores: *Encuentros y desencuentros. Estudios sobre la recepción de la cultura alemana en América Latina.* Lima: Fondo Editorial PUC.

Ribeyro, Julio Ramón
1992   *La tentación del fracaso,* Vol. 1 (1950-1960), Lima: Jaime Campodónico Editor.

Ruiz Rosas, Teresa
1996   *Der Kopist, Zürich Ammann Verlag.* Traducción de Alicia Padrós.

Scorza, Manuel

1987   *Der Schlaflose Reiter. Überserzung von Wilhelm Plackmeyer.* München: Piper.

Scharf, Kurt
1994   "Jenseits des Leuchteden Pfades, Perú ist mehr". *Die Horen.* Zeitschrift für Literatur. Bremerhaven.

Sí   Nº 445, 25.9/1.10.1995, artículo de César Lévano: "El arte de la traducción".

Sologuren, Javier
1988   *Gravitaciones y tangencias.* Lima: Colmillo Blanco.

Spiegel Nº 15, 8.4.96 "Die Massen wollen Blut" Der peruanische Schriftsteller Mario Vargas Llosa über Terrorismus, die Liebe und seinen neuen Roman.

Suhrkamp. Taschenbuch Journal. Herbst 1994. Frankfurt: Suhrkamp, 1994.

Torturada, von schlächtern und geschlechtern. Texte lateinamerikanischer Autorinnen zu polotischer Gewalt und Folter, herausgegeben und übersetzt von Erna Pfeiser, Wien, Wiener Frauenverlang, 1993.

Vallejo, César
1983   *Obra poética completa.* Lima: Mosca Azul Editores.

Vargas Llosa, Mario
1990   *Eine Monographie von Thomas Scheerer.* Frankfurt: Suhrkamp.

Yuyachkani: Contra el viento. Lima: Grupo Cultural Yuyachkani, 1990.

Hacia el XXI: Las nuevas lecturas del Perú

Julio Ortega
University of Brown, Estados Unidos

Identidades

La agenda del nuevo siglo peruano, en el contexto de América Latina, empieza con preguntas por nosotros mismos en el espacio fluido de las representaciones puestas en duda y con la zozobra de las respuestas del relevo.

En el Perú, cuando los modelos disciplinarios de leer y procesar la vida social y las elaboraciones culturales están sufriendo una crisis, declarada o implícita, de legitimidad y pertinencia, el nuevo siglo demanda, por lo pronto, el esfuerzo de imaginar formas alternas de lectura, calas múltiples de asedio y atención al horizonte de virtualidad, a las imágenes en que los nuevos peruanos proyectan su propio reconocimiento. No se puede conocer a un pueblo, advirtió Lévi-Strauss, sin saber su horizonte de expectativas.

Para hablar del Perú que hoy mismo empieza a ser el de mañana no parecen suficientes la futurología catastrofista (un cálculo de probabilidades) ni el milenarismo redencionista (un acto y auto de fe). Más bien, se requiere de una lectura múltiple, transdisciplinaria, que ensaye reconocer escenarios ya adelantados por los signos de cambio y las líneas de fuerza de innovación. Por lo mismo, esta lectura debería ser transfronteriza (incluye varias migraciones del sentido), transdiscursiva (observa diversas prácticas de la vida social) y plurigenérica (sigue la hibridez de las expresiones culturales).

Se trata de un sujeto heterogéneo, de un pensar desde los bordes, y de un período de desencanto crítico. O sea, de un nombrar la incertidumbre. No solamente para cartografiarla sino para compartirla, avanzando en el acuerdo y el desacuerdo sobre la diferencia mutua, la identidad posible y las reafirmaciones de apertura. Este ejercicio hipotético es, de por sí, difícil de acordar en una cultura como la nuestra, hecha por las autoridades disciplinarias y la buena conciencia de las opciones políticas.

Pero para empezar con algunos anudamientos, esta exploración, en lo incierto, se puede partir de la siguiente agenda de investigación:

a. El sujeto de la identidad en el debate posmoderno.

b. Los nuevos escenarios donde la identidad puede ser comprobada.

c. Las políticas de identidad postuladas por los movimientos en la sociedad civil y en el discurso cultural.

d. Los modelos para leer las identidades de la diferencia.

e. Lo nuevo construyéndose ahora mismo desde estas prácticas dialógicas.

Volvamos, pues, sobre el debate de la identidad, para avanzar en sus nuevos escenarios. Se trata ya no de la identidad como mera identificación de lo homogéneo, sino como reidentificación en lo heterogéneo. Allí donde se forjan los procesos del autorreconocimiento mutuo.

En primer lugar, la identidad carece de una disciplina. Es una transdisciplina: el umbral de una casa en construcción. Esta casa, sin embargo, no es una morada. Sólo es un albergue de ida y vuelta, ya que la casa está en un cruce de caminos. Por eso, es un espacio cambiante. Casi no es un lugar sino una transición de lugares. Y, no obstante, está levantada sobre la tierra de la memoria, con materiales que ya no tienen historia; y que declaran esta evidencia de la mezcla, del precipitado que los funde y los pule.

La identidad no es un nombre que designa a un objeto tangible y siempre verificable. Es una metáfora, que abre el espacio de un discurso, y pertenece más a un relato que a una ciencia, o a una disciplina.

En la filosofía se nos dice que la identidad es una operación lógica, de la gramática causal: la cosa, para ser ella misma, requiere no ser otra cosa. En cambio, en las afueras de la filosofía, en el discurso menos institucionalizado, la cosa debe, para ser, ser siempre otra cosa: un nombre.

El nombre sustituye a su objeto, lo sabemos, en la casa del habla, que no es tampoco la del esencialismo heideggeriano, sino la del estar. No porque nombrar sea obliterar a la cosa, como creía Lacan (el nombre mata a su objeto), sino porque el nombre abre en el discurso un lugar (*aporía*) a la cosa, donde no es pero está.

La identidad no es una competencia del ser (que acalla a las cosas) sino del estar (que canjea nombres y cosas en un aquí y un ahora).

Así, la identidad de la psicología (la personalización), la del psicoanálisis (desidentificación por vía de la carencia) y de la ideología (pérdida de la subjetividad en la alienación) suponen lugares desde donde se enuncia y se archiva una lectura u otra de la identidad; esto es, códigos para leer la identidad articulada al sujeto, al deseo, al lenguaje que la distingue o la extravía.

Por eso, cuando Derrida dice que la declaración "Yo soy" significa "yo soy mortal" (*Speech and Phenomena*), en verdad regresa del archivo del yo comprobando que el cuerpo que enuncia lo hace provisoriamente: ese cuerpo coincide con la palabra yo en el tiempo, en la duración de la voz que dice y articula. Lo cual descubre la declaración "Yo soy inmortal" (una paradoja en varios relatos de Borges, por ejemplo), que es imposible, o redundante, como un parpadeo (yo) en el habla.

Pero "yo soy mortal" es también redundante (tanto como yo soy yo), ya que entre el cuerpo temporal y el cuerpo del lenguaje, el yo sería el espejo del Otro, del ojo que se mira mirado. Somos dos "yo", pero la palabra es una: la palabra es de cada quien. De modo que "yo soy" no se afinca en la mortalidad del sujeto sino en la alteridad de la subjetividad, allí donde el nombre del yo es otro yo.

La invención del otro, ha dicho Derrida, es la invención de lo imposible: si fuese posible sería sólo un cálculo de probabilidades. Por eso, la presencia del otro sólo es probable entre varias voces, entre otros: inventar al otro es imaginarse inventado. O sea, el yo es el lugar de una ligera concurrencia; el parpadeo, otra vez, de lo entre, entre-visto, lo intermedio, mediado y abierto por ese reconocer, en esa mutualidad.

Por lo mismo, podríamos leer la declaración indistinta "Yo soy" no como un palindroma (repetición) sino como un anagrama (reinscripción): Yo soy = hoy soy. Ser es estar aquí y hacerlo casi todo de nuevo, ahora.

Escenarios

En el escenario de este fin de siglo, y no sin motivos aparentes dada la desmoralización política luego de que la esfera pública fue ocupada por el monólogo tecnocrático y economicista, se ha renovado el viejo discurso latinoamericano de la autodenegación. En Caracas como en México (y a duros golpes inclusive en Buenos Aires) circula otra vez el lamento de la recusación palmaria, la noción (ideoafectiva, opinadora y a veces caprichosa) de que América Latina sucumbe ante la violencia, la anomia, la desesperanza.

Vivimos, se concluye, una carencia de autenticidad: no somos nosotros mismos y queremos ser siempre otros. Esta idea, que subyace a la tesis de la dependencia característica de los años sesenta, y resurge con las hipótesis del neocolonialismo, supone que si no somos auténticos es porque carecemos de un origen genuino: venimos de una u otra impostura y vamos entre otras hacia una mayor. Esta complacencia autoderogativa forma parte de un relato periódico: el de una identidad latinoamericana traumática. El origen es aquí una escena agonista: ya la conquista española nos hizo nacer de la violencia. La vida colonial nos destina al simulacro, a la imitación; y las dilaciones criollas a una permanente hora tardía, a un tiempo de segunda mano. Octavio Paz articuló mejor que nadie esta visión traumática en su famoso tratado *El laberinto de la soledad*. Estas tesis sobre los hijos de la Malinche, sobre la ilegitimidad del origen, convierten a la identidad en una errancia de sentido y en un programa de redención.

Pero la redención que pasa por la culpa hace un camino demasiado costoso en la significación, y olvida que el sujeto de la identidad cuenta con el lenguaje para reconstruir su relato del recomienzo. Y si observamos las prácticas de intercambio en la escena original de todo tipo de entrecruzamientos, veremos que la reapropiación pone a trabajar a los signos de la otra cultura en la propia, con lo cual ésta crece, aun para explicarse y, si es preciso, humanizar la violencia.

Por eso, las nuevas voces no requieren del peregrinaje redentor, la caída y la expurgación, sino del diálogo, la crítica y la celebración.

Contra las especulaciones psicologizantes, el análisis de la identidad pasa hoy por la articulación entre las nuevas agencias sociales y los flujos de lo comunitario, muchas veces deteriorados por las políticas dominantes y la pobreza creciente. Frente a las tradicionales formaciones modernistas de la urbanización, el desarrollo y la identidad integrando la unidad de lo nacional, este fin de siglo se abren escenarios de contradicción a ese programa. Es lo que Arjun Appadurai ha llamado los flujos de desterritorialización, que estudia como paisajes construidos por las nuevas realidades ("Disjuncture and Difference" en *The Global Culture*, 2, 1990). Las "disyunciones dinámicas" las observa como globales y locales a la vez. Los flujos de exiliados, refugiados y migrantes configuran los *Ethnoscapes,* mientras que la circulación de información constituye los *Mediascapes;* la diáspora de las ideas, los *Ideoscapes;* el flujo tecnológico, los *Technoscapes;* y el movimiento del capital global, los *Finanscapes.* En ese universo de paisajes en movimiento, entre sus poderes y disrupciones, las nuevas identidades adoptan los efectos de la globalización y producen las diferencias de sus opciones de control, negociación, su propio *networking.*

Políticas

Partiendo de la reconsideración del sujeto político y la ciudadanía política, que Hannah Arendt planteó hace buen tiempo, Agnes Heller, en su libro *The Postmodern Political*

Condition (1991), lleva hacia una reflexión más *crítica* la condición posmoderna de Lyotard, considerando la perspectiva de los descontentos de la modernidad. Así, avanza en la dirección de que una crítica de los "grandes relatos" políticos implica la noción de la democracia como un proceso de incertidumbre, esto es, abierto por la agencia política de las nuevas identidades. Heller demuestra que la crítica posmoderna es más fuerte en el mundo subdesarrollado porque las agendas de la modernización incumplieron, más que en ninguna otra parte, el programa de la modernidad.

Acerca de la configuración de estas identidades políticas, por lo menos dos tesis parecen relevantes aquí. Primero, la que enfatiza el origen de la identidad en una carencia del sujeto (Ernesto Laclau, a partir de Lacan); segundo, la que propone entender al sujeto en su practicidad, como agente hecho en su agencia social (Anthony Giddens, a partir de la sociología). Pero desde la cultura política latinoamericana, estos énfasis en la definición sospecho que son excedidos por la diversidad de las filiaciones, el recomienzo de la participación, las opciones éticas en la comunidad y, en fin, las alianzas y sumas tácticas en la practicidad. Por eso, la ciudadanía cultural (con su repertorio simbólico y su reserva de saberes resistentes) sostiene la gestión política de un sujeto permanentemente puesto a prueba. Imaginar los puentes entre las aguas inquietas de la subjetividad (donde los medios de comunicación buscan grabar sus ofertas) y los nuevos márgenes de participación obliga, también, a repensar el lugar de los discursos y los objetos culturales, su mayor o menor función, utilidad y sentido.

Lecturas

Se trata, pues, de leer en los bordes, entre los discursos, dialógicamente. Pero también de revisar nuestros modelos de lectura analítica. En la crítica actual, dos de ellos parecen alternos: el modelo genealógico y el modelo procesal.

El modelo genealógico sería aquel que busca reconstruir los orígenes de un discurso o de un texto. Se basa en la noción de que un texto se remonta a sus fuentes y se realiza a lo largo de una familia de capas discursivas, de campos semánticos articulados como una historia causal. Seguramente por influencia del estructuralismo, y sobre todo a partir de la "arqueología del discurso" de Foucault, hemos dado en saturar al texto con su explicación de fuentes, al punto de convertirlo en la demostración prolija de lo que ya sabíamos. Esta recomposición de otro discurso bajo cualquier texto instaura una lectura sospechosa, esta asfixia del linaje, que convierte al lector en un policía semántico: alguien que confirma, en las señas de identidad, la tipología del sentido. Digo que ésta es una mecánica melancólica porque su simetría demanda llenar los vacíos, o sea, dar todas las respuestas. Y cuando eso ocurre, ya no hay preguntas; sólo autoridad, esto es, soledad.

El otro método es el procesal y propone leer hacia adelante para buscar los signos de lo nuevo. Se interesa más que en la explicación museológica del origen, por el trabajo de los signos, las operaciones distintivas de la escritura, los espacios de la textualidad, y el proyecto en construcción de una lectura hecha en el umbral de otra. Si el primer modelo de leer tiende a ser canónico y sancionador, este segundo es anticanónico y relativista. Barthes y Lyotard habían ya propuesto leer los textos como un proceso de la significación, no como su validación; y hacia adelante y hacia afuera, más allá del sentido común y del mercado. Seguir lo nuevo en su traza, en sus anudamientos y desanudamientos, en sus espacios tentativos, excede la tradición de la novedad, de la sobrevaloración del cambio, característico de las vanguardias tributarias de la originalidad; pero se aprovecha del radicalismo aperturista de la operatividad permutativa y combinatoria de la lectura discontinua no lineal y serial; tanto como de la deconstrucción propiciada por Borges, el primero en situar en el mismo plano textual las jerarquías del Museo.

Se puede leer la identidad en su historia como el archivo de los discursos que se generan a sí mismos en pos de un hablante y un interlocutor; pero, en el escenario actual, es preciso seguir sus flujos, sus hipótesis, sus desplazamientos en las prácticas y los lenguajes que actualiza.

En el caso peruano, un nuevo escenario parece apuntalarse desde las estrategias de intermediación social, que generan nuevas identidades políticas, en la sociedad civil. Las investigaciones de Maruja Barrig y Cecilia Blondet, entre otras, han demostrado la capacidad de movilización y organización de las mujeres pobres, en lo que constituye la consistente expresión de una cultura de resistencia; la que esta vez pasa por la creación de espacios alternos, flexibles, negociados, que son verdaderas agencias de intermediación. Lo primero que hay que reconocer es la humanidad recobrada por estas versiones de la carencia peruana, punto por punto respondida por las mujeres que nos acompañan, preceden y exceden. Esa práctica de vida cotidiana se corresponde con otras aperturas del espacio social confinado, debidas a organizaciones no gubernamentales, asociaciones de pobladores, agrupaciones de todo tipo, que no excluyen el flujo cambiante de la informalidad, el reciclaje y el intercambio. Estos gestos de socializar al Estado y democratizar al mercado son característicos de lo que Carlos Franco llamó "la modernidad popular," y tiene menos que ver con el "capitalismo popular" propuesto por algunos economistas y políticos que con la cultura de la sobrevivencia en los bordes de la crisis.

Si los centros de investigación social han venido adaptándose al cambio radical de modelos de leer, inclusive a la crisis del paradigma sesentista de una América Latina destinada a la reforma realizada de sus desbalances, paradigma tan ilustrado modernista, falta todavía elucidar hasta qué punto la universidad peruana ha podido o sabido responder al reto intelectual de este fin de siglo, y si ha logrado abrir sus espacios a la transdisciplinaridad. En casi todos nuestros países ha ocurrido lo contrario: una resistencia institucional, por ejemplo, a los estudios culturales y al análisis feminista; así como un retraimiento a viejos mitos proteccionistas frente a la avanzada neoliberal.

En la esfera de la cultura hemos vuelto a los escenarios nacionales, habiéndose roto las redes de articulación latinoamericana, privilegiadas por la ola modernizadora de los años sesenta, y el paradigma de una América Latina destinada a la modernidad emancipatoria, un sueño utopista de la razón ilustrada. Sin embargo, aun en estos difíciles circuitos, de menos lectores, mala distribución y peor difusión, los nuevos escritores y artistas responden por el fin de siglo desde su marginalidad pero también desde su libertad. Esta última promoción de escritores peruanos debe ser la más independiente que hayamos reconocido, aunque su compromiso con la necesidad de esclarecimiento de la época no sea menor al de cualquier otra promoción. Si los escritores de los años sesenta se caracterizaron por su aperturismo y por la renovación crítica de la lectura del país, los de los años setenta y ochenta, habiendo derivado entre las varias crisis, han pasado del desencanto político al encantamiento mitopoético, ya sea gracias a la etnología o al erotismo, al diálogo horizontal o al testimonio presentista. Si un narrador como Miguel Gutiérrez proyectó desde la perspectiva del balance crítico de los años sesenta una saga familiar, regional y generacional en su impecable y conmovedora trilogía _La violencia del tiempo;_ y si Alfredo Bryce Echenique se propuso en _No me esperen en abril_ un retrato de los años cincuenta como el origen de la modernización antidemocrática en el Perú, gestora de una sociedad inviable, narradores más recientes, como Fernando Ampuero, Alonso Cueto, Mario Bellatín, Iván Thays, Alejandro Sánchez Aizcorbe y Rocío Silva-Santisteban, entre otros, renuncian a las versiones epocales y a las interpretaciones globales para proponerse escenarios de desconsuelo y desamparo, de reverberación fugaz y plenitud agonista, de obsesión analítica, emotividad solidaria y escepticismo en la palabra. Lo nuevo, en estos escritores, es esa deliberada voluntad de recomenzar la fábula en un tiempo presente irredimible, sin historia que expurgar ni visión que probar: en la instancia en que la palabra se responsabiliza de la vida que nombra. Son la primera generación de escritores peruanos de la intemperie, que ejerce la trashumancia de la época, su temperatura emotiva y su gozo de hibridez fecunda. En ese sentido, la orilla del nuevo siglo lleva ya las huellas de estos gestos de zozobra y de reafirmación. En sus espléndidos cuentos de *Bicho raro* (1966), Fernando Ampuero comunica la incertidumbre como el espacio de la identidad puesta a prueba; en su novela *Salón de belleza* (1994), Mario Bellatín traza una conmovedora parábola de la peste finisecular, el sida, para renombrar –y recobrar– una humanidad marginal pero solidaria. En su exasperada novela *El gaznápiro* (1995), Sánchez Aizcorbe hace la biografía antiheroica del sujeto emotivo; y en sus relatos de *Me perturbas* (1994), Rocío Silva-Santisteban convierte al erotismo en un ritual de violencia y rigor alucinados que despoja a los cuerpos y al lenguaje. Esta documentación de zozobra y agonía, sin embargo, subraya la subjetividad complementaria de lo nuevo; esto es, la acosada demanda del deseo, la renovada apuesta de los recomienzos y el desnudamiento de la palabra en su centro más vulnerable: el cuerpo y los sentidos. Ese valor de la emotividad comunica la mejor dimensión de los personajes de estos libros, su subjetividad acosada por los espacios cartografiados; pero son también personajes que se buscan en los encuentros y desencuentros del uno en el otro, y que exploran aperturas de consuelo y gozo, de acuerdo y vehemencia gracias al lenguaje y al relato, a la comunicación donde se inscriben como habitantes de un discurso haciéndose, rehaciéndonos. Así, estos libros de ficción, con su mismo temblor de duda, con su vulnerabilidad, documentan la actual construcción de un Sujeto peruano de fin de siglo. Trabajan en los bordes de una sociedad sin discurso civil y en un tiempo degradado que requiere ser rehecho como materia elemental, desde la crudeza y el refinamiento de las emociones compartibles. Al final, o al comienzo, éstos y otros escritores del Perú reciente parecen ensayar nuevas lecturas, despojadas de los modelos inculcados, y libres de las explicaciones dadas; este desnudamiento del acto de leer abre, primero, una mirada de incertidumbre y de asombro; y, luego, un registro de la fuerza de lo vulnerable, del apasionado asimiento que el cuerpo reitera como su fugaz humanidad. Todo indica que en la nueva escritura peruana lo nuevo es un acto extremo de desidentificaciones: a diferencia de los escritores de las generaciones anteriores, que para procesar la violencia de lo real debían acudir a la memoria cultural, a la genealogía del malestar, a las ideologías de consolación, estos nuevos escritores tachan la memoria, afincan en el presente, y buscan construir un cuerpo simbólico no nacido de los archivos disciplinarios sino de los bordes no cruzados, de los espacios abiertos y abismados, de un habla inmediata que es la piel de la subjetividad. Están más solos, pero también más libres. Libres, además, del peso traumático de las explicaciones del país como mera derrota y fracaso, cuyo modelo de lectura, restringido por un fatalismo retórico, ha terminado ilustrando una suerte de neocostumbrismo exacerbado, complaciente en el irracionalismo de la violencia y la deshumanización. Así, los más nuevos escritores están liberados en el habla con que habitan la primera orilla del nuevo siglo.

En la narrativa latinoamericana de este fin de siglo, lo nuevo se configura, por lo menos, en estos gestos:

a. La escritura que se rehúsa a la memoria nacional (como ocurre especialmente entre algunos escritores argentinos, tales como César Aira y Cristina Siscar, cuyas obras no sólo exploran una cartografía desreferencial sino espacios marginales donde se dirime el lugar del yo fuera de la asfixia de una historia culpable, por otra parte, relativizada por el humor antiheroico de jóvenes escritores como Rodrigo Fresán en su _Historias argentinas_).

b. La escritura que ensaya la desocialización (como ocurre entre algunos escritores chilenos –Diamela Eltit y Guadalupe Santa Cruz entre ellos–, cuyos sujetos buscan reescribir los contratos sociales a través de la libido, el cuerpo, el replanteamiento de familia, la función de los márgenes y hacer así de la identidad otra comunidad de la lectura).

c. La escritura que reconstruye al sujeto del relato biográfico (como ocurre en la narrativa del puertorriqueño Edgardo Rodríguez Juliá, cuyo sujeto de la identidad zozobra entre los estragos de la época y la metáfora del fratricidio, pone en duda su propia entidad; y también en la argentina Matilde Sánchez, cuya revisión de las filiaciones pasa por la puesta a prueba de la comunicación y hace del habla la materia del sujeto).

d. La escritura de una hibridez sin centro (que explora espacios del deseo, de la mezcla, del relato cambiante que rehúsa someterse a la mímesis y cuya fábula prescinde de la lógica de identidad a nombre de las diferencias, como ocurre en los textos de los mexicanos Carmen Boullosa, Juan Villoro, Pablo Soler Frost, entre otros).

e. La escritura del recomienzo reiterado (como es patente en los nuevos narradores venezolanos Antonio López Ortega y Juan Calzadilla Arreaza, entre otros, que radicalizan el acto de la ficción al punto de reescribirlo todo de nuevo; como si la historia de la novela diera una sola lección: la de empezar cada vez).

f. La escritura de la incertidumbre, que los escritores peruanos mencionados y otros más recientes como Enrique Planas, ensayan para recobrar una palabra desmotivada, cierta y emotiva, inmediata y desnuda, capaz de dar cuenta de las pasiones rigurosas, de la comunicación vivificante, de la trama de vida y muerte que despoja al discurso y habla de nuevo.

Tratándose de las versiones peruanas del nuevo siglo, es preciso, pienso yo, pasar de los lugares comunes disciplinarios y políticos, por muy protectores que hayan sido, a la suerte de intemperie que nos aguarda en el espacio incierto de lo nuevo. Los narradores, pero también los poetas y los artistas, los cineastas y, por una vez, inclusive algunos ensayistas (entre ellos, primero que nadie, las investigadoras sociales), han pasado de las viejas propuestas de un mundo articulado como conflictivo pero legible, a las nuevas versiones de los varios mundos peruanos en diálogo tentativo, entre la ternura y la violencia del reconocimiento mutuo, entre la soledad del yo y la inestabilidad del tú, entre la improbable contabilidad de lo social y las paradojas de una política deprimida; en esa apuesta no por lo sabido sino por lo ignorado, por hacerse y compartirse. Arriesgar, aquí y ahora, una respuesta afirmativa por lo que viene, confirma, en un sentido biográfico tácito, la esperanza de co-hacerlo todo de nuevo, esa virtud peruana de los que nacen a la novedad de su propia promesa. Dicho eso, resta la pregunta por los que, en efecto, pueden comprometerse al desafío de pensar que lo nuevo se busca en nosotros, ensayando sus nombres para reconocernos.

Porque lo nuevo es, sobre todo, una hipótesis para darle sentido al turno y la transición.

La generación literaria del 30-36

Manuel Pantigoso
Universidad Ricardo Palma, Perú

La herencia de la generación 30-36

Por los conceptos de herencia o derivación, así como por el fenómeno de continuidad esencial en el tiempo, la generación del 30-36 no podría ser explicada debidamente sin sus antecedentes: las generaciones del "19" y del "900". Es pertinente recordar, al respecto, lo que decía Julián Marías sobre la coexistencia y enlace de varias generaciones en un solo momento, con sus lazos visibles o encubiertos. Si tomamos, por ejemplo, las ideas de Perú y del mundo andino para caracterizar en un momento dado el pensamiento generacional específico, veremos que sus vinculaciones o semejanzas con otras promociones nos impiden hablar de separaciones radicales o de rupturas irreconciliables porque, en verdad, lo que existe es un solo proceso marcado por la relación antecedente–consecuente. Al observar el caso específico de los hombres del 900, llamados también "arielistas" o "futuristas", advertiremos que según la perspectiva inducida por la cercanía a las ideas occidentales e hispánicas, ellos tuvieron su forma de reflexionar sobre el pasado, presente y futuro del país. A propósito, el sociólogo Osmar Gonzales ha recordado que José de la Riva-Agüero pensó al Perú desde la perspectiva de la literatura y de la historia; Víctor Andrés Belaunde desde la delimitación histórica y geográfica; José Gálvez y Ventura García Calderón desde la crítica literaria; Francisco García Calderón desde una visión totalizadora. Estos distintos enfoques peruanistas no excluyeron el problema indígena: los arielistas –ha dicho acertadamente Gonzales– fueron los primeros en reflexionar sobre él; también fueron los precursores, por la vía de José Gálvez, de ese pensar sobre la eventualidad de un peruanismo literario, tal como aparece en *Posibilidad de una genuina literatura nacional* (1915)[1].

---

1   *Sanchos fracasados. Los arielistas y el pensamiento político peruano.* Lima: Ediciones Preal, 1996.

En concordancia con lo expresado, la orientación humanista del 900 fue heredada por la generación del 19[2], desarrollando ésta una honda perspectiva del Perú con fuerte incidencia andina. Esta profundización de la visión peruanista sería insertada en una ideología continental e internacional a través, fundamentalmente, de Víctor Raúl Haya de la Torre y José Carlos Mariátegui. La generación del 30-36, siendo en gran medida extensión de la del 19, asumiría esas preocupaciones mediante un nuevo esquema acentuadamente reflexivo y crítico, acorde con los graves acontecimientos nacionales y mundiales que le tocó vivir.

La generación 30-36 o "generación de la crisis"

Una nueva conciencia para ver y sentir el Perú aparece en los escritores, artistas e intelectuales vigentes en esos aciagos años que van de 1930 a 1936, debido a una serie de acontecimientos que cambiaron profundamente la vida del país. A diferencia de la generación del 19, marcada por algunos acontecimientos como el golpe de Estado de Augusto B. Leguía que lo llevó al poder durante once años, o por la reforma de la Universidad de San Marcos y la formación del Conversatorio Universitario, la generación del 30-36 estuvo atravesada por muchos y sucesivos acontecimientos que se extendieron hasta el final de la década. Veamos los más significativos: el 22 de agosto de 1930 el teniente coronel Luis Sánchez Cerro inició una revolución en Arequipa para deponer al presidente Leguía. Con la renuncia de éste, el 29 de agosto, cae la llamada "dictadura del oncenio" y se organiza una junta de gobierno. Se iniciará, entonces, una larga etapa de serias convulsiones sociales y políticas porque al convocar Sánchez Cerro a elecciones generales se le solicitará ser candidato y, así, apartado de la junta desde marzo de 1931, reasumirá el poder en diciembre de ese año al haber sido elegido presidente constitucional por el voto popular. Pero un nuevo partido —el Apra— y su candidato perdedor Víctor Raúl Haya de la Torre no aceptarán el triunfo de Sánchez Cerro e ingresarán en una intransigente oposición en el Congreso y en las calles, hasta que el 9 de enero de 1932 se ha de promulgar una "Ley de Emergencia" que a la larga, el 18 de febrero, desaforará y desterrará a veintitrés parlamentarios. Todos estos hechos provocarán el atentado contra la vida del presidente, el 6 de marzo, que lo pone al borde de la muerte. Luego estallaría un motín en la armada, el 8 de mayo de ese mismo año. Con este y otros pretextos, la Universidad Nacional Mayor de San Marcos será recesada[3]. Y acentuando el malestar generalizado, el 7 de julio oficiales del Ejército serán masacrados en el cuartel de Trujillo con motivo de la revolución aprista que se extendió a Huaraz, Cajamarca y Huancavelica. Sobrevendrá a continuación, el 1 de setiembre, una operación de rescate del puerto de Leticia que había sido del Perú desde su fundación, en 1864, y luego entregado a Colombia a raíz del tratado Salomón-Lozano firmado durante el gobierno de Leguía. El conflicto acabaría a favor del país del norte inmediatamente después del asesinato de Sánchez Cerro, acaecido el 30 de mayo de 1933 cuando salía del hipódromo, luego de asistir a una parada militar. En tal circunstancia, el Congreso de la República eligió como presidente constitucional del Perú al general Óscar R. Benavides, quien había sido el negociador de la paz con Colombia. El nuevo gobernante buscaría acabar con la virtual guerra civil que vivía el

---

2 Llamada así porque ese año se formó el Conversatorio Universitario. Otros autores prefieren el nombre de "Generación del 21", en alusión al centenario de la independencia del Perú.

3 El receso de San Marcos, que se prolongó hasta 1935, ha permitido que algunos historiadores —Pablo Macera, por ejemplo— le den el nombre de "clausurada" a la generación del 30-36.

país desde que Sánchez Cerro asumiera el poder; sin embargo, las acciones beligerantes del partido aprista continuaron y en ese ambiente fueron asesinados, a manos de un fanático, el director del diario *El Comercio,* Antonio Miró Quesada, y su esposa. La política de "paz y concordia" instaurada por Benavides no logró el éxito esperado precisamente por los hechos descritos. Su cancelación, en noviembre de 1934, permitió: (i) la proscripción del partido aprista; (ii) la anulación de las elecciones de 1936, cuyos cómputos anunciaban la victoria del candidato Luis Antonio Eguiguren apoyado por el Apra; y, (iii) la prórroga por tres años del mandato de Benavides.

Los nefastos acontecimientos internos que hemos sintetizado acentuaron sus consecuencias debido a una serie de sucesos externos: la honda crisis económica de los Estados Unidos, iniciada el año 29 pero con repercusiones hasta el año 35, por lo menos, en contra sobre todo de las clases populares; el ya referido conflicto armado con Colombia (de setiembre del 32 a mayo del 33); la guerra civil española, que se inicia justamente en 1936 y se prolonga hasta 1939, año en el que ha de estallar la II Guerra Mundial. El marco universal de la generación 30-36 es, pues, la década 1929-1939, entre la recesión económica estadounidense y el comienzo de la segunda gran guerra. El final de esa conflagración –1945– significará el inicio de la siguiente generación.

Desde el punto de vista literario, la generación del 30-36 –prolongación, como hemos dicho, de la promoción del 19– está señalada por la muerte de José Carlos Mariátegui (16 de abril de 1930), por la de César Vallejo (15 de abril de 1938) e inclusive por la de José María Eguren (20 de abril de 1942)[4]. En el

caso de Mariátegui, su desaparición contribuirá para destacar una etapa comprendida entre 1915 y 1930, de intenso desarrollo nacionalista a través de los grupos "Norte" en Trujillo, "Colónida" y luego "Amauta" en Lima; "Aquelarre" en Arequipa, "La Tea" y posteriormente "Orkopata" en Puno. Coincidentemente, las revistas *Amauta* y *Boletín Titikaka,* dirigidas por Mariátegui y Churata en Lima y Puno respectivamente, se inician en 1926 y culminan en 1930. La crisis social y política extendió sus sombras a esas revistas y a muchas más, como veremos luego.

A ese incremento de la conciencia nacional se ha de sumar un espíritu universal, que es el legado de la vanguardia europea. En estas dos direcciones del 19 recordemos los estandartes ideológicos y estéticos de Mariátegui y de Vallejo: "Peruanicemos el Perú" y "Perú al pie del orbe", que serán recibidos y desplegados por los jóvenes integrantes de la generación 30-36. Una anécdota reveladora expresa muy bien esa impronta: en 1938 una delegación de escritores del "Grupo Palabra", compuesta por Augusto Tamayo Vargas, Alberto Tauro del Pino, Carlos Cueto Fernandini y José Mejía Baca, viaja a Europa y llega a París quince días después de la muerte de César Vallejo. Consternados pero sabiendo que la frustración es también un acicate, pasan luego a Italia y Alemania y se llenan los ojos de arte y de cultura universal. Al regresar al Perú declaran que si bien la mirada debe estar preferentemente en América, no es posible dejar de interesarse en captar los panoramas que brinda Europa, agregando que si con hondo contenido nacional se realiza una labor de introspección, no por ello se debe

---

4   La influencia de Mariátegui, sobre todo a través de la revista *Amauta,* es evidente. Con relación a Vallejo, hay que recordar que Luis Felipe Alarco fue uno de los primeros –si no el primero– en estudiarlo con seriedad en un trabajo leído en una radio de Arequipa en 1935,

titulado "Semblanza de César Vallejo"; por su parte, Estuardo Núñez es el primero en calificarlo como representante del expresionismo peruano (1938). Respecto a Eguren, su presencia es fundamental en toda la generación. Estuardo Núñez es el que inicia su estudio con rigor crítico, a través de la Estilística.

desaprovechar la experiencia mundial ya que ella permite la comparación y la selección.

El acentuado vuelo universal sustentado en los pilares nacionales será, entonces, un rasgo característico de la generación 30-36. Esto se ha de mostrar a la hora de poner en práctica el aparato reflexivo y crítico, tan desarrollado en esta etapa de urgencias y desconciertos en la cual se exigirá un conocimiento directo y científico de la sociedad. A este respecto dice Augusto Tamayo Vargas:

"Hasta se da el caso de que poetas, como Carlos Cueto Fernandini, abandonen la poesía afirmando que no es la hora propicia para ella; o que Luis Fabio Xammar anuncie en cada edición de sus poemas que será el último intento poético pues cree que el momento ejercía un llamado al estudio social y a la investigación directa de la sociedad."[5]

Y respecto a la crítica aplicada a la literatura –que podríamos ampliar para abordar el humanismo social que la época propugna–, Estuardo Núñez, precursor del rigor académico de su generación, dirá en un artículo publicado en 1931:

"Estamos ante el modo crítico de encarar los problemas, no ante la tendencia de criticar. Estamos, pues, ante el criticismo orientador y valorativo y no ante la mera censura crítica ni ante el simple análisis deductivo y disectriz. Estamos ante el criticismo como categoría y no el criticismo como anécdota."[6]

_____

5   *Literatura peruana*, t. III, p. 839. Lima: Peisa, 1992.

6   "Criticismo y Reforma", en revista *Universidad* Nº 3. Lima, 24 de noviembre de 1931. Nota: Al referirse a la categoría el autor está aludiendo a las nociones abstractas y generales de la lógica aristotélica: substancia, calidad, cantidad, relación, acción, pasión, lugar, tiempo, situación y hábito. En la crítica de Kant, la categoría se refiere a cada una de las formas del entendimiento: cantidad, cualidad, relación y modalidad.

Las revistas: Desde la vanguardia hasta fines de la generación 30-36

El enlace innegable entre las generaciones del 19 y del 30-36 se puede demostrar a través del contenido de las revistas que aparecieron durante aquellos años. Hagamos un somero repaso de ellas. Entre 1924 y 1930 surgen en el ambiente de la cultura peruana un conjunto de publicaciones impulsadas por la inquietud y el auge vanguardistas. Podemos citar en primer lugar a *Flechas*, de Federico Bolaños y Magda Portal, revista quincenal de letras editada en Lima como "órgano de las modernas orientaciones literarias y de los nuevos valores intelectuales del Perú". Su primer número salió el 23 de octubre de 1924, y el último, el 4-6, el 10 de diciembre. Sus ediciones corren paralelas con el año en que se publica *El perfil de frente*, de Juan Luis Velázquez. En las páginas de *Flechas* se divulgó la creación literaria del continente, especialmente de los jóvenes escritores quienes vieron allí publicadas, con generosidad, sus nuevas inquietudes. Luego aparecería *Hoguera* (31 de enero, 14 y 21 de febrero y 21 de marzo de 1926) dirigida por José Santos Chocano, casi íntegramente dedicada a justificar el asesinato de Élmore y a denostar a Vasconcelos; fuera de ese episodio, se destacan allí los artículos de Juan Luis Velázquez ("La vanguardia en marcha") y de Adán Felipe Mejía ("Ante la realidad nacional").

Signada por la impronta vanguardista insurge también *Poliedro*, de Armando Bazán, con sus ocho números que van desde agosto hasta diciembre de 1926. Mordaz e incisiva en sus juicios críticos, *Poliedro* hizo honor a su nombre pues en ella aparecieron las firmas de escritores de distintas tendencias y edades, como Mariátegui, Orrego, Valcárcel, Wiesse (en prosa poética); y Abril, Blanca Luz Brum, Eguren, Hidalgo, Nicanor de la Fuente, Lora, Méndez Dorich, Oquendo de Amat, Parra del Riego, los hermanos Peña, Peralta, Portal, Rodríguez, Vallejo, Anaximandro Vega, etc. (en poesía). Otra revista digna de recordar fue la que salía curiosamente con distintos nombres pero con un solo espíritu (impulso, dirección, altura, viaje): *Trampolín, Hangar, Rascacielos, Timonel,* números éstos dirigidos, entre 1926 y 1927, por Serafín del Mar y Magda Portal.

Jarana, Cuaderno de arte actual, tuvo un solo número aparecido el 31 de octubre de 1927. El acento –que proviene del propio título– está teñido de humor y de nacionalismo así como de un espíritu amplio y democrático manifestado, inclusive, a través del anonimato en la conducción de la revista, aunque se sabe que el responsable era Adalberto Varallanos acompañado por sus colaboradores Jorge Basadre, Eloy Espinoza y Francisco Xandóval, entre otros.

1927 es señalado como el año de mutación importante en el desarrollo de la vanguardia literaria en el Perú. Estuardo Núñez lo indica como el "Año en que la estridencia alcanza a ser expresión máxima"[7]. Dicha violencia aparece, efectivamente, en las revistas de vida efímera que hemos citado. A ellas debemos agregar *Hurra,* de Oquendo de Amat; *Guerrilla,* quincenario de arte y literatura de vanguardia, de Blanca Luz Brum[8], con la colaboración de César Miró; y *Kuntur* (Sicuani), órgano del estudiantado cuzqueño que en cierta forma es contestatario de *Kosko* aparecido alrededor de 1925. En un comentario firmado por Ántero Peralta y reproducido en *Amauta,* en marzo de 1928, se define a *Kuntur* como "beligerante tentativa cuzqueña"; y luego, expresando muy bien la autoafirmación provinciana contra la autosuficiencia capitalina –tan erizada por aquellos años– se

dice: "En su afán de descentralización, mejor, de antilimeñismo, oponen al todo Lima el todo Cuzco."

Otras revistas importantes de aquella época fueron, en Arequipa, *La Aldea* y *Faro,* dirigidas por Manuel Gallegos Sanz, así como la muy reconocida *Escocia* (1928-29 y 1937-39) que, bajo el impulso de Francisco Mostajo, reunió a los escritores de vanguardia de la Ciudad Blanca. También de 1928 es *Proteo,* en Chiclayo, que dirigió Alfonso Becerra Hoyos hasta que cambió su nombre por el de *Bocina,* momento en el cual la pequeña revista pasó a ser conducida por Nicanor de la Fuente (Nixa).

En general –insiste Estuardo Núñez–, domina en todo el conjunto de esas revistas una creación literaria marcada por una singular arbitrariedad tipográfica y por una estética fuera de razón y regla, características, todas ellas, de la vanguardia de esos años:

> "No se hicieron antes mayores alardes de inventiva e ingeniosidad artísticas que los vistos por ese tiempo en la diversidad de audaces y caprichosas publicaciones literarias."[9]

Otras publicaciones de ese tipo, más próximas al inicio de la crisis política y social, son *Abecedario, Horario, Presente* y *Universidad. Abecedario* fue editada en Lima en 1929 y se mantuvo sólo algunos meses, hasta 1930 según parece. Con el subtítulo de "Hojas de letras, arte y crítica", acusa una indiscutible influencia de *Amauta.* Sus primeros editores fueron Justo P. Velarde, Arturo Burga y Aquiles Chacón. Por su parte, *Horario* –dirigida por Roberto Névez Valdez, Alejandro Manco Campos y Manuel Félix Maúrtua– apareció en la capital, en 1930, como revista de ciencias sociales, literatura, arte y crítica. En el que, entendemos, es el único número, hay colaboraciones de Jorge E. Núñez Valdivia, Antenor Orrego, Juan Francisco Castillo,

---

7   *Panorama actual de la poesía peruana.* Lima, 1938. (Segunda edición: Colección Homenaje al Centenario de César Vallejo. Trujillo, 1939, p. 31.)

8   Algunas carátulas de *Guerrilla* llevan grabados de Manuel Domingo Pantigoso, amigo de Blanca Luz Brum y de Juan Parra del Riego desde 1924, en Montevideo, donde estuvo el pintor peruano.

---

9   Ob. cit., p. 31.

Anaximandro Vega, Abelardo Solís, Antonio Pakora, Alejandro Manco Campos, Béjar Pacheco, Martín Adán, Emilio Romero y César A. Rodríguez. También trae un homenaje a José Carlos Mariátegui con motivo de su muerte. Respecto a *Presente* —que tuvo tres números, entre el 1 de julio de 1930 y el segundo semestre de 1931— su orientación fue literaria, pictórica y musical. Conducida por Carlos Raygada —que ya se perfilaba como el polémico crítico de arte que llegó a ser, de recio ascendente por esos años—, en *Presente* publicaron muchos escritores destacados de la generación 30-36, como Juan Luis Velázquez, Anaximandro Vega, Estuardo Núñez, Rafael Méndez Dorich, Martín Adán, Oquendo de Amat, José Alvarado Sánchez, Felipe Alarco, entre otros. Por último, *Universidad* fue el vocero de la reforma realizada en 1931 durante el rectorado de José Antonio Encinas, surgido a la luz de la hermosa experiencia del Colegio Universitario dirigido por Raúl Porras Barrenechea, que profundizó la actitud humanista y democrática. La revista salió el 1 de setiembre, el 1 de octubre y el 24 de noviembre; luego vendría la clausura de San Marcos. Destacan los trabajos de Vallejo, Martín Adán, Emilio Romero, Estuardo Núñez, José Jiménez Borja, Alberto Ureta, Carlos Cueto, Westphalen, Anaximandro Vega, Enrique Peña, José Varallanos, Emilio Barrantes, Uriel García y Luis Alberto Sánchez[10].

Mención especial merece la *Nueva Revista Peruana* que apareció como escisión del tercer *Mercurio Peruano* fundado por Víctor

_____

10 Con el mismo nombre de *Universidad* salió, en 1930, una revista dirigida por Fernando Luis Chávez León; fue una publicación mensual de "ciencia, educación, letras, polémica". También aparecieron en ese año la fustigadora y anticivilista *Vanguardia*, cuyo cuerpo de redacción estuvo formado por los universitarios Herrera, Palma y Navarro; y *Letras*, dirigida por José Gálvez y teniendo como secretario a Alcides Spelucín: era el órgano de la Facultad de Letras de la Universidad de San Marcos.

Andrés Belaunde en 1918, de línea conservadora y católica. Estuvo dirigida por Alberto Ureta, Mariano Iberico y Alberto Ulloa, y sus siete números —cada uno de ciento cincuenta páginas aproximadamente— aparecieron entre el 1 de agosto de 1929 y el 1 de agosto de 1930, durante la reelección de Leguía y la revolución de Sánchez Cerro. En su primer editorial se lee:

> "En la hora de interrogación que vivimos, nuestra *Revista Peruana* no viene a ofrecer fórmulas salvadoras ni a proponer teorías perfectas y falaces. Pretende traer un espíritu alerta, apto para captar lo nuevo y para turbar la estéril suficiencia de lo viejo ... Estudiaremos, entre otras, la cuestión social, procurando al hacerlo contribuir al advenimiento de una civilización más humana y más justa."

Concordante con estos postulados, predominan los estudios sociológicos e históricos. En el campo literario, los "nuevos" están representados por Estuardo Núñez, Martín Adán y Westphalen.

En rápido recuento no podemos olvidar la revista hispanoamericana *Bolívar*, editada en Madrid bajo la dirección de Pablo Abril de Vivero. En sus ediciones, que van del 1 de febrero de 1930 a diciembre del mismo año, dio cabida a colaboraciones de Xavier Abril, Vallejo, Chocano, César Miró, Mariátegui, Martín Adán, Estuardo Núñez, Westphalen, entre otros escritores peruanos. Igual recuerdo merece el *Repertorio Americano*, trascendente revista costarricense fundada en 1919 por Joaquín García Monje, que por esos años —y hasta la década del 30— abrió sus páginas a los creadores literarios de nuestra patria, permitiendo, igual que en el caso de *Bolívar*, su difusión continental.

Con la caída de Leguía y la crisis iniciada con Sánchez Cerro sobreviene un silenciamiento sistemático y represivo contra todos los medios de difusión. Las revistas no fueron ajenas a esa embestida. Además de la *Nueva*

Revista Peruana –que, como hemos dicho, desaparece a raíz de la revolución de Sánchez Cerro–, otras publicaciones también se eclipsan ese año de 1930. Veamos algunas de las más importantes. En primer lugar nombraremos al *Boletín Titikaka*, nacido en agosto de 1926 como órgano del "Grupo Orkopata". Los excesos del caudillismo alcanzaron a sus integrantes y su director, Gamaliel Churata, se exilió en Bolivia en 1932, después del saqueo de su casa. El último número de la revista, el 34, correspondiente a 1930, apareció sin fecha con un homenaje póstumo a José Carlos Mariátegui. Luego vendrá la célebre *Amauta*, que tanta importancia tuvo en el proceso de la cultura peruana al dar "vida con nuestra propia realidad, en nuestro propio lenguaje, a un Perú nuevo dentro de un mundo nuevo". Apareció, dirigida por Mariátegui, en setiembre de 1926 y cerró su ciclo en setiembre de 1930 como consecuencia de las contradicciones que sobrevinieron después de la muerte del ilustre peruano, acaecida el 16 de abril de ese año[11]. Y al lado del *Boletín Titikaka* y de *Amauta* se tendría que colocar a *La Sierra,* que, habiendo aparecido en enero de 1927 bajo la dirección de Guillermo Guevara, alcanzó –hasta su extinción, decidida el 4 de junio de 1930– treinta y cuatro números. En este denominado "órgano de la juventud renovadora andina" colaboraron, entre otros, Basadre, Espinoza Bravo, Uriel García, Haya

de la Torre, Nicanor de la Fuente, López Albújar, Lora y Lora, Ernesto More, Mostajo, Pavletich, Magda Portal, Ernesto Reyna, Luis A. Sánchez, César A. Rodríguez, Luis E. Varcárcel, Atilio Sivirichi, Anaximandro Vega y Emilio Vásquez. Alberto Tauro del Pino apunta, en acertada síntesis, que *La Sierra* difundió la actitud insurgente de los escritores y artistas provincianos, que ponían en debate sus opiniones sobre los problemas del país y, en particular, denunciaban la gravitación de las poblaciones indígenas y campesinas[12].

Como consecuencia de los nefastos sucesos surgidos a partir de 1930, se extinguieron también dos publicaciones históricas del Perú: *Variedades* y *Mundial. Variedades* fue una estupenda "Revista Semanal Ilustrada" en la que aparecían los verdaderos cimientos de un periodismo testimonial, gráfico, vital, captador de todas las actividades –inclusive las deportivas– durante más de veinte años. El hebdomadario fue fundado el 29 de febrero de 1908 por Clemente Palma y se mantuvo hasta el 27 de agosto de 1930, para entrar luego en un dramático receso y volver a aparecer entre el 18 de marzo y el 30 de setiembre de 1931, completando en total mil doscientos treinta números. En sus páginas colaboraron los mejores exponentes de las actividades sociales, políticas y culturales; bastaría citar, en el campo literario, a Beingolea, Chocano, Eguren, Bustamante y Ballivián, Gálvez, Mariátegui, Vallejo, Angélica y Clemente Palma, Bolaños. Por su lado, el semanario ilustrado *Mundial,* dirigido por Andrés Avelino Aramburú Salinas, apareció el 28 de abril de 1920 y alcanzó el número 576 el 4 de setiembre de 1931, un mes antes del triunfo de Sánchez Cerro en las elecciones del 11 de octubre. La característica gráfica de *Mundial* se mostraba en la carátula: generalmente un cuadro a color de un pintor importante. Sus páginas incluían una composición musical conocida y sus colaboraciones eran variadas en

---

11 Nombrar a *Amauta* es recordar también, por un lado, a la revista *Claridad*, que editó V.R. Haya de la Torre en colaboración con Mariátegui, en 1923; y, por otro, al quincenario *Labor* (1928-29), complemento y extensión de *Amauta* que "auscultaba y esclarecía los menudos problemas del presente, contribuyendo a difundir una disciplina crítica" (presentación de la edición en facsímil: *"Labor*, complemento de *Amauta"*, por Alberto Tauro, s/f.). Pero *Amauta* permite rememorar, también, a *Frente*, mensuario de doctrina, arte y polémica, dirigido por Ricardo Martínez de la Torre (ocho números, de octubre del 31 a setiembre del 32) y caracterizado por desarrollar la crítica de la actualidad internacional, así como la actitud combativa contra el aprismo y el homenaje reiterado a la memoria de Mariátegui.

12 *Enciclopedia ilustrada del Perú*, T. 6, p. 1980. Lima: Editorial Peisa, 1987.

cuanto a contenido y orientación. En esta revista limeña Mariátegui ofreció sus *7 Ensayos* y se publicaron las impresiones europeas de Vallejo. Además, allí se encuentran las firmas de cerca de treinta escritores y poetas ilustres del país.

Una revista sorprendente fue *Cunan* (*Ahora*) que apareció en el Cuzco en enero de 1931 cuando Sánchez Cerro presidía la junta de gobierno después de la caída de Leguía. Conducida por el pintor Manuel Domingo Pantigoso, al cual acompañaban los igualmente artistas Víctor Martínez Málaga y Francisco Olazo[13], *Cunan* circuló también en Bolivia pues pretendía convertirse en un órgano peruano-boliviano. En su primer editorial, Pantigoso decía con intencionado humor:

"Los pintores vamos a escribir. Y es probable que lo hemos de hacer tan espléndidamente como lo harían los escritores de profesión si les diera por pintar. Posiblemente ha ocurrido que a más de un escritor le han acosado grandes deseos de coger el pincel para manifestar algunas ideas. Pues también a nosotros, esta vez, nos ha dado por tomar la pluma para decir ciertas insignificancias relacionadas con aquella superflua manifestación que han dado en llamarle Arte, y tan acertadamente olvidada en nuestro medio por algunas gentes adineradas que diz que son cultas."

La heroica publicación apareció cuatro veces en el Cuzco, a través de la Editorial Cornejo (el primer número lleva como subtítulo "Labor de los artistas peruanos" y a partir del segundo "Labor de los artistas suramericanos" por la razón ya señalada de ampliar su misión fundamentalmente orientadora); una vez en Puno, mediante la Editorial Pututo, en 1932:

"*Cunan,* por hoy, quiere reverberar en las aguas simples del Titikaka... La misión artística de la revista tiene carácter rotativo. Se le puede tomar el pulso en cualquier latitud. Sus gritos de arte se darán donde haya comprensión y talento. Además, donde haya que afirmar una fe de belleza americana";

y la última en Arequipa –tipografía Sanguinetti–, también en 1932:

"La tribuna del artista aparece esta vez en Arequipa con el firme deseo de llevar a cabo la labor que desde su presentación se ha propuesto: luchar intensamente por la formación de un arte americano con elementos y recursos propios... Entendemos que tanto el artista como el escritor tienen la ineludible obligación de orientar y señalar rumbos a su pueblo... no desmayaremos hasta que el Perú posea pintura que responda al carácter peruano, del momento actual."

El séptimo número debió salir en Lima, con la colaboración de José Sabogal. En una carta fechada en Lima, el 26 de marzo de 1933 (cerca de dos meses antes del asesinato de Sánchez Cerro), Sabogal le responde a Pantigoso respecto a la invitación que le hiciera desde Arequipa:

"El número 7 de *Cunan* saldrá, pero yo creo que demorará algo. Ud. sabe que aquí estamos fatalmente coludidos a ciertas circunstancias que traban la libre expresión aunque sea plástica. Pero saldrá."

A pesar de esa buena voluntad, *Cunan* no volvió a aparecer.

---

13   Pantigoso, que había regresado el año anterior de Europa con renovados bríos peruanistas, fue el impulsor y orientador de *Cunan*, pero su rechazo al protagonismo le hizo compartir la dirección con otros pintores y escritores: V. Martínez Málaga y F. Olazo –cambiado en el cuarto número por Domingo Velasco Astete– (Cuzco), Dante Nava, Mateo Jaika y Aurelio Martínez (Puno); y Carlos Trujillo, Federico Molina y Martínez Málaga (Arequipa).

Un largo período marcado por la desolación y el oscurantismo cultural, especialmente durante los años 1930–1936, le quitaron la respiración necesaria a la vida intelectual del país. Sólo a partir de ese último año, al iniciarse una etapa menos tumultuosa debido a la prórroga del mandato del general Benavides, la vida del país se fue reorganizando y, así, las nuevas revistas comenzaron a aparecer. Una de ellas fue *Palabra, en defensa de la cultura,* cuyos conductores conformaron, también, el llamado "Grupo Palabra", quizá el más representativo de la generación 30-36 en lo que toca a la exigencia o al clamor de recuperar la voz para reorientar el aliento espiritual del Perú. Por su trascendencia, le dedicamos un espacio propio dentro de nuestro estudio[14].

Después de *Palabra* vendrán otras publicaciones, como aquella que responde más a las exigencias literarias: *El uso de la palabra* (1939), dirigida por César Moro y Emilio Adolfo Westphalen[15]. Esta revista se convirtió en la primera de clara estirpe surrealista en el Perú, vocero del grupo que animó Moro desde 1933, año de su retorno al Perú después de vincularse en París con Breton, Eluard y Aragón (1925), de exponer sus pinturas en Bruselas y París (1925 y 1927) y de pasar algunos años en Londres. La polémica revista tuvo un sólo número y en él colaboraron, entre otros, Rafael Méndez Dorich y Juan Luis Velázquez.

Ese mismo año (1939), en julio, salió a la luz la revista *3,* cifra cabalística que afirmaba la presencia de sus tres inspiradores: José Alfredo Hernández, Arturo Jiménez Borja y Luis Fabio Xammar. Alcanzó 9 números

_____

14 Ver "La revista y el Grupo Palabra".

15 La revista tuvo un solo número. Se destacan las traducciones de Breton y Eluard. Hay un artículo de Westphalen titulado "La poesía y la crítica", con acertadas apreciaciones pero, también, con lamentables exabruptos, sobre todo al referirse a la posición de Estuardo Núñez sobre la poesía de Eguren y Vallejo, que más bien es pertinente y esclarecedora.

(otra cifra cabalística, derivada del 3), hasta setiembre-diciembre de 1941. Su formato recordaba a *Nueva Revista Peruana.* Encaminada hacia los estudios históricos y literarios –con espíritu de dilucidación y balance–, resulta significativo que el primer artículo se titule "El sentimiento de la naturaleza en la nueva poesía del Perú", de Estuardo Núñez, en donde leemos:

> "El hombre está inevitablemente vinculado a la tierra. Pero hay épocas que se acercan más sensiblemente a la naturaleza y otras que se alejan de ella. No obstante, si dentro del fenómeno literario mundial puede afirmarse que es nuestro tiempo poco afín a lo natural objetivo, en cambio, en el Perú, en un gran sector, se advierte la aproximación al paisaje.//Esa indagación en el paisaje que destaca la obra de los poetas jóvenes, conduce necesariamente a fijar la proporción de elementos vernáculos, de peruanidad, que domina en la poesía peruana actual. Acaso el nuevo poeta, adentrándose en su propio paisaje, está contribuyendo a fijar y a definir algo que es la raíz del estilo de vida de un pueblo."

Congregados alrededor de esos sentimientos, algunos colaboradores de distintas generaciones fueron: Ricardo Peña, Fernando Romero, Alberto Tauro, Ella Dunbar Temple, Héctor Velarde, Martín Adán, José María Arguedas, Aurelio Miró Quesada, Ricardo Alcalde, Vicente Azar, Jorge Basadre, Pedro Benvenutto, Enrique Peña, Jorge Puccinelli, Rafael Heliodoro Valle, Carlos Cueto, Emilio Champion, Luis A. Sánchez, Emilio Vásquez, Ciro Alegría, Cota Carvallo, Guillermo Mercado, Augusto Tamayo Vargas, Xavier Abril, Luis F. Alarco, José Díez Canseco, Jorge Muelle, César A. Rodríguez, Mario Florián, Guillermo Lohmann, Alejandro Peralta, José Eulogio Garrido, Carlos Alfonso Ríos, Raúl Deustua, Francisco Miró Quesada, Toribio Mejía Xespe, Wálter Peñaloza y Carlos Sánchez Málaga, a los que se podría agregar una buena cantidad de autores extranjeros.

Por sus artículos polémicos y controversiales se destacó *Nuestro Tiempo,* revista para la defensa de la cultura, que recordaba en ese subtítulo a *Palabra, en defensa de la cultura.* Se publicaron tres números, de enero a mayo de 1944. La dirección correspondió a Fernando Hernández Agüero y los editores fueron el propio Hernández, Xavier Abril y Juan Ríos. Sin embargo en el espíritu de la revista prevalecía el tono contestatario de Juan Ríos, especialmente en asuntos referidos al arte, concretamente a la pintura indigenista que ya desde los años cuarenta estaba sufriendo una serie de embates de los defensores del arte no figurativo, actitud que se mantendría durante toda esa década y aun la siguiente. Muchas páginas de *Nuestro Tiempo* caminan en esa dirección. Así, en el primer número –que lleva carátula de Ricardo Grau– los tres artículos iniciales son provocadores: una "Encuesta sobre la pintura: Sérvulo Gutiérrez, Ricardo Grau, José Sabogal, José Manuel Ugarte Eléspuru"; un texto titulado "Aspectos de la nueva pintura en el Perú", firmado por "Claudine"; y una nota sobre "Nuestra exposición", para informar sobre la muestra preparada por la revista con la participación de Jorge Vinatea Reynoso, Carlos Quízpez Asín, Ricardo Grau, Sérvulo Gutiérrez, Sabino Springet, Ugarte Eléspuru y Federico Reinoso. Posteriormente, en los números 2 y 3 aparece el concluyente y a todas luces extremista ensayo de Juan Ríos denominado "La pintura contemporánea en el Perú (I y II)", donde se valora a los artistas con criterio muy sesgado. Ese texto tuvo, sin embargo, gran repercusión en la época. En el último número aparece, también, "Encuesta sobre la pintura. Balance de la encuesta", de Raúl María Pereira.

Dos revistas importantes aparecieron entre 1945 y 1947. La primera, dirigida por Rafael Méndez Dorich, llevaba la impronta literaria e ideológica desde su dialéctico título: *Cara y Sello.* Tuvo dos años de duración (1945-1946), y en su primer editorial se fijaba claramente su orientación: *"Cara y Sello* refleja la Democracia y el Socialismo. Democracia Revolucionaria. Socialismo Revolucio-

nario." Esas definiciones doctrinarias expresaban las consecuencias del final de la II Guerra Mundial y la presencia, en el Perú, del Frente Democrático Nacional, coalición de fuerzas políticas que eligió como presidente a José Luis Bustamante y Rivero, el cual, inmediatamente después, tuvo que afrontar la pugnaz actitud del aprismo para imponer su predominio. Algo de todo eso se manifiesta en los artículos de *Cara y Sello* que, al cumplir un año, cambió su nombre por el de *Revista Continental*[16].

La otra publicación fue *Las Moradas* (N° 1, junio de 1947 a N° 7-8, enero-julio de 1949). Bajo la conducción de Emilio Adolfo Westphalen –compañero de mucho tiempo de Méndez Dorich–, tuvo gran influencia en los nuevos escritores del Perú. Con el subtítulo de "Revista de las artes y las letras", proyectaba las nuevas inquietudes estéticas, sobre todo las de ese surrealismo comprometido con los problemas sociales. Explicando el sentido de *Las Moradas,* Westphalen dirá que es:

"Punto de reunión para el contacto, para el cambio, para la confrontación de hallazgos, pero lugar donde toda conquista del espíritu, donde todo descubrimiento del arte y de la poesía, de la ciencia y del pensamiento, no habrá de considerarse nunca como un punto final, como un acabamiento, sino como un acicate hacia nuevas conquistas, como un despliegue de posibilidades futuras. En esa atmósfera atravesada de pulsaciones vitales, centelleante del peligro que siempre amenaza las manifestaciones desinteresadas de la vida espiritual, queremos elegir estas MORADAS. Nuestro fer-

_____

16 La revista también se caracteriza por su tono litigante en cuestiones de arte y de literatura; en el número 3, por ejemplo, hay dos artículos: "El regionalismo en la pintura", del norteamericano Edward Renouf, y "A propósito de la pintura en el Perú", de César Moro, que enfilan sus críticas contra el arte regional e indigenista. En el número doble 4-5 se reproduce el artículo "La poesía y la crítica", de Westphalen, aparecido en *El uso de la palabra.*

vor y nuestro entusiasmo esperan despertar la amplia respuesta de atención y de discusión alrededor de los problemas diversos que el destino trágico del hombre suscita en nuestra época; sobre todo, no queremos que se olvide que ese destino nos viene de un pasado remoto y que nosotros no somos más que el relevo que ha de transferirlo a quienes vengan detrás de nosotros."

En esta meritoria revista colaboraron, al lado de escritores, pensadores y artistas extranjeros, César Moro, Martín Adán, Enrique Peña, Carlos Cueto, Enrique Solari, José María Arguedas, Luis E. Varcárcel; pero también Fernando de Szyszlo, Sebastián Salazar Bondy, Jorge Eduardo Eielson y Javier Sologuren, que abrían los caminos de la generación siguiente, la del 45-50, mostrando una vez más la interrelación existente entre las promociones, especialmente al final de una y al comienzo de la otra, que es cuando el deslinde puede resultar demasiado forzado.

La revista y el "Grupo Palabra"

El antecedente de *Palabra* está en la revista *Prometeo* (1930-31) que dirigieron, desde el colegio La Inmaculada, los aún adolescentes Augusto Tamayo Vargas, José Alvarado Sánchez, Alberto Tauro del Pino y Ernesto Gastelumendi Velarde[17]. Gestada en la casa de otro compañero de generación, Alfredo Martínez, el local estaba ubicado en el jirón de la Unión desde donde un día, llenos de un dolor esperanzado, vieron pasar el cortejo fúnebre que llevaba al cementerio los

restos mortales de José Carlos Mariátegui. En *Prometeo* –que alcanzó siete números– se publicaron, entre otros textos, "Canción cubista" y "Caballos de Chagall", de Eguren, y cuentos de Héctor Velarde; igualmente, poemas del argentino Jorge Luis Borges y de los españoles Pedro Salinas y Jorge Guillén, integrantes de esa generación del 27 que aquellos estudiantes tanto admiraban.

En setiembre de 1936, un año después de reabrirse la Universidad Nacional Mayor de San Marcos luego de un receso de tres años (1932-35)[18] provocado por los ya expuestos conflictos sociales y políticos de entonces, un grupo de estudiantes de la Facultad de Letras edita una revista de título muy certero si se toma en cuenta la marginación –y aun represión– de las actividades expresivas: *Palabra, en defensa de la cultura.* Sus integrantes serán conocidos desde entonces como "Grupo Palabra" y se han de constituir, por su dinamismo y amplitud de criterio, en prototipos de un sector importante de la generación del 30-36. Codirigiendo la revista estarán allí Augusto Tamayo Vargas, Alberto Tauro del Pino, José Alvarado Sánchez, José María Arguedas y Emilio Champion. Su presencia comprende dos etapas: en la primera –setiembre de 1936 a julio de 1937– aparecen cinco números; en la segunda –julio a octubre de 1944– se editan dos números, sólo con la conducción de Tamayo Vargas y de Tauro del Pino. En general, los siete dan testimonio de lo que sucede entre la preguerra mundial (guerra civil española) y la próxima caída del fascismo (fin de la II Guerra Mundial).

Los componentes del "Grupo Palabra" tuvieron como mentor académico y literario a José Jiménez Borja, lingüista y educador notable de poderosa influencia sobre toda la generación. Ellos representaban ese espíritu que

---

17 Otros escritores de la generación 30-36 estudiaron en La Inmaculada: Luis Fabio Xammar, José Alfredo Hernández, Aurelio Miró Quesada, César Miró. En La Recoleta estudiaron Manuel y Enrique Solari Swayne, Juan Ríos y Enrique Peña. En el Colegio Alemán, Martín Adán, Luis Felipe Alarco, Carlos Cueto Fernandini, Estuardo Núñez y Emilio Adolfo Westphalen. En el colegio Guadalupe, Emilio Champion, Manuel Moreno Jimeno y Porfirio Meneses.

18 El año anterior al receso –1931– San Marcos realizó su segunda reforma, después de la del 19. Ese año estudiantes de todo el Perú participaron de la notable experiencia del Colegio Universitario.

oscilaba entre lo nacional y lo universal, expresado a través de un sentimiento de crítica histórica y de una palabra angustiada, plena de humanismo, en la que la síntesis de lo personal y social sabía apuntar hacia el hombre de nuestro tiempo. La profesión de fe habría de aparecer desde el primer número:

"... en 1930 nos bautizó la vida: se quebró nuestro optimismo candoroso, y las pasiones desbordadas nos hicieron intuir el dolor con que se forjan las transformaciones históricas. Vivimos entre la ola de protesta que se abrió curso al caer la dictadura, escuchamos las quejas que la caída económica provocó, y vimos cómo demandaban pan los desgraciados: por eso amamos desde entonces la democracia, y sabemos que la vida no se conquista sin esfuerzo, que es necesario preparar la madurez de nuestros pasos, y que nada lograremos si no obedecemos a la necesidad de solidarizarnos con quienes viven las mismas angustias. En 1930 nos bautizó la vida, porque la crisis económica agudizó los antagonismos internacionales, empujando a todos los países hacia la carrera armamentista y, a las potencias, hacia la conquista de los pueblos débiles, en preparación de un nuevo reparto del mundo. Y nosotros que nos habíamos familiarizado con la literatura de post-guerra, comenzamos a odiar esas maniobras y simpatizamos con los pueblos débiles, porque el tesoro de la independencia nacional enriqueció nuestra infancia".

Luego de ese dolido pero también esperanzado testimonio, han de bosquejar un plan de acción:

"... nuestros pueblos parecen olvidados porque no se mejoran sus vidas y no se lleva hacia ellos la voz redentora de la cultura... No creemos que la ignorancia del pueblo peruano haya determinado la indiferencia con que escucha ciertas palabras, pues nunca llegarán a su espíritu las voces que no están emocionalmente identificadas con él...

Queremos ir hacia adelante, con la mano tendida hacia todos los hombres de buena voluntad. Buscando en los hechos la prueba que nos permita desvirtuar la influencia de la ideología pesimista, aspiramos a difundir nuestra confianza en el porvenir del Perú. Aconsejándonos en el estudio de nuestras necesidades y en la experiencia de nuestros hombres de pensamiento contribuiremos a solucionar nuestros problemas. Y aprovechando la herencia legada por nuestros antepasados, trabajaremos para la cultura, la democracia y la paz".

Cuando *Palabra, en defensa de la cultura* reaparece, en julio de 1944, ha de sintetizar su doctrina orientadora –que por extensión caracteriza a toda la generación– diciendo que es básico "preparar al Perú sobre la base de un exacto conocimiento de sus problemas, planteados dentro de los fenómenos universales, y con una emocionada y auténtica tendencia de solidaridad".

Repasemos ahora el contenido de la revista para fijar algunos temas y reconocer a sus principales colaboradores, así como para establecer los contactos y las uniones de la generación 30-36 con la anterior del 19, de la que aquélla, como hemos dicho, sería una prolongación, aunque con acentos propios. Si nos fijamos en las ilustraciones, éstas son tanto de los indigenistas José Sabogal, Camilo Blas y Julia Codesido –y aun de Mario Urteaga y Alicia Bustamante–, cuanto de Emilio Goyburu, Carlos Quízpez Asín, Ricardo Flores, entre otros. En el área de los homenajes, que indican adhesión, correspondencia y ejemplo a seguir, anotamos la ofrenda a Henri Barbusse en el primer número y al año de su muerte, con las colaboraciones de Manco Campos, Manuel Moreno Jimeno, Tamayo Vargas y Tauro del Pino. En el dinamismo rebelde de Barbusse para vivir y luchar en las horas aciagas de la I Guerra Mundial hay una advertencia sobre la inminencia de la II Guerra. El siguiente número trae un homenaje a Federico García Lorca con motivo de su asesinato en la Guerra Civil Española, el primero que se hizo en el Perú y en esta parte del continente[19]. Aparecen aquí las firmas de Champion, Arguedas, Tamayo Vargas, Alvarado Sánchez y Tauro del Pino. El cuarto número enaltece la figura del gran poeta Enrique Bustamante y Ballivián, colaborador y amigo dilecto de toda la generación desde la caída de Leguía, al consagrarse entonces a las labores editoriales. En la imprenta que llevaba su nombre se editó precisamente *Palabra...* A su muerte, acaecida el 1 de febrero de 1937, la revista publica diferentes artículos sobre su vida y su obra firmados por Tamayo Vargas, Alvarado Sánchez, Estuardo Núñez, José Alfredo Hernández, Pablo Abril de Vivero, José Gálvez, José Jiménez Borja, Carlos Martínez Hague, Martín Adán, Enrique Peña, Moreno Jimeno, Xammar, Champion y Tauro del Pino. Luego, en el número cinco, se reproduce el discurso de Manuel Beltroy sobre el notable músico y poeta Alfonso de Silva, muerto el 7 de mayo de 1937. Destacamos, a continuación, en el número seis, el ofrecimiento devoto a José María Eguren a través de las plumas de Alvarado Sánchez, Ernesto More y Heliodoro Valle. Finalmente, el número siete –de noviembre de 1944– adelanta, a través de Tamayo Vargas, un homenaje a Flora Tristán por el próximo centenario, al mes siguiente, de su deceso. En la misma línea del enaltecimiento podemos incluir la presencia, en ese último número, de los trabajos titulados "Semblanza biográfica de César Vallejo" y "El cholo en París", de Alfonso Mendoza y Percy Gibson respectivamente, a los que se agrega el poema "César Vallejo" de Guillermo Mercado.

En otra dirección destacamos el desconcertante artículo de Teodoro Núñez Ureta titulado "El indigenismo y el arte", donde con frágil e incoherente argumentación afirma, entre otras cosas, que "el indigenismo flaquea en su base al inspirarse en el arte de los indios y adoptar una postura falsa y convencional"[20], frente a lo cual Alberto Tauro del Pino, con rigor académico, responde escribiendo "Sobre la verdadera comprensión del indigenismo y su revalorización como peruanismo artístico, popular y progresista". Será luego Tamayo Vargas quien, en el quinto número, firmará el artículo "Tercero en discordia", donde aparece ese componente sintético de lo nacional y universal tan peculiar de toda la generación:

> "Quien se asocia al movimiento artístico e intelectual de América no tiene por qué cerrar los ojos a la presión mundial; reafirmándonos en nuestra personalidad, es necesario asociarnos al proceso general de síntesis. Como índice claro de humanidad tenemos que sentir el ritmo persuasivo de la marcha universal en nuestro medio y en nuestro momento histórico."

Otros dos artículos polémicos, relacionados de alguna manera con el tema anterior, son "Fascismo y humanismo" (tercer número), del español Salvador de Madariaga, y "Raza, nacionalidad y arte", del inglés Lynd Ward, traducido por Manuel Moreno Jimeno (cuarto número). Y dentro de esa perspectiva doctrinaria y de esclarecimiento de lo peruano insertado en el mundo, podemos destacar el artículo de Arguedas "Cómo viven los mineros" (primer número); el de Jorge Núñez Valdivia: "Propuestas y respuestas sobre la realidad política y social del Perú" (segundo número); el de Vicente Geigel: "El problema de Puerto Rico", alusivo a su independencia (cuarto número); el de Francisco Curt Lange: "Pasado, presente y futuro del Perú" (quinto número); el de Luis E. Valcárcel: "Economía y política en la cultura antigua del Perú" (sex-

---

19 La presencia e influencia de García Lorca y de los otros miembros de la generación del 27 sobre los miembros de la generación del 30-36 es muy evidente. Estuardo Núñez habla inclusive de una generación peruana del 27, que no sería sino la promoción inicial del 30-36.

---

20 Años después Núñez Ureta mostraría, con palabras y hechos, su disconformidad con las ideas expuestas en su artículo.

to número); el de Alberto Tauro del Pino: "Perú en 1945", vaticinando la próxima caída del fascismo y la unidad del país (sexto número); el de Alberto Zum Felde: "Hispanidad, enemiga de nuestro destino" (séptimo número); el de Tauro del Pino: "Libertad" (séptimo número). En ese último artículo, escrito casi en las postrimerías del gobierno de Manuel Prado, se subraya la necesidad de establecer la plena libertad social para recuperar las energías nacionales y el desarrollo de nuestras fuentes de riqueza. Ese postrero número de _Palabra_ trae también un texto de Luis Nieto –"Escritores y combatientes"– en el que se destaca el compromiso del escritor con la hora actual, así como un pequeño ensayo sobre "Educación rural en el Perú", de Julián Palacios, el gran maestro puneño.

Sobre el tema de educación podemos destacar, además, el trabajo de Luis Galván –"Problemas de la educación indígena en el Perú" (segundo número)–, y el de Emilio Barrantes: "Cómo debe orientarse la vida profesional del maestro peruano" (sexto número).

Asuntos de actualidad, significativos por apuntar a lo propio y a lo foráneo, son, entre otros, el comentario de Arguedas sobre el entonces reconocido –y ahora olvidado– Francisco Gómez Negrón, que "toca todos los instrumentos de música mestiza e indígena" (tercer número), así como el de Tamayo Vargas sobre la temporada de Margarita Xirgú, agradeciendo sobre todo "el placer de tener en casa el teatro de Federico García Lorca" (cuarto número).

Reveladores resultan, igualmente, por el reconocimiento de vínculos y simpatías generacionales, los escritos de José Alvarado Sánchez sobre la poesía de Cernuda ("Clausura de la torre de marfil", en el número uno) y de Martín Adán ("Sobre Aloysius Acker", en el número cinco). Sobre Cernuda, Alvarado dirá que es el ejemplo de la esencia poética que perdura, para luego definir a la poesía como "acto ritual... invisible, inevitable y dolorosa ligadura en la tierra firme". De otro lado, la vinculación de _Palabra_ con Neruda se ha de expresar a través de un artículo de Concha

Meléndez (número cinco); y con Vallejo mediante los aportes de Alfonso Mendoza y de Percy Gibson, a los que ya nos hemos referido (número siete). Y respecto a la relación Mariátegui-Valdelomar, la revista inserta, en los números seis y siete, el poema dramático "La Mariscala".

Finalmente, debemos destacar las colaboraciones de poetas y narradores como Carlos Cueto Fernandini, Ciro Alegría, Fernando Romero, José Alfredo Hernández, César Miró, Manuel Moreno Jimeno, Ricardo Peña, José María Arguedas (que presenta un fragmento de _Yawar Fiesta_ cuatro años antes de la publicación de la obra); también están generacionalmente unidos por la creación literaria: Emilio Vásquez, Alfonso de Silva, Emilio Champion, Augusto Tamayo Vargas, José Ortiz Reyes, Porfirio Meneses. Y resulta destacable que en el último número haya una antología de "Poetas Jóvenes" en donde aparecen Eielson, Lidia Pando, Sebastián Salazar Bondy y Javier Sologuren, que pertenecen a la siguiente generación.

En general, _Palabra, en defensa de la cultura_ es un excelente ejemplo de generosa fraternidad porque no está ausente el respeto y la admiración por las generaciones anterior y posterior a ella, con las cuales convive. De otro lado, la especialidad de cada uno de sus directores es representativa de las distintas líneas de desarrollo que se movilizan dentro de la generación: la crítica literaria y la poesía con raíces geográficas, históricas y míticas (Augusto Tamayo Vargas); la crítica literaria y la historia de orientación mariateguista (Alberto Tauro del Pino, el primero en estudiar el llamado indigenismo puneño)[21]; la prolongación de la vanguardia, con tendencia surrealista (José Alvarado Sánchez, paradigma de un sector de la joven poesía actual); la novelística representativa de la dramática esci-

---

21 En nuestro trabajo "El ultraorbicismo en la obra de Gamaliel Churata" señalamos que el movimiento puneño no fue indigenista, sino "indianista" o "andinista"; o "ultraórbico", como lo denominó Churata.

sión del mundo andino y del mundo occidental (José María Arguedas); la poesía de descripción impresionista, con proyección simbolista y surrealista (Emilio Champion).

Frente a la tendencia por el trabajo individual que tipifica a todos los del 30-36, *Palabra* no fue sólo una revista sino, también, un grupo, quizá el único que intentó aglutinar, siguiendo la herencia de *Amauta*, a los escritores e intelectuales de la época alrededor del sentido de democracia y de cultura como expresión del estrecho vínculo entre lo nacional y universal.

Las primeras corrientes de vanguardia y la generación 30-36

Las primeras corrientes de vanguardia –Futurismo (1909), Creacionismo (1914), Dadaísmo (1916) y Ultraísmo (1919)– influyeron poderosamente en la generación del 19, pero también impusieron su presencia en muchos escritores de la generación siguiente, la del 30-36, que en general transitaron por una posvanguardia caracterizada por el autocontrol, por la vuelta al orden. Esos escritores –verdaderos puentes entre ambas generaciones– escribieron sus primeros textos antes del 30, algunos de ellos a edad muy temprana, como Juan Luis Velázquez que en 1924 publica *El perfil de frente*[22]. Ese mismo año Federico Bolaños y Magda Portal[23] editarían la revista *Flechas*

que tuvo una evidente orientación vanguardista. Por su parte, Juan José Lora ha de publicar *Diónidas* (1925) y *Lydia* (1927), en donde se advierte una fina sensibilidad afín con las maneras anteriores aunque sus temas se refieran al maquinismo y al vértigo de la vida moderna y sus audacias verbales compitan con los dadaístas.

Los años 1926 y 1927 son de gran auge de poemarios y revistas[24]. Así mismo, poetas de generaciones anteriores publican nuevos libros más a tono con la época; tales los casos de Mario Chaves con *Ccoca* (1926) y Enrique Bustamante y Ballivián con *Antipoemas* (1927).

Serafín del Mar, mediante *Los espejos envenenados* (1926) y *Radiogramas del Pacífico* (1927), se adscribe a las últimas tendencias. La sustancia moderna del segundo libro expresa la agitación social del Perú de esos años: esencialidad raigal de la madre y ternura por la amada junto al dolor y a la angustia ante la miseria y la explotación. Aquel año del 26, Armando Bazán edita la revista de avanzada *Poliedro* y, además, su libro de poemas *La urbe doliente,* donde hay un intento de despojarse de ciertos resabios pasadistas para incorporarse a las nuevas corrientes.

Julián Petrovick, en *Cinema de Satán* (1927) y *Naipe adverso* (1930), "se distingue de Serafín en el acento más depurado, en las imágenes más independientes, en su no siempre obtenido pero sí buscado purismo literario" (Luis A. Sánchez). Pero quien sintetiza la gran aventura vanguardista de esos años es

---

22 Antes de ese año de 1924 –y sin considerar *Trilce*, que es del 22-, hay que recordar a Luis Berninzone, quien en 1917 publicó *Walpúrgicas*, que ya traía vientos de renovación. También está José Chioino, que, luego de *Flores artificiales* (1921), escribió *Fuegos fatuos* (1922), donde "surge el poeta juglar y funambulesco, cantando temas dignos de Marinetti y Reverdí. Iniciaba un auténtico vanguardismo antes de que él mismo lo sintiera y de que otros lo ensayasen" (Luis A. Sánchez: *Literatura peruana*, T. V, p. 2005).

23 Bolaños, que por esa época estaba casado con Magda Portal, publicó Atalaya (1922), con prólogo de José Gálvez. Por su lado, la

poetisa publicaría *Ánima absorta* (1923), *Vidrios de amor* (1925), *El desfile de las miradas* (1926) y *Una esperanza y el mar* (1927).

24 Poetas de diferentes edades publican en 1926 poemarios trascendentes: Alcides Spelucín, *El libro de la nave dorada*; Enrique Peña, *El aroma en la sombra*; Alejandro Peralta, *Ande*; Emilio Armaza, *Falo*; Xavier Abril, *Taquicardia*; César Atahualpa Rodríguez, *La torre de las paradojas* (primer libro del autor y editado tardíamente, a los 37 años). Respecto a las revistas, nos hemos referido a ellas en páginas anteriores.

Carlos Oquendo de Amat, audaz y cosmopolita en su único libro, escrito en 1927: *5 metros de poemas,* condensador de casi todas las escuelas de vanguardia, como Futurismo, Dadaísmo, Creacionismo, Ultraísmo, Indigenismo, Surrealismo. Al año siguiente (1928) Esteban Pavletich ha de publicar *6 poemas de la Revolución,* compuesto de versos ardientes y acerados, de beligerante pasión política que llaman al combate. También ese mismo año Martín Adán ingresará en el mundo literario, siendo aún un adolescente, mediante un admirable libro de prosa poemática: *La casa de cartón,* con prólogo de José Carlos Mariátegui y colofón de Luis A. Sánchez. Este texto habría de aplicar magistralmente las técnicas narrativas aprendidas de Joyce.

César Miró edita, con los auspicios de Alberto Hidalgo, su primer libro de poesía, *Canto del arado y de las hélices* (1929), donde, al lado del verso íntimo de Alfonso de Silva estará, también, la pureza de Oquendo de Amat así como algunos trazos del estridentismo vigoroso y social de Hidalgo. Miró editaría, muchos años después, *Nuevas voces para el viento* (1948), *Alto sueño* (1951) y *Antilied* (1969).

Nicanor de la Fuente (Nixa) publica con retraso, en 1938, *Las barajas y los dados del alba.* Algunos poemas de ese libro ya habían aparecido en *Amauta* a partir de 1927. Sin ninguna duda es un poemario de sustancia vanguardista. Sus libros posteriores se han de suceder desde 1940 hasta 1995, y aún continúa produciendo aunque sin la impronta de ese texto primigenio.

Tendencias dentro de la generación 30-36

Existe, por un lado, una línea surrealista e indigenista, y, por otro, una dirección que impulsa –e inclusive da nacimiento– a géneros como el narrativo, el infantil, el teatral y la crítica literaria. En algunas tendencias hay una fuerte carga vanguardista (surrealismo, indigenismo, narrativa); en otros casos la orientación está sustentada por autores que pertenecen, cronológicamente, a la generación que nos ocupa, pero sus obras aparecen básicamente cuando la promoción siguiente –la del 50– comienza a dar sus frutos (literatura infantil y teatro, especialmente). Veamos tanto las escuelas como los géneros reconocidos.

Línea surrealista-simbolista[25], especialmente a partir de la década del 30

Respecto al surrealismo, recordemos que en la poesía contemporánea el mundo de los sueños no es propio solamente de esa corriente sino inherente a toda la poesía, aunque es verdad, por otro lado, que con el surrealismo lo onírico alcanzó niveles especiales debido a su vínculo con la escritura automática. Estuardo Núñez, en su ya citado *Panorama actual de la poesía peruana,* dice:

> "... de las tres formas esenciales de poesía que hoy surgen en el Perú: el poema regionalista, el romance nuevo y el poema 'puro' sin relación especial directa con el ambiente, es el último aquél que resume y condensa los más estrictos valores de poesía de tendencia estética exclusiva";

y más adelante añadirá:

> "... si quisiéramos utilizar puntos de referencia europeos, podría afirmarse que la tendencia purista que se está analizando os-

25 Como sabemos, el primer manifiesto surrealista apareció en 1924 y el segundo en 1930. Escritos ambos por Breton, en el primero se proclamaba la primacía de los elementos oníricos sobre los racionales y se defendía la escritura automática; en el segundo se postulaba la adhesión del surrealismo al Partido Comunista. El último manifiesto tuvo mucha influencia sobre cierto sector de la generación que estudiamos. Respecto al Simbolismo, éste propugnaba la expresión de sentimientos y emociones que escapaban al análisis por medio de ciertos ritmos y sonidos.

cila entre dos ángulos: el de Valéry y el de Breton. Oquendo, Peña, Hernández... acercándose al primero. Westphalen, Xavier Abril, César Moro, próximos al definidor del 'surrealismo'."[26]

Un notable estudioso del surrealismo latinoamericano, Stefan Baciu, afirma:

"... es difícil encontrar en latinoamérica un ambiente más hostil y cerrado hacia el espíritu de la vanguardia que la ciudad de Lima en la década de los años de la formación del Surrealismo"[27].

Luego este autor ha de considerar a José María Eguren –ya lo hemos dicho– como uno de los precursores de esta tendencia. Por nuestra parte, creemos que Eguren es un poeta de enorme influencia sobre toda la generación del 30-36.

Después de la aparición del primer manifiesto surrealista del 24, este importante movimiento de vanguardia penetró en nuestro país por intermedio de las obras de Adalberto Varallanos, Xavier Abril y Oquendo de Amat. Respecto al primero, Baciu no lo menciona cuando dice:

"... las chispas o instantes surrealistas en las obras de Xavier Abril y Alberto Hidalgo, y hasta en la poesía nativista de un poeta tan peruano como Alejandro Peralta, pueden ser mejor comprendidas si las analizamos considerando ciertas tendencias y técnicas venidas directamente del 'aire surrealista'".

En verdad, Adalberto Varallanos fue un joven espíritu moderno adscrito a las nuevas tendencias. Él fue el introductor de la prosa surrealista en el Perú. Su cuento más celebra-

do, "La muerte de los 21 años", fue publicado por primera vez en la *Revista de Avance* (La Habana, 1928). Dice bien Ricardo González Vigil cuando advierte: "si Mariátegui detectó en el surrealismo la unión de vanguardismo y revolución, Adalberto Varallanos supo abordar el interés de los vanguardistas por el 'arte primitivo'"[28].

Hagamos un ligero repaso de las principales obras que llevan el sello surrealista-simbolista-impresionista. Xavier Abril editó *Taquicardia* en 1926 y posteriormente, luego de bajar la tensión vanguardista, *Descubrimiento del alba* (1937), que tiene elementos de la poesía tradicional. Oquendo de Amat publicaría en *Amauta* (Nº 20, enero de 1929) "el poema surrealista del elefante y del canto". Martín Adán, en *Itinerario de primavera* (1927-32), tiene influencia vanguardista y antirromántica; posteriormente adoptaría símbolos y formas más conservadoras, como se advierte en *Travesía de extramares* (1950). Enrique Peña Barrenechea, que en 1926 había publicado *El aroma en la sombra*, se consagra con *Cinema de los sentidos puros* (1931), donde hay el descubrimiento de un mundo maravilloso poblado –lo dice Estuardo Núñez– por "una zoología de sueño" y "una botánica onírica de singulares arborescencias inesperadas"[29]. Debemos, también, destacar la figura de César Moro, el único surrealista ortodoxo en el Perú, quien publicaría sus obras sólo a partir de la década del 40. Este poeta colaboró en la revista francesa *El Surrealismo al Servicio de la Revolución*. En sus textos, la escritura pasional está teñida de una impronta sexual y uranista. Las revistas y catálogos de la época registran su nombre, hasta que publica *Le Château de Grisou* (1943), *Lettre d'Amour* (1943) y su obra fundamental, *La tortuga ecuestre* (1957). Luego

26 Ob. cit., p. 62

27 *Antología de la poseía surrealista latinoamericana*, p. 111. México: Edit. Joaquín Mortiz, 1978.

28 *El Perú es todas las sangres*, p. 244. Lima: Fondo Editorial de la Pontificia Universidad Católica del Perú, 1994.

29 Ob. cit., p. 51.

tenemos a Emilio Adolfo Westphalen que en 1933 editó *Las ínsulas extrañas* y dos años después *Abolición de la muerte*. En su primer libro, detrás de un acento místico hay un fervor surrealista que crecería hasta hacerse más evidente en su segundo texto. Rafael Méndez Dorich, cuya obra es quizá más conocida fuera del Perú, tiene libros como *Sensacionario* (1925) y *Dibujos animados* (1936) que lo colocan en un lugar expectante dentro de la poesía de vanguardia. En el segundo texto citado hay un deseo claro de profundizar en el mundo gobernado por los sentidos. Emilio Champion es autor de un excelente poemario, *El color de la noche* (1935), escrito en una prosa poética que lo revela recogido en sí mismo, con una "emoción impresionista (que) quiere tornarse imagen purista"[30]. José Alfredo Hernández fue mucho más que un poeta triste, sobre todo en *Perfecta ausencia* (1956). Anteriormente se había hecho conocer a través de *Tren* (1931), *Juegos olímpicos* (1933), *Del amor clandestino y otros poemas* (1936), entre otros. En Manuel Moreno Jimeno la poesía es un registro de la opresión del hombre y de su protesta permanente, todo acuñado en un lenguaje de estirpe surrealista, tal como aparece, por ejemplo, en *Así bajaron los perros* (1934) y *Los malditos* (1937). Vicente Azar, seudónimo de José Alvarado Sánchez, es un autor de un solo poemario de notable factura, *El arte de olvidar* (1942), donde muestra su exquisitez y su cultura literaria. Finalmente debemos citar a Luis Fabio Xammar quien editó, el mismo año de su muerte, *Alta niebla* (1947) con una hondura metafísica que se manifiesta a través de una cierta escritura muy próxima al surrealismo.

La tendencia indígena

El primer poeta auténticamente regionalista en tocar el tema indígena es, sin duda, César Vallejo. Aparecerán luego otros que in-

cidirán en un autoctonismo indígena con definidos rasgos vanguardistas. Los poetas de Puno están en primer lugar. Dentro de ellos se destaca Alejandro Peralta, quien en 1926 publicó *Ande,* caracterizado por una estupenda eclosión de lo telúrico-cósmico y lo étnico, con una gran ascendencia "ultraorbicista" o indianista, corriente ésta contestataria del indigenismo por ser "forma de vida" más que "descripción de una vida"[31]. En el segundo libro, *El Kollao* (1934), Peralta asume con mayor maestría esa impronta vanguardista e indígena. Emilio Armaza, del mismo grupo, escribiría un importante poemario de título atrevido, *Falo* (1926), del cual diría Vallejo:

> "Sus versos respiran peruanidad, es decir, humanidad, por anchos y salubres pulmones titikakas. La paja de la jalva vibra en *Falo* contra el ventisquero y a favor de la dicha de la cancha y la cal domésticas."

Luego tenemos a José Varallanos, quien publicó su mejor libro en plena fase de la estridencia: *El hombre del Ande que asesinó su esperanza* (1928), elogiado también por Vallejo debido al "coraje de su estética". En esta obra, y en general en toda su producción, lo indígena se expresa con robustez y grandeza a través de una inspirada acumulación de imágenes modernas. Posteriormente, en la búsqueda del alma no india sino mestiza, y para exaltarla, el poeta escribe su *Primer cancionero cholo* (1937), donde está el poblador rural en su propio paisaje nativo, mostrando sus sentimientos amorosos, íntimos y profundos. Por su parte, Guillermo Mercado inicia con *Tremos* (1933), libro vanguardista —crea-

_____

30   Ibídem, p. 82.

_____

31   Gamaliel Churata, maestro e ideólogo del movimiento puneño, escritor y poeta, autor de *El pez de oro*, fundó con su hermano Alejandro Peralta las revistas *La Tea* (1917) y el *Boletín Titikaka* (1926) y dio forma y sentido a una nueva estética: el ultraorbicismo ("el allá en acá", o el orbe representado en el Titikaka).

cionista y ultraísta–, la imagen extensa y sonora. Anteriormente había publicado *Oro del alma* (1924) y *Un chullo de poemas* (1928). Emilio Vásquez editó *Altipampa* (1933), *Tahuantinsuyo* (1934), *Kollasuyo* (1940) y *Altiplania* (1966). En este último texto, y a pesar del tiempo transcurrido, el "ultraorbicismo" mantiene todo su esplendor. En general, los libros de Vásquez fluctúan entre la balada autóctona y la entonación épica. También tendríamos que citar la producción de Aurelio Martínez, Carlos Dante Nava, Luis de Rodrigo, Alberto Cuentas, Nazario Chávez Aliaga, Mario Chaves, poetas de gran emotividad telúrica en cuyas obras la anécdota, presente en el paisaje o en el habitante, muestra su vínculo sentimental con la región collavina. Años después, cuando el vanguardismo se atempera, surgirá un neoindigenismo que supera las disonancias sin que desaparezca el acento nativo, pues la palabra seguirá revelando la esencia terrícola, las raíces del hombre y su paisaje. En esta línea se destaca Luis Nieto por la pulsación y, a la vez, radiación de la emotividad, con la fuerza de las raíces pugnando por abrazar los espacios geográficos e históricos, y todo ello controlado por una palabra adensada y rigurosa dirigida hacia las reivindicaciones del pueblo, a sus luchas libertarias. Luis Nieto editó *Charango* (1943 y 1945), *La canción herida* (1944), *Velero del corazón* (1948), *Nueva canción aymara* (1949), *Romancero del pueblo en armas* (1957), *Canto blindado* (1959).

Igualmente, dentro del neoindigenismo tenemos que colocar a Mario Florián, poeta en cuya palabra se escuchan:

"(las) voces indianizadas de Teócrito y de Virgilio por su sensibilidad e imaginación y su observación realista de lo bucólico o pastoral unido a la delicadeza de espíritu, a lo dulce y sensible, a la armonía de lo noble y delicado. Pero también está Lucrecio, insuflándole esa magnífica energía que en el tono de Florián se atenúa porque parece que ese vigor estuviese dentro del agua o flotando, con exquisita distinción, en la atmósfera de sus paisajes"[32].

El primer poemario de Florián, *Alma,* es de 1938; luego vendrán *Brevedad de lágrima* (1939), *Voz para tu nieve* (1940), *Tono de fauna* (1940), *Noval* (1943), hasta llegar al consagratorio *Urpi* (1944), que concreta todas sus características. Sin embargo, su obra ha de continuar con muchos textos más donde se enlaza lo raigal y geográfico con un humanismo social que coloca la vida presente en función de futuro o de destino.

La narrativa

De gran impacto en la década del 20 fue un breve librito de prosa poética: *La casa de cartón* de Martín Adán (1928), en cuyo maduro estilo narrativo estaban las modernas técnicas. Tuvo mucha influencia en otros autores. Espíritu precursor fue también el de José Díez Canseco, que adelanta esa literatura urbana que han de realizar con éxito los hombres del 50. *El Gaviota* y *Kilómetro 83* fueron publicados en 1930 con el subtítulo "Estampas Mulatas". Aquí se va delineando un estilo que alcanza cierta madurez en *Duque* (1934) por sus metáforas continuas y por el pulso agitado de sus oraciones cortas que le dan el tono de una novela de vanguardia. *Duque* fue, además, la primera obra que trató el tema de una alta sociedad corrompida y en crisis, con un estilo crudo, de cáustica ironía crítica. Habría que citar también a José Ferrando y a Fernando Romero, el primero autor de *Panorama hacia el alba* (1941), novela síntesis con acciones que presentan las costumbres de la costa, la sierra y la selva; y el segundo de *Doce novelas de la selva* (1935), que son narraciones o relatos realistas de la jungla americana no exentos de fantasía y de alucinación, propias del lugar. En esta ruta literaria está igualmente *Sangama* (1942), de

---

32 En Pantigoso, Manuel: "Mario Florián: Poeta de piedra y de paloma". *Nosotros*, p. 53. Lima, 1990.

Arturo Hernández, que recoge el espíritu de la región de los bosques. Con el mismo colorido local Hernández produciría *Selva trágica* (1954). A esta generación del 30-36 pertenecen Ciro Alegría y José María Arguedas. Sin la técnica de las narraciones que vendrán después pero con un estilo tan vigoroso como para influir poderosamente sobre las obras contemporáneas: *La serpiente de oro* (1935), *Los perros hambrientos* (1939), *El mundo es ancho y ajeno* (1941), de Ciro Alegría; y *Agua* (1935), *Los ríos profundos* (1958), *El Sexto* (1961) y *Todas las sangres* (1964), de Arguedas. Porfirio Meneses se inserta en un neoindigenismo peculiar que tiene como marco el campo y el paisaje andinos y, posteriormente, la escritura quechua, la que algunas veces ocupa todo el cuento. A este segundo momento pertenecen aquellos textos con personajes de la urbe. Su libro más celebrado, *Cholerías* (1964), contiene nueve cuentos en los que lo regional vinculado al hombre y a sus problemas muestra una intención dramática, honda y humana. Una enumeración de obras pertenecientes a esta generación 30-36 no puede olvidar, también, a Ernesto Reyna, que luego de su *Amauta Atusparia*, reivindicacionista, entregó un nuevo aspecto de nuestra selva en la biografía novelada *Fitzcarrald: El rey del caucho.* Así mismo a Arturo Burga, que en *Ayahuasca* ofrece otra visión de la selva; a Pedro Barrantes Castro con *Cumbreras del mundo;* a César Miró con *Teoría para la mitad de una vida;* a Ernesto More con *Kilisani;* a Mario Polar con *Un ángulo perdido,* y, más tarde, las novelas políticas de Juan Seoane, Garrido Malaver, Armando Bazán, Esteban Pavletich; pero también a Ricardo Martínez de la Torre con *El amor limosnero;* a Rosa Arciniega con *Jaque Mate, Engranajes y Mosto Strom;* a Juan Seoane Corrales con *Hombres y rejas;* a Pilar Laña Santillana con *Más allá de la trocha* y *En el valle de Huanchar;* a Carlos Parra del Riego con *Sanatorio* y *Por qué maté al niño;* a Enrique Portugal con *Los centauros* y *Cinco horas con mi madre.*

La literatura infantil

Fue uno de los mayores aportes de esa generación. La presencia de la llamada "Escuela Nueva" y de la psicología son sus soportes. Su significativo "descubrimiento" se sustenta también en la lectura emocionada del brasileño Monteiro Lobato, uno de los precursores de la literatura infantil en Latinoamérica. Una primera etapa de esta corriente corresponde a aquellos escritores que, aun cuando sin proponérselo, pusieron los cimientos para construir su existencia; Eguren es, en tal sentido, representativo con sus libros *Simbólicas* (1911), *La canción de las figuras* (1916), *Poesías* (1929), que reúne *Sombras y rondinelas*. En esta etapa está, también, Alina Elguera, que en 1929 escribió un raro y encantador libro: *Juguete.* Jesús Cabel reconoce, al calificarla, que "puso la piedra inicial de nuestra literatura infantil"[33] Debemos recordar que por esos años César Vallejo escribió un cuento que tiene como personaje principal a un niño: "Paco Yunque" (escrito en 1931, fue publicado póstumamente en 1951). También debemos colocar en lugar privilegiado el libro *Rayuelo* (1938), de Abraham Arias Larreta, texto pionero de nuestra literatura infantil que muestra una visión muy propia de la infancia y de la peruanidad. Pero es necesario precisar que la verdadera fundadora de la literatura contemporánea infantil es Carlota Carvallo de Núñez (1909–1980), que, además de pintora, fue una talentosa escritora dedicada al mundo infantil con textos memorables como *Rutsí, el pequeño alucinado* (1943), *El niño de cristal* (1957), *El pájaro niño* (1958). En sus cuentos no hay fronteras entre poesía y narración porque lenguaje, imágenes, mitos y personificación traducen el espíritu imaginativo y creador de la autora. Al lado de Carlota Carvallo

---

33 *Literatura infantil y juvenil en el Perú*. Edición de homenaje al III Encuentro Nacional de Escritores de Literatura Infantil. Chiclayo, 1984.

hay que colocar a Francisco Izquierdo Ríos, que sabe recrear el acontecer amazónico con humanismo y ternura a través de un lenguaje sin retórica: fácil sin ser vulgar, claro sin excesos, noble sin receta, rico sin pedanterías. Sus principales libros son: *Selva y otros cuentos* (1949), *Cuentos del tío Doroteo* (1950), *En la tierra de los árboles* (1952), *Días oscuros* (1950 y 1966) y *Gregorillo* (1957). En Luis Valle Goycochea podríamos encontrar cierto parentesco con Eguren, o con Valdelomar en aquellos versos dedicados a la infancia, o con Vallejo en la misma dirección. Con *Las canciones de Rinono y Papagil* (1932) y con *Marianita Coronel* (1943) se contribuye a crear los sustentos de una poesía infantil peruana, con sencillez, sin rezagos barrocos ni amaneramientos. Valle publicó, además, *El sábado y la casa* (1934), *La alegría tremenda* (1935), *Paz en la tierra* (1939). Catalina Recavarren, otra precursora, inicia su valiosa labor a favor de los niños mediante un excelente trabajo titulado *Cantos y cuentos* (1934). Posteriormente, en 1941, edita uno de los grandes libros de este género escrito en el Perú: *La ronda en el patio redondo* (1941). "Escribir para mí –dijo alguna vez– es a mi ver, como mujer y poetisa, el ideal más limpio, más hermoso y profundo al que me sea dado aspirar." Otra importante escritora es Esther Allison, con textos de gran riqueza temática, sencillos y al mismo tiempo profundos, para ser degustados por lectores de todas las edades, tal como ella misma lo quería. Nacida en 1918, publicó, fuera de los marcos cronológicos de su generación, *Florerías* (1968), *Sámaras* (1981), *Pajaritos de Belén* (1982), etc.. Finalmente, en esta visión panorámica citaremos a María Wiesse de Sabogal, notable por su retorno a la historia, autora de *Quipus, El mar y los piratas, Viaje al país de la música*. También merece un lugar Julio Garrido Malaver, con *La tierra de los niños* (1946) y *Un árbol* (1964). Arturo Jiménez Borja es un excelente recopilador en *Cuentos y leyendas del Perú* (1942) y en *Mitos, leyendas y cuentos peruanos* (1946).

El teatro

Su propuesta contemporánea nace en esta generación, especialmente en las obras de Juan Ríos (1914) quien tardíamente publica *Don Quijote* (1946), *La selva-Medea* (1950), *Ayar Manko* (1952), *El mar* (1954), *Los desesperados* (1960), todas ellas merecedoras de premios nacionales. Especie de poesía dramática o de teatro épico, en Ríos se hace evidente su amor por los mitos universales[34]. Lo dramático está en las acciones que se extienden al futuro como revelación de los más altos y nobles impulsos del hombre. Enrique Solari Swayne es otro importante autor que publica más allá de los límites de la generación a la que pertenece. En su producción teatral se destacan *Collacocha* (1956), *La mazorca* (1966), *Áyax* (1968) y *El circo del zorro desencantado* (1973), todas ellas expresando la síntesis de los mitos nacionales y universales. En *Collacocha*, quizá la obra de teatro más importante de este siglo, está la fuerza titánica del hombre peruano para sobreponerse con honradez, disciplina y coraje a las estremecedoras dificultades que ofrecen los Andes. Tanto Juan Ríos como Solari tuvieron que salir al extranjero para escarbar en el propio drama universal las fuentes de la verdad y la justicia humanas; el primero luchando a favor de la República, en la Guerra Civil Española, y el segundo siendo testigo, en Berlín, de la II Guerra Mundial. Mayor que ellos es César Miró, quien compuso *La mariscala* (1942), adaptó *Ollantay* (1953) en colaboración con Sebastián Salazar Bondy (de la generación siguiente) y realizó una versión personal de *Los siete contra Tebas* (1966).

---

34 En general, los mitos aparecen con mucha fuerza en esta generación por la capacidad que tienen para revelar raíces o esencias, tanto nacionales como universales. En la poesía, dos ejemplos pueden ser significativos: *La mano desasida* (Machu Picchu como esfinge de la infinitud), de Martín Adán, y *El mito de Vichama* (Vichama como percepción profunda de la vida y la existencia), de Tamayo Vargas.

La crítica literaria

Una época convulsionada por graves conflictos sociales tuvo una respuesta analítica y reflexiva de los miembros de esta generación. Esto fue hasta cierto punto natural. Hay que tomar en cuenta, además, que buena parte de estos escritores fueron destacados maestros universitarios. Podemos afirmar que con esta promoción empieza la nueva crítica literaria en el Perú. Adalberto Varallanos fue, sin duda, el impulsor de esta disciplina, pero le corresponde a Estuardo Núñez ser el fundador en 1929, cuando publica su ensayo "Sobre una estética del color en la poesía de Eguren" en la revista *Amauta* Nº 21, texto que le servirá de base para escribir *La poesía de Eguren* en 1932. Así mismo, es revelador en muchos aspectos su valioso *Panorama actual de la poesía peruana,* de 1938, que Vallejo leyera en los instantes postreros de su vida. Pero también Estuardo Núñez es el iniciador de la Literatura Comparada en el Perú. En general, su labor de investigador notable se pone de manifiesto a través del estudio de escritores olvidados o poco estudiados, para los cuales aplica certeros enfoques críticos, como es el caso de sus trabajos sobre Pablo de Olavide (1971 y 1987) o sus valiosos aportes en el estudio de viajeros, o sus revelaciones sobre *La experiencia europea de José Carlos Mariátegui y otros ensayos* (1978 y 1994, aumentada). Por otro lado, la labor crítica de Augusto Tamayo Vargas es también trascendente en *Perú en trance de novela* (1940) y en su obra principal *Literatura peruana* (3 tomos, 1992) que desde 1953 tuvo varias ediciones hasta llegar a ser la mejor historia de la literatura escrita hasta el momento. Luego nombraremos al profundo y erudito Alberto Tauro del Pino con *El indigenismo a través de la poesía de Alejandro Peralta* (1935), *Amarilis Indiana* (1945), *Elementos de la literatura peruana* (1946). Y para abreviar esta síntesis, dejamos constancia de los aportes valiosísimos de Luis Fabio Xammar mediante los escritos dedicados a diferentes autores peruanos hasta entonces no estudiados debidamente, como en *Valores humanos en la obra de Leonidas Yerovi* (1938) y *Valdelomar. Signo* (1940). Emilio Champion dejó, además de su obra poética, un interesante trabajo de tesis, ahora casi desconocido: "La obra poética de Don Juan del Valle y Caviedes y su influencia en el criollismo peruano" (1953).

La literatura hispánica en la Amazonía peruana: Esquema general y alcances de una investigación

Luis Hernán Ramírez

Academia Peruana de la Lengua, Perú

La intención de esta ponencia es mostrar el esquema general y los alcances de mis indagaciones sobre el desarrollo y las realizaciones de la literatura hispánica en el territorio de la selva peruana desde el *Relato* de fray Gaspar de Carvajal, compañero de Orellana en el viaje del descubrimiento del Amazonas (1542), hasta los aportes estéticos y de creación más recientes en poesía y narrativa de las nuevas generaciones de procedencia amazónica. Esta indagación supone una propuesta: la periodificación de las letras amazónicas en cinco ciclos anteriores al panorama actual:

1 Los cronistas españoles y la Amazonía peruana (siglos XVI-XVII).

2 El aporte de los misioneros católicos (siglos XVII-XIX).

3 Los informes y estudios de los exploradores y viajeros científicos (siglos XVIII-XIX).

4 La presencia de los primeros amazonistas o loretanistas (siglos XVIII-XIX).

5 La primera generación de escritores oriundos de la selva (siglos XIX-XX).

Esta indagación se completa con tres proyectos prácticamente concluidos:

Poesía que viene de la selva (1996), que deslinda el universo de la poesía amazónica en lengua española. Registra autores, obras y tendencias poéticas, e incorpora al proceso de la lírica nacional la poesía que viene de la selva. Se ha hecho un estudio sobre los períodos sucesivos de esta poesía y una antología general en la que prefiguramos seis ciclos:

1 Primeros cantores del Amazonas. *El canto al Amazonas* de F. Hernández inicia en 1868 este ciclo de poesía motivada por la grandiosidad del Amazonas.

2 Modernistas y posmodernistas tardíos. Poetas seguidores de estas tendencias en la primera mitad de nuestro siglo.

3 Innovadores. Poetas que insertan la lírica amazónica en las corrientes de renovación estética que se dan en la poesía peruana después de la II Guerra Mundial, 1945.

4 Poesía mágica. El movimiento "Bubinzana" de Iquitos se funda en 1963.

5 Poesía iconoclasta y de protesta. Por influjo de "Hora Zero" de Lima se funda "Hora Zero" de Pucallpa en 1970.

6 Hacia nuevas formas. El manifiesto poético del Grupo "Urcututu" aparece en Iquitos en 1984.

Letras ucayalinas (Para un derrotero cultural de Pucallpa) (1996), que contiene los siguientes capítulos:

I. La tierra roja.

Il. Exploradores y misioneros.

III. Forjadores de la cultura ucayalina.

IV. Escritores oriundos de la tierra.

V. Los que llegaron de afuera o pasaron por Pucallpa.

VI. Pintores y escultores de Pucallpa.

El español amazónico hablado en el Perú (Hacia una sistematización de este dialecto) (1995), que contiene, sobre esta variante del español peruano, una visión diacrónica, la zona de su expansión, sus rasgos fonético-fonológicos, morfosintácticos y léxico-semánticos, así como su presencia y empleo en la literatura regional popular y culta.

Primer ciclo: Los cronistas españoles y la Amazonía peruana (siglos XVI-XVII)

La investigación sobre este ciclo pretende un acercamiento a los cronistas peninsulares (1542-1656) que dejaron en sus obras –durante mucho tiempo inéditas– la impronta de sus preocupaciones y de sus impresiones de viajeros, protagonistas o testigos de increíbles sucesos y aventuras en la selva, conformando, en conjunto, el momento inicial del proceso de la literatura hispánica en nuestra Amazonía.

Comprende seis capítulos:

1. La crónica de Gaspar de Carvajal, primer documento de la literatura hispánica en la Amazonía peruana (1542). Trata de la *Relación* escrita por fray Gaspar de Carvajal (1500-1584), compañero de Orellana en el sensacional viaje del descubrimiento que abre las páginas de la literatura amazónica en lengua española. Embargado mucho más por los sucesos de la aventura que por la novedad del paisaje, Carvajal nos trae la más temprana información sobre la naturaleza y la vida de esta desconocida región matizando sus anotaciones con cándidas y fabulosas referencias a plantas y animales exóticos y a sus nativos habitantes incluyendo una descripción física de las míticas "amazonas", declarando haberlas visto y combatido contra ellas.

Esta primera crónica de la selva amazónica, escrita con una obsesión poética y maravillosa por el asunto narrativo (las diarias peripecias de un viaje hacia lo desconocido, la búsqueda de alimentos, la lucha contra los indios, el permanente acoso de éstos cuyos certeros disparos le hicieron saltar un ojo), es un relato intensamente humano avivado por la emoción de la epopeya y una gran fantasía personal que le llevan a describir ciudades densamente pobladas de extraordinario lujo oriental con adornos de oro y plata, manadas de elefantes y camellos, flotas de embarcaciones, lluvias de flechas enemigas, y le convierten en el único hombre que "vio" a redivivas "amazonas" en el Gran Río.

2. Pedro Cieza de León y la primera manifestación de la literatura mágica en la selva (1551).

Destaca de este autor-viajero, soldado, etnógrafo y cronista, su visión de la selva a la que él considera "una región dificultosa por su espesura, porque más del tiempo llueve en ella y porque la tierra es sombría". En la primera parte de su *Crónica general del Perú,* aparte de darnos información histórica sobre la fundación de Moyobamba, primera ciudad edificada por los españoles en la selva, Cieza recoge dos versiones populares de mitos y fabulaciones: una sobre encantamientos de serpientes y otra sobre extraños simios que cohabitaban con humanos engendrando monstruosas criaturas; con ellas inaugura muy tempranamente la literatura mágica en la selva que más tarde tendrá excelentes cultores en la poesía y el relato.

3. El ciclo de Aguirre en la literatura amazónica (1561). Comprende seis breves crónicas, dos cartas y un romance escritos en diversas etapas por testigos presenciales de la trágica y novelesca aventura del rebelde y literario capitán Lope de Aguirre, jefe de los "marañones" que regó con la sangre de sus víctimas el largo camino fluvial del Huallaga al Atlántico en 1560. Las crónicas de este ciclo son las de Francisco Vásquez, Gonzalo Zúñiga, Pedrarias de Almesto, Toribio de Ortiguera, Custodio Hernández y Pedro de Munguía; la carta-relación está firmada por el soldado Juan de Vargas y la carta-proclama, dirigida al rey, la suscribió el propio Lope de Aguirre y es el primer documento protestatario aparecido en el trópico amazónico. El romance *La jornada del Marañón,* indudablemente el primer poema sobre un tópico amazónico, que históricamente pertenece a la literatura peruana, es de Gonzalo de Zúñiga.

Este capítulo hace también una referencia a *Noticias historiales* (1627) de fray Pedro Simón, cronista español de Nueva Granada, que trajo la información más completa sobre la aventura amazónica y tropical de Lope de Aguirre.

4. La verdad de una crónica amazónica. *El Marañón* de Diego de Aguilar y Córdoba (1578). Contiene un estudio sobre el andaluz Diego de Aguilar y Córdoba (1550-1621), hombre de armas y de letras, elogiado por sus contemporáneos; que sirvió al rey de España en la Armada del Mediterráneo; que participó en la defensa del Callao contra el ataque de las naves piratas de Drake, en 1579; que fue secretario de Cámara del virrey Conde de Villar –don– Pardo y Corregidor de Huánuco en donde escribió *El Marañón,* considerado durante mucho tiempo un poema épico pero que en verdad se trata de una crónica tardía. La obra de Aguilar aún se mantiene inédita, conservada en dos códices, uno en el British Museum y otro en la Universidad de Oviedo, donde fue examinada por críticos e historiadores modernos como Rubén Vargas Ugarte, Guillermo Lohmann Villena y Emiliano Jos.

5. Cristóbal de Acuña, el *Nuevo descubrimiento del Amazonas* (1641). Es un estudio analítico de esta crónica tardía cuyo autor acompañó al capitán Pedro Texeira en su viaje de retorno, de Quito a Belém, anotando minuciosamente sus observaciones que presentó como informe al rey de España y publicó, como libro, con el título *Nuevo descubrimiento* porque sacaba a la vista "un nuevo mundo, nuevas naciones, reinos nuevos, ocupaciones nuevas y modo de vivir nuevo". Igual que el dominico Carvajal, un siglo antes, el jesuita Acuña exageró su información sobre la región y acogió la noticia sobre la existencia de las "amazonas" ubicándolas por referencias en la región de Tupinambás, entre los ríos Madera y Tapajos.

6. Antonio de León Pinelo, *El paraíso terrenal en la Amazonía* (1656).

Contiene información sobre este español llegado al Perú en 1612, que estudió derecho y se graduó de abogado y de doctor en San Marcos, que publicó en Lima su primer libro y que inició en el Perú su investigación y monumental recopilación de las leyes de Indias. *El Paraíso en el Nuevo Mundo,* que dejó al morir entre una copiosa producción édita o inédita, fue escrito en 1656 y no se publicó hasta 1943. En esta obra León Pinelo adereza el mejor elogio de la Amazonía al sustentar la extravagante tesis de ubicar en esta región el bíblico Paraíso Terrenal.

Para sostener tan singular idea hace gala de una vasta erudición teológica, bíblica, histórica y geográfica.

Entre las razones que mueven al autor a dar tal ubicación están, por una parte, la de tener el continente sudamericano forma de corazón en cuyo centro nacen cuatro ríos mayores: La Plata, Amazonas, Orinoco y Magdalena, a los que identifica como los cuatro ríos de la Sagrada Escritura: Phisón, Gehón, Perath e Hidekel respectivamente; y, por otra, la de estar la zona señalada para el Paraíso custodiada por la cadena andina de volcanes que, en la fantasía y argumentación de León Pinelo, representa la flamígera espada del ángel que Dios puso en la entrada del Edén para impedir el retorno de la pareja que cayó en pecado. Y, como un argumento más de su original propuesta, aduce que el árbol del Bien y del Mal fue la granadilla, maravillosa fruta de la selva que, por su color, olor y sabor, fue capaz de engolosinar a Eva. La flor de la granadilla, según el acomodado razonamiento del cronista, ofrece a la vista los signos de la pasión de Cristo (lanza, esponja, escalera, cruz y corona de espinas) como demostración divina de que en la misma fruta del pecado se presenta la flor con las señales de la pasión redentora.

Segundo ciclo: El aporte de los misioneros católicos (siglos XVII-XX)

Apenas iniciada la conquista del país, la Amazonía atrajo, de modo especial y continuado, el interés de los misioneros católicos, no para ir a ella en pos de misteriosos tesoros sino para comunicar a los naturales su fe evangélica. Más que un reto, la catequización de los aborígenes fue una opción valedera para los misioneros que acudían a veces desde países extranjeros a los remotos rincones de nuestra selva enfrentándose, solos, en un dilatado territorio, a las dificultades de la comunicación, a climas adversos, a las enfermedades, a la soledad, a la incomprensión de las autoridades virreinales y hasta a la amargura de ver, con sus propios ojos, la destrucción del trabajo realizado, sin faltar, en ocasiones, el sacrificio de la vida misma.

La presencia de los misioneros en la selva peruana tiene, inicialmente, en el siglo XVII, dos vertientes: la de Quito en los ríos Napo, Marañón y Amazonas a cargo de los jesuitas; y la de Ocopa en los ríos Perené, Urubamba y Ucayali a cargo de los franciscanos. Ambas congregaciones tuvieron en esta jornada de evangelización y propagación de la fe sus respectivos mártires: Rafael Ferrer en 1611 y Enrique Richter en 1696, jesuitas; Manuel Biedma en 1687 y Ramón Busquet en 1846, franciscanos. En 1767 la pragmática sanción de Carlos III que expulsó a los jesuitas de los territorios de la Corona española canceló la obra misional de la Compañía de Jesús dejando toda la catequización de la Amazonía a la orden franciscana.

Frente a la inquietud aventurera de los conquistadores afiebrados, buscadores de tesoros y de ciudades perdidas resplandecientes de oro y piedras preciosas, que encandilados por las leyendas iniciaron las primeras "entradas" y se lanzaron al interior de la selva donde no encontraron nada más que hambre y miseria y volvieron destrozados y harapientos a sus puntos de partida, como Pedro de Candia y Gonzalo Pizarro, o continuaron arrastrados por los grandes ríos en rutas sin retorno como Francisco de Orellana y Lope de Aguirre, los misioneros llevaron adelante una obra firme y sistemática que rebasó el inicial afán evangelizador y prestó un invalorable servicio a la ciencia y la cultura. En la verde y hostigante inmensidad del bosque, el misionero se volvió explorador, fundador de ciudades, investigador, geógrafo, cartógrafo, naturalista, etnólogo, historiador y hasta narrador y poeta.

Los misioneros debían rendir informes o presentar la "relación" de sus trabajos. Solían llevar sus "diarios" y escribir muchas cartas y peticiones. Al volver a la paz y tranquilidad de los claustros, algunos ordenaban sus apuntes para hacer mapas, esbozar la historia de sus misiones o abordar algún estudio sobre un tópico específico. Para cumplir sus labores evangelizadoras tuvieron necesidad de aprender las lenguas aborígenes y elaborar gramáticas y diccionarios bilingües y traducir el catecismo y las oraciones a los idiomas autóctonos o poner en versión española los mitos y leyendas de los pueblos aborígenes, todo lo cual constituye un valioso aporte documental a la lingüística amazónica y al proceso de la literatura hispánica en la selva, y convierte a los catequizadores en autores y protagonistas de la historia de la literatura amazónica en el Perú.

Muchos son los misioneros –particularmente jesuitas y franciscanos– que penetraron y vivieron en la selva y enriquecieron con sus trabajos lingüísticos, lexicográficos, de traducción y creación literaria, con sus cartas, diarios, informes y otros documentos, la literatura amazónica. El registro de estos misioneros es muy amplio y vasto, y el acercamiento y la asequibilidad a todos ellos supone una indagación laboriosa y lenta.

Los jesuitas en el Marañón (1638)

En 1618 el virrey Francisco de Borja y Aragón, príncipe de Esquilache, celebró con el gobernador de Loja, Diego Vaca de la Vega, una capitulación por la que le encomendaba la conquista de los indios mainas en el río Marañón, concediéndose a él y a sus descendientes el título de Gobernador de Maynas. Vaca de la Vega fundó la ciudad de Borja y la hizo capital de la nueva gobernación. A punto de ser destruida la ciudad por los nativos sublevados, el segundo gobernador de Maynas, Pedro Vaca de la Cadena, solicitó al provincial de los jesuitas de Quito el envío de misioneros, creyendo que la prédica de ellos apaciguaría a los indios.

En 1638 llegaron a Borja los primeros misioneros de la Compañía de Jesús: Gaspar Cugía y Lucas de la Cueva. Así se dio comienzo a las misiones jesuíticas en el Marañón que después se extendieron al Bajo Huallaga y al Amazonas. Éstas duraron hasta el año 1767, cuando se decretó la expulsión de todos los regulares de la compañía de los territorios de la monarquía española. Los jesuitas abandonaron la selva del Perú por la ruta del Amazonas y el Atlántico.

Los jesuitas cuya trayectoria y obras hemos indagado son: Rafael Ferrer (1566-1611), iniciador de las misiones jesuitas en la selva de los ríos Aguarico y Napo, y el primer mártir de la fe católica en la Amazonía; Lucas de la Cueva (muerto en 1672), autor de patéticas cartas dirigidas al superior de la orden refiriendo sus sufrimientos personales y las dificultades para sus viajes y trabajos misionales, así como las amenazas de los indios a su propia vida; Raymundo Santa Cruz (1623-1662), autor de cartas e informes que dan cuenta de sus descubrimientos geográficos y de la apertura de nuevas rutas de comunicación hacia Quito; Enrique Richter (1652-1696), autor de gramáticas y vocabularios de varias lenguas nativas a las que también tradujo el catecismo. Este misionero preparó el primer mapa del Ucayali; Samuel Fritz (1654-1725), defensor de la peruanidad de los territorios amazónicos y autor de un detallado *Mapa del Amazonas* (1707), publicado junto con su *Descripción del gran río Amazonas;* y Francisco Xavier Weigel (1717-1798), explorador, etnógrafo y cartógrafo que trazó un detallado *Mapa de Maynas* (1769).

Los franciscanos en el Ucayali (1641)

El capitán español Juan Salinas de Loyola obtuvo en 1557 autorización real para pacificar y poblar las provincias de Yahuarsongo y Bracamoros, adonde se encaminó con 150 hombres, exploró el nororiente peruano por el río Santiago y llegó al Marañón. Bajó por él hasta su confluencia con el Ucayali, río que navegó aguas arriba visitando la tierra de los conibos, shipibos, campas y otras naciones selváticas. Sobre las huellas del capitán Salinas de Loyola, los misioneros franciscanos Matías Illescas, Pedro de la Cruz y Francisco Piña, partiendo desde Lima, se lanzaron en 1641 por el curso del Perené con el propósito de llegar a la tierra de los quijos por los ríos del Perú, Ucayali y Amazonas, en lugar de hacerlo por los caminos de Quito a fin de no entrar en conflicto con los jesuitas de esa zona. No llegaron nunca a su destino, pero tampoco regresaron a Lima. Fueron los primeros mártires de la fe cristiana en la selva del Perú.

El criollo peruano fray Manuel Biedma, de la orden franciscana, fue el gran misionero y explorador de nuestra selva en 1687, cuando navegaba el Tambo intentando fundar, en la confluencia de este río con el Urubamba, la ciudad de San Francisco para que sirviera como centro de las futuras operaciones evangelizadoras de los franciscanos. Biedma cayó víctima de una emboscada de los indios. Años después, en 1725, el padre Francisco de San José estableció el convento de Santa Rosa de Ocopa, en el valle del Mantaro, desde donde parten, en lo sucesivo, los misioneros franciscanos llevando a la selva central y a las cuencas del Huallaga y el Ucayali su ardorosa fe evangelizadora, con lo que acrecientan, al mismo tiempo, el conocimiento geográfico y etnográfico de esas regiones.

Entre los misioneros franciscanos que hemos indagado, aparte de Manuel Biedma, figuran: José Amich (1711-s.a.), geógrafo, cronista e historiador, autor de *Historia de las misiones del convento de Ocopa* (1770); Narciso Girbal (1759-1827), que publicó, en *El Mercurio Peruano* (1791), "Peregrinación en los ríos Marañón y Ucayali"; Manuel Plaza (1772-1853), que publicó un *Informe* (1852) de su labor misionera en el difícil momento de la independencia; Agustín Alemany (1847-1929), quien contribuyó a la lingüística amazónica con elementos de gramática del shipibo y el piro y con diccionarios bilingües de estos mismos idiomas y el español. Un informe de su trabajo misional en el Ucayali se encuentra inédito en el convento de Ocopa; José Ignacio Aguirrezábal (1891-1956), que dejó sin publicar unos *Apuntes* sobre su labor misional; Dionisio Ortiz (1908-1984), autor de varias monografías sobre diversas regiones, provincias y departamentos de nuestra selva central; Conrado Juaniz (1910-1981), autor de varias novelas de carácter histórico de la región amazónica; y Pascual Alegre (1917-1980), que recogió en dos volúmenes las costumbres y el folclor de los pueblos de la selva y ha dejado inéditos otros dos volúmenes: un diario de su vida y un informe de sus viajes. En las dos primeras décadas de este siglo se hicieron presentes en la evangelización de la selva los agustinos, con sede en Iquitos; los pasionistas en el Huallaga, con sede en Yurimaguas, y los dominicos en Madre de Dios, con sede en Puerto Maldonado. En la actualidad, debido a la extensión del territorio y al incremento de la población, se ha permitido el trabajo misional de otras órdenes, y la división eclesiástica de la selva es la siguiente: los franciscanos canadienses en el Bajo Amazonas y el Yavarí; los agustinos en las provincias de Maynas y Loreto; los pasionistas en el Huallaga y el departamento de San Martín; los jesuitas, que han vuelto, tienen el Alto Marañón; los franciscanos de la provincia de San Francisco Solano están en las provincias de Requena y Ucayali; la Sociedad Misional de Québec en el departamento de Ucayali; los franciscanos de Ocopa en Chanchamayo y la selva central y los dominicos en el departamento de Madre de Dios.

Tercer ciclo: Informes y estudios de los exploradores y viajeros científicos (siglos XVIII-XIX)

En este ciclo consideramos la contribución intelectual de connotados exploradores y viajeros que pasaron por la selva amazónica: Carlos María La Condamine (1701-1774), cuya información –llevada a Europa– sobre la lechosa savia de los árboles de caucho inaugura, en 1738, el primer capítulo de la trágica historia del oro negro en la selva; Tadeo Haenke (1761-1816), que se internó en la selva de Huánuco y ponderó "el perpetuo verdor de sus campos que alegran al ojo más dormido"; Alexander von Humboldt (1769-1859), que se contactó con el mundo amazónico en el Casiquiaré al sur de Venezuela y en la selva de Jaén, al norte del Perú; Francis de la Porte, conde de Castelnau (1812-1880), que recorrió la parte central de América del Sur, de Río de Janeiro a Lima por tierra y del Cusco a Belém do Pará por río; Antonio Raimondi (1825-1892), que visitó dos veces la provincia de Loreto y dejó la más completa monografía de ella; y Pedro Portillo, coronel del Ejército peruano, sobreviviente de la batalla de Arica, que vinculó su nombre a Loreto como prefecto, senador y explorador de este departamento.

Más allá de estos nombres de evidente y fácil identificación, la heurística en la investigación de los autores de este ciclo nos plantea un problema de deslinde preciso y definitivo para saber quiénes son, en verdad, exploradores y científicos, pues muchos misioneros y viajeros foráneos, rebasando sus fines y propósitos iniciales, anduvieron husmeando los secretos y novedades de esta tierra y dejaron noticias de ellas en cartas, informes o libros.

Cuarto ciclo: Los primeros amazonistas (siglos XIX-XX)

Bajo este rubro consideremos a los intelectuales foráneos, procedentes del país o del extranjero, que han dedicado sus inquietudes, preocupaciones, indagaciones y escritos a la región de la selva amazónica; que se radicaron algún tiempo en ella o pasaron por allí investigando su geografía y su historia, estudiando la vida de sus gentes, apreciando y aquilatando sus riquezas y tesoros naturales, descifrando o esclareciendo sus misterios y secretos o cantando sus bellezas.

Utilizamos la denominación "amazonista" con el mismo criterio y la semejanza de sentido con que se usan los términos "americanista" y "peruanista" para designar a los intelectuales foráneos que tratan, en sus obras, de América o del Perú respectivamente, y esta denominación nos parece más adecuada a la modernidad y más ajustada a la realidad que el término "loretanista" –que también suele usarse en estos casos–, porque nuestra investigación alcanza todo el ámbito amazónico peruano incluyendo la selva central y la selva del sur del país que nunca estuvieron bajo la jurisdicción de la antigua gobernación de Maynas, ni de la provincia litoral de Loreto ni del departamento fluvial del mismo nombre en el siglo XIX, desmembrado, posteriormente, en otros departamentos: San Martín (1906), Madre de Dios (1912) y Ucayali (1980).

En vista de un amplio registro de autores de este ciclo, merecedores de una semblanza o esbozo biográfico que los ubique en el tiempo y en el marco del desarrollo cultural sobre el que gravitaron oportunamente con su trabajo intelectual, hemos establecido, esquemática y metodológicamente, dos grupos: a) de los que pasaron por la región dedicando a ella toda o gran parte de su obra escrita; y, b) de los que se afincaron en la tierra identificándose con las costumbres, modos de vida, problemas y esperanzas.

En uno y otro grupo, la obra de los amazonistas constituye un aspecto importante y fundamental para abrir un capítulo nuevo, el de las letras amazónicas en la literatura nacional, y para establecer dentro del proceso creador de las letras y las artes de nuestro país la tendencia u orientación del *selvismo* con la misma trascendencia que tiene, en esos mismos campos, el llamado *indigenismo*.

Los amazonistas que hasta hoy hemos indagado son:

- José Manuel Valdez y Palacios, cusqueño de principios de este siglo, el primer viajero romántico del Amazonas que navegó este río desde el Cusco hasta Belém do Pará y cuyo diario público, en Río de Janeiro, en portugués.
- Benito Arana (1831-1905), limeño, sobreviviente de dos guerras: la del 2 de mayo y la del 79. Prefecto de Loreto, explorador de sus ríos, "vengador" y genocida de nativos cashivos.
- José B. Samanez Ocampo (1838-1887), natural de Apurímac, exploró el Alto Ucayali y los ríos amazónicos del sur, empeñándose en colonizar esa rica zona del país como salida a la crisis económica del Perú después del desastre de la Guerra del Pacífico.
- Serafín Filomeno (1846-1922), educador iqueño, fundador y director del primer colegio del oriente peruano, dedicó su vida a formar y enseñar a la juventud loretana.
- Joaquín Capelo (1852–1928), ingeniero limeño, constructor y promotor de la vía central de Pichis.
- Hildebrando Fuentes (1860-1917), prefecto de Loreto, organizó la administración fiscal en el departamento y escribió la primera sociología regional.
- Carlos Germán Amézaga (1862-1906), limeño que trabajó como capataz en la extracción del caucho en

el Yaraví y escribió sobre el tema un canto épico, *La leyenda del caucho*.
- Augusto Enrique Tamayo (1875-1936), arequipeño, precursor de la comunicación radiotelegráfica en las ciudades de la selva, realizó la primera comunicación inalámbrica entre Lima e Iquitos en 1912.
- Carlos Larrabure y Correa (1876-1943), diplomático limeño, el primer gran historiador de la Amazonía y autor de una monumental recopilación de *Documentos oficiales de Loreto*.
- Enrique D. Tovar R. (1888-1947), filólogo y lexicógrafo, autor del *Vocabulario del oriente peruano*.

Quinto ciclo: Primera generacion de escritores oriundos de la selva (siglos XIX-XX)

Manejando un criterio amplio, denominamos "primera generación" a los escritores nacidos en las últimas cuatro décadas del siglo pasado y en la primera del siglo XX. Algunos autores de este ciclo son conocidos y aún figuran en el panorama de las letras peruanas. Otros, la mayor parte, son autores marginados, olvidados, casi desconocidos o soslayados en el proceso y desarrollo de nuestra literatura nacional porque ésta se ha escrito siempre con un criterio centralista capitalino y extremadamente limeño.

Nuestro propósito principal al abordar el estudio de la literatura regional amazónica es el de rescatar nombres y obras. Se trata de preparar, para cada autor, una semblanza de su trayectoria humana, de su vida literaria y de sus trabajos intelectuales o creaciones artísticas, valorando la importancia de sus escritos o la de su participación en el afianzamiento y desarrollo de la cultura amazónica como parte del proceso cultural del país.

Jenaro E. Herrera (1861-1941), nacido en Moyobamba, doctor en Letras por la Universidad de San Marcos, es el primer escritor oriundo de la selva. Fue amigo y discípulo de Ricardo Palma y bajo el influjo de *Las tradiciones peruanas,* siguiendo el modelo del nuevo género creado, escribió sus *Leyendas y tradiciones de Loreto* (1917). Con Herrera y su obra se inicia el quinto ciclo de la literatura amazónica del Perú en lengua española, que tiene su mejor expresión en discursos líricos que exaltan y cantan los ornamentos mágicos de la selva en textos narrativos que revelan los misterios del bosque y en un polémico género ensayístico de esclarecimiento y denuncia de la palpitante y dolorosa realidad amazónica, cruentamente explotada por los caucheros de la pasada centuria saqueada por la voracidad de las trasnacionales de hoy criminalmente venalizada, al margen de la ley, por los traficantes de la cocaína y agobiada por la improvisación, cuando no por el olvido, de los gobiernos de turno.

Juan del Valle y Caviedes a los tres siglos: Olvidado y renombrado

Daniel Reedy
University of Kentucky, Estados Unidos

A los tres siglos de la desaparición de Juan del Valle y Caviedes de la Lima virreinal es muy propicio reflexionar sobre el papel que este peruano adoptivo ocupa en el campo de las letras coloniales tanto en relación al Perú como a otros virreinatos de entonces, siendo objeto, él y su obra, de las labores de investigación de biógrafos, historiadores, lingüistas, críticos literarios y otros estudiosos de la cultura peruana. En términos generales, observamos que dichas investigaciones se han concentrado en: 1) descubrir y revelar nuevos datos sobre la persona de Caviedes; 2) establecer textos fidedignos de sus escritos con base en los manuscritos de su obra; y, 3) analizar y comentar los valores literarios de su poesía y teatro en el contexto de las letras peruanas y latinoamericanas. En las circunstancias de este simposio, pensamos ofrecer una vista retrospectiva sobre estos tres factores en cuanto se relacionen al vate peruano y a los valiosos aportes de un nutrido grupo de investigadores dentro del Perú, en las Américas y en Europa.

Caviedes: Hombre y mito

Desde la segunda mitad del siglo XVII hasta mediados del XX, existió un mito alrededor de la figura y obra de Juan del Valle y Caviedes. Tal vez a consecuencia de algunas poesías muy escabrosas e invectivas contra distinguidos conciudadanos suyos, sólo alcanzan a publicarse en vida tres de los poemas de Caviedes: un *Romance en que se procura pintar, y no se consigue: La violencia de dos terremotos, conque el Poder de Dios asoló esta Ciudad de Lima, Emporeo de las Indias occidentales, y la mas rica del mundo* (1688); unas "Quintillas en el certamen que se dio por la Universidad a la entrada del conde de la Monclova" en la *Oración y Panegyrica Que al primer feliz ingresso del Excelentissimo Senor Don Melchior Portocarrero Lasso de la Vega, Conde de la Monclova...* (1689) de Diego Montero del Águila; y finalmente un soneto "Créditos de Avicena, gran Bermejo" que figura entre los poemas preliminares del *Discurso de la enfermedad del sa-*

rampión experimentada en la ciudad de los Reyes del Perú (1694), obra médico/científica compuesta por el doctor Francisco Bermejo y Roldán, Protomédico general del Reino.

En las páginas de *El Mercurio Peruano* Caviedes es redescubierto en 1791 cuando la Sociedad Académica de Amantes de Lima edita cuatro poemas suyos junto con unas ligeras noticias sobre el poeta y su obra en un breve ensayo intitulado "Rasgos inéditos de los escritores peruanos" por Hipólito Unanue:

> "Las (poesías) de nuestro célebre Caviedes agradarán a cuantos las leyeren. Acaso no se han escrito invectivas más graciosas contra los Médicos, que las que se contienen en la colección inédita que intituló Diente del Parnaso. Sus Romances y Epigramas merecen colocarse al lado de los mas chistosos Satíricos. Si la Sociedad tuviera completa la historia de su vida, que por algunos hechos que ha conservado la tradición, se conjetura haber sido tan salada como sus producciones, la antepondría a la publicación de éstas; pero no teniendo todavía los materiales necesarios para escribirla, ha pensado adelantar algunos de sus rasgos, para sacarlos del triste rincón en que encontró el manuscrito." (Unanue: *El Mercurio Peruano*, 1791: 313.)

La conjetura de que la historia de la vida de Caviedes habría que ser "tan salada como sus producciones" contribuye directamente al proceso de mitificación de la figura del poeta. Los editores agregan que muchos patriotas mantienen en su poder manuscritos de Caviedes, en cuyos poemas figuran nombres de personas muy conocidas en aquellos tiempos. Por esto,

> "La Sociedad... ha querido suprimirlos, pareciéndole que de este modo evitará las quejas, que aún en el día pudieran sucitarse en vista de aquellas sátiras personales; no obstante ser dirigidas a sujetos que ya no existen, y escritas en la remota antigüedad

de más de un siglo" (Valle y Caviedes: *El Mercurio Peruano*, 1792: 155, nota 1).

Si bien el mito de Caviedes germinó en la tradición popular y en las páginas de *El Mercurio Peruano*, los ensayos de Juan María Gutiérrez y Ricardo Palma en el siglo XIX sustentaron y ampliaron las dimensiones del mito. En 1852 Gutiérrez, crítico-historiador argentino, publicó un artículo sobre Caviedes en *El Comercio* de Lima, en el que traza la siguiente semblanza del poeta:

> "Fue dado a los placeres, a la holganza truhanesca, al mismo tiempo que fervoroso devoto, como sucedía en los antiguos tiempos de España, en que las manchas se lavaban con agua bendita, y las conciencias se tranquilizaban con la distraída absolución de un fraile. Sin embargo, y a pesar de las liviandades de la pluma de Caviedes, le tenemos por un hombre honrado y le haríamos nuestro amigo si viviese..." (Gutiérrez, 262.)

Siguiendo las huellas de Gutiérrez, dos décadas más tarde Palma agrega nuevos particulares a la silueta biográfica de Caviedes en su "Prólogo muy preciso" a la edición de Caviedes preparada por Manuel de Odriozola (1873). Según el tradicionista, tuvo la fortuna de que le llegara a su poder en 1859 un manuscrito de los versos de Caviedes en cuya primera página se encontraba una noticia biográfica sobre el poeta. A base de aquella fuente, Palma esboza una vida para el satírico y lo bautiza como "el poeta de la Ribera":

> "... Caviedes fue hijo de un acaudalado comerciante español y hasta la edad de veinte años lo mantuvo su padre a su lado, empleándolo en ocupaciones mercantiles. A esa edad envíólo a España; pero a los tres años de residencia en la Metrópoli regresó el joven a Lima, obligándolo a ello el fallecimiento del autor de sus días.
> A los veinticuatro años de edad se encontró Caviedes poseedor de una fortuna y echóse

a triunfar, a darse vida de calavera, con gran detrimento de la herencia y no poco de salud. Hasta entonces no se le había ocurrido nunca escribir verso, y fue en 1681 cuando vino a darse cuenta de que en su cerebro ardía el fuego de la inspiración. Convaleciente de una gravísima enfermedad, fruto de sus excesos, resolvió reformar su conducta. Casóse y con los restos de su fortuna puso lo que en esos tiempos se llamaba un cajón de Ribera, especie de arca de Noé donde se vendía al menudeo mil baratijas.

Pocos años después quedó viudo y el poeta de la Ribera, apodo con que era generalmente conocido, por consolar sus penas, se dio al abuso de las bebidas alcohólicas que remataron con él en 1692, antes de cumplir los cuarenta años como él mismo lo presentía en una de sus composiciones." (Palma, 1873: 5-6.)

Vistos a la luz de datos descubiertos posteriormente, los comentarios de Palma sobre Caviedes son, casi por entero, una ficción. ¿Sería posible que el gran tradicionista peruano, excelente inventor de fuentes, también fabricara una biografía apócrifa con el propósito de prologar la edición de Odriozola? ¡Creemos que sí! Y los detalles de dicha invención vuelven a repetirse en los ensayos de otros durante más de medio siglo.

Como ejemplo de los extremos a que ha llegado el proceso mitificante, ofrecemos el caso de Caviedes como personaje en una novela norteamericana. ¿Qué habría pensado nuestro amigo Caviedes si hubiera resucitado a mediados del siglo XX para descubrir la siguiente semblanza suya dentro de la novela histórica *El halcón de oro* (1950) del novelista afroamericano Frank Yerby?:

"... the small man... stood dramatically in the doorway, his face was hideously marked with syphilis, his figure thin and beat, so that only his eyes seemed alive. But they were wonderful eyes that soared above the dying wreck of his body as though they had a life of their own... 'Caviedes'! The name went up in a shout, a roar of welcome, bursting from the lips of every man and woman in the place..." (Yerby, 203).

A petición de los concurrentes en la escena tabernera creada por Yerby, Caviedes declama sus versos, atacando a los médicos, burlándose de los esposos cornudos, y condenando jocosamente a las "damas" de Lima. La imagen ficticia del poeta parece tener su origen en la semblanza biográfica creada por Palma, aunque en manos de Yerby Caviedes no sólo es víctima del abuso de la bebida, como señala Palma, sino sifilítico y degenerado.

Caviedes desmitificado

Gracias a las investigaciones de don Guillermo Lohmann Villena, el proceso de rectificación y desmitificación se inicia en 1937 con su descubrimiento en los archivos de Lima de la partida de matrimonio de Caviedes fechada en 1671 y un testamento dictado en 1683 (Lohmann Villena 1937: 277-283). En ambos documentos Caviedes indica su lugar de origen y otros particulares sobre su familia, aunque no se nos revela la fecha de su nacimiento. En el testamento, Caviedes declara ser "natural de la villa de Porcuna en el Andalucía Reinos de España, hijo legítimo del doctor Don Pedro del Valle y Caviedes y de doña María de Caviedes mis padres difuntos..." (279).

Gracias a los esfuerzos de otro investigador, el profesor Luis García-Abrines, se ha localizado últimamente la partida de matrimonio de los padres de Caviedes, verificando que el acto se efectuó el 8 de febrero de 1644 en la iglesia de Nuestra Señora de la Asunción de Porcuna. Las actas parroquiales también revelan que el doctor don Pedro del Valle era "juez de millones", o sea, recaudador de impuestos para el rey y una figura de cierta importancia en su región. A los trece meses del matrimonio, otra inscripción en el registro anuncia el bautizo de Juan del Valle y

506 _____ **Literatura**

Caviedes, primogénito de don Pedro del Valle y doña María de Caviedes, el 11 de abril de 1645 (copia fotográfica).

La obra poética del vate peruano nos ha dejado también algunas vislumbres sobre su vida. "Una poesía autobiográfica de Caviedes" publicada en 1944 por Lohmann Villena nos revela ciertos detalles sobre los años jóvenes de Caviedes:

> "De España, pasé al Perú
> tan pequeño, que la infancia,
> no sabiendo de mis musas,
> ignoraba mi desgracia.
> Héme criado entre peñas
> de minas, para mí avaras,
> mas ¿cuándo no se complican
> venas de ingenio y de plata?
> Con este divertimiento
> no aprendí ciencia estudiada
> ni a las puertas de la lengua
> latina llegué a llamarla.
> Y así doy frutos silvestres
> de árbol de inculta montaña,
> que la ciencia del cultivo
> no aprendió en lengua la azada."
> (Valle y Caviedes: *Obras completas*, 255: 69-84.)

Otra inscripción en las actas parroquiales de Porcuna anuncia la muerte y entierro de su padre, don Pedro del Valle, el 4 de diciembre de 1662, cuando Juan tenía 16 años. ¿Será en aquella ocasión que el joven "no sabiendo de mis musas" decide viajar al Nuevo Mundo, o anteriormente cuando su pariente don Tomás Berjón de Caviedes arriba al Perú hacia 1655, o cuando éste ya ocupaba el puesto de fiscal de la Audiencia de Lima? A nuestro juicio es muy posible que el joven Juan saliese de España a principios del decenio de los sesenta, poco antes o después de la muerte de su padre, pero cuando Berjón de Caviedes era gobernador de la villa y de las minas de Huancavelica, puesto que ocupa desde el año 1660 hasta julio de 1664. Además, Lohmann Villena nos asegura haber visto "diversos documentos en el Archivo Nacional del Perú (en

que) constan las actividades de Caviedes en el campo de la minería durante el sexto decenio" (p. XV). Y el mismo poeta nos revela en su Carta a la Monja de México que "héme criado entre peñas de minas" (Lohmann Villena 1949: 364).

Sin lugar a dudas, desde 1671 encontramos a Caviedes en Lima donde contrae matrimonio el 15 de marzo, y donde el 26 de marzo de 1683 dicta su testamento, unos doce años más tarde. En el testamento nombra a los cinco herederos de su matrimonio con doña Beatriz, comenta detalladamente sus descalabros económicos, y lamenta encontrarse enfermo "de la enfermedad que Dios nuestro Señor ha servido darme..." (Lohmann Villena 1937: 279). A pesar de la posible gravedad de su estado de salud en aquel momento, sabemos que Caviedes no falleció porque hay muchos indicios en sus poesías sobre acontecimientos posteriores a 1683:

* El romance "Habiendo hecho al doctor Machuca médico de la Santa Inquisición" (*Obras completas*, 40) versa sobre el nombramiento en 1680 del doctor Francisco Vargas Machuca, médico del arzobispo Liñán y Cisneros, y posteriormente Protomédico del Virreinato.

* El "Juicio de un cometa que apareció hecho por el Autor" (*Obras completas*, 263) comenta un famoso cometa que apareció sobre el Perú a principios del mes de enero de 1681, acontecimiento natural observado y comentado también por José de Mugaburu en su *Diario de Lima*.

* Una "Jácara" (*Obras completas*, 264) sobre la construcción del Hospital de San Bartolomé cuyo edificio fue terminado en 1684.

* El "Memorial que da la muerte al Virrey..." (*Obras completas*, 21) es dirigido al virrey duque de la Palata bajo cuyo mando comenzaron la construcción de una muralla alrededor de la Ciudad de los Reyes entre 1681 y 1684.

* Otro fenómeno de la naturaleza que estimuló a Caviedes fue el terremoto del 20 de octubre de 1687 que asoló la ciudad de Lima y sus alrededores, hecho celebrado en el largo romance "Al terremoto de Lima el día 20 de octubre de 1687" (*Obras completas,* 261).

Otros poemas de Caviedes confirman su presencia en Lima hasta los últimos años del siglo XVII. Escribe unas "Quintillas" (*Obras completas,* 88) para celebrar la entrada en Lima del nuevo virrey conde de la Monclova (15 de agosto de 1689); el 9 de marzo de 1690, Caviedes se presenta a sí mismo en un romance (*Obras completas,* 39) como Juez Pesquisidor de un pleito entre el médico Juan de Reyna (graduado de bachiller en medicina por San Marcos en 1688) y el doctor Martín de los Reyes y Rocha, catedrático de Código y Decreto en San Marcos; y el mismo año Caviedes escribe un soneto (*Obras completas,* 90) al doctor Francisco Bermejo y Roldán celebrando su nombramiento como rector de la Real Universidad de San Marcos el 30 de junio de 1690. Y de la misma época hay un soneto de Caviedes (*Obras completas,* 44) sobre la muerte del virrey duque de la Palata ocurrida el 13 de abril de 1691 en Portobelo.

Dos poemas sobre el doctor Francisco Bermejo y Roldán dan testimonio de la presencia de Caviedes en Lima hasta mediados de los años noventa. Al doctor Bermejo Caviedes lo castiga en el romance "Los efectos del Promedicato de Bermejo escrito por el alma de Quevedo" (*Obras completas,* 40), y le dedica un soneto en el libro del médico, titulado *Discurso de la enfermedad del sarampión experimentada en la Ciudad de los Reyes del Perú* (1694). Los últimos poemas de Caviedes cuyos textos indican la época de composición son tres sonetos sobre la construcción de un muelle en el Callao, empezada a mediados de 1693 y terminada el 26 de mayo de 1696. El soneto "Al muelle acabado" (*Obras completas,* 266) indica la presencia de Caviedes aún en 1696 o a principios de 1697. Desde aquella época, el Caviedes de carne y hueso entra en un período de oscuridad y de olvido, sin mención documentada, hasta la época de su resurrección, en *El Mercurio Peruano.*

En pos de la obra de Caviedes

La obra de Caviedes –que consta de más de doscientos sesenta y cinco composiciones poéticas y tres piezas dramáticas conocidas hoy en día– ha recorrido una trayectoria azarosa para ir llegando a nosotros poco a poco desde la publicación de su primer poema suelto en 1688 hasta nuestros días cuando siguen descubriéndose otros manuscritos de su obra antes desconocidos.

Exceptuando los cuatro poemas publicados en *El Mercurio Peruano* (1791-92), y la *Defensa que hace un pedo al ventoso* publicada en 1814, la primera tentativa de una edición de la obra de Caviedes fue la de Manuel de Odriozola, con prólogo de Ricardo Palma, en 1873, tomo V de los *Documentos literarios del Perú (Diente del Parnaso. Poesías serias y jocosas).* Basada en un manuscrito que pertenecía a la biblioteca del médico limeño José Manuel Valdés, la edición de Odriozola incorpora ciento cuarenta poemas, algunos de los cuales no pertenecen a Caviedes y parecen ser obra de los contertulianos de la Tertulia del virrey marqués de Castelldos-Rius que se reunía en palacio a principios del siglo XVIII.

En 1899 Palma publica su propia edición del *Diente del Parnaso (Flor de Academias y Diente del Parnaso),* declarando haber corregido la edición de 1873. No se encuentran correcciones, excepto en el cambio de algunos títulos, y Palma redujo de ciento cuarenta a ciento uno el número de poemas en su propia edición de los publicados por Odriozola. A pesar de la declaración del tradicionista de haber consultado un manuscrito que perteneció a la librería de don Cipriano Coronel Zegarra, no hay ningún indicio de cambio sustancial entre la edición suya y la de Odriozola.

Desde 1899 hasta 1947, cuando sale la edición de Vargas Ugarte, otras ediciones y antologías se basan en la edición de Palma de 1899. Citamos como principales la edición de Luis Alberto Sánchez y Daniel Ruzo (*Diente del Parnaso,* Lima, 1925), y la selección hecha por Ventura García Calderón (*Apogeo de la literatura colonial,* Lima, 1938).

Son notables la publicación de Lohmann Villena en 1944 de "Una poesía autobiográfica de Caviedes", o sea la "Carta que escribió el autor a la monja de México" (255) y la importante publicación de Luis Fabio Xammar en la revista *Fénix* (1945) de veintitrés sonetos de Caviedes descubiertos en el manuscrito perteciente a la biblioteca del convento franciscano de Ayacucho.

La edición de las *Obras* de Caviedes publicada por Rubén Vargas Ugarte, S.J., en 1947, es de suma importancia en cuanto sirve de fuente y de impulso para estudios críticos de la obra poética y dramática de Caviedes en la segunda mitad del siglo XX. Infatigable investigador, bibliófilo e historiador, Vargas Ugarte publicó las *Obras de don Juan del Valle y Caviedes* como el primer tomo de una serie de clásicos peruanos. Para su edición Vargas Ugarte tuvo conocimiento del manuscrito de Caviedes de la Biblioteca de Lima (que perteneció a la biblioteca del doctor Hermilio Valdizán); también un manuscrito en la biblioteca de la Universidad de Duke (Carolina del Norte) que fue adquirido en los años treinta de la biblioteca de Pérez de Velasco; un manuscrito en la Bibioteca Nacional de Madrid que formaba parte de la Colección Gayangos; el manuscrito de Ayacucho antes descrito por Xammar; y las ediciones de Odriozola y Palma. Sin disminuir la valiosa contribución de Vargas Ugarte, que utiliza el manuscrito Duke "principalmente como guía de esta edición" (Vargas Ugarte, Bibliografía, XXI), hemos de notar ciertas graves omisiones en su edición. No se incluyen, por ejemplo, unos veinte poemas, conocidos por el editor, y otros que fueron mutilados por un exagerado concepto de modestia y criterios puritanos. Nos explica que "Es casi un deber cribar su obra poética y arrojar a un lado como inútil paja todo cuanto de repulsivo, maloliente o de subido color hallamos en ella" (Vargas Ugarte, Introducción, XII). Al cotejar su edición con el manuscrito Duke, se notan centenares de discrepancias entre la versión final y la fuente original.

Estudiosa de la obra de Caviedes por muchos años, María Leticia Cáceres, A.C.J., publicó en 1972 los poemas de Caviedes pertenecientes al Manuscrito de Ayacucho (*Historia fatal, asanas de la ygnorancia, guerra física*). Su transcripción de los poemas va acompañada con la anotación de algunas de las variantes textuales según cuatro manuscritos que tenía a su alcance. Desafortunadamente, también fiel a la práctica de Vargas Ugarte, suprime versos que le parecen indecorosos, y no se incluyen, sino por título, otros poemas de índole escabrosa.

En 1984 aparece la *Obra completa de Juan del Valle y Caviedes,* editada por Daniel Reedy, y publicada por la Bibioteca Ayacucho de Caracas. Para su edición crítica el editor utiliza el manuscrito Duke como texto-modelo, pero coteja además otros siete manuscritos para indicar las variantes con referencia de la fuente manuscrita, realizando enmiendas de erratas indiscutibles u omisiones del copista de letras o palabras, etc.. Los manuscritos de Caviedes consultados y cotejados por Reedy para la edición incluyen el de Duke, el de la Biblioteca Nacional de Madrid, el manuscrito Valdizán de la Biblioteca Nacional de Lima y otro manuscrito que sobrevivió los efectos del desastroso incendio de 1943, quemado y de letra borrosa con diversos comentarios de Ricardo Palma en varios folios del manuscrito.

Otros manuscritos que figuran en la edición de Reedy son los dos de la Universidad de Yale, adquiridos por el arqueólogo Hiram Bingham en 1912 durante su expedición al Perú; el manuscrito encontrado por Luis Fabio Xammar en la biblioteca del convento de San Francisco de Ayacucho; y otro manuscrito en la biblioteca de la Universidad de Kentucky que perteneció al bonaerense don W.

Jaime Molíns, quien lo había conseguido en Lima cuando era corresponsal de *La Nación* a principios del siglo.

Según los juicios de la distinguida peruanista Raquel Chang-Rodríguez, la publicación de la *Obra completa* de Caviedes por Reedy

> "marca un hito en el campo de la literatura colonial: a través de una paciente tarea investigativa y una ardua labor filológica, Daniel R. Reedy reconstruye la vida y escritos de una de las voces más auténticas de la poesía hispanoamericana" (*Chasqui* 1987: 79).

Pero la historia de los manuscritos de Caviedes todavía no se acaba aquí. El erudito José Manuel Blecua descubrió otro manuscrito de Caviedes en la Biblioteca Nacional de Madrid, copia del cual ha publicado últimamente el profesor García-Abrines en una edición crítica auspiciada por el Instituto de Cultura de Jaén. En este caso, el nuevo manuscrito de Madrid acusa vínculos de origen con los textos de la Biblioteca Nacional de Lima y de la de Yale. No contiene esta edición ningún poema nuevo. Como vemos, seguramente el último capítulo sobre la historia de la obra manuscrita de Caviedes no se ha escrito todavía; hoy o mañana aparecerá en algún archivo o colección particular el manuscrito autógrafo del poeta que nos hace falta para establecer de una vez la auténtica voz de Caviedes. Hace poco un peruanista me confirmó la existencia de otro manuscrito de Caviedes que permanece en manos de algún bibliófilo en el Perú. ¿Será el manuscrito "alfa"? No lo sabemos aún, ¡pero vamos con esa esperanza!

Caviedes ante la crítica

Después del redescubrimiento de Caviedes en *El Mercurio Peruano* (1791-92), pasa más de medio siglo –hasta enero de 1852– antes de la publicación de Juan María Gutiérrez del primer análisis crítico de la obra de

Caviedes en *El Comercio* de Lima. El ensayo de Gutiérrez es, sobre todo, una definición de la naturaleza satírica de la obra de Caviedes, enfocando su crítica de los médicos de Lima y los medios de caracterización de cada uno. Los juicios de Gutiérrez vuelven a publicarse en la edición de Odriozola en 1873 junto con algunos comentarios de Ricardo Palma. El autor de las *Tradiciones en salsa verde* dedica gran parte de sus juicios a los supuestos atrevimientos de la obra de Caviedes:

> "Este libro escandalizará oídos susceptibles, sublevará estómagos delicados y no faltará quien lo califique de desvergonzadamente inmoral... Pero... no vemos razón para que... se conserve inédito y sirva de pasto a ratones y polilla, un libro que... será siempre tenido en gran estima por los que saben apreciar los quilates del humano ingenio." (Palma: "Prólogo muy preciso", 7.)

En su edición de 1899 del *Diente del Parnaso*, Palma repite los mismos juicios que emitiera con Gutiérrez en la edición de Odriozola de 1873. Y no menciona que, entretanto, el sabio Menéndez y Pelayo había aseverado en la *Antología de poetas hispanoamericanos* (1894) que "Un solo poeta peruano de fines del siglo XVII logró... librarse de la plaga del gongorismo, pero no del conceptismo..." (Menéndez y Pelayo, III, 1894: CCX).

En nuestro siglo, Ventura García Calderón, escribiendo en la *Revue Hispanique* de 1914, comenta la importancia del papel de Caviedes como representante del criollismo, y en 1918 Javier Prado publica un breve ensayo sobre Caviedes en *El genio de la lengua y de la literatura castellana y sus caracteres en la historia intelectual del Perú* (1918), subrayando su papel como precursor del criollismo en el Perú y haciendo eco de los juicios de Menéndez y Pelayo sobre los "prosaísmos de mal gusto" en la obra del satírico. Semejantes opiniones críticas se encuentran en *Los poetas de la colonia* (1921) de Luis

Alberto Sánchez, quien ya caracteriza a Caviedes como "el primer revolucionario, y el más ilustre poeta colonial" (p. 75).

Si tuviéramos que escoger la fecha del advenimiento de una crítica "moderna" de la obra de Caviedes, la más probable sería el año 1937, cuando Lohmann Villena publica documentos sobre el matrimonio y testamento de Caviedes. Desde nuestra perspectiva, esta publicación de Lohmann produjo un despertar de interés en el poeta que se irá incrementando durante el cuarto decenio del siglo. Aun el trágico incendio de la Biblioteca Nacional en 1943 hizo surgir un nuevo ímpetu de interés en documentos e incunables peruanos debido a los esfuerzos nacionales de reestablecer las colecciones perdidas.

En 1944 Lohmann Villena publica su importante ensayo "Una poesía autobiográfica de Caviedes"; la religiosa María Leticia Cáceres presenta su tesis de grado "La personalidad y obra de D. Juan del Valle y Caviedes"; y el venezolano Mariano Picón-Salas comenta los rasgos más notables de la poesía de Caviedes en su libro *De la conquista a la independencia.* Al año siguiente de 1945 publica Luis Fabio Xammar un importante ensayo, "Dos bayles" de Caviedes; y en 1946 aparece *El gongorismo en América* del argentino Emilio Carilla, seguido por *Quevedo, entre dos centenarios* (1949) con juicios sobre la importancia de la obra de Caviedes en las letras coloniales americanas. La publicación de las *Obras* de Caviedes en 1947, editadas por Vargas Ugarte, es de suma importancia porque establece una base textual para los estudios que aparecerán dentro del Perú y en el extranjero durante las próximas tres o cuatro décadas.

Señalamos además las contribuciones de dos peruanos cuyos esfuerzos resultaron en el establecimiento de sendas críticas relativas a la obra de Caviedes, un ensayo de Luis Fabio Xammar, "La poesía de Juan del Valle Caviedes en el Perú colonial" (*Revista Iberoamericana,* 1947), y el amplio estudio de Lohmann Villena, "Un poeta virreinal del Perú: Juan del Valle Caviedes" aparecido en 1948 en la *Revista de Indias.* Si el ensayo de Xammar nos ofrece definidas orientaciones hacia la obra de Caviedes y juicios sobre sus contribuciones literarias, el ensayo de Lohmann Villena establece nuevas perspectivas en la crítica de la obra cavediana que habrían de perdurar hasta nuestros días. Nos provee una visión amplia del marco histórico-cultural limeño de fines del siglo XVII; ubicación de Caviedes entre los compatriotas Mateo Rosas de Oquendo en el XVI y Esteban Terralla y Landa en el XVIII; nuevos datos sobre la vida del poeta y su ambiente individual y social; comentarios sobre semejanzas entre Caviedes y Lope de Vega, Tirso de Molina, Calderón de la Barca, y Góngora; estudio comparativo entre Caviedes y Quevedo; y un nutrido análisis de las poesías satíricas, religiosas, y ocasionales, enfocando cuestiones de lenguaje, estilo, versificación, figuras retóricas, y aspectos de su variada orientación temática.

A partir de los años cuarenta, encontramos un creciente interés por la obra de Caviedes –dentro del Perú y en el extranjero–, un interés que perdura hasta nuestros días. El lenguaje poético del andaluz transplantado al Virreinato del Perú atrae a Amado Alonso, quien escribe "Sobre la cronología del yeísmo americano" (1951); el yeísmo en Caviedes también es comentado por Rafael Lapesa en su *Historia de la lengua española* (1959), y es analizado en 1971 por Guillermo Guitarte en sus "Notas para la historia del yeísmo", publicado en Alemania. Además, vale señalar los estudios lingüísticos de Raúl Bueno Chávez "Algunas formas del lenguaje satírico de Juan del Valle Caviedes" (1972), y de María Leticia Cáceres (*Voces y giros del habla colonial peruana registrados en los códices de la obra de Juan del Valle y Caviedes,* 1974).

La presencia de Caviedes en el extranjero cobra todavía más vitalidad al publicarse el primer libro sobre el vate limeño en 1959: *Juan del Valle y Caviedes. A Study of the Life, Times and Poetry of a Spanish Colonial Satirist,* por el doctor Glen L. Kolb. Según señala el título de su libro, se orienta Kolb hacia las manifestaciones de la sátira social dirigida contra los diferentes estratos de la sociedad limeña. De mucha importancia es la extensa bibliografía básica de y sobre Caviedes.

The Poetic Art of Juan del Valle y Caviedes, libro de Daniel Reedy, aparece cinco años más tarde (1964). De una crítica orientada hacia el análisis formalista de los textos poéticos de Caviedes, Reedy comenta la versificación, lenguaje, estilo, temática, estructuras interiores, imágenes, flores retóricas, rasgos culteranos y conceptistas. Otros ensayos posteriores de Reedy sobre Caviedes se adhieren al modelo formalista/analítico ("Signs and Symbols of Doctora in the Diente del Parnaso", "Sobre algunos problemas textuales en la poética de Caviedes", y "El arte del retrato poético en Juan del Valle y Caviedes"), o se enfocan en los distintivos intelectuales del poeta dentro de su contexto social e histórico: "The Writer as Seer: Baroque Views of Natural Phenomena in the New World" (1978), "'Que hay una peste... en Quito': El sarampión como materia científica y póetica en la obra de Bermejo y Roldán y de Caviedes" (1989), y "New World Encounters: The Impact of Syphilis on Aspects of Western Culture" (1990).

En la revista *Caravelle* (1966) el profesor Giuseppe Bellini de Italia publica un importante artículo sobre Caviedes en que confiesa que "en Italia Caviedes queda... un desconocido". Pero los juicios de Bellini parten de la idea de que "Caviedes fue un espíritu fundamentalmente independiente y rebelde" (156) y que el rasgo que más sobresale en su obra es su "independencia intelectual" (158), o sea la capacidad del poeta de distinguir entre superstición ignorante y verdad científica. Así, Bellini asevera que la "actualidad de Caviedes" se manifiesta en su anticonformismo y en su espíritu de rebeldía.

El impacto de la publicación de la *Obra completa* de Caviedes en 1984 fue muy parecido a las circunstancias producidas por la de 1947. Con la edición crítica accesible a mayor número de investigadores, varios estudios sobre la obra de Caviedes han salido durante los años ochenta y noventa. De éstos, precisa mencionar a dos personas debido a la importancia de sus contribuciones críticas: doctora Lucía Helena S. Costigan y doctora Julie Greer Johnson. Guiada en un principio por un artículo por el profesor Earl Fitz (*Inti*, 1977) sobre Caviedes y su contemporáneo Gregorio de Matos del Brasil, la doctora Costigan ha investigado a fondo las semejanzas entre estos dos satíricos coloniales en una serie de artículos y en un libro de metodología comparada: *A Satira e o Intelectual Criollo na Colonia: Gregório de Matos e Juan del Valle y Caviedes* (1991). Lo que más llama la atención en la crítica de Costigan es su análisis y definición del criollismo intelectual de Caviedes y los conceptos de historiografía (discurso y contradiscurso) de Matos y Caviedes en la Colonia. Por 1983 la doctora Johnson publica *Women in Colonial Spanish American Literature: Literary Images,* en el que analiza la imagen literaria de la mujer en la obra de los principales autores de la colonia. Y como bien saben los lectores de Caviedes, la imagen de la mujer en toda faceta de la obra cavediana ha de figurar en cualquier estudio de este tema. En su siguiente libro, *Satire in Colonial Spanish America* (1993), Johnson destaca a Caviedes como el mejor de los satíricos de la colonia al lado de sor Juana Inés de la Cruz y figura eje entre Mateo Rosas de Oquendo y Esteban Terralla y Landa, y otros. Elogia a Caviedes por el énfasis del satírico en una temática popular y no culta, por la claridad de su expresión poética, por sus contribuciones al espíritu criollo en el XVII, y sobre todo por ser autor capaz de establecer estrechos vínculos entre poeta, texto y lector.

Caviedes siglo XXI

En resumen, recordemos a un Caviedes, hombre y poeta, que abandona su patria como otros miles para buscarse la fortuna en las minas del Perú; que enfermo y en la penuria tiene que pedir entierro de limosna; autor de cuadernos de versos tan escandalosos que tienen que circularse clandestinamente; poeta que en vida ve publicar sólo tres de sus composiciones; hombre no recordado en los anales de sus contemporáneos; ser humano que fallece sin documento que indique cómo y cuándo (hombre que cae en el olvido); hombre cuyo legajo literario lo va elevando a un alto nivel de renombre y cuyo perfil rivaliza con las grandes figuras de las letras coloniales hispanoamericanas.

La obra poética de Juan del Valle y Caviedes acusa múltiples características y temáticas trascendentales cuyos valores no se limitan a un solo sistema lingüístico, ni a cierto momento histórico, ni a determinado lugar geográfico. Sin recapitular lo dicho por muchos críticos durante dos siglos sobre el ingenio de Caviedes, creo que estaríamos de acuerdo en señalar el aspecto jocoso o joco-serio como el valor más duradero. Para poner conclusión a estos comentarios sobre Caviedes, vuelvo a su "Prólogo al que leyere este tratado" en que nos ofrece "un récipe de risa":

"Ríete de ti el primero,
pues con simple fe sencilla
piensas que el médico entiende
el mal que le comunicas.
Ríete de ellos después
que su brutal avaricia
vende por ciencia sin alma
tan a costa de las vidas.
Ríete de todo, puesto
que, aunque de todo te rías,
tienes razón. Dios te guarde,
sin médicos ni botica."
(Valle y Caviedes, 9: 120-132.)

La vida literaria limeña y el papel de Manuel González Prada entre 1885 y 1889

Isabelle Tauzín
Université de Bordeaux III, Francia

Me propongo aquí poner de manifiesto la complejidad del proceso de renacimiento de la vida literaria en la Lima de la inmediata posguerra: los años 1885-1889 fueron momentos de efervescencia, con una unanimidad entre las elites que fue quebrada luego por las discrepancias tanto literarias como políticas. Ateniéndome a las versiones primitivas de las conferencias de Manuel González Prada que he podido consultar, volveré sobre el protagonismo de éste enfrentado a una nueva geografía nacional, y su radicalización conforme se empantanaba la situación política. Este trabajo no pretende ser sino una cronología pormenorizada en la que serán analizados los debates de ideas, las rivalidades entre las distintas entidades literarias y las desavenencias entre escritores que algunas veces fueron distorsionadas para simplificar la historia de la literatura peruana.

El laborioso renacimiento cultural de la posguerra: Los años 1884-1885

Después de la firma del Tratado de Ancón, el alivio se impuso momentáneamente luego de tres años de ocupación chilena. Renacieron en Lima la vida y la cultura, y nacieron nuevas revistas literarias cuyos títulos simbolizaban la esperanza. Era el caso de *El Progreso,* fundada por Alberto y Félix Pérez, los hijos del director de *El Correo del Perú*, publicada antes de la guerra; éstos abrieron sus páginas a autores veinteañeros como ellos. También salió *El Oasis,* dirigida por el colombiano Simón Martínez Izquierdo, quien "ciñó espada a favor del Perú"[1]. En mayo de 1885 José Antonio Felices, quien salvó los archivos del Senado del saqueo chileno y denunció el entreguismo de Iglesias, editó un semanario, *La Revista Social,* enfrentada enseguida a un poderoso enemigo, la

---

1   Moncloa y Covarrubias: *Los bohemios de 1886,* p. 279. París: Ed. Desclée de Brouwer/V. García Calderón, 1938.

Revista Católica, por "impía, masón, liberal..."[2]. A lo largo del año 85 *La Revista Social* fue dedicando mucho espacio a la historia nacional, con textos sobre la independencia y sobre el sacrificio de Grau[3]. Más adelante *El Perú Ilustrado* correspondería a la misma voluntad de progreso y adelanto del país.

Otro indicio del renacimiento de la vida literaria fue el intento de reunir a los miembros del Club Literario[4] en diciembre de 1884. Pero sólo en agosto de 1885 empezó a reorganizarse verdaderamente. El presidente del Club Literario, Eugenio Larraburre y Unanue, muy allegado al general Iglesias, enfatizaba el doble interés de los socios –el literario y el político–, pues con sus escritos esperaban participar en la reconstrucción nacional:

> "Encontraremos todos el gran secreto de cicatrizar las heridas aún abiertas... y de vigorizar el organismo nacional, gastado tristemente por las estériles luchas en que se ha consumido nuestra vida interior."

Las elites intelectuales aceptaban la cesión de una parte del territorio nacional y encaraban el desafío de dar nueva vida a las regiones destrozadas: era un verdadero proyecto de integración nacional que podía concretarse. Prada se sumó al grupo expresando un gran optimismo en el futuro:

> "Qué júbilo, qué luz resplandeciente/Las horas de mañana guardarán.../Yo, el átomo

nacido de la nada/Para llorar dolores y morir,/Clavo en tus reinos la tenaz mirada/Oh, Porvenir!..."[5].

Pero fueron necesarios tres meses para que renaciera de manera formal el Club Literario de Lima. Por fin, el 11 de noviembre de 1885 cambió de nombre y se dieron nuevas bases: en adelante sería el Ateneo de Lima, inspirado en el Ateneo de Madrid, con el fin de "cultivar y fomentar las Ciencias, Letras y Bellas Artes". Los miembros serían cooptados. La literatura dejaba de ser la única meta de la nueva entidad que ampliaba sus intereses. A pesar de los discursos anteriores, la colaboración en la reconstrucción nacional no figuraba en las bases de la nueva agrupación; el Ateneo se presentaba como un lugar de consagración más que de discusión.

Puede que el largo proceso de instalación del Ateneo se explique por la inestabilidad que sufría entonces el Perú; después de más de un año de guerra civil, de falsas noticias y de rumores persistentes, a principios de diciembre de 1885 Iglesias debió abandonar las riendas del poder; el firmante de la cesión de Tarapacá terminó perdiendo frente a Cáceres, el héroe de la resistencia nacional. La mayoría de los miembros de la sección literaria del Ateneo[6] habían sido cercanos a Iglesias; su ocaso personal iba a coincidir por tanto con la derrota de éste.

La conferencia de Prada en el Ateneo de Lima

El 30 de enero de 1886[7], inaugurando la sección de Literatura y Bellas Artes del Ate-

2 *La Revista Social* Nº 5. Sábado 27 de junio de 1885.

3 El artículo de Manuel González Prada sobre Grau está en el Nº 10, con fecha 1 de agosto de 1885. González Prada firma Manuel G. Prada o simplemente Prada. Por esta opción personal, contrariada luego por sus adversarios (es evidente en el caso de Palma), es conveniente llamarlo Prada.

4 Sobre el Club Literario, véase mi artículo "La narrativa femenina en el Perú antes de la Guerra del Pacífico". *Revista de Crítica Literaria Latinoamericana* Nº 42. Lima, 1995.

5 Citado por Kristal, Efraín en "Problemas filológicos e históricos en *Pájinas libres*". *Revista de Crítica Literaria Latinoamericana* Nº 23. Lima, 1986.

6 Es el caso de Larraburre, de Lavalle, de Palma, de Cisneros, de García Calderón; es decir, de los escritores consagrados antes de 1879.

7 La nota de Luis Alberto Sánchez a la "Conferencia en el Ateneo de Lima" de Prada intro-

neo, leyó Prada la que pasaría a la historia como su "Conferencia en el Ateneo de Lima". Con ella iba a encabezar, ocho años más tarde, *Pájinas Libres,* de modo que podemos considerar que constituyó un texto fundador para Prada, a pesar de las numerosas modificaciones ortográficas y temáticas a las que lo sometió en 1894. En esta primera conferencia Prada estaba conforme con la meta del Ateneo de "cultivar y fomentar las letras", pues se limitaba a presentar un panorama de la literatura europea y un programa para los escritores peruanos. Así rendía primero homenaje al poeta alemán Heine y a uno de sus numerosos traductores, Ricardo Palma[8]: "En el Perú Heine ha tenido por intérprete a Ricardo Palma. Las interpretaciones del poeta peruano son dignas del poeta alemán."

El interés de esta frase es que luego fue eliminada por Prada; en 1886 no manifestaba ningún recelo para con Palma. En nada censuraba las tradiciones que más bien eran elogiadas cuando escribía: "En la literatura lo muy corto vive mucho, cuando es muy bueno."[9] Respecto a Bécquer, Prada era menos categórico y condenaba cualquier imitación. También condenaba la ola decadentista europea cuyos autores ni merecían ser citados: "La decadencia se denuncia en el gusto por las vagatelas (*sic*)... ¿Qué nos ofrecen los escritores galo-germánicos en su prosa asmática y en su verso microscópico?"

Prada insistía en la difícil labor del auténtico escritor que no podía confundirse, a su parecer, con la improvisación propia del periodista. La sencillez, la concisión y la naturalidad debían imperar; la adopción de una norma lingüística meramente peninsular era rechazada:

> "Señores, el que os habla en este momento, ¿qué sería en España? Un semibárbaro que pronuncia la 'll' como la 'y', confundiendo la 'b' con la 'v', y no distingue la 's' de la 'c' ni de la 'z'."

Ahora bien: cabe destacar las modificaciones de este pasaje en la versión definitiva de *Pájinas Libres;* de la observación fonética pasó Prada al ataque encarnizado contra la Real Academia, ausente del discurso de 1886:

> "Señores, el que habla en este momento, ¿qué sería en alguna academia de Madrid? Casi un bárbaro... (Rechazo) la prosa inventada por académicos españoles que tienden a resucitar el volapuk de la época terciaria; la prosa imitada por correspondientes americanos que en Venezuela i Colombia están modificando la valerosa i progresiva lengua castellana."

Lo que sí, Prada reivindicaba la americanidad, relacionada con la modernidad: "seamos literatos americanos y del siglo XIX".

Insistiría en 1894: "los literatos de América i del siglo XIX seamos americanos i del siglo XIX".

En cuanto al contenido de la literatura, Prada casi no desarrollaba este tema. El sentimiento patriótico no era relacionado con la creación literaria. Brevemente lo eran literatura y ciencia en una fórmula iconoclasta: "lo único infalible, la Ciencia, lo único inviolable, la verdad".

Prada destacaba su concepción del escritor como hombre comprometido con su tiempo y sus contemporáneos, citando como modelos a algunos historiadores peruanos[10] cu-

---

ducía una serie de confusiones respecto al Ateneo y al Círculo Literario, pues escribía en su edición de *Pájinas Libres:* "fue la primera presentación pública de M.G.P. y corresponde a la etapa de formación del Círculo Literario, 1885, hecho cumplido el año inmediatamente anterior a esta Conferencia". El Círculo Literario fue fundado en octubre de 1886.

8   Esta conferencia fue publicada en 1886 en la revista del Ateneo de Lima.

9   En 1894 escribe: "en literatura lo mui corto i mui bueno vive mucho".

10   Se trata de Peralta, Olavide, Rivero, Paz Soldán y Mendiburu.

yos nombres desaparecerían en la versión de 1894. Pero no se confundían política y literatura ni aparecía la palabra "radicalismo". Con una alusión al filósofo francés Saint-Simon, figura emblemática del progreso y de una nueva solidaridad entre los grupos sociales, Prada concluía renovando el llamamiento hecho en agosto del año pasado por Larrabure para el renacimiento del Perú. Es este grito esperanzado:

> "Ojalá todas nuestras Sociedades Científicas, Literarias, y Artísticas, señaladamente el 'Ateneo de Lima', se coligasen para decir al Perú, a todas horas y en todos los tonos: Despierta, sal de esa horrorosa pesadilla de sangre, porque el Siglo avanza con pasos gigantescos, y tienes mucho camino que recorrer, y mucha herida que restañar, y mucha ruina que reconstruir!"[11]

Finalmente, en la inauguración de la sección de Literatura del Ateneo, Prada no privilegiaba un tipo de escritura ni una temática. Lo importante era colaborar en la reconstrucción nacional y no seguir peleando por la provincia definitivamente perdida. La independencia cultural respecto a España y la búsqueda de la verdad habrían de ser el nuevo credo de la elite intelectual; así los escritores serían los adalides de una segunda independencia.

Los nuevos bohemios y el Círculo Literario

El Ateneo de Lima concretó su vocación con la organización de conferencias y concursos. Temas muy distintos como la demografía de Lima, la construcción de canales de regadío o la literatura española del siglo XVI fueron tratados con gran minuciosidad y rigor

científico; pero en cuanto a un papel activo en la transformación del Perú, la rigidez misma de la organización del Ateneo con sus secciones especializadas y sus ciclos de ponencias no lo permitía.

Varios datos favorecieron entonces la emergencia de una nueva agrupación, más informal, exclusivamente dedicada a la literatura. Fue en 1886 cuando regresó a Lima Luis Enrique Márquez. El protagonismo de este escritor ha sido descuidado en el estudio de aquella etapa, quizá porque Palma omitió su nombre en sus recuerdos, olvido que puede explicarse por cierto recelo para con Márquez, quien fundó en los setenta la agrupación "La Bohemia Literaria" y apoyó la política de Manuel Pardo. Durante la ocupación de Lima Márquez hizo de periodista en Guayaquil, donde se relacionó con los liberales ecuatorianos. En 1886, nombrado director del diario oficial, gozaba de la confianza de Cáceres; además representaba los intereses de los peruanos víctimas de la cesión territorial ya que, como cónsul en Iquique (1884-1886), había sido testigo de sus desgracias. La exaltación de la patria le hizo entonces escribir una obra de teatro sobre el asesinato de Monteagudo; si bien el argumento trataba del período de la emancipación, terminaba con un coro que habría de enardecer las mentes desesperadas por la derrota[12]. Los testigos de la primera lectura pública de "La novia del colegial" sintieron tal entusiasmo que decidieron, *ipso facto,* crear el Círculo Literario cuyo nombre enfatizaba la vocación literaria, descuidada en parte por el Ateneo. El mismo Márquez justificó con este motivo la fundación de la nueva asociación: "El antiguo Club Literario... había ensanchado la esfera de sus labores abarcando todas las ramas de la ciencia y el arte."[13]

---

11 En 1894 ya no está la alusión a los miembros del Ateneo, como si Prada hubiera querido borrar ese momento de confianza en aquella agrupación.

12 El final era éste: "Del sol de los Incas/el rayo aniquile/las duras cadenas/de extraña opresión!/Marchemos peruanos!/quien tema o vacile/será de la patria/perpetuo baldón!"

13 *La Revista Social,* 8 de noviembre de 1887.

La primacía de la literatura, el patriotismo y la modestia intelectual habían de caracterizar la nueva entidad según el relato de Moncloa y Covarrubias:

> "Márquez nos lo aconsejó en la sesión preparatoria: 'Hagamos una sociedad de obreros literarios;... trabajemos con entusiasmo, porque trabajamos en pro de la patria'".

En esta primera etapa de paz, los hombres de letras eran llamados a defender la patria; la pluma serviría como arma, pues "la nueva institución no tiene otro propósito que concurrir a la formación de una literatura eminentemente nacional", indicaba *La Revista Social* con fecha 1 de noviembre de 1886. A su manera, los escritores de la nueva agrupación pretendían vengar el agravio de la derrota militar; liberarían la literatura de las influencias extranjeras conquistando así al menos un nuevo espacio, el territorio libre de las letras.

En cuanto a los socios del Círculo Literario, no eran miembros del directorio del Ateneo ni habían formado parte del Club Literario, salvo Prada, cuya adhesión paralela al Ateneo puede explicar la actitud reservada. Eran hombres jóvenes, nacidos después de 1850, cuyos nombres no eran conocidos en el mundo de las letras. En total, Moncloa llegaría a citar unos sesenta autores. Uno de los vicepresidentes fue el trujillano Felices, conocido opositor a Iglesias y adversario del clero. Ofreció las páginas de su revista para los escritos del Círculo y proporcionó un local en su casa. El otro vicepresidente fue Pablo Patrón, símbolo de la alianza de la ciencia y de las letras como médico e historiador; redescubriría el pasado incaico y escribiría trabajos sobre el quechua y el aymara, valorando los idiomas autóctonos a la inversa del académico Juan de Arona. El secretario del Círculo era Carlos Rey de Castro, un arequipeño veinteañero que representaba a los estudiantes y provincianos instalados en Lima. Las opciones filosóficas del grupo eran reflejadas

por dos bustos que presidían los debates: eran los de Voltaire y Rousseau, los defensores de la libertad de conciencia. Esta misma independencia intelectual promovida por el Círculo iba a expresarse al poco tiempo por dos textos publicados en *La Revista Social;* bajo el seudónimo de Justino Franco, que reivindicaba doblemente (Justino/Franco) la libertad de opinar, Prada censuró al poeta español Núñez de Arce[14] reiterando su concepción del poeta como hombre comprometido con su tiempo, portavoz del progreso y divulgador de la verdad: "Un poeta debe ser el corifeo de la civilización, el reflector que reúna los rayos de la verdad para arrojarlos sobre la muchedumbre sedienta de luz."

Por otro lado, Carlos Germán Amézaga[15] defendía el naturalismo de Emilio Zolá como expresión de una literatura moral[16]:

> "Abajo los monacales[17] remilgos! Campo al estudio anatómico de las costumbres que es ese el camino, y no otro de combatir sus males y hallar en la frecuencia de su tratamiento el único remedio posible y lógico que la razón nos dicta."

Los literatos eran llamados a un nuevo combate, el de la moralización nacional, por medio de una escritura que denunciaría todas las fallas. Un ejemplo de esta nueva independencia intelectual fue la actuación de la francesa Sarah Bernhardt aplaudida en todos los periódicos y censurada en *La Revista Social.*

---

14 La primera versión de "Fragmentos de Luzbel" está en *La Revista Social*, 24/10/1886.

15 Carlos G. Amézaga tenía entonces veinticuatro años; era hijo de Mariano de Amézaga, quien fue excomulgado por sus posturas anticlericales; Carlos de Amézaga había formado parte del ejército de Cáceres en la campaña de La Breña.

16 *La Revista Social,* "Emilio Zolá", Nº 72, 1 de noviembre de 1886.

17 "Monacales" es sustituido por "pueriles" en la versión publicada en *El Perú Ilustrado* del 5 de mayo de 1888.

Así mismo, Mercedes Cabello de Carbonera escribía sobre los indígenas denunciando su degradación como consecuencia de la conquista y de las guerras[18]:

> "A mi pesar presentóseme aquel imperio de los Incas, y en alas de la imaginación, transportéme, condolida del presente hacia un pasado en el que veía un pueblo verdaderamente feliz y moral."

El mundo andino, en su trágica realidad, empezaba tímidamente a ser integrado en el universo literario limeño.

Enfrentado a esta generación pujante, Ricardo Palma publicó en 1887 *La bohemia de mi tiempo*. Estas páginas han de ser leídas con una lupa para desentrañar algunas alusiones a los autores de la posguerra. Palma ponderaba las virtudes de su generación, lo que puede ser una crítica encubierta de los escritores noveles:

> "... la juventud de entonces no tenía la petulancia de creerse en aptitud de imponer a los gobiernos un plan de conducta administrativa, ni imaginaba que los claustros del colegio podían convertirse en centros o clubs revolucionarios".

Por otro lado elogiaba el final del discurso de Prada en el Ateneo:

> "... hace poco oí (estos alentadores conceptos) en la tribuna del Ateneo, a Manuel González Prada, joven literato llamado a conquistarse un gran renombre: —Acusar a su país de ingratitud, ha sido, es y será recurso de ineptos y de pretenciosos sin mérito real...".

No había por tanto ningún antagonismo entre ambos autores, a la inversa de lo que afirmó Luis Alberto Sánchez[19] anticipando la radicalización de Prada. A modo de conclusión, Palma anunciaba su jubilación voluntaria:

> "Para mí, juzgo sonada la hora de declararme cesante, en esto de alambicar consonantes.
>
> Rompo el escudo, y arrojo en la arena las armas del combate. ¡Paso a la nueva generación!"

El poemario de Palma que acompañaba *La bohemia...* fue reseñado en *La Revista Social* por Nicolás Augusto González[20].

La unanimidad parecía existir por tanto entre los escritores, fueran miembros del Ateneo o del Círculo Literario. Lo corrobora también el que el colombiano Simón Martínez Izquierdo, en tanto que socio del Círculo[21], rindiera públicamente homenaje a Palma con motivo de la primera actuación pública de la nueva entidad; Martínez Izquierdo celebró a "ese patriarca de los alquimistas intelectuales, que ha logrado condensar en oro... el polvo que cubre los pergaminos de la historia patria".

Era el final del mes de agosto de 1887; Palma acababa de conseguir la instalación oficial de la Academia Peruana de la Lengua

---

18 "Una fiesta religiosa en el Perú", 25 de junio de 1885, publicado en *El Ateneo de Lima*, t. 3, 1887.

19 Véase *Nuestras vidas son los ríos,* p. 98. Lima: UNMSM, 1976: "Palma y Prada personificaban el antagonismo entre Club Literario y Círculo Literario".

20 Son varios artículos muy largos pero cuya conclusión no fue publicada, por lo que puede uno interrogarse si no fue de alguna manera censurada. Como se verá, González increpó luego a Palma en la polémica del teatro Olimpo. Nacido en 1859 en Guayaquil, González había pasado la adolescencia en Lima. De vuelta al Perú en 1886, noveló los episodios más dramáticos de la guerra.

21 *La Revista Social* Nº 111, 1 de setiembre de 1887.

en presencia de Cáceres; para él era la consagración de su carrera de escritor.

El primer año de Prada a la cabeza del Círculo Literario

Como el Ateneo, como la Academia, el Círculo Literario se enfrentó a muchas dificultades. Luis Márquez, aquejado por la enfermedad, debió renunciar a presidirlo; a finales de agosto de 1887 Prada aceptó reemplazarlo. La forma como fue presentado en *La Revista Social* es reveladora de las tres cualidades valoradas por la nueva generación en Prada: "es amante de la juventud, liberal..., peruano de corazón, no quiere que la literatura de su patria sea el reflejo de la literatura peninsular, sin vida, sin inspiración propia"[22].

Prada simbolizaba, por tanto, la independencia cultural. Con el cambio de presidente se consolidó la existencia del Círculo Literario y a los dos meses, a fines de octubre de 1887, una gran fiesta de aniversario fue organizada en un lugar que evidenciaba el éxito de la agrupación, el Palacio de la Exposición. En esta ocasión, como presidente cesante, Luis Márquez recordó los motivos de la creación del Círculo, parodiando las últimas palabras de *La bohemia* de Palma: "la nueva generación alza de la arena el abandonado escudo de sus mayores, recoge sus armas y... se precipita al porvenir".

Aludió irónicamente a la creación de la Academia de la Lengua: "Nuestros grandes literatos buscaban en el reposo de sus sillones académicos el mejor premio de sus fatigas y sus triunfos."

A la hora de ceder su puesto, Márquez hizo de nuevo hincapié en el papel que había de desempeñar la literatura en la sociedad:

"Suprimid la literatura y suprimiréis el periódico, el libro, y la tribuna; suprimiréis la instrucción popular y la ilustración social;

suprimiréis el orden, el derecho y la libertad. Suprimid la literatura y haréis de un pueblo libre un pueblo de esclavos."

La literatura era idealizada como fuente del progreso y de la soberanía nacional.

Para oficializar el cambio de presidente, después de Márquez, habló Prada, y fue el segundo discurso recopilado en *Pájinas Libres,* con algunas modificaciones[23]. La primera versión, leída ante un público numeroso y amigo, fue más breve. Dominaban los pretéritos compuestos, lo que remitía a una unidad temporal en la que se incluía el orador. Fueron sustituidos en la versión de 1894 por pretéritos indefinidos, con lo que se indicaba claramente que el escritor consideraba aquella época como terminada. Desde las primeras palabras, Prada le dio una dimensión política a su intervención, censurando a los hombres públicos, pero sin citar a nadie: "En oposición a los políticos impotentes que nos han cubierto de vergüenza y oprobio se levantan los literatos fecundos que nos prometen lustre y nombradía."

El contexto político había cambiado desde el año pasado, cuando se fundó el Círculo. De la esperanza de una rápida reconstrucción, simbolizada por la figura de Cáceres, del estado de gracia que envolvió al héroe de la resistencia nacional, se había pasado al desengaño. El ejecutivo peleaba con el poder Legislativo para imponer el contrato Grace por el que se iban a vender las fuentes de divisas restantes a cambio del arreglo de la deuda interna. El general que se había opuesto a la ocupación chilena ya no cuestionaba en absoluto la cesión de Tarapacá. Tal pasividad explica la exasperación de los miembros del Círculo Literario, adversarios del *statu quo.*

---

22 *La Revista Social* Nº 112, 8 de setiembre de 1887.

23 La nota de presentación de Luis Alberto Sánchez al *Discurso en el Palacio de la Exposición* era confusa, pues escribía: "Con esta conferencia, 1887, se inaugura oficialmente el Círculo Literario...", cuando lo que se celebraba a fines de octubre de este año era ya el primer aniversario del Círculo.

Prada elogió entonces el entusiasmo de la juventud oponiéndolo a la vejez tachada de clerical e incapaz. Encareció la vocación de los escritores, como los auténticos misioneros del progreso y los verdaderos defensores de la patria. A modo de conclusión, de una manera quizá más clara ante el público del Palacio de la Exposición que en la versión escrita, afirmó su total adhesión al proyecto plasmado en el Círculo Literario e introdujo una vaga pero relevante noción política en la definición del grupo: "Señores... estoy a la cabeza de una asociación que parece destinada a ser el partido radical de nuestra literatura. Hoy yo no vengo a guiar; voy a ser arrastrado por el buen camino."[24]

La palabra "radical" insertada de manera sorpresiva en un contexto literario no correspondía de momento a un programa político preciso. Más bien sería como la abreviatura de varias grandes ideas en que coincidían los miembros del Círculo: el anticlericalismo, la defensa de los intereses nacionales, la educación. Política y literatura iban a estar en adelante íntimamente unidas.

El cambio de rumbo, la nueva energía aportada por Prada como presidente, se manifestó de manera casi inmediata con un cambio de formato y de tono de *La Revista Social*. Por primera vez fueron atacados los miembros del Ateneo y de la Academia[25]:

> "Escasa instrucción! He aquí el más poderoso motivo de la inferioridad de nuestros escritores... Id al 'Ateneo' y averiguad cuántos de sus socios saben si el verbo conmover es o no regular ... Id a la Academia correspondiente, saludad a los señores Palma, Cisneros, Rossel, Roca y Arona... y

> buscad uno solo que merezca el título pomposo con que se apoya para lucir grandes medallas, grandes listones o grandes corbatas; y entre los doce caballeros, con la linterna de Diógenes en la mano buscad alguno que sepa quechua, aunque sea para decir lo que sabe."

Además de la corrección de la lengua, fueron valorados el conocimiento del quechua, lo que reflejaba una nueva percepción de la realidad peruana, y el conocimiento de los últimos progresos de las ciencias, lo que concordaba con la exaltación de éstas por Prada ("lo único infalible, la Ciencia"). Ahora bien: a lo largo de los seis primeros meses de 1888, conforme a la modestia que anunció a la hora de asumir la presidencia del Círculo, Prada no impuso sus escritos en la revista. Sólo un editorial llevó la firma M.G. Prada, cuando éste se sintió obligado a intervenir para apoyar a Nicolás A. González, amenazado por la Iglesia; Prada predijo entonces la muerte de la religión, pero se negó a cambiar la orientación de la revista para que siguiera dedicada a la literatura[26]. En el momento de la muerte de Luis Márquez, siete meses después de su retiro de la presidencia del Círculo se unieron todos los literatos: los homenajes de Palma, de Cisneros y el discurso de Prada en el sepelio fueron publicados en *La Revista Social*[27]. De modo que a pesar de algunas discrepancias entre el Ateneo y el Círculo Literario, a mediados de 1888 los escritores no conformaban dos bandos completamente antagónicos; la politización de Prada fue muy progresiva y fruto de las circunstancias.

La conferencia de Prada en el teatro Politeama

Con motivo de la recaudación de fondos por los escolares para rescatar Tacna y Arica,

---

24 En la versión definitiva, escribe: "Me veo desde hoi a la cabeza de una agrupación destinada a convertirse en el partido radical de nuestra literatura. Mas una consideración me alienta: yo no vengo a guiar, sino a ser arrastrado por el buen camino."

25 *La Revista Social* N° 135, 7 de abril de 1888: "La lucha por la existencia en nuestra literatura".

26 *La Revista Social,* 30 de junio de 1888.

27 *La Revista Social* N° 138-139, 5 y 12 de mayo de 1888.

Prada aceptó preparar un discurso para la función que se daría en el teatro Politeama, frente a un público de casi dos mil personas. Cáceres, acompañado de varios ministros, presidió aquella ceremonia patriótica organizada el 29 de julio de 1888. En cuanto a las diferencias entre el discurso publicado al año siguiente[28] –única versión que he conseguido en la Biblioteca Nacional de Lima– y la versión de *Pájinas Libres,* no son numerosas. El pretérito compuesto, que traducía la inmediatez de la guerra, fue reemplazado a menudo por el pretérito indefinido. Más extraña fue la actitud de Prada de escamotear el nombre de Chile en el Politeama en 1888, mientras lo restableció en 1894:

> "¡Ojalá cada una de mis palabras... despierte los dos únicos sentimientos que pueden regenerarnos y salvarnos: el amor a la patria y el odio a... Coloquemos nuestra mano sobre el pecho, el corazón nos dirá a quién debemos aborrecer"[29].

Quizá fuera para él una manera de negar la existencia misma del enemigo. Por otro lado, Prada no atacaba al presidente Cáceres en este discurso; lo que denunciaba era la actitud política de todos: "Versátiles en política, amamos hoy un caudillo hasta sacrificar nuestros derechos en aras de la dictadura..., queremos que un hombre repare en un día las faltas de cuatro generaciones."

Lo que corrobora esta lectura es la modificación operada en las siguientes líneas entre las versiones de 1889 y 1894: "La historia de muchos gobiernos antiguos del Perú cabe en tres palabras: *imbecilidad en acción;* pero la vida toda del pueblo se resume en otras tres: *versatilidad en movimiento.*"[30]

Gracias al adjetivo "antiguos", el gobierno de Cáceres quedaba a salvo de la crítica; este adjetivo desapareció en 1894. Si dejamos de lado estas modificaciones, las dos versiones del discurso en el teatro Politeama son idénticas. Esta vez Prada había escrito un texto revanchista en que no intervenía el tema literario; después de elogiar a la juventud patriota, caricaturizaba el comportamiento de la elite política, cuya presunción y falta de preparación habían acarreado el desastre; para eso recurría a una imagen de marcada índole naturalista:

> "El Perú ha sido (fue) el cuerpo vivo, expuesto sobre el mármol de un anfiteatro, para sufrir las amputaciones de cirujanos que tenían ojos con cataratas seniles y manos con temblores de paralíticos."

Rechazaba la inculpación de los indígenas como causantes de la derrota; con palabras que habían de herir la sensibilidad del público selecto reunido en el Politeama, sacaba a luz la realidad del mestizaje peruano: "también los mestizos de la costa recordamos tener en nuestras venas sangre de los súbditos de Huayna Cápac. Nuestra columna vertical (vertebral) tiende a inclinarse".

Era la primera vez que profetizaba la redención de los indios mediante la instrucción[31]. Como buen positivista, ponderaba los

---

28 "Discurso en el Politeama". Lima: Imprenta Bolognesi, 1889.

29 La versión definitiva es: "... despierte los dos sentimientos capaces de regenerarnos y salvarnos: el amor a la patria i el odio a Chile! Coloquemos nuestras manos sobre el pecho, el corazón nos dirá si debemos aborrecerlo...".

30 Las cursivas en este texto corresponden a subrayados de Prada. En 1894 escribe: "La historia de muchos gobiernos del Perú cabe en tres palabras: imbecilidad en acción; pero la vida toda del pueblo se resume en otras tres: versatilidad en movimiento."

31 "La Nación (nación) está formada por los dos o tres millones (las muchedumbres) de indios diseminados...; enseñadle siquiera a leer y escribir y veréis que (si) en un cuarto de siglo se levanta o no a la dignidad de hombre." Los paréntesis corresponden a los cambios en la versión de 1894.

aportes de la ciencia oponiéndolos a la ineficiencia de la religión. Liberal, ponía en tela de juicio el caudillismo que en la guerra había reemplazado el patriotismo. Ahora bien: en cuanto al famoso ataque a la vejez, al que se ha reducido el discurso en el Politeama ("Los viejos a la tumba"), cabe notar que era mediatizado por una metáfora prolongada, que fue abreviada en las citas de los críticos, dándole a la frase de Prada una virulencia que matizaba la imagen del ciclo vital de las plantas:

> "... los troncos añosos y carcomidos produjeron ya sus flores de aroma deletéreo y sus frutos de sabor amargo. ¡Que vengan los árboles nuevos a dar flores nuevas y frutos nuevos! ¡Los viejos, a la tumba; los niños y los jóvenes a la obra!"[32].

Según Luis Alberto Sánchez, con base en el testimonio de Adriana de Verneuil, el discurso causó revuelo y fue censurado por el gobierno. Efectivamente, sólo una nota escueta salió en *El Comercio* haciendo hincapié en el carácter escolar de las fiestas realizadas; el discurso de Prada[33] fue apenas aludido. Lo que sí, a modo de aprobación los miembros del Círculo Literario agasajaron a Prada con un banquete en el Palacio de Cristal[34].

En la misma fecha, las divergencias entre las agrupaciones literarias sirvieron de argumento burlesco a una obra de teatro, prohibida por la censura; Alberto Pérez, uno de los integrantes del Círculo, era el autor de *Ni más ni menos,* entre cuyos personajes figuraban el Ateneo, de sabio ridículo con "gran levita..., en la espalda un libro abierto en que se lea 'Concurso Internacional', en el sombrero un letrero que diga 'Literatura', la copa del sombrero está destapada"; la Academia, representante de la Iglesia, con "sotana negra, una banda con un letrero que diga 'Non plus ultra'", y el Círculo Literario, de recién nacido, con "traje de criatura de ocho meses... un aro y un chicotillo en la mano"[35].

Ahora bien: como en toda caricatura se exageraban las proporciones de los conflictos, pues en agosto de 1888 el Ateneo otorgó, como los años anteriores, premios a miembros prominentes del Círculo, a Carlos G. Amézaga y a Pablo Patrón, vicepresidente del Círculo. En el fondo, lo que estaba sobre el tapete era el papel de la literatura: entre partidarios de una literatura nacional y quienes creían necesaria la dependencia cultural de Europa, y otros, más conservadores aún, que pronosticaban la decadencia de las artes en el Perú a imitación de la decadencia de los imperios griego y romano. *El Perú Ilustrado*[36] se opuso a estos enfoques negativos:

> "Ningún pueblo de la tierra ha decaído ni se ha envilecido por ser un pueblo artista... No faltan doctores en letras que sostengan que es un torpe sueño pretender en el Perú, y en la América toda, una literatura que se diferencie de la europea."

Con motivo del segundo aniversario del Círculo Literario se aclararon las posiciones de unos y otros.

La radicalización del Círculo Literario

La celebración de este aniversario fue anunciada en varias ediciones de *El Comercio*. Sería una velada ante un público que se preveía aún más numeroso que el año anterior en el Palacio de la Exposición, por lo que se reservó el teatro Olimpo, que podía recibir a mil trescientos espectadores. El 29 de octubre

---

32 Las bastardillas indican las modificaciones en relación a la versión definitiva.

33 *El Comercio,* 31 de julio de 1888: "el señor Urbina, alumno del Convictorio Peruano, leyó con clara voz un discurso escrito por el señor González Prada, presidente del Círculo Literario".

34 *El Perú Ilustrado* Nº 67, 15 de agosto de 1888.

35 *El Boletín Bibliográfico* Nº 8, 1 de agosto de 1888.

36 *El Perú Ilustrado* Nº 66, 11 de agosto 1888.

de 1888, después de una tonada, sacada... de *La bohemia*, como en el Politeama, estaba previsto el discurso de Prada[37] como presidente del Círculo. Al día siguiente, el 31 de octubre, una breve reseña salió en *El Comercio* quitándole importancia al discurso de Prada:

> "Es elegante y enérgica pieza literaria bastante extensa y mereció los aplausos del público. (El autor) fue llamado con instancia para que se presentara en el escenario, a lo que accedió dos veces el señor González Prada."

Luego, el 5 de noviembre, bajo el título "El Círculo Literario", *El Comercio* comunicó la noticia de que el grupo literario había decidido publicar los textos presentados con motivo de su aniversario, así como editar su propio periódico. Quizá fuera la perspectiva de esta publicación la que hizo reaccionar a Ricardo Palma, silencioso hasta entonces.

En el exordio del "Discurso del teatro Olimpo" Prada planteaba dos nociones claves: la propaganda y el radicalismo. Los socios del Círculo Literario eran en este aniversario llamados a un combate, ya no con un enemigo exterior sino con enemigos interiores. El modelo que inspiraba a Prada no era el radicalismo teórico de Mariano de Amézaga sino la actuación de los republicanos y radicales franceses en los ochenta, artífices de la instrucción pública laica y adversarios del clero. El discurso en el Olimpo tenía este objetivo político, que no fue apuntado claramente por Luis Alberto Sánchez, preocupado más que todo por la polémica literaria entre Palma y Prada[38].

Después de enfatizar el número de los integrantes del Círculo y la adhesión de escritores extranjeros, Prada rechazaba las tradiciones como forma literaria modelo:

> "En la prosa reina siempre la mala tradición, ese monstruo engendrado por las falsificaciones agridulcetes de la historia y la caricatura microscópica de la novela."

Los únicos maestros a quienes reconocía y nombraba no eran escritores sino filósofos (Hegel y Schopenhauer, Darwin y Spencer, Fourier y Comte). En cuanto a "las resistencias" contra las que (los hombres de letras) habían de luchar, sólo una le parecía verdaderamente peligrosa: era la influencia de la Iglesia. Prada arremetía además contra los literatos corruptos, con alusiones transparentes para el público:

> "El publicista rodeó con atmósfera de simpatías a detentadores de la hacienda nacional, y el poeta prodigó versos a caudillos salpicados con sangre de las guerras civiles."

Este publicista bien podía ser Aramburú, el director de *La Opinión Nacional,* que apoyaba la firma del contrato Grace y había publicado en agosto un misterioso artículo contra Prada. El poeta incriminado había de ser Ricardo Rossel, autor en 1885 de *El kepi rojo,* símbolo de los caceristas. Palma, vengándose del insulto sufrido como tradicionista, recalcó el agravio a Rossel. Luis Alberto Sánchez relacionó equivocadamente a Rossel con la frasecita sobre la "mala tradición".

Prada terminaba el discurso con un llamamiento a la verdad. La verdad, es decir, la denuncia de los escándalos y abusos, había de convertirse en la meta de los escritores. La finalidad estética quedaba completamente rezagada, a expensas de este compromiso con la realidad. Dicho de otro modo, la literatura se volvía propaganda con todos los peligros inherentes a tal postura: "Seamos verdaderos, aunque la verdad convierta al Globo en escombros i ceniza...."

Esta visión apocalíptica parece una exageración, con un siglo de distancia. Sólo puede explicarse por la exasperación del sentimiento nacional en aquel momento cuando

---

37 No he conseguido una versión anterior a la de *Pájinas Libres* para cotejar la evolución de Prada.

38 Véase *Nuestras vidas son los ríos,* p. 108.

Chile ni siquiera respetaba el Tratado de Ancón y se debatía la firma del contrato Grace. Ahora bien: la actitud de Prada –quien nunca nombraba a los que atacaba pero que ordenaba "romper el pacto infame i tácito de hablar a media voz"– puede ser sentida como una contradicción. La violencia de la polémica que siguió este discurso iba a justificar *a posteriori* su reserva.

Dos largas semanas después de la velada del teatro Olimpo, el 13 de noviembre de 1888, *El Comercio* publicó un artículo anónimo titulado "La propaganda de la difamación"[39]. El título con la reiteración de la palabra "propaganda" era ya una provocación. Después de unos insultos a modo de introducción:

> "Quede a los reptiles revolcarse en la baba ponzoñosa de la envidia y de la maledicencia", el autor increpaba la actitud irrespetuosa para con los mayores y pretendía proteger a las mujeres indefensas atacadas por Prada: "(les lanzó) al rostro la grosería de que viven en consorcio con el sacerdote".

También se hacía el defensor de una España distinta de la que describiera Prada, una España moderna, anticlerical e industriosa. Reaccionaba contra los ataques a la Real Academia solidarizándose con los académicos españoles aludidos y ponía en tela de juicio la postura patriótica de los miembros del Círculo mediante el neologismo despectivo "patriotería" ("vosotros alardeadores de patriotería"). Para sembrar la cizaña, el autor enfatizaba los años que separaban a Prada de la nueva generación:

> "No os impacientéis, que ya quedaréis solos sobre el terreno y sin ver canas que os mor-

tifiquen, las reputaciones no se improvisan, son resultado del estudio, de la perseverancia y de los años. La prueba la tenéis en el señor González Prada, que a los cuarenta y cuatro años, esto es cuando se avecina ya a la vejez, principia a adquirir renombre."

Remataba el artículo parodiando a Prada:

> "No sóis, como dijo uno de vosotros, el trozo de carbono oculto que lleva riquísimo diamante, sino burbujas de jabón en que la luz tornasola los cambiantes del iris."

Al día siguiente Prada mandó publicar un comunicado cuya formulación misma puede ser considerada una negación a medias. Escribía[40]: "no he dirigido injuria alguna personal a Ricardo Rossell... A ningún escritor nacional he nombrado".

Esto era cierto, pues no había citado ningún nombre pero las alusiones eran transparentes. La polémica no quedó zanjada. El 19 de noviembre *El Comercio* editó un texto muy largo titulado "El Círculo Literario y el señor Ricardo Palma" del ecuatoriano Nicolás Augusto González, que replicó a Palma recordando de entrada las buenas relaciones que mantuvo el Círculo con el tradicionista:

> "(Palma) sólo ha merecido personalmente atenciones, respeto, y aún diré cariño, de muchos o de la mayor parte de los miembros del Círculo Literario."

Luego González contradijo la afirmación de Palma en cuanto a los escasos méritos de los miembros del Círculo, citando a varios autores conocidos en el exterior y recordando los elogios del propio Palma. A modo de conclusión, como corrector de pruebas del Círculo, sacó a luz los crasos errores de acentuación, las faltas ortográficas y las fallas en la

---

39 Luis Alberto Sánchez indica que ya había sido publicado en *El Trabajo* el 10 de noviembre de 1888, pero no precisa la cronología de la polémica en *El Comercio,* en *Nuestras vidas son los ríos...* Lima: UNMSM, 1977.

40 *El Comercio,* jueves 15 de noviembre de 1888.

concordancia verbal cometidas por el ilustre fundador de la Academia de la Lengua.

Con el motivo de una interpolación de un texto referido al contrato Grace y para mayor infortunio de Palma, *El Comercio* volvió a publicar, el 20 de noviembre, la respuesta pormenorizada de González[41]. Éste fue un laudable aunque poco comprensible esfuerzo de la dirección de *El Comercio,* quizá deseosa de atizar unas discrepancias propicias a la venta del diario. El mismo día 20 de noviembre, fiel al título "Propaganda de la difamación", Palma indicó que dejaba de polemizar ya que Prada se negaba a contestar; Palma cuestionó el haber sido invitado a la velada del Olimpo, por lo que el 21 de noviembre Rey de Castro, como secretario del Círculo, replicó en *El Comercio:* "por especial indicación del señor Prada, se decidió no invitar a esa fiesta ni a la Academia ni al Ateneo...".

Sólo ante la insistencia de Palma le fueron entregadas dos entradas. Con tal revelación Palma quedaba ridiculizado: él mismo se había metido en una trampa.

Luego, el 22 de noviembre, siempre con el título de "Propaganda de la difamación", intervino un nuevo contrincante cuyo apellido había de recordar la primera etapa del Círculo: era Ernesto Márquez quien iba a censurar el rumbo seguido por el Círculo Literario desde la muerte de Luis Márquez. Arremetió primero contra el realismo y el naturalismo: "Zolá y Paul de Kock son por consiguiente los modelos que os proponéis."

De forma tangencial aludía a algunas divergencias que condujeron a una primera escisión:

> "Fundé el Círculo Literario con Luis Márquez y con alguno de vosotros. Me separásteis, y ¿por qué? Me separásteis porque, aunque pequeño, debería ser siempre la for-

ma que os persiguiera en vuestra tarea de difamación, en vuestros esfuerzos en pro del radicalismo. Luis Márquez formó una asociación de aprendices de literatura, vosotros sóis ahora una asociación de aprendices de la demagogia radical."

La dirección asumida por Prada era así enjuiciada públicamente. La respuesta fue dada al mes siguiente con la ruptura definitiva. El 1 de enero de 1889 *La Revista Social* cambió de nombre y pasó a ser *El Radical.* Los autores renunciaban así a una meta meramente estética para escribir una literatura con visos políticos. El primer número de *El Radical* reprodujo el discurso leído por Rey de Castro en la anterior junta del Círculo, como el programa de la nueva revista: rechazaba la literatura de entretenimiento: "La literatura de simple forma ha pasado, y quizás para no volver nunca"; encarecía la independencia juvenil: "El uniforme académico ha sido reemplazado por la chaqueta del colegial, si se quiere; pero también el servilismo y la imitación inconsciente han desaparecido"; y desvaloraba la acción de las otras entidades literarias como representantes del conservadurismo político y de la Iglesia:

> "Las academias y los ateneos que dictan leyes despóticas y caprichosas sobre la producción artística, son de las instituciones que con mayor empeño trabajan por el triunfo de los principios conservadores en Política y Religión."

Rey de Castro concluía definiendo la nueva orientación del Círculo:

> "¿Qué se entiende por partido radical en Literatura? Cultivar la forma correcta como medio, sostener los principios liberales como fin, pelear sin descanso contra el empirismo artístico y, con igual vigor, batallar contra toda idea que conduzca al despotismo fanático."

---

41   La interpolación que coincidía con la posición política de Prada enjuiciaba el gobierno de Cáceres. Quizá quepa interrogarse sobre la realidad de esta interpolación.

¿Era viable tal enfoque? La confusión literatura/política, aunque basada en principios generosos, no tuvo el éxito esperado. Muy pronto dejó de salir *El Radical*. En cuanto al Círculo Literario, a los dos años se convirtió en partido político: fue la Unión Nacional.

Finalmente, el papel de Prada en la posguerra no es tan claro. Su interés por la reflexión literaria era muy relativo; como cualquier poeta, le interesaba más escribir que teorizar; le atraían más los filósofos que los escritores. Su evolución fue paulatina; las modificaciones que aportó a sus discursos en *Pájinas Libres* evidencian lo tardío de su radicalización. En cuanto a la reivindicación de los territorios perdidos, no fue una temática central de sus conferencias. La presencia de ex combatientes como Gamarra y Amézaga en el Círculo Literario debería haber favorecido el revanchismo. La explicación a la renuncia de esta tribuna es compleja: Chile ocupaba Tarapacá, Tacna y Arica; Cáceres ejercía la presidencia; Amézaga y Gamarra habían luchado a su lado y comprobado el heroísmo de sus tropas. El empobrecimiento del Perú y la potencia del ejército chileno limitaban también las veleidades revanchistas; el riesgo representado por algún arreglo de la deuda interna iba a ser considerado entonces como otra amenaza contra la soberanía nacional, por lo que la política se fue adueñando de las letras, que "no admiten improvisación". Felizmente el impulso ya había sido dado, y florecieron escritos que rechazaban la imitación y reivindicaban ser peruanos[42].

¿Cómo interpretar esta etapa de la inmediata posguerra? Fue una transmutación del patriotismo guerrero en literatura nacional. Ante la imposibilidad de recuperar las provincias perdidas, los escritores más jóvenes se esmeraron en crear una literatura propiamente peruana; fueron los abanderados de una reconquista interior[43]. La literatura intentó así reemplazar el inalcanzable territorio de Tarapacá por nuevos espacios que serían territorios a la vez reales e imaginarios, pues en adelante la escritura procuraría recrear la realidad peruana, es decir la realidad andina antes denegada; sería el principio del indigenismo.

---

42 Tal vez la mejor expresión de esta reivindicación fuera *Aves sin nido,* publicado en 1889, en cuyo proemio Clorinda Matto de Turner se enorgullecía de "hacer literatura peruana".

43 Cabe recordar el uso metafórico del léxico militar en los discursos de Prada.

Don Andrés Bello y don Felipe Pardo y Aliaga

Guillermo Ugarte Chamorro
Universidad Nacional Mayor de San Marcos, Perú

El venezolano Andrés Bello y el peruano Guillermo Felipe Pardo y Aliaga son dos figuras importantes en la historia de la literatura latinoamericana del siglo XIX. El presente trabajo estudia los vínculos que unieron a ambos escritores a pesar de la gran diferencia de edad que los separaba.

Se destaca en primer término la amistad entre Bello y Pardo y, luego, el que ambos son autores de las primeras obras teatrales importantes escritas y representadas en sus respectivos países en la época republicana. De otra parte, Bello fue el fundador de la crítica teatral en Chile (país de su residencia en la última etapa de su vida), papel que en el Perú correspondió a Pardo.

Luego de recordar que ambos autores se formaron en Europa y que en Latinoamérica hicieron crítica de costumbres, el trabajo termina comparando la actitud de Pardo y Bello en relación a la Confederación Perú-Boliviana.

Marcelino Menéndez y Pelayo dice de don Felipe Pardo y Aliaga en su *Antología de poetas hispanoamericanos:* "es, sin duda, el más notable de los escritores limeños del siglo XIX... Como hablista sólo a Bello cede la pluma".

Afinidades y circunstancias diversas que vamos a exponer vincularon estrechamente la vida de Andrés Bello con la de Felipe Pardo, a pesar de que el sabio venezolano era veinticinco años mayor.

Las piezas teatrales de Bello –*Venezuela consolada y España restaurada*– fueron las primeras de autor venezolano que se escribieron y representaron en Venezuela en el siglo XIX; y las comedias costumbristas de Pardo –*Frutos de la educación, Una huérfana en Chorrillos* y *Don Leocadio y la batalla de Ayacucho*– fueron las primeras importantes entre las compuestas por autores peruanos en el siglo pasado.

Bello fue el fundador de la crítica teatral chilena por sus artículos insertos, entre 1830 y 1834, en *El Araucano,* hebdomadario santiaguino del que fue director y del que Felipe Pardo fue, algún tiempo, redactor.

Pardo, a su vez, fue también el creador de la crítica teatral en el Perú, por los artículos –cerca de treinta– que publicó en 1828 en el diario limeño *Mercurio Peruano*.

Bello y Pardo residieron varios años en Europa. El primero absorbiendo la cultura clásica occidental en los principales centros intelectuales y científicos de Londres y en contacto con personalidades de renombre universal; el segundo en los más selectos círculos académicos de España, como la Academia del Mirto, y en convivencia con los mejores maestros y escritores de la época, en particular con quienes habrían de ser los poetas máximos del romanticismo español.

Por su formación europea, Pardo y Bello criticaron algunas costumbres populares americanas pero con la diferencia de que Pardo, tal vez sin proponérselo, dejó en sus artículos y en sus comedias inapreciables testimonios de las costumbres criollas limeñas.

Las afinidades y circunstancias expuestas determinaron no sólo una mutua simpatía y admiración, sino también una amistad íntima, casi familiar, sentimientos que se evidencian claramente en cinco cartas, cuatro de Bello y una de Pardo. Los originales de estas cartas se conservan en el archivo que fue de Felipe Pardo y hoy pertenece a la familia Osma y Pardo.

Conozcamos, de este valioso epistolario, las más significativas frases de don Andrés:

> "¿Para qué decir a Ud. –escribe Bello a Pardo el 16 de abril de 1839– que deja en Santiago un vacío que yo y otros tendremos mucha dificultad en llenar? Demasiado lo sabe Ud. pero me consuela la idea de que podremos a lo menos comunicarnos por escrito; triste consuelo, es verdad, pero es el único. Ojalá, amigo mío, que tenga Ud. en su país el lugar que le hacen digno sus talentos y sus virtudes... ¡Oh, si fuesen muchos en América los que piensan y sienten como Ud.!"

Poco después –el 23 de julio de 1839–, Bello le expresa el pesar y la extrañeza que él y los amigos chilenos de Pardo habrían experimentado al conocer el mal trato recibido por don Felipe en Lima de parte del gobierno restaurador a pesar de lo mucho que le debía la Restauración. Recordemos que Pardo fue uno de los principales incitadores y organizadores de la intervención de Chile en la Confederación Peruano-Boliviana.

En la misma carta, Bello invita a Pardo a establecerse por algunos años en Chile: "¡Ojalá –exclama– creyese Ud. compatible su establecimiento en Chile por algunos años!"

Y agrega inmediatamente, en rasgo confidencial no exento de nostalgia por su patria distante:

> "No digo (que se establezca en Chile) para siempre porque sé lo que cuesta el sacrificio de la patria y porque con el exagerado nacionalismo de los americanos, el que renuncia a la que le dio naturaleza, puede hacerse cuenta de que no tendrá otra ninguna en América. Aquí me tiene de ciudadano chileno por la ley, y padre de chilenos y empleado hace más de diez años por el gobierno y... sin embargo de todo eso, tan extranjero como si hubiera acabado de saltar en tierra, en la opinión de casi todos los chilenos."

El carácter familiar de estas epístolas se muestra en los cariñosos saludos de don Andrés a "Pepita", doña Petronila Lavalle, esposa de Pardo; y en los continuos recuerdos y besos que envía a "Manuelito" cuya sonrisa y "mirada pensativa y sentimental" Bello creía tener a la vista. "Manuelito" era Manuel Pardo y Lavalle, hijo de don Felipe y futuro presidente del Perú.

Con relación a la conducta de don Andrés Bello en la guerra de Chile a la Confederación Peruano-Boliviana, el historiador chileno Benjamín Vicuña Mackenna, en su obra *Don Diego Portales*, sostuvo, hace ciento veinte años, que Bello opinó en contra de la declaración de esa guerra fratricida.

En diversas páginas del libro mencionado, Vicuña Mackenna califica la guerra contra la Confederación Peruano-Boliviana de injusta, impopular y funesta; juzga que la Confederación "no rompía el supuesto equilibrio americano" sino que, por el contrario, "era una garantía de orden, de unión y de respeto común entre todas las repúblicas sudamericanas"; y, elocuentemente, declara: "La gloria no es el derecho, el éxito no es la justicia, la precaria suerte de las armas, en fin, no es la eterna razón de los pueblos."

A su vez, Eugenio Orrego Vicuña, reputado escritor e historiador, también chileno, en un documento-libro dedicado a don Andrés Bello, al referirse al acendrado americanismo del maestro venezolano y a la guerra contra la Confederación, afirma:

> "Bello no compartió el pensamiento del dictador chileno (Portales) y negó su aprobación a la declaratoria de guerra. Partidario como se mostró siempre de la paz, solicitado su espíritu por los llamados de la fraternidad... don Andrés no pudo dejar de percibir cuán erróneo era destruir la confederación ideada por Santa Cruz, pues lejos de constituir un peligro imperialista, era un paso positivo en el camino de la vinculación continental y a ella pudo sumarse Chile..."

Y el padre de la patria chilena, Bernardo O'Higgins, desde su destierro en el Perú, condenó igualmente esta guerra y se ofreció y actuó como fraterno mediador y pacificador, cursando vehementes cartas al general Manuel Bulnes y al mariscal Andrés de Santa Cruz. En una de las dirigidas a Bulnes, le expresaba:

> "Si el Gobierno de Chile se justificare en hacer la guerra con el fin de disolver la unión entre el Alto y el Bajo Perú, el gobierno del Perú se justificaría de igual modo en hacer la guerra para disolver la unión entre el archipiélago de Chiloé y la república de Chile y, en apariencia, con alguna razón porque el archipiélago de Chiloé estaba gobernado por el Perú cuando éste nunca lo fue por Chile."

Y refiriéndose a la "unión del estado araucano y demás naciones indígenas con la república de Chile", O'Higgins advertía y declaraba:

> "Si el gobierno de Chile tuviese (algún) derecho para oponerse a la unión de la gran familia peruana, el gobierno peruano querrá poseer igual derecho para oponerse a la unión de la gran familia chilena. Contra esta doctrina yo debo protestar solemnemente porque deseo ver a Chile y el Perú en posesión de lo que la naturaleza ha querido que sean: dos grandes y poderosas naciones unidas por el fuerte vínculo del interés mutuo; naciones que en lugar de empeñarse por destruirse la una a la otra en una innatura y ruidosa guerra, piensen solamente en el mejor modo de conservar la paz."

En sus cartas, O'Higgins formulaba permanentes votos por la armonía y la confraternidad peruano-chilena.

Estos mismos entrañables sentimientos de paz, justicia y confraternidad americana debieron asistir y comprometer hondamente el espíritu humanista de Andrés Bello para que, a pesar de tener a su cargo la orientación o asesoría de la política internacional chilena, manifestara su opinión personal, opuesta a la declaratoria de guerra a la Confederación Peruano-Boliviana.

Cuando Felipe Pardo se separó en Lima del ejército de la segunda expedición chilena declarando paladinamente que había participado en ella para combatir al general Santa Cruz y no a sus compatriotas peruanos, su actitud fue acremente censurada en Santiago, inclusive por sus más íntimos amigos chilenos, quienes la calificaron de traición a ese país. Junto con Pardo, se retiraron de las fuerzas chilenas otros peruanos como el general Manuel Ignacio de Vivanco y don Andrés Martínez.

Obra en el archivo de la familia Osma y Pardo una preciosa carta de la señora Petronila Lavalle de Pardo dirigida a su esposo y firmada en Santiago el 3 de octubre de 1838. En ella, con admirable entereza de mujer, le confiesa a don Felipe:

> "Yo y Cipriana (esposa del general Vivanco) cuando se recibió la noticia de tu separación y de Vivanco, dijimos que si no lo hubieran hecho así, nos hubiéramos divorciado. Esto es lo que te puedo decir de mi opinión."

Y en otro párrafo, le informa:

> "Tu (así consideradas) 'traición' y 'perfidia', ocupan la atención de toda la población de Santiago con excepción de muy pocos, entre ellos el señor Bello, que aplaude tu conducta."

Años más tarde —escribe Raúl Zamalloa Armejo, profesor universitario peruano—, don Felipe Pardo y Aliaga diría desde la silla de paralítico en la que esperaba la muerte: "Quisiera arrepentirme de mis pecados como me arrepiento de haber combatido al General Santa Cruz."

La novela poética en el Perú

Carlos Eduardo Zavaleta
Universidad Nacional Mayor de San Marcos, Perú

Este ensayo cubre desde principios del siglo XX hasta fines de los años veinte, y entraña el concepto de que en una novela poética predominan la exaltación de la prosa, al mismo tiempo que el ritmo y la musicalidad, sin olvidar los elementos internos de la narración. Y que todos los elementos conducen a un aliento lírico cuyo logro es un fin en sí mismo. No nos referimos, pues, a "la novela del lenguaje", donde éste último ha adoptado prácticamente la posición de protagonista y donde la variedad o alarde lingüístico es la mayor conquista de la obra, a través de una notoria marea verbal, como en *Ulises* de James Joyce. No: nuestro ideal sería, por ejemplo, *Pedro Páramo,* de Juan Rulfo, en Latinoamérica, y *Yerba santa,* de Valdelomar, o *La casa de cartón,* de Martín Adán, en el Perú.

Sólo algunas "novelas del lenguaje" llegan a ser poéticas. Lo son, digamos, *Paradiso* de Lezama Lima; *Rayuela* de Cortázar; y, por supuesto, *Cien años de soledad* de García Márquez. Pero dudo de que otras, como *Terra nostra,* de Fuentes, o *Tres tristes tigres,* de Cabrera Infante, lo sean, por más entrecruzamientos de historias y "voces" singulares que empleen. Además, "novela del lenguaje" es una denominación reciente, ligada al *boom* latinoamericano, y *novela poética* es una calificación antigua, desligada de modas, pues en casi todas las épocas de diversas literaturas se ha practicado esa variante, guiada por el deleite del idioma y por su ajuste con los elementos narrativos a través de numerosas escuelas, y también en el siglo XX, pese a los arriesgados experimentos estilísticos y de estructuras yuxtapuestas.

Tales méritos poéticos se estudian en las novelas *Yerba santa, La ciudad muerta* y *La ciudad de los tísicos,* de Valdelomar, que, a su vez, preludian a Vallejo en *Fabla salvaje,* y se renuevan en obras de Martín Adán, Ciro Alegría, José María Arguedas y las de la generación de los años cincuenta. Aquí, repetimos, sólo llegaremos a los veinte, pero el estudio muy bien puede prolongarse hasta fines del siglo XX. La novela poética es una elección constante en nuestra literatura y ha sido seguida con éxito, según veremos.

En resumen, nos ocuparemos de algunas novelas e inclusive relatos donde la *concentración* de la prosa es una virtud, por encima, pero sin olvido, de los otros elementos narrativos como el tema, el despliegue de sucesos, los personajes, el orden temporal, la atmósfera y el remate. Quizá porque esta concentración verbal sea muy necesaria (en vez de la *expansión* de otro tipo de novela), varios textos que citaré son novelas cortas; valga esta coincidencia que nos sirve para subrayar un género poco estudiado en el país.

La novela poética peruana empieza casi con el mismo siglo XX. En 1904 Abraham Valdelomar escribe *Yerba santa,* breve novela pastoril, subdividida en cortísimos capítulos (lo que se hará costumbre en él), en que, por un lado, describe amorosamente Ica y Pisco, y nos da bellas escenas regionales como la procesión del Señor de Luren; y, por otro, al contar el viaje por tren de toda la familia, viaje tierno y místico a la vez, pinta como de paso la brevísima historia de Manuel, el muchacho condenado a muerte sin más explicaciones que el destino. La ternura y unidad de la familia provinciana, su honda relación con el terruño, y también la inocencia del fugaz personaje Manuel, constituyen un cambio en la narración modernista, que acá pierde el brillo y la decoración, así como el ambiente mundano y su apego a Europa (se aleja, por ejemplo, de los escenarios artificiales de Clemente Palma), pero gana en intimidad humana, en poesía y en fidelidad a la región. Para Valdelomar el texto es un homenaje a su hermano José, prematuramente desaparecido.

Veamos dos fragmentos de la novela corta, el primero sobre una escena colectiva, la procesión del Señor de Luren:

"El día de la procesión, las gentes más distinguidas del lugar la presidían. A las nueve de la noche, con extraordinaria pompa salía el cortejo de la Iglesia, en cuya plaza y alrededores esperaba el pueblo, para acompañarlo. Salían las *andas,* con sus santos y santas; pomposos sus trajes de oro y plata

relumbraban a las luces amarillas de los cirios. Las señoritas iban delante, rodeando a 'la cruz alta'; hacía calle el pueblo en dos hileras; cada persona llevaba en la mano un cirio encendido, en cuyo cuello se ataba una especie de abanico, para protegerle del viento. Grandes ramos de albahacas olorosas y flores de toda clase, traídas muchas de ellas desde comarcas lejanas, eran arrojadas al paso del Señor de Luren, que pasaba en hombros de gentes creyentes y distinguidas, envuelto en las nubes aromáticas de sahumerio que hacían en sus sahumadores de plata las niñitas y las damas que iban delante; las luces, el sahumerio, el perfume suave y exquisito de las albahacas, el singular olor de los cirios que ardían, la marcha cadenciosa y lamentable de la música, que desde la capital era enviada especialmente y el contrito silencio de las gentes, daban a ese desfile religioso, admirable, amado y único, un aspecto imponente y majestuoso"[1].

El segundo es íntimo, y refiere el ánimo del protagonista Manuel un día antes de matarse:

"¿Qué cosa extraña tienen los que van a morirse? Parece que los acompañara algo misterioso, algo que se ve en sus ojos, que los torna más dulces y más buenos; que los hace sonreir, piadosamente, por todos los que se van a quedar! Manuel siguió cantando y terminó su canción:
'No volvió nunca mi pobre amor
jamás su mano volví a besar;
todas las tardes moría el sol
y su ventana no se abrió más...
¡Y su ventana no se abrió más!'
Cesó de cantar y pidió su caballo. Nosotros debíamos quedarnos en la Hacienda hasta el día siguiente y él insistió tanto que se le dejó partir. Tomó su caballo, cabalgó ágilmente, cruzóse el poncho, dio un sonoro pencazo en las pródigas ancas, y se perdió

1   Valdelomar, Abraham: *La ciudad de los tísicos,* p. 106. Lima: Mejía Baca, 1958.

en el camino cubierto de sombras, penetró en el cerrado misterio tenebroso. Sintióse unos instantes el galope sordo e isócrono del potro pujante, y luego, en el silencio campesino, en la noche profunda, en el espacio mudo, un búho, con sus ojos fosforescentes y redondos, pasó por el comedor, como si viniera de muy lejos; aleteó torpemente y, antes de perderse de nuevo, gritó con un grito pavoroso:

– ¡Crac! ¡Crac! ¡Crac..!

Yo me quedé dormido en el regazo tibio de mi buena madre"[2].

Dejemos por un momento a Valdelomar, a su mezcla de prosa melódica y poema-canción, más el influjo de Edgar Allan Poe, y sigamos el camino. Un año después, en 1905, el también modernista Enrique A. Carrillo publicó su breve novela *Cartas de una turista*. Valiéndose del estilo epistolar en boga e inventando a una narradora-personaje, que se supone inglesa pero cuya psicología y costumbres son muy limeñas, Carrillo nos describe el balneario de Chorrillos en un anticipo de la pintura impresionista del Barranco de Martín Adán. Su prosa es menos intelectual que la de Clemente Palma, menos psicológica y carente de retorcidas malicias, pero sobria, de frases cortas, elegantes y aspirando a la melodía, por encima de la rutina de la inglesita romántica que se enamora a medias y luego obedece al padre, rompiendo el idilio en una nostalgia. La sucesión de cartas muy sensitivas, pero también críticas del entorno social, es enviada a una destinataria también inglesa, Annie, con lo cual se acentúa la atmósfera de artificio.

Valdelomar reaparece en 1911 y, con el ánimo ya transformado por sus aires de *dandy*, publica dos novelas sucesivas, *La ciudad muerta* y *La ciudad de los tísicos*, en series periodísticas; pero luego, desde 1913, volverá a ese primer refugio sentimental de Ica y Pis-

co, y a esa metáfora de la muerte persiguiendo a inocentes, o a héroes que no merecen morir, como en *Los ojos de Judas* y *El caballero carmelo* respectivamente.

Esa obsesión por la muerte penetrará y llenará de sombras ambas novelas de 1911; y cuando la literatura no le baste, entonces, con sus breves ensayos de *Crónicas de Roma* (1913-1914), también buscará exorcizar sus temores sobre las ruinas de antiguas ciudades ("Venecia, ciudad de almas insepultas"), los asilos de Roma para niños ("llenos de ensueños pavorosos, de pesadillas trágicas, de visiones horribles, de presentimientos lúgubres"), la tristeza de la Gioconda, y, en fin, la pesadumbre y nostalgia infinitas, que quizá nacieron antes de la muerte del hermano José.

En *La ciudad muerta,* la necesidad de exaltar la prosa lo obliga a ser económico, preciso y elegante, pero también el autor exige el máximo del estilo epistolar, pues aquí el narrador escribe a la mujer amada a cuyo amor debe renunciar por sentirse culpable de la muerte del amante de ella; y cuando debe aumentar la intensidad verbal, entonces se vale directamente de sus poemas, insertándolos en el texto, señal de su sabiduría en emplear géneros distintos con una sola dirección, la de reforzar el aliento poético.

Hay pues en *La ciudad muerta* varias facetas del Valdelomar modernista: la narración poética; el dato escondido sobre el desencuentro con la amada y su revelación progresiva; el misterio de la ciudad antigua y fantasmal (Lima y el Callao juntos, más tarde Roma y Venecia) que devora a quienes se atreven a descender a ese infierno simbólico; el género epistolar, sí, pero nunca frívolo, como en otros modernistas; y, así mismo, las teorías seudocientíficas sobre la locura, los extremos de la mente, las muchas formas en que acecha la muerte, ideas que le acercan a los *decadentes* franceses y sobre todo a Poe y que Valdelomar despliega con su exquisita sensibilidad tanto en descripciones plásticas como en claroscuros psicológicos. He aquí el pasaje en que el narrador (en un fragmento de su larga carta que constituye la novela) aban-

---

2   Valdelomar, Abraham: *Yerba santa*, pp. 109-110.

dona, en medio de una confusión de sentimientos, a su amigo Henri que ha bajado peligrosamente a los laberintos de la antigua ciudad:

"Volví a sentir que tiraban de la cuerda nerviosamente y, con el tirón, se gastaron dos metros más. No cabía duda: yo debía bajar y socorrer a mi amigo. Cualquier otra persona habría bajado, tal vez, teniendo la cuerda aún entre las manos; pero yo no me resolví. Pensé que siguiendo la cuerda llegaría a donde estaba Henri y ¿quién sabía si lo encontraba? Quise todavía esperar y por fin, un tirón más débil, me arrebató la cuerda de las manos y yo vi cómo se fue resbalando el hilo, cómo se acababa el último metro, como si verdaderamente estuviera asistiendo a las agonías de mi amigo. Al concluirse la cuerda pensé aún en entrar, tal vez era tiempo para salvarle, pero la luna caía de lleno sobre la ciudad, y en el subterráneo iba a seguir un misterio, una locura, una cosa que me arrebataba, sombras indecisas, animales, huesos; riquezas tal vez. Abajo se extendía un mundo de locos, de seres extraños que ya no conocían la luz, de seres que se reproducían tal vez en el misterio insondable de una noche eterna. Habría corrientes de agua tumultuas que arrastraban a los exploradores, vapores malsanos que los enloquecerían, quién sabe si había allí debajo animales monstruosos que chupaban la sangre. Todo esto me venía a la memoria atropelladamente, mientras el extremo de la cuerda entraba y se perdía en el pozo. En tanto, arriba, sobre la tierra se notaba la luna con su encantadora luz verde, bañando esa ciudad misteriosa. Arriba, sobre la tierra estaba el río, los antiguos palacios, los monasterios destruidos, los lienzos, los dorados vestigios de una muerta civilización, pero detrás de todo esto estaba el mar inmenso sembrado de barcos, estaba la ciudad nueva con sus malecones, sus muelles, sus avenidas, sus hoteles y sus mujeres, su barrio de extranjeros y sus salones de música y baile. ¡Piensa demasiado! Mi imaginación iba a estallar. Tuve miedo, miedo de todo, de mí mismo, miedo de cosas invisibles.

Dudé un momento todavía y quise bajar pero no tuve bastante valor. Entonces vi de nuevo la luna, verde, verde, verde. El cielo de un azul clarísimo se había coloreado como el agua de mar vista en un vaso. Debía ser ya muy tarde y yo, poseído de horror indecible volteé la cara sin mirar el pozo y regresé, de prisa, apuradísimo, como un criminal por el centro de las calles y de las plazoletas, temiendo acercarme demasiado a los edificios y atisbando las sombras de éstos que proyectaba la luna"[3].

Pasemos a *La ciudad de los tísicos,* sin olvidar que es un desarrollo mayor y una ampliación muy lograda de lo que ya existía en *La ciudad muerta.*

De forma en parte epistolar, de estructura aparentemente "inconexa", suelta y dispersa, y basada en el concepto de la belleza del ideal frente a la vulgaridad de lo real, *La ciudad de los tísicos* nos da una entonación melodiosa, unos personajes entre modernistas y románticos, y un aparato de ideas pesimistas sobre el Perú, sin que todavía aparezca la esperanza de un mestizaje cultural. Las fingidas cartas de un tísico de temperamento artístico, el repaso de la historia incaica peruana (en *La ciudad muerta* había opinado ya duramente sobre la etapa colonial), y el temor de que la ciudad enferma contagie a todo el país, son motivos para una prosa culta, con aires de decadencia y destellos *d'annunzianos.* Es de nuevo sorprendente cómo un autor de veintitrés años pudo haber llegado a dominar el lenguaje y a recopilar una serie de conocimientos sobre el arte, la cultura europea y la peruana. El aliento poético está por doquiera, en los breves ensayos sobre paseos artísticos y turísticos por Lima, en la contemplación pesimista y soñadora de nuestra historia, en el cuidado con que las cartas esconden un misterio enfer-

---

3   Valdelomar, Abraham: *La ciudad muerta,* pp. 40-41. Lima: Instituto de Literatura-UNMSM, 1960.

mizo hasta el final, en el contrapunto entre la sección narrativa y la sección epistolar, compuesta por quince cartas. Y no contento con la entonación melodiosa general, Valdelomar vuelve a intercalar poemas en el texto, los versos de Alphonsin, amigo del firmante de las cartas Abel Rosell, donde pinta una extraña Jauja, la ciudad de los tísicos:

> "... una aldea de ensueño... un paisaje hecho símbolo en estas tardes de silenciosa musicalidad. Aquí sollozan los vencidos y los desengañados; oran los que fugaron de la loca bacanal; los que vieron romperse en mil pedazos la endeble y fina lanza de su idealidad".

El "misterio" de la mujer que adora el perfume _Fleur de lys_, cuya identidad se guarda hasta el final, corre al fondo de las descripciones de un paisaje andino real (el brevísimo viaje a Jauja) y de otros paisajes íntimos, de lunas verdes y vaguedades, donde la sensibilidad de Abel Rosell se abre a sueños y peligros de muerte, porque este reino es mayormente de sombras, contra las cuales lucha la alegría forzada de los condenados por la enfermedad. Y el narrador trata una y otra vez de describir las sombras, en un juego de imposibles que es un ideal para la sugerencia poética. Así, todo sirve para la divagación verbal que construye la novela de punta a cabo. Porque la fantasía no es suficiente para borrar la realidad, pues finalmente, en una espléndida escena en que ella descubre su identidad, en un contrapunto de descripciones nítidas y diálogos sintéticos, Magdalena le advierte al narrador: "Visitará usted una ciudad fantástica y encontrará una vulgar aldea de la sierra."

Además de estas cualidades, otro aspecto singular de las tres novelas citadas de Valdelomar es su _estructura dividida_ en capítulos y subcapítulos, mediante los cuales él se permite salir de la línea central del argumento, pero sin alejarse mucho. Su dominio del ámbito y tono poético es tal que esas digresiones no molestan al lector, sino enriquecen el material. Inclusive en los cuentos emplea la misma técnica de fragmentos separados que se unirán en una escala superior de estructura temática y de atmósfera homogénea, por encima del supuesto _estilo inconexo_ que él maneja. _La ciudad de los tísicos,_ por ejemplo, sorprende al comienzo por la diversidad de temas y puntos de vista que ocupan al narrador, quien por fin nos transmite las cartas de Abel Rosell en una serie que sólo será comentada al final. La estructura y aun el estilo parecen inconexos, pero la unidad alcanzada por los fragmentos es innegable. Valdelomar sabía de dislocaciones, pero también de unidades globales y armónicas. En su artículo "Ensayo sobre el estilo inconexo", nos revela a fondo su técnica de composición. El concepto integral de "casa" no teme la dispersión aparente de las "partes", llámense muebles, espejos, tinteros, navajas o ventanas:

> "Hay gentes que mudan de casa sin emoción. La casa fue la primera amiga del hombre y al hombre place cambiar de amigas. Cambiar de casa, esta pequeña gran complicación de la vida cotidiana y civil es un tratado de filosofía... Somos, los hombres, pasajeros. La vida es una posada breve... La casa es una posada breve... En una habitación, los muebles son como una familia ordenada e inmóvil. Las sillas son como señoritas delgadas y pulcras. Los sofás son los papás viejos y gruñones, gordos y gotosos. A veces están cojos. Los sofás son como coroneles retirados que tuvieran una pierna herida en un combate antiguo. Las poltronas, gordas, blandas y satisfechas. Son como suegras. La sombrerera es el lugar de cita donde conversan los sombreros... El piano tiene aspecto de notario y también tiene aspecto de profesor de piano. El archivo de las piezas musicales es el universitario de la familia, cargado de libros, pero en los cuales todo es música. El timbre es el ujier. El ropero es el hermano mayor, casado con dama rica, presuntuoso y elegante. El escritorio es el único ser útil y modesto y

en consecuencia el que paga el pato. El tintero es el primer chismoso de la familia... La escoba es la sirvienta criada en casa desde chiquilla... La navaja es el sablista de la casa; afeita...

Los espejos son los jóvenes literatos de la familia. Mueble, literatos, bellacos y frívolos: reflejan todo, no les queda nada. Los baúles son las abuelitas centenarias. Guardan telas, encajes, baratijas, botones, guantes, pasamanería y estampas de la Purísima...

Y, por fin, las columnas que sostienen las macetas, son como mayordomos de *frac* en la casa elegante de la familia de mamá Poltrona, de papá Sofá, mademoiselle Silleta, de abuelita Baúl, de tía *Underwood* y de primo tintero..."[4]

Este artículo no sólo sirve para desnudar su método estructural (que abre un concepto múltiple –"la casa"– y luego enumera los componentes, para después encerrarlos en una unidad mayor, subrayada *ex profeso* por el autor), sino también su estilo, que ofrece aquí un antecedente óptimo de *La casa de cartón* de Martín Adán, pues las famosas "greguerías" de Gómez de la Serna han sido asimiladas a la perfección por Valdelomar, quien se adueña de los contrapuntos, comparaciones y metáforas, cuyo brillo verbal irradia ya con luz propia. No olvidemos este importante lazo entre Valdelomar y Martín Adán.

Valdelomar muere en 1918. La década de los veinte adviene con la notoriedad de *Raza de bronce* (1919), del boliviano Alcides Arguedas, con los *Cuentos andinos* (1920) de Enrique López Albújar, y con otras obras como *La justicia de Huayna Capac* (1921) de Augusto Aguirre Morales, todas las cuales inician la marca del indigenismo. César Vallejo conoce y asimila esta escuela, pero le da un vuelco personalísimo, *nativista* según Luis Monguió, tanto en su poesía como en su prosa.

En 1923 Vallejo publica *Fabla salvaje* y retoma la línea modernista e imaginativa de Valdelomar, pero hace algo más. Se acerca mejor al paisaje y al hombre andino, como fondo para una historia extraña, donde el protagonista, al parecer un mestizo normal, se transforma por los celos, desconfía de su mujer y de todos, se deja llevar por las supersticiones y la imaginación, rechaza a su mujer y cae como presa de una enfermedad de la voluntad y del raciocinio, y por fin muere en una escena en que no se ve claramente si se suicida, o si el *Otro* lo despeña a un precipicio, o si algo quizá sobrenatural lo castiga con la fuerza irracional del destino.

Lo notable es que un tema así, extraño y difuso, se revele por un lenguaje simple, poco artificioso, logrado por Vallejo después de dosificar y doblegar su propia retórica (he aquí la diferencia con las dos últimas novelas de Valdelomar, que padecen de cierta afectación), como cuando nos pinta al protagonista Balta, al comienzo de la historia, sin que se enferme aún:

"Balta era un hombre no inteligente acaso, pero de gran sentido común y muy equilibrado. Había estudiado, bien o mal, sus cinco años de instrucción primaria. Su ascendencia era toda formada de tribus de fragor, carne de surco, rústicos corazones al ras de la gleba patriarcal. Había crecido, pues, como un buen animal racional, cuyas sienes situarían linderos, esperanzas y temores a la sola luz de un instinto cabestreado con mayor o menor eficacia, por ancestrales injertos de raza y de costumbres. Era bárbaro, mas no suspicaz"[5].

Sin embargo, este lenguaje más o menos llano se encrespa en otras páginas, al revivir la aguda retórica de la prosa de Vallejo en

4   Valdelomar, Abraham: *Obras. Textos y dibujos*, pp. 663-664. Lima: Edit. Pizarro, 1979.

5   Vallejo, César: *Novelas y cuentos completos*, p. 95. Lima: Francisco Moncloa, 1967.

textos previos a *Fabla salvaje*. El estilo se vuelve entonces una mezcla visible del barroquismo de *Escalas* y del coloquio nuevo. Así, en el próximo ejemplo, el retrato de Adelaida, simple al comienzo, se alarga y se enreda describiendo minucias sobre su voz:

> "Adelaida era una verdadera mujer de su casa. Todo el santo día estaba en sus quehaceres, atareada siempre, enardecida, matriz, colorada, yendo, viniendo y aún metiéndose en trabajos de hombre. Un día Balta estuvo en la chacra, lejos. La mujer... fue al corral, y sacó a 'Rayo'. El caballo venía buenamente a la zaga de Adelaida, que lo ató al alcanfor del patio, y trajo seguidamente las tijeras. Se puso a pelarlo. Mientras hacía esto cantaba un yaraví, otro. Tenía una voz dulce y fluvial; esa voz rijosa y sufrida que entre la boyada es guía en las espadañas yermas, acicate o admonición apasionada en las siembras; esa voz que cabe los torrentes y bajo los arqueados y sólidos puentes, de maderos y cantos más compactos que mármol, arrulla a los saurios dentados y sangrientos en sus expediciones lentas y lejanas en los remansos albinos..."[6]

En fin, esa mezcla —o, mejor, pugna— de estilos se resuelve en favor de la claridad, inclusive en la descripción de oscuras sensaciones:

> "Había tomado una vaga aversión por los espejos. Balta los recordaba con informe y oscuro desagrado. Una noche se soñó en un paraje bastante extraño, llano y monótonamente azulado; veíase ahí solo, poseído de un enorme terror ante su soledad, trataba de huir sin poder conseguirlo. En cualquier sentido que fuese, la superficie aquella continuaba. Era como un espejo inconmensurable, infinito, como un océano inmóvil, sin límites. En una claridad deslumbrante, de sol en pleno mediodía, sus náufragas pupilas apenas alcanzaban a encontrar por compañía única su sombra, una turbia sombra intermitente, la que moviéndose a compás de su cuerpo, ya aparecía enorme, ancha, larga; ya se achicaba, eludíase hasta hacerse una hebra impalpable, o ya se escurría totalmente, para volver a pasar a veces tras de sí, como un relámpago negro, jugando de esta suerte un juego de mofa despiadada que aumentaba su pavor hasta la desesperación"[7].

En resumen, entre el modelo retórico y barroco de *Escalas* y el nuevo modelo coloquial, triunfa éste último, gana la sobriedad. Si bien Vallejo repite los personajes esquizofrénicos de la sección "Coro de vientos" de *Escalas,* la novela *Fabla salvaje* exhibe un excelente uso de elementos narrativos y de un argumento descompuesto en escenas significativas, donde los componentes fantásticos desempeñan un papel creíble y dramático. Eso sí: mantiene aún el arrebato lírico del autor entre romántico y afecto a la magia y lo sobrenatural, propio de los cuentos de aparecidos, influidos en aquel tiempo por Horacio Quiroga, Valdelomar o Clemente Palma. La página final, el suicidio de Balta (o, si se quiere, el asesinato cometido por su "otro yo", como en los cuentos de Poe y Maupassant) es una perfecta intervención de lo misterioso en una escena más o menos realista. Y muy creíble, ya que en nuestra sierra hablar del Mal, del Maligno o del Diablo es cosa de rutina. En última instancia, el Mal invisible que destruye la unión de Balta con su fiel mujer no es sino los celos, sentimiento aquí injusto pero real, que bulle en el aire y que, como un pájaro maligno, le propina un aletazo final a Balta, al borde del abismo, lugar exacto de los desesperados. Tratar los celos injustos como un mal invisible es un acierto estético y dramático de Vallejo. Balta es un Otelo sin Yago, alguien a solas con su alma atormentada.

6   Ibídem, pp. 89-90.

7   Ibídem, p. 97.

Otro punto específico que debe subrayarse en *Fabla salvaje* es el empleo adecuado del diálogo, ya no como en los exabruptos inesperados de *Escalas,* sino en forma coherente, intercalándolo en la descripción, y traduciendo la psicología del personaje. Este mejor uso del dialogo es un avance importante para la futura obra narrativa de Vallejo.

¿Cuál es el tema de *La casa de cartón* (1928), uno de los pocos libros narrativos donde ese elemento parece no tener importancia, sino el observar y el divagar? En el lapso de las vacaciones veraniegas, que han concluido ya y se evocan hacia atrás, desde el invierno de la página inicial, el narrador-estudiante de catorce años (cuyos amigos Ramón –de dieciséis–, Manuel y Lucho forman su entorno más íntimo), se dedica a observar la "vida" en el Barranco que pintara con sumo detalle. El detonante de la descripción parece ser la muerte de Ramón, aludida casi al final. Pero no es un canto triste al amigo que se fue y que precipita los recuerdos. El narrador opta por un tono alegre, juguetón y a lo más nostálgico:

> "... yo no soy un hombre triste. Así como estoy a esta hora –tonto y alegre– así me siento casi todo el día. Yo soy un muchacho risueño. Nací con la boca alegre. Mi vida es una boca que habla, que come y que sonríe. Yo no creo en la astrología... ¡Ah, Catita!, la vida no es un río que corre: la vida es una charca que se corrompe"[8].

La narración oscila entre la alegría de una interminable enumeración de detalles del pueblo, y de unas pequeñas nostalgias. Si cambiamos la noción de "casa" en el "Ensayo sobre el estilo inconexo", de Valdelomar, como residencia de muebles y útiles en una larga enumeración, por algo más delicado, frágil y exquisito, que alberga tanto la vida del narrador como de su pueblo del Barranco, entonces la enumeración, en vez de dispersar nuestra atención, la concentra en el balneario amado, pese a las burlas y desplantes del protagonista. Cualquier detalle se vuelve anécdota, pretexto para los cotejos y comparaciones, y sobre todo para las espléndidas metáforas, que aquí se cuentan por miles. La manía del juego de comparar situaciones, retratos u objetos, es la fuente misma de la enorme maestría de un escritor que sólo sabe hablar y pensar en poesía. Y su otra virtud es no cansar con su ánimo chispeante: sus burlas no son ácidas, sino encantos del idioma. El tema laxo y suelto, de sucesivas acuarelas, brota de un manantial verbal que gira en torno de la metódica observación de un pueblo todavía provinciano, pero vecino a la sombra de la gran ciudad.

Así concebida, *La casa de cartón* (como hogar individual y colectivo que fluye en brazos del tiempo y nos dejará sólo recuerdos) es una sucesión variopinta y fragmentaria de impresiones del "yo" narrador. La unidad del libro (suelta, amplia, al parecer inconexa) se da porque las impresiones salen de una misma "voz" y se refieren a una alternancia o contrapunto de paisajes, ambientes, ideas y perfiles fugaces que no alcanzan a ser personajes. Y los fragmentos se basan en anécdotas muy delgadas, que no se encadenan necesariamente con las demás. De este modo, la unidad mayor de la novelita se subdivide en pequeños capítulos, cada cual en torno de una breve escena o comentario sobre ésta. Y así como rápidamente pasamos de lo breve a lo más pequeño, así cada anécdota tiene su tono y estilo. En el desfile de esos dibujos esquemáticos vemos el pueblo de principios de siglo, el mar, el campo distante, la vecindad soterrada de Lima, y todo ello salpicado de tipos, costumbres y dichos del distrito provinciano (donde hay inclusive algunos ingleses y alemanes).

En general, la prosa es puntillista y saltarina, por lo cual se emparenta con el puntillismo pictórico de Seurat y Morisot (y el tono con la picaresca española y las "greguerías" de Gómez de la Serna, y la frase corta de

---

8   Adán, Martín: *La casa de cartón. De lo barroco en el Perú*, p. 68. Lima: Peisa, 1984.

Azorín y Gabriel Miró), antes que con James Joyce, como señaló algún crítico apresurado[9]. Las burlas –o más bien las sátiras y nostalgias– se regodean en juegos verbales de oposición, similitud o mera comparación, de cuyo brillo sale ganando la luz de muchas metáforas finales, pero que así mismo dejan por el camino a otras figuras retóricas por nacer. Tanto es el ingenio.

En cuanto a la estructura, esta novela corta es un vaivén entre paisajes, estados de ánimo del narrador, descripciones más o menos subjetivas, retratos y aun pensamientos que valen como aforismos o muestras de un saber encapsulado por el juvenil autor. Pero en cualquier fragmento escogido (aquí todo es fragmento de algo mayor que no se da del todo) hay una voluntad poética que acaba en el requiebro de una frase burlona o irreverente. Y cuando la prosa poética no le es suficiente, el autor apela directamente a su sección de "poemas *underwood*". De uno u otro modo, el encantamiento verbal es el objetivo de Martín Adán, a través de imágenes y más imágene[10].

_____

9 Ibíd. Cf. "Prólogo", por Luis Alberto Sánchez, pp. 7-11.

10 Cf. el siguiente pasaje que, de algún modo, recuerda la prosa artística de César Vallejo, y que, además, da ideas propias sobre las imágenes: "La tarde proviene de esta mula pasilarga, tordilla, despaciosa. De ella emanan, en radiaciones que invisibiliza la iluminación de las tres posmeridiano y revela el lino de la atmósfera –pantalla de cinematógrafo, pero redonda y sin necesidad de sombra–: de ella emanan todas las cosas. Al fin de cada haz de rayos una casa, un árbol, un farol, yo mismo. Esta mula nos está creando al imaginarnos. En ella me siento yo solidario en origen con lo animado y lo inanimado. Todos somos imágenes concebidas en un trozo amplio y calmoso, imágenes que se folian, o se enyesan y fenestran, o se visten de dril, o se ciman con casquete de vidrio. Cósmica lógica nos distingue a todos en indefinidas especies de un solo género... Una ventana y yo... Una paloma y yo... A cada paso de la mula –paso dúplice, rotundo inalterable de la eternidad, predeterminado por un genio divino– tiembla mi ser al destino inconocido." (*La casa de cartón,* ob. cit., pp. 86-87.)

Índice general

Tomo I

Tomo II

Este libro se terminó de imprimir en abril de 1998
en el Departamento de Impresiones
de la Universidad de Lima